O PAPEL DO JUIZ NA EFETIVIDADE DO PROCESSO CIVIL CONTEMPORÂNEO

Paulo Issamu Nagao

O PAPEL DO JUIZ NA EFETIVIDADE DO PROCESSO CIVIL CONTEMPORÂNEO

De acordo com o CPC/2015 e a Lei 13.256, de 4.2.2016

O PAPEL DO JUIZ NA EFETIVIDADE DO PROCESSO CIVIL CONTEMPORÂNEO
© Paulo Issamu Nagao

Direitos reservados desta edição por
MALHEIROS EDITORES LTDA.
Rua Paes de Araújo, 29, conjunto 171
CEP 04531-940 – São Paulo – SP
Tel.: (11) 3078-7205 – Fax: (11) 3168-5495
URL: www.malheiroseditores.com.br
e-mail: malheiroseditores@terra.com.br

Composição: PC Editorial Ltda.
Capa
Criação: Vânia Lúcia Amato
Arte: PC Editorial Ltda.

Impresso no Brasil
Printed in Brazil
04.2016

Dados Internacionais de Catalogação na Publicação (CIP)

N147p Nagao, Paulo Issamu.
O papel do juiz na efetividade no processo civil contemporâneo : de acordo com o CPC/2015 e a Lei 13.256, de 4.2.2016 / Paulo Issamu Nagao. – São Paulo : Malheiros, 2016.
488 p. ; 21 cm.

Inclui bibliografia.
ISBN 978-85-392-0332-1

1. Juízes - Brasil. 2. Processo civil - Brasil. 3. Jurisdição. 4. Poder judiciário. I. Título.

CDU 347.962(81)   CDD 347.8102

Índice para catálogo sistemático:
1. Juízes : Brasil   347.91/.95(81)

(Bibliotecária responsável: Sabrina Leal Araujo – CRB 10/1507)

PREFÁCIO

Ao discorrer sobre *O Papel do Juiz na Efetividade do Processo Civil Contemporâneo*, o estudioso Paulo Issamu Nagao alinhou-se a um dos mais sólidos pilares do moderno *processo civil de resultados*, que clama pela presença ativa do juiz no processo, preocupado com a correta condução deste e produção de resultados justos e esperados pelas partes. Como venho dizendo eu próprio, o juiz moderno tem e deve assumir a responsabilidade de oferecer a estas um verdadeiro *acesso à justiça* ou, no dizer de Kazuo Watanabe, à *ordem jurídica justa*. O *ativismo judiciário*, inerente à moderna processualística, inclui a efetiva participação do juiz na vida dos processos e o empenho em interferir adequadamente na vida das pessoas ou grupos envolvidos nos litígios postos sob sua jurisdição – inclusive, quando for o caso, mediante legítimas e bem proporcionadas censuras a *políticas públicas* colidentes com o interesse da comunidade ou com o *substantive due process of law*. A tudo isso esteve atento Nagao, que se valeu de boa pesquisa tendo por foco autores nacionais e estrangeiros.

Nessa linha, sustenta o Autor que "a ciência processual, como ramo do direito público, tem sido continuamente objeto de intensa reflexão no sentido de propiciar formulação de respostas concretas às demandas da sociedade cada vez mais conflituosa, colocando em evidência o seu verdadeiro atributo, que é a efetivação do direito material, e enaltecendo-se o acesso à justiça e à *ordem jurídica justa*, como corolário da garantia constitucional" *etc.* Ressalta ainda as mutações da sociedade moderna como fator de revisão de velhos dogmas da processualística tradicional, além de invocar as relevantes *ondas renovatórias* de que tanto falou o idealista Mauro Cappelletti. Invoca também o clássico *slogan* de Chiovenda, de que, na medida do possível, o processo deve proporcionar a quem tem um direito tudo aquilo e precisamente aquilo que ele tem o direito de obter. Vindas de um juiz, como é o autor, essas colocações revelam um sadio compromisso pessoal a postar-se no processo com esse espírito de compromisso e apaixonada busca da justiça.

Partindo dessa alcandorada premissa metodológica, vai depois o Autor ao exame de aspectos técnico-processuais, passando pelos quatro institutos fundamentais de direito processual (jurisdição, ação, defesa e processo). Dá especial ênfase ao conceito e amplitude da *jurisdição*, como fator de efetividade do direito material e dos direitos das partes, examinando as principais posições doutrinárias a esse respeito e ressaltando o dever judicial de dar solução adequada e integral aos litígios postos em juízo (princípio da inafastabilidade da jurisdição). Examina também a controvertida questão da criação do direito pelo juiz, que põe sobre o pano-de-fundo do valor constitucional da *segurança jurídica*, buscando uma adequada "ponderação e harmonização de valores *per se* importantes". Detém-se ainda no exame das diversas espécies de tutelas jurisdicionais e concreta adequação de cada uma delas às características do litígio posto diante do juiz. Discorre além disso sobre "outras técnicas e oportunidades de atuação judicial", passando por temas de grande modernidade, como o das *súmulas vinculantes*, o da *repercussão geral* e o do *processo coletivo*. Dedica vários tópicos ao estudo da *lealdade processual* e do *abuso do processo*. Ao longo de todo o trabalho demonstra atenção às posições assumidas pelo novo Código de Processo Civil brasileiro, destacando o empenho deste, anunciado na Exposição de Motivos, pela celeridade processual e efetividade das superiores garantias inerentes ao direito processual constitucional.

Com essas características, vejo na obra de PAULO ISSAMU NAGAO uma sadia proposta de colocação de todo o sistema processual civil brasileiro, com suas técnicas, seus institutos, sua estrutura, no plano da efetividade do processo e do sagrado compromisso do juiz com a obcecada busca de uma plena oferta de tutela jurisdicional adequada e tempestiva àquele que tiver razão. Ele foi capaz de embasar essas colocações metodológicas sobre o exame de aspectos da técnica processual, sem se limitar ao abstrato das digressões puramente conceituais ou ideológicas e sem contentar-se com o exame das técnicas processuais em um plano puramente dogmático ou casuístico. Com essas características, antevejo a boa receptividade do público leitor a essa tese sobre *O Papel do Juiz na Efetividade do Processo Civil Contemporâneo*, que poderá ser de muita utilidade a estudiosos, a profissionais do foro e a estudantes de direito em busca de uma correta compreensão do sistema processual civil deste país e das técnicas contidas nas leis processuais. E alegra-me muito o fato de ser a obra de NAGAO mais um proveitoso fruto dessa verdadeira usina de talentos e de produções verdadeiramente científicas, que é o curso de pós-graduação da nossa Faculdade de Direito do Largo de São Francisco.

Arcadas de São Francisco, março de 2016

CÂNDIDO RANGEL DINAMARCO

Aos meus pais,
HAYAO NAGAO (*in memoriam*) e SHIZUKO NAGAO,
que tudo proporcionaram,
pelas profundas e valiosas lições de vida.

À minha esposa e companheira, FABIANA,
pela constante motivação e amor incondicional.

AGRADECIMENTOS

Ao saudoso Professor Roque Komatsu,
que honrou a Magistratura Nacional e a Advocacia,
pela paciência, amizade, incentivo e orientação
nos projetos de pesquisa de Mestrado e Doutorado.

Ao estimado Professor Marcelo José Magalhães Bonicio,
que me acolheu na etapa derradeira do doutoramento,
pelas pertinentes observações, críticas e reflexões
na conclusão da tese.

Ao eminente Professor e amigo Cândido Rangel Dinamarco,
que gentilmente prefaciou a obra, que, com abnegação
e humanismo, tem fomentado o interesse de incontáveis discípulos
pelas trilhas da ciência processual.

A todos os Professores, familiares, amigos e colegas,
que, com colaboração e estímulo, de alguma forma,
contribuíram para a realização deste trabalho,
minha profunda e eterna gratidão.

Quando o bacharel que eu fui chegou a ser o que chamam de jurista, *a experiência da vida e a meditação sobre a realidade me demonstraram que* pedir justiça ao juiz *é pedir que o juiz declare a* vontade da lei, *relativamente ao caso específico dos autos. Essa declaração (que é uma sentença), requerida ao juiz, é, muitas vezes, obra delicada, produto de uma ciência sutil, que consiste na* ciência da interpretação. *Esta ciência se funda numa lógica que não é somente a eterna lógica do racional, mas é, também, a lógica especial dos juristas, ou seja, a* lógica do razoável. *Para o jurista, a lei não é uma proposição solta; não é, apenas, o que se lê em seu texto. Ela é, também, aquilo que ela* pretende, *como participante de uma ordenação geral. O jurista sabe que a lei tem* letra *e tem* espírito. *O velho advogado sente que a lei tem* corpo *e tem* alma. *A verdade é que a lei, para o jurista – para o advogado arguto e para o juiz sagaz –, não se esgota em sua* letra. *A lei se acha, também, em sua* intenção. *O juiz, é claro, não pode deixar de aplicar a lei, nos casos para os quais ela foi feita. Deve, porém, saber* interpretá-la com sabedoria, *para aplicá-la adequadamente, isto é, para aplicá-la com o* espírito – o sentido – *que ela, em cada caso concreto, precisa ter para alcançar os objetivos que determinaram sua laboração.*

(GOFFREDO TELLES JUNIOR, *Devoção de Advogado*)

SUMÁRIO

Prefácio – Cândido Rangel Dinamarco 5
Introdução
1. O tema a ser desenvolvido e suas limitações 17
2. Justificativa da escolha e sua importância 19

Parte I
Jurisdição e Poder Judiciário na Atualidade

Capítulo I – Considerações Iniciais
1. O imperativo de adaptação do direito às transformações sociais .. 27
2. Os institutos fundamentais da ciência processual: jurisdição, ação, exceção e processo 36
3. Conclusões parciais (Parte I, Capítulo I) 44

Capítulo II – Instituto da Jurisdição
1. Breves considerações históricas. A separação de poderes 45
2. Jurisdição e principais correntes doutrinárias 51
   2.1 Chiovenda e Carnelutti 52
   2.2 Calamandrei 53
   2.3 Marco Tullio Zanzucchi 54
   2.4 Alfredo Rocco 55
   2.5 Crisanto Mandrioli 55
   2.6 Enrico Allorio 56
   2.7 Niceto Alcalá-Zamora y Castillo 58
   2.8 Enrico Tullio Liebman 59
3. Considerações sobre características, escopos e princípios informativos da jurisdição 59

4. A jurisdição como poder e dever 67
5. Conclusões parciais (Parte I, Capítulo II) 69

Capítulo III – Os Poderes do Juiz
1. O juiz perante o Estado e o Poder Judiciário. O juiz na jurisdição 71
2. A crise do Poder Judiciário 73
3. A atuação do juiz na sociedade contemporânea 79
4. Os poderes-deveres do juiz
   4.1 Distinção entre poder, dever, faculdade e ônus 85
   4.2 Do juiz no processo. Poderes e deveres 92
5. Os poderes instrutórios do juiz 96
   5.1 O significado do "princípio dispositivo" 96
   5.2 O panorama no direito estrangeiro 105
   5.3 A tendência atual dos poderes instrutórios 112
6. Conclusões parciais (Parte I, Capítulo III) 121

Parte II
A Dimensão da Efetividade do Processo

Capítulo I – Os Valores Integrantes da Efetividade do Processo
1. Efetividade (do processo). Noções 125
2. Obstáculos à implementação da efetividade: fatores jurídicos e não-jurídicos 131
3. Celeridade. Mandamento constitucional da "duração razoável do processo" e o seu significado 135
   3.1 O exemplo da experiência italiana e as construções jurisprudenciais da Corte Europeia de Direitos Humanos 145
4. Segurança jurídica. Acepções e justificativas 151
5. Celeridade versus segurança 158
6. A constante "justiça" no núcleo da efetividade 164
7. Conclusões parciais (Parte II, Capítulo I) 168

Capítulo II – A Atividade Judicial como Fator de Concretização da Efetividade
1. O ordenamento jurídico como sistema 171
2. Elementos integrantes do ordenamento jurídico 176
3. Principais doutrinas em torno das categorias jurídicas 179
   3.1 Direitos e garantias 180

3.2 Princípios e regras 183
   3.2.1 Karl Larenz 183
   3.2.2 Ronald Dworkin 186
   3.2.3 Robert Alexy 187
   3.2.4 J. J. Gomes Canotilho 188
   3.2.5 Humberto Ávila 190
4. *O fenômeno da colisão e coexistência de normas* 192
5. *Interpretação e aplicação do direito. Distinção e métodos* 199
   5.1 *O positivismo jurídico* 207
   5.2 *Indeterminação de conceitos ou termos jurídicos* 211
   5.3 *O sentido e o alcance da discricionariedade judicial* 216
   5.4 *A nova hermenêutica* 223
   5.5 *A argumentação jurídica* 226
   5.6 *Os princípios e os postulados da proporcionalidade, razoabilidade e igualdade* 231
6. *O poder de criação do juiz e o ativismo judicial* 238
7. *Conclusões parciais (Parte II, Capítulo II)* 251

Capítulo III – O Escopo do Equilíbrio e o Sopesamento de Valores

1. **Segurança jurídica: núcleo intangível da efetividade do processo** 257
2. **A tentativa de ponderação e harmonização de valores** per se *importantes* 263
3. *Conclusões parciais (Parte II, Capítulo III)* 267

Parte III
Institutos e Técnicas Processuais sob o Aspecto da Efetividade

Capítulo I – Os Pontos Sensíveis no Contexto da Efetividade

1. *Formas processuais. Invalidade e aproveitamento dos atos processuais* 271
2. *O direito à prova e a sua valoração. Juízo de certeza e probabilidade* 278
   2.1 *A ilicitude da prova. O poder-dever de avaliação do juiz e o confronto entre o processo civil e penal* 286
3. *Adaptabilidade procedimental* 293
4. *Fungibilidade de meios* 301
5. *Pressupostos processuais e condições da ação* 306

6. **Conclusões parciais (Parte III, Capítulo I)** 315

Capítulo II – A ATUAÇÃO JUDICIAL DE ACORDO COM A NATUREZA DA TUTELA JURISDICIONAL

1. **Tutelas de conhecimento** 318
   1.1 Declaratória 320
   1.2 Constitutiva 327
   1.3 Condenatória 329
   1.4 Mandamental 331
   1.5 Executiva (lato sensu) 335
2. **Tutela satisfativa** 338
   2.1 Modalidades de obrigação e técnicas de satisfação 339
   2.2 Execução e efetividade 347
3. **Tutelas de urgência**
   3.1 Antecipação de tutela 353
   3.2 Tutela cautelar 364
   3.3 Tutela da evidência 371
4. **Conclusões parciais (Parte III, Capítulo II)** 373

Capítulo III – OUTRAS TÉCNICAS E OPORTUNIDADES DE ATUAÇÃO JUDICIAL

1. **Processo monitório** 377
2. **Juizados especiais** 381
3. **Súmula vinculante** 385
4. **Repercussão geral** 391
5. **Processo coletivo** 396
6. **Fase recursal** 410
7. **Contenção do abuso processual** 423
   7.1 A extensão do princípio da lealdade processual 424
   7.2 As situações configuradoras do abuso do processo 428
   7.3 As sanções impostas ao abuso do processo 432
   7.4 O elemento subjetivo no abuso processual 435
   7.5 As hipóteses de abuso no direito de recorrer 437
8. **Conclusões parciais (Parte III, Capítulo III)** 451

CONCLUSÕES 456

BIBLIOGRAFIA 465

INTRODUÇÃO

1. O tema a ser desenvolvido e suas limitações. 2. Justificativa da escolha e sua importância.

1. O tema a ser desenvolvido e suas limitações

O agente político a quem o Estado conferiu de forma primacial poderes jurisdicionais para solucionar os conflitos sociais tem enfrentado na atualidade constantes desafios em face de demandas cada vez mais numerosas e complexas. O instrumento estatal concebido para a pacificação social com justiça, na implementação da respectiva garantia constitucional, vem sendo testado nos últimos tempos na sua eficiência e, para a sua plena concretização, passa-se necessariamente pela intersecção de valores complementares, da celeridade e da segurança, que se apresentam em evidência no direito processual civil moderno.[1]

É certo que o primado do direito material através do processo judicial subordina-se, de modo determinante, além do compromisso de ordem ética e probidade de todos os seus sujeitos participantes, à forma de atuação do juiz, compreendida tanto do ponto de vista do exercício da atividade propriamente jurisdicional, quanto do seu engajamento no âmbito administrativo e estratégico na operação da máquina judiciária. No entanto, a presente obra não tem como objetivo a análise do papel do juiz-gestor de recursos materiais e humanos, embora sobre os quais também detenha parcela significativa de responsabilidade.

---

1. José Roberto dos Santos Bedaque adverte que em relação ao processo seria "perigosa ilusão pensar que simplesmente conferir-lhe celeridade é suficiente para alcançar a tão almejada efetividade. Não se nega a necessidade de reduzir a demora, mas não se pode fazê-lo em detrimento do mínimo de segurança, valor também essencial ao processo justo". Em outra passagem, afirma que "conciliar segurança e rapidez é o maior desafio do processualista" (cf. *Efetividade do Processo e Técnica Processual*, 3ª ed., São Paulo, Malheiros Editores, 2010, pp. 49 e 168).

Tenciona este trabalho o estudo do papel do juiz no método de solução de conflitos através do processo, com propósito voltado à sua efetividade, no cumprimento de seus importantes escopos, acerca do árduo desafio da harmonização dos valores da celeridade e da segurança –, seguindo-se como linha preponderante de pesquisa as garantias e os princípios de direito processual. Nesse sentido, os contornos da matéria circunscrevem-se no exame das principais questões que gravitam em torno da atuação do condutor do processo quando compelido, na análise do caso concreto, a realizar a conciliação dos valores alhures mencionados, ou a optar por um deles, sempre sob o enfoque metodológico da instrumentalidade, em que o escorreito exercício do seu poder-dever naquela perspectiva será fundamental para a consecução do almejado fim, ou seja, uma prestação jurisdicional justa, em tempo expedito e com a imprescindível segurança.

No preâmbulo, com vistas a proporcionar melhor compreensão do fenômeno da efetividade do processo sob a ótica da atuação do juiz, impõe-se anotar a importância do direito em acompanhar as constantes transformações sociais, destacando-se a crise do Poder Judiciário, inserido na ordem jurídica constitucional, e revelando a profundidade do seu papel, inclusive político, na quadra atual. Diante das pretensões deste estudo, dentre os institutos fundamentais do processo civil, tratar-se-á de abordar a jurisdição (concebida, teleologicamente, como o poder que se atribui ao juiz para a pacificação de pessoas ou grupos e a consequente eliminação de conflitos),[2] com a indicação de suas principais construções doutrinárias, características, escopos e princípios informadores. Ademais, serão mencionados os poderes e deveres do juiz, inclusive os instrutórios, com o objetivo de visualizar os componentes em que se desdobra a sua atuação no processo.

Em seguida, com a intenção de subsidiar a parte central da obra e contextualizar o objeto do trabalho, propõe-se investigar o alcance da expressão "efetividade do processo", o significado da palavra "celeridade" e da locução "duração razoável", assim como os fundamentos da segurança refletida nas decisões judiciais. Na sequência, dado que a atividade judicial, nos confins do ordenamento jurídico, é essencial para a concretização da pretendida efetividade e que aquela se realiza, sobretudo, através da obra intelectiva revelada na aplicação do direito em seu sentido mais genérico, afigura-se inevitável a análise desse poder-dever, conco-

---

2. Cf. Cândido Rangel Dinamarco, *Instituições de Direito Processual Civil*, vol. I, 7ª ed., São Paulo, Malheiros Editores, 2013, p. 302.

mitantemente com a sondagem das principais doutrinas em torno das modalidades normativas e dos métodos da hermenêutica e argumentação.

Posteriormente, será perscrutada a importância do sopesamento ou ponderação de valores, pretendendo-se averiguar o modo pelo qual o fator segurança jurídica, porventura, restringiria o incremento da celeridade processual, assim como se ela comportaria alguma flexibilização e, nessa hipótese, o seu limite de transposição.

Com as informações até então reunidas serão abordados os tópicos mais relevantes do processo civil, com incursão em alguns institutos e mecanismos nos quais as atividades desenvolvidas pelo juiz denotariam significado preponderante para a qualificação da prestação jurisdicional, posto que se lhe imporia especial sensibilidade, por ocasião da tomada de decisão, já que não raras vezes o exame dos valores em trânsito repercutirá diretamente no resultado idealizado pelo sistema jurídico. Nesse contexto, será examinada a atuação judicial, sempre na busca da maximização de resultado em menor tempo possível, sem se perder de vista o fator segurança, sob o enfoque de determinadas técnicas processuais, nas diversas espécies de tutela jurisdicional, assim como no processo monitório, no que envolve o direito metaindividual e os juizados especiais, abordando, ainda, a temática da súmula vinculante, da repercussão geral, a fase recursal e o fenômeno do abuso do direito processual.

Por fim, em todas as etapas da obra, em face do momento contemporâneo da sociedade brasileira e da tendência atual do direito processual civil, será reforçado o papel que se espera do juiz na marcha da efetividade, ou seja, aquele que seja mais profícuo e sintonizado com a implementação de sua missão constitucional, inclusive através de cotejo com os dispositivos diretamente relacionados ao tema, extraídos do novo Código de Processo Civil. E, ainda, ao longo do trabalho, pontuar-se-á a forma de incidência dos mais importantes princípios processuais, refletidos na tensão celeridade *versus* segurança, objetivando encontrar critérios para a consideração de tais valores, que se exibem com feição antagônica.

2. Justificativa da escolha e sua importância

Justifica-se a escolha do tema haja vista que a ciência processual da atualidade inspira crescente preocupação com a ideia de efetividade do processo, como se pode notar em diversos trabalhos acadêmicos relacionados à matéria com enfoque preferencialmente instrumentalista.[3] Sendo

---

3. A preocupação pela *efetividade do processo* tornou-se uma *cruzada* pela eficaz preservação dos direitos do homem em via judicial. Cf. Cândido Rangel Di-

o juiz um dos sujeitos proeminentes da relação processual, o estudo da efetividade não se completaria sem a análise profunda do seu papel, sob esse peculiar aspecto, na condução da atividade jurisdicional. Inicialmente, quanto à matéria, José Roberto dos Santos Bedaque relembra que a principal missão dos processualistas seria a de encontrar o ponto de equilíbrio entre a supressão da morosidade excessiva e a preservação da segurança.[4]

A ciência processual, como ramo do direito público, tem sido continuamente objeto de intensa reflexão no sentido de propiciar formulação de respostas concretas às demandas da sociedade cada vez mais conflituosa, colocando em evidência o seu verdadeiro atributo, que é a efetivação do direito material, e enaltecendo-se o acesso à justiça e à "ordem jurídica justa",[5] como corolário da garantia constitucional, bem representada pela pertinente e atualizada advertência de Chiovenda no sentido de que o processo "deve dare per quanto è possibile praticamente a chi ha un diritto tutto quello e proprio quello ch'egli ha diritto di conseguire",[6] o que pressupõe não só o abstrato direito de demandar, mas, sobretudo, a efetiva entrega do bem jurídico, com segurança, ao respectivo titular, dentro da razoável expectativa temporal.[7]

Não mais se aceita a ótica reducionista do direito processual conceitualmente elaborado na época em que se firmou o seu caráter autônomo, pois, não obstante a grande contribuição que representaram os estudos realizados a partir dos meados do século XIX, as profundas transformações

namarco, *Fundamentos do Processo Civil Moderno*, t. I, 6ª ed., São Paulo, Malheiros Editores, 2010, p. 444.

4. José Roberto dos Santos Bedaque, *Efetividade do Processo e Técnica Processual*, cit., p. 48.

5. De acordo com Kazuo Watanabe, o acesso à Justiça implica a efetivação do direito substancial, através de mudança de mentalidade, e para tanto são imprescindíveis alguns dados elementares, como a informação e o conhecimento do direito substancial, a organização da Justiça composta por juízes comprometidos com a realidade social, a preordenação dos instrumentos processuais para a promoção da tutela de direitos, bem como a remoção de todos os obstáculos para o acesso com tais características. Cf. "Acesso à justiça e sociedade moderna", in Ada Pellegrini Grinover, Cândido Rangel Dinamarco e Kazuo Watanabe (coords.), *Participação e Processo*, São Paulo, Ed. RT, 1988, p. 135.

6. Cf. *Istituzioni di Diritto Processuale Civile*, vol. I, Napoli, Jovene, 1960, pp. 39-40.

7. Embora o foco do trabalho seja a atividade desenvolvida pelo juiz no processo tradicional, o mandamento constitucional da realização do direito material não exclui – ao contrário, estimula –, dentro de limites pré-estabelecidos, outros meios pacíficos de resolução de conflitos, seja na esfera judicial ou extrajudicial, através de diversas modalidades eficientes que a doutrina denomina de meios alternativos, especialmente a conciliação, a arbitragem e a mediação.

sociais que se seguiram, especialmente desde a segunda metade do século passado, têm atraído a atenção para que as garantias de acesso à justiça e os seus consectários sejam revisitados e interpretados de acordo com o prisma das reais aspirações da sociedade contemporânea, em busca da verdadeira vocação do processo como instrumento de realização de justiça. Encontra-se, sem dúvida, inabalável e em sintonia com tal preocupação, por exemplo, a doutrina das "ondas renovatórias", cunhada por Mauro Cappelletti.

Realmente, são muitas as mudanças experimentadas pela sociedade brasileira hodierna em comparação com aquela da década de 1970, quando foi inserida a codificação processual de índole eminentemente individualista, seja no campo científico, econômico, ambiental ou social, podendo mencionar, a título de ilustração, o movimento de migração da população em direção a centros urbanos, a reiterada interferência governamental na economia e no sistema financeiro, o fenômeno da globalização político-econômica e a multiplicação dos conflitos de massa.[8]

Na tentativa de aprimoramento da efetividade do processo civil, inúmeras alterações legislativas foram aqui introduzidas a partir dos anos de 1990, podendo ser destacados, entre os pontos mais importantes, a inserção da antecipação da tutela, a fungibilidade entre as medidas dessa natureza e as cautelares, o revigoramento da tentativa de conciliação, a modificação da liquidação de sentença, do sistema recursal e da execução, a adoção do processo monitório, bem como a criação das súmulas vinculantes e da repercussão geral como pressuposto de exame do recurso extraordinário.

As sucessivas modificações promovidas no Código de Processo Civil estão fundamentadas na precípua preocupação com a efetividade do processo, através da tentativa de localização, segundo o dizer do Ministro Sálvio de Figueiredo Teixeira, membro da Comissão Revisora das reformas principiadas na década passada, dos "pontos de estrangulamento da prestação jurisdicional",[9] a fim de privilegiar "um *processo de resultados*, não um processo de conceitos ou de filigranas".[10]

---

8. Em termos globais, a feição da justiça se alterou desde os finais do século XX, popularizando-se especialmente pela pressão da mídia e da litigância de massa, sendo que "autores e réus são cada vez mais cidadãos comuns, ao contrário dos litigantes da época liberal, tipicamente grandes negociantes ou grandes proprietários". Cf. Mariana França Gouveia, *Os Poderes do Juiz Cível na Acção Declarativa. Em defesa de um processo civil ao serviço do cidadão*, in www.fd.unl.pt/docentes_docs/ma/MFG_MA_2830.doc. Acesso em 4.6.2012, p. 10.

9. Cf. Sálvio de Figueiredo Teixeira, *A Criação e Realização do Direito na Decisão Judicial*, Rio de Janeiro, Forense, 2003, pp. 67-70.

10. Cf. Cândido Rangel Dinamarco, *A Reforma do Código de Processo Civil*, 5ª ed., São Paulo, Malheiros Editores, 2001, p. 22.

É certo que, apesar dessas intensas modificações no âmbito legislativo e sem embargo da decantada necessidade de aparelhamento da máquina judiciária, aliada ao incremento da vigilância de natureza administrativa e correcional do Poder Judiciário em face da incorporação do Conselho Nacional de Justiça, a forma de condução do juiz no processo ainda será de todo fundamental para o incremento da qualidade da prestação jurisdicional. Nesse sentido, embora a efetividade do processo igualmente seja objetivo candente dos legisladores, antecipando *in abstracto* conteúdo normativo no balanceamento dos valores da segurança e celeridade, como se verifica especialmente na esteira do Código de Processo Civil de 2015, a atividade judicial, em decorrência de sua função específica de aplicar o direito ao caso concreto, é indispensável no contexto da qualificação da justiça.[11]

Todavia, afigura-se imprescindível uma pausa para a reflexão antes de se dedicar ao amplo problema da *efetividade do processo*. Conquanto a sua transformação em realidade nas práticas forenses represente uma aspiração irretorquível de todos os profissionais conscientes e dos estudiosos do direito processual, que poderia ser resumida no ideário da prestação jurisdicional justa, rápida e segura, a expressão poderia adquirir diversas conotações e ensejar inúmeras abordagens se a questão fosse colocada sob a perspectiva maior dos escopos institucionais e seus desdobramentos no "contexto político, econômico e social em que se insere a problemática da 'efetividade' do processo".[12]

Nessa compreensão de ideias, tomado o ensinamento de Cândido Rangel Dinamarco, a efetividade do processo, em seu sentido amplo, representaria "a sua almejada aptidão a eliminar insatisfações, com justiça e fazendo cumprir o direito, além de valer como meio de educação geral para o exercício e respeito aos direitos e canal de participação dos indivíduos nos destinos da sociedade e assegurar-lhes a liberdade".[13] Adverte, assim, o ilustre professor, quanto à dimensão do tema da efetividade, nos seguintes termos:

> a quem muito se empenhe nela, desavisadamente, ocorre o risco de perder-se na extensão e enveredar por toda a área do direito processual

---

11. A propósito, o texto aprovado aponta expressamente entre as incumbências do juiz na direção do processo a de velar pela duração razoável (art. 139, II).

12. Cf. José Carlos Barbosa Moreira, "Notas sobre o problema da 'efetividade' do processo", *Ajuris*, vol. 29, pp. 77-94.

13. Cf. Cândido Rangel Dinamarco, *A Instrumentalidade do Processo*, 15ª ed., rev. e atual., São Paulo, Malheiros Editores, 2013, p. 322.

– o que certamente diluiria as observações fundamentais no cipoal de tantos institutos e problemas específicos, minando-lhes a utilidade.[14]

Diante dessa importante observação, sob o risco de sucumbir à generalização e dispersão da matéria, optou-se por concentrar o estudo do problema sob a ótica da manifestação de dois vetores aparentemente contraditórios, que, ao lado do elemento justiça, concorrem para o aumento ou comprometimento da efetividade e na atuação processual; seja na apreciação das questões de direito, como no exame dos fatos, o juiz é constantemente chamado a realizar escolhas de valor com vistas à rápida entrega da prestação jurisdicional adequada ao conflito particularizado. Em outras palavras, a tão acalentada efetividade do processo, sob o ponto de vista do trabalho desempenhado pelo juiz no processo, se orientará, necessariamente, na constante atividade de valoração, em cada caso concreto, de seus elementos indissociáveis da celeridade, segurança e justiça das decisões.

Por outro lado, não se pretende concentrar o enfoque no tema dos poderes instrutórios do juiz, o qual tem recebido inegável dedicação dos estudiosos, inclusive no Brasil,[15] porém será necessário tangenciá-lo para compreender, de forma ampla, o papel do juiz na sua constante busca da efetividade sob o binômio da presteza e prudência, uma vez que, sem prejuízo do aprimoramento da legislação processual, contando-se, ainda, com a conduta leal e proba das partes, a verdadeira e atenta participação do juiz, como figura central do processo, na operação do sistema, inclusive na formação de seu convencimento sobre os aspectos fáticos, seria de fundamental importância para se determinar a dimensão da efetividade.

---

14. Idem, ibidem, p. 322, nota de rodapé n. 17.
15. A título de ilustração, mencionem-se os seguintes autores nacionais: José Roberto dos Santos Bedaque, *Poderes Instrutórios do Juiz*, 4ª ed., São Paulo, Ed. RT, 2009; José Carlos Baptista Puoli, *Os Poderes do Juiz e as Reformas do Processo Civil*, São Paulo, Juarez de Oliveira, 2002; José Carlos Barbosa Moreira, "O juiz e a prova", *Revista de Processo* 35, 1984, pp. 177-184; Sérgio Alves Gomes, *Os Poderes do Juiz na Direção e Instrução do Processo Civil*, Rio de Janeiro, Forense, 1995; Hélio Marcio Campo, *O Princípio Dispositivo em Direito Probatório*, Porto Alegre, Livraria do Advogado, 1994; Vicente Miranda, *Poderes do Juiz no Processo Civil Brasileiro*, São Paulo, Saraiva, 1993; João Batista Lopes, *A Prova no Direito Processual Civil*, São Paulo, Ed. RT, 2007; Maria Elizabeth de Castro Lopes, *O Juiz e o Princípio Dispositivo*, São Paulo, Ed. RT, 2006; e Daniel Penteado de Castro, *Contribuições ao Estudo dos Poderes Instrutórios do juiz no Processo Civil: fundamentos, interpretação e dinâmica*, dissertação de mestrado defendida perante a Faculdade de Direito da Universidade de São Paulo, 2010.

Balizadas as premissas da atividade do juiz, com a prévia incursão no instituto da jurisdição, e explorada a acepção da 'efetividade', serão analisados, com base nas proposições alcançadas, primeiramente, os pontos mais sensíveis do processo em que se sobressai o seu papel na apreciação dos interesses e dos valores aparentemente contrapostos da necessidade de aceleração e da ponderação decorrente da imprescindível segurança, de modo que se empreenderá a verificação da forma de exercício mais consentânea para se lograr a almejada tutela efetiva.

Nessa senda, em continuação, por razões unicamente de técnica de pesquisa, decidiu-se pelo estudo da atuação judicial tomando-se por base, como parâmetro principal, a classificação dos tipos de tutela jurisdicional, acrescentando, pela peculiaridade, o processo monitório, o coletivo e o dos juizados especiais e, diante da atualidade da matéria, a etapa recursal, a súmula vinculante e a repercussão geral, bem como o problema do abuso processual, que, ligado provavelmente também a fatores culturais, representa sério entrave para a funcionalidade de todo o sistema engendrado.

A metodologia de pesquisa consistirá no exame das principais fontes do direito – a doutrina, a legislação e a jurisprudência –, objetivando o estudo de temas relacionados ao incremento da efetividade do processo a partir da atuação do juiz enquanto é conduzido a manejar os apontados valores mais salientes que se interpenetram no ordenamento jurídico processual.

Pretende-se, portanto, trazer a lume a problemática da efetividade do processo civil sob a tônica do juiz na sua atuação incessante pela harmonização das forças representadas pela segurança e celeridade, sem se perder o foco na justiça da decisão, porquanto do arcabouço teórico se tentarão buscar respostas para uma abordagem diferenciada da atividade judicial na direção da prestação jurisdicional justa, célere e segura.

Com efeito, apesar de inúmeros trabalhos de escol relacionados à dimensão dos poderes do juiz, ainda remanescem muitas dúvidas nesse aspecto particular, isto é, considerando-se que a maioria dos doutrinadores se limita a afirmar ser imperioso o encontro do mencionado ponto de equilíbrio, seria importante avançar um pouco mais nessa empreitada e, sob essa especial perspectiva, analisar a viabilidade de sistematização do papel do juiz no processo civil e pesquisar a sua extensão e os aspectos a serem levados em consideração em face de vetores aparentemente conflitantes, cujo tratamento determinará o grau de efetividade de sua atuação no instrumento-meio de realização da justiça. É essa a contribuição que, com o presente estudo, se almeja oferecer à ciência jurídica brasileira.

Parte I
JURISDIÇÃO E PODER JUDICIÁRIO NA ATUALIDADE

Capítulo I
CONSIDERAÇÕES INICIAIS

1. O imperativo de adaptação do direito às transformações sociais. 2. Os institutos fundamentais da ciência processual: jurisdição, ação, exceção e processo. 3. Conclusões parciais (Parte I, Capítulo I).

1. *O imperativo de adaptação do direito às transformações sociais*

O direito é um fenômeno puramente humano (*ubi societas, ibi jus*), de modo que sempre se fez presente nas organizações sociais, por menos elaboradas que pudessem aparentar, como instrumento de regulação da convivência entre os seus membros, sejam circunscritos a uma célula familiar, a um povoado, a um determinado agrupamento, a um segmento profissional ou religioso, ou vinculados por qualquer outra circunstância, alcançando, posteriormente, os horizontes mais amplos, com a expansão territorial e o movimento de integração.

Com ressalva das narrativas sobre a época dos homens das cavernas, em que a força física, as armas e a astúcia determinavam a sorte do conflito, impensável a ausência do direito em qualquer ambiente que primasse por um mínimo de estruturação. Sem recorrer ao estudo aprofundado de outras ciências conexas (*e.g.*, história, antropologia, sociologia e psicologia), é compreensível que, diante da natureza humana, inata ao instinto de disputa e sobrevivência, e do fato de que a maioria dos bens suscetíveis de apreensão se caracteriza pela existência finita, sem a crença numa norma básica de conduta por seus integrantes, as controvérsias poderiam alcançar proporções imprevisíveis, trazendo imenso sofrimento e insegurança, comprometendo até mesmo a própria subsistência social.[1]

---

1. Como assinala Luis Recaséns Siches, não há, em princípio, além do emprego da força, outro meio de superação dos conflitos de interesses a não ser através de normas jurídicas, ou seja, "(...) una regulación objetiva (es decir, que no derive de

É difícil assentar se a convivência social surgiu como produto do direito anteriormente elaborado ou se a vida em sociedade precedeu ao surgimento de modelos de conduta, pois, partindo-se de uma organização familiar primitiva, determinados padrões de comportamento e de pensamento poderiam ter sido incorporados intuitivamente por seus membros e, com a observância reiterada, adquiriram o *status* de obrigatoriedade, com a correspondente coerção moral ou sanção em caso de descumprimento.

O que se pode intuir é que a construção da ideia de direito deu-se de modo paulatino na maior parte da história da civilização humana, especialmente se considerada a grandeza temporal que medeia o momento embrionário das organizações familiares e sociais, com o decurso de séculos e milênios, e a configuração atual da ciência jurídica.[2] É imperativo que o direito acompanhe razoavelmente o ritmo imposto pelas transformações da sociedade, sob pena de se tornar um instrumento ineficaz de agregação social e de esse desajuste ocasionar a insatisfação generalizada de seus membros, o aumento de conflitos, assim como a sensação de pusilanimidade diante de controvérsias, potencializando crises e comprometendo a imprescindível integração.

É notório que a sociedade mundial vem passando nos últimos tempos, especialmente desde meados do século passado, por profundas mudanças em todos os campos da experiência humana – sociais, políticos, econômicos, científicos e tecnológicos –, as quais têm se refletido diretamente nos contornos da ciência jurídica. Não se trata aqui de considerá-las positivas ou negativas, para o que depende de avaliação subjetiva e pessoal, mas se impõe ao estudioso do direito acompanhar atentamente as novas realidades que se descortinam e o desafiam, a fim de que, em sintonia com essas transformações, possa elaborar as reflexões necessárias para a melhor compreensão do fenômeno e, assim, oferecer respostas para o atual paradigma de conflitos que passaram a eclodir com a nova formatação da sociedade contemporânea.

ninguna de las partes en conflicto, sino de una instancia imparcial y que sea impuesta a ellas por un igual), la cual sea obedecida por los antagonistas", *Tratado General de Filosofia del Derecho*, 3ª ed., México, Porrúa, 1965, pp. 226-227.

2. De maneira que entre a experiência jurídica primitiva e a comunidade politicamente estruturada, entre a fase da autodefesa e a transferência a terceira pessoa para solucionar um litígio, insofismável é o resultado de "una lenta conquista di tempi relativamente tardi, in confronto dell'opposto concetto dell'autotutela privata, dominante nelle età primitive". V. Enrico Allorio, "Significato della storia nello studio del diritto processuale", *RDP* 15, 1 (1938), p. 190, *apud* José Rogério Cruz e Tucci, *Jurisdição e Poder*, São Paulo, Saraiva, 1987, p. 6, nota de rodapé n. 19.

Nesse ambiente, a realização de negócios jurídicos ganhou velocidade formidável na medida em que se impuseram avanços tecnológicos aos meios de comunicação, aproximando, instantaneamente, pessoas e organizações por meio eletrônico; e isso, aliado ao aumento de especialização de temas jurídicos e na esteira do fenômeno da globalização,[3]

3. O vocábulo pode comportar significados variados, mas transmite a ideia geral de interligação e aproximação de pessoas, qualquer que seja a localização geográfica, em termos sociais, políticos, econômicos e culturais. O dicionário *Houaiss* traz diversas rubricas: "Sociologia: processo pelo qual a vida social e cultural nos diversos países do mundo é cada vez mais afetada por influências internacionais em razão de injunções políticas e econômicas; Economia e política: intercâmbio econômico e cultural entre diversos países, devido à informatização, ao desenvolvimento dos meios de comunicação e transporte, à ação neocolonialista de empresas transnacionais e à pressão política no sentido da abdicação de medidas protecionistas, ou espécie de mercado financeiro mundial criado a partir da união dos mercados de diferentes países e da quebra das fronteiras entre esses mercados, ou integração cada vez maior das empresas transnacionais, num contexto mundial de livre-comércio e de diminuição da presença do Estado, em que empresas podem operar simultaneamente em muitos países diferentes e explorar em vantagem própria as variações nas condições locais". V. http://houaiss.uol.com.br/busca?palavra=globaliza%25C3%25A7%25C3%25A 3o, acessado em 3.2.2014.

Para Eros Roberto Grau, o ingrediente novo da globalização atual decorreria das transformações impulsionadas pela terceira revolução industrial – da informática, microeletrônica e telecomunicações, que permitiram a sua reprodução no campo financeiro. Cf. *O Direito Posto e o Direito Pressuposto*, 9ª ed., rev. e ampl., São Paulo, Malheiros Editores, 2014, p. 265.

Embora não seja tema a ser explorado nesta pesquisa, esse fenômeno pode suscitar reflexões e considerações de diversas naturezas, como faz Paulo Bonavides, *in verbis*: "A globalização política neoliberal caminha silenciosa, sem nenhuma referência de valores. Mas nem por isso deixa de fazer perceptível um desígnio de perpetuidade do *statu quo* de dominação. Faz parte da estratégia mesma de formulação do futuro em proveito das hegemonias supranacionais já esboçadas no presente. Há, contudo, outra globalização política, que ora se desenvolve, sobre a qual não tem jurisdição a ideologia neoliberal. Radica-se na teoria dos direitos fundamentais. A única verdadeiramente que interessa aos povos da periferia". Cf. *Curso de Direito Constitucional*, 30ª ed., São Paulo, Malheiros Editores, 2015, p. 585.

Para o enfoque deste trabalho, importante destacar o papel que o juiz deve imprimir no modelo econômico em curso da sociedade contemporânea, que, se de um lado é capaz de criar riquezas, provoca também um intenso movimento de exclusão social, de modo que é inegável a ocorrência de crise no campo do direito. Nesse contexto, a sociedade atual "não se compatibiliza com o perfil de um juiz apegado ao texto da lei, insensível ao social, de visão compartimentada do saber, autossuficiente e corporativo", invocando uma visão multidisciplinar de conhecimento para bem desempenhar o seu mister, como a economia, sociologia, política, psicologia, antropologia, bioética, criminologia, a fim de que a cultura jurídica venha "sempre acompanhada de cultura geral". Cf. Alberto Silva Franco, "O perfil do juiz na socie-

torna as contratações cada vez mais frequentes e complexas.[4] Por outro lado, a massificação de interesses vem ampliando o campo de projeção dos efeitos da decisão, qualquer que seja o conteúdo a ser adotado, ou a sua fonte emissora (interna – corporativa, ou externa – governamental ou judicial), de modo que, além do domínio jurídico e técnico em torno das matérias envolvidas, se exigem dos responsáveis pela solução de conflitos especialmente o elevado grau de sensibilidade social e também a nítida compreensão das consequências de suas escolhas valorativas, cujos resultados geralmente alcançam interesses antagônicos de diversos grupos de pessoas e da coletividade.

No campo do direito constitucional e processual essa realidade, somada a outras causas de múltiplos fatores, que repercutem diretamente na medida da efetividade do instrumento-meio para a concretização da justiça, tanto pelo comprometimento da celeridade quanto por eventual ameaça à segurança, tem provocado debate político em torno da extensão do exercício da jurisdição já que o Estado, através do Poder Judiciário, tem-se mostrado insuficiente na tentativa de oferecer todas as respostas aos conflitos dos tempos modernos.[5] Assim, por exemplo, a adoção

dade em processo de globalização", in Flávio Luiz Yarshell e Maurício Zanoide de Moraes (coords.), *Estudos em Homenagem à Professora Ada Pellegrini Grinover*, São Paulo, DPJ, 2005, pp. 813-819.

4. É a sociedade da informação que se apresenta como importante ferramenta de comunicação para o cidadão e a comunidade, mas, paradoxalmente, pode representar uma ameaça diante da preocupação com a quebra da privacidade, de sorte que se sobressai a importância da jurisdição, nessa era de riscos e incertezas, para o resguardo dos direitos fundamentais. Cf. Antônio Rulli Júnior, "Jurisdição e sociedade da informação", in Liliana Minardi Paesani (coord.), *O Direito na Sociedade da Informação*, São Paulo, Atlas, 2007, p. 86.

5. A valorização e o incentivo dos meios alternativos de solução de controvérsia podem ser tributados ao vácuo de eficiência deixado pelo Estado na sua missão de resolver a totalidade de conflitos. De sorte que é consentido, observados determinados pressupostos legais, o recurso a outras formas de superação de conflitos. O exemplo marcante é o reconhecimento da arbitragem, embora a sua prática esteja ainda restrita pela falta da cultura do instituto no Brasil, a penetrar em todas as camadas sociais, como via legítima para disputas envolvendo direitos disponíveis entre pessoas capazes, cuja constitucionalidade foi reconhecida pelo Supremo Tribunal Federal no julgamento do Agravo Regimental 5.206-7, datado de 12.12.2001.

É de todo modo visível a tendência à *dessacralização* do acesso à Justiça, ou à *desjudicialização* da resolução dos conflitos, como alternativa ao clássico monopólio do Estado na distribuição da Justiça. Cf. Rodolfo de Camargo Mancuso, *A Resolução dos Conflitos e a Função Judicial no Contemporâneo Estado de Direito*, São Paulo, Ed. RT, 2009, pp. 60 e 158.

Para uma parcela da doutrina, a exemplo de Cândido Rangel Dinamarco, as soluções alternativas são apenas sucedâneos da jurisdição, ou "equivalentes jurisdi-

exclusiva, principalmente nas ações coletivas, da fórmula tradicional de resolução de controvérsia e de seus mecanismos correspondentes, nos estreitos contornos da clássica estrutura de demanda: Autor *versus* Réu (Tício *versus* Caio),[6] trará resultados insatisfatórios, tendo em vista a incapacidade de remover a litigiosidade, em todo o seu alcance e profundidade, que se espraia no tecido social.

Por isso, observa-se em escala global, especialmente a partir da metade do século XX, esforço de adaptação do ordenamento jurídico à nova realidade que começava a se desenhar, com o objetivo de sintonização com os valores e interesses de cunho eminentemente social.[7] Nesse

cionais", pois, apesar de assumirem parcela da função das atividades jurisdicionais, isto é, a busca do seu escopo de pacificação e a educação social, "não se pautam pela atuação do direito material, nem pelo ideal de reafirmar o poder estatal, ou pela garantia de liberdades públicas ou participação política". Cf. *A Instrumentalidade do Processo*, 15ª ed., São Paulo, Malheiros Editores, 2013, p. 332.

Sob outro ângulo, não se trata de "privatização" da justiça, pois, conforme esclarece Barbosa Moreira, na colaboração de particulares na atividade judicial em direção à decisão, mediante iniciativa de provocar o processo, como na ação popular e ação civil pública, ou através de emissão de pronunciamento decisório, como no Tribunal do Júri, não se está a privatizar o processo, mas se observa o fenômeno da "'publicização', pois 'os particulares é que veem sua atividade revestida de caráter público'". Cf. "Privatização do processo?", *Temas de Direito Processual*, 7ª série, São Paulo, Saraiva, 2001, p. 9.

Nesse ambiente, em Portugal, foram editadas em passado recente normas (Decreto-Lei 226/2008 e Decreto-Lei 38/2003) relativas à ação executiva, conferindo ao auxiliar de justiça, a exemplo do *huissier* francês, os *poderes de autoridade*. Embora tal modelo não afaste a natureza jurisdicional do processo executivo, acarreta sua forte *desjudicialização*, com a consequente redução dos atos praticados pela secretaria, porquanto cabe ao agente de execução a citação e a notificação no processo executivo, além das competências gerais para a citação e a notificação das ações declarativas apensadas ao processo executivo. Cf. José Lebre de Freitas, *A Acção Executiva depois da Reforma da Reforma*, 5ª ed., Coimbra, Coimbra Editora, 2009 pp. 24-28.

Mencione-se, ainda, no Brasil, o Projeto de Lei 5.080/2009 (em tramitação na Câmara dos Deputados), que confere à União, aos Estados, ao Distrito Federal, aos Municípios, às suas autarquias e fundações de direito público os poderes para a prática de atos preparatórios de cobrança da dívida ativa.

6. Cf. Rodolfo de Camargo Mancuso, *Jurisdição Coletiva e Coisa Julgada. Teoria Geral das Ações Coletivas*, 2ª ed., São Paulo, Ed. RT, 2007, p. 18.

Mauro Cappelletti adverte que "el primer punto que debe tenerse presente cuando se considera el fenómeno procesal es que éste representa hoy un verdadero y propio fenómeno social de masa", *Proceso, Ideologías, Sociedad* (trad. Santiago Sentís Melendo y Tomás A. Banzhaf), Buenos Aires, Ediciones Jurídicas Europa-América, 1974, p. 131.

7. Ao mesmo tempo em que se desenvolviam as relações econômicas, a sociedade moderna se tornava cada vez mais complexa, dando margem a situações e

contexto, sobrevieram estudos relacionados ao conceito de pleno acesso à justiça, podendo ser mencionados como resultado desse movimento a evolução da doutrina dos direitos difusos e o incremento dos meios alternativos.[8] O tema do controle jurisdicional de políticas públicas também se insere nessa corrente em que surgiram os interesses metaindividuais a reboque dessa tendência.

No tocante ao aspecto metodológico do direito processual civil, ele pode ser dividido em três fases, ao menos no contexto do sistema continental romano-germânico. Na primeira etapa, o processo civil não passava de mero apêndice do direito privado, sem qualquer independência, cuja tônica foi invertida na fase seguinte, quando foram encetados profundos estudos científicos, acarretando a construção de teorias que conduziram à sua autonomia.[9] Na última etapa, com início na metade do século XX, a doutrina passou a vislumbrar no processo outros escopos além da pura técnica de refinamento. Assim buscou-se a flexibilização do processo e a preocupação com a sua finalidade essencial. Nesses termos, a evolução do processo civil pode ser identificada em etapas bem distintas: a primeira

problemas não imaginados no contexto de lides meramente individuais. Cf. Mauro Cappelletti, "Formações sociais e interesses coletivos diante da justiça civil", *Revista de Processo* 5, p. 130.

8. Mauro Cappelletti e Bryant Garth analisaram, em meados do século passado, a evolução do acesso à justiça, vislumbrando propostas de mudança em três movimentos ou "ondas", isto é, através da promoção da assistência judiciária para os pobres, do aprimoramento da representação jurídica para os interesses difusos e da superação de barreiras sob um novo enfoque de acesso à justiça e, nessa última abordagem, apresentaram entre uma variedade de sugestões a reforma dos procedimentos judiciais e o uso de métodos alternativos para a decisão de causas judiciais. Cf. *Access to Justice*, vol. I, Milano, Giuffrè Editore, 1978, pp. 5-124.

9. A ciência do direito processual, considerada como tal por força de sua autonomia adquirida em relação ao direito material, é consideravelmente jovem se limitada ao período posterior à época em que houve intenso debate doutrinário que deflagrou a sua independência, isso por volta da metade do século XIX, muito embora o processo, entendido como mecanismo de solução de controvérsia, tenha origem mais longínqua, com o seu nascedouro no direito romano. Cf. Moacyr Amaral Santos, *Primeiras Linhas de Direito Processual Civil*, 1º vol., 12ª ed., São Paulo, Saraiva, 1985, p. 38.

A nomenclatura "direito processual civil" foi atribuída em tempos relativamente recentes, derivada do direito alemão (*Zivilprozessrecht*), àquelas disciplinas destinadas à administração da justiça. Cf. Enrico Redenti e Mario Velani, *Diritto Processuale Civile*, vol. 1, 5ª ed., Milano, Giuffrè Editore, 2000, p. 3.

Para uma completa análise da evolução histórica do processo civil desde a época romana, passando pelo processo romano-barbárico, processo comum, Código de Processo Civil na França, Alemanha, Áustria, Península Ibérica, processo português, alcançando o processo civil brasileiro, Cf. Moacyr Amaral Santos, *Primeiras Linhas de Direito Processual Civil*, 1º vol., cit., pp. 37-61.

denominada de sincretista, a seguinte, de autonomista ou conceitual e a derradeira, de teleológica ou instrumentalista.[10]

Sob outro prisma, é possível destacar o desenvolvimento do direito processual civil em quatro gerações: a primeira teria concentrado as atenções na importância do formalismo, com a preocupação primordial na segurança jurídica, sistema que privilegiava, sobretudo, "o litigante de maior poder aquisitivo e que tinha interesse em fazer demorar o resultado da demanda". A geração seguinte teria buscado "romper com a burocracia processual", enaltecendo a substância ao invés das formalidades, assim como valorizando a noção do juiz proativo, cujo foco estaria voltado à "justiça da decisão". A terceira teria sido caracterizada pela consagração das ações coletivas, com ênfase na proteção dos direitos e interesses transindividuais. E, finalmente, no último estágio, a preocupação estaria relacionada ao problema do acesso do cidadão à justiça por meios alternativos, através de organização da própria sociedade, tomando-se por base a premissa de que o Estado não seria imprescindível para resolver todas as espécies de litígio.[11]

Ao longo do evolver da doutrina processual foram elaboradas diversas teorias, com destaque, como acentuado, para aquela que reverenciou a autonomia da relação jurídica processual. Essa fase foi cunhada como científica ou conceitual e perdurou até o momento em que ganhou força o movimento em torno da necessidade de se levar em conta os significados éticos, sociais e políticos no plano do processo, ou seja, a ideia de seus objetivos metajurídicos,[12] o que abriu a trilha para a etapa instrumentalista, na qual estamos inseridos atualmente, com forte comprometimento com o resultado do processo. Nessa presente fase, o processo é encarado como meio para alcançar um fim determinado, isto é, a concretização do direito substancial. Insere-se nessa perspectiva, por exemplo, a busca da legitimação do processo civil "pelos resultados que produz, com aumento

---

10. Cf. Cândido Rangel Dinamarco, *Fundamentos do Processo Civil Moderno*, t. I, 6ª ed., São Paulo, Malheiros Editores, 2010, pp. 123-124.

O estudo do processo civil, para efeitos didáticos, poderia abranger a menção de outros períodos, na seguinte ordem: a) primitivo, b) romano, c) romano-barbárico, d) judicialista, e) praxista, f) procedimentalista, g) científico e h) da efetividade. Cf. Sálvio de Figueiredo Teixeira, *A Criação e Realização do Direito na Decisão Judicial*, cit., p. 24.

11. Cf. José Augusto Delgado, "A arbitragem no Brasil – Evolução histórica e conceitual", artigo publicado no endereço eletrônico: www.saraivajur.com.br/menu Esquerdo/doutrinaArtigosDetalhe.aspx?Doutrina=455. Acessado em 21.1.2011.

12. Cf. Cândido Rangel Dinamarco, *Fundamentos do Processo Civil Moderno*, cit., t. II, pp. 126-127.

de acessibilidade aos meios de tutela, deformalização racional dos procedimentos, aceleração dos meios de defesa e – numa palavra – *efetividade da tutela jurisdicional*".[13]

Assim, superado o período sincretista em que o processo era considerado apenas um capítulo do direito material (daí o emprego outrora da expressão *direito adjetivo*), a etapa autonomista, apesar de sua inegável contribuição para a ciência processual, não se mostrava mais suficiente para os desafios dos tempos modernos na medida em que as relações sociais se tornavam cada vez mais intrincadas. No presente estágio os doutrinadores enfatizam a necessidade de temperar o tecnicismo que preponderava na época passada e, ainda, em menor número entre alguns poucos cultores da fase denominada científica, com vistas a transformar o processo em técnica de concretização do direito substancial, sem perder o contato com os demais escopos institucionais: social (pacificação e educação), político (participação e preservação do valor liberdade) e jurídico (atuação da vontade do direito).[14]

A evolução da ciência processual também perpassou as diversas formas de enfrentamento de controvérsias verificadas ao longo dos tempos. Em épocas primitivas predominava a autotutela, que ainda subsiste como exceção, tal como ocorre no direito penal, quanto à legítima defesa e ao ato praticado em situação de necessidade (CP, arts. 24 e 25), e, na esfera civil, quanto ao desforço imediato para a preservação da posse (CC, art. 1.210). À medida que a sociedade se organizava, a autotutela foi

---

13. Idem, ibidem, p. 127.
14. Cf. Araújo Cintra, Grinover e Dinamarco, *Teoria Geral do Processo*, 31ª ed., São Paulo, Malheiros Editores, 2015, pp. 32-33.

Por isso, o processualista moderno deve "estar atento à indispensável visão orgânica da interação entre o social, o político e o jurídico". Cf. Cândido Rangel Dinamarco, *A Instrumentalidade do Processo*, cit., pp. 183-184.

O Código de Processo Civil de 1973, também denominado de Código Buzaid, incorporou nitidamente a fase conceitual. A propósito, Barbosa Moreira, já na década seguinte, comentou que "o trabalho empreendido por espíritos agudíssimos levou a requintes de refinamento a técnica do direito processual e executou sobre fundações sólidas projetos arquitetônicos de impressionante majestade. Nem sempre conjurou, todavia, o risco inerente a todo labor do gênero, a deixar-se aprisionar-se na teia das abstrações e perder o contacto com a realidade cotidiana". Cf. "Tendências contemporâneas do direito processual civil", *Revista de Processo* 31, p. 200.

Cândido Rangel Dinamarco, quanto à transposição do Estatuto processual de 1939 ao de 1973, também se manifestou pela ausência de substanciais reformas de modo que o CPC/1973 continuou sendo *individualista* como o anterior, permanecendo inalterado o estilo de processo e procedimentos. Cf. *A Reforma do Código de Processo Civil*, 5ª ed. São Paulo, Malheiros Editores, 2001, pp. 21-23.

substituída gradualmente pela autocomposição, de modo que a solução fosse alcançada por condutas unilaterais ou por convergência das partes, efetivando-se hodiernamente, ausente qualquer interesse preponderante tutelável pelo Estado, através de suas três modalidades amplamente conhecidas: transação, submissão e desistência.[15]

A transação, sem dúvida, é a melhor forma de solução de controvérsia, já que se aproxima da ideia de coesão e harmonia sociais, tendendo a eliminar o litígio, através de diálogo, em sua extensão maior, pois que reflete atitude bilateral, mediante concessões espontâneas e recíprocas, elevando a possibilidade de superação de todos os resíduos do conflito. E, por último, verifica-se o método denominado de heterocomposição, no qual uma terceira pessoa é previamente designada para solucionar a disputa, a exemplo do processo judicial e da arbitragem.

Sem se olvidar da importância da autocomposição e dos meios alternativos de solução de controvérsia, inclusive na modalidade heterocompositiva da arbitragem,[16] o presente estudo limitar-se-á à problemática da efetividade do método disponibilizado pelo Estado (o processo judicial) sob a visão do juiz em tempos em que a sua atividade adquire um peso extraordinário na solução de impasse entre diversos valores intercalados em disputa de interesses que se irradiam muitas vezes para além do circuito das partes numa singela demanda de feição individualista.

Anote-se que, nos termos do Preâmbulo da Carta Magna, o qual sintetiza os objetivos fundamentais da República Federativa do Brasil, estão consagrados, entre outros escopos primordiais do Estado Democrático, a garantia do exercício dos direitos sociais e individuais, a liberdade, a segurança, o bem-estar, a igualdade e a justiça, de modo que se encontra em sintonia com os mandamentos constitucionais qualquer movimento de ampliação do acesso à justiça, inclusive através de meios alternativos e das tutelas diferenciadas e, sobretudo, a adoção da perspectiva instrumentalista do processo, o que viria ao encontro das lídimas aspirações de seu povo.

Na esteira da imprescindível conformação do ordenamento jurídico às inexoráveis transformações sociais, faz-se premente ainda o movimento pela reforma da justiça, em voga há algum tempo. Nesse contexto, a justiça é entendida como instituição responsável pelo

---

15. Cf. Araújo Cintra, Grinover e Dinamarco, *Teoria Geral do Processo*, cit., pp. 42-43.
16. Cf. Lei 9.307, de 23.9.1996, que dispôs sobre a atual arbitragem no Brasil, e Lei 13.129, de 26.5.2015, que ampliou o seu âmbito de aplicação.

exercício da jurisdição outorgado pela Carta Política, que clama principalmente por sua modernização, o que implica também mudança de mentalidade de todos os agentes que nela intervêm, direta ou indiretamente, e a participação mais ativa da sociedade, que é o destinatário da atividade a ser desempenhada pelo equipamento estatal essencial à implementação do ideal preconizado no seio do Estado Democrático de Direito. Assim, é chegado o momento de se realizar o *aggiornamento* do aparato judicial.[17]

2. Os institutos fundamentais da ciência processual: jurisdição, ação, exceção e processo

Metodologicamente, de acordo com a ampla doutrina, os institutos citados são considerados fundamentais no direito processual por condensar os pilares mestres em torno dos quais gravita toda a disciplina em foco, refletindo as estruturas principais que dão sustentáculo ao seu objeto de pesquisa.[18] A sua compreensão permite uma visão holística e sistemática dos grandes temas debatidos em todos os quadrantes da seara processual, tendo em vista que "o quadrinômio juris-dição-ação-defesa--processo constituiu e exaure, portanto, o *objeto material da ciência processual* – ou seja, as realidades a que esta dedica suas investigações e suas conclusões".[19]

A importância e o peso desses institutos confrontados entre si podem variar segundo as diretrizes preponderantes de um determinado modelo ou sistema processual desejado. Vêm a propósito as considerações de caráter exemplificativo trazidas por Cândido Rangel Dinamarco:

> aquelas linhas escolhidas pelo legislador para determinar a intensidade do poder estatal exercido pelo juiz e o grau de poderes e faculdades concedidos a cada uma das partes: maiores poderes concedidos ao juiz significam opção política por um processo publicista em que ação e defesa se mostram menos influentes no resultado final a obter. Inversamente, a ampliação das possibilidades (e mesmo a exigência) da defesa, máxime no processo criminal, denota a vontade de evitar o

---

17. Cf. José Renato Nalini, "As urgências da Justiça", artigo publicado na *Folha de São Paulo*, Tendências/debates, 9.2.2011, p. A3.

18. A sistematização dos institutos nessa ordem foi elaborada por Eduardo Couture, Cf. Cândido Rangel Dinamarco, *Fundamentos do Processo Civil Moderno*, cit., t. I, p. 286.

19. Cf. Cândido Rangel Dinamarco, *Instituições de Direito Processual Civil*, vol. I, 7ª ed., São Paulo, Malheiros Editores, 2013, p. 303.

acolhimento da pretensão amparada pela ação sem que haja um grau suficientemente elevado de segurança quanto à sua procedência.[20]

Continua o ilustre professor asseverando que sobre esses institutos fundamentais incidem diretamente "os grandes princípios do direito processual e através deles adquirem sentido as regras fundamentais impostas pela Constituição ao sistema de administração da justiça".[21]

Em primeiro lugar, a jurisdição é a expressão da própria soberania do Estado que, mediante a atuação de uma de suas funções, visa a aplicar em concreto a norma jurídica na solução do conflito que lhe é encaminhado. Desse modo, o Estado promove o império do direito com justiça, em tempo razoável e observados os preceitos fundamentais, e busca o resgate, por consequência, da paz social. Dada a proeminência do instituto no contexto da pesquisa, ele será analisado em capítulo autônomo.

A ideia de ação repousa no poder ou direito de ativar a jurisdição e é oriunda da garantia constitucional de demandar, que confere ao interessado a abertura de canal para o pedido (ou a exigência) de efetiva resposta do Estado, observando-se a cláusula do devido processo legal. Entre os enfoques que podem ser levantados sobre esse instituto fundamental, em termos conceituais, talvez o mais marcante seja a dualidade entre o direito constitucional de petição e o da ação, o primeiro de conteúdo mais restrito a órgãos ou à autoridade pública (direito de representação),[22] e o outro, como manifestação da garantia do irrestrito acesso à justiça,[23] assim como se costuma fazer a distinção entre esse poder genérico e abstrato de pleitear a prestação cívica e o direito de ação de natureza processual.[24]

20. *Fundamentos do Processo Civil Moderno*, cit., t. I, p. 291.
21. Idem, ibidem.
22. Idem, p. 292.
23. Pensamento desenvolvido inicialmente por Mauro Cappelletti e Bryan Garth, que perceberam a necessidade do conceito moderno de acesso efetivo à justiça, e não apenas o direito formal do indivíduo de propor ou contestar uma ação, que muitas vezes era obstado a fazê-lo, principalmente por barreira de ordem econômica. Cf. *Access to Justice*, vol. I, cit., pp. 6-10.
24. Cf. Araújo Cintra, Grinover e Dinamarco, *Teoria Geral do Processo*, cit., pp. 285-286.
No campo processual, demanda não se confunde com ação, pois que aquela é o ato inicial de comparecer em juízo com uma pretensão, ao passo que a última é um direito, ou poder, de modo que é preferível dizer que se propõe uma demanda (no lugar de ação), ou dos elementos constitutivos da demanda ao invés de condições da ação. Cf. Cândido Rangel Dinamarco, *Instituições de Direito Processual Civil*, vol. I, cit., p. 307.

A doutrina afirma indistintamente que a ação é poder ou direito, havendo certa prevalência de entendimento, inclusive no Brasil, que a conceitua como um direito subjetivo.[25] Na doutrina clássica mencione-se a concepção *sui generis* de Salvatore Satta:

> se questo riconoscimento del potere di azione è indubbiamente legittimo, né si può prescindere da esso senza attentare all'essenza stessa del diritto, non si deve per altro dimenticare che, in sé e per sé, l'azione non è un potere, non è un diritto, ma è, puramente e semplicemente, azione. Di fronte allo *jus persequendi*, l'azione è la *persecutio*, e quindi in definitiva, un mero fatto: e come non si può definire il fatto altrimenti che per se stesso, cosi non può definire, altrimenti che per se stessa, l'azione.[26]

Quanto ao estudo das diversas teorias em torno da natureza jurídica da ação (imanentista ou civilista, direito autônomo, direito autônomo e concreto, direito autônomo e abstrato, direito potestativo, direito subjetivo instrumental e outras),[27] depois do exaustivo debate e da notória evolução

De acordo com José Roberto dos Santos Bedaque, o poder de ação não seria tão genérico, pois o direito de ação estaria vinculado ao caso concreto, "cuja proteção não seja, em tese, vedada pelo ordenamento jurídico. Além disso, o provimento solicitado deve ser necessário e adequado à situação descrita pelo interessado", sujeitando-se, portanto, às condições próprias, mediante o seu exame *in statu assertionis*. Cf. *Poderes Instrutórios do Juiz*, cit., pp. 52-53.

25. Com efeito, quem entende que é um poder parte da premissa de que o direito subjetivo e a obrigação seriam situações jurídicas opostas num conflito de interesses, o qual inexistiria entre o autor e o Estado, ao passo que aqueles que sustentam a ação como direito subjetivo anteveem que também o Estado teria interesse na função jurisdicional, mas não vislumbram incoerência ao afirmar que existe a obrigação de exercê-la. Cf. Araújo Cintra, Grinover e Dinamarco, *Teoria Geral do Processo*, cit., pp. 285-286.

Eduardo J. Couture esclarece que o vocábulo ação, cujo significado é diverso da *actio* romana, pode apresentar várias acepções, mas que no sentido estritamente processual deve ser tomado como sinônimo de *faculdade* de provocar a atuação do Poder Judiciário: "trata-se de um poder jurídico, diverso do direito e da demanda em sentido formal, destinado a provocar a atividade estatal, através de seus órgãos competentes, no sentido da declaração coativa de um direito". Cf. *Fundamentos do Direito Processual Civil*, trad. Rubens Gomes de Sousa, São Paulo, Saraiva, 1946, p. 21.

26. *Diritto Processuale Civile*, 2ª ed. Padova, CEDAM, 1950, p. 86.

27. Cf. Araújo Cintra, Grinover e Dinamarco, *Teoria Geral do Processo*, cit. pp. 277-282.

Embora o sentido genérico de agir signifique buscar a tutela do próprio direito em juízo, essa noção está atrelada à *actio* dos juristas romanos, que ignoravam o conceito de direito subjetivo, e aquela era o meio de pedir a satisfação das próprias razões, de modo que "per dire che a Tizio spettava un diritto, diceva che gli spettava

doutrinária que teve origem, em meados do século XIX, na polêmica travada entre Windscheid e Müther, com o seu apogeu na etapa conceitual ou científica do direito processual, alcançou notoriedade a teoria da ação como direito autônomo e abstrato, o qual subsistiria independentemente da vinculação com o direito material-subjetivo invocado, ou do resultado do pronunciamento judicial acerca da demanda.

No entanto, em face da atualidade da visão instrumental do processo, que privilegia o provimento jurisdicional sobre o caso concreto, ganhou prestígio na doutrina nacional a construção de Liebman, segundo a qual, sem afastar a autonomia da ação em relação ao direito substancial, somente seria possível se cogitar de ação se houvesse atuação do direito material, mesmo em sentido desfavorável ao autor,[28] de forma que, na dicção de José Roberto dos Santos Bedaque:

> para quem vê o processo como instrumento de solução de controvérsias, meio pelo qual opera a jurisdição, cujo escopo principal é a manutenção do ordenamento jurídico, a ação deve ser concebida como o poder de movimentar essa função estatal, a fim de que ela alcance sua finalidade. E isto somente ocorre quando o provimento dá uma solução para a relação de direito substancial apresentada pelas partes.[29]

Decorre disso que o poder genérico de movimentar o aparato judicial não é suficiente para a plena caracterização do instituto da ação, visto que é sucedâneo da autotutela, vedada pelo ordenamento, devendo incidir sobre um caso concreto.[30]

Naturalmente a ação não existe apenas para aquele que promove a demanda, mas também para qualquer parte (no processo civil, inclusive

l'actio". Cf. Enrico Tullio Liebman, *Manuale di Diritto Processuale Civile*, vol. I, 3ª ed., Milano, Giuffrè, 1992, p. 116; tradução brasileira: *Manual de Direito Processual Civil*, vol. I, 3ª ed., trad. e notas de Cândido Rangel Dinamarco, São Paulo, Malheiros Editores, 2005, p. 196.

28. Cf. Araújo Cintra, Grinover e Dinamarco, *Teoria Geral do Processo*, cit., p. 289; José Roberto dos Santos Bedaque, *Poderes Instrutórios do Juiz*, cit., pp. 46 e ss.

Por isso, no confronto entre os dois sistemas de normas jurídicas (substanciais e processuais), Liebman alerta que seria contraproducente absorver um pelo outro, não havendo nexo de prioridade, uma vez que "senza il processo, il diritto sarebbe abbandonato alla sola buona volontà degli uomini e rischierebbe troppo spesso di rimanere inattuato; e il processo senza il diritto sarebbe un meccanismo costretto a girare a vuoto, privo di contenuto e di scopo". Cf. *Manuale di Diritto Processuale Civile*, vol. I, cit., p. 117; trad. bras.: *Manual de Direito Processual Civil*, vol. I, cit., p. 197.

29. Cf. *Poderes Instrutórios do Juiz*, cit., pp. 50-51.

30. Idem, p. 51.

para o réu e o interveniente) que tenha uma série de poderes, faculdades e deveres, viabilizando, com uma sequência de atos, a sua participação no processo e, por consequência, o contraditório.[31] A ação não se restringe à noção de ruptura da inércia da jurisdição, tendo em vista que o poder ou direito de agir se revela ao longo de todo o processo para a garantia da obtenção da tutela jurisdicional.[32]

Ademais, a concepção da ação sob o enfoque exclusivamente da parte que provoca a atuação estatal, objetivando a satisfação de suas pretensões, não se revela completa à luz da ciência processual da atualidade, tendo em vista que o correspondente poder ou direito não se limita à proteção dos interesses privados, mas também alcança a finalidade de realizar o direito objetivo material, sendo, assim, inafastável o seu interesse público, de sorte que essa visão publicista "realça a autonomia e a instrumentalidade do processo".[33]

Nesse contexto, entre a concepção concreta ou imanentista da ação e a visão abstrata da ação, deve prevalecer nos tempos modernos uma posição que mais contemple a efetiva realização do direito material, através de processo justo e équo, e especialmente por meio de tutelas jurisdicionais adequadas, ou seja, a posição vinculada à noção de efetividade.[34]

Observa-se, portanto, que na fase atual do direito processual há certo grau de descolamento do estágio em que se apregoava a abstração plena do direito de ação, uma vez que, conforme a lição de José Roberto dos Santos Bedaque:

> o direito processual não tem um fim em si mesmo. Sua finalidade é promover a realização prática do direito substancial. Embora o poder de provocar a jurisdição esteja previsto na Constituição e seja atribuído a todos, sua relevância para o direito processual existe somente quando ele funciona como um instrumento de atuação do direito material.[35]

Sob a perspectiva da atuação do juiz na busca da efetividade processual, o estudo do processo exclusivamente através do ponto de vista

---

31. Cf. Elio Fazzalari, *Istituzioni di Diritto Processuale*, 5ª ed., Padova, CEDAM, 1989, p. 405.

32. Cf. Cassio Scarpinella Bueno, *Curso Sistematizado de Direito Processual Civil: teoria geral do direito processual civil*, vol. 1, 5ª ed., São Paulo, Saraiva, 2011, p. 385.

33. Cf. José Roberto dos Santos Bedaque, *Poderes Instrutórios do Juiz*, cit., pp. 34-35.

34. Cf. Carlos Alberto Alvaro de Oliveira, *Teoria e Prática da Tutela Jurisdicional*, cit., p. 78.

35. Cf. *Poderes Instrutórios do Juiz*, cit., p. 56.

do sujeito que se propõe a demandar, tencionando a satisfação de suas pretensões, talvez não forneça tantos subsídios a serem explorados, a não ser o enfrentamento do fenômeno da carência da demanda, especificamente na apreciação das condições ou pressupostos de admissibilidade do exame do mérito, cuja ausência constatada por ocasião da decisão final, de acordo com a teoria da prospecção ou asserção, implicará a resolução propriamente do direito material controvertido.

O instituto da exceção vincula-se à ideia da bilateralidade do processo e da problemática da efetivação do direito de defesa, do contraditório e do devido processo legal. Em tese, desperta maior cuidado no direito processual penal e administrativo, embora se torne relevante, de modo reflexo, em algumas técnicas do processo civil que exercem influência direta no resultado da prestação jurisdicional sob a ótica da efetividade, v.g., o tema da invalidade dos atos processuais sempre invoca a observância dos princípios da instrumentalidade das formas e do prejuízo em relação ao direito de defesa.

Igualmente, a técnica da antecipação da tutela ou do julgamento antecipado do mérito também passa pelo exame da observância da oportunidade do contraditório, apesar da mitigação quanto ao momento de seu efetivo exercício, bem como o enfrentamento da questão da revelia (contraditório real). Valem aqui as mesmas considerações feitas ao instituto da ação no tocante à sua natureza publicista diante da concepção instrumentalista que se agrega ao processo moderno, ou seja, interessa o direito de defesa não só ao sujeito em face de quem é apresentada uma demanda, mas também ao Estado na incorporação do valor justiça na decisão, conferindo-se ao julgador a oportunidade de amplo contato com os argumentos e elementos de prova de ambas as partes e eventuais intervenientes.

O instituto do processo é de suma importância para a efetividade da prestação jurisdicional, uma vez que é nele que as partes podem estabelecer a dialética própria de uma contenda, com o desejável respeito aos limites da ética e probidade, conquanto o juiz tenha o poder-dever de desempenhar a sua missão reservada pelo ordenamento jurídico, com vistas a torná-lo justo e équo.

Trata-se do próprio método de trabalho, instrumento ou veículo para a consecução dos fins previstos no ordenamento jurídico através da confluência de atos a serem praticados pelos sujeitos processuais que se vinculam entre si, ou seja, o processo faz movimentar a jurisdição, operando-a.[36] Pode ser definido sinteticamente nos seguintes termos:

---

36. Por isso, tanto o processo como a jurisdição têm na essência o mesmo desiderato, a atuação da norma jurídica, ou do direito substancial, visto que o primeiro

o processo é o resultado da soma de todas as disposições constitucionais e legais que delimitam e descrevem os atos que cada um dos sujeitos processuais realiza no exercício de seus poderes fundamentais, ou seja: a jurisdição pelo juiz, a ação pelo demandante e a defesa pelo réu. O conceito de processo abrange o de *procedimento* e o de *relação jurídica processual*.[37]

A noção de processo, para Zanzucchi, pressupõe a existência de jurisdição e ação, já que antecedem a potestade do Estado em cumprir a justiça e a dos cidadãos em tê-la. É no processo que essas duas forças entrariam em contato, coligar-se-iam reciprocamente e "assumono un contenuto concreto in quei singoli poteri, doveri e oneri dello Stato e dei cittadini, che nel processo stesso trovano la loro causa (singoli poteri, doveri e oneri processuali)".[38]

Dentre as diversas teorias formuladas acerca da natureza jurídica do processo (como contrato, quase-contrato, situação jurídica e relação jurídica), a última, desenvolvida por Bülow, que estabeleceu a autonomia da relação jurídica processual, é a que mais contou com prestígio ao ter inaugurado a escola sistemática.[39] De acordo com a doutrina mais recente, a noção de processo alberga a ideia de procedimento (a sequência de atos processuais praticados no tempo e no espaço)[40] e de relação processual desenvolvida em contraditório.[41] Nesse sentido, o processo é uma relação jurídica a envolver atos e sujeitos, ou seja, uma sequência de atividades

---

serve como meio de atuação da última. Cf. José Roberto dos Santos Bedaque, *Poderes Instrutórios do Juiz*, cit., p. 67.

37. Cf. Cândido Rangel Dinamarco, *Instituições de Direito Processual Civil*, vol. I, cit., p. 304.

38. Cf. Marco Tullio Zanzucchi, *Diritto Processuale Civile*, vol. I, 6ª ed. Milano, Giuffrè, 1964, p. 3.

39. Cf. Araújo Cintra, Grinover e Dinamarco, *Teoria Geral do Processo*, cit., pp. 318-325.

Não se vislumbra motivo para neste trabalho desenvolver considerações em torno das diversas teorias sobre a natureza jurídica do processo. É suficiente o registro de que não mais se discute a sua autonomia diante da relação jurídica material, mas que o enfoque atual é baseado na ideia de instrumento ou meio que caracteriza a consecução do fim destinado à solução exigida no plano do direito substancial.

40. Cf. Piero Calamandrei, *Instituciones de Derecho Procesal Civil*, trad. Santiago Sentis Melendo, Buenos Aires, Depalma, 1943, p. 248.

41. Elio Fazzalari vislumbra o módulo processual como integração entre o procedimento e o contraditório, o que ainda seria insuficiente no entendimento de Cândido Rangel Dinamarco, já que inescapável o elemento constituído de relação jurídica processual. Cf. *Instituições de Direito Processual Civil*, vol. II, 6ª ed., São Paulo, Malheiros Editores, 2009, p. 29.

interligadas e coordenadas entre si (aspecto objetivo), levada a cabo na atuação de poderes ou faculdades, ou em cumprimento de deveres ou ônus (aspecto subjetivo).[42]

Não há hierarquia entre os institutos fundamentais. O deslocamento de um ou alguns deles para o centro das coordenadas decorre apenas por questão de metodologia ou técnica de estudo. Para o objeto de pesquisa, embora a ação e a defesa na condição de garantia dos litigantes convirjam para a jurisdição, em realidade, a última e o processo teoricamente mereçam maior destaque tendo em vista que aquela se exercita concretamente através desse instrumento, servindo como "mola do sistema e produtora de resultados externos na vida das pessoas"[43] e interferindo diretamente na efetividade como um todo.

A importância da ação e da defesa é indiscutível sob o exame das garantias constitucionais do acesso à justiça como meios de sustentação de razões e de participação dialética no processo, mas a desejada efetividade parece envolver, como pontuou Carlos Alberto Alvaro de Oliveira, aspectos inerentes ao próprio instituto do processo:

> a dimensão dos poderes das partes e dos poderes/deveres do órgão judicial, da conformidade e adequação do procedimento, de técnicas mais apropriadas, e das formas de tutela jurisdicional, na medida em que todos esses fatores é que se mostram realmente significativos para uma melhor realização dos valores fundamentais do processo.[44]

Ademais, seguindo a mesma trilha, partindo-se do pressuposto de que a efetividade do processo ou a integral tutela jurisdicional não prescinde da correta escolha das técnicas consubstanciadas em meios e procedimentos apropriados, bem como da percuciente atuação do juiz, "o agir, a ação (ou a reação), será muito mais a consequência disso tudo

---

42. As situações jurídicas ativas permitem realizar atos processuais: faculdades (*liberdade de conduta*) outorgadas pela lei e poderes (*capacidade de produzir efeitos sobre a esfera jurídica alheia*) das partes ou do juiz. As passivas impelem o sujeito ao cumprimento de um ato: deveres (*imperativo de conduta no interesse alheio*), que criam situações desfavoráveis ao titular, limitando a liberdade de atuar, e ônus (*imperativo do próprio interesse*), que podem ser absolutos ou relativos e estão em posição intermediária, já que paira ameaça contra o interesse do titular se não observados em razão da conveniência de realizá-los. Cf. Cândido Rangel Dinamarco, *Instituições de Direito Processual Civil*, vol. II, cit., pp. 206-211.

43. Cf. Cândido Rangel Dinamarco, *Instituições de Direito Processual Civil*, vol. I, cit., p. 309.

44. Cf. *Teoria e Prática da Tutela Jurisdicional*, cit., pp. 76-77.

do que o seu pressuposto",[45] de maneira que seria mais correto, conforme as palavras do mesmo doutrinador:

> falar no direito a um processo adequado do que numa ação adequada, mormente porque só assim será possível levar em consideração os valores e garantias próprios de cada sociedade, com atendimento às normas de princípio da segurança e da efetividade e emprego de técnicas que visem a uma realização do direito mais adequada ao caso concreto".[46]

3. Conclusões parciais (Parte I, Capítulo I)

O direito, apesar da importância de seus institutos milenares, deve acompanhar as constantes transformações operadas na sociedade, sem o que faltará a sintonia entre o ordenamento jurídico posto e a realidade em que se encontra inserido. Esse descompasso provoca a redução da legitimidade do direito por não traduzir os verdadeiros valores aceitos por seus destinatários, o que pode comprometer, em derradeiro, a harmonia social. Nos últimos tempos, especialmente a partir da metade do século XX, intensificaram-se as mudanças sociais, que trouxeram outras configurações às relações jurídicas.

O direito processual igualmente se enquadra nesse contexto de imperatividade, devendo ser formulados ajustes que traduzam aptidão suficiente para o fim a que se destina, propiciando meios necessários para a adequada prestação jurisdicional, ou seja, a concretização do direito substancial. Nessa dinâmica a ciência processual também experimentou evolução, desde quando adquiriu a sua autonomia até alcançar o seu estágio atual. Dos institutos fundamentais, o estudo da jurisdição e do processo reclama maior dedicação quando o foco da ciência processual se volta à instrumentalidade e à efetividade.

---

45. Idem, p. 77.
46. Idem, ibidem.

Capítulo II
INSTITUTO DA JURISDIÇÃO

1. Breves considerações históricas. A separação de poderes. 2. Jurisdição e principais correntes doutrinárias: 2.1 Chiovenda e Carnelutti – 2.2 Calamandrei – 2.3 Marco Tullio Zanzucchi – 2.4 Alfredo Rocco – 2.5 Crisanto Mandrioli – 2.6 Enrico Allorio – 2.7 Niceto Alcalá-Zamora y Castillo – 2.8 Enrico Tullio Liebman. 3. Considerações sobre características, escopos e princípios informativos da jurisdição. 4. A jurisdição como poder e dever. 5. Conclusões parciais (Parte I, Capítulo II).

1. Breves considerações históricas. A separação de poderes

A distinção que se faz hoje das funções estatais em três setores é resultado de evolução histórica experimentada pelo mundo ocidental, que teve o seu ápice no século XVIII, conquanto todas as atividades de que se compõe a estrutura organizacional de qualquer feição de Estado sempre tivessem sido desempenhadas pelos instrumentos a serviço da própria potestade, isso apesar da inexistência de uma nítida divisão entre as funções administrativa, legislativa e aquela consistente em proferir e impor decisões, já que muitas vezes se observava a concentração dessas atribuições na figura de uma pessoa, organização ou aparato estatal (reis, imperadores, conselheiros e mandatários).[1]

[1]. Assim, todos os poderes estatais (de legislar, julgar e administrar) estavam reunidos nas mãos do soberano, com a possibilidade de delegação das atividades a funcionários, nos limites do mandato que lhe fora outorgado. Nesse período, a argumentação jurídica era incipiente, pois que não existia a obrigação de motivar as sentenças, as fontes do direito eram imprecisas, o direito era pouco elaborado em termos de sistema e as decisões da justiça quase não chegavam ao conhecimento do público. Cf. Chaïm Perelman, *Lógica Jurídica. Nova Retórica*, trad. Vergínia K. Pupi, 2ª ed., 2ª tir., São Paulo, Martins Fontes, 2010, p. 183.

Pedro Lessa, ao traçar a diferença entre os órgãos e funções estatais, com base nas lições de Esmein, lembra que "chronologicamente é o judiciário o primeiro poder que apparece na sociedade, pois é pela administração da justiça que se satisfaz a

Assim, em qualquer época da civilização dotada de um mínimo de força e comando estatais, tais atividades se faziam presentes. A formatação atual de Estado com a separação de poderes é fruto de embate no campo social e político, cujas ideias foram retratadas por vários filósofos (Aristóteles, Maquiavel, Locke, Rousseau e, especialmente, Montesquieu, com a sua obra *De l'Esprit des Lois*, publicada em 1748), e que culminaram em meio ao denso ambiente político do período absolutista com o pensamento de que nem todas as funções do Estado deveriam se acumular na figura do monarca ("L'État c'est moi"), quadra histórica em que essa reunião de poderes enfrentava grave questionamento, de modo que ganhou consistência a proposta de distribuição equilibrada das forças políticas entre órgãos, por meio de atribuições específicas, os quais deveriam atuar de forma interdependente e através deles se expressaria o poder político do Estado na sua unidade.[2]

A independência dos juízes é atualmente uma garantia de máximo grau do ponto de vista político e a sua origem próxima liga-se, portanto, ao vasto movimento de ideias que antecederam a Revolução Francesa e que inspiraram a doutrina segundo a qual "intesa (allora) come divisione di gruppi o di sistemi di organi indipendenti e contrapposti per l'esercizio delle tre funzioni dello Stato che si venivano teoricamente identificando: legislativa, esecutiva (amministrativa) e giudiziaria".[3]

É intuitivo que as atividades do Estado, em especial a administrativa e a legislativa, se entrecruzavam no espaço de domínio do poder central

---

primeira necessidade social, sentida pelas primitivas agremiações humanas, quando não existem ainda normas jurídicas, nem sequer os chefes das tribos já conservam em tempo de paz os seus poderes de commando, o que quer dizer que ainda não se esboçára o poder legislativo, nem o executivo". Cf. *Do Poder Judiciário*, Rio de Janeiro, Livraria Francisco Alves, 1915, pp. 2-3.

2. Assim, como leciona José Afonso da Silva, "o poder político, *uno*, *indivisível* e *indelegável*, se desdobra e se compõe de *várias funções*, fato que permite falar em distinção das funções, que fundamentalmente são três: a *legislativa*, a *executiva* e *jurisdicional*" (destaque no original). Cf. *Curso de Direito Constitucional Positivo*, 38ª ed., São Paulo, Malheiros Editores, 2015, p. 110.

Por isso, há quem sustente a inadequação da expressão separação de poderes, "quando o que existe de fato é apenas uma *distribuição de funções*. Assim, por exemplo, Leroy-Beaulieu adota esta última posição, indo até mais longe, procurando demonstrar que as diferentes funções do Estado, atribuídas a diferentes órgãos, resultaram do princípio da divisão do trabalho. Diz ele que foi esse princípio, inconscientemente aplicado, que fez passarem ao Estado certas funções que a sociedade exerce instintivamente e que o Estado organiza com reflexão". Cf. Dalmo de Abreu Dallari, *Elementos de Teoria Geral do Estado*, 11ª ed., São Paulo, Saraiva, 1985, pp. 189-190.

3. Cf. Enrico Redenti e Mario Velani, *Diritto Processuale Civile*, vol. 1, 5ª ed., Milano, Giuffrè, 2000, p. 45.

e, nesse contexto, não ocorria de modo diverso com a jurisdição que, por sua vez,

durante séculos, foi concebida como uma emanação do poder e atributo do soberano, porque a própria noção de Estado com ele se confundia. Grande salto evolutivo foi dado com o advento do *Estado Liberal--iluminista,* que culminou com a ruptura do absolutismo monárquico e com a despersonificação do Estado. Obviamente, é no campo do Direito Processual que vicejam teorias tentando conceituar, estruturar e delimitar a jurisdição, o que só ocorrerá a partir do século XIX.[4]

À base do sistema de separação dos poderes, que foi incorporado na *Déclaration des Droits de l'Homme et du Citoyen,* de 1789, e está inserido nos diplomas constitucionais da maioria dos países democráticos, encontra-se a construção da doutrina dos freios e contrapesos ("checks and balances"), segundo a qual os atos estatais seriam de duas espécies: os atos gerais, praticados pelo Poder Legislativo mediante emissão de regras gerais e abstratas, sem a definição prévia dos sujeitos que concretamente seriam alcançados; e os atos especiais, praticados posteriormente pela atuação do Poder Executivo, dispondo de meios concretos de agir, mas que estaria limitado pelos atos gerais praticados pelo Poder Legislativo; por fim, havendo exorbitância de qualquer dos poderes, abrir-se-ia a oportunidade para a ação fiscalizadora do Poder Judiciário, que compeliria cada um a permanecer nos limites de sua esfera de atuação.[5]

A teoria da separação de poderes, contudo, deixou como legado um grande desafio prático, isto é, efetivada a delimitação conceitual das funções entre os órgãos estatais, deparar-se-ia com a árdua tarefa de regular o controle a ser realizado entre os poderes, e em que limites, na hipótese de desvio, omissão ou excesso cometido no exercício das atribuições inatas a cada um deles, tendo em vista que a repartição das três funções clássicas não se operacionaliza, principalmente nos tempos

---

4. Cf. Ângela de Lourdes Rodrigues, Charley Teixeira Chaves, Juliano Vitor Lima e Suzana Rocha Savoi Diniz, "A coisa julgada em Allorio", in Rosemiro Pereira Leal (coord.), *O Ciclo Teórico da Coisa Julgada: de Chiovenda a Fazzalari,* Belo Horizonte, Del Rey, 2007, pp. 156-157.

5. Cf. Dalmo de Abreu Dallari, *Elementos de Teoria Geral do Estado,* cit., p. 193.

Em Montesquieu a doutrina da "separação dos poderes" seria um mecanismo voltado à promoção da liberdade do indivíduo e, para os federalistas norte-americanos, à otimização do desempenho das funções do Estado, inclusive baseada no princípio da divisão do trabalho. Cf. Eros Roberto Grau, *O Direito Posto e o Direito Pressuposto,* 9ª ed., São Paulo, Malheiros Editores, 2014, p. 226.

modernos, de forma tão transparente, já que todos os poderes constituídos encerram sobreposição e interpenetração, levando-os a implementar, em várias situações, atividades que não lhes são típicas e exclusivamente a eles destinadas.[6]

A tripartição de poderes funda-se na necessidade de buscar uma convivência política harmônica entre os órgãos em torno dos quais se estrutura o Estado. Indubitavelmente, o seu objetivo é convergente, de modo que o que se vislumbra, de fato, na teoria da separação, é a preponderância das atividades fins que lhes são conferidas, inerentes à razão da coexistência pacífica, para o escopo de concretização dos propósitos de um Estado soberano.[7]

De acordo com a teoria tripartite, foram reservadas funções primaciais aos órgãos componentes do Estado, conferindo ao Legislativo a de elaborar as regras de comportamento, ao Executivo, a de aplicá-las através da atividade administrativa e, por último, ao Judiciário, a de impô-las quando provocado, com vistas à restauração da paz social, no exercício da denominada atividade jurisdicional.[8]

A propósito da distinção entre a função jurisdicional e as outras desempenhadas pelo Estado – legislativa e administrativa, esclarece Calamandrei que a distribuição em três esferas é meramente aproximativa,[9] vez que não se exclui que "a un órgano perteneciente por su denominación a uno de los ramos indicados, se confíen, en casos excepcionales, misiones que funcionalmente competerían a los órganos de un ramo

---

6. Cândido Rangel Dinamarco, lembrando que o sistema brasileiro de jurisdição não adotou o contencioso administrativo e o conceito de interesses legítimos, indaga qual seria o limite da censura pelos juízes dos atos do Governo e acrescenta que "esse ainda é um *mistério* com que se debatem a doutrina e os tribunais, sendo certo que a tendência democrática é no sentido da ampliação do controle mas existindo *zonas cinzentas* mal-definidas. Estas sempre existirão, por mais que se evolua no sentido da universalização da tutela jurisdicional". Cf. *Fundamentos do Processo Civil Moderno*, t. I, 6ª ed. São Paulo, Malheiros Editores, 2010, p. 439.

7. Cf. Manoel Gonçalves Ferreira Filho, "cada *poder*, em caráter secundário, colabora no desempenho de outras funções, pratica atos teoricamente fora de sua esfera" (destaque no original). Cf. *Curso de Direito Constitucional*, 15ª ed., São Paulo, Saraiva, 1986, p. 127.

8. De acordo com Calamandrei, a função legislativa prestaria a estabelecer abstratamente as regras de conduta a serem observadas pela generalidade dos indivíduos. Se não cumpridas voluntariamente, estaria aberto o segundo momento para garantir que as leis tenham um valor prático, de maneira que, de certa forma, "el Estado defiende con la jurisdicción su autoridad de legislador". Cf. *Instituciones de Derecho Procesal Civil*, trad. Santiago Sentis Melendo, Buenos Aires, Depalma, 1943, p. 96.

9. Cf. *Instituciones de Derecho Procesal Civil*, cit., pp. 105-112.

diverso".[10] A distinção, então, passaria pelo critério substancial, ou seja, pelo conteúdo do ato e dos efeitos jurídicos que o mesmo tipicamente produz, independentemente do órgão que o levaria a cabo e da forma pela qual seria realizado.[11]

Ademais, e, com mais razão, essa realidade deve ser compreendida com ponderação nos tempos atuais, pois que apreender essa formulação teórica sob o prisma estático tenderia a impedir a própria realização dos objetivos fundamentais consagrados por uma determinada sociedade e expressos em documento político, especialmente em relação ao relevante papel do Poder Judiciário como fomentador de justiça no Estado Democrático de Direito.

A propósito, a autonomia do Poder Judiciário no modelo constitucional brasileiro deve ser captada em seu amplo sentido político, como fator imprescindível à sustentação do equilíbrio de forças emanadas do Estado, não simplesmente como corolário da teoria positivista ou da legalidade, a qual restringiria a sua função ao simples observador das normas textuais em sua literalidade. Essa premissa vincula-se estreitamente à questão do ativismo judicial, ou da politização do Judiciário, tema que será desenvolvido no capítulo concernente à atuação do juiz como fator de concretização da efetividade, o qual apresenta ainda íntima conexão com a função hermenêutica e o poder de criação do direito.

Por isso, deve-se ter em mente nos dias atuais que a teoria original da separação de poderes foi proposta no período em que vicejavam ideias de contestação ao regime de poder então em vigor, em que, ao lado da formulação da doutrina que vedasse as jurisdições privilegiadas,[12] havia preocupação política em conter eventual despotismo do Poder Judiciário. Daí se lhe pregava uma atuação de mero aplicador literal da lei, "no qual os juízes não seriam mais que *la bouche de la loi*, manietando por aproximadamente dois séculos a atuação mais efetiva da jurisdição".[13]

10. Idem, p. 106.
11. Idem, p. 107.
12. Cf. Enrico Tullio Liebman, *Manuale di Diritto Processuale Civile*, vol. I, 3ª ed., Milano, Giuffrè, 1992, p. 34; tradução brasileira: *Manual de Direito Processual Civil*, vol. I, 3ª ed., trad. e notas de Cândido Rangel Dinamarco, São Paulo, Malheiros Editores, 2005, p. 69.
13. Cf. Sálvio de Figueiredo Teixeira, *A Criação e Realização do Direito na Decisão Judicial*, Rio de Janeiro, Forense, 2003, p. 5.
Liebman atribui ao juiz a denominação de intérprete qualificado, de forma que essa atividade é uma das mais salientes da função jurisdicional, sendo que "la norma giuridica è astratta ed è statica, mentre la vita sociale è in continuo movimento e sottopone al giudice casi concreti sempre diversi e sempre nuovi". Acrescenta que

De efeito, a doutrina moderna tende a tomar o princípio da separação dos poderes como um mito, se considerada a repartição em sua forma exata e hermética, de maneira que, conforme expõe Canotilho:

> verdadeiramente se tratava era de *combinação* de poderes: os juízes eram apenas 'a boca que pronuncia as palavras da lei'; o poder executivo e legislativo distribuíam-se por três potências: o rei, a câmara alta e a câmara baixa, ou seja, a realeza, a nobreza e o povo (burguesia). O verdadeiro problema político era o de combinar estas três potências e desta combinação poderíamos deduzir qual a classe social e política favorecida.[14]

Nesse sentido, como será visto adiante, a atuação judicial asséptica, principalmente em termos políticos e sociais, em obediência aos estritos limites propostos pela clássica doutrina da "separação de poderes", em consonância com os ideais propagados pelos "revolucionários" que lutaram para a derrocada do Estado Absolutista (*Ancien Régime*) no contexto político em que o Judiciário almejava apenas a condição de poder secundário,[15] seria, para dizer o mínimo, inadequada e insuficiente nos tempos hodiernos para o pleno cumprimento do verdadeiro papel reservado à jurisdição.[16] Com efeito, a segurança jurídica pretendida ao

---

"il giudice deve cercare di intendere la norma in tutto il suo significato, non solo in connessione con l'intero ordinamento e colmando le eventuali lacune della legge, ma anche ripensando la norma stessa nel contesto di una realtà sociale in continua evoluzione e perciò carica di esigenze e di valori nuovi. Ciò non vuol dire peraltro che egli possa attribuire alla norma contenuti conformi alle sue preferenze soggettive ed arbitrarie: al contrario, egli deve sforzarsi di esprimere le esigenze ed i valori della società del suo tempo. Il fine ultimo della sua attività è la giustizia e, insieme e per suo mezzo, la pace sociale". Cf. *Manuale di Diritto Processuale Civile*, vol. I, cit., p. 4; trad. brasileira: *Manual de Direito Processual Civil*, vol. 1, cit., p. 21.

14. Cf. José Joaquim Gomes Canotilho, *Direito Constitucional e Teoria da Constituição*, 7ª ed., Coimbra, Almedina, 2003, pp. 114-115.

15. Hamilton na célebre *The Federalist* escreveu como transparecia o Poder Judiciário no período que se sucedeu imediatamente à Revolução Francesa: "La judicatura, por la naturaleza de su función, será siempre el menos peligroso para los derechos políticos de la Constitución porque tendrá la mínima capacidad de dañarlos o violarlos (...). La judicatura (...) no tiene influencia sobre la espada o la bolsa, ni mando sobre la fuerza o la riqueza de la sociedad y no puede ningún tipo de resolución activa. Se puede decir verdaderamente que no tiene fuerza ni voluntad, sino simplemente juicio (...). Esto prueba incontestablemente que la judicatura es sin comparación el más débil de los tres departamentos del poder". Cf. Daniel E. Herrendorf, *El Poder de los Jueces: Cómo piensan los jueces que piensan*, 3ª ed., Buenos Aires, Abeledo-Perrot, 1998, p. 25.

16. Naquela época, afirmava-se que dos juízes nada mais era esperado do que "a boca que pronuncia as palavras da lei (...)", pois "(...) são seres inanimados, que não

final da Revolução Burguesa não é o escopo único a ser prestigiado pela sociedade dos nossos tempos, de forma que é importante manter acesa a compreensão crítica do sentido da função jurisdicional inserido no contexto político e social de quando foi lançada a teoria germinal.[17]

2. Jurisdição e principais correntes doutrinárias

A jurisdição compreende, como expressão da presença do Estado, o atributo de solucionar, em casos que lhe forem submetidos, e, em regra, mediante provocação, os conflitos entre os sujeitos, individual ou coletivamente considerados, que estão sob o seu jugo, no âmbito de sua soberania, perfazendo-o com autoridade e justiça, com vistas à manutenção da ordem jurídica e, por conseguinte, da coesão social e do caráter pedagógico da pacificação.

De acordo com Cândido Rangel Dinamarco, a jurisdição é, como "função do Estado, destinada à solução imperativa de conflitos e exercida mediante a atuação da vontade do direito em casos concretos".[18] Assim, sinteticamente, se pode afirmar que é, em sua dimensão, ao mesmo tempo, "poder, função e atividade".[19]

podem moderar nem sua força, nem seu vigor". Cf. Charles Louis de Montesquieu, *O Espírito das Leis*, 4ª ed. São Paulo, Martins Fontes, 2005, p. 175.

A concepção atual do direito não se contenta em limitar a atuação do juiz ao de "uma boca pela qual fala a lei", já que ela já não constitui o direito na sua totalidade, mas apenas o instrumento que guia o juiz no cumprimento de sua tarefa. Cf. Chaïm Perelman, *Lógica Jurídica. Nova Retórica*, trad. Vergínia K. Pupi, 2ª ed., 2ª tir., São Paulo, Martins Fontes, 2010, pp. 221-222.

17. Ovídio A. Baptista da Silva discorre que o princípio da neutralidade do juiz, defendido no Estado Moderno e concebido por filósofos contratualistas dos séculos XVII e XVIII, impunha o conceito reduzido de jurisdição, o qual era conveniente na época a todas as possíveis ideologias políticas e que, de acordo com as concepções iluministas, somente a lei, racionalmente interpretada, poderia conferir a indispensável segurança, protegendo os cidadãos da onipotência do Estado. *Jurisdição e Execução na Tradição Romano-Canônica*, 3ª ed. rev., Rio de Janeiro, Forense, 2007, pp. 95 e 190.

Em acréscimo, a ideia de neutralidade do Poder Judiciário estaria vinculada à circunstância de que "o alcance da Justiça dependeria do fato de estar o magistrado a salvo de todos os obstáculos ao uso da sua racionalidade na decisão. Percebe-se, com nitidez, a semelhança entre esse procedimento e o adotado na ciência: o cientista, dono do pleno uso da própria razão, pode produzir um saber puro". Cf. Lídia Reis de Almeida Prado, *O Juiz e a Emoção: aspectos da lógica da decisão judicial*, 5ª ed., Campinas, Millennium, 2010, p. 85.

18. Cf. Cândido Rangel Dinamarco, *Instituições de Direito Processual Civil*, vol. I, 7ª ed., São Paulo, Malheiros Editores, 2013, p. 315.

19. Cf. Araújo Cintra, Grinover e Dinamarco, *Teoria Geral do Processo*, 31ª ed., São Paulo, Malheiros Editores, 2015, pp. 45-46, 166.

Sem a pretensão de esgotar o tema, porém com vistas à compreensão do fenômeno na atualidade, mencione-se, inicialmente, a gênese das principais teorias sobre a jurisdição, em especial dos doutrinadores italianos, com foco tanto na sua essência quanto no seu escopo. Em linhas gerais, as correntes dividiam-se em subjetiva (Hellwig, Gerber, Kleinfeller, Weissman, Kohler, von Canstein, Manfredini, Simoncelli, Castellari, Cammeo, Satta etc.) e objetiva (Wach, Schmidt, Langheineken, Rosenberg, Kisch, Lent, Schönke, Chiovenda, Coniglio, Betti, Raselli, Andrioli, Micheli, Garbagnati etc.),[20] cuja diferença repousaria na prevalência da espécie de direito (subjetivo ou objetivo) a ser tutelado e que justificaria a atuação estatal. Na verdade, como será visto mais adiante, são duas visões do mesmo fenômeno e a distinção decorre fundamentalmente por razões de ordem política e histórica.[21]

2.1 Chiovenda e Carnelutti

De acordo com o conceito clássico de Chiovenda, a jurisdição consistiria na atuação da lei mediante a substituição da atividade de órgãos públicos à atividade de outrem, seja na afirmação da existência de uma vontade de uma lei, ou no mandamento ulterior para a sua efetivação.[22] Assim, o renomado autor apontava a substituição como característica principal da função jurisdicional, porquanto:

> nella cognizione, la giurisdizione consiste nella sostituzione definitiva e obbligatoria dell'attività intellettiva del giudice all'attività intellettiva non solo delle parti ma di tutti i cittadini nell'affermare esistente o non esistente una volontà concreta di legge concernente le parti.[23]

Na sequência, mencionava que o caráter substitutivo se manifestaria de dois modos, correspondentes ao processo de conhecimento e ao de execução, sendo que, no último, a substituição decorreria da atividade material dos órgãos do Estado àquela devida ou necessária para o seu

---

20. Cf. Relação apontada por Marco Tullio Zanzucchi, *Diritto Processuale Civile*, vol. I, 6ª ed., Milano, Giuffrè, 1964, pp. 6-7.
21. Cf. José Roberto dos Santos Bedaque, *Poderes Instrutórios do Juiz*, 4ª ed., São Paulo, Ed. RT, 2009, p. 30.
22. *In verbis:* "la giurisdizione consiste nell'attuazione della legge mediante la sostituzione dell'attività di organi pubblici all'attività altrui, sia nell'affermare l'esistenza di una volontà di legge sia nel mandarla ulteriormente ad effetto". Cf. *Principii di Diritto Processuale Civile*, Napoli, Jovene, 1980, p. 301.
23. Idem, pp. 296-297.

resultado.[24] Defendia, assim, a posição de que a execução forçada também seria integrante da jurisdição, já que se esperaria a atuação da lei mediante uma substituição de atividade, embora os órgãos executivos possam ser autônomos e seja viável a adoção de modelo diverso, como na Itália e na França, segundo o qual a jurisdição se apoiaria na ideia clássica romana (*iurisdictio in sola notione consistit*).[25]

Acrescentou que a atividade administrativa seria primária ou originária, ao passo que a jurisdicional, secundária.[26] No cotejo com a atividade administrativa, Chiovenda asseverava que o administrador agiria conforme a sua crença em direção ao interesse público, através de um proceder discricionário, diversamente da atividade do juiz que seria sempre imparcial.[27] Porém adiantava que o administrador também poderia estar diante de uma lei e, assim, impelido a aplicá-la; ao juiz poderiam ser carreados poderes discricionários, de forma que não se deveria entender que o administrador seria livre para agir no sentido absoluto da palavra, pois seria obrigado a fazer a escolha de acordo com o que lhe parecesse conforme a utilidade do Estado, ou seja, o administrador também deveria buscar a imparcialidade, impedido que estaria de violar o direito.[28]

Para Carnelutti, centrando-se no aspecto sociológico do instituto, haveria um elemento imprescindível na base da jurisdição, ou seja, essa atividade estatal sempre estaria atrelada à presença de uma "lide"[29] e a sua finalidade seria exatamente a de solucionar o conflito de interesses, ou, em suas palavras, alcançar a sua justa composição. A lide, ou o conflito, estaria evidenciado quando entre dois interesses "la situación favorable a la satisfacción de una necesidad excluye la situación favorable a la satisfacción de una necesidad distinta".[30]

2.2 *Calamandrei*

Para o insigne autor a jurisdição portaria a noção de unidade decorrente da sequência cronológica dos atos que se desenvolvem, começando

24. Idem, ibidem.
25. Idem, pp. 301-302.
26. Idem, p. 298.
27. Idem, p. 294.
28. Idem, pp. 294-295.
29. Carnelutti conceituou a lide como "il conflitto di interessi qualificato dalla pretesa di uno degli interessati e dalla resistenza dell'altro". Cf. *Sistema di Diritto Processuale Civile*, vol. I, Padova, CEDAM, 1936, p. 40.
30. Cf. *Sistema de Derecho Procesal Civil*, vol. I, Buenos Aires, Uteha Argentina, 1944, p. 16.

pelo conhecimento do direito e dos fatos, passando pela elaboração, como consequência dessa atividade de conhecer, de um mandado individualizado de vontade, mas que ainda não seria o ponto de chegada, pois, em momento posterior, a jurisdição poderia se manifestar para a imposição de todos os meios idôneos para modificar com a força o mundo externo para aproximá-lo àquela vontade, ou seja, observa-se um *iter* jurisdicional, uma sucessão de três momentos (conhecer, querer, operar). O que o distinguiria das outras atividades estatais seria o fim perseguido: "de garantizar la observancia práctica del derecho objetivo".[31]

Em relação à polêmica sobre a finalidade da jurisdição, entre a atuação do direito objetivo e a defesa dos direitos subjetivos, Calamandrei frisou que o processo não contemplaria apenas uma finalidade, pois, em primeiro lugar, deveria ser observado o direito objetivo (alguns denominam de concepção publicista do processo civil). Embora pareçam inconciliáveis as visões objetiva e subjetiva da jurisdição civil, cada qual apresentaria aspecto diverso do mesmo fenômeno, permitindo-se a sua coexistência.

A razão desse contraste estaria no caráter político e histórico, ou seja, aquele que defende a primazia dos direitos subjetivos partiria das premissas do Estado liberal, que tencionaria, em primeiro plano, à manutenção da ordem entre os seus membros e a conciliação dos contrapostos interesses individuais. A justiça nesse contexto pareceria quase como um serviço público que lhes é colocado à disposição. Por outro lado, quando encarada aquela atividade como a serviço do Estado, vislumbrar-se-ia o respeito à autoridade, surgindo de antemão o interesse público na observância do direito objetivo. Calamandrei optou por essa segunda concepção histórica, afirmando que seria mais coerente com o direito positivo em vigor naquela época.[32]

2.3 Marco Tullio Zanzucchi

Faz a distinção dos escopos da jurisdição entre imediato e mediato, sendo que o primeiro seria a realização de interesses (individuais e coletivos) de sujeitos, que, por serem (direta ou indiretamente) protegidos por normas de direito material (direitos subjetivos, interesses legítimos, interesse punitivo etc.), e sobrevindo conflito com outros interesses por alguma razão, permaneceriam insatisfeitos. O escopo mediato seria a

---

31. Cf. Piero Calamandrei, *Instituciones de Derecho Procesal Civil*, trad. Santiago Sentis Melendo, Buenos Aires, Depalma, 1943, pp. 94-95.
32. Idem, ibidem, pp. 97-98.

reintegração do direito objetivo, isto é, a atuação da vontade da lei que, realizando os interesses insatisfeitos, a jurisdição efetivaria, aderindo nesse aspecto ao pensamento de Chiovenda. Menciona, ainda, que a sua essência estaria na sua atividade substitutiva, sub-rogatória e secundária em relação à atividade que espontaneamente deveria ter atuado.[33]

2.4 Alfredo Rocco

O autor realça o aspecto do poder de coerção do Estado na atuação da jurisdição nos seguintes termos:

> Scopo della giurisdizione, dato questo presupposto, è quello di procurare il soddisfacimento di tale interesse, accertando il diritto del caso concreto, e intervenendo colla forza della sovranità dello Stato per il soddisfacimento di esso, anche senza o contro la volontà di colui, di fronte al qual la tutela è concessa.[34]

Quanto à diferença entre legislação e jurisdição, esclarece que:

> nell'attività legislativa lo Stato adempie a un doppio compito: determina *quale* tutela vuol concedere a certi interessi: ed *esplica* questa tutela in una forma caratteristica: imponendo norme generali in condotta. Nell'attività giudiziaria lo Stato adempie, invece, a un solo compito: quello di *esplicare* ancora la tutela concessa a quegli interessi; ma in un *modo* diverso: intervenendo *direttamente* per il loro soddisfacimento, quando la prima forma di tutela si sia dimostrata praticamente inefficace. La giurisdizione, dunque, non è *esecuzione, attuazione* della tutela concessa dalla legislazione: è invece, una seconda ed autonoma *forma di tutela:* mentre la legislazione è tutela *mediata* di interessi, la giurisdizione è tutela *immediata*.[35]

2.5 Crisanto Mandrioli

Aponta duas características fundamentais da atividade jurisdicional do ponto de vista de sua atuação, a sua instrumentalidade e a sua substitutividade. A primeira diria respeito aos direitos que pretende tutelar, já que constitui o instrumento para a sua atuação nas hipóteses em que ela não se verifica espontaneamente:

---

33. Cf. Marco Tullio Zanzucchi, *Diritto Processuale Civile*, cit., pp. 11-12.
34. Cf. Alfredo Rocco, *La Sentenza Civile*, Milano, Giuffrè, 1962, p. 8.
35. Idem, ibidem, p. 12.

E poiché i diritti da attuare costituiscono la *materia o sostanza* dell'attività giurisdizionale, mentre, d'altra parte, l'attività giurisdizionale è, come si è veduto, descritta e disciplinata da norme giuridiche che, nel loro complesso, costituiscono un sistema, si delinea la contrapposizione tra *diritto* (o sistema di norme) *materiale o sostanziale e diritto* (o sistema di norme) *strumentale o formale*, cioè *processuale*.[36]

Prossegue o autor no sentido de que as normas substanciais regulam, em primeiro plano, determinados comportamentos humanos que o legislador considerou idôneos para satisfazer determinados interesses, que passam a merecer proteção, configurando direito subjetivo substancial, mas não se revelariam suficientes em caso de violação, quando o ordenamento valer-se-ia do instrumento do processo.[37] Incorre aí o caráter secundário, ou seja, a sua natureza substitutiva, a qual não é imposta pela lógica nem pela natureza das coisas, mas do postulado fundamental da vida socialmente organizada que, ressalvadas poucas situações particulares, vedaria a autotutela.[38] Haveria casos, porém, em que a atividade jurisdicional se daria sem a prévia lesão para permitir o necessário resguardo de interesse, "nel concorrere di determinate circostanze previste dalla legge", como na situação de separação de corpos e interdição.[39]

2.6 Enrico Allorio

O autor rebateu todas as doutrinas sobre a jurisdição que deram enfoque à sua finalidade, tais como a atuação do direito, a composição da lide, a existência de sanção, apresentando como elemento ínsito à jurisdição e, por conseguinte, fator mais relevante de distinção entre ela e os atos administrativos a existência da coisa julgada.[40] O seu entendimento pode ser resumido através do seguinte excerto:

36. Cf. Crisanto Mandrioli, *Corso di Diritto Processuale Civile*, vol. I, 11ª ed., Torino, Giappichelli, p. 11.
37. Idem, ibidem.
38. Idem, p. 12.
39. Idem, p. 15.
40. Cf. Enrico Allorio, *Problemas de Derecho Procesal*, t. 2, trad. Santiago Sentis Melendo, Buenos Aires, Ediciones Jurídicas Europa-América, 1963, pp. 26-27.

Tal entendimento também havia sido anotado por Calamandrei, que apontara a coisa julgada como "pedra de toque" da atividade jurisdicional. Cf. "Límites entre jurisdicción y administración en la sentencia civil", *Estudios de Derecho Procesal Civil*, Buenos Aires, Editorial Bibliográfica Argentina, 1961, p. 48.

A distinção entre jurisdição e administração proposta por Allorio não se assenta pelo ângulo da finalidade, mas sim pelo resultado, de forma que somente a primeira seria apta a produzir a coisa julgada.

la jurisdicción voluntaria es actividad administrativa, esto es, desprovista de cosa juzgada, por ser el resultado de un procedimiento no idóneo para justificar este último efecto, pero asignada, en cuanto a la competencia, a órganos habitualmente jurisdiccionales, es decir, que normalmente cumplen una actividad jurisdiccional en sentido propio, productora de la cosa juzgada.[41]

Esclareceu que não se deveria ampliar o conceito de coisa julgada para aplicá-lo em situações que extrapolem o seu sentido técnico, como naquelas referentes aos atos administrativos subtraídos da censura jurisdicional, com a perda de faculdade de ulterior controle de sua conformidade com o direito. A função da coisa julgada seria regular a relação já controvertida de acordo com as linhas trazidas na decisão, não se podendo dizer o mesmo com o ato administrativo inatacável, tendo em vista que a lei assim não estabeleceu. Ademais, o ato administrativo contrário à lei não deveria ser aplicado pelo juiz, enquanto que "al acto jurisdiccional, una vez que haya pasado *in rem iudicatam*, no puede serle negada aplicación por el juez, quien más bien debe respeto a la reglamentación que emana del aquel acto, como a una parte del derecho positivo".[42]

Sustentou a vantagem de fixar a distinção entre a atividade jurisdicional e administrativa em torno da presença ou não da coisa julgada, aduzindo que o contraste através de fórmulas habituais e teleológicas, como aquela orientada em função da atuação do direito (jurisdição) e a atividade que provê os interesses públicos no âmbito do ordenamento jurídico (administração), teria na realidade o caráter de interpretações sociológicas do fenômeno,[43] porém não seriam fundamentos de uma teoria jurídica, de modo que estariam sujeitos a algumas objeções: a) à definição de que a jurisdição é atuação do direito, aos exemplos de atos vinculados, como nas providências da polícia nas questões de segurança pública, nada poderia de boa-fé negar-lhes o caráter de atos administrativos, em torno dos quais também não se discutiria a atuação do direito; b) quanto à identificação da atividade jurisdicional como de composição da lide seriam oponíveis dificuldades que se resumem na inexistência de uma lide no processo penal, na inconveniência de representar a lide de modo não unitário, incluindo nela tanto a negação como a insatisfação da pretensão; na impossibilidade de, nessa última situação, ser considerada como exclusiva da função processual (processo de conhecimento

---

41. Cf. *Problemas de Derecho Procesal*, t. 2, cit., p. 30.
42. Idem, pp. 30-31.
43. Idem, pp. 32-33.

e execução), enquanto que ela se encontraria também na execução dos atos administrativos.

Ademais, no âmbito do processo declaratório, a fórmula "compor a lide" seria equivocada se a palavra "compor" fosse tomada como sinônimo de cessar:

> el hecho de litigar, precisamente como hecho, podría en concreto no cesar, por la obstinación misma del vencido, después de la sentencia que cierra el proceso; en cambio, si se entiende hacer que el seguir litigando no tenga ya objeto, porque la cosa juzgada cierra el camino a todo intento del vencido, es entonces lo mismo resolver el "fin" del proceso declarativo en su efecto, es decir, en la cosa juzgada,[44]

assim como a doutrina da jurisdição como aplicação de sanções não resistiria à objeção da "cotidiana y patente actividad desarrollada por la administración pública en orden a la aplicación de las sanciones administrativas".[45]

Por fim, mencionando James Goldschmidt, conclui que as finalidades, como atuação do direito, composição da lide, aplicação de sanções, "no pueden constituir más que el fin 'metafísico' del proceso jurisdiccional, mientras que su finalidad 'práctica', la 'causa' de la actividad jurisdiccional, debe contemplarse en la formación de la cosa juzgada".[46]

2.7 Niceto Alcalá-Zamora y Castillo

O autor não acolheu as teorias objetiva e subjetiva adotadas por outros doutrinadores e apresentou um enfoque pluralista da jurisdição. Assim, partindo do pressuposto da existência do Estado, tentou demonstrar os seus componentes, através de uma representação gráfica consistente numa figura geométrica (um quadrado), em que a jurisdição apareceria como a soma de quatro elementos: dois subjetivos (*partes* que pedem e um *juiz* que decide) e dois objetivos (o *litígio*, que é o reflexo das pretensões dos contendores, e o *processo*, que serve para recebê-las até que a definição lhes recaia).[47]

---

44. Idem, ibidem.
45. Idem, p. 33.
46. Idem, ibidem.
47. Cf. Niceto Alcalá-Zamora y Castillo, *Estudios de Teoría General e Historia del Proceso*, t. I, México, UNAM, 1974, pp. 52-53.

2.8 Enrico Tullio Liebman

Mencionando as duas noções que mais estiveram em evidência sobre o tema, de um lado, como a atuação da vontade da lei por obra dos órgãos públicos (Chiovenda), e, de outro, como a justa composição da lide (Carnelutti), esclarece que elas seriam complementares na medida em que a primeira revelaria uma visão essencialmente jurídica do conteúdo da jurisdição, uma vez que construiria uma ponte de ligação entre a lei e a jurisdição. No tocante ao pensamento de Carnelutti, o seu conceito consideraria a atuação do direito como meio para atingir um objetivo ulterior, ou seja, a composição do conflito de interesses, buscando, assim, o conteúdo efetivo da matéria ao qual a lei seria aplicada e o resultado prático a que conduz a operação representaria a chave sociológica do fenômeno.[48]

3. Considerações sobre características, escopos e princípios informativos da jurisdição

Diante do amplo panorama oferecido pelos doutrinadores, nota-se que nenhum deles foi capaz de oferecer conceitos que abarcassem todas as facetas que emergem da visão atualizada da jurisdição, mas decerto contribuíram decisivamente ao apresentar as características marcantes e gerais, a exemplo do seu caráter público-estatal, da substitutividade, da inércia do Estado, da definitividade, da imperatividade e da índole de pacificação social. Assim, podem ser feitas, sem o objetivo de exaurir a matéria, as seguintes considerações sob as vestes modernas do instituto.

Da noção de Chiovenda exsurgem dois critérios amplamente adotados pela doutrina para a sua caracterização: o seu aspecto substitutivo e a sua finalidade de atuação da lei (*rectius,* do direito). A substitutividade decorre da assunção pelo Estado, através de seus agentes, em caráter exclusivo, da atividade de pronunciar, com poder de império, o direito em concreto,[49] retirando a sua prática da esfera dos próprios interessados, excetuadas as poucas hipóteses permitidas pelo sistema jurídico de autotutela.

---

48. Cf. Enrico Tullio Liebman, *Manuale di Diritto Processuale Civile*, vol. I, p. 6; trad. bras.: *Manual de Direito Processual Civil*, vol. I, cit., pp. 22-23.

49. Não deixa de existir o caráter substitutivo mesmo nas sentenças constitutivas, já que elas "criam novas situações jurídicas (anulando o contrato, dissolvendo o matrimônio) mas as situações assim criadas são *concretas* e as sentenças que as criam não são dotadas de eficácia geral e abstrata". Cf. Cândido Rangel Dinamarco, *Instituições de Direito Processual Civil*, vol. I, cit., p. 317.

Essa circunstância, no entanto, não deve refrear o atual movimento de busca da autocomposição. É indiscutível que o Estado estará cumprindo o seu escopo de pacificação social através do incentivo aos meios alternativos de solução de conflitos, tendo em vista que seria salutar, tanto para o Poder Judiciário quanto para os interessados, ou para a sociedade em geral, a abertura de outras vias de acesso, além do caminho tradicional do pronunciamento judicial, reservando-se-lhe, de preferência e tanto quanto possível, as questões de alta relevância social.[50]

De igual modo, partindo-se da elaboração conceitual de Chiovenda, em confronto com o estágio atual da ciência processual, a noção primeva de jurisdição não mais fornece completude se a sua finalidade for reduzida à mera atuação da vontade da lei, pois não se sustenta mais o pensamento propalado em épocas passadas quando a doutrina assentava que ao juiz cabia tão somente a tarefa de aplicar o texto legal ao caso concreto por método da pura subsunção; há quase um consenso hoje quanto à existência da função criadora do direito pelo juiz, na *atuação jurídica* da jurisdição, a partir da interpretação e aplicação do preceito abstrato ao caso concreto, sem que com isso se desconsidere que a prévia atividade legislativa também "se destina à *produção jurídica*".[51]

De outro lado, embora o objetivo do Estado moderno no campo da jurisdição alcance primordialmente a implementação do direito substancial e do ordenamento jurídico considerado em sua plenitude, de acordo

---

50. Mauro Cappelletti e Bryant Garth propuseram o incremento das vias alternativas de acesso à justiça, mencionando inclusive a necessidade de adaptação do processo civil à natureza da controvérsia. Cf. *Access to Justice*, vol. I, Milano, Giuffrè, 1978, pp. 52-53.

No estudo do direito norte-americano, com enfoque no ativismo judicial que se iniciou em meados do século passado, Owen Fiss, embora tivesse apontado a importância da adjudicação (sentença judicial) para dar significado "aos valores públicos" envolvidos em grandes causas de natureza política e social, expressou claramente a ideia de que, se a controvérsia se limitasse a interesses eminentemente privados, deveriam ser prestigiadas as vias alternativas. Cf. *Um Novo Processo Civil: estudos norte-americanos sobre jurisdição, constituição e sociedade* (coord. da tradução: Carlos Alberto de Salles; tradução: Daniel Porto Godinho da Silva e Melina de Medeiros Rós), São Paulo, Ed. RT, 2004, p. 67.

51. Cf. Cândido Rangel Dinamarco, *Instituições de Direito Processual Civil*, vol. I, cit., p. 317.

O processo de criação do direito ocorre atualmente em nível legislativo, bem como na esfera jurisdicional, decorrente do fenômeno da expansão do Estado moderno, na sua visão de unidade, que está vinculado ao monopólio da produção e aplicação do direito. Cf. Ovídio Araujo Baptista da Silva, *Curso de Processo Civil*, vol. 1, 3ª ed. Porto Alegre, Fabris Editor, 1996, p. 15.

INSTITUTO DA JURISDIÇÃO 61

com a visão instrumentalista, essa faceta compreenderia apenas o fim meramente jurídico do processo ("a atuação da vontade concreta do direito"), devendo ter ainda em mente que outros importantes escopos devem estar presentes, ou seja, aqueles conexos à natureza política, social e educacional do instituto da jurisdição, isto é, a preservação da autoridade do Estado, bem como a promoção da paz e ordem jurídica na sociedade.[52]

Ainda sobre o caráter substitutivo da jurisdição, consigne-se que não mais pode prevalecer a assertiva de que a atividade jurisdicional seria, a exemplo da doutrina tradicional de Chiovenda, como meramente secundária (*v.g.*, aplicável na seara do direito das obrigações quando o devedor descumpre voluntariamente a obrigação), posto que essa visão, conforme explica Cândido Rangel Dinamarco, além de não abranger aquelas relações em que a ordem jurídica não permitiria a satisfação voluntária de pretensões (a exemplo da anulação de casamento), seria "desdobramento do pensamento definido na locução *processo civil do autor* – postura metodológica que vê no processo a proteção a quem pediu primeiro e não a quem tiver razão". Com efeito, explica o eminente processualista:

> o direito de ação não é direito aos resultados úteis ou favoráveis do processo mas somente direito a obter o pronunciamento do juiz sobre a pretensão que lhe é apresentada (teoria abstrata da ação). Não é a primária nem secundária a atividade do juiz que julga improcedente a demanda, dando força à resistência oposta pelo réu.[53]

Feitas essas ressalvas em relação à doutrina de Chiovenda, merece ressaltar a importância de sua concepção acerca da potência da jurisdição para alcançar a satisfação do direito através da implementação dos atos de execução.[54] De fato, não obstante haja países do sistema da *Civil Law*

---

52. Cf. Araújo Cintra, Grinover e Dinamarco, *Teoria Geral do Processo*, cit., p. 167; Cândido Rangel Dinamarco, *Instituições de Direito Processual Civil*, vol. I, cit., pp. 131-140.

53. Cf. *Instituições de Direito Processual Civil*, vol. I, cit., pp. 321-323.

Assim, visto o processo principalmente sob o enfoque de seu escopo social, o Estado também presta tutela jurisdicional ao vencido, conquanto de maneira diversa daquela destinada ao vencedor, vez que "é inegável que ambas esperam do provimento estatal que defina a relação material objeto do dissenso, que supere a controvérsia, que a elimine e restabeleça a paz, entendida esta apenas como sinônimo de estabilidade e segurança. Portanto, o escopo social – se não totalmente, ao menos em medida expressiva – é o mesmo, quer para o Estado, quer para as partes". Cf. Flávio Luiz Yarshell, *Tutela Jurisdicional*, São Paulo, DPJ, 2006, pp. 32-33.

54. De acordo com Cândido Rangel Dinamarco, "o resultado que o Estado busca através do processo de execução é um resultado que o próprio obrigado deveria

que considerem a atividade executiva como meramente administrativa, forte na ideia de processo como instrumento de efetivação do direito substancial, parece mesmo inaceitável que a jurisdição seja confinada à atividade de cognição, uma vez que, com mais razão, deve ser superada a conduta inerte ou recalcitrante do devedor em cumprir a obrigação reconhecida em favor de outrem.

Da concepção de Carnelutti, embora a presença da lide,[55] da controvérsia ou do conflito de interesses seja circunstância que dê origem ao exercício da jurisdição, expondo o aspecto sociológico do instituto e servindo de razão prática para a movimentação de toda máquina estatal em direção à oferta de resposta que esteja em sintonia com a ordem jurídica, a ser implementada coativamente, há situações em que aquela não se faz necessariamente presente, a exemplo da interdição de pessoa incapaz e da anulação do vínculo matrimonial, em que a existência de um conflito de interesses se torna juridicamente irrelevante: havendo ou não "lide", o juiz decidirá segundo o direito e não de acordo com a vontade das partes.[56]

---

realizar e só à falta dessa realização é que os órgãos públicos (em princípio) intervêm; nisso reside o caráter substitutivo da atividade estatal na execução" (cf. *Execução Civil*, 8ª ed., São Paulo, Malheiros Editores, 2001, p. 199).

Celso Neves entendia que o sentido da atividade jurisdicional estaria limitado à declaração do direito, conferindo à lide a certeza jurídica, de maneira que a atividade de satisfação e de acautelamento seria espécie do gênero tutela jurídica processual. Assim, de acordo com as suas palavras, "da essência do processo de conhecimento é, só, a declaração. Essencial ao processo executório é, apenas, a satisfação. Com isso extremam-se os lindes próprios de um e outro e demonstra-se que, segundo a natureza da tutela pretendida, as ações, ou são de conhecimento, ou são de execução, com a consequência de não haver jurisdição nestas últimas". Cf. "Classificação das ações", *Revista da Faculdade de Direito*, vol. LXX, São Paulo, 1975, p. 345/359.

55. Importante ressaltar que o processo pode não abranger toda a extensão do conflito existente na realidade, conforme observa José Roberto dos Santos Bedaque. Cf. *Poderes Instrutórios do Juiz*, cit., p. 28.

56. Cf. Piero Calamandrei, *Instituciones de Derecho Procesal Civil*, cit., p. 104.

Calamandrei amplia o conceito de jurisdição para abarcar aqueles casos que não caberiam nos limites de sua nota tradicional, mas posiciona a conciliação e a jurisdição voluntária como exemplos de atividades públicas intermediárias entre a jurisdição e a administração (idem, ibidem, pp. 105 e 121).

A teoria de Carnelutti, que se funda no objetivo da justa composição da lide, filia-se à corrente unitária do ordenamento jurídico, ou seja, os direitos subjetivos seriam produto da sentença, ao passo que a doutrina de Chiovenda, que defende como escopo da jurisdição a atuação da vontade concreta do direito, insere-se na corrente dualista, ou seja, haveria dois planos distintos na ordem jurídica: o substancial e o processual. Cf. Cândido Rangel Dinamarco, *Instituições de Direito Processual Civil*, vol. I, cit., pp. 135-140.

Há, portanto, circunstâncias em que o Estado, por pura opção política, decide comparecer para tutelar ou fiscalizar determinados interesses diante da relevância da matéria que reputou conveniente preservar. É o caso dos procedimentos de jurisdição voluntária, em que o legislador submete certas situações ao crivo da autoridade judicial, retirando de seus titulares a possibilidade de plena disponibilidade dos direitos.[57] Ademais, diversamente de Chiovenda, que compreendia a jurisdição sob o prisma exclusivamente estatal, Carnelutti adotou uma visão privatista do fenômeno, preocupado com a finalidade das partes,[58] sendo que não se discute na atualidade a prevalência do interesse público do instituto,

Para Liebman também haveria planos independentes a serem considerados: "L'ordine giuridico pertanto è costituito da due sistemi di norme distinti e coordinati, che si integrano e completano a vicenda: quello dei rapporti giuridici sostanziali, rappresentati dai diritti e dagli obblighi corrispondenti, a seconda delle varie situazioni in cui le persone vengono a trovarsi; e quello del processo, che fornisce i mezzi giuridici per tutelare ed attuare il sistema dei diritti". Cf. *Manuale di Diritto Processuale*, vol. I, cit., p. 117; trad. bras.: *Manual de Direito Processual Civil*, vol. I, cit., p. 197.

Embora a doutrina tradicional classificasse a jurisdição voluntária como mera atividade de "administração pública do direito privado", ou de "tutela administrativa de direitos privados", definindo-a como "atividade administrativa do Poder Judiciário destinada a tutelar direitos individuais em determinados negócios jurídicos, segundo previsão taxativa da lei", (cf. José Frederico Marques, *Manual de Direito Processual Civil*, vol. I, atual. Vilson Rodrigues Alves. Campinas, Bookseller, 1997, pp. 129 e 130), é irrefutável hoje que se trata de verdadeira atividade estatal e jurisdicional, porquanto, à semelhança da espécie jurisdição contenciosa, lhe incidem as garantias processuais do devido processo legal e sempre está presente "alguma situação conflituosa e um estado de insatisfação que afligem pessoas e necessitam solução". Cf. Cândido Rangel Dinamarco, *Instituições de Direito Processual Civil*, vol. I, cit., p. 326.

57. A propósito, a distinção entre direito público e privado baseada na natureza do interesse protegido não oferece solução satisfatória para todas as questões práticas, vez que há normas consideradas de índole pública que visam a regular a conduta de particulares, destinando-se à proteção de seus interesses, e, de outra banda, há normas de direito privado em que o Estado intervém por razões de interesse público. O critério mais satisfatório seria a distinção a partir da pessoa a quem é conferido o poder de buscar a satisfação de um interesse, de forma que, se o Estado consente na violação do interesse deixando a cargo do particular a sua atuação, poderia ser considerado de natureza privada. Há, ainda, situações nas quais se estabelece relativo controle pelo Estado, a exemplo de matéria referente ao estado da pessoa, em que intervém o Ministério Público, mas que não conferem o poder de iniciar a respectiva ação (por exemplo, a ação de investigação de paternidade). Nesse sentido, cf. José Roberto dos Santos Bedaque, *Poderes Instrutórios do Juiz*, cit., pp. 32-33.

58. Cf. Luiz Guilherme Marinoni, "A jurisdição no Estado contemporâneo", in *Estudos de Direito Processual Civil. Homenagem ao Prof. Egas Dirceu Moniz de Aragão*, São Paulo, Ed. RT, 2005, p. 21.

embora haja tendência à abertura para a participação da sociedade civil na esteira dos meios alternativos de pacificação a depender da natureza do direito controvertido.

A doutrina tradicional menciona mais dois traços marcantes da jurisdição: a inércia e a definitividade, que não estariam presentes na atividade legislativa e administrativa. O princípio do *ne procedat judex ex officio* está ligado aos princípios da ação e dispositivo, ou seja, a jurisdição atua, tirantes algumas exceções, mediante a provocação dos interessados. É certo que há situações em que se observa o temperamento do princípio da ação, em especial naquelas hipóteses em que comparece o interesse público ou de incapazes, ou pela própria natureza da ação: a abertura de inventário, a arrecadação de bens, as ações declaratórias, as chamadas dúplices e a hipótese de fixação de indenização e renda em favor do proprietário ou possuidor de área sobre a qual foi concedida autorização para pesquisa mineral (Decreto-lei 227, de 28.2.1967, art. 27 e incisos).

No tocante a outra característica apontada, a definitividade implicaria que as decisões proferidas pela autoridade no exercício da jurisdição, em geral, se tornassem imutáveis, em grau máximo pela autoridade da coisa julgada material, como corolário do valor segurança. Todavia, embora possa ser aceita como regra geral, há quebra desse traço em algumas situações, como no processo de execução, na jurisdição voluntária e nos processos cautelares, bem como nas sentenças que extinguem o processo sem a apreciação do mérito,[59] de modo que essa marca se revela na sentença definitiva (de mérito) do processo de conhecimento, com a ressalva, ainda, da possibilidade, em situações excepcionais, da eventual "relativização" da autoridade imposta pela coisa julgada, cuja problemática será analisada oportunamente, pois ligada à efetividade do processo à luz do confronto entre os valores da segurança e justiça.

---

59. A finalidade do processo é o término do conflito, que se realiza, em regra, pela força vinculativa da coisa julgada, mas a sua falta não desfigura a noção de jurisdição, conquanto "puede objetar-se que hay juicios cuyas sentencias no producen la excepción de cosa juzgada, por ej., los juicios ejecutivos o los juicios de alimentos provisionales". Cf. James Goldschmidt, *Principios Generales del Proceso*, vol. I, Buenos Aires, Ediciones Juridicas Europa-America (EJEA), 1961, pp. 39-40.

Sob outro ponto de vista, a concepção de Allorio baseada na distinção das funções estatais a partir da coisa julgada teria por fundamento a premissa apresentada por autores normativistas, como Kelsen, no sentido de que as funções do Estado não poderiam ser catalogadas por seus fins, mas por suas formas. Cf. Ovídio A. Baptista da Silva e Fábio Luiz Gomes, *Teoria Geral do Processo Civil*, 5ª ed., São Paulo, Ed. RT, 2010, p. 61.

Ainda em relação aos princípios fundamentais ou informativos da jurisdição,[60] podem ser mencionados: a) a investidura; b) a aderência ao território; c) a inevitabilidade; d) a indelegabilidade; e) a inafastabilidade; f) o juiz natural e g) a inércia.[61]

Concebendo-se a ideia tradicional de que a jurisdição é um monopólio estatal, ela é exercida de maneira exclusiva pelos agentes ou órgãos prévia e regularmente investidos na autoridade de julgador, porém, tirantes as situações previstas em lei em que se presume a existência de interesse tutelável pelo Estado, é crescente a tendência de se incentivarem outras formas de solução de conflito, de sorte a considerar o acesso aos órgãos judiciais investidos preferencialmente em caráter residual.[62]

60. A título de esclarecimento, aqui os princípios são tomados como preceitos que fornecem os contornos particulares do instituto para o fim de sua melhor compreensão ao revelarem os seus traços marcantes e próprios, ou seja, podem ser identificados como características universalmente reconhecidas. No entanto, se concebida a distinção proposta pelos autores neoconstitucionalistas entre princípios e regras, tema que será desenvolvido oportunamente (Parte II, Capítulo II, item 3.2.), através da qual tais figuras são consideradas espécies normativas, cada uma com funções distintas, na acepção, em linhas gerais, de que os princípios seriam mandamentos genéricos com o intento de se alcançar certos fins, especialmente por meio de ponderação de valores, ao passo que as regras trariam mandamentos específicos através de condutas previamente determinadas, somente o juiz natural parece afinar-se ao conceito de princípio e os demais preceitos mais se afigurariam como regras aplicáveis à jurisdição.
61. Cf. Araújo Cintra, Grinover e Dinamarco, *Teoria Geral do Processo*, cit., pp. 171 e ss.
62. Com efeito, na visão constitucional da democracia pluralista, "a boa gestão da coisa pública e a consecução da paz social não constituem encargos só do Poder Público e dos mandatários políticos, mas também da própria sociedade civil, através de cada um de seus indivíduos, isoladamente ou coalizados em grupos representativos". Cf. Rodolfo de Camargo Mancuso, *A Resolução dos Conflitos e a Função Judicial no Contemporâneo Estado de Direito*, 5ª ed., São Paulo, Ed. RT, 2010, pp. 100-101.

Ademais, em face do novo *status* que adquiriu o instituto é relevante a observação de Cândido Rangel Dinamarco: "Constitui tendência moderna o abandono do *fetichismo da jurisdição estatal*, que por muito tempo fechou a mente dos processualistas e os impediu de conhecer e buscar o aperfeiçoamento de outros meios de tutela às pessoas envolvidas em conflitos. Os *meios alternativos* para solução destes ocupam hoje lugar de muito destaque na preocupação dos processualistas, dos quais vêm recebendo especial ênfase a *conciliação*, a *arbitragem* e, em tempos mais recentes, a *mediação*. Não visam a dar efetividade ao direito material nem se propõem a proporcionar *atuação da vontade concreta da lei* – isto é, não são movidos pelo escopo jurídico que por muitas décadas se apontou como a mola legitimadora única do exercício da jurisdição estatal. Mas, tanto quanto esta, têm o *escopo pacificador*, que é o verdadeiro fator de legitimidade da jurisdição mesma no Estado moderno". Cf. *Fundamentos do Processo Civil Moderno*, t. I, cit., pp. 391-392.

O princípio da aderência ou da territorialidade é consectário da presença de contornos geográficos que limitam o exercício da soberania de um Estado.[63] Todavia, assistimos à época de enorme aproximação de indivíduos e organizações das mais diversas localidades, através do aprimoramento dos meios de comunicação e do fenômeno das contratações transnacionais, de modo que no ambiente da arbitragem internacional, considerada como forma alternativa de superação de controvérsia, a soberania do Estado nesse particular não constitui fator de limitação externa da jurisdição concebida em seu sentido ampliado.

Como fator de segurança, respaldado no devido processo legal, as atribuições cometidas a uma determinada autoridade judicial, em regra, não podem ser modificadas com vistas a evitar a ocorrência de transferências injustificadas ou motivadas por conveniências políticas e pessoais. Trata-se do princípio da inevitabilidade, que significa que as partes vinculadas a um determinado conflito levado ao Estado não podem ser subtraídas da autoridade de sua decisão, porque "a relação de *autoridade* e *sujeição*, existente entre o Estado e os particulares, é o fator legitimante da inevitabilidade do poder estatal e do seu exercício".[64]

Esse princípio tem íntima vinculação como o da indelegabilidade, que decorre das atribuições delineadas no ordenamento jurídico, incum-

---

63. A noção de jurisdição, evidentemente, se distingue da de competência. Verificada a atuação da jurisdição como expressão da soberania nacional, em face da quantidade de feitos, da extensão territorial, do valor econômico da causa, da sua natureza, da qualidade das partes e de outras situações, decorre, como método de trabalho, a necessidade de distribuição dos processos, a qual se perfaria por diversos critérios objetivos e essa divisão lógica de atribuições entre os órgãos por lei previamente criados denomina-se competência, sem que, com a repartição do exercício da jurisdição, "o poder se considere fracionado". Cf. Cândido Rangel Dinamarco, *Fundamentos do Processo Civil Moderno*, t. I, cit., p. 292.

Daí a conceituação da competência como "medida de jurisdição" (Carnelutti), vez que "determina a esfera de atribuições dos órgãos que exercem as funções jurisdicionais". Cf. José Frederico Marques, *Manual de Direito Processual Civil*, vol. I, cit., p. 261.

Em crítica a essa concepção, Celso Neves destacou a presença de dois aspectos inerentes ao fenômeno: "subjetivamente, a competência é o atributo de capacidade para o exercício da tutela jurídica processual, decorrente de investidura legítima. Objetivamente, é a relação necessária, de adequação legítima, entre o processo e o órgão incumbido da tutela jurídica processual". Cf. "Jurisdição", *Textos elaborados pelo Prof. Celso Neves para debate e desenvolvimento da matéria em curso de Pós-graduação*, Departamento de Direito Processual da Faculdade de Direito da Universidade de São Paulo, 1º sem. 1992.

64. Cf. Cândido Rangel Dinamarco, *Instituições de Direito Processual Civil*, vol. I, cit., p. 318.

bindo a cada "poder" do Estado o dever de desempenhar a missão que lhe foi confiada, não se permitindo a transposição de funções, de modo que a Constituição e o arcabouço legislativo traçaram os critérios de divisão de trabalho dos juízes, confiando-lhes o conhecimento de determinadas causas.

O princípio da inafastabilidade é resultante do dever do Estado de examinar as pretensões que lhe forem encaminhadas, cujo descumprimento significa a própria denegação do sagrado direito ou poder de ação previsto no texto constitucional. É mais do que um princípio informativo da jurisdição, cuida-se de garantia prevista na Carta Magna, que assegura o amplo acesso à justiça, cabendo ao Estado providenciar a remoção de todas as barreiras que impeçam o seu pleno exercício.

Também como consectário da segurança, o juiz natural, como desdobramento do devido processo legal, presta a garantir que a apreciação da causa seja realizada por autoridade prévia e legalmente estabelecida, servindo também para se preservar a independência e a imparcialidade do julgamento. Além da vedação geral de atuação de ofício da jurisdição (princípio da inércia), mencione-se, ainda, o princípio da impessoalidade, que impõe que no seu proceder seja observado o dever de imparcialidade e a indelegabilidade da jurisdição, sob pena de menoscabar também o princípio do juiz natural.[65]

4. A jurisdição como poder e dever

Comumente é mencionado o tríplice aspecto da jurisdição, ou seja, é adotada a concepção de que é, simultaneamente, um poder, uma função e uma atividade. Primeiramente, é poder porque é a expressão da potestade do Estado, cuja existência pressupõe o atributo natural de decidir com força de império e de impor as suas decisões coercitivamente. Na

---

65. Idem, ibidem, pp. 335-338.

Se, contudo, admitido o caráter jurisdicional da arbitragem, os princípios informativos mencionados não resistiriam de modo inabalável, exigindo-lhes uma interpretação ajustada às características dessa espécie de heterocomposição. Com efeito, impõe-se a releitura desses princípios ou caracteres tradicionais da jurisdição mercê das transformações experimentadas pela sociedade a partir do século passado, com o movimento de amplo acesso à justiça, impulsionado inclusive por participação popular, como se verifica da criação de inúmeros mecanismos alternativos de solução de controvérsias. É fato que, mesmo ausente a decisão judicial, a composição de conflitos alcançada por outras vias desempenha ao menos um dos escopos da jurisdição, ou seja, a pacificação social.

segunda acepção, como função, está ínsito o papel precípuo, através de seus órgãos, de concretizar a vontade do direito e de levar a pacificação com justiça. E, sob o ângulo da atividade, reúne um feixe de atos a serem praticados no exercício desse poder e da função atribuídos pela ordem jurídica.

Nesse sentido, "é manifestação do poder estatal, conceituado como capacidade de decidir imperativamente e impor decisões".[66] Na perspectiva da função, revela "o encargo que têm os órgãos jurisdicionais de promover a pacificação de conflitos interindividuais, mediante a realização do direito justo e através do processo".[67] E, por fim, como atividade, expressa "o complexo de atos do juiz ou do árbitro no processo, exercendo o *poder* e cumprindo a função que a lei lhes comete".[68] Na verdade, são conceitos complementares, pois o poder uno e soberano que repousa numa Nação se desenvolve através das funções estatais, as quais se concretizam por meio de atividades específicas, inclusive pelas denominadas jurisdicionais.

Todavia, é relevante anotar que, ao lado do aspecto "poder",[69] sempre lembrado quando se refere à jurisdição, é imprescindível, sobretudo nos tempos atuais, não se olvidar do correspectivo "dever" atinente ao Estado no compromisso assumido de oferecer prestação jurisdicional de modo eficaz.[70] Esse aspecto foi observado por Frocham:

> la jurisdicción es el poder estatal, emergente de la soberanía o de sus desmembraciones políticas autónomas, de decidir los conflictos de interés que someten a decisión de sus órganos las personas físicas o

---

66. Cf. Araújo Cintra, Grinover e Dinamarco, *Teoria Geral do Processo*, cit., p. 165.

67. Idem, ibidem, p. 165.

No âmbito da função, a jurisdição também pode ser examinada sob dois ângulos, primeiramente como função "tipicamente estatal" e, de outro lado, como "função estatal típica" do Poder Judiciário. Cf. Flávio Luiz Yarshell, *Tutela Jurisdicional*, cit., p. 136.

68. Cf. Araújo Cintra, Grinover e Dinamarco, *Teoria Geral do Processo*, cit., p. 165.

69. Rodolfo Camargo Mancuso faz uma interessante observação quanto à concepção contemporânea de jurisdição, a qual "vai deixando de ser tão centrada no *Poder* – dimensão *estática*, ligada à ideia de soberania – para se tornar aderente à *função* (dimensão *dinâmica*) que o *Estado Social de Direito* deve desempenhar no sentido de promover a *resolução justa dos conflitos, num tempo razoável*". Cf. *A Resolução dos Conflitos...*, cit., p. 58.

70. Cf. Teori Albino Zavascki, *Antecipação da Tutela*, São Paulo, Saraiva, 1997, p. 6.

jurídicas que integran la comunidad, inclusive la administración del proprio Estado, como partes, a los cuales el orden jurídico transfiere el deber de resolverlos conforme a la ley, como así la ejecución de la sentencia y las demás decisiones del proceso contencioso y del voluntario, inclusive las del proceso penal.[71]

Igualmente, no século passado, Alfredo Rocco já enfatizava o dever inerente à jurisdição, *in verbis*:

> La giurisdizione civile non è solo un *diritto*, ma altresì un *dovere* dello Stato. E ciò per due ragioni. Anzitutto, perché gli scopi i quali formano il contenuto sostanziale dei diritti dello Stato, essendo scopi sociali o pubblici, il loro conseguimento è un obbligo dello Stato. Poi, più ancora, perché lo scopo il quale forma il contenuto del diritto di giurisdizione civile, è per lo Stato uno scopo *riflesso*, avente per oggetto il soddisfacimento, e quindi di determinare o non la formazione di un interesse statale a quel soddisfacimento; donde il riconoscimento della volontà individuale come decisiva per l'esercizio della giurisdizione da parte dello Stato, cioè il riconoscimento di un *diritto* dei singoli a tale esercizio e di un *dovere* dello Stato di prestarlo.[72]

No enfoque da efetividade do processo e no contexto maior da garantia constitucional, vislumbra-se, em torno da jurisdição, sobretudo sob a visão dos jurisdicionados, que também há incidência do direito fundamental à tutela jurisdicional, porquanto emerge inclusive "do dever estatal de proteção (que não é apenas do Legislativo)"[73] a implicar a missão do juiz de otimizar a sua atividade, através do manuseio adequado no processo das técnicas do método de solução de conflitos, com vistas a prover a prestação jurisdicional célere e segura.

5. *Conclusões parciais (Parte I, Capítulo II)*

Conquanto a teoria da tríplice separação de poderes (*rectius*, funções) tivesse representado importante marco na civilização ocidental ao condensar as principais ideias que se lançaram contra o regime político absolutista reinante no século XVIII na Europa, propiciando modelo de Estado que foi incorporado pela maioria dos países democráticos, deve

---

71. Cf. Manuel Ibañez Frocham, *La Jurisdicción*, Buenos Aires, Astrea, 1972, p. 47.
72. Cf. Alfredo Rocco, *La Sentenza Civile*, cit., p. 20.
73. Cf. Luiz Guilherme Marinoni, "A jurisdição no Estado Contemporâneo", cit., pp. 58-59.

ser examinada a sua elaboração doutrinária com ressalvas na atualidade, especialmente a partir da compreensão das verdadeiras razões que conduziram à delimitação da função judicial à mera aplicação de comandos textuais editados pelo Poder Legislativo, suprimindo-lhe, sobretudo, a atividade interpretativa, ou outra que pudesse dar ensejo a qualquer atuação de conteúdo e conotação política. Primava-se com isso, ao menos sob a ótica dos governantes, pela segurança jurídica, cujo escopo, por si só, não mais se vislumbra como suficiente para a saudável harmonia entre os 'poderes' e para a tão almejada paz social.

Em consequência, as construções da doutrina clássica em torno da jurisdição imprescindem de releitura para que seja alcançado o seu real significado na sociedade contemporânea. Impõe-se uma visão ampliada em torno das características da jurisdição captadas no passado, adaptando--as aos anseios da sociedade moderna para que possa ser bem cumprida a sua missão de solucionar os conflitos sociais em todo seu espectro, cuja feição tem experimentado dramática mudança nos últimos tempos.

Capítulo III
OS PODERES DO JUIZ

1. O juiz perante o Estado e o Poder Judiciário. O juiz na jurisdição. 2. A crise do Poder Judiciário. 3. A atuação do juiz na sociedade contemporânea. 4. Os poderes-deveres do juiz: 4.1 Distinção entre poder, dever, faculdade e ônus – 4.2 Do juiz no processo. Poderes e deveres. 5. Os poderes instrutórios do juiz: 5.1 O significado do "princípio dispositivo" – 5.2 O panorama no direito estrangeiro – 5.3 A tendência atual dos poderes instrutórios. 6. Conclusões parciais (Parte I, Capítulo III).

1. O juiz perante o Estado e o Poder Judiciário. O juiz na jurisdição

Diante do que foi analisado em termos de jurisdição no capítulo anterior é possível deixar bem sedimentado o papel do juiz sob o enfoque comparativo de sua atuação perante o Estado, o Poder Judiciário e na jurisdição. Primeiramente, tendo em vista a unidade soberana e política enfeixada em torno de uma organização estatal, ao juiz é destinado o cumprimento da parcela desse poder, na condição de agente político, representando os lídimos anseios da sociedade à qual pertence, o que reforça a consciência de que deve atuar em prol do interesse público.

Em decorrência do imperativo de racionalidade na organização e distribuição de encargos e na consecução dos objetivos do Estado e atendendo-se ao almejado equilíbrio político entre os "poderes" constituídos, convencionou-se que a específica função de pacificar conflitos e de impor as suas decisões seria conferida ao Poder Judiciário,[1] através

---

1. Esse poder teria a missão precípua de "aplicar contenciosamente a lei a casos particulares". A diferença entre os outros poderes constitucionais dar-se-ia pela natureza da função (*ratione muneris*) e não pela natureza da matéria (*ratione materiae*). Assim, "não há assumptos que por sua natureza sejam de ordem legislativa, ou de ordem administrativa, ou judiciária. Uma só matéria pode ser legislativa, executiva ou judicial. Trata-se de regulá-la por uma lei? É legislativa. Faz-se necessário executar a lei? É a matéria executiva, ou administrativa. Deu origem a contendas, ou

de seus membros regularmente investidos no cargo, em observância ao modelo de composição adotado pela Nação,[2] o que confere a necessária legitimidade ao regime democrático de direito. Indubitavelmente, sob o aspecto político, a presença do juiz diante do Estado que representa, como integrante de um dos "poderes", é o sinônimo de garantia de independência dos cidadãos.

Na jurisdição, o juiz cumpre o seu ofício preponderante por meio de atividades desenvolvidas na esteira do processo, instrumento de realização da função jurisdicional, de forma que, em síntese, se desincumbe de realizar os atos denominados típicos do Poder Judiciário. O que importa deixar registrado, como é acentuado ao longo do trabalho, é a dimensão dessa atuação no contexto da jurisdição nos tempos atuais, que deve se amoldar à feição do Estado contemporâneo de direito. Por isso, impõe-se a releitura das concepções clássicas do instituto, que fornecem importantes subsídios comparativos, auxiliando a revelar a mudança de perspectiva.

A principal constatação é a de que não seria mais suficiente a pura adoção da ideia segundo a qual o papel do juiz no exercício da jurisdição seria resumido à declaração de direito no caso concreto através da automática aplicação da norma abstrata, ou texto legal, pelo método da subsunção, na esteira da supremacia da legalidade ou, conforme referência dada pelos doutrinadores da ciência e filosofia do direito, do pensamento da escola positivista.[3]

contestações, concernentes à aplicação da lei? É judicial". Cf. Pedro Lessa, *Do Poder Judiciário*, Rio de Janeiro, Livraria Francisco Alves, 1915, pp. 1-2.

2. São considerados órgãos do Poder Judiciário, de acordo com a Constituição Federal (art. 92), todos os tribunais (superiores, regionais e dos Estados e do Distrito Federal) e juízes (do Trabalho, Eleitorais, Militares, Federais e dos Estados e do Distrito Federal). Assim, quando se fala genericamente de juiz no processo, a referência abrange todos os órgãos que pertencem a um dos Poderes da República, sejam monocráticos ou colegiados, independentemente da instância ou grau de jurisdição, distribuídos de acordo com a competência outorgada pela Carta Política e legislações infraconstitucionais.

Embora o Conselho Nacional de Justiça figure como integrante do Poder Judiciário por força da Emenda Constitucional 45/2004 (CF, art. 92, I-A), é sabido que não detém a jurisdição, pois é órgão externo de fiscalização de gestão e as suas decisões não são acobertadas pela coisa julgada, competindo-lhe essencialmente "o controle da atuação administrativa e financeira do Poder Judiciário e do cumprimento dos deveres funcionais dos juízes" (CF, art. 103-B, § 4º).

3. É pertinente a seguinte colocação de Luiz Guilherme Marinoni: "dizer que a lei tem a sua substância moldada pela Constituição implica admitir que o juiz não é mais um funcionário público que objetiva solucionar os casos conflitos mediante a afirmação do texto da lei, mas sim um agente do poder que, por meio da adequada

A propósito, observa-se interessante dado na confluência entre as funções legislativa e jurisdicional, vez que se desponta a firme tendência de elaboração de normas de textura aberta a conferir maior responsabilidade e poder ao juiz na perscrutação de valores captados a partir do caso concreto em sintonia com o ordenamento jurídico como um todo, sobretudo de acordo com os ditames constitucionais. Assim, ganha formidável destaque a sua atividade interpretativa, porquanto tem havido clara inversão de papéis com a evolução social, ou seja, se anteriormente predominava a singela "aplicação" do direito legislado às situações particulares submetidas ao crivo judicial, atualmente, cada vez mais, se requer, a partir das circunstâncias do caso controvertido, uma atuação consistente na escolha de valores, geralmente contemplados em princípios, para uma resposta mais adequada, com o olhar voltado à realização do direito material através do manejo das normas e técnicas processuais.[4]

E, para o objetivo deste trabalho, é compreensível que a busca da efetividade do processo, sob o ângulo do juiz, passe necessariamente por essa abordagem para a superação dos valores colidentes, o que não seria passível de concretização apenas pelos métodos tradicionais de solução de conflito de leis. Nesse mote também é importante lembrar que, sob o viés da tutela jurisdicional, no estágio atual em torno do instituto da jurisdição, o papel do juiz não se restringe à "edição da sentença (da declaração do direito ou da criação da norma individual), exigindo que, para a compreensão do significado de prestação jurisdicional, caminhe-se um pouco além".[5]

2. A crise do poder judiciário

A decantada crise do Poder Judiciário, como instituição destinada a dar pronta resposta aos reclamos dos jurisdicionados, com segurança e

interpretação da lei e do controle da sua constitucionalidade, tem o dever de definir os litígios fazendo valer os princípios constitucionais de justiça e os direitos fundamentais". Cf. "A jurisdição no Estado contemporâneo", in *Estudos de Direito Processual Civil. Homenagem ao Prof. Egas Dirceu Moniz de Aragão*, São Paulo, Ed. RT, 2005, p. 50.

4. Na dicção de Luiz Guilherme Marinoni, "o juiz tem o dever de encontrar na legislação processual o procedimento e a técnica idônea à efetiva tutela do direito material. Para isso deve interpretar a regra processual de acordo, tratá-la com base nas técnicas de interpretação conforme e da declaração parcial de nulidade sem redução de texto e suprimir a omissão legal que, ao inviabilizar a tutela das necessidades concretas, impede a realização do direito fundamental à tutela jurisdicional". Cf. "A jurisdição no Estado Contemporâneo", cit., p. 66.

5. Idem, p. 57.

justiça, é um fenômeno que não se limita à realidade brasileira. A preocupação com tal fato tem desafiado inclusive os profissionais de vários países considerados democráticos, como Itália, França, Estados Unidos, entre outros, independentemente do sistema jurídico em vigor (*Civil Law*, *Common Law* ou híbrido). No Brasil o problema pode ser visualizado, na essência: a) sob o ângulo institucional, isto é, a demonstração de sua força política diante dos outros poderes constituídos; b) sob o ponto de vista estrutural e administrativo, aferível através da forma de operacionalização de sua máquina e do seu grau de funcionalidade; c) sob o enfoque relacionado ao andamento dos processos que lhe são encaminhados, envolvendo a questão do manejo do instrumento de realização dos escopos da jurisdição e da legislação que trata da matéria procedimental.[6]

A despeito da investigação dos motivos da ineficiência da justiça brasileira, que exigiria profunda análise,[7] o que seria inviável nos limites deste estudo, é certo que despontam à primeira vista o dado de ordem administrativa e a faceta de conteúdo sociológico, que, na verdade, se interpenetram. O primeiro elemento, que é objetivo, representado pela evolução geométrica de feitos em todas as instâncias em comparação com o crescimento da população e, principalmente, de juízes e funcionários,[8]

---

6. Cf. Maria Tereza Sadek e Rogério Bastos Arantes, "A crise do Judiciário e a visão dos juízes", *Revista da Universidade de São Paulo*, n. 21, mar./abr./maio 1994, pp. 34-45.

7. Rodolfo de Camargo Mancuso elenca diversas concausas para a crise numérica de processos judiciais, como a cultura demandista, a fúria legislativa, o binômio judicialização da política-politização do Judiciário, o ativismo judicial, a crise de efetivação dos comandos judiciais, a desigualdade na distribuição dos encargos processuais entre os litigantes, o gigantismo judiciário que alimentaria o fluxo de demandas, a litigiosidade contida e a divulgação deficiente de outros meios de composição de conflitos. Cf. *Acesso à Justiça. Condicionantes legítimas e ilegítimas*, São Paulo, Ed. RT, 2011, pp. 44-168.

8. Conquanto se possa observar estatisticamente durante os últimos tempos o aumento desproporcional do número de habitantes e, sobretudo, de feitos em andamento no Poder Judiciário em cotejo com o de seus integrantes, não se propugna a elevação da quantidade de magistrados como *conditio sine qua non* para a superação de todas as deficiências atualmente constatadas. Na verdade, trata-se de realidade muito complexa que requer profundos estudos e reflexões sob todas as variáveis comprometidas com o funcionamento da máquina judiciária. De fato, o aprimoramento da gestão administrativa poderá trazer melhores resultados do que a automática elevação do quadro de juízes, a qual, isoladamente, não poderá contribuir para a efetividade se não houver estrutura adequada de trabalho em termos materiais e de recursos humanos. Assim, por exemplo, a contratação e capacitação de funcionários, em vez de criação de mais cargos de juízes, e o aparelhamento das unidades judiciais poderiam implicar melhoria qualitativa e quantitativa na prestação jurisdicional.

tem ligação direta com as mudanças sociais das últimas décadas, o que tem contribuído para tornar os conflitos cada vez mais complexos.

Esse fato também vai ao encontro da circunstância de que os cidadãos estão cada vez mais conscientes da garantia do acesso à justiça, que trouxe à tona o problema da "litigiosidade contida" de épocas passadas, aliando-se a isso o comportamento fomentado pela maioria dos profissionais que lidam com o direito ao privilegiar a busca de soluções conservadoras para as controvérsias, isto é, pautadas prioritariamente na remessa dos conflitos ao Poder Judiciário e na espera de decisão judicial, o que somente faz incrementar a animosidade e valorizar "a cultura da sentença", a qual ainda resiste na mentalidade de muitos juízes.[9]

Quando se fala da crise do Poder Judiciário, é corrente imputar-lhe a problemática da morosidade na condução de sua função típica e da ineficiência do seu método de trabalho. O seu enfrentamento exige uma análise multifatorial, ensejando a concorrência de diversas proposições.[10] Com vistas à superação dessa realidade que assola a Justiça em todas

---

9. Como anotou Kazuo Watanabe, a tarefa de sentenciar continua sendo mais cômoda para alguns juízes do que efetivamente apaziguar os litigantes, ou seja, aderir à cultura da pacificação. Cf. "Cultura da sentença e cultura da pacificação", in *Estudos em Homenagem à Prof. Ada Pellegrini Grinover*, São Paulo, DPJ, 2005, *passim*.

10. No campo procedimental, deve ser combatido o excessivo formalismo, justificado apenas para conferir segurança jurídica, prestigiando-se a sua flexibilização de acordo com a natureza do bem jurídico em discussão e, com base nessa circunstância, também importante seria a propagação dos métodos alternativos de solução de controvérsia e a implantação de sistemas eficientes de gerenciamento de feitos. Da mesma forma, apregoa-se a mudança de mentalidade dos juízes, que deveriam sintonizar-se às mudanças sociais e assumir o papel de efetivo agente transformador da sociedade e, nesse ponto, imbrica-se a sua essencial função de intérprete das normas e dos valores nelas incorporados.

Humberto Theodoro Júnior alerta, todavia, que as alterações legislativas no campo processual deveriam ser procedidas com base em "dados cientificamente pesquisados e analisados" e que "sem estatística idônea, qualquer movimento reformista perde-se no empirismo e no desperdício de energias por resultados aleatórios e decepcionantes", pois "para manter uma sincronia entre a norma legal e sua operacionalidade administrativa, é preciso conhecer, cientificamente, as causas que, *in concreto*, frustram o desiderato normativo. E isto, obviamente, será inatingível, pelo menos com seriedade e segurança, se a organização dos serviços judiciários não contar com órgãos especiais de estatística e planejamento". Cf. "Celeridade e efetividade da prestação jurisdicional. Insuficiência da reforma das leis processuais", *Revista de Processo* 125, São Paulo, Ed. RT, 2005, pp. 70-73.

Atualmente, o Conselho Nacional de Justiça poderia assumir essa incumbência de coletar informações para o aprimoramento dos órgãos do Poder Judiciário, bem como para subsidiar reformas no campo da legislação processual, no desempenho das extensas atribuições de cunho administrativo (CF, art. 103-B, § 4º).

as esferas e rincões do país, deve-se atentar essencialmente para as três abordagens anteriormente mencionadas.

Primeiramente, o Judiciário deveria ser fortalecido no concerto dos demais Poderes da República, buscando-se o almejado equilíbrio na concretização dos objetivos comuns e fundamentais da República Federativa do Brasil (CF, art. 3º, I, *in verbis*: "construir uma sociedade livre, justa e solidária").[11]

Outro aspecto refere-se ao âmbito administrativo da máquina judiciária, que implica uma gestão profícua e eficiente, envolvendo o gerenciamento de pessoas e materiais em busca da realização do fim específico. Embora o bom funcionamento de qualquer estrutura organizacional requeira a adoção de conhecimentos da ciência da administração, fornecendo subsídios para o adequado planejamento e execução de metas, não se deve descurar das especificidades dos diversos órgãos de que constitui o Poder Judiciário. A realidade político-social em que se encontram inseridos e o aprimoramento de seus serviços dependem, em grande parte, do fortalecimento político do Judiciário em relação aos outros Poderes na definição das verbas prioritárias para a missão constitucional de realizar justiça.[12]

---

11. Não é tema deste trabalho, mas pode ser mencionada, como preocupação que se insere na atuação política do Judiciário no contexto da harmonização de poderes, a questão da destinação de verbas condizentes para o funcionamento de toda a sua máquina e o aprimoramento de seu serviço público. Apesar da independência como poder e gozar de autonomia administrativa e financeira, dado fundamental em Estado Democrático de Direito, o montante de seu recurso é definido anualmente pelo Legislativo através de lei orçamentária específica, inclusive com contingenciamentos resultantes de influência política do Poder Executivo. A propósito, também é imperioso que seja periodicamente revisto o limite da dotação orçamentária estabelecido pela Lei de Responsabilidade Fiscal, adequando-se às particularidades de cada segmento do Poder Judiciário.

12. De acordo com o relatório elaborado pelo Conselho Nacional de Justiça, as despesas da Justiça Estadual, Federal e Trabalhista totalizaram em 2010 o montante de R$ 41 bilhões, equivalente a 1,12% do PIB Nacional, a 2% dos gastos da União e dos Estados e a R$ 212,37 ao ano por habitante, representando em relação ao ano anterior o crescimento de 3,7% da despesa total. Cf. texto publicado no endereço eletrônico www.cnj.jus.br/images/pesquisas-judiciarias/Publicacoes/sum_exec_por_jn2010.pdf, p. 4; acessado em 10.2.2012.

Conquanto se possa questionar o montante do orçamento público destinado ao funcionamento do sistema judicial brasileiro, que contaria com a proporção de 7,7 juízes por 100.000 habitantes, acima da relação idealizada pela Organização das Nações Unidas, não se deve olvidar a realidade social de cada país, sendo que aqui ainda é elevado o grau de litigiosidade, alcançando, em média, uma ação a cada conjunto de dez habitantes, liderada pelos Estados com o maior IDH (Índice de Desenvol-

Quanto ao terceiro aspecto da visualização da complexa crise da Justiça, que desponta de forma mais perceptível, é o enfoque da condução dos processos judiciais e a respectiva eficácia do resultado apresentado ao final de uma longa caminhada e espera, merece ser ressaltado, em realidade, que o grau de satisfação dos destinatários da atividade desempenhada pelo Poder Judiciário não dependeria exclusivamente do papel atribuído aos seus integrantes.

Com isso não se pretende assentar que o juiz, circundado por auxiliares da justiça, não detenha poderes expressivos, tanto através de atuação administrativa eficiente quanto no cumprimento irrepreensível da função jurisdicional.[13] Para o escopo voltado ao aprimoramento dos serviços

vimento Humano), sem ainda mencionar a presença de "litigância predatória" por parte de alguns grupos e instituições. Cf. Sérgio R. T. Renault e Pierpaolo C. Bottini, "O contexto da reforma processual civil", in *A Nova Execução de Títulos Judiciais: comentários à lei n. 11.232/05*, São Paulo, Saraiva, 2006, pp. 2-3.

Na coleta de dados realizada pelo Conselho Nacional de Justiça foi constatado o predomínio de determinados setores que litigam no Judiciário. A pesquisa apontou que dos cem maiores litigantes, que correspondem a 20% dos processos no país, há presença considerável do setor público, bancos e empresas de telefonia, sendo que na órbita da Justiça Estadual haveria o equilíbrio desses litigantes no polo ativo e passivo. Cf. Relatório datado de março de 2011. Cf. www.cnj.jus.br/images/pesquisas--judiciarias/pesquisa_100_maiores_litigantes.pdf; acessado em 1.4.2011.

Barbosa Moreira, em artigo publicado no início da década de 1980, ao discorrer sobre a excessiva demora dos processos, com a ressalva de que não antevia encontrar no receituário processual a solução definitiva para o problema, relacionava série de questões atreladas: "falhas da organização judiciária, deficiências na formação profissional de Juízes e advogados, precariedade das condições sob as quais se realiza a atividade judicial na maior parte do país, uso arraigado de métodos de trabalho obsoletos e irracionais, escasso aproveitamento de recursos tecnológicos" e acrescentava que "é fácil imaginar o vulto dos investimentos financeiros imprescindíveis a qualquer tentativa séria de atacar em larga escala esse conjunto de problemas". "Notas sobre o problema da 'efetividade' do processo", *Ajuris*, vol. 29, Porto Alegre, Revista da Ajuris, 1983, p. 81.

13. José Renato Nalini, comentando a importância dos novos critérios regulamentados pelo Conselho Nacional de Justiça para a seleção de juízes, privilegiando outros atributos além da mera erudição dos candidatos, afirma que o juiz atualmente não pode prescindir de noções de Sociologia do Direito e, principalmente, de Administração Judiciária, pois "não poderá desconhecer aspectos gerenciais da atividade judiciária, como administração e economia. Não se esqueceu o produtor da norma de exigir gestão de pessoas. O magistrado precisa estar atento às transformações sociais, conhecer comunicação social e a opinião pública. Debruçar-se sobre os mecanismos de resolução, assumindo como tarefa sua estimular os sistemas não judiciais de composição de litígios". Cf. "Tema irrelevante", artigo publicado em 7.3.2011 no jornal *O Estado de São Paulo*, acessado, em 8.3.2011, pelo endereço eletrônico: www.estadao.com.br/estadaodehoje/20110307/not_imp688787,0.php.

judiciários, porém, a boa qualidade na sua prestação também é resultado do concurso de todos aqueles que participam diretamente do método de trabalho denominado processo,[14] incluindo-se a forma de comportamento das partes e dos advogados, e, igualmente, da qualificada atuação do legislador na formulação de leis materiais harmônicas, coerentes, inteligíveis e conectadas com as legítimas aspirações do povo, bem como na elaboração de ordenamento processual sintonizado com os valores e princípios que regem a ciência atual do direito processual.[15] Igualmente, em escala maior, parcela da responsabilidade também pode ser tributada aos Poderes Legislativo e Executivo, na esteira das considerações expostas anteriormente, quanto à disponibilização de meios financeiros para que o Poder Judiciário tenha acesso aos recursos materiais e pessoais indispensáveis à boa administração da justiça.[16]

Por isso, ressalvada a devida proporção, não pode o juiz se afastar da ideia de que deve atuar com uma visão de empresário na sua linha de produção para alcançar o resultado final, que é a própria prestação jurisdicional, sendo imprescindível a preocupação gerencial de sua atividade, pois falsa é "a separação estanque entre as funções de julgar e dirigir o processo – que implica orientação ao cartório. O maior absurdo derivado desse nocivo ponto de vista dicotômico é a alegação que às vezes alguns juízes manifestam, atribuindo a culpa pelo atraso dos serviços judiciários ao cartório que também está sob sua superior orientação e fiscalização". Cf. Sidnei Agostinho Beneti, *Da Conduta do Juiz*, 3ª ed., São Paulo, Saraiva, 2003, p. 12.

14. Na dicção de Cândido Rangel Dinamarco, "a própria dinâmica do processo impõe que da realização deste participem os sujeitos interessados, que são as *partes*, atuando estas mediante os atos de seus patronos, os *advogados*. O processo é o centro de convivência e o método estabelecido para o exercício da jurisdição pelo juiz, da ação pelo autor e da defesa pelo réu". Cf. *Instituições de Direito Processual Civil*, vol. I, 7ª ed., São Paulo, Malheiros Editores, 2013, p. 661.

15. É que, como bem enfatizou Barbosa Moreira, "deficiências técnicas na formulação da norma acarretam dúvidas e controvérsias hermenêuticas de que costumam alimentar-se incidentes processuais, como o da uniformização de jurisprudência e o da declaração de inconstitucionalidade, e concorrem para multiplicar os recursos destinados à revisão *in iure* como o especial e o extraordinário. Não é preciso sublinhar a gravidade dos prejuízos que daí decorrem para a causa da efetividade. Não se trata apenas do prolongamento excessivo deste ou daquele pleito: a sobrecarga de trabalho que tudo isso atira sobre os órgãos judiciais, designadamente sobre os tribunais superiores, afeta por força a qualidade do produto, sacrificando a curiosidade intelectual e a reflexão madura à pressão das pautas intermináveis, e afogando no pantanal da rotina quaisquer esperanças de desenvolvimento jurisprudencial". Cf. "Efetividade do processo e técnica processual", in *Temas de Direito Processual Civil*, 7ª série, São Paulo, Saraiva, 1997, p. 172.

16. Assim, independentemente da confluência de vários aspectos envolvidos na ineficiência do aparato judicial, sem prejuízo da correta gestão administrativa, é patente a necessidade de atualização da máquina judiciária, inclusive com o incremento dos recursos materiais e humanos, objetivando a contratação e capacitação de

3. A atuação do juiz na sociedade contemporânea

Contrastada a atuação do Poder Judiciário com o momento de incerteza pelo qual atravessa hodiernamente, sobrevindo o questionamento de sua atuação política, administrativa e funcional, urge agora contextualizá-lo na sociedade contemporânea quanto ao seu relevante mister na concretização do mandamento de justiça conferido pelo Estado Democrático de Direito.

Nessa atmosfera, mencione-se, a título de exemplo, a sua atuação frente à implementação de políticas públicas, o que bem acentua a intervenção em conflitos de interesses de massa, ou transindividuais. Isso revela a expectativa em relação à amplitude de seu poder político, na esteira dos objetivos fundamentais da República Federativa do Brasil, quando indevido ou insuficiente o papel primacialmente conferido aos Poderes Legislativo e Executivo. O modelo tradicional da separação dos poderes ou funções, proposto na clássica obra de Montesquieu, experimentou evolução ao longo dos séculos XIX e XX, a partir do momento em que paulatinamente o Poder Judiciário passou a ter prerrogativa de controle das questões políticas, desvinculando-se da posição de mero mandatário do monarca, ou, ainda, apêndice do Poder Legislativo.[17]

As políticas públicas são o resultado natural da longa evolução histórico-social que se seguiu à derrocada do poder absoluto dos reis, época em que se pretendia a mera limitação do papel do Estado, com tônica na valorização da liberdade dos indivíduos. Ali se estabelecendo o dever de coibir a eventual ingerência e o excesso praticados pelo Estado. Nesse período em que vigorava a filosofia do liberalismo econômico,

---

funcionários, assim como a modernização dos cartórios e secretarias, para acompanhar a crescente demanda de processos, o que não vem ocorrendo em muitos setores da Justiça principalmente por restrições orçamentárias.

Nessa direção, a necessidade de melhor aparelhamento da administração da Justiça, inclusive no exercício da atividade executória, sempre tem sido lembrada pelos doutrinadores, como se extrai do artigo publicado por Leonardo Greco antes mesmo das últimas alterações da legislação processual. Cf. "A reforma do processo de execução", *Revista Forense* 350/61, 2000.

Acrescente-se, ainda, a atuação do Poder Executivo na edição prolífera de medidas provisórias, o que contribui para o fenômeno da "inflação legislativa" tão nocivo ao país, fator de geração de insegurança social e potencialização de conflitos que sobrecarregam ainda mais o Poder Judiciário.

17. Cf. Osvaldo Canela Júnior, *A Efetivação dos Direitos Fundamentais através do Processo Coletivo: o âmbito de cognição das políticas públicas pelo Poder Judiciário*, tese de doutorado defendida perante a Faculdade de Direito da Universidade de São Paulo, 2009, pp. 57-69 e 103-110.

pontuava-se o respeito aos valores emergentes dos direitos fundamentais, considerados de primeira geração, como a vida, a igualdade e a propriedade, reclamando do Estado basicamente uma conduta não intervencionista. Na fase histórica posterior, com o desenvolvimento econômico impulsionado pela Revolução Industrial, já não mais bastava a simples obediência às garantias fundamentais de liberdade. Sobrevieram os direitos sociais sob os ideais do *Welfare State*, denominados de segunda geração, os quais foram incorporados aos direitos consagrados na etapa anterior, que se mantiveram incólumes. A partir de então, porém, se exigia do Estado um comportamento ativo, positivo, transformador, com a efetiva implementação dos direitos de natureza social e econômica.[18]

Na sequência, assistiu-se, em continuidade ao notável progresso tecnológico, à evolução social marcada por relações humanas progressivamente mais complexas, com a introdução de outros valores, como o da solidariedade, caracterizados por preocupações que muitas vezes perpassariam a geração atual, a exemplo do interesse pelo meio ambiente equilibrado, provocando a manifestação de direitos com contornos imprecisos (direitos de terceira geração). A ciência processual tem sido conclamada a acompanhar essas mudanças sociais para atender às expectativas de interesses de conteúdo ampliado, que transbordariam a esfera meramente individual ou de grupo restrito de pessoas: "o conteúdo jurídico da dignidade humana vai, dessa forma, se ampliando à medida que novos direitos vão sendo reconhecidos e agregados ao rol dos direitos fundamentais".[19]

Nesse ambiente, conclama-se o Estado contemporâneo a implementar os objetivos fundamentais da sociedade. À base das políticas públicas se encontram os direitos sociais, que exigem uma conduta estatal afirmativa, ampliando-se para os demais interesses relevantes na busca da coesão social, função própria do ato de governo, de modo que aquela expressão pode ser definida como "a coordenação dos meios à disposição

---

18. Assim, "historicamente, a assunção, pelo Estado, da regulação dos conflitos e reivindicações existentes ao interno da sociedade foi crescendo à medida que se fortaleciam as bases do Estado de Direito e, *em paralelo*, ia se firmando o ideário em torno dos direitos fundamentais da pessoa humana, mormente sob a égide da chamada *segunda geração* dos direitos fundamentais, a saber, a das *liberdades positivas*, pelas quais a sociedade acumula *créditos* em face do Estado (à educação, à saúde, à segurança, à sadia qualidade de vida) e ele, a seu turno, se encarrega de *provê-los*, enquanto arrecadador de tributos e gestor do interesse geral". Cf. Rodolfo de Camargo Mancuso, *A Resolução dos Conflitos e a Função Judicial no Contemporâneo Estado de Direito*, cit., p. 48.

19. Cf. Maria Paula Dallari Bucci, "O conceito de política pública em direito", *Políticas Públicas: reflexões sobre o conceito jurídico*, São Paulo, Saraiva, 2006, p. 3.

do Estado, harmonizando as atividades estatais e privadas para a realização de objetivos socialmente relevantes e politicamente determinados".[20]

Essa atuação, dentro da visão unitária da estrutura do Estado, em que se verifica apenas a separação de funções, se faz conjuntamente no Estado Democrático de Direito, prioritariamente pelo Poder Legislativo e Poder Executivo e, quando provocado, pelo Poder Judiciário. Este intervirá tanto no papel de correção quanto, havendo omissão, no de implementação, dentro dos limites da garantia do mínimo existencial, da razoabilidade e da reserva do possível (com exceção nas hipóteses de urgência e nas situações em que se evoca o núcleo indispensável à dignidade humana), através de diversas espécies de demanda hauríveis do ordenamento jurídico, em observância à garantia constitucional do amplo acesso à justiça.[21]

Consagrada atualmente a tese na doutrina e na jurisprudência de que o Poder Judiciário pode e deve intervir no controle ou na realização de políticas públicas, atendidos determinados pressupostos e limites,[22] essa

---

20. Cf. Maria Paula Dallari Bucci, "As políticas públicas e o direito administrativo", *Revista de Informação Legislativa*, n. 133, Brasília, jan./mar. 1997, p. 91.

21. Cf. Ada Pellegrini Grinover, "O controle de políticas públicas pelo Poder Judiciário", *O Processo – Estudos e Pareceres*, 2ª ed., São Paulo, DPJ, 2009, *passim*.

A propósito, enfatiza Kazuo Watanabe que "o nosso sistema processual para a tutela dos interesses e direitos dos consumidores (e também de outros direitos e interesses difusos e coletivos – art. 90, Código) é dotado de 'todas as espécies de ações capazes de propiciar sua adequada e efetiva tutela'". Cf. Ada Pellegrini Grinover e outros, *Código Brasileiro de Defesa do Consumidor Comentado pelos Autores do Anteprojeto*, 8ª ed., Rio de Janeiro, Forense Universitária, 2005, p. 837.

22. Registre-se a posição doutrinária restritiva à proteção jurisdicional direta e completa dos direitos sociais e econômicos, os quais teriam sido estruturados, na sua expressiva maioria dos casos, em normas de eficácia limitada e natureza programática. Nesse sentido, Elival da Silva Ramos sustenta que tais direitos estariam associados a normas "que fixam diretrizes à atuação do Poder Público, o qual tem o dever jurídico de implementá-las mediante o planejamento de políticas públicas adequadas, cuja execução envolve desde a edição de normas legais e regulamentares até a prestação material de serviços públicos, o que demanda a alocação e dispêndio de recursos financeiros". Prossegue o mesmo autor: "ao contrário do que sucedeu com o direito à educação, que teve um de seus desdobramentos (direito de acesso ao ensino fundamental gratuito) erigido em direito social originário, ou seja, dotado de plenitude eficacial, o direito à saúde, em todas as suas variantes, foi situado constitucionalmente como um direito dependente de legislação e de providências administrativas que completem a sua conformação". Cf. "Controle jurisdicional de políticas públicas: a efetivação dos direitos sociais à luz da Constituição brasileira de 1988", *Revista da Faculdade de Direito*, vol. 102, São Paulo, Universidade de São Paulo, 2007, pp. 337, 341 e 346.

Todavia, na visão moderna de constitucionalismo, tais direitos, independentemente da "geração", são "justiciáveis", de forma que não são compreendidos como

breve digressão histórica demonstra de modo patente a transformação impingida ao processo civil em comparação à época em que as disputas se realizavam entre sujeitos bem definidos e objeto claramente identificado, de maneira que, dependendo da forma de atuação do julgador, haverá reflexo direto no campo da efetividade do processo judicial, compreendida em seu sentido amplo como aptidão genérica para cumprir os fins ou produzir os efeitos esperados pelo sistema jurídico.

É nesse universo fecundo de valores políticos e sociais que o Poder Judiciário da atualidade deverá conduzir-se, buscando oferecer respostas em sintonia com as aspirações da sociedade patenteadas na Constituição Federal. Como se pode perceber nitidamente, para a superação da crise da Justiça é imprescindível o esforço qualificado de todos aqueles que de alguma forma tenham pertinência com o amplo desiderato da realização

---

meras prescrições ou normas programáticas, devendo ser realizados concretamente pelo Estado, demandando "um comportamento ativo e decisivo de todo o Estado, que não só dispõem a respeito de objetivos a serem alcançados mas, também, que impõem as formas de seu atingimento, que têm efeitos diretos e imediatos, e é por isto que aqueles direitos, na concepção aqui analisada, devem ser realizados, sob pena de ruírem os próprios objetivos do Estado". Cf. Cassio Scarpinella Bueno, *Curso Sistematizado de Direito Processual Civil: teoria geral do direito processual civil*, vol. 1, 5ª ed., São Paulo, Saraiva, 2011, p. 94.

Nessa direção, a jurisprudência tem entendido, por exemplo, que o fornecimento de tratamento médico, posto que prevalentes os direitos constitucionais à vida e à saúde e em atenção ao princípio da dignidade humana, não poderia ser obstado sob a alegação de carência de recursos financeiros para justificar a omissão do Poder Público, não configurando essa interpretação afronta ao princípio da separação entre os Poderes. Cf. TJRS, 8ª Câmara Cível, AC 70035880376, rel. Des. Claudir Fidélis Faccenda, v.u., j. 5.8.2010.

Mencione-se, igualmente, o julgamento preferido no Supremo Tribunal Federal, no AgReg no RE 410.715-5-SP, rel. Min. Celso de Mello, em que se impôs ao poder público a obrigação de concretizar uma determinada prerrogativa constitucional, qual seja, no caso, o direito à educação infantil.

Não se olvida, a propósito do tema, a profunda discussão em torno dos mecanismos processuais mais adequados para a tutela destinada ao fornecimento de medicamentos, seja através da tutela individual, ou por meio de ações de natureza coletiva, tendo em vista a possibilidade de distorções caso adotado o tratamento atomizado, comprometendo a efetividade pelos riscos inerentes à dispersão dos interessados e à geração de desigualdades, favorecendo aqueles que têm melhores condições para recorrer ao Judiciário e impedindo ao julgador uma análise global de eventuais "políticas já em curso, suas limitações, alternativas e recursos disponíveis e necessários para uma prestação estatal mais condizente com o direito social envolvido". Cf. Carlos Alberto de Salles, "Duas faces da proteção judicial dos direitos sociais no Brasil", in *As Grandes Transformações do Processo Civil Brasileiro*, São Paulo, Quartier Latin, 2009, pp. 806-816.

da justiça, com a possibilidade de oferecer determinada contribuição nesse movimento. Com efeito, é ingente o desafio, já que a garantia de acesso à justiça, por sua grandeza e estatura constitucional, exige muito mais do que a eliminação de barreiras para que o cidadão seja colhido pelas engrenagens do aparato estatal e dele possa atuar formalmente, indo além, portanto, de se lhe assegurar uma das manifestações do devido processo legal, isto é, o direito de ser ouvido e participar do contraditório ("his day in Court").[23]

É que, sob a perspectiva da instrumentalidade e da efetividade da prestação jurisdicional, o Estado tem o dever de entregar em concreto a quem tem direito, individual ou coletivamente, o bem da vida a que faz jus de acordo com o ordenamento jurídico e, para tanto, essa resposta deve ser conferida com segurança, custo econômico sustentável e em tempo de espera razoável, sob o risco de comprometer a eficiência do instrumento disponibilizado para a resolução dos conflitos e, por consequência, a legitimidade da jurisdição.

Do exemplo anteriormente referido, de que o juiz é chamado a decidir questões políticas e sociais de largas repercussões, deflui-se que o seu papel nos tempos atuais tem enfoque preponderante na atividade interpretativa, argumentativa e de ponderação, cuja tendência é reforçada pela opção metodológica na elaboração de norma jurídica de tessitura aberta, caracterizada por cláusulas gerais, de modo que, diante desse novo paradigma de norma jurídica, o legislador transfere ao aplicador a atribuição de preencher os espaços vazios conscientemente deixados, de acordo com as características de cada litígio, reforçando a atividade criadora do direito, em especial no campo dos direitos fundamentais, o que tem conduzido à reformulação dos modelos da hermenêutica tradicional.

A propósito, Cassio Scarpinella Bueno esclarece que:

23. Cf. Ada Pellegrini Grinover, *As Garantias Constitucionais do Direito de Ação*, São Paulo, Ed. RT, 1973, p. 16.
Nessa esteira, a preocupação do juiz atualmente deve voltar-se não só à observância dos mandamentos caracterizadores da autonomia da ciência do direito processual, mas principalmente à efetivação do direito substancial, através de correlação entre os planos material e processual, que podem ser considerados, respectivamente, *conteúdo* e *continente*, num verdadeiro "sistema de vasos comunicantes", já que "o direito material (substancial) é *veiculado* pelo direito processual civil para o Estado-juiz para que as relações por ele regidas sejam adequadamente compostas e realizadas". Cf. Cassio Scarpinella Bueno, *Curso Sistematizado de Direito Processual Civil...*, vol. 1, cit., pp. 80-81.

o paradigma atual do direito legislado – não só do "direito constitucional", mas de todo o "direito" – é, por si só, suficiente para que a "abertura" interpretativa propugnada com relação à teoria dos direitos fundamentais faça-se também presente em todas as demais situações de atuação do Poder Judiciário. Mais ainda quando a doutrina tradicional ainda afirma (insiste, a bem da verdade), a exemplo do que a doutrina oitocentista fazia, que ao juiz não é dado *criar* direito algum, que a atribuição do Poder Judiciário ainda é a de julgar conforme e *sob* as condições da lei preexistente. Como se esta "lei" fosse suficiente, sempre e por definição, a cobrir todo e qualquer fato conflituoso que seja entregue ao juiz para julgamento.[24]

Portanto, é inevitável a constatação de que a conduta do juiz na ordem atual vem acompanhada de forte incremento de seu poder a partir do microcosmo do processo, como reflexo da realidade social de seu tempo, exigindo-se-lhe uma postura ativa,[25] o que não significa arbitrariedade. É certamente indesejável a concepção de seu papel meramente neutro, desprovido de significado social ou político, como se imaginou ser possível, por exemplo, pela escola positivista de direito, ao lhe conferir somente o mister de aplicar formalmente a lei, quase como um autômato, alheio a qualquer apreciação de ordem valorativa.[26]

24. Cf. Cassio Scarpinella Bueno, *Curso Sistematizado de Direito Processual Civil...*, vol. 1, cit., p. 98.
25. Esse comportamento implica, ademais, em termos práticos, a dedicação do magistrado na condução do processo, em especial pela abertura de um diálogo intenso com as partes. Cf. João José Custódio da Silveira, *O Juiz e a Condução Equilibrada do Processo*, São Paulo, Saraiva, 2012, p. 79.
Nessa direção, não se espera do juiz diante do renovado panorama da sociedade brasileira o engajamento na solução somente da crise jurídica, mas também consciente "de seus deveres como *condutor* do processo (*case manager*) e não apenas como um estático *destinatário da prova*". Cf. Rodolfo de Camargo Mancuso, *Acesso à Justiça. Condicionantes legítimas e ilegítimas*, São Paulo, Ed. RT, 2011, p. 448.
26. Esclarece Rodolfo de Camargo Mancuso que no contexto atual "o juiz contemporâneo não tem mais como se manter neutro e indiferente, distante do calor dos acontecimentos, acomodado ao frio mister de singelo aplicador da norma aos fatos, até porque a complexidade da vida social, associada a velocidade dos acontecimentos não raro atropelam as ocorrências positivadas, fazendo a cada passo emergir situações de verdadeira *aporia*, onde não se encontra a norma que deveria regular o caso concreto, levando a que, não raro, tenha o juiz que preencher, com prudência e sensibilidade, as lacunas e os conceitos vagos e indeterminados, cada vez mais emergentes no Direito brasileiro ("boa-fé objetiva"; "união estável"; função social"; "lesão enorme")". Cf. *Acesso à justiça. Condicionantes legítimas e ilegítimas*, São Paulo, Ed. RT, 2011, p. 446.

4. Os poderes-deveres do juiz

4.1 Distinção entre poder, dever, faculdade e ônus

Examinado o Poder Judiciário em seu contexto atual, sob a ótica da extensa crise que o assola e dos desafios que lhe são impostos em consideração aos lídimos anseios do Estado brasileiro, dando ensejo ao clamor pela melhoria da prestação de serviço, seria importante agora averiguar o espectro da atuação de seus integrantes, através dos quais, em concreto, se manifesta a jurisdição no desempenho de seu poder, função e atividade.[27] É do escorreito desempenho dos poderes e deveres do juiz que se materializam os mandamentos constitucionais que lhe foram carreados.

Na condição de "órgão da jurisdição" e "delegado do Estado no exercício da função jurisdicional", o juiz "exerce funções especificas do Estado",[28] exigindo-se-lhe uma conduta distinta no âmbito pessoal, social e profissional.[29] Entre os sujeitos da relação processual, ele é a figura proeminente do processo,[30] de modo que se espera dele uma atuação serena, imparcial e justa, porém firme e atenta na condução e no desfecho da causa, bem como no cumprimento de suas decisões. Na realização

---

27. De acordo com a imagem poética espelhada nas palavras de Miguel Reale, "a jurisdição é o momento em que o direito se faz carne, em que o sistema das normas, através da pessoa do juiz, se pontualiza, ou seja, se identifica especificamente com a relação vital que constitui o objeto essencial da lide. A jurisdição, tudo somado, é o ápice, o momento culminante da vida do direito". Cf. "A ética do juiz na cultura contemporânea", in José Renato Nalini (coord.), *Uma nova Ética para o Juiz*, São Paulo, Ed. RT, 1994, p. 139.

28. Cf. Moacyr Amaral Santos, *Primeiras Linhas de Direito Processual Civil*, 1º vol., 12ª ed., São Paulo, Saraiva, 1985, p. 331.

29. Como lembra José Renato Nalini, o juiz, embora seja agente estatal e detentor de função que exterioriza parcela da soberania popular, é também um técnico que aplica o direito à controvérsia, de modo que seria inafastável uma postura ética e profissional derivada não apenas da Carta Fundamental, mas também da Lei Orgânica da Magistratura Nacional, pois ao exercer função típica "há uma especificidade na prestação jurisdicional que torna obrigatória uma conduta própria, diferenciada em relação àqueles que a não exercem", sem exclusão das obrigações de caráter social "para com os valores do humanismo, do pluralismo e da participação, direcionados à consecução do bem comum". "A ética do juiz na cultura contemporânea", cit., pp. 90, 93 e 106.

30. Com efeito, de acordo com a definição tradicional, é a autoridade a quem compete, no Estado, o encargo de administrar a justiça, pois, "no juiz, o fazer Justiça é o alvo, a tarefa, a missão, o sacerdócio". Cf. Mário Guimarães, *O Juiz e a Função Jurisdicional*, Rio de Janeiro, Forense, 1958, pp. 33-34.

de extensas e variadas atividades, aglutinam-se-lhe os correspondentes poderes e deveres.[31]

Para uma melhor compreensão das diversas atribuições que recaem sobre o juiz no método de trabalho denominado "processo" é importante, primeiramente, a distinção entre poder, dever, faculdade e ônus, que são situações jurídicas de que estão imbuídos os sujeitos de uma relação jurídica processual, ou seja, no caminho que se estende desde a sua formação até o provimento final e a efetiva entrega do bem da vida a quem tem razão, há uma série de atos vinculados e coordenados entre si, e que são praticados no exercício de poderes ou faculdades ou em cumprimento a deveres ou ônus, objetivando a entrega da prestação jurisdicional justa pelo Estado.

De início, mencione-se que, se não há dúvida de que tais situações jurídicas (poder, dever, faculdade e ônus) manifestam-se no âmbito da relação processual, isso se deve naturalmente à sua autonomia, projetada em plano diverso da relação jurídica material. Do campo do direito privado é possível colher as noções básicas de direito, obrigação, poder e sujeição.[32] Nesse passo, a propósito, Carnelutti, partindo do pressuposto de que a relação jurídica estaria vinculada ao conflito de interesses juridicamente regulados entre dois sujeitos, envolvendo, de um lado, obrigação e, de outro, direito subjetivo, ou interesse, apresentou os seguintes traços comparativos:

a) Así, como del mandato jurídico derivan la obligación y el derecho subjetivo, así también de la norma instrumental derivan el poder y la sujeción;

b) El poder no es más que la expresión subjetiva del mandato, y significa, por tanto, posibilidad de mandar (para la composición de

---

31. Essa destacada posição que ocupa na relação processual não implica transformá-lo em juiz autoritário, o que seria inadmissível no quadro do devido processo legal, mas, de acordo com a concepção publicista do processo contemporâneo, esse, como verdadeiro método de trabalho, não seria simplesmente um objeto à disposição das partes, mas sim instrumento peculiar da jurisdição, de modo que tal ideia vem fortalecendo os poderes judiciais, não se concebendo, portanto, atualmente, a ideia romântica do juiz passivo de outrora. Esse movimento está na base da expressão cunhada de ativismo judicial, ponto que será tratado oportunamente (Parte II, Capítulo II, item 6).

32. Não se pretende com isso a transposição direta dos conceitos da esfera privada, o que demanda cautela e profundo conhecimento do direito, sendo que, conforme lembra José Cretella Júnior, "até agora o *primado civilista* tem prevalecido, formando-se mesmo uma mentalidade privatística, que equaciona e resolve, em termos tradicionais, os problemas do direito público, levando para o novo campo os próprios resultados alcançados. Traduz-se. Pede-se emprestado. Adapta-se. Transpõe-se. Não se fala a linguagem nova e específica do direito público". Cf. *Curso de Filosofia do Direito*, 11ª ed., Rio de Janeiro, Forense, 2007, p. 199.

un conflicto de intereses). El derecho (subjetivo), en cambio, es la posibilidad de valerse del mandato (ajeno; para el prevalecimiento de un interés). Lo que existe de común entre el poder y el derecho es que uno y otro son atributos de la voluntad, pero el poder, significa dominio de la voluntad ajena, y el derecho, en cambio, dominio de la propia, es decir, libertad;

c) La sujeción es, a su vez, la expresión del mandato considerado en su aspecto pasivo, o se desde el lado, no de quien manda, sino de quien es mandato. Significa, pues, necesidad de obedecer. Tan clara como la diferencia entre poder y derecho es la que media entre obligación y sujeción: obligación es el vínculo impuesto a la voluntad (para la subordinación de un interés); sujeción es la imposibilidad de querer con eficacia. Por eso, obligación y sujeción, como derecho y poder, son también modos de ser de la voluntad; pero mientras la obligación es la no-libertad, la sujeción es la ineficacia del querer.[33]

As situações jurídicas que se formam no âmbito da relação processual podem ser ativas quando permitem criar situações favoráveis ao seu titular, por isso se desdobram, em geral, em direito e poder,[34] dando oportunidade para "realizar atos processuais segundo a deliberação ou o interesse do seu titular, ou exigir de outro sujeito processual a prática de algum ato", enquadrando-se nessa modalidade as faculdades e os poderes outorgados aos sujeitos.[35] Por outro lado, há situações jurídicas processuais passivas, das quais resultam situações desfavoráveis ao seu titular, ou seja, "impelem o sujeito a um ato (deveres ou ônus) ou lhe impõem a aceitação de um ato alheio".[36]

33. Cf. Carnelutti, *Sistema de Derecho Procesal Civil*, vol. I, Buenos Aires, Uteha Argentina, 1944, pp. 60-61.
34. Idem, ibidem, p. 67.
35. A liberdade é o traço marcante em cujo campo se situa a faculdade, a qual pode ser considerada antítese da obrigação. É possível também a analogia entre faculdade e direito (subjetivo) como desdobramento do fenômeno da liberdade, mas sob a noção de lide "la (mera) facultad se refiere a un interés considerado independientemente del conflicto, mientras que el derecho subjetivo mira un interés tutelado en el conflicto". Ademais, "en general, el ejercicio del derecho subjetivo es materia de libertad y representa por ello una facultad. Se explica así la fácil confusión entre derecho y facultad; pero la ciencia ha de advertir que lo que es una facultad no es el derecho, sino el ejercicio del derecho. Puede suceder, en cambio, que el ejercicio del derecho sea necesario, tanto en el sentido de la carga, como en el de la obligación; por ejemplo, proponer la demanda judicial es, sin duda, una carga". Cf. Carnelutti, *Sistema de Derecho Procesal Civil*, vol. I, cit., pp. 63-64 e 67.
36. Cf. Cândido Rangel Dinamarco, *Instituições de Direito Processual civil*, vol. II, 6ª ed., São Paulo, Malheiros Editores, 2009, p. 206.

A faculdade é a *liberdade de conduta* outorgada pela lei como consectário do princípio constitucional da legalidade (CF, art. 5º, II), mas que sofre limitação normativa quando ela possa traduzir em desvantagens alheias, por isso mesmo haveria poucas *faculdades processuais puras*.[37] Não sendo puras, elas acarretam vantagens ao titular, gerando o respectivo dever alheio de realizar uma conduta ou restringindo a sua liberdade de atuação. Os poderes são outorgados pela lei e consistem na *capacidade de produzir efeitos sobre a esfera jurídica alheia*, seja das partes ou do juiz.

No tocante às situações jurídicas passivas, os deveres são os mais expressivos, pois, sendo *imperativo de conduta no interesse alheio*, projetam o sujeito à única opção de comportamento, cuja inobservância frustra a ordem jurídica, de modo que é passível a aplicação de sanção, como na hipótese de descumprimento pelas partes do dever de probidade e lealdade (art. 14, CPC/1973; art. 77, CPC/2015). Ao lado deles se situam os ônus, que estão em posição intermediária, pois, sendo *imperativo do próprio interesse*, permitem que o titular deixe de observá-los de acordo com a sua conveniência, suportando, a depender do seu caráter absoluto ou relativo, eventual agravamento de sua situação, caso não se desincumba de sua prática.[38]

A noção de ônus incide diretamente na teoria da prova, pois, diferentemente da entidade jurídica do dever ou obrigação, que preordena uma determinada conduta a ser implementada a fim de que o sujeito alcance um objetivo jurídico relevante, é-lhe conferida a liberdade de realizar a própria conduta como melhor lhe aprouver, inclusive no sentido diverso daquele previsto pela norma, porém, de acordo com a observação de Gian Antonio Micheli, suportando o devido resultado:

De acordo com Carnelutti, as situações jurídicas passivas decorrem da noção geral de dever fazer: sujeição, ônus e obrigação. Cf. *Sistema de Derecho Procesal Civil*, vol. I, cit., p. 66.

37. Daí a noção de que a faculdade seria figura representativa de situação neutra, atrelada à noção de liberdade. Cf. Carnelutti, *Sistema de Derecho Procesal Civil*, vol. I, cit., p. 67.

38. Cf. Cândido Rangel Dinamarco, *Instituições de Direito Processual Civil*, vol. II, cit., pp. 206-211.

James Goldschmidt resume a ideia nos seguintes termos: "La antítesis del derecho procesal es la carga procesal, es decir, la necesidad de prevenir un perjuicio procesal, y, en último término, una sentencia desfavorable, mediante la realización de un acto procesal. Estas cargas son imperativos del propio interés. En eso se distinguen de los deberes, que siempre representan imperativos impuestos por el interés de un tercero o de la comunidad". Cf. *Principios Generales del Proceso*, vol. I, Buenos Aires, Ediciones Jurídicas Europa-América (EJEA), 1961, p. 91.

la non osservanza di quest'ultima dunque non porta ad una sanzione giuridica, ma solo ad una sanzione economica: e precisamente il non conseguimento di quel fine, pertanto ad una situazione di svantaggio per il soggetto titolare dell'interesse tutelato.[39]

Em acréscimo,

in sostanza dunque la norma giuridica o indica una condotta che deve essere osservata nell'interesse altrui (ed eventualmente a pena di una sanzione giuridica), oppure una condotta che deve essere osservata dall'interessato, quando questi voglia conseguire un fine, altrimenti non raggiungibile.[40]

Goldschmidt bem define a essência do ônus ou do encargo no processo mediante o emprego de expressões como possibilidade, expectativa, ocasião e chance. Ressalta que num processo tipicamente dispositivo haveria visível predomínio da iniciativa processual da parte, de modo que "las perspectivas de una sentencia desfavorable dependen siempre de la omisión de un tal acto procesal de la parte interesada", ou seja, "la parte que se encuentra en situación de proporcionarse mediante un acto una ventaja procesal, y, en definitiva, una sentencia favorable, tiene una posibilidad u ocasión procesal".[41]

Portanto,

la *expectativa* de una ventaja procesal, y, en último término, de una sentencia favorable, la *dispensa de una carga procesal* y la *posibilidad* de llegar a tal situación por la realización de un acto procesal, constituyen los *derechos* en el sentido procesal de la palabra. En realidad,

---

39. Cf. *L'Onere della Prova*, Padova, CEDAM, 1966, pp. 60-61.
40. Idem, ibidem, p. 61.
Em outras palavras, na distinção entre dever e ônus, "sono nozione in sé eterogenee, poiché la prima di esse indica la necessità giuridica di un determinato comportamento stabilito da una norma, di regola in ordine al soddisfacimento di un interesse di un soggetto, cui è concesso un correlativo potere individuale. La seconda, invece indica la necessità pratica che il titolare di un determinato potere lo eserciti, qualora voglia ottenere un effetto in proprio favore". Cf. Gian Antonio Micheli, *L'Onere della Prova*, cit., pp. 66-67.
A noção de ônus se reduz ao modo de ser de um poder, na espécie daqueles poderes que são conexos a um múnus, a um ofício, eis que "la legge in determinati casi attribuisce al soggetto il potere di porre in essere la condizione (necessaria e sufficiente) per il conseguimento di un effetto giuridico, considerato favorevole per il soggetto stesso". Idem, ibidem, pp. 82 e 85.
41. Cf. James Goldschmidt, *Principios Generales del Proceso*, vol. I, cit., p. 58.

no se trata de derechos propiamente dichos, sino de situaciones que podrían denominarse con la palabra francesa: *chances*.[42]

E, de outro lado,

la necesidad de una actuación para prevenir un perjuicio procesal, y, en último término, una sentencia desfavorable, representa una *carga procesal*. Esta última categoría del enfoque procesal corresponde al concepto material del deber o de la obligación.[43]

O mesmo autor ainda faz a distinção entre ônus mais ou menos perfeitos. Os primeiros sucederiam quando as consequências são inexoráveis, como deixar de apresentar o recurso dentro do prazo legal. No segundo caso, as consequências ficariam ao arbítrio do juiz, como a aplicação da pena de confesso quando a parte deixa de responder, sendo que não existiria ônus totalmente imperfeito, pois alguma situação de desvantagem seria carreada ao omitente.[44]

Em relação ao juiz, sujeito imparcial da relação processual, atribuem-se-lhe tão somente os poderes-deveres fundados na própria essência da peculiar atividade desenvolvida pelo Estado, que se caracteriza pelo exercício de autoridade, através de seus membros, na condução do processo, na prolação de decisões e na imposição de medidas necessárias ao seu cumprimento. Em termos de efeitos que emergem da respectiva situação jurídica, os poderes do juiz são ativos, pois, ao serem implementados, compelem os sujeitos vinculados à realização de determinada conduta. Os deveres do juiz se enquadram na esfera de situação jurídica passiva mercê da obrigatoriedade de sua prática.

Em verdade, os poderes e deveres que circundam a atuação judicial apresentam íntima conexão entre si, pois ambos se fundam na mesma origem ética e no próprio ordenamento jurídico. Conquanto aos sujeitos parciais do processo a ausência do exercício de um determinado poder ou ônus (de ajuizar uma demanda, de interpor um recurso, entre outros exemplos), que tem a força de produzir resultados na esfera jurídica de outrem, não lhes acarrete reprimendas, a não ser a eventual privação de oportunidade para experimentar uma situação de vantagem,[45] o juiz, na

---

42. Idem, ibidem, p. 59.
43. Idem, ibidem, p. 60.
44. Idem, ibidem, pp. 109-110.
45. Essa noção de quase irrestrito poder das partes de movimentar a máquina judiciária, sem prejuízo dos pressupostos e condicionantes do caso concreto, está ligada à garantia constitucional da ação, de ordem pública, por isso é diferente a ideia

eventual abstenção no desempenho dos poderes conferidos pela norma jurídica, uma vez que tem o correspectivo dever jurídico de agir característico do ocupante de seu cargo público, poderá sofrer sanções derivadas de diversos fundamentos (art. 133, CPC/1973; art. 143, CPC/2015; e arts. 40 a 49, Lei Orgânica da Magistratura Nacional/Lei Complementar 35/1979).[46]

Em acréscimo, o juiz não dispõe de faculdade e nem tampouco de ônus processuais, porquanto entendimento contrário o levaria a inseri-lo no processo como simples gestor "de seus próprios interesses", de forma que "todos os *poderes* que a lei lhe outorga são acompanhados do *dever* de exercê-los",[47] embora alguns autores preconizem a existência também de faculdade na atuação judicial.[48] No entanto, o argumento de que ao juiz são reservados poderes, deveres e, ainda, faculdades, em função do cabimento da distinção entre o que ele deve e o que pode fazer, não se

circunscrita no plano do direito privado, bem representado no exemplo da prestação de natureza obrigacional e patrimonial, na qual existe uma correspondência recíproca entre direito subjetivo e obrigação ("jus et obligatio sunt correlata").

46. Embora utilizados indistintamente, há autores que reportam à diferença entre os vocábulos "dever" e "responsabilidade", atribuindo-lhes significados próprios. Assim, para Octacílio Paula Silva, a palavra "dever" conteria sentido mais genérico, abstrato e ético, *v.g.*, nas expressões "dever moral", "dever profissional", "dever do cidadão" e "dever funcional", ao passo que o termo responsabilidade carregaria conotação mais jurídica, em especial no sentido do dever ou da obrigação de responder por algum ato ou acontecimento. *Apud* Roque Komatsu, "Notas em torno dos deveres processuais dos juízes", in *As Grandes Transformações do Processo Civil Brasileiro*, São Paulo, Quartier Latin, 2009, pp. 694-695.

47. Cf. Cândido Rangel Dinamarco, *Instituições de Direito Processual Civil*, vol. II, cit., p. 213.

Também não se trata de discricionariedade judicial tendo em vista que esse conceito é típico da atuação administrativa, ponto que será desenvolvido na segunda parte do trabalho (Capítulo II, item 5.3 "O sentido e o alcance da discricionariedade judicial").

48. Nesse sentido, Adolfo Alvarado Velloso sustenta que dever é o imperativo jurídico que determina ao juiz a realização de uma conduta, cuja omissão poderia levá-lo a arcar com algum tipo de sanção ou responsabilidade, ao passo que a faculdade seria a aptidão de agir em determinado sentido, cujo exercício estaria atrelado ao melhor desempenho da função, a depender da opção do juiz em cada caso concreto. Com efeito, "las facultades ordenatorias se vinculan estrechamente con los deberes de dirección, pero mientras éstos le son impuestos al juez en el ejercicio de su función, aquéllas aparecen en la órbita volitiva del magistrado, dicho en otras palabras, la ley solo posibilita la realización de determinadas conductas (sin imponerlas) en aras del cumplimiento de los fines del proceso, mediante la concreción práctica de los principios que lo inspiran". Cf. *El Juez – sus Deberes y Facultades*, Buenos Aires, Depalma, 1982, p. 237.

desvincula de uma concepção civilista ou privatista do direito processual, o que não se coaduna com a sua moderna visão, posto que incumbe ao juiz praticar todas as condutas necessárias ao cumprimento de seu dever de oferecer, inspirado na busca constante de otimização, da prestação jurisdicional qualificada e do bom funcionamento do serviço público da justiça, de acordo com o ordenamento jurídico em vigor e os princípios aplicáveis.[49]

4.2 Do juiz no processo. Poderes e deveres

É possível propor diversos critérios de classificação dos extensos poderes-deveres atribuídos ao juiz.[50] Numa primeira abordagem, podem ser estremados, de um lado, em natureza administrativa ou disciplinar/ correcional, típicos da atuação do juiz como gestor da máquina judiciária, envolvendo o manejo de recursos materiais e humanos,[51] sobre os quais recai parcela relevante de sua responsabilidade para a eficiência,

---

49. Hernando Devis Echandia, ao discorrer sobre os deveres do juiz, assevera que "muy importante es observar que en el moderno derecho procesal se considera que cuando la ley otorga a los jueces ciertas facultades para que practiquen una mejor justicia, es un deber de ellos el utilizarlas siempre que se presenten las circunstancias previstas en la misma ley para su ejercicio. El fracaso de los llamados 'autos para mejor proveer' de los viejos Códigos de Procedimiento, consistió en que los magistrados creían que solo era una facultad para usarla cuando tuvieran a bien hacerlo". Cf. *Teoría General del Proceso*, 2ª ed., Buenos Aires, Editorial Universidad, 1997, p. 295.

50. Os deveres processuais do juiz podem ser contrastados com os deveres funcionais segundo a relação entre o exercício da função e o desenvolvimento e culminação do processo, sendo que "a distinção é feita com a finalidade de pôr em relevo que certos deveres existem para o juiz independentemente de que haja um processo incoado em seu Juízo", com a ressalva de que podem existir certos deveres funcionais que influem nos deveres processuais de forma indireta. Cf. Roque Komatsu, "Notas em torno dos deveres processuais dos juízes", cit., pp. 696-697.

José Renato Nalini também faz distinção, sob a perspectiva do juiz na prestação jurisdicional, entre os deveres decorrentes do próprio exercício da função como magistrado (postura funcional) e aqueles restritos à sua atuação no processo (postura processual). Cf. "O juiz e a ética no processo", in *Uma nova Ética para o Juiz*, São Paulo, Ed. RT, 1994, pp. 66-93.

Pontue-se que quando se faz referência aos poderes, sob a ótica mais consentânea com a visão moderna da jurisdição, no exercício do respectivo poder, função e atividade, a atuação do órgão jurisdicional é revestida de imperatividade, de forma que é mais adequado falar-se em deveres, ou, numa conotação mais abrangente, de poderes-deveres.

51. Por exemplo, o dever de supervisionar a atividade e os expedientes do cartório ou secretaria, em particular a atuação dos serventuários, a fim de gerenciar o funcionamento da burocracia judiciária.

mediatamente, da respectiva prestação estatal; de outra banda, de ordem jurisdicional, estão aqueles exercidos na esfera do processo, no cumprimento de sua atividade-fim.

Os poderes-deveres do juiz englobam os poderes-meios, ou instrumentais, para a realização dos escopos da jurisdição. Assim, de acordo com Satta, os poderes do juiz são concebidos em dois sentidos: poderes jurisdicionais e poderes processuais. Os primeiros se identificariam com a sua função, aproximando-se da noção de jurisdição, como poder de declarar e realizar coativamente o direito no caso concreto (poder-fim); os últimos seriam, por excelência, poder-meio, instrumentos que a lei confia ao juiz para o exercício da função jurisdicional. Tais poderes processuais poderiam ser vistos de dois ângulos: do ponto de vista da direção e do desenvolvimento do processo e, de outro lado, mais substancial, das relações entre o poder do juiz e das partes.[52]

Ainda a partir da ideia conferida pelo instituto da jurisdição, é cabível, conforme leciona Moacyr Amaral Santos, extrair a presença de três poderes nela compreendidos: a) o poder de decisão, relacionado ao *notio* e ao *iudicio* dos romanos, que se fundaria no poder de reunir, conhecer e avaliar as provas a fim de elaborar a respectiva decisão; b) o poder de coerção, que se manifestaria na execução quando tenciona a compelir o vencido ao cumprimento da decisão, bem como nos processos de conhecimento e cautelares, quando expede diversas ordens, como a notificação de partes ou testemunhas; e c) o poder de documentação, que seria decorrente da necessidade de registrar por escrito os atos processuais.[53]

No âmbito dos poderes jurisdicionais, em termos de natureza da decisão, os poderes-deveres seriam de duas espécies, isto é, aqueles compreendidos na condução do processo (atos não decisórios), como os pronunciamentos em que não há resolução de questão ou controvérsia, que abrangem os ordinatórios, praticados inclusive por funcionários (art. 162, § 4º, CPC/1973; art. 203, § 4º, CPC/2015), e os voltados para a solução da causa (atos decisórios), que "resultam de um juízo ou resolução

---

52. Cf. *Diritto Processuale Civile*, cit., pp. 107-108.
53. Cf. *Primeiras Linhas de Direito Processual Civil*, 1º vol., cit., p. 71.
  Segundo uma classificação mais ampla, os atributos derivados da jurisdição e que incidem na atuação dos poderes do juiz consistiriam de cinco elementos: a) *Notio* seria o poder de apreciar uma determinada causa; b) *Vocatio* seria o poder de convocar as pessoas em Juízo; c) *Coertio* seria o poder de reprimir as condutas atentatórias aos objetivos da justiça; d) *Iudicium* seria o poder de proferir decisão de uma causa; e) *Executio* seria o poder de obrigar o cumprimento de suas decisões. Cf. Giuseppe Saredo, *Istituzioni di Procedura Civile*, vol. I, Firenze, Giuseppe Pellas, 1887, p. 198.

a respeito de controvérsia, questão, ou ainda sobre o meio e modo de ordenar o procedimento".[54]

É possível ainda separar os poderes jurisdicionais – aqueles realizados no processo, tendo o juiz como sujeito da relação processual, desde o seu início até a sua extinção – e, na outra extremidade, os poderes de polícia (arts. 15, 125, III, 445 e 446, CPC/1973; arts. 78, e parágrafos, 139, III e VII, e 360, I, II e III e 361, parágrafo único, CPC/2015), que seriam praticados na qualidade de autoridade judiciária, a fim de assegurar a ordem dos trabalhos forenses.[55]

Os poderes jurisdicionais reservados ao juiz como responsável pelo desenvolvimento da relação processual, segundo as etapas da marcha processual,[56] permitem ser catalogados em ordinatórios ou instrumentais (voltados ao andamento do processo, de todos os tipos); instrutórios (destinados à colheita da prova, característicos dos processos de conhecimento e cautelar); finais ou decisórios finais: que podem ser: a) decisórios (proferidos nos processos de qualquer tipo) e b) satisfatórios ou executivos (exercidos no processo de execução).[57]

Do exame da variedade de classificação dos poderes e deveres apresentada pela doutrina é intuitivo que o adequado e oportuno exercício de quaisquer de suas espécies pelo juiz, sejam de natureza administrativo--disciplinar ou de caráter jurisdicional, decorrentes ou não do poder de

---

54. Cf. José Frederico Marques, *Manual de Direito Processual Civil*, vol. I, atual. Vilson Rodrigues Alves, Campinas, Bookseller, 1997, p. 426.

Tradicionalmente, os atos não decisórios são conhecidos como ordinatórios, que representariam "formalidades propriamente ditas do processo, prescriptas para o fim de assegurar o andamento justo e correcto do processo, e que não exercem influência directa no conteúdo da sentença. Os actos decisórios compreendem tudo o que é pré--estabelecido para o fim de determinar a relação jurídica que existe entre as partes, tudo o que pode consequentemente influir de modo directo na decisão do processo". Cf. Asser e Rivier, *Éléments de Droit International Privé*, p. 159, *apud* Pedro Lessa, *Do Poder Judiciário*, Rio de Janeiro, Livraria Francisco Alves, 1915, p. 12.

55. Cf. Moacyr Amaral Santos, *Primeiras Linhas de Direito Processual Civil*, 1º vol., cit., pp. 334-335.

56. Em nota à atuação do juiz no processo de acordo com as suas fases, apontam--se, basicamente, três bem definidas: a instrutória, a decisória e a executiva, embora haja certa divergência entre os doutrinadores. Assim, Redenti menciona apenas duas: a instrutória e a decisória, Mortara aponta a declaratória e a executiva e João Monteiro divide em quatro etapas: a ordinária, a probatória, a decisória e a executória. Cf. Mário Guimarães, *O Juiz e a Função Jurisdicional*, Rio de Janeiro, Forense, 1958, p. 267 e rodapé n. 1.

57. Cf. Moacyr Amaral Santos, *Primeiras Linhas de Direito Processual Civil*, 1º vol., cit., pp. 334-340.

polícia, será determinante, de forma direta ou mediata, no incremento da efetividade do processo, especialmente se observado o tipo de processo e a modalidade de tutela almejada. A propósito, não é possível, passando mentalmente pelas hipóteses de poderes diretivos no processo previstas no art. 125 do CPC/1973, cujo rol é ampliado no Código de Processo Civil de 2015 (art. 139 e incisos), desconsiderar a importância de qualquer delas, sem o perigo de comprometer a desejável qualidade da prestação jurisdicional.

Nas pretensões deste trabalho, os poderes exercidos pelo juiz durante a fase de instrução e de decisão apontam maior destaque, visto que ao exercitá-los estarão sendo confrontados, de maneira mais contundente, os valores da segurança e celeridade, porém não menos evidente a atividade posta em prática na etapa de execução, na aplicação de medidas de cautela, assim como na fase ordinatória, quando poderá ser compelida a autoridade judicial a resolver questões relativas aos vícios e às formas processuais, aos ritos procedimentais, à escolha dos meios mais adequados na efetivação de tutelas, e, também, na atuação dos poderes-deveres processuais de direção, a fim de prevenir todo o ato contrário ao dever de probidade e lealdade, mediante firme contenção do abuso processual. Embora a atuação se faça de modo mais agudo na fase instrutória e decisória, em todas as etapas processuais é exigido do juiz constantemente a fazer escolhas valorativas na implementação da efetividade.

Os poderes propriamente jurisdicionais são aqueles mais sensíveis e que se destacam no contexto da atividade judicial, uma vez que com eles se expõe a faceta mais visível da atuação do Poder Judiciário perante os sujeitos que participam do processo, cuja imagem ademais é captada pela sociedade em geral. Tais poderes dizem respeito à atividade-fim do juiz e, quanto à definição de sua amplitude, especialmente no campo da apuração da veracidade dos fatos, "é uma questão de política legislativa concedê--los em maior ou menor quantidade e intensidade ao juiz. Caracteriza-se o processo inquisitivo pelo aumento dos poderes do juiz; caracteriza-se o processo de ação (ou acusatório) pelo equilíbrio do poder do juiz com a necessidade de provocação das partes e acréscimo dos poderes destas".[58]

Todavia, não mais se questiona a importância do fortalecimento dos poderes do juiz na atual quadra da ciência processual. Essa tendência começou a ser observada a partir do momento em que o processo passou a trilhar sob as vestes públicas e, como verdadeiro instrumento da juris-

---

58. Cf. Araújo Cintra, Grinover e Dinamarco, *Teoria Geral do Processo*, cit., p. 175.

dição, revelando a vocação para a realização dos seus amplos escopos, tudo com a finalidade de incrementar a sua efetividade, deixou de ser confinado à esfera de interesse eminentemente privativo das partes, superando-se a fisionomia individualista do modelo clássico. Todavia, o consequente aumento do ativismo judicial não se confunde com a visão totalitária do processo, a qual representaria, de forma inaceitável, tábula rasa das garantias constitucionais,[59] como será abordado no item seguinte deste capítulo.

Em suma, a atuação do juiz no processo, sede em que se revela a típica atividade jurisdicional, é essencial para a consecução da efetividade do direito material através do manejo adequado das normas instrumentais, sendo pertinente afirmar que o direito fundamental à tutela jurisdicional reflete-se no desempenho do juiz como "diretor do processo". Esses poderes-deveres serão reexaminados na última parte do trabalho, momento em que algumas técnicas e institutos processuais serão analisados sob a ótica da atuação do juiz, especialmente com o foco lançado na superação da tensão de valores complementares na consecução da efetividade.

5. *Os poderes instrutórios do juiz*

Não obstante o feixe principal da pesquisa não esteja direcionado aos poderes instrutórios do juiz, serão feitas considerações sobre o tema em vista da circunstância de que é inegável a sua conexão com a atuação judicial no processo na direção da efetividade, na confrontação de seus valores integrantes. Como será anotado posteriormente, as atividades de interpretação, argumentação e ponderação podem recair tanto sobre os elementos normativos, como sobre o conjunto probatório, que servirá, amiúde, de dado essencial na formação do convencimento do órgão julgador, de maneira que o tratamento a ser conferido à matéria repercutirá na esfera da justiça da decisão.

5.1 *O significado do "princípio dispositivo"*

Em relação à polêmica acerca do verdadeiro sentido do "princípio dispositivo" a reger o papel do juiz, a abalizada doutrina reserva a sua denominação à própria relação de direito material, que conferiria às partes a ampla liberdade de disposição da causa (transação, renúncia ou reco-

---

59. Cf. José Roberto dos Santos Bedaque, *Direito e Processo: influência do direito material sobre o processo*, 6ª ed., São Paulo, Malheiros Editores, 2011, p. 66; *Poderes Instrutórios do Juiz*, cit., pp. 66-72 e 108-116.

nhecimento), sem qualquer interferência judicial, em regra, na prática de tais atos. A atividade instrutória estaria vinculada aos estritos limites da demanda traçados pelo interessado (arts. 128 e 460, CPC/1973; arts. 141 e 492, CPC/2015), de forma que, independentemente da matéria ou da natureza do direito discutidas, diante do interesse público na efetivação dos direitos subjetivos e na definição da controvérsia, uma vez incoado o processo, permaneceriam intactos os poderes instrutórios do juiz,[60] cuja atividade se projetaria também por ocasião da apreciação de provas denominadas ilícitas.

Essa mudança de rumo no aspecto da atividade probatória do juiz é decorrente também da substituição do debate fomentado outrora pela visão profundamente dogmática que prevalecia sobre a natureza do processo, a ensejar uma orientação pela disponibilidade ou não de seu objeto. Hoje se sobrepõe o papel ativo do juiz a partir da reivindicação de uma razoável marcha do processo, permeado de sua efetividade, conforme esclarece Fritz Bauer, *in verbis*: "A situação do juiz deveria impedir a prolongação injustificada ou inútil do processo; e, mais, deveria velar para que a parte mais fraca não tivesse desvantagens. A aceleração do processo e a sua função social são dois postulados políticos que devem ser alcançados por meio de uma atividade mais decisiva e significativa da parte do juiz".[61]

Registre-se, inicialmente, que, embora haja divergência na doutrina quanto à extensão e ao objeto das expressões *Dispositionsmaxime* e *Verhandlungsmaxime*,[62] os doutrinadores alemães elaboraram a construção teórica no final do século XIX através da qual se atribuiu a distinção,

---

60. Cf. José Roberto dos Santos Bedaque, *Poderes Instrutórios do Juiz*, cit., pp. 91-97 e 127-140.

Sobre o real sentido do princípio em referência, Barbosa Moreira afirma que toca aos atos de disposição que as partes praticam no curso do processo: "Com efeito, afigura-se lógico referir à disponibilidade da relação litigiosa, no particular, a vinculação do órgão judicial, que sem dúvida aprecia a matéria pelo prisma da validade – verificando, justamente, se o direito era mesmo disponível –, mas não pode pronunciar-se sobre o conteúdo do ato praticado, sob pena de indevido cerceamento da autonomia da vontade dos litigantes. Aí está, na verdade, fenômeno que faz sentido ligar a um princípio chamado 'dispositivo'. Quanto aos outros que se costumam mencionar neste contexto, parece-nos altamente duvidosa, para dizer o menos, a propriedade da correlação". Cf. "O problema da 'divisão do trabalho' entre juiz e partes: aspectos terminológicos", *Revista de Processo* 41, jan./mar. 1986, p. 11.

61. Cf. "O papel ativo do juiz", *Revista de Processo* 27, São Paulo, Ed. RT, 1982, p. 187.

62. Cf. José Roberto dos Santos Bedaque, *Poderes Instrutórios do Juiz*, cit., pp. 88-90.

respectivamente àqueles princípios, entre os poderes relativos à propositura da demanda e aqueles concernentes à estruturação do processo.

Tito Carnacini, em ensaio publicado na década de 1950, resgatou a discussão em torno da extensão do princípio dispositivo a partir da aludida teoria alemã quanto à disposição através do processo de interesses materiais sob o ponto de vista de uma mera expressão do aspecto civilístico do direito e, de outro lado, no tocante à estrutura interna do tipo singular de processo, apontando que haveria planos distintos entre aquele que se situa na disponibilidade da tutela embasada nos interesses materiais e outro que concerne à organização do instrumento processual civil.[63]

O mesmo autor afirmou que o princípio dispositivo seria visto como projeção no processo do direito subjetivo, daí os aforismos: "ne procedat iudex ex officio; ne eat iudex ultra petita partium; iudex secundum allegata et probata partium decidere debet",[64] de forma a revelar a prevalência do interesse privado:

> A título de ilustração, Barbosa Moreira discorre que "a *Dispositionsmaxime* respeita ao poder de decidir sobre a instauração do processo, sobre a respectiva subsistência e sobre a delimitação do litígio, ao passo que a *Verhandlungsmaxime* entende com o poder de introduzir no processo a matéria de fato, de decidir sobre a necessidade da respectiva verificação e de tomar a iniciativa desta. Alguns autores vão além e empregam ainda uma terceira expressão, *Parteibetrieb*, para designar a iniciativa da parte de instaurar o processo e mantê-lo em movimento (impulso processual), restringindo o conceito da *Dispositionsmaxime* exclusivamente ao poder de dispor do objeto de processo já pendente". Cf. "O problema da 'divisão do trabalho' entre juiz e partes...", cit., p. 10.
> 63. Cf. "Tutela giurisdizionale e tecnica del processo", *Studi in Onore di Enrico Redenti nel XL anno del suo insegnamento*, vol. II, Milano, Giuffrè, 1951, pp. 734 e 772.
> Mauro Cappelletti manifestou concordância nesse aspecto particular referido por Tito Carnacini, anotando que: "nel primo momento (e così, in particolare, nel momento in cui l'attore propone la domanda giudiziale, o la revoca; o il convenuto agisce riconvenzionalmente, o solleva un'eccezione 'in senso proprio', o riconosce il fondamento della domanda; o il soccombente solleva impugnazione; ecc.), la parte dispone del suo interesse materiale, e più precisamente dispone del potere di chiederne la tutela giurisdizionale, con ciò indirettamente facendo dipendere dall'esito del processo civile il regime giuridico dell'interesse medesimo. Nel secondo momento, prende certe iniziative endo-processuali e in ispecie istruttorie (chiede, ad esempio, l'assunzione di una prova, o produce un documento, o confessa o giura la verità di un fatto sempreché si ritenga, come sulla scorta della dottrina dominante anch'io ritengo, che confessione e giuramento non siano negozi dispositivi del diritto sostanziale ma mezzi di prova fondati sulla dichiarazione informativa resa dalla parte, e con ciò sceglie via la tecnica, l'iter, i mezzi processuali che le paion più adatti per perseguire lo scopo voluto". Cf. *La Testimonianza della Parte nel Sistema dell'Oralità*, 1ª parte, Milano, Giuffrè, 1974, pp. 306-307.
> 64. Cf. "Tutela giurisdizionale e tecnica del processo", cit., p. 735.

L'avocazione da parte dello Stato del compiuto di amministrare giustizia non ha causato l'abolizione del diritto subbiettivo, là dove questa giustizia è amministrata esclusivamente dietro istanza dell'interessato e nei limiti di questa istanza; non solo, ma perfino quando è più corretto parlare semplicemente di interesse protetto, anche allora il giudice non può provvedere d'ufficio né può provvedere *ultra vel extra petita partium*.[65]

Porém, reconheceu a possibilidade, em sede legislativa, de que se procedesse à formatação dos poderes instrutórios do juiz e assinalou a tendência normativa na Itália, seja através da legislação de 1865, assim como a partir de 1942, de seu incremento, a exemplo da possibilidade de prover de ofício prova suplementar, de determinar várias medidas como a exibição de livros comerciais, de valer-se da colaboração de conhecimentos técnicos, de permitir inspeções de pessoas e coisas, de requisitar informações à administração pública, de convocar as partes em qualquer fase do processo, de determinar o depoimento de pessoas referidas pelas testemunhas, de indagar-lhes tudo o quanto fosse útil para elucidar a verdade, de reduzir o número de depoimentos, entre outras medidas.[66]

Na verdade, o termo "princípio dispositivo" não traduz atualmente um sentido unívoco[67] e nota-se que houve progressivo descolamento do

---

65. Idem, p. 743.
66. Idem, pp. 763-764 e 768-769.
67. Observam-se algumas variações na doutrina, com a prevalência do entendimento segundo o qual o juiz dependeria, na instrução da causa, da iniciativa das partes no tocante às provas e às alegações em que se fundamenta o pedido ("iudex secundum allegata et probata partium iudicare debet"), de modo a acentuar a referência da locução, de traço marcadamente liberal, para a questão da iniciativa probatória da parte com vistas a assegurar a imparcialidade do julgador. Cf. Araújo Cintra, Grinover e Dinamarco, *Teoria Geral do Processo*, cit., pp. 88 e ss.

Rui Portanova inclui no princípio dispositivo a liberdade das partes de limitar a atuação investigativa do juiz aos fatos que elas trazem para os autos e quanto aos pedidos que elas entendem suficientes para a solução do conflito. Cf. *Princípios do Processo Civil*, 6ª ed., Porto Alegre, Livraria do Advogado, 2005, pp. 121 e ss.

Para Moacyr Amaral Santos o princípio refere-se à iniciativa das partes no tocante à afirmação e prova dos fatos em que se fundam os pedidos, cabendo ao juiz proferir a decisão segundo o alegado e provado pelas partes ("iudex secundum allegata et probata partium iudicare debet"). Cf. *Primeiras Linhas de Direito Processual Civil*, vol. 2, cit., p. 78.

José Manoel de Arruda Alvim menciona o princípio como a vinculação do julgador ao material probatório produzido e aos fatos alegados, entendendo que ele não poderia ultrapassar a análise "da lide ou do objeto litigioso, nem infringir o princípio do ônus (subjetivo) da prova". Cf. *Manual de Direito Processual Civil*, vol. 2, 12ª ed., São Paulo, Ed. RT, 2008, p. 484.

seu significado anteriormente em voga no ambiente agora tomado por interesse público que rege o processo moderno. Paralelamente, é corrente, e isso não desperta dúvida, que o emprego da expressão "princípio da ação" ou "da demanda" destina-se a destacar a atribuição da parte interessada do poder ou direito de provocar a iniciativa do exercício da função jurisdicional diante da inércia do Estado (*nemo iudex sine actore*).[68] A propósito, Luiz Eduardo Boaventura Pacífico, com pertinência, esclarece que:

> historicamente, o princípio da demanda sempre se atrelou ao chamado princípio dispositivo, ao qual também se costumava vincular a exclusividade de iniciativa probatória pelas partes. Porém, desde o início do século passado, a doutrina italiana, na esteira da alemã, passou a distinguir ambos os fenômenos: o princípio da demanda revela a disponibilidade das partes sobre o objeto do processo, enquanto o poder de iniciativa probatória, atendo-se à verificação dos fatos alegados pelas partes, atrela-se ao desempenho da própria função jurisdicional.[69]

Conquanto a doutrina clássica acentue no princípio dispositivo a liberdade conferida à parte na iniciativa probatória e, por conseguinte, a vedação do juiz na ampliação dos limites impostos pelos litigantes, não se pode, em sua concepção moderna, suprimir aquela atividade do magistrado, necessária a coligir elementos suficientes para propiciar o seu livre convencimento. Embora não seja possível a busca da verdade de maneira absoluta e ilimitada no processo, esse entendimento mais se aproxima da vocação inarredável para o pronunciamento judicial mais afinado com a realidade dos fatos, contribuindo para a qualidade da prestação jurisdicional, em homenagem ao atributo essencial da justiça.[70]

João Batista Lopes inclui na nova configuração do princípio dispositivo as alegações e os pedidos formulados pelas partes, mas ressalva que a iniciativa das provas não seria privativa delas, *A Prova no Processo Civil.*.

68. Cf. Araújo Cintra, Grinover e Dinamarco, *Teoria Geral do Processo*, cit., pp. 81 e ss., e Rui Portanova, *Princípios do Processo Civil*, cit., pp. 114 e ss.

69. Cf. "Direito processual civil italiano", in *Direito Processual Civil Europeu Contemporâneo*, São Paulo, Lex, 2010, p. 255.

70. Nesse sentido, cf. Daniel Penteado de Castro, *Contribuições ao Estudo dos Poderes Instrutórios do Juiz no Processo Civil...*, cit., p. 226.

Mauro Cappelletti, em meados do século passado, doutrinava que "un ordinamento giuridico moderno non può pretendere che l'ufficio giudiziario sia imparziale nel senso che sia disinteressato, perché si tratta della tecnica con cui l'ufficio esercita il suo proprio potere, la sua propria funzione giurisdizionale, concepita come fondamentale funzione dello Stato. Imparziale il giudice dev'essere rispetto all'azione, e quindi rispetto al diritto fatto valere ed all'atto (domanda, eccezione) di farlo valere; non però rispetto al processo né, tanto meno, rispetto al giudizio, ossia rispetto alla

Nesse contexto, em face do caráter publicista do processo civil atual, autônomo e pertencente ao ramo do direito público, conforme anotam Araújo Cintra, Grinover e Dinamarco:

> a partir do último quartel do século XIX, os poderes do juiz foram paulatinamente aumentados: passando de expectador inerte à posição ativa, coube-lhe não só impulsionar o andamento da causa, mas também determinar provas em certas circunstâncias, conhecer *ex officio* de circunstâncias que até então dependiam da alegação das partes, dialogar com elas, reprimir-lhes eventuais condutas irregulares etc.[71]

Ao discorrer sobre uma progressiva restrição em vários ordenamentos processuais, inclusive com a proximidade da radical supressão, como ocorreu na Áustria em 1895, na Hungria em 1911 e na Polônia em 1930, do princípio da "disponibilidade das provas", esclareceu Mauro Cappelletti que se cuidaria de um fenômeno de natureza técnica que de algum modo limitaria ou contrastaria "il carattere privato-disponibile dell'oggetto del processo e del potere di chiederne la tutela giurisdizionale: – purché, ben s'intende, le iniziative probatorie ufficiali si riferiscano esclusivamente ai fatti (giuridici costitutivi) allegati dalle parti (...)".[72]

Nessa esteira, o direito brasileiro claramente flexibilizou o rigor do sentido tradicional e privatístico do princípio dispositivo, privilegiando a livre investigação das provas para o esclarecimento da verdade,[73] de modo

---

giustizia della decisione". Cf. *La Testimonianza della Parte nel Sistema dell'Oralità*, 1ª parte, cit., p. 359.

Jose de los Santos Martin Ostos asseverou que, "por otro lado, si el juez, representante del Estado, tiene la obligación de dictar resolución al término del proceso, es deseable que su decisión, amén de ser ajustada a Derecho, sea lo más acorde posible con la realidad del supuesto planteado. Si verdaderamente el Estado es el administrador de la Justicia, sus órganos jurisdiccionales, a través del proceso, han de tender a ella, justificando de este modo el aumento de los poderes del juez. Y la mejor manera de conseguir que una resolución judicial sea justa es procurar que sea fiel reflejo y solución de la contienda suscitada ante el órgano que la dicta". Cf. *Las Diligencias para mejor Proveer en el Proceso Civil*, Madrid, Montecorvo, 1981, p. 28.

71. Cf. *Teoria Geral do Processo*, cit., p. 88.

Verificou-se a reação contra a visão exclusivamente privativista do processo civil, com a reafirmação do interesse do Estado na boa administração da Justiça em face do caráter público da jurisdição, de forma a dotar o juiz de todos os poderes suficientes para a realização daquela finalidade estatal. Cf. Jose de los Santos Martin Ostos, *Las Diligencias para mejor Proveer en el Proceso Civil*, cit., pp. 159-164.

72. Cf. *La Testimonianza della Parte nel Sistema dell'Oralità*, 1ª parte, cit., p. 355.

73. Cf. Araújo Cintra, Grinover e Dinamarco, *Teoria Geral do Processo*, cit., p. 90, e Rui Portanova, *Princípios do Processo Civil*, cit., p. 122.

que a verdadeira acepção do poder conferido às partes deve ser reservada à liberdade no que se refere à demarcação do objeto do pedido e da causa de pedir que dimensionam a pretensão (*thema decidendum*). A atuação do princípio da disponibilidade dos direitos incumbe ao Estado decidir a lide nos confins em que é proposta, mas não lhe alcança e vincula a matéria relativa à prova, em torno da qual vigoram os princípios da livre investigação e da motivação.[74]

E diante dessa realidade foram inseridas as regras constantes nos arts. 130 e 131 do CPC/1973, prevendo ao juiz o poder, de ofício, de "determinar as provas necessárias à instrução do processo, indeferindo as diligências inúteis ou meramente protelatórias", incumbindo-lhe apreciar "livremente a prova, atendendo aos fatos e circunstâncias constantes dos autos, ainda que não alegados pelas partes", mas mediante indicação dos "motivos que lhe formaram o convencimento".[75]

Indagar-se-ia se esse poder adicional do juiz compromete a imparcialidade e a isonomia por configurar eventual posição de iniciativa em prol de uma das partes, em atividade de substituição, especialmente em caso

---

74. De acordo com Rui Portanova, "a publicização do processo retirou do princípio dispositivo a liberdade das partes de limitar a atuação do juiz em relação à prova (...) a parte dispõe do objeto do processo e da causa de pedir que comporão o processo". Cf. *Princípios do Processo Civil*, cit., p. 122.

75. O Código de Processo Civil de 2015 conserva praticamente a mesma redação dos arts. 130 e 131 do diploma legal anterior (arts. 370 e 371).

Para confirmar a tendência de longa data de atribuir a atividade probatória *ex--officio*, o CPC de 1939 já consagrava dispositivos semelhantes: "Art. 117. A requerimento ou ex-officio, o juiz poderá, em despacho motivado ordenar as diligências necessárias à instrução do processo e indeferir as inúteis em relação a seu objeto, ou requeridas com propósitos manifestamente protelatórios"; e "Art. 118. Na apreciação da prova, o juiz formará livremente o seu convencimento, atendendo aos fatos e circunstâncias constantes dos autos, ainda que não alegados pela parte. Mas, quando a lei considerar determinada forma como da substância do ato, o juiz não lhe admitirá a prova por outro meio".

E constava na Exposição de Motivos do Código de Processo Civil Brasileiro de 1939 – Decreto-Lei 1.608/1939 que "o primeiro traço de relevo na reforma do processo haveria, pois, de ser a função que se atribui ao juiz. A direção do processo deve caber ao juiz; a este não compete apenas o papel de zelar pela observância formal das regras processuais por parte dos litigantes, mas também de intervir no processo de maneira, que este atinja, pelos meios adequados, o objetivo de investigação dos fatos e descoberta da verdade. Daí a largueza com que lhe são conferidos poderes, que o processo antigo, cingido pelo rigor de princípios privatísticos, hesitava em lhe reconhecer. Quer na direção do processo, quer na formação do material submetido a julgamento, a regra que prevalece, embora temperada e compensada como manda a prudência, é a de que o juiz ordenará quanto for necessário ao conhecimento da verdade".

de omissão e descaso.⁷⁶ Em primeira abordagem, é certo que a aplicação da regra do art. 130 do CPC/1973 (art. 370 e parágrafo único, CPC/2015) não implica, por si só, ofensa ao princípio da imparcialidade do juiz, já que não se sabe de antemão o resultado a ser revelado pela produção da prova ou diligência ordenada.⁷⁷

Ademais, da mesma forma, o juiz não se torna parcial quando admite ou exclui uma prova deduzida por uma parte, ou quando reduz a lista de testemunhas, ou quando encerra a instrução probatória. Acrescente-se que os remédios para o prejulgamento consistem na plena atuação do contraditório das partes e na necessidade de uma motivação analítica e coerente da decisão sobre os fatos, racionalmente estruturada, em base de justificações controláveis.⁷⁸

Jose de los Santos Martin Ostos também sustentava que não era possível na vigência da anterior *Ley de Enjuiciamiento Civil* espanhola (de 1881) privar o juiz da prática de diligência que entendesse conveniente para a correta solução e decisão do caso, na hipótese de fatos alegados e não provados pelas partes, desde que não houvesse a violação do princípio da congruência e fosse pertinente à questão.⁷⁹

---

76. Cf. João Batista Lopes, *A Prova no Direito Processual Civil*, cit., pp. 75-76.

Assim, alguns recomendam a cautela para com o eventual aumento dos poderes probatórios do juiz levado a extremos, vez que "pode levar o julgador a dotar uma postura paternalista de *tutela* da parte que, não sendo hipossuficiente, é *negligente*". Cf. Bruno Freire e Silva e Carlos Manoel Leite Gomes Florentino, "Uma análise da tendência do aumento dos poderes do juiz no campo das provas e os seus necessários limites diante de princípios e regras", in *Provas. Aspectos Atuais do Direito Probatório*, São Paulo, Método, 2009, pp. 79-80.

77. Cf. João Batista Lopes, *A Prova no Direito Processual Civil*, cit., p. 75.

78. Cf. Michele Taruffo, "Poteri probatori delle parti e del giudice in Europa", *Revista de Processo* 133, São Paulo, Ed. RT, mar. 2006, pp. 265-266.

A parcialidade do magistrado não estará comprometida com a assunção dos meios probatórios, cujo desvio poderá ser controlado pelo contraditório, dever de motivação e possibilidade de reexame da decisão em segundo grau de jurisdição. Cf. Carlos Alberto Alvaro de Oliveira, in "Poderes do juiz e visão cooperativa do processo", artigo publicado no endereço eletrônico: www.mundojuridico.adv.br, acesso em 4.6.2012, p. 26.

Desse modo, "o juiz não 'advoga' quando participa ativamente da instrução do processo, ainda que a prévia deficiência na recomposição dos fatos tenha se devido à atuação pouco hábil ou diligente de um dos advogados". Cf. Luiz Rodrigues Wambier e Evaristo Aragão Santos, "Sobre o ponto de equilíbrio entre a atividade instrutória do juiz e o ônus da parte de provar", in *Processo Civil em Movimento. Diretrizes para o Novo CPC*, Florianópolis, Conceito, 2013, p. 110.

79. Cf. *Las Diligencias para mejor Proveer en el Proceso Civil*, cit., pp. 204-205.

Além disso, vale mencionar a observação de Cândido Rangel Dinamarco:

> a experiência mostra que a *imparcialidade* não resulta comprometida quando, com serenidade e consciência da necessidade de instruir-se para melhor julgar, o juiz supre com iniciativas próprias as deficiências probatórias das partes. Os males de possíveis e excepcionais comportamentos passionais de algum juiz não devem impressionar no sentido de fechar a todos os juízes, de modo absoluto, as portas para um sadio *ativismo*.[80]

Michele Taruffo apontou, em tema de provas atípicas e no que concerne à livre convicção do juiz, o perigo da "discricionariedade" na valoração das provas converter-se em arbitrariedade, porém mencionou a possibilidade de utilização de diversos métodos de controle e critérios razoáveis de racionalidade na valoração das provas, bem como acentuou a importância do princípio do contraditório, que funcionaria como dispositivo procedimental preventivo a respeito da decisão e da motivação sobre os fatos, que permitiria a sua verificação posterior, uma vez que "la motivación es, pues, una justificación racional elaborada ex post respecto de la decisión, cuyo objetivo es, en todo caso, permitir el control sobre la racionalidad de la propia decisión".[81]

Em outro escrito, o mesmo autor enfatizou a garantia das partes como anteparo à iniciativa probatória do juiz, pois

> è evidente che quando il giudice esercita uno dei suoi poteri istruttori non usurpa alcun potere delle parti né invade un territorio ad esse riservato. Ciò potrebbe verificarsi soltanto in un sistema nel quale le parti non godessero di alcuna garanzia, ma – a parte il fatto che ciò non accade in alcun ordinamento processuale evoluto – ciò riguarda direttamente la configurazione dei diritti e delle garanzie delle parti, piuttosto che quella dei poteri del giudice. (...) Inoltre, nei sistemi che attuano davvero le garanzie della difesa questi poteri debbono essere esercitati nel pieno contradditorio delle parti, con il diritto di queste di eccepire rispetto alle iniziative del giudice e di dedurre le prove che queste iniziative rendano necessarie.[82]

---

80. Cf. *Instituições de Direito Processual Civil*, vol. III, 6ª ed., São Paulo, Malheiros Editores, 2009, p. 53
81. Cf. *La Prueba de los Hechos*, trad. Jordi Ferrer Beltrán, Madrid, Editorial Trotta, 2002 pp. 420-435.
82. Cf. "Poteri probatori delle parti e del giudice in Europa", *Revista de Processo* 133, São Paulo, Ed. RT, mar. 2006, p. 263.

Quanto à natureza dos poderes instrutórios do juiz, não se trataria de atividade meramente supletiva, mas sim dinâmica, uma vez que, embora sejam exercidos de modo substancialmente residual ao cabo da atuação dos litigantes no aporte probatório, o condutor do processo, em constante diálogo com as partes, deverá preencher as lacunas, determinando as diligências pertinentes, a fim de afastar o eventual comprometimento de sua convicção e, assim, da qualidade da decisão. Portanto, os sujeitos parciais do processo não podem estabelecer barreiras aos meios de prova que o juiz entenda necessários para a formação de seu convencimento,[83] mas a iniciativa probatória oficial encontra limite na garantia constitucional da duração razoável do processo.[84]

Em comentário à aplicação do disposto no art. 130 do CPC/1973 (CPC/2015, art. 370), José Renato Nalini lembra que nenhum postulado clássico é desrespeitado e que, ademais, se anteveem vantagens com isso uma vez que o juiz poderá "aclarar situações nebulosas, convencer-se com exclusão de qualquer dúvida e restaurar a confiança na função pública estatal responsável pela solidificação do justo".[85]

5.2 O panorama no direito estrangeiro

Firme tendência de outorgar à autoridade judiciária o poder de determinar e praticar atos probatórios de maneira oficiosa já era percebida ao longo do século passado em diversos países, por exemplo, na Alemanha, Itália, México, Brasil, Argentina, Áustria, Rússia e, de forma moderada, como na França, Espanha e Colômbia, com a ressalva de que apesar disso não deixava de se caracterizar uma atividade fundamental das partes, de sorte a recomendar a repartição do trabalho probatório, pois não se trataria

---

83. Cf. José Roberto dos Santos Bedaque, *Poderes Instrutórios do Juiz*, cit., p. 95.

O mesmo doutrinador, em relação ao tema, assevera que, embora não deva a iniciativa probatória causar excessiva demora do processo, "a preclusão da faculdade de requerer a produção de determinada prova, verificada em relação à parte, não impede o exercício dos poderes instrutórios do juiz". Idem, ibidem, p. 157.

E quando o juiz determina uma diligência probatória para o esclarecimento dos fatos relevantes não estará usurpando função da parte, nem atuando em seu lugar, pois a sua iniciativa não é um sucedâneo dela, é algo inerente a sua missão de julgar bem. Cf. Barbosa Moreira. Cf. "El neoprivatismo en el proceso civil", in *Proceso Civil e Ideología: Un prefacio, una sentencia, dos cartas y quince ensayos*, Valencia, Tirant Lo Blanch, 2006, p. 209.

84. Cf. José Roberto dos Santos Bedaque, *Juiz, Processo e Justiça*, cit., p. 146.
85. Cf. *O Juiz e o Acesso à Justiça*, São Paulo, Ed. RT, 1994, pp. 86-87.

rigorosamente de sistema inquisitório ou investigativo, que é próprio do processo penal.[86]

Michele Taruffo analisou recentemente os principais ordenamentos processuais europeus e traçou as seguintes tipologias de poderes instrutórios do juiz: a) o sistema em que lhe recaía o dever de buscar de ofício a todo custo a verdade material dos fatos como nos ordenamentos da espécie que vigorava na antiga União Soviética; b) a situação em que o juiz teria "poder discricionário geral" de determinar de ofício a busca de provas não deduzidas pelas partes, a exemplo do sistema francês, assim como do processo trabalhista na Itália e de vários processos especiais da Espanha; c) o modelo que inspira a maior parte dos ordenamentos da atualidade, como na Itália e na Alemanha, em que se prevê a atribuição de alguns poderes de iniciativa instrutória; d) a última modalidade cuida de ordenamentos nos quais não estão expressamente previstos os poderes de iniciativa instrutória do juiz, mas que ele desempenha um papel ativo na aquisição das provas, como nos sistemas inglês e espanhol.[87]

Seguindo a classificação anteriormente referida por Michele Taruffo, verifica-se que não está mais em voga o sistema em que praticamente carreava ao juiz o dever de procurar as provas para a elucidação plena da verdade, conferindo-lhe poderes inquisitórios no processo civil.

Como exemplo de modelo em que o juiz teria o poder geral de determinar a busca de provas não deduzidas pelas partes pode-se mencionar o processo civil francês, disciplinado pelo *Nouveau Code de Procédure Civile* de 2007. Em seu art. 10 expressamente consta a regra geral de que o juiz tem o poder de ordenar de ofício todas as medidas de instrução legalmente admissíveis e, em relação aos fatos dos quais depende a solução do litígio, podem ser objeto, a pedido das partes ou de ofício, de qualquer medida de instrução admissível (art. 143).

Por economia processual uma medida de instrução não será determinada se a parte que alegar um fato não dispuser de elementos suficientes para prová-lo e que, em nenhum caso, poderá ser ordenada para suprir a carência da parte na administração da prova (art. 146). Igualmente, deverão ser determinadas apenas as provas efetivamente necessárias ao esclarecimento do litígio, pelo modo mais simples e menos oneroso (art. 147), podendo o juiz, a todo tempo e mesmo no curso da execução, determinar outras medidas instrutórias que entender necessárias, ampliar

---

86. Cf. Hernando Devis Echandía, *Nociones Generales de Derecho Procesal Civil*, Madrid, Aguilar, 1966, p. 31.
87. Cf. "Poteri probatori delle parti e del giudice in Europa", *Revista de Processo* 133, São Paulo, Ed. RT, mar. 2006, pp. 245-253.

a instrução ou mesmo reduzi-la com relação às quais já havia antes determinado (arts. 148 e 149).

Ainda no contexto da abertura ao juiz do poder de reunir elementos de prova para a formação de sua convicção, o depoimento das partes poderá ser prestado mediante requerimento ou de ofício e nesse caso serão fixados os fatos sobre os quais aquele versará (art. 318). O depoimento determinado judicialmente é prestado com a advertência de que, na hipótese de declaração falsa, serão carreadas sanções penais. Em caso de depoimento requerido por uma das partes, estipula-se a advertência de que, na hipótese de recusa ou abstenção, implicará a sucumbência de quem se recusou ou se absteve (art. 319).

Em contrapartida, apesar de todo esse poder judicial de implementação das denominadas medidas de instrução, como garantia da imparcialidade, é reforçado o princípio do contraditório em qualquer circunstância, de modo que é vedado fundamentar a decisão com base em qualquer elemento vertido ao feito sem a prévia ciência ou oportunidade de manifestação.[88]

A outra tipologia, que seria preponderante na maioria dos ordenamentos da atualidade, refere-se ao sistema em que são atribuídos alguns poderes de iniciativa probatória, a exemplo dos modelos alemão e italiano. Na Alemanha a atividade instrutória do juiz sofreu substancial incremento em 2001 como a introdução do poder de ordenar de ofício a exibição de documentos a que uma parte tenha feito referência e a inspeção de coisas (ZPO-*Zivilprozessordnung*, §§ 142 e 144).

Na Itália vige o princípio dispositivo atenuado com papel subsidiário do juiz na iniciativa probatória.[89] O Código de Processo Civil italiano de 1940 reforça os seus poderes sem se afastar dos postulados clássicos do sistema dispositivo, de forma que deve se pronunciar sobre a totalidade da demanda dentro de seus limites (art. 112); ao juiz instrutor é confiada a

---

88. Nouveau Code de Procédure Civile de 2000:
"Art. 14. Nulle partie ne peut être jugée sans avoir été entendue ou appelée;
"Art. 16 Le juge doit, en toutes circonstances, faire observer et observer lui-même le principe de la contradiction.
"Il ne peut retenir, dans sa décision, les moyens, les explications et les documents invoqués ou produits par les parties que si celles-ci ont été à même d'en débattre contradictoirement.
"Il ne peut fonder sa décision sur les moyens de droit qu'il a relevés d'office sans avoir au préalable invité les parties à présenter leurs observations."
89. Cf. José Roberto dos Santos Bedaque, *Poderes Instrutórios do Juiz*, cit., p. 97.

direção do procedimento (arts. 175, 182, 185 e 188); e, em matéria de provas, pode ordenar a inspeção de pessoas e coisas (arts. 118, 210 e 258).[90] O *Codice di Procedura Civile* também estatui o poder de requisitar informações à administração pública (arts. 96 e 213), bem como o de chamar a depor de ofício pessoas referidas pelas partes ou testemunhas, que tenham conhecimento dos fatos e, também, de tomar novamente os depoimentos testemunhais (art. 257 e 281).

O último padrão de poderes instrutórios mencionado por Michele Taruffo refere-se ao sistema em que, embora não exista expressa previsão legal de iniciativa probatória do juiz, não se verifica uma postura passiva quanto à colheita das provas, podendo ser apontados, por exemplo, os ordenamentos da Espanha e Inglaterra.

No modelo espanhol, mesmo na vigência da legislação anterior, o caráter liberal sempre foi uma marca reconhecida pela doutrina, em que o processo em quase todo o seu curso se encontrava nas mãos das partes e o juiz se situava muitas vezes como mero expectador, de sorte que é indiscutível a preponderância do princípio dispositivo clássico.[91] É certo que a legislação prévia outorgava ao julgador a possibilidade de determinar, antes da prolação da sentença, ou decisão final, inúmeras providências de natureza probatória, as chamadas diligências "para mejor proveer", contra as quais não se admitia recurso.[92]

---

90. Cf. Jose de los Santos Martin Ostos, *Las Diligencias para mejor Proveer en el Proceso Civil*, cit., pp. 80-81.
Codice di Procedura Civile de 1940 atualizado:
"Art. 118: Ordine d'ispezione di persone e di cose.
"Il giudice può ordinare alle parti e ai terzi di consentire sulla loro persona o sulle cose in loro possesso le ispezioni che appaiano indispensabili per conoscere i fatti della causa (210, 258, 421; att. 93), purché ciò possa compiersi senza grave danno per la parte o per il terzo, e senza costringerli a violare uno dei segreti previsti negli artt. 351 e 352 del codice di procedura penale.
"Se la parte rifiuta di eseguire tale ordine senza giusto motivo, il giudice può da questo rifiuto desumere argomenti di prova a norma dell'art. 116, secondo comma.
"Se rifiuta il terzo, il giudice lo condanna a una pena pecuniaria da euro 250 a euro 1.500."
91. Cf. Jose de los Santos Martin Ostos, *Las Diligencias para mejor Proveer en el Proceso Civil*, cit., pp. 20 e 62-63.
92. Ley de Enjuiciamiento Civil de 1881:
"Artículo 340. Después de la vista o de la citación para sentencia, y antes de pronunciar su fallo, podrán los Jueces y Tribunales acordar para mejor proveer:
"Traer a la vista cualquier documento que crean conveniente para esclarecer el derecho de los litigantes.

As diligências para melhor prover deixavam a salvo o princípio ou a regra da congruência da sentença com o pedido das partes, "ya que el juzgador mantiene su intención principal de, una vez examinados los hechos y valoradas las pruebas, dictar la resolución congruente con lo pedido; lo que sucede es que con estas medidas le será más fácil resolver el litigio planteado".[93] Porém, nitidamente se verificava a quebra, ao menos parcial, do princípio *secundum allegata et probata partium*, pois o juiz podia, de ofício, ordenar a prática de determinadas diligências probatórias, as quais, junto com aquelas realizadas pelas partes, contribuiriam para o desempenho da função jurisdicional.[94]

A legislação espanhola em vigor suprimiu tais medidas, substituindo-as por "unas diligencias finales" (art. 435), sob o argumento de se manter a coerência com o sistema inspirado no fundamento de que as partes devem determinar o início, o desenvolvimento e a solução dos processos civis, restringindo a atividade anterior à sentença àquela que seja estritamente necessária, de modo que "como diligencias finales sólo serán admisibles las diligencias de pruebas, debidamente propuestas y admitidas, que no se hubieren podido practicar por causas ajenas a la parte que las hubiera interesado".[95]

Atualmente, o processo civil espanhol também é pontuado pela feição dispositiva, conquanto não se manifeste de modo absoluto no terreno probatório,[96] como se extrai do art. 429 da atual *Ley de Enjuiciamiento Civil*, que atribui ao julgador o poder de assinalar as provas complementares, orientando as partes dos fatos sobre os quais se verificaria a insuficiência de provas requeridas pelos interessados para o esclarecimento dos

---

"Exigir confesión judicial a cualquiera de los litigantes sobre hechos que estimen de influencia en la cuestión y no resulten probados.

"Practicar cualquier reconocimiento o avalúo que reputen necesario, o que se amplíen los que ya se hubiesen hecho.

"Examinar testigos sobre hechos de influencia en el pleito, siempre que su nombre constase en autos, aunque fuera por alusiones de las partes u otros intervinientes.

"Traer a la vista cualesquiera autos que tengan relación con el pleito.

"Contra esa clase de providencias no se admitirá recurso alguno.

"En la práctica de estas diligencias se dará intervención a las partes."

93. Cf. Jose de los Santos Martin Ostos, *Las Diligencias para mejor Proveer en el Proceso Civil*, cit., p. 120.

94. Idem, ibidem, pp. 192-196.

95. Cf. item XII da Exposição de Motivos da *Ley de Enjuiciamiento Civil* espanhola de 2000.

96. Cf. Heitor Vitor Mendonça Sica, "Direito processual civil espanhol", in *Direito Processual Civil Europeu Contemporâneo*, São Paulo, Lex Ed., 2010, pp. 82-84.

fatos controvertidos.[97] Como lembra Michele Taruffo, mesmo a simples indicação pelo juiz dos fatos sobre os quais entende haver necessidade de elucidação, em se cuidando de um tipo de sugestão, com evidência, seria dotada de notável força persuasiva.[98]

No direito inglês, o juiz tem amplo leque de poderes no processo civil a serem exercidos através do *case management*, que, após a fase postulatória, passará a governar a sua tramitação, determinando, inclusive, o envio às partes de um questionário (*allocation questionnaire*); após a sua devolução, poderá adotar diversas medidas, tais como: a) fomentar a autocomposição; b) ampliar ou reduzir os prazos para implementar o respectivo procedimento; c) designar ou adiar audiências; d) suspender o processo; e) alterar a estratégia para a apuração dos fatos; f) indeferir requerimentos procrastinatórios; e g) reduzir o número de testemunhas. De qualquer modo, para que se alcance a pretendida efetividade nesse sistema é necessária uma razoável dose de experiência do órgão judicial para solucionar eventuais problemas que poderão surgir no caso concreto, sendo imprescindível, também, a cooperação das partes.[99]

Diferentemente do sistema norte-americano, em que a posição do juiz em relação à prova continua distante num sistema de tradição adversarial, com a exceção no procedimento das *class actions*, o processo civil inglês se aproximou da *Civil Law*, conferindo-lhe uma postura mais ativa nos rumos do processo, incluindo-se a fase probatória. Assim, o aludido

97. "Artículo 429. Proposición y admisión de la prueba. Señalamiento del juicio.
"1. Si no hubiese acuerdo de las partes para finalizar el litigio ni existiera conformidad sobre los hechos, la audiencia proseguirá para la proposición y admisión de la prueba.
"Cuando el tribunal considere que las pruebas propuestas por las partes pudieran resultar insuficientes para el esclarecimiento de los hechos controvertidos lo pondrá de manifiesto a las partes indicando el hecho o hechos que, a su juicio, podrían verse afectados por la insuficiencia probatoria. Al efectuar esta manifestación, el tribunal, ciñéndose a los elementos probatorios cuya existencia resulte de los autos, podrá señalar también la prueba o pruebas cuya práctica considere conveniente.
"En el caso a que se refiere el párrafo anterior, las partes podrán completar o modificar sus proposiciones de prueba a la vista de lo manifestado por el tribunal."
A redação da norma em referência não indica com precisão se se trata de uma mera sugestão ou uma verdadeira iniciativa probatória na atuação judicial. Cf. Joan Picó i Junoy, "El derecho procesal entre el garantismo y la eficacia: un debate mal planteado", in *Proceso Civil e Ideología: Un prefacio, una sentencia, dos cartas y quince ensayos*, Valencia, Tirant Lo Blanch, 2006, p. 121.
98. Cf. "Poteri probatori delle parti e del giudice in Europa", cit., p. 253.
99. Cf. José Rogério Cruz e Tucci, "Direito processual civil inglês", in *Direito Processual Civil Europeu Contemporâneo*, São Paulo, Lex Ed., 2010, pp. 231-232.

ordenamento prevê a possibilidade de o juiz, exemplificativamente, entre outras medidas já antes anotadas, ordenar o comparecimento da parte ou seu representante ao tribunal, realizar audiências, colher prova por telefone ou outro meio de comunicação direta, e determinar o processamento conjunto ou em separado da matéria litigiosa.[100]

Por último, mencione-se o processo civil português, em que foi introduzido o princípio da cooperação pelas reformas legislativas de 1995/1996, através do qual tanto as partes e os mandatários judiciais como os juízes devem concorrer para a justa solução do litígio com brevidade e eficácia, podendo o juiz, em qualquer momento, convidar ou convocar qualquer uma daquelas pessoas a fornecer os esclarecimentos em torno da matéria de fato ou de direito que sejam pertinentes ao caso.[101]

---

100. Cf. Márcio Louzada Carpena, "Os poderes do juiz no *Common Law*", *Revista de Processo* 180, São Paulo, Ed. RT, fev. 2010, pp. 214-215.

101. Código de Processo Civil português:

"Art. 266º. (Princípio da cooperação)

"1. Na condução e intervenção no processo, devem os magistrados, os mandatários judiciais e as próprias partes cooperar entre si, concorrendo para se obter, com brevidade e eficácia, a justa composição do litígio.

"2. O juiz pode, em qualquer altura do processo, ouvir as partes, seus representantes ou mandatários judiciais, convidando-os a fornecer os esclarecimentos sobre a matéria de facto ou de direito que se afigurem pertinentes e dando-se conhecimento à outra parte dos resultados da diligência.

"3. As pessoas referidas no número anterior são obrigadas a comparecer sempre que para isso forem notificadas e a prestar os esclarecimentos que lhes forem pedidos, sem prejuízo do disposto no n. 3 do art. 519º.

"4. Sempre que alguma das partes alegue justificadamente dificuldade séria em obter documento ou informação que condicione o eficaz exercício de faculdade ou o cumprimento de ónus ou dever processual, deve o juiz, sempre que possível, providenciar pela remoção do obstáculo.

"Art. 519º. (Dever de cooperação para a descoberta da verdade)

"1. Todas as pessoas, sejam ou não partes na causa, têm o dever de prestar a sua colaboração para a descoberta da verdade, respondendo ao que lhes for perguntado, submetendo-se às inspecções necessárias, facultando o que for requisitado e praticando os actos que forem determinados.

"2. Aqueles que recusem a colaboração devida serão condenados em multa, sem prejuízo dos meios coercitivos que forem possíveis; se o recusante for parte, o tribunal apreciará livremente o valor da recusa para efeitos probatórios, sem prejuízo da inversão do ónus da prova decorrente do preceituado no n. 2 do art. 344º do Código Civil.

"3. A recusa é, porém, legítima se a obediência importar:

"a) Violação da integridade física ou moral das pessoas;

"b) Intromissão na vida privada ou familiar, no domicílio, na correspondência ou nas telecomunicações;

Embora o legislador português tivesse mencionado o princípio dispositivo como aquele em função do qual caberia às partes a alegação dos fatos que integram a causa de pedir e as exceções, somente sobre os quais o juiz poderia fundar a sua decisão, ressalvou a possibilidade de "consideração, mesmo oficiosa, dos factos instrumentais que resultem da instrução e discussão da causa" (art. 264, 2). Da mesma forma, acrescentou ao poder do juiz de promover as diligências necessárias ao regular e célere andamento do processo a incumbência de "realizar ou ordenar, mesmo oficiosamente, todas as diligências necessárias ao apuramento da verdade e à justa composição do litígio, quanto aos factos de que lhe é lícito conhecer" (art. 265, 1, 2 e 3).

5.3 A tendência atual dos poderes instrutórios

A ideia de publicização do processo ter-se-ia iniciado no final do século XIX, com base na concepção de Franz Klein, que se refletiu na legislação processual austríaca de 1895, cujo teor pregava a necessidade de resolver rapidamente o conflito entre as partes através de sistema em que o juiz se tornasse um verdadeiro gestor do processo, imbuído de substanciais poderes, voltados a garantir não apenas os direitos das partes, mas principalmente os valores e interesses da sociedade.[102] Sobreveio recentemente movimento denominado de "revisionista",[103] que qualificou aquela orientação como de origem antiliberal e autoritária em contraposição à concepção garantista do processo civil, pois estariam a suposta iniciativa probatória *ex officio* e o controle judicial da boa-fé processual a privar as partes dos poderes de iniciativa e desenvolvimento do processo.[104]

"c) Violação do sigilo profissional ou de funcionários públicos, ou do segredo de Estado, sem prejuízo do disposto no n. 4.

"4. Deduzida escusa com fundamento na alínea c) do número anterior, é aplicável, com as adaptações impostas pela natureza dos interesses em causa, o disposto no processo penal acerca da verificação da legitimidade da escusa e da dispensa do dever de sigilo invocado."

102. Cf. Juan Montero Aroca, *El Derecho Procesal en el siglo XX*, Valencia, Tirant Lo Blanch, 2000, p. 71.

103. Cf. Joan Picó I Junoy, *El Derecho Procesal entre el Garantismo y la Eficacia...*, cit., p. 112.

104. Cf. Juan Montero Aroca, *El Derecho Procesal en el siglo XX*, cit., pp. 71-75.

Nesse sentido, também, Cf. Franco Cipriani, "El proceso civil italiano entre revisionistas y negacionistas", in *Proceso Civil e Ideología: Un prefacio, una sentencia, dos cartas y quince ensayos*, Valencia, Tirant Lo Blanch, 2006, pp. 51-66.

Assim, em conferência realizada em janeiro de 2006 na Espanha, os juristas Adolfo Alvarado Velloso, Eugenia Ariano Deho, Franco Cipriani, Federico G. Dominguez, Luís Correia de Mendonça, Griolamo Monteleone e Juan Montero Aroca aprovaram uma moção sob o título "O Processo Civil no século XXI: Tutela e Garantia", em que se fez crítica contundente à chamada "publicização" do processo civil e ao consequente aumento dos poderes do juiz, o que redundaria na diminuição dos direitos das partes, sob o argumento de que "as concepções ideológicas a partir das quais se conformou o processo civil do século XX foram superadas e o futuro está na ideia-força da liberdade dos indivíduos como função básica do Estado democrático e, consequentemente, no processo como garantia".[105]

Em acréscimo, expuseram que,

> no início do século XXI, a apresentação da velha "publicização" não se faz já, normalmente, de modo directo com referência às velhas ideologias totalitárias ou autoritárias. Todavia, certa escola processual defende que a função da jurisdição não é principalmente a tutela dos direitos do indivíduo mas a aplicação no caso concreto do direito objetivo com fins diferentes daquela tutela, acrescentando que tal se obtém através de um processo em que deve predominar o papel do juiz sobre os papéis das partes.[106]

Argumentaram que a ampliação dos poderes do juiz no processo não estava "ao serviço da efectividade dos direitos e interesses das pessoas, mas ao serviço dos interesses políticos do Estado" e que, nesse contexto:

> as partes não podiam "lutar" pelo que julgavam ser o seu direito, nem cabia falar de contenda com utilização de todas as "armas" permitidas pela própria lei, antes, por um lado, o juiz assessorava as partes sobre como melhor conduzir o seu processo e, por outro, as partes, e especialmente os seus advogados, deviam colaborar com o juiz na busca da solução mais justa, pelo que se lhes impunham os deveres de veracidade e integridade ou, pelo menos, os de lealdade e boa-fé.[107]

Registraram, ainda, que, no exercício da jurisdição:

---

105. Cf. Adolfo Alvarado Velloso e outros, "Crônica da Primeira Jornada Internacional sobre Processo Civil e Garantia", *Revista de Processo* 145, São Paulo, Ed. RT, mar. 2007, p. 243.
106. Idem, ibidem, p. 247.
107. Idem, ibidem.

a condição do juiz como terceiro, isto é, estranho aos factos e ao objecto deduzidos no processo, é incompatível com a possibilidade de as normas lhe permitirem assumir no processo funções que são próprias das partes (iniciar o processo, determinar ou alterar o objecto do processo, apreciar de ofício a existência de factos não alegados pelas partes, decidir a produção da prova dos factos alegados pelas partes). Nessa condição de terceiro não pode haver diferenças entre tipos de processos (civil e penal), não podendo admitir-se processos que possam ser qualificados de inquisitórios,

de modo que "o princípio do chamado livre-convencimento do juiz não pode ter a função de permitir a introdução, de modo arbitrário e incontrolado, de meios de prova não previstos na lei".[108]

Atualmente, na doutrina espanhola, Montero Aroca é o maior crítico da denominada "publicização" do processo civil[109] e, na italiana, Cipriani[110] e Monteleone[111] também censuram o movimento de reforço

---

108. Idem, ibidem, pp. 244-245.

109. De acordo com Juan Montero Aroca a publicização do processo civil estaria ligada ao afastamento dos direitos individuais, *in verbis*: "durante el último siglo la sociedad ha visto nacer y desarrollarse varios intentos, no ya de hacer predominar lo colectivo sobre lo individual en todos los órdenes de la vida, sino de favorecer lo colectivo hasta el extremo de suprimir los derechos fundamentales de las personas, lo que en el proceso ha incidido con claras manifestaciones autoritarias y que en el proceso civil se ha llamado publicización. Es ya hora de dejar atrás esa etapa y de abrir nuevos caminos. Si el pasado es la publicización y el autoritarismo, en el futuro está la concepción del proceso, también el civil, como garantía". Cf. "El proceso civil llamado 'social' como instrumento de 'justicia' autoritaria", in *Proceso Civil e Ideología...*, cit., p. 165.

Montero Aroca afirma ainda que a ampliação dos poderes do juiz em matéria probatória teria sentido se aceita a ideia implícita de que o advogado da parte poderia ser negligente ou ignorante, desconfiança originada de uma base autoritária. Idem, pp. 161-162.

110. Franco Cipriani escreve, mencionando Juan Montero Aroca, que "las repetidas alusiones al hecho de que el proceso es un medio para que las partes (...) colaboren con el juez en la obtención de lo más justo (...) se comprenden en un contexto ideológico que parte de dar como sobrentendido que los ciudadanos no tienen derecho de 'pelear' por lo que crean que es suyo y a hacerlo con todas las armas que les proporciona el ordenamiento jurídico". Cf. "El proceso civil italiano entre revisionistas y negacionistas", cit., p. 59.

111. Girolamo Monteleone, endossando o pensamento de Juan Montero Aroca, afirma que "si no hay duda de que el proceso se resuelve en el contradictorio entre los contendientes y que éstos tienen el derecho y la carga de ofrecer al juez las pruebas de los hechos alegados en sostén de sus demandas, excepciones y defensas con la finalidad de que éste pueda rectamente decidir, no hay igualmente duda que encomendar también a él el impulso probatorio lo ponga en el mismo plano de la parte vulnerando

dos poderes judiciais no processo, especialmente em matéria probatória; na doutrina argentina também se encontra a voz contrária em Alvarado Velloso.[112]

Esse recente debate científico tem adquirido tom elevado devido à sua politização e ideologização, com a radicalização das posições,[113] de maneira que é necessário verificar se resistiriam os argumentos lançados contra a ideia da permanência dos poderes de iniciativa probatória do juiz. Em análise mais realista não se pode concluir que a atribuição de determinados poderes ao condutor do processo, por si só, torná-lo-ia mais ou menos autoritário, desde que observados certos limites, tais como: que aquela esteja compreendida aos fatos discutidos no processo, às fontes probatórias que já constam na causa e que se permita o exercício do direito de defesa das partes em relação à ampliação das provas propostas inicialmente pelas partes.[114] A propósito, comentando o ordenamento português, Mariana França Gouveia esclarece:

el principio del contradictorio y el derecho de defensa. La parte, en efecto, actúa y se defiende en juicio frente al adversario, no del juez, por lo que cuando entra en el ruedo, introduciendo a su discreción pruebas sobre hechos deducidos en litis, altera profundamente el contradictorio y pierde su calidad más esencial y genética de tercero imparcial. De tal modo, no solo se corrompen irremediablemente la jurisdicción y el proceso, sino que se abre el camino a la arbitrariedad y a la injusticia". Cf. "El actual debate sobre las 'orientaciones publicísticas' del proceso civil", in *Proceso Civil e Ideología: Un prefacio, una sentencia, dos cartas y quince ensayos*, Valencia, Tirant Lo Blanch, 2006, pp. 190-191.

O autor reafirma, em outro escrito, a sua ideia de rechaçar a ampliação dos poderes do juiz, assentando que o indivíduo titular de direitos é um sujeito a ser preservado contra quem exerça qualquer poder. Cf. "Principios e ideologías del proceso civil. Impresiones de un 'revisionista'", in *Proceso Civil e Ideología...*, cit., pp. 97-107.

112. Adolfo Alvarado Velloso sustenta que se o juiz carecer de elementos probatórios suficientes para a sua convicção não poderia ordenar a produção de nenhum meio de prova, eis que perderia sua qualidade de imparcial, de forma que deveria perguntar "quién debía confirmar determinado hecho y no lo hizo. Y la respuesta a ese interrogante sella definitivamente la suerte del litigio: quien debió probar su afirmación y no lo hito, pierde el pleito aunque su contraparte no haya hecho nada al respecto". Cf. "La imparcialidad judicial y el sistema inquisitivo de juzgamiento", in *Proceso Civil e Ideología...*, cit., pp. 243-244.

No entanto, como anotado por Barbosa Moreira, julgar segundo as regras de distribuição do ônus da prova não seria atitude que tranquilizasse todo juiz consciente de sua responsabilidade, de modo que se indaga se não seria preferível que se buscasse alguma luz sobre os pontos nebulosos da causa. Cf. "El neoprivatismo en el proceso civil", in *Proceso Civil e Ideología...*, cit., pp. 208-209.

113. Cf. Joan Picó I Junoy, "El Derecho Procesal entre el Garantismo y la Eficacia...", cit., pp. 111-112.

114. Idem, ibidem, pp. 120-121.

a mera atribuição de poderes probatórios ao magistrado não se traduz num autoritarismo processual. É necessário, para operar a classificação, saber como deve orientar o juiz a utilização desses poderes. Isto é, os poderes só por si não implicam autoritarismo. Este só se verificará se a sua utilização tiver como consequência uma expropriação pública do litígio privado, isto é, a sobreposição do interesse público na vontade aos interesses privados em litígio no processo.[115]

Michele Taruffo demonstrou que o questionamento acerca da concessão de poderes instrutórios ao juiz não atesta a afirmação feita por alguns autores de que se trataria de um problema exclusivamente político, como a aceitação de uma ideologia antiliberal, autoritária ou totalitária. Isto porque não é verdade que somente os regimes denominados liberais contariam com sistemas processuais com um juiz privado de poderes instrutórios. De outro lado, constata-se que nem todos os regimes políticos apelidados de autoritários encarnaram de modo incontestável os poderes do juiz e, ademais, muitos regimes considerados não autoritários introduziram relevantes poderes de iniciativa instrutória de ofício, de modo que seriam vagas e genéricas as equações da espécie "poderes instrutórios do juiz = regime autoritário" e "juiz passivo = regime liberal".[116]

Inexiste, pois, conexão direta entre a atribuição ao juiz de mais ou menos amplos poderes de iniciativa probatória e a presença de regime político autoritário e antidemocrático. O que pode acontecer na verdade é o juiz "ativo" na integração das iniciativas probatórias das partes estar inserido num contexto processual em que estão asseguradas as garantias das partes no âmbito de um sistema político democrático e, em outra situação, o juiz inquisitório estar incluído num sistema político e processual de traço autoritário.[117]

É certo que a atribuição desses poderes ao juiz não é fruto de opção meramente "técnica", pois não são as implicações ideológicas que inspiram as concepções políticas gerais que dominam o campo do legislador, não se cuidando de contraste entre ideologias vagamente liberais ou autoritárias. O cerne da questão estaria colocado em contexto ideológico menos nebuloso, que se refere às ideologias da função do processo civil e da decisão que ele conduz, a exemplo da ideologia que levanta a questão da administração da justiça e a qualidade da decisão, sublinhando que essa deve ser fundada em aplicação correta do direito e racionalmente

---

115. Cf. *Os Poderes do Juiz Cível na Acção Declarativa*, cit., p. 17.
116. Cf. "Poteri probatori delle parti e del giudice in Europa", cit., pp. 239-245.
117. Idem, p. 254.

justificada e justa, orientada a restabelecer a verdade em relação aos fatos relevantes da causa.[118]

É importante ressaltar a perspectiva segundo a qual o processo não se esgota na mera realização do instrumento institucional para a resolução dos conflitos, mas se torna relevante o teor da decisão com a qual a controvérsia é resolvida, isto é, a veracidade do acertamento dos fatos. Assim, a orientação favorável à atribuição de poderes instrutórios ao juiz, acatada em diversos ordenamentos, funda-se na escolha ideológica que privilegia a qualidade da decisão tomada no processo.[119]

À vista desses novos debates deve-se também reconhecer que há quase consenso hoje sobre a natureza pública do instrumento estatal denominado processo, o que leva a admitir que deva ser conduzido pelo juiz e que as partes tenham o monopólio no que se refere às tutelas, admitindo-se a existência de diferenças decorrentes das especificações de cada ordenamento acerca da quantidade e da intensidade dos poderes judiciais.[120]

Mesmo analisada a questão sob o enfoque político, observa-se que o aumento dos poderes do juiz é o resultado da transição do Estado Liberal arraigado na supremacia dos valores individuais na direção do Estado Social, provedor e intervencionista, com o fim de garantir a prestação de tutela jurisdicional com justiça. Restou superada a fase em que a jurisdição se voltava apenas à aplicação limitada do comando legal ao caso concreto, incumbindo-se na etapa atual a materialização da "ordem jurídica justa" através do comprometimento com a verdade e a oferta de meios processuais que assegurassem a melhor distribuição das oportunidades às partes.

Em termos gerais, na teoria da atividade probatória em juízo, pode-se mencionar, de um lado, o clássico princípio dispositivo, próprio do sistema liberal, em que as partes exerceriam ampla e exclusivamente os poderes relativos à formulação, movimentação e desfecho da causa, tudo calcado na ideia de direito subjetivo, com nítida feição privatística, implicando a mínima intervenção judicial e cabendo ao órgão julgador assistir passivamente ao embate conduzido pelos contendores,[121] como

---

118. Idem, pp. 255 e 259.
119. Idem, pp. 260-261.
120. Cf. Giovanni Verde, "Las ideologías del proceso en un reciente ensayo", in *Proceso Civil e Ideología: un prefacio, una sentencia, dos cartas y quince ensayos*, Valencia, Tirant Lo Blanch, 2006, p. 77.
121. Há autores, assim, que defendem que o processo seria "coisa de partes". Cf. Ignacio Díez-Picazo Giménez, "Con motivo de la traducción al italiano de la obra del

se estivessem em duelo e em igualdade de condições, e, ao final, dar o veredicto de acordo com as provas por eles produzidas, em decorrência da ideia de que assim estaria a melhor proteger os direitos privados. Em outra posição, encontra-se o princípio inquisitivo, que conferiria à autoridade judicial o dever de perscrutar a verdade, mediante a possibilidade de determinação de amplas diligências probatórias, mesmo que não postuladas pelas partes, com vistas a conferir maior grau de justiça na decisão.

Diante do caráter público do processo civil contemporâneo e a sua consagrada visão instrumentalista, que enaltece o valor da efetividade, nele incluído o inafastável elemento da justiça das decisões, não mais se verifica conveniente a adoção de postura desinteressada (e não parcial) do juiz na condução do mecanismo do Estado, próprio da jurisdição, impedindo-o de atuar quando conveniente e necessário ao esclarecimento da verdade diante do resultado probatório insuficiente trazido pelas partes, o que não significa, todavia, razoável a tese que conceda irrestritos poderes à autoridade judiciária, desprovidos de limites e justificativas, ignorando-se por completo a atividade que caiba prioritariamente aos interessados na produção de terminada prova, especialmente em contendas envolvendo direitos exclusivamente patrimoniais. Redunda, em outras palavras, no confronto entre um sistema dispositivo-contencioso (adversarial) e inquisitório, o desafio de conciliar a liberdade privada individual com a justiça social.[122]

Por isso, advertiu Jose de los Santos Martin Ostos para o risco de saltar de uma extremidade para outra, pois, se é inviável a prevalência quase absoluta de um princípio de tônus liberal, provavelmente a aceitação de outro de caráter inquisitório a ponto de subtrair qualquer liberdade das partes seria condenável, tendo em vista, ademais, que se alcançará a

professor Juan Montero Aroca sobre los principios políticos del proceso civil español", in *Proceso Civil e Ideología: Un prefacio, una sentencia, dos cartas y quince ensayos*, Valencia, Tirant Lo Blanch, 2006, p. 35.

Embora, como regra, a discussão se faça no âmbito dos direitos disponíveis ou privados, encontra-se superado o entendimento de que o processo civil seja um negócio particular, prevalecendo a sua visão publicista ou social, pois o seu modo de desenvolvimento não pertence aos litigantes, senão ao Estado, titular da jurisdição, que se serve desse instrumento para garantir a efetividade dessa função. Cf. Joan Picó I Junoy, "El derecho procesal entre el garantismo y la eficacia...", cit., pp. 121-122.

122. Cf. Mauro Cappelletti, *Proceso, Ideologías, Sociedad*, trad. Santiago Sentís Melendo y Tomás A. Banzhaf, Buenos Aires, Ediciones Jurídicas Europa-América, 1974, p. 86.

justiça senão com a colaboração de todos aqueles que participam dessa atividade no processo.[123]

No âmbito da distinção entre o poder de instaurar o processo disponibilizado às partes, incidente sobre as alegações fáticas e jurídicas e ao objeto da causa, e o modo de desenvolvimento do processo, é possível a separação entre os planos do direito material e do processual, sendo que, no primeiro:

> a faculdade de iniciar a demanda e fixar o seu conteúdo é deixada ao exclusivo alvedrio dos sujeitos do direito, qualquer que seja a natureza da pretensão material. Ao órgão judicial não se outorga poder para fazer cessar a demanda ou modificar o pedido ou a causa de pedir, porquanto tal atividade comprometeria irremediavelmente a imparcialidade própria de seu ofício. No segundo, vinculado de modo inextricável ao próprio exercício da função jurisdicional, o interesse público exige prolatada a decisão apenas quando formada a convicção do juiz, assentada esta o mais possível na verdade dos fatos, porque o exercício de tarefa própria de seu ofício, devendo o legislador estabelecer como se processará tal investigação, disciplinando do mesmo passo os poderes instrutórios do juiz.[124]

Ou seja, a rejeição de toda espécie de iniciativa material do juiz, na suposta defesa intransigente da visão garantista, pode implicar a ineficácia do processo, de maneira que se impõe a saudável tentativa de compatibilização entre a máxima eficiência do instrumento estatal e o respeito às garantias processuais dos sujeitos processuais.[125]

Em verdade, o exercício dos poderes instrutórios pelo órgão judicial não suprime as garantias processuais das partes, uma vez que se impõe que sejam devidamente cientificadas, abrindo-se-lhes a possibilidade de participar das diligências, de eventualmente impugnar aquelas impertinentes e de manifestar-se sobre os respectivos resultados.[126]

E, ainda, na esteira da visão publicista do processo, o acolhimento da posição do papel ativo do juiz, respeitadas as garantais processuais dos contendores, com o fim de propiciar a melhor qualidade das decisões, que estejam o mais próximo possível da realidade dos fatos, resguardando-se

---

123. Cf. *Las Diligencias para mejor Proveer en el Proceso Civil*, cit., p. 20.
124. Cf. Carlos Alberto Alvaro de Oliveira, "Poderes do juiz e visão cooperativa do processo", cit., pp. 25-26.
125. Cf. Joan Picó I Junoy, "El derecho procesal entre el garantismo y la eficacia...", cit., pp. 126-127.
126. Cf. Barbosa Moreira, "El neoprivatismo en el proceso civil", cit., p. 211.

o livre convencimento motivado na determinação da prova e na valoração dos elementos obtidos, não pode afastar das partes o dever de levar a cooperação a respeito, pois "investigação dessa espécie de modo nenhum pode constituir, hoje, labuta exclusiva do órgão judicial".[127] Sob essa perspectiva, é certo assentar que:

> sem a colaboração do advogado mesmo o juiz mais competente não estará inteiramente habilitado a conduzir um processo complicado do ponto de vista prático. Ainda com a melhor boa vontade, faltar-lhe-á tempo e o mesmo interesse dos representantes das partes para classificar o material por estas trazido, processá-lo e formá-lo com independência. De tal sorte, conquanto lícito ao órgão judicial agir *sponte sua* com vistas a corrigir os fatos inveridicamente expostos ou suprir lacunas na matéria de fato, a iniciativa das partes pode exibir valor inestimável e merece ser estimulada de modo a possibilitar a mais rápida e segura verificação do material probatório.[128]

O reflexo da superação da visão positivista do direito, com a introdução da lógica argumentativa, também se nota no processo no que se refere ao valor do diálogo judicial com as partes na formação do convencimento, estimulando a substituição do confronto pela colaboração tanto na pesquisa dos fatos quanto na valoração da causa. Isso é o que deve ocorrer no contexto de uma democracia mais participativa, inclusive no ambiente processual, porém a ideia de cooperação pressupõe um juiz atuante e o tratamento isonômico do processo, o que só seria viável com o "fortalecimento dos poderes das partes, por sua participação mais ativa e leal no processo de formação da decisão, em consonância com uma visão não autoritária do papel do juiz e mais contemporânea quanto à divisão do trabalho entre o órgão judicial e as partes".[129]

Como se percebe, entre os lindes dos princípios dispositivo e inquisitório, a doutrina atualizada também faz menção ao da cooperação entre os sujeitos processuais, sacramentado, por exemplo, na legislação portuguesa (art. 266.1. "Na condução e intervenção no processo, devem os magistrados, os mandatários judiciais e as próprias partes cooperar entre si, concorrendo para se obter, com brevidade e eficácia, a justa composição do litígio"), que enfeixa os deveres recíprocos entre as partes e o juiz:

---

127. Cf. Carlos Alberto Alvaro de Oliveira, "Poderes do juiz e visão cooperativa do processo", cit., p. 19.
128. Idem, ibidem, p. 27.
129. Cf. Carlos Alberto Alvaro de Oliveira, "O formalismo-valorativo no confronto com o formalismo excessivo", *Revista de Processo* 137, São Paulo, Ed. RT, jul. 2006, pp. 17-18.

na sociedade democrática em que vivemos não se pode admitir uma justiça autoritária, que subjuga o interesse privado a uma ideia pública de verdade; mas também não pode admitir-se uma justiça autista, que abstrai em absoluto a realidade, do mundo, da sociedade em que se integra para julgar cada acção como se de uma ilha se tratasse. Na sociedade da informação, na sociedade da comunicação a função judicial do Estado é uma entre várias e não pode desligar-se da justiça que aplica, da justiça que transmite, da justiça que comunica.[130]

6. Conclusões parciais (Parte I, Capítulo III)

A "crise da justiça" comporta uma relação extensa de concausas, o que impõe uma profunda análise e prudente reflexão do fenômeno na sua completude, que transcende o campo de atuação do juiz no processo, embora essa faceta seja mais perceptível para os cidadãos em geral, destinatários do serviço público de incumbência do Poder Judiciário. Há vários fatores, como de natureza social, política, econômica, legislativa, administrativa e orçamentária, que se interpenetram na problemática do funcionamento da máquina judiciária, cuja remoção de barreiras implicaria o concerto de diversas ações, seja do próprio governo, englobando todos os poderes constituídos, como também da sociedade civil. Inclui-se aí uma mudança de mentalidade de todos os profissionais do direito, a começar pela formação tradicional ainda propalada pela maioria dos cursos jurídicos do país, a fim de incentivar a busca da pacificação social também por outros meios disponíveis, sobretudo a partir de métodos alternativos.

Também no que concerne à imprescindível alteração de paradigma do direito e, especialmente, da perspectiva de superação das controvérsias, acentuam-se as transformações sociais, igualmente na realidade brasileira, desde os meados do século XX, o que tem acarretado visível mudança de padrão das disputas encaminhadas ao Judiciário, em com-

---

130. Cf. Mariana França Gouveia, *Os Poderes do Juiz Cível na Acção Declarativa...*, cit., p. 10.

O Código de Processo Civil brasileiro de 2015 manteve a redação do art. 14, inciso I, do diploma anterior, no tocante aos deveres das partes e todos aqueles que participem de qualquer forma do processo, entre os quais o de "expor os fatos em juízo conforme a verdade" (art. 77, I).

Entre os deveres das partes é acrescentado o de "colaborar com o juízo na realização de inspeção judicial que for considerada necessária" (CPC/2015, art. 379, II).

Permaneceu inalterada também a redação do art. 339 do diploma anterior ("Ninguém se exime do dever de colaborar com o Poder Judiciário para o descobrimento da verdade"), cf. art. 378 do CPC/2015.

paração com as formas usuais verificadas no passado não muito remoto. Essa situação põe em relevo a necessária sintonia a ser estabelecida pelo juiz na sua forma de atuação em face do novo contexto deflagrado pela sociedade contemporânea. Não é raro se notar a substituição das lides meramente individuais por contendas com reflexos que alcançam múltiplos interesses, geralmente marcados por debates em torno de valores conflitantes, transferindo ao juiz importante papel político em suas decisões.

O juiz, como representante do Estado e integrante de um dos "poderes" constituídos, ao atuar na jurisdição, enfeixa uma série de responsabilidades, tanto na esfera funcional quanto no âmbito do processo. Das situações jurídicas atribuíveis aos sujeitos do processo recaem-lhe somente os poderes e deveres, não sendo pertinente em relação à autoridade judicial se falar do exercício de faculdade e ônus. Dado o caráter eminentemente publicista do método de trabalho que movimenta a jurisdição não mais se duvida da importância do fortalecimento dos poderes-deveres do condutor do processo, sem prejuízo da colaboração das partes, fomentada pelo diálogo entre os sujeitos processuais, inclusive na revelação dos fatos quanto na valoração das provas.

No que respeita aos poderes instrutórios, a iniciativa judicial na determinação de diligências probatórias, cujo escopo é o aprimoramento da qualidade e a justiça das decisões, por si só, não fere as garantais processuais das partes, desde que sejam respeitados determinados pressupostos, em especial os contornos debatidos da lide, o contraditório e a motivação na produção de provas e na sua apreciação. E, nos limites da proposta desta pesquisa, o incremento da efetividade do processo passa necessariamente pela escorreita implementação desses poderes-deveres no manejo dos institutos e das técnicas disponibilizadas pelo ordenamento jurídico.

Parte II
A DIMENSÃO DA EFETIVIDADE DO PROCESSO

Capítulo I
OS VALORES INTEGRANTES DA EFETIVIDADE DO PROCESSO

> *1. Efetividade (do processo). Noções. 2. Obstáculos à implementação da efetividade: fatores jurídicos e não-jurídicos. 3. Celeridade. Mandamento constitucional da "duração razoável do processo" e o seu significado: 3.1 O exemplo da experiência italiana e as construções jurisprudenciais da Corte Europeia de Direitos Humanos. 4. Segurança jurídica. Acepções e justificativas. 5. Celeridade versus segurança. 6. A constante "justiça" no núcleo da efetividade. 7. Conclusões parciais (Parte II, Capítulo I).*

1. Efetividade (do processo). Noções

Em sentido geral, a palavra *efetividade* significa qualidade ou estado daquilo que é efetivo, eficiente, eficaz e que apresenta efeito desejado.[1] A raiz da efetividade do processo na nossa ordem constitucional encontra-se expressamente fincada em dois dispositivos: pelo ângulo do jurisdicionado, como direito e garantia fundamental dos indivíduos, denota o imperativo de prestação estatal com qualidade e razoabilidade na duração do processo (CF, art. 5º, LXXVIII) e, sob o ponto de vista do dever da

---

1. Cf. *Dicionário Houaiss da Língua Portuguesa*, 1ª ed., 2009, p. 723, é "caráter, virtude ou qualidade do que é efetivo", podendo mencionar uma série de acepções: 1. faculdade de produzir um efeito real; 2. capacidade de produzir o seu efeito habitual, de funcionar normalmente; 3. capacidade de atingir o seu objetivo real; 4. realidade verificável; existência real; incontestabilidade; 5. disponibilidade real; 6. possibilidade de ser utilizado para um fim; 7. Rubrica: ADM: qualidade do que atinge os seus objetivos estratégicos, institucionais, de formação de imagem etc.

A expressão "eficácia jurídica" também é empregada com sentido de efetividade dizendo respeito à aplicabilidade, exigibilidade ou executoriedade da norma, como possibilidade de sua aplicação jurídica. Assim, "o alcance dos objetivos da norma constitui a efetividade. Esta é, portanto, a medida da extensão em que o objetivo é alcançado, relacionando-se ao produto final". Cf. José Afonso da Silva, *Aplicabilidade das Normas Constitucionais*, 8ª ed., 2ª tir., São Paulo, Malheiros Editores, 2015, p. 66.

administração pública, envolvendo todas as funções estatais (agentes políticos ou servidores públicos), de observar o princípio, entre outros, da eficiência, de modo que a atuação do poder público em geral deverá ser pautada de maneira a alcançar a sua finalidade com menor dispêndio de recursos e maior grau de utilidade e satisfação dos resultados (CF, art. 37, *caput*).[2]

Transportada para o campo do direito processual, a efetividade expressa o sentido de aptidão de revelar uma determinada finalidade em concreto ou "desempenhar, do melhor modo possível, a função própria do processo".[3] A expressão "efetividade do processo" permite diversas formas de abordagem do fenômeno da atuação jurisdicional, sendo que, em seu significado genérico, pode ser compreendida como o atributo da técnica do processo, ou a capacidade de produzir resultados úteis almejados pelo ordenamento jurídico e que constituiu a síntese da ideia de que o "*processo deve ser apto a cumprir integralmente toda a sua função sócio-político-jurídica, atingindo em toda a plenitude todos os seus escopos institucionais*".[4]

O processo civil, ao mesmo tempo em que representa um ramo da ciência jurídica e a realidade fenomenológica da experiência dos juízes e das partes, é um método de trabalho constituído de normas positivas e princípios,[5] através do qual se opera a jurisdição, conferindo aos sujeitos parciais, em contraditório, o exercício das situações jurídicas ativas e passivas, através de prática de atos interligados e sequenciais, nos ditames do devido processo legal e sob a atenta supervisão do juiz, a fim de que sejam cumpridas as suas finalidades, ou seja, a efetiva entrega da prestação jurisdicional.

Em termos amplos, a noção trazida por Luís Roberto Barroso, ao tratar da eficácia das normas constitucionais, admite também o seu transporte para a seara do direito processual:

2. Nas palavras de Odete Medauar, "eficiência contrapõe-se à lentidão, a descaso, à negligência, à omissão". Cf. *Direito Administrativo Moderno*, São Paulo, Ed. RT, 2002, p. 157.

3. Cf. Barbosa Moreira, "A efetividade do processo de conhecimento", *Revista de Processo* 74/128, 1994.

4. Cf. Cândido Rangel Dinamarco, *A Instrumentalidade do Processo*, 15ª ed., rev. e atual., São Paulo, Malheiros Editores, 2013, p. 319 (grifos no original).

Rui Portanova, com o enunciado de que o processo civil deve ser impregnado de justiça social, refere-se ao princípio da efetividade, ou princípio efetivo, aquele que dita a supremacia do interesse social no processo. Cf. *Princípios do Processo Civil*, 6ª ed., Porto Alegre, Livraria do Advogado, 2005, pp. 54-58.

5. Cf. Cândido Rangel Dinamarco, *Instituições de Direito Processual Civil*, vol. II, 6ª ed., São Paulo, Malheiros Editores, 2009, pp. 23-25.

efetividade, em suma, significa a realização do Direito, o desempenho concreto de sua função social. Ela representa a materialização, no mundo dos fatos, dos preceitos legais e simboliza a aproximação, tão íntima quanto possível, entre o *dever-ser* normativo e o *ser* da realidade social.[6]

Esse conceito expõe a noção dos escopos da jurisdição, de forma evidenciada, o jurídico e os sociais, pois o intérprete deve ter compromisso acima de tudo com a efetividade da Constituição.[7]

Na verdade, a efetividade do processo, ou o direito "à tutela jurisdicional efetiva, adequada e tempestiva",[8] é apanágio dos direitos fundamentais consagrados na Constituição Federal, emergente das expressões, *in verbis*: "a lei não excluirá da apreciação do Poder Judiciário lesão ou ameaça a direito" e "a todos, no âmbito judicial e administrativo, são assegurados a razoável duração do processo e os meios que garantam a celeridade de sua tramitação" (CF, art. 5º, incs. XXXV e LXXVIII),[9] de forma que o princípio da efetividade, inserido no rol das normas constitucionais que enunciam garantias e direitos individuais, é autoaplicável e de eficácia plena, gerando direitos e situação subjetiva de vantagem.[10]

Em sentido menos genérico conferido sob o prisma do direito constitucional e aproximando-se do microcosmo do processo, é possível men-

---

6. Cf. *Temas de Direito Constitucional*, vol. III, Rio de Janeiro, Renovar, 2008, p. 71.
7. Cf. Luís Roberto Barroso, *Interpretação e Aplicação da Constituição*, 7ª ed., São Paulo, Saraiva, 2009, p. 375.
8. Cf. Luiz Guilherme Marinoni, *Tutela Antecipatória, Julgamento Antecipado e Execução Imediata da Sentença*, São Paulo, Ed. RT, 1997, p. 20.
Na dicção do mesmo autor, "o direito fundamental à tutela jurisdicional efetiva incide *sobre a atuação do juiz como 'diretor do processo'*, outorgando-lhe o dever de extrair das regras processuais a potencialidade necessária para dar efetividade a *qualquer direito material*". Cf. "A jurisdição no Estado contemporâneo", in *Estudos de Direito Processual Civil. Homenagem ao Prof. Egas Dirceu Moniz de Aragão*, São Paulo, Ed. RT, 2005, p. 66.
9. É possível a transferência para o campo do processo da ideia que porta o princípio da eficiência, ou da máxima efetividade, ou da interpretação efetiva, referidos na doutrina constitucional, como atributo de que a uma norma de natureza constitucional deve ser conferida o sentido de maior eficácia, pois "é um princípio operativo em relação a todas e quaisquer normas constitucionais, (...), é hoje sobretudo invocado no âmbito dos direitos fundamentais". Cf. J. J. Gomes Canotilho, *Direito Constitucional e Teoria da Constituição*, 7ª ed., Coimbra, Almedina, 2003, p. 1.224.
10. Cf. José Afonso da Silva, *Aplicabilidade das Normas Constitucionais*, 8ª ed., 2ª tir., São Paulo, Malheiros Editores, 2015, pp. 140 e 171-172.

cionar alguns pressupostos para a configuração de processo denominado efetivo. Barbosa Moreira relaciona os seguintes pontos essenciais:

> a) o processo deve dispor de instrumentos de tutela adequados, dentro do possível a todos os direitos assegurados no ordenamento; b) e que aqueles possam ser utilizados pelos supostos titulares de direito, mesmo quando indeterminado ou indeterminável o círculo de sujeitos; c) que haja condições à plena reconstituição dos fatos relevantes para a formação do convencimento do julgador próxima à realidade; d) que o resultado do processo corresponda ao gozo pleno da utilidade pela parte vitoriosa; e) que se possa alcançar o resultado prático com o mínimo dispêndio de tempo e energias.[11]

Como se vê, a noção de efetividade concernente ao manejo do meio disponibilizado para a realização de seus fins, através de técnicas idôneas, pode ensejar um amplo leque de pesquisa, percorrendo desde a problemática do acesso à justiça, sob os aspectos objetivos e subjetivos, passando pelas questões relacionadas ao modo de atuação do processo, como a da atividade instrutória do juiz, da "divisão das tarefas" entre ele e as partes, alcançado o tema das técnicas para a efetivação do conteúdo da providência jurisdicional e, por fim, o tópico acerca da excessiva complexidade e duração dos processos.[12] A instrumentalidade no sentido positivo de que fala Cândido Rangel Dinamarco permite que a questão da efetividade possa ser investigada sob quatro ângulos distintos: a) a admissão em juízo; b) o modo-de-ser do processo; c) a justiça das decisões; d) a efetividade das decisões.[13]

Essa realidade que desnuda os múltiplos aspectos relacionados à efetividade do processo é reforçada quando se constata que a finalidade da jurisdição não se esgota no cumprimento da legalidade formal. Como esclarece Roberto Berizonce, aquela não se afasta da observância dos "princípios inerentes à melhor e mais correta administração de justiça", incluindo-se neles:

> a) que el proceso sea conducido útilmente con apego a las reglas del contradictorio y desprecio de ritualismos estériles; b) que no se desentienda el juez de la verdad objetiva de los hechos; c) que la

---

11. À problemática da efetividade convergem vários pontos de abordagem, conforme ilustra Barbosa Moreira, "Notas sobre o problema da 'efetividade' do processo", *Ajuris*, vol. 29, Porto Alegre, Revista da Ajuris, 1983, pp. 77-78.
12. Idem, ibidem, pp. 78-80.
13. Cf. *A Instrumentalidade do Processo*, cit., pp. 319-359.

decisión final sea dictada en tiempo útil y razonable; d) que resulte "intrínsecamente (objetivamente) justa". Su infracción, por acción u omisión (declinación deliberada), menoscaba los fines públicos de la jurisdicción.

Acarretando, em caso de infringência, a situação de excesso ou desvio no exercício do poder.[14]

Como acentuado ao longo do trabalho, o aspecto da efetividade a merecer aqui maior atenção é a apreciação do grau de implementação do escopo mais latente do processo, ou seja, a efetiva entrega do bem da vida a quem tem direito (concepção de Chiovenda), ou o conteúdo relacionado com o resultado prático do processo (a dimensão teleológica e instrumental),[15] sob o prisma do conflito dos principais valores que determinam a sua realização, isto é, a ideia de efetividade do processo que engloba elementos não excludentes, os quais, em essência, refletem as finalidades distintas e coexistentes do processo.

Não se realiza a missão constitucional da garantia da prestação jurisdicional plena apenas com o foco na celeridade, assim como, de outro

14. Cf. "El exceso en el ejercicio del poder jurisdiccional", *Studi di Diritto Processuale Civile. In onore di Giuseppe Tarzia*, t. I, Milano, Giuffrè, 2005, p. 18.
15. Cf. Cândido Rangel Dinamarco, *A Instrumentalidade do Processo*, cit., p. 351.
Não se pode ignorar que, na visão contemporânea da ciência processual, quando se refere à efetividade do processo, a atenção deve estar voltada sempre para a crise do direito material, na busca incessante de alternativas para a solução de conflitos de modo seguro e tempestivo, mediante tutelas efetivas, atendendo-se, em concreto, à vontade do legislador. Cf. José Roberto dos Santos Bedaque, *Direito e Processo: influência do direito material sobre o processo*, 6ª ed., São Paulo, Malheiros Editores, 2011, p. 62.
Na mesma sintonia, Kazuo Watanabe assevera, acentuando a preocupação com a efetividade do processo como instrumento da tutela de direitos, que "do conceptualismo e das abstrações dogmáticas que caracterizam a ciência processual e que lhe deram foros de ciência autônoma, partem hoje os processualistas para a busca de um instrumentalismo mais efetivo do processo, dentro de uma ótica mais abrangente e mais penetrante de toda a problemática sócio-jurídica". Cf. *Da Cognição no Processo Civil*, 2ª ed., São Paulo, Central de Publicações Jurídicas: Centro Brasileiro de Estudos e Pesquisas Judiciais, 1999, pp. 19-20.
Acompanhando a mesma visão, assentada na ideia de utilidade do processo para a realização do direito material, o processo efetivo seria aquele que resultasse na tutela jurisdicional, tornando real o direito da parte, ou seja, aquele que saísse do "mundo dos autos" e introduzisse modificação na realidade empírica do cidadão. Cf. Delosmar Mendonça Júnior, *Princípios da Ampla Defesa e da Efetividade no Processo Civil Brasileiro*, São Paulo, Malheiros Editores, 2001, p. 68.

lado, pautada a preocupação exclusivamente no fator segurança, o que poderá causar o seu aniquilamento, de modo que, por fim, a efetividade poderá restar golpeada, tornando-se desprovida de razão a atuação do Estado, se ignorado o valor justiça nas decisões. É a busca constante do equilíbrio dessas importantes forças complementares que vai determinar o quanto o processo judicial será eficaz como técnica adotada na consecução de um dos objetivos mais salientes do Estado.

Registre-se que se costuma também utilizar a expressão "efetividade processual" praticamente como sinonímia de celeridade, em contraste com outros valores, notadamente o da segurança.[16] Sob outra perspectiva, é possível estabelecer a aproximação daquela expressão ao sentido de obtenção do seu resultado, da justiça e descoberta da verdade, em confronto com o valor celeridade[17] ou segurança.[18] Nesse último contexto, Barbosa Moreira adverte sobre o risco de rompimento do equilíbrio do sistema quando se privilegia o esgotamento de todas as possibilidades para a apuração dos fatos em detrimento da duração razoável do feito,

---

16. Nesse sentido, cf. Alexandre S. Marder, *Das Invalidades no Direito Processual Civil*, São Paulo, Malheiros Editores, 2010, p. 89.

Carlos Alberto Alvaro de Oliveira alinha a realização de justiça material e a paz social como valores vinculados aos fins do processo e, por outro lado, a efetividade, a segurança e a organização interna justa do próprio processo (*fair trial*) como valores que ostentam a face instrumental em relação aos fins do processo. Ao discorrer sobre o valor efetividade insere em seu bojo a questão da duração adequada do processo. Cf. *Do Formalismo no Processo Civil. Proposta de um formalismo-valorativo*, 3ª ed., São Paulo, Saraiva, 2009, pp. 76/77 e 86/90.

17. Cf. Ladislao Gaspardy, "I tempi del processo civile nell'ordinamento ungherese contemporaneo", *Studi in Onore di Vittorio Denti*, vol. II, Padova, CEDAM, 1994, pp. 184-185.

Assim, José Rogério Cruz e Tucci adverte que, ao lado da efetividade do resultado que deve conotá-la, imperioso é também que a decisão seja tempestiva. Cf. *Tempo e Processo*, São Paulo, Ed. RT, 1997, p. 64, e "Duração razoável do processo (art. 5º, LXXVIII da Constituição Federal)", in *O Processo na Constituição*, São Paulo, Quartier Latin, 2008, p. 324.

18. Teresa Arruda Alvim Wambier e José Miguel Garcia Medina, mencionando a figura da "exceção de pré-executividade", amplamente admitida pela doutrina e jurisprudência, apontam que nesse exemplo houve clara opção, pelo menos em parte, por deixar-se de lado o valor *segurança* em favor do valor *efetividade*. Cf. *O Dogma da Coisa Julgada: hipóteses de relativização*, São Paulo, Ed. RT, 2003, p. 174.

Pode-se, ainda, mencionar a convivência, de um lado, do valor da certeza e da justiça, e de outro, "da adesão à lógica e do progresso no sentido utilitário", cujo "cálculo ainda não foi realizado de modo definitivo por nenhum mestre da teoria jurídica", para cuja convivência depende do inegável influxo do interesse social. Cf. Benjamim Cardozo, *A Natureza do Processo e a Evolução do Direito*, trad. Leda Boechat Rodrigues, São Paulo, Companhia Editora Nacional, 1943, p. 264.

tendo em vista que "nem o valor celeridade deve primar, pura e simplesmente, sobre o valor verdade, nem este sobrepor-se, em quaisquer circunstâncias, àquele".[19]

2. Obstáculos à implementação da efetividade: fatores jurídicos e não-jurídicos

A desejada efetividade do processo, no sentido prático apontado por Chiovenda, emergente da garantia do pleno acesso à justiça ou à "ordem jurídica justa", pode não passar de um mero compromisso político ou exortação moral inserida no texto constitucional.[20] Isso frustra o importante aspecto do exercício da cidadania, caso não sejam removidas as barreiras de diversas ordens, que podem se apresentar, num corte progressivo, desde a ocasião do ingresso no aparelho estatal, no trâmite da ação por meio da qual foi deduzida uma pretensão, no instante do julgamento da causa e, por derradeiro, quando da implementação da decisão proferida. Dessa forma se constituirá evidente descumprimento pelo Estado do dever de administrar justiça em concreto a partir de "quando inadmite o sujeito em juízo, quando conduz mal o processo, quando julga equivocadamente e também quando, não-obstante haja julgado muito bem, *não confere efetividade prática a seus julgados*".[21]

Os empecilhos de natureza legislativa derivados tanto do direito substancial como do processual[22] podem interferir, senão no momen-

19. Cf. "Efetividade do processo e técnica processual", in *Temas de Direito Processual Civil*, 7ª série, São Paulo, Saraiva, 1997, p. 171.
20. Em contexto mais amplo, tendo em vista a instrumentalidade necessária na relação entre direito e processo, depois da última Guerra Mundial, a maior parte das constituições modernas incorporou os direitos invioláveis do homem e das liberdades individuais, de forma que é significativo o brocardo *ubi remedium ibi jus*. Com efeito, "se 'garanzia' implica sempre 'protezione' (o comunque predisposizione di mezzi idonei ad assicurarla in concreto), e se non sempre l'"attribuzione' solenne di un 'diritto' si traduce, a livello costituzionale, in un riconoscimento 'garantito', *a fortiori* la presenza di un'efficace sistema di 'garanzie' (non soltanto formali, ma anche giurisdizionali) appare ormai irrinunziabile – per la 'protezione' dei diritti individuali, inclusi nel patrimonio fondamentale ed inalienabile della persona umana". Cf. Luigi Paolo Comoglio, "I modelli di garanzia costituzionale del processo", *Studi in Onore di Vittorio Denti*, vol. I, Padova, CEDAM, 1994, pp. 301-302.
21. Cf. Cândido Rangel Dinamarco, *Fundamentos do Processo Civil Moderno*, t. I, 6ª ed., São Paulo, Malheiros Editores, 2010, p. 445.
22. Carlos Alberto Alvaro de Oliveira aponta como uma das principais causas do *overload* do Poder Judiciário a injustiça das leis de direito material que induziria "as pessoas a recorrer ao Judiciário, na busca de uma solução mais equânime". Cf.

to do ingresso em juízo, no desenvolvimento das etapas processuais, comprometendo a fluidez e a segurança do método estatal de solução de controvérsias, na justiça e na utilidade prática das decisões judiciárias, a exemplo dos privilégios conferidos aos entes estatais, em especial na fase da satisfação de créditos perante a Fazenda Pública, a cuja situação pode ser acrescido o óbice de ordem cultural, como se nota da reiterada conduta procrastinatória do próprio Estado.

A cultura do litígio e a solução adjudicada acompanhada, em muitos casos, do afastamento do dever de probidade e lealdade dos contendores também representam circunstâncias que, se não lhes possa atribuir a exclusividade da crise da prestação jurisdicional, contribuem sobremaneira para o congestionamento da máquina judiciária. Esta poderia estar menos sobrecarregada se houvesse a priorização dos meios alternativos de solução de conflitos ou o encorajamento por técnicas de superação de divergências baseadas em métodos mais pacíficos e de menor enfrentamento.

Não se tratará nos contornos deste trabalho de analisar as questões concernentes à efetividade do processo a partir dos meios não judiciais de solução de controvérsia,[23] mas é possível, embora haja argumentos contrários lançados aos métodos alternativos, mencionar algumas vantagens apontadas pela doutrina na opção pelos modelos informais: a) maior acessibilidade em decorrência da possibilidade de buscar outros caminhos que não sejam necessariamente a via judicial, incluindo-se o benefício do menor custo e meios menos formais; b) a possibilidade de melhor qualidade da justiça através do uso de variedade de remédios não atrelados ao rígido padrão legal, permitindo-se inovações; c) uma ampla participação das partes, diferentemente do que ocorre em esquemas legais em que os advogados devem exercer o papel limitado de defesa dos interesses de seus clientes, aumentando a satisfação com o resultado.[24]

Do Formalismo no Processo Civil. Proposta de um formalismo-valorativo, 3ª ed., São Paulo, Saraiva, 2009, p. 89.

23. Como observado por Rodolfo de Camargo Mancuso, um dos motivos da crise numérica dos processos esteja na "cultura demandista, em boa parte acarretada por uma leitura *ufanista e irrealista* do acesso à Justiça e pelo corolário desestímulo aos outros meios auto e heterocompositivos". Cf. *A Resolução dos Conflitos e a Função Judicial no Contemporâneo Estado de Direito*, São Paulo, Ed. RT, 2009, p. 54.

24. Cf. Takeshi Kojima, "A planetary system of justice – conceptualizing the relationship between litigation and ADR", *Studi in Onore di Vittorio Denti*, vol. I, Padova, CEDAM, 1994, pp. 452-457.

O autor menciona que no Japão as diversas formas de solução de disputas têm coexistido, sendo que a mediação seria o método preferido na maioria dos casos, embora os doutrinadores tradicionalmente tenham apontado a via da litigância como a forma mais desejável para a solução de conflitos sob o ponto de vista da modernização

Essa realidade também se acopla ao óbice de índole psicológica, pois são dados complementares, isto é, se está arraigado numa determinada sociedade o pensamento segundo o qual a conduta a ser adotada diante de controvérsias se expresse naturalmente através de intervenção estatal e judicial, com a adoção do método adversarial, como única via capaz de assegurar aos seus integrantes o sentimento de justiça e a restauração da paz, existirá, por consequência, forte elemento motivacional ou comportamental que tenderá a criar resistência para eventual mudança de paradigma.

Esse raciocínio vale da mesma forma para todos os agentes políticos, a exemplo da dificuldade por parte de alguns juízes no engajamento pela conciliação e/ou mediação.[25] Também não mais se questiona que o incen-

do país. Propõe um sistema múltiplo e interdependente de justiça, que fortaleceria a modalidade da *Alternative Dispute Resolution* (ADR), tornando-a racional e enriquecedora, tendo em vista que permitiria a sua aproximação ao direito, a satisfação das partes e a garantia da liberdade de escolha. Idem, ibidem, pp. 457-466.

Como se sabe, o sistema processual inglês atual encontra-se estruturado na combinação do modelo da *Common Law* norte-americana e do formato da legislação continental europeia e, nessa última parte, sob a regência do Código de Processo Civil (*Civil Procedural Rules*), cujas regras, após a sua última reforma realizada em 1998, teriam modificado a cultura do litígio, "passando de um sistema antagonista para um modo de litigar mais cooperativo. Os advogados têm adaptado suas expectativas judiciais de modo a não lutarem pelos interesses de seus clientes de forma implacável e agressiva". Observou-se ainda uma diminuição dos processos litigiosos perante as *ordinary courts*, sendo que dos quatro sistemas distintos e complementares de solução de controvérsia (negociações de acordo sem a interferência de uma terceira parte neutra, acordos mediados, arbitragem e processos judiciais), teria havido o incremento de mediações naquele país. Cf. Neil Andrews, *O Moderno Processo Civil. Formas judiciais e alternativas de resolução de conflitos na Inglaterra*, orient. e rev. da trad. Teresa Arruda Alvim Wambier, São Paulo, Ed. RT, 2009, pp. 27-31.

De todo modo a experiência tem mostrado que a solução através de mecanismos de confrontação geralmente potencializa a discórdia entre os litigantes, ao passo que "a solução alternativa *cooexistencial* ou *conciliatória* pode, não raro, salvar e preservar relacionamentos jurídicos que, naturalmente, devem ser duradouros". Cf. Humberto Theodoro Júnior, "Celeridade e efetividade da prestação jurisdicional. Insuficiência da reforma das leis processuais", *Revista de Processo* 125, São Paulo, Ed. RT, 2005, p. 77.

25. Para o recente aumento da utilização das "ADR" na Inglaterra, Neil Andrews aponta também razões de origem econômica, tendo em vista que tanto as grandes empresas quanto os departamentos do governo não estariam dispostos a despender grandes quantias de recursos em questões litigiosas, bem como a preocupação do governo em conter gastos com os sistemas judiciais, e fatores não econômicos para que as partes prefiram fazer um acordo, como evitar a incerteza, a demora, a publicidade envolvida nos processos litigiosos e a distância dos tribunais ao optarem por entregar o caso aos advogados e ao sistema judiciário. E essa opção por vias não oficiais tem

tivo aos meios consensuais, que significa repensar a forma e o método de superação de controvérsia, não implicará a redução do papel essencial dos advogados à administração da justiça. Como acréscimo, a título de reflexão, ainda no âmbito das barreiras de ordem psicológica e sociológica na aceitação de alternativas à confrontação, a descrença do povo na efetividade na justiça constitui uma circunstância de extrema gravidade, que poderá representar sérios riscos ao Estado Democrático de Direito por implicar a problemática da legitimidade dos poderes constituídos.

Conforme demonstrado por Mauro Cappelletti e Bryant Garth, no percuciente estudo realizado na década de 1970,[26] cujas preocupações ainda continuam a merecer atenção pela atualidade do tema, dados sociais

recebido apoio e patrocínio do governo e dos atores judiciais, sendo que inclusive o tribunal poderia impor sanções relativas às custas caso haja recusa infundada e insensata de sugestão, feita pelo tribunal ou por outra parte, de uso da mediação. Cf. *O Moderno Processo Civil...*, cit., pp. 31-32 e 251-252.

Pode-se destacar que a resistência de grande parte dos juízes brasileiros ao trabalho de conciliação decorre especialmente da falta de disponibilidade na pauta de audiências, que geralmente se encontra abarrotada, diminuindo o tempo necessário para o trabalho de convencimento. De outro lado, o resultado positivo desse esforço dependerá do diálogo empreendido pelo juiz com as partes demonstrando as vantagens da solução amistosa, inclusive as tendências jurisprudências em situações análogas, as dificuldades na colheita da prova em torno de certos fatos e as possibilidades de decisão segundo as regras do ônus da prova. E conscientizar as partes acerca das *possibilidades* do julgamento não significa qualquer pressão para a obtenção de um acordo, tratando-se apenas de mostrar os diversos rumos que podem ser tomados em termos jurídicos, com base no teor dos arrazoados e dos elementos já trazidos e que poderão ainda ser aportados. Cf. João José Custódio da Silveira, *O Juiz e a Condução Equilibrada do Processo*, São Paulo, Saraiva, 2012, p. 43.

Para a superação de eventual resistência e na esteira da valorização dos métodos autocompositivos, o Código de Processo Civil de 2015 inseriu dispositivo que determina a estimulação da conciliação, mediação e outros métodos de solução consensual de conflitos por parte de juízes, advogados, defensores públicos e membros do Ministério Público, inclusive no curso do processo judicial (art. 3º, § 3º) e incluiu entre as incumbências do juiz a promoção, a qualquer tempo, da autocomposição, preferencialmente com auxílio de conciliadores e mediadores judiciais (art. 139, V).

Cf. Lei 13.140, de 26.6.2015, que dispôs sobre a mediação entre particulares e no âmbito da administração pública.

26. Cf. *Access to Justice*, vol. I, Milano, Giuffrè, 1978, pp. 5-124.

Em outro ensaio, Mauro Cappelletti resumiu os obstáculos ao pleno acesso à justiça em três níveis: a) o *econômico*, pelo qual muitos não conseguiriam chegar às cortes de justiça por causa da pobreza, tornando os respectivos direitos puramente aparentes; b) o *organizativo*, pelo qual certos direitos ou interesses coletivos ou difusos não seriam eficazmente tutelados através de regras e instituições tradicionais do direito processual; c) o *processual*, pelo qual certos tipos tradicionais de procedimento seriam inadequados à concretização de tutela. Cf. "L'accesso alla giustizia

e econômicos, igualmente, podem se transformar em embaraço à efetiva garantia de acesso à justiça, tanto pelas restrições de ordem material dos interessados para o ingresso em juízo ou na busca de canais adequados para a realização dos preceitos jurídicos, quanto pelo grau de complexidade social impregnado no litígio, pela natureza dos interesses envolvidos e pela extensão de pessoas ou grupos que poderiam ser alcançados numa controvérsia, ensejando estudo inclusive sobre a representatividade, o que demandaria do Estado uma atuação qualificada, com a visão voltada para além do conflito de caráter individual de outrora.

Carlos Alberto Alvaro de Oliveira menciona, ademais, como impedimento para a desejável efetividade

> alguns fatores extraprocessuais, entre os quais o excesso de causas no sistema (a determinar as chamadas etapas mortas do processo), a composição numérica adequada dos quadros que administram justiça (juízes e serventuários em geral), a formação técnica e ética de juízes, advogados, promotores de justiça, procuradores estaduais, municipais, da República, da Fazenda, defensores públicos, funcionários da justiça, peritos etc. e principalmente de uma mentalidade que não seja apenas tecnoburocrática, mas empenhada na realização dos valores fundamentais do processo e da Constituição.[27]

3. Celeridade. Mandamento constitucional da *"duração razoável do processo"* e o seu significado

Embora as expressões "razoável duração do processo" e "celeridade de sua tramitação" tenham sido consagradas recentemente no texto constitucional brasileiro, figurando no rol dos direitos e garantias fundamentais e adquirindo o *status* de cláusula pétrea (CF, arts. 5º, LXXVIII, e 60, § 4º, IV), a inquietação com o tema, fundada na máxima "justice delayed is justice denied", há muito tempo ocupa a mente dos estudiosos de diversas origens.[28] Assim, Fritz Bauer, em conferência proferida no Brasil em

---

e la responsabilità del giurista nella nostra epoca", *Studi in Onore di Vittorio Denti*, vol. I, Padova, CEDAM, 1994, p. 274.
    27. Cf. *Teoria e Prática da Tutela Jurisdicional*, Rio de Janeiro, Forense, 2008, p. 77.
    28. O problema da duração e dos tempos do processo civil é uma questão velha, mas continua sempre atual. Cf. Ladislao Gaspardy, "I tempi del processo civile nell'ordinamento ungherese contemporaneo", cit., p. 181.
    Diversamente do que se estabelece no âmbito da filosofia, "no direito, em contrapartida, é essencial que os litígios terminem num lapso de tempo razoável para

1982, já se referia à preocupação do legislador processual alemão com a aceleração do processo e ao fato de que as queixas sobre a morosidade da justiça sempre se fizeram presentes naquele país, apontando várias causas para o fenômeno:

> a sobrecarga dos Tribunais decorrente do crescimento do número de processos, insuficiência do equipamento dos Tribunais, no que diz respeito quer a recursos técnicos, quer a recursos humanos, mas também, e não em último lugar, em decorrência de uma exploração insuficiente dos meios de aceleração fornecidos pela lei.[29]

O movimento de reforma introduzida na Alemanha a partir da década de 1960, na tentativa de superação da longa duração dos feitos judiciais, adotou o denominado *Stuttgarter Modell*, que conferiu resultados positivos, através da técnica de concentração dos atos processuais em única audiência de instrução e julgamento, mas que, para o seu sucesso, constatou a necessidade de juízes ativos, pois que "todas as medidas legislativas para acelerar o processo são, via de regra, medidas tomadas ao vento, se não se acha um juiz pronto a realizá-las", acrescentando-se que "o legislador é capaz de dar liberdade ao juiz no que concerne às suas atividades, mas não pode garantir a respectiva efetivação por meio de ordens".[30]

Franz Klein, importante jurista austríaco, já nos albores do século passado, reconhecia a necessidade da rápida superação do conflito social mediante a eliminação do processo, que seria um mal social, em tempo mais breve possível pela atividade do juiz, com a seguinte advertência:

> o processo só pode ser racional e corresponder à concepção moderna de Estado se a proteção jurídica significa, desde o início do processo, a atribuição de poderes ao juiz, para que este contribua para isso não só com relação ao ato de julgar. Basta, para tanto, que se canalizem as

---

que se alcance a paz judiciária. É necessário, portanto, soluções que possam intervir definitivas. É preciso evitar que, logo no início, instaurem debates intermináveis a propósito de qual auditório é competente para decidir da solução do litígio. É por esta razão que os problemas de competência e, de modo mais geral, de procedimentos, serão objeto de uma regulamentação preliminar, que inserirá o debate judiciário em um contexto apropriado. Na ausência de um acordo preliminar sobre essas questões, quando os litígios permanecem indefinidamente sem solução judiciária, a parte que se crê capaz de impor seu ponto de vista ao adversário não hesitará em recorrer à força". Cf. Chaïm Perelman, *Lógica jurídica. Nova retórica*, 2ª ed., 2ª tir., São Paulo, Martins Fontes, 2010, p. 167.

29. Cf. Fritz Bauer, "O papel ativo do juiz", *Revista de Processo* 27, São Paulo, Ed. RT, 1982, p. 191.

30. Idem, ibidem.

OS VALORES INTEGRANTES DA EFETIVIDADE DO PROCESSO   137

forças do juiz ao seu serviço, da mesma forma que ocorre com outras forças do Estado, do Direito, do Bem Público e da Paz Social.[31]

Todavia, é no passado relativamente recente que a matéria ganhou foro de juridicidade, sobretudo após o término da última Guerra Mundial, com a conscientização da necessidade de dar efetividade aos direitos mínimos e indispensáveis da pessoa humana. A partir de então se observou a internacionalização de normas protetivas, por meio das quais os países democráticos começaram a inserir nos respectivos ordenamentos a previsão de garantias e remédios para os direitos fundamentais.[32] É essa a origem histórica do mandamento constitucional de um processo efetivo compreendido em toda a sua extensão: justo, seguro e com tempo de trâmite aceitável.[33]

A propósito, Luigi Paolo Comoglio, analisando o panorama de diversos documentos internacionais sobre os direitos individuais e fundamentais, apresenta a concepção de modelo mínimo de garantias constitucionais no qual se sobressai uma variedade de elementos constantes e essenciais, a saber: a igualdade das partes diante do juiz, a independência, a imparcialidade e a pré-constituição dos órgãos judicantes, a publicidade

31. *Apud* Fritz Bauer, "O papel ativo do juiz", cit., p. 190.
32. Podem ser mencionados os seguintes documentos: a Declaração Universal dos Direitos do Homem proclamada pela Organização das Nações Unidas em 1948 (art. 10), a Convenção Americana de Direitos de San José de Costa Rica de 1969 (art. 8º, § 1º, primeira parte), a Convenção Europeia dos Direitos do Homem e das Liberdades Fundamentais de 1950 (art. 6º) e o Pacto Internacional sobre Direitos Civis e Políticos aprovado pela ONU em 1966 (art. 14), que traduziram na preocupação com a adequada proteção jurídica para a reparação de qualquer lesão dos direitos inalienáveis da pessoa humana, na necessidade de incluir uma noção sintética de "processo équo e justo", combinada com *garantias processuais mínimas*, no resguardo solene de empenho dos países contratantes a uma *adequada possibilidade de tutela* ou *de remédio efetivo* em caso de qualquer violação dos direitos reconhecidos, decorrendo disso "il fatto che non soltanto la necessità imprescindibile di una tutela giurisdizionale, ma anche le esigenze di effettività delle sue possibili forme si siano tradotte in altrettante garanzie fondamentali, assurgendo la dignità di norme-cardine, costituisce indubbiamente la novità centrale di queste esperienze". Cf. Luigi Paolo Comoglio, "I modelli di garanzia costituzionale del processo", cit., pp. 308-310.
33. Assim, esclarece Comoglio que a noção de justo processo, com a sua carga potencial de valores ideológicos, expressos ou não, pertencentes à cultura e às tradições internacionais do *fair trial*, do *due process of law*, ou do *procès équitable*, está consagrada em preceito constitucional, e, por conseguinte, a sua efetividade está reforçada por elementos integrativos de garantia, entre eles pelo preceito relativo à "*ragionevole durata* di *ogni processo*", expressa no art. 111, § 2º, da Constituição italiana. Cf. *Etica e Tecnica del "Giusto Processo"*, Torino, Giappichelli, 2004, pp. 93-94.

das audiências e das decisões judiciais, o contraditório sobre bases paritárias e a defesa técnica em juízo, o direito à prova, a duração razoável do processo e a efetividade do acesso à justiça estatal, independentemente de qualquer discriminação subjetiva.[34] Por isso, no contexto das garantias elementares dos indivíduos, a celeridade está intimamente conectada à efetividade; ela é um dos núcleos essenciais ou a própria exigência do princípio da efetividade.[35]

Após a reforma constitucional italiana de 1999, ao incorporar o princípio da razoável duração do processo (art. 111), a desafiadora problemática da excessiva duração dos feitos passou a contar com a atenção do legislador e dos tribunais, a exemplo da promulgação naquele país da denominada *Legge Pinto*,[36] a qual previu o direito à pretensão reparatória, por dano patrimonial ou não, decorrente da inobservância daquela garantia, através de demanda a ser proposta durante o trâmite do processo que se encontrava em atraso ou, sob pena de decadência, até seis meses contados de seu término (art. 4º), à Corte de Apelação da sede do juízo onde se processa o feito em que teria havido a violação (art. 3º, § 1º). O pronunciamento deveria ocorrer em até quatro meses, mediante decreto de execução imediata, com previsão de recurso à Corte de Cassação (art. 3º, § 6º).

Numa abordagem inicial, a dicção "duração do processo" indica "o intervalo de tempo entre a propositura da ação e a sua decisão", que não compreenderia, a princípio, o tempo necessário para execução forçada

34. Idem, ibidem, p. 317.
35. Cf. Alexandre S. Marder, *Das Invalidades no Direito Processual Civil*, cit., pp. 90-91, e Leonardo Greco, "Garantias fundamentais do processo: o processo justo", in *Estudos de Direito Processual*, Campos de Goytacazes, Editora Faculdade de Direito de Campos, 2005, pp. 225-228.
36. Lei italiana 89, de 24.3.2001, publicada na Imprensa Oficial em 3.4.2001.
A doutrina italiana lançou, logo após a rápida aprovação do texto legislativo, críticas fundadas àquilo que foi atribuído como um simples paliativo, e não como uma verdadeira solução para o mal da duração excessiva dos processos, porquanto não lhes assegurava as condições para a redução do tempo de trâmite. Ademais, se a finalidade era deflacionar o contencioso perante a Corte Europeia, a fórmula alvitrada teria provocado o risco de congestionamento nos tribunais internos, paralisando os órgãos judiciários já agravados pelo trabalho ordinário, já que a legislação previu o prazo diminuto de quatro meses para a pronúncia do decreto de équa reparação. Cf. Antonio Didone, *Equa Riparazione e Ragionevole Durata del Giusto Processo*, Milano, Giuffrè, 2002, pp. 22-24; Elena Falletti, "Il dibattito sulla ragionevole durata del processo tra la Corte europea dei diritti dell'uomo e lo Stato italiano", *Revista da AJURIS*, vol. 33, n. 101, Porto Alegre, AJURIS, mar. 2006, p. 339.

da própria decisão.[37] A dificuldade prática comparece quando àquela expressão é agregado o qualificativo "razoável" para apontar, estruturalmente, qual seria a dimensão temporal que poderia ser considerada excessiva, seja tomada entre o ingresso em juízo e a prolação da decisão, entre essa e a efetiva satisfação do direito nela reconhecido, ou computada entre as diversas fases procedimentais, a depender da natureza da ação, da tutela pretendida, da complexidade do litígio e da necessária dilação probatória, do número de pessoas que figuram na controvérsia, entre outras circunstâncias.

Bryant G. Garth critica o uso de fórmulas correntes para uma análise comparativa da questão da duração do processo, especialmente baseada em critérios objetivos em torno da dimensão temporal entre o ajuizamento de uma causa e o seu término, mesmo levando-se em conta os contextos sociais. Tenha-se em vista que essa análise não deveria ser descurada de uma ampla abordagem sociológica do fenômeno, já que, de início, seria difícil comparar a litigiosidade mesmo que coletados dados de registros de tribunais ou compilados em tabelas estatísticas.

Assim, por exemplo, uma causa de divórcio poderia ser simplesmente uma questão de registro cartorário. Examinando o sistema norte-americano de justiça, o autor chama atenção para os aspectos políticos e sociais que envolvem os advogados, a estrutura das cortes, incluindo a diversidade de casos, contendores e juízes, e o necessário exame do processo civil sob o ponto de vista sociológico, com enfoque nas instituições chaves, na forma como elas solucionam os casos e de que maneira as informações são produzidas e compartilhadas como etapa do processo para se alcançar a solução. A política e o aspecto prático da morosidade exigiriam uma análise sistemática das respostas aos casos.[38]

O enunciado respeitante à *délai raisonnable*, de conteúdo aberto, antecipa a ideia de proporcionalidade, do imperativo de observar a ponderação e o equilíbrio. A construção dogmática e exegética em torno

---

37. Cf. Vicenzo Vigoriti, "Notas sobre o custo e a duração do processo civil na Itália", *Revista de Processo* 43, jul./set. 1986, p. 145.
   Também para Giuseppe Tarzia a razoabilidade do término deve ser mensurada separadamente – para o processo de cognição de um lado e para aquele executivo, a fim de permitir a aferição da *distantia temporis* entre a demanda de condenação e o procedimento satisfativo. Cf. "L'art. 111 Cost. e le garanzie europee del processo civile", *Studi in Memoria di Angelo Bonsignori*, t. I, Milano, Giuffrè, 2004, pp. 734-735.

38. Cf. Bryant G. Garth, "Delay and settlement in civil litigation: notes toward a comparative and sociological perspective", in *Studi in Onore di Vittorio Denti*, vol. II, Padova, CEDAM, 1994, pp. 159-179.

dessa realidade não permite a criação de uma regra específica, ou fórmula previamente concebida, aplicável a todas as situações da experiência humana e judiciária, já que a lógica antecipa que fatores múltiplos poderiam inviabilizar comparações que levassem à simetria de causas a ponto de permitir a adoção de determinado lapso temporal cerrado, objetivo e seguro, mesmo através de catalogação de eventuais situações hipotéticas, tudo em face da variedade de contextos que exigiriam a prática de atos processuais de conteúdo diferenciado à vista das particularidades fático-jurídicas.[39]

É a tarefa de buscar o difícil ponto de equilíbrio entre fazer rápido e fazer bem,[40] de modo que é inafastável o compromisso com a diligência, elemento indissociável, sob o risco de se sucumbir a erros. Isso resume a ideia de efetividade compreendida na necessidade de atentar aos valores contrastantes e concomitantes da celeridade e segurança, com variação da duração dos trabalhos, sem levar ainda em conta as eventuais questões de ordem extraprocessual, de acordo com as diversas circunstâncias da causa postas à apreciação judicial, tais como a sua complexidade, a sua natureza, a quantidade de sujeitos parciais, a extensão da atividade probatória, a possibilidade de interposição de recursos e a efetivação de medidas de execução.

A doutrina estabeleceu critérios de interpretação do dispositivo em apreço, ou seja, do sentido da duração razoável, a partir da exclusão das denominadas *dilações indevidas*, que seriam, como anota José Rogério Cruz e Tucci:

> os atrasos ou delongas que se produzem no processo por inobservância dos prazos estabelecidos, por injustificados prolongamentos das etapas mortas que separam a realização de um ato fixado, e, sempre,

---

39. Decerto contribuirá o juiz para a celeridade se "impedir a prática de atos processuais desnecessários, principalmente probatórios; também, evitar repetições quando a imperfeição técnica não redundar prejuízo às partes, além de penalizar expedientes protelatórios". Cf. João José Custódio da Silveira, *O Juiz e a Condução Equilibrada do Processo*, cit., p. 69.

40. A frase "fare presto è possibile fino al punto nel quale non si comprometta il fare bene", que é aplicável tanto no processo penal como no civil, foi cunhada por Gaetano Foschini, *Sistema del Diritto Processuale Penale*, 2ª ed., Milano: Giuffrè, 1965, p. 501, *apud* Roberto Delmanto Júnior, "A garantia da razoável duração do processo penal e a Reforma do CPP", *Revista do Advogado*, n. 113, 2011, pp. 139 e 148.

É inaceitável, portanto, a "busca obsessiva de *celeridade a qualquer preço*, tudo resultando numa resposta de baixa qualidade, muito aquém daquela que deveria receber o jurisdicionado". Cf. Rodolfo de Camargo Mancuso, *Acesso à Justiça. Condicionantes legítimas e ilegítimas*, São Paulo, Ed. RT, 2011, p. 339.

sem que aludidas dilações dependam da vontade das partes ou de seus mandatários.[41]

Nesse sentido, Giuseppe Tarzia aponta o decurso de tempo injustificado como critério determinante para a configuração do descumprimento da garantia do prazo razoável, uma vez que o art. 6º da Convenção Europeia dos Direitos do Homem e das Liberdades Fundamentais exigiria a adequação do aparato judiciário na sua totalidade, como um exercício dos poderes judiciais tal para evitar dilações indevidas do processo: "tempi morti *non giustificati, contrapposti ai normali* tempi di svolgimento *del processo*", não se contando, assim, por exemplo, os períodos decorridos para uma tentativa de conciliação, ou aquele destinado para a apresentação de recurso.[42]

Nota-se, assim, que os diplomas legais não estabelecem, a exemplo da Convenção Americana sobre Direitos Humanos e da Convenção Europeia de Direitos Humanos,[43] a quantidade predeterminada de tempo que se deve consumir na conclusão de uma causa; quando muito, as legislações processuais fixam lapsos temporais para prática de atos processuais isolados (*v.g.*, arts. 185, 188 e 189, CPC/1973; arts. 180, *caput*, 183, *caput*, 186, *caput*, 218, § 3º, e 226, CPC/2015), ou seja, prazos destinados aos juízes, auxiliares de justiça e às partes, sejam de natureza dilatória ou peremptória, geralmente com a preocupação voltada ao efeito preclusivo,[44] o que dá ensejo, em relação à razoabilidade do tempo

---

41. Cf. *Tempo e Processo*, São Paulo, Ed. RT, 1997, p. 67.

A expressão "dilações indevidas", ademais, deve ser visualizada como conceito indeterminado e aberto, que impede de considerá-las como o simples desprezo aos prazos processuais pré-fixados. Cf. José Rogério Cruz e Tucci, "Duração razoável do processo (art. 5º, LXXVIII da Constituição Federal)", in *O Processo na Constituição*, São Paulo, Quartier Latin, 2008, pp. 326-327.

42. Cf. "L'art. 111 Cost. e le garanzie europee del processo civile", cit., p. 732.

43. Convenção Americana sobre Direitos Humanos, art. 8º, § 1º: "Toda pessoa terá o direito de ser ouvida, com as devidas garantias e dentro de um prazo razoável, por um juiz ou Tribunal competente, independente e imparcial, estabelecido anteriormente por lei, na apuração de qualquer acusação penal formulada contra ela, ou na determinação de seus direitos e obrigações de caráter civil, trabalhista, fiscal ou de qualquer outra natureza".

Convenção Europeia de Direitos Humanos, art. 6º, § 1º: "Toda pessoa tem direito a que sua causa seja examinada equitativa e publicamente num prazo razoável, por um tribunal independente e imparcial instituído em lei, que decidirá sobre seus direitos e obrigações civis ou sobre fundamento de qualquer acusação em matéria penal contra ela dirigida".

44. Tirantes os prazos de natureza peremptória e as hipóteses de suspensão (arts. 180 e 265, CPC/1973; arts. 220 e parágrafos, 221 e seu parágrafo único, 222

necessário para o trâmite de uma demanda, à análise parcimoniosa de cada situação.

Em nível estrutural, os tempos de espera são aqueles necessários para que a causa ritualmente introduzida seja tomada em consideração (eventualmente modificáveis pela organização judiciária), e os tempos técnicos são os necessários à decisão (no máximo, alteráveis pela revisão da disciplina no processo).[45] Quanto às possíveis causas, de diversas naturezas, do descumprimento da garantia do trâmite razoável do processo, foram mencionadas na Parte I, Capítulo III, item 2, que tratou da crise do Poder Judiciário, apenas a título exemplificativo, já que podem ser apreendidas sob várias perspectivas.[46]

É certo que, em termos práticos, a demora do processo prejudica o autor a quem assiste razão em benefício do réu que não a tenha,[47] todavia atinge as partes indistintamente, sob a perspectiva do instrumento

e parágrafos e 313, CPC/2015), e até mesmo a prorrogação de qualquer deles por motivos excepcionais (arts. 182 e 183, CPC/1973; art. 222, § 2º, e 223 e parágrafos, CPC/2015). Pelo CPC/1973 era possível a redução por convenção daqueles considerados dilatórios (art. 181). Compete ao juiz o poder-dever de acompanhar o cumprimento do prazo pelos serventuários, assim como, em caso de retenção indevida dos autos, pelos advogados, órgão do Ministério Público e os representantes da Fazenda Pública (arts. 193 a 197, CPC/1973; arts. 233 e 234, CPC/2015). E qualquer das partes poderá controlar a observância dos prazos pelo juiz, cabendo eventual representação ao tribunal competente, ou ao Conselho Nacional de Justiça (art. 198, CPC/1973; art. 235, §§ 1º e 2º, CPC/2015).

O CPC/2015 manteve a disciplina geral do controle judicial dos prazos. Introduziu dispositivo que prevê o poder de o juiz dilatar os prazos processuais e alterar a ordem de produção dos meios de prova, de acordo com as necessidades do conflito (art. 139, VI); e, dependendo da quantidade e complexidade da prova documental produzida, poderá, a requerimento da parte, estender o prazo para manifestação (art. 437, § 2º). A novidade encontra-se, na esteira do princípio da cooperação, na possibilidade de fixação de calendário, de comum acordo, pelo juiz e as partes, para a prática dos atos processuais (art. 191).

45. Cf. Vicenzo Vigoriti, "Notas sobre o custo e a duração do processo civil na Itália", cit., p. 145.

46. Denti e Taruffo mencionam como causas externas para a lentidão do processo o aumento da litigiosidade, a não autoridade do juiz-burocrata e a crise da advocacia. *Apud* Vicenzo Vigoriti, "Notas sobre o custo e a duração do processo civil na Itália", cit., p. 145.

José Rogério Cruz e Tucci agrupa três fatores relacionados à problemática da intempestividade da tutela jurisdicional no país: institucionais, de ordem técnica e subjetiva e derivados da insuficiência material. Cf. *Tempo e Processo*, cit., pp. 98-110.

47. Cf. Luiz Guilherme Marinoni, *Tutela Antecipatória e Julgamento Antecipado...*, cit., pp. 20-22, e *Abuso de Defesa e Parte Incontroversa da Demanda*, São Paulo, Ed. RT, 2007, pp. 25-27.

público de realização de justiça, e alcança todos os jurisdicionados, tisnando a crença dos indivíduos na sua efetividade e comprometendo a funcionalidade do sistema de garantias, tendo em vista que a expectativa de tutela tempestiva decorre dos direitos fundamentais inseridos na Carta Política.[48] A duração desarrazoada do processo implica concretamente o aumento de tempo e custo para as partes em decorrência da dilatação anormal do dano na proporção em que se protrai o seu trâmite para além da razoabilidade (transformando a demora fisiológica em patológica).[49]

A propósito, Giuseppe Tarzia, comentando a fórmula da duração razoável do processo contida na atual Constituição italiana (art. 111), adverte para a importância de indicar qual a derradeira exigência a que o processo deve se reportar para que possa ser considerado justo, ideia intimamente ligada àquela garantia, e responde que "la disposizione costituzionale esprima la necessità che il processo sia adeguato allo scopo cui è destinato, e non produca quindi effetti ne insufficienti ne esorbitanti rispetto ad esso".[50]

Daí a pertinência da técnica da antecipação da tutela como instrumento de distribuição do ônus do tempo no processo. Cf. Luiz Guilherme Marinoni, "Garantia da tempestividade da tutela jurisdicional e duplo grau de jurisdição", in *Garantias Constitucionais do Processo Civil. Homenagem aos 10 anos da Constituição Federal de 1988*, São Paulo, Ed. RT, 1999, p. 225.

48. Mauro Cappelletti lembra que o aspecto econômico repercute aos litigantes de forma diversa na demora do processo. Com efeito, "la duración excesiva del proceso es naturalmente un fenómeno que causa factores de desigualdad y que no es considerada solamente desde un punto de vista de eficiencia (o ineficiencia) funcional y organizativa. La duración excesiva es fuente de injusticia social, porque el grado de resistencia del pobre es menor que el grado de resistencia del rico; este último, y no el primero, puede normalmente esperar sin daño grave una justicia lenta, o recurrir a costosos arbitrajes (tal vez en el extranjero). Un proceso de larga duración favorece, en suma, en general, a la parte rica en desmedro de la parte pobre". Cf. *Proceso, Ideologías, Sociedad,* trad. Santiago Sentís Melendo e Tomás A. Banzhaf, Buenos Aires, Ediciones Jurídicas Europa-América, 1974, pp. 133-134.

49. Cf. Brunela Vieira de Vincenzi, *A Boa-Fé no Processo Civil*, São Paulo, Atlas, 2003, pp. 110-112.

Como anota Luiz Guilherme Marinoni, a preocupação com a tempestividade não se limita à questão da tutela antecipatória, devendo ser analisada "a partir da utilização racional do processo pelas partes e pelo juiz. Se o réu tem direito à defesa, não é justo que o seu exercício extrapole os limites do razoável. Da mesma forma, haverá lesão ao direito à duração razoável caso o juiz entregue a prestação jurisdicional em tempo injustificável diante das circunstâncias da situação concreta". Cf. *Técnica Processual e Tutela dos Direitos*, 2ª ed., São Paulo, Ed. RT, 2008, p. 144.

50. Cf. "Il giusto processo di esecuzione", *Rivista di Diritto Processuale*, n. 2/2002, Padova, CEDAM, abr./jun. 2002, pp. 330-340.

Na indagação sobre a efetividade da tutela jurisdicional no sentido temporal, uma especial atenção ainda deve ser carreada ao tema das relações entre a duração do processo e a garantia constitucional de ação e de defesa.[51] Com efeito, o processo apresenta o seu lado mais problemático e vulnerável diante da necessidade de passar por um determinado número de fases interligadas estruturalmente, o que requer um lapso de tempo antes de poder atingir o seu fim natural.[52]

Nesse particular, a jurisprudência da Corte Constitucional italiana fez a distinção entre a garantia "del termine 'congruo'" para o exercício dos poderes processuais da parte (a garantia seria violada quando "il termine perentorio" for, por sua decorrência ou pela sua duração, inidôneo para assegurar a efetividade da tutela) e a garantia do "tempo ragionevole", ou melhor, da duração razoável do processo, já que "l'effettività della tutela giurisdizionale può risultar compromessa tanto dall'eccessiva durata del processo, che dall'eccessiva brevità dei termini perentori".[53]

No final da década de 1960 o sistema alemão também já se ressentia do aumento da duração dos processos[54] e, a propósito, a Emenda VI da Constituição americana prevê dispositivo que atribui expressamente o direito a um processo rápido. Essa exigência surge frequentemente nos confrontos em que uma parte entende ter o direito de servir-se de todas as possibilidades do procedimento para frear o ritmo do juiz

> in un ambiente come quello forense, in cui ogni forma di vera solidarietà processuale rischia di essere interpretata come segno di debolezza o addirittura di inattitudine, la difficoltà maggiore è proprio quella che le parti, o meglio, i loro difensori si trovino d'accordo nel prendere la via più breve.[55]

Na sequência, Nicolò Trocker lembra que há poucos remédios processuais eficazes para o problema, tanto na Itália como na Alemanha, e os extraprocessuais seriam inadequados.[56] Diante da experiência alemã, o autor conclui que o desafio poderia ser enfrentado somente sobre um

---

51. Cf. Nicolò Trocker, *Processo Civile e Costituzione: problemi di diritto tedesco e italiano*, Milano, Giuffrè, 1974, pp. 270-271.
52. Idem, ibidem, p. 271.
53. Cf. Giuseppe Tarzia, "L'art. 111 Cost. e le garanzie europee del processo civile", cit., p. 734.
54. Cf. Nicolò Trocker, *Processo Civile e Costituzione...*, cit., p. 275.
55. Idem, ibidem, p. 280.
56. Idem, ibidem, pp. 282-291.

plano geral e por reforma legislativa, além do que deveria ser procedido a uma modernização e racionalização das estruturas judiciárias, sem se descuidar da importância de uma ação educativa que repercutisse sobre os costumes forenses.[57] Da mesma forma, Giuseppe Tarzia propugna uma ação coordenada que perpassaria a atuação restrita no âmbito das atividades do juiz, em termos em que:

> la garanzia della ragionevole durata investe anzitutto l'organizzazione giudiziaria, nella sua più ampia accezione: impone al legislatore – sia il legislatore ordinario o il legislatore delegato – come al Governo nell'esercizio del potere regolamentare, una congrua allocazione di uomini (magistrati, altri componenti dell'ufficio giudiziario, ausiliari), di risorse e di mezzi per la funzionalità della giustizia; ed esige un adeguato apparato sanzionatorio nei confronti di chi colpevolmente violi il dovere di tempestività della tutela giurisdizionale.[58]

3.1 O exemplo da experiência italiana e as construções jurisprudenciais da Corte Europeia de Direitos Humanos

Tendo em conta a incorporação no texto constitucional italiano, na extensa fórmula do justo e équo processo, da expressão "la ragionevole durata" (art. 111, 2ª parte)[59] e à vista do compromisso formalmente assumido como Estado-membro da União Europeia,[60] a desafiadora realidade da demora exagerada no trâmite de feitos judiciais tem atraído a atenção dos doutrinadores, legisladores e julgadores.

No cenário mundial atual em que os países estão cada vez mais interligados, inclusive na esteira do fenômeno da globalização, no âmbito da Comunidade Europeia,[61] tem sido adotada como paradigma de inter-

---

57. Idem, ibidem, p. 291.
58. Cf. "L'art. 111 Cost. e le garanzie europee del processo civile", cit., p. 736.
59. A redação atual foi introduzida pela norma constitucional de 23.11.1999.
60. O tratado de instituição da União Europeia foi assinado em Maastricht pelos Estados-membros em 1992, em cujo documento se sacramentou a adesão dos signatários à Convenção Europeia dos Direitos do Homem e das Liberdades Fundamentais, a qual fora firmada em Roma, em 4.11.1950.
61. Na esfera do MERCOSUL, apesar de engendrado a partir da experiência europeia, o enfoque é predominantemente econômico, com a definição de uma zona regional de comércio, não se observando a dimensão política conferida pela Comunidade Europeia aos indivíduos dos Estados pertencentes ao bloco, em especial a criação de cidadania supranacional. No entanto, embora ainda não exista uma jurisdição comunitária, a efetividade do processo deve ser buscada no âmbito interno, em respeito às convenções de direitos humanos a que aderiram os países membros signatários.

pretação a jurisprudência do Tribunal Europeu de Direitos Humanos[62] em torno do dispositivo inserto na Convenção Europeia de Direitos Humanos (art. 6º, § 1º), diante da ausência de fórmulas normativamente reguladas a respeito da definição da expressão "prazo razoável".

Os critérios utilizados pelo Tribunal de *Strasbourg* (Corte Europeia de Direitos Humanos)[63] têm norteado as decisões na esfera dos Estados--membros da União Europeia acerca do reconhecimento da infração e da condenação à reparação de danos não patrimoniais resultantes da demora excessiva.

O aludido Tribunal internacional tem enfatizado, como critérios para tornar a aferição menos abstrata, a necessidade de especial avaliação de três situações, isto é, a) a particularidade, a complexidade ou a natureza do caso concreto (inclusive de ordem econômica e da quantidade de pessoas envolvidas), b) o comportamento adotado pelas partes, que podem ditar uma conduta dilatória ou contrária ao cumprimento dos prazos processuais, e, por último, c) a atuação do órgão jurisdicional competente, que pode se ressentir de falta de organização, uma vez que a Convenção impõe aos Estados contratantes a obrigação de aparelhar os seus sistemas legais e judiciais para que sejam atendidas as suas previsões, incluindo-se a obrigação de decidir os casos dentro de um tempo razoável.[64]

62. Na condição de tribunal internacional compete-lhe apreciar pedidos formulados por indivíduos e Estados sob a alegação de violações de direitos políticos e civis estatuídos na referida Convenção Europeia. Cf. end. acessado em 14.12.2011: www.echr.coe.int/NR/rdonlyres/DF074FE4-96C2-4384-BFF6-404AAF5BC585/0/ Brochure_en_bref_EN.pdf.
63. Não se confunde com o Tribunal de Justiça da União Europeia, com sede em Luxemburgo, denominação conferida pelo Tratado de Lisboa assinado em 2007, que, como uma das instituições que integram à UE, tem a competência, em especial, sobre matéria de interpretação da legislação europeia.
Os casos submetidos à Corte Europeia de Direitos Humanos relacionados à duração do processo alcançaram o patamar de quase metade do universo de feitos por volta do ano 2003, tendo se estabilizado, em seguida, na ordem de um terço do total de julgamentos. Cf. European Court of Human Rights, *2003 Annual Report*, Strasbourg, Council of Europe Publishing, 2004, p. 71.
Em dezembro de 2012 o número de casos referentes à violação ao disposto no art. 6º da Convenção representava 31,17% do total. De 1959 a 2012 foram proferidos 2.229 julgamentos em face do Estado italiano, sendo que desse conjunto 1.171 aludiam à problemática da duração do processo. Cf. European Court of Human Rights, *2012 Annual Report*, Strasbourg, Council of Europe Publishing, 2013, pp. 153 e 158.
64. "[The Court] reiterates that the reasonableness of the length of proceedings must be assessed in the light of the circumstances of the case and with reference to the following criteria: the complexity of the case, the conduct of the applicant and the relevant authorities". Cf. *Korbely vs. Hungary*, Strasbourg, 19.9.2008. Cf. artigo

A primeira condenação do Estado italiano de que se tem notícia perante a Corte de *Strasbourg*, por violação ao preceito à razoável duração do processo civil, com base no art. 6º, § 1º, da Convenção Europeia, remonta ao célebre caso *Capuano*, cujos fatos de origem datam do ano de 1971, quando uma moradora da cidade de Roma adquiriu um pequeno apartamento para veraneio, com terraço e vista para o mar, e que, todavia, diante da construção posterior de outras unidades pelo antigo proprietário, o acesso à praia e, assim, a sua servidão de passagem teriam sido afetados.

Infrutíferas as providências anteriores e ajuizada a demanda judicial, a autora enfrentou delongas processuais, sendo que a primeira audiência foi designada para janeiro de 1977 (termo inicial considerado para efeito de cômputo da duração razoável), a sentença foi proferida, em primeiro grau, em julho de 1983, sem que, em instância recursal, houvesse sido decidida a causa ao menos até o dia 25 de junho de 1987, data do julgamento da reclamação interposta, em dezembro de 1980, perante a Corte Europeia, a qual reconheceu o dano e condenou o Estado-membro a indenizá-la pela soma daquela época de oito milhões de liras.[65]

Nessa atmosfera foi elaborada a conhecida *Legge Pinto* e, ademais, o legislador italiano consagrou os critérios basilares anteriormente adotados pela Corte Europeia para perscrutar a violação do termo razoável do processo, ou seja, a forma de investigar se um período de tempo levado a efeito na situação em particular deve ser reputado inaceitável: a complexidade do caso, o comportamento das partes e do juiz do procedimento (art. 2º, § 2º). Para o dimensionamento ou apuração do dano, o legislador limitou a sua configuração ao período excedente ao tempo considerado razoável (art. 2º, § 3º).

---

publicado no endereço eletrônico: http://hudoc.echr.coe.int/sites/eng/pages/search.aspx?i=001-88429, acessado em 9.9.2013.

"The reasonableness of the length of proceedings is to be assessed in the light of the particular circumstances of the case, regard being had to the criteria laid down in the Court's case-law, in particular the complexity of the case, the applicant's conduct and the conduct of the competent authorities". Cf. *Case of Pélissier and Sassi vs. France* (Application n. 25444/94), Julgamento: Strasbourg, 25.3.1999. Cf. www.echr.coe.int/ECHR/EN/Header/Case-Law/Decisions+and+judgments/HUDOC+database, acessado em 14.12.2011.

A propósito, o Código de Processo Civil brasileiro contém regra em torno da incumbência do juiz de fixar os prazos para a prática de atos processuais, quando não previstos em lei, de acordo com a complexidade da causa ou do ato (art. 177, CPC/1973; art. 218, § 1º, CPC/2015).

65. Cf. *Capuano vs. Italy*, 25.6.1987, cf. http://hudoc.echr.coe.int/sites/eng/pages/search.aspx?i=001-57458, end. acessado em 6.9.2013.

Apesar da promulgação da norma interna, com o que o Estado italiano visou a diminuir a pressão por reformas estruturais do sistema judicial e por reformas processuais, registrou-se acentuada divergência, no aspecto da comparação sincrônica (entre ordenamentos jurídicos contemporâneos), no campo da construção jurisprudencial, entre a Corte Europeia e as cortes italianas (de Apelo, de Cassação e Constitucional), muito embora, paulatinamente, se tenha observado o movimento de harmonização do direito, através da atividade hermenêutica, na direção dos enunciados proclamados pelo Tribunal de *Strasbourg*.[66]

É natural que a capacidade do direito encampado pela União Europeia de produzir efeitos diretamente nos Estados-membros, tenha se traduzido em conflitos decorrentes da incompatibilidade entre as normas existentes nesses diferentes níveis, tanto pela previsão de conteúdo diverso em normatização interna precedente, quanto pela desarmonia entre o disposto pela União e aquela norma supervenientemente estatuída no âmbito interno, sendo que, em geral, os confrontos têm sido resolvidos com o primado do direito da União, através do qual é vedado que as normas nacionais criem obstáculos à sua aplicação nos Estados-membros, comportando, para assegurar a tutela jurisdicional de normas comunitárias de efeito imediato, até a suspensão ou a ab-rogação da norma interna incompatível.[67]

De início, ressalte-se a questão que decorre dos dispositivos contidos na Convenção Europeia de Direitos Humanos (arts. 13 e 35, § 1º). Não obstante o interessado devesse primeiramente esgotar todos os remédios adotados pelo ordenamento interno, em função do princípio geral da subsidiariedade, e tendo sido, ademais, a previsão do recurso interno da *Legge Pinto*, logo após a sua promulgação, reputada eficaz sob o escruti-

---

66. Alessandra Citati e Valentina Zambrano apontam a tendência verificada nos tribunais internos italianos a adequar-se à jurisprudência da Corte europeia relativamente a determinados aspectos. "Convergenze e divergenze tra la giurisprudenza italiana ed europea in materia di ragionevole durata del processo e di diritto all'equo indennizzo", *passim*, in www.sioi.org/media/GruppoGRicercatori/7.Convergenze%20 e%20divergenze%20tra%20la%20giurisprudenza%20italiana%20ed%20europea%20 in%20materia%20di%20ragionevole%20durata%20del%20processo%20e%20di%20 diritto%20allequo%20indennizzo.pdf. Acessado em 3.9.2013.

Na esfera da Corte Constitucional italiana também se percebeu a aderência ao primado do direito da União Europeia sobre a norma interna, dissipada tal dúvida após a consagração do novo texto do art. 117 da Carta Magna, *in verbis*: "La potestà legislativa è esercitata dallo Stato e dalle Regioni nel rispetto (...) dei vincoli derivanti dall'ordinamento comunitario".

67. Cf. Luigi Daniele, *Diritto dell'Unione Europea*, 4ª ed., Milano, Giuffrè, 2010, pp. 260-269.

nio da Corte europeia,[68] passou o mesmo Tribunal, de modo sistemático, a rejeitar a preliminar de objeção de suposta ausência da prévia utilização dos mecanismos internos, sob o argumento de que não se demonstrava capaz de proporcionar a justa e total reparação do dano em face da garantia da razoável duração do processo.[69]

A legislação italiana previu o direito à reparação de dano (art. 2º, § 3º, "a" e "b") e a jurisprudência consolidou o entendimento de que, quanto à lesão de índole não patrimonial, extensível à pessoa jurídica, presumir-se-ia a sua ocorrência *in re ipsa* ou *id quod plerumque accidit*, isto é, sem a necessidade do ônus do substrato probatório do caso singular. A Corte Europeia adotou, em 2004, como parâmetro para o cálculo da *equa riparazione*, o importe indenizatório entre 1.000 e 1.500 euros por ano, podendo sofrer diminuição ou aumento, atingindo a cifra de 2.000 euros, quando os direitos envolvidos forem particularmente relevantes ao indivíduo.[70]

---

68. Cf. *Brusco vs. Italy*, julgado em 6.9.2001, in http://hudoc.echr.coe.int/sites/eng/pages/search.aspx?i=001-22642, end. acessado em 9.9.2013.

69. No caso *Scordino vs. Italy*, julgado em 29.7.2004, nota-se a clara flexibilização do princípio da subsidiariedade, através do qual o governo italiano argumentava que não teria havido a exaustão dos remédios internos para o fim de atribuição do valor da indenização pretendida, pois os requerentes não teriam recorrido à Corte de Cassação contra a decisão da Corte de Apelação. O tribunal de Strasbourg lembrou que a objeção já tinha sido afastada na decisão datada de 27.3.2003. Cf. artigo publicado no endereço eletrônico: http://hudoc.echr.coe.int/sites/eng/pages/search.aspx?i=001-61973, acessado em 9.9.2013.

Assim, observou a Corte Europeia que o disposto no atual art. 35 da Convenção deve ser interpretado com certa elasticidade, abstraído do excessivo formalismo, levando-se em conta a avaliação das circunstâncias do caso concreto, inclusive a situação pessoal da parte recorrente, sobretudo quando evidenciada a omissão estatal reiterada no provimento de tutela efetiva. Cf. *Akdivar and Others vs. Turkey*, §§ 65 *usque* 69, 16.9.1996, http://hudoc.echr.coe.int/sites/eng/pages/search.aspx?i=001-58062, end. acessado em 8.9.2013.

Em realidade, a Corte europeia tem reafirmado, como fundamento de decisão, a ocorrência de prática administrativa incompatível com a Convenção diante da obrigação positiva do Estado membro de adotar providências gerais para reformar as suas instituições e procedimentos judiciais internos, na medida em que demonstrado o descumprimento institucionalizado do direito ao tempo razoável, envolvendo certos tipos de litígio, sendo que a infração recorrente poderia constituir até uma circunstância agravante. Cf. Frédéric Edel, "The Length of Civil and Criminal Proceedings in the case-law of the European Court of Human Rights", *Human Rights Files*, n. 16, Strasbourg, Council of Europe Publishing, 2007, pp. 36-39.

70. Cf. Francesco de Santis di Nicola, "Fra Roma e Strasburgo, alla ricerca dell''equa riparazione' per il danno non patrimoniale da irragionevole durata del processo", in www.studiolegalegiovanniromano.it/includes/php/scaricaFile.php?

A partir do caso *Scordino vs. Italy*, em cujo julgamento se assentou a ineficácia do remédio interno, a jurisprudência italiana, que antes arbitrava valores inferiores, foi compelida a reconhecer a liquidação de danos morais de acordo com os parâmetros monetários delineados pela Corte europeia; isso, sem dúvida, trouxe sérias repercussões no erário público dado que a legislação específica enunciava que o suprimento das indenizações estaria atrelado à limitação orçamentária (art. 3º, § 7º).

Todavia, a doutrina tem lembrado que a justificativa do exaurimento dos fundos disponíveis não obstaria o cidadão prejudicado de recorrer à Corte supranacional, com base no art. 41 da Convenção, com o fim de obter uma reparação plena, sem qualquer vinculação financeira.[71]

De igual maneira, verificou-se a discordância em relação ao período a ser considerado no cálculo da indenização, pois, à vista da legislação italiana, tomava-se em conta o tempo excedente ao da razoável duração (art. 2º, § 3º, alínea "a"), posição que restou superada no âmbito da Corte de *Strasbourg*, a qual fez prevalecer a retroação de seu cômputo à data do início das providências adotadas pelo requerente.

Com efeito, fundada no direito à pretensão reparatória integral, a Corte supranacional dispensou o prévio esgotamento da via doméstica e modificou o critério de cálculo inicialmente apresentado pela Corte de Cassação italiana, sob o entendimento de que o lapso temporal a ser computado deveria, em regra, iniciar-se a partir da instauração do procedimento administrativo, ou do ajuizamento da ação, tendo como termo *ad quem* a data da última decisão prolatada em conformidade com o sistema legal interno.[72]

---

codice=22, acessado em 3.9.2013, pp. 31 e 42; Alessandra Citati e Valentina Zambrano, "Convergenze e divergenze tra la giurisprudenza italiana ed europea in materia di ragionevole durata del processo e di diritto all'equo indennizzo", cit., p. 139.

Com supedâneo no art. 41 da Convenção Europeia, a Corte de Strasbourg tem admitido pedido de compensação financeira suplementar formulado pelo interessado *si et in quantum* o montante arbitrado de acordo com o direito interno tivesse representado uma reparação pecuniária parcial.

71. Cf. Elena Falletti, "Il dibattito sulla ragionevole durata del processo...", cit., p. 362, nota de rodapé n. 126.

72. Cf. *Musci vs. Italy*, 29.3.2006, end: http://hudoc.echr.coe.int/sites/eng/pages/search.aspx?i=001-72931, e *Riccardi Pizzati vs. Italy*, artigo publicado no endereço eletrônico: http://hudoc.echr.coe.int/sites/eng/pages/search.aspx?i=001-72930, acessados em 9.9.2013.

Na fixação do termo final pode ser considerada a data da efetiva execução da decisão doméstica, se essa fase ocorrer posteriormente à prolação daquela. Cf. Frédéric Edel, "The Length of Civil and Criminal Proceedings...", cit., pp. 25-33.

Acrescente-se que, em relação ao método de verificação do tempo de duração *standard* do processo compreendido como razoável ou aceitável, a Corte europeia já tomou como presunção, tirantes as circunstâncias específicas do caso individual, o equivalente ao período de três anos para o trâmite esperado em primeiro grau, dois anos em segundo e um ano em terceiro.[73]

4. Segurança jurídica. Acepções e justificativas

Analisada a importância da celeridade ou da duração razoável do processo na realização da garantia da efetividade da prestação jurisdicional, igualmente se impõe que o valor segurança seja prestigiado, pois o instrumento de realização dos escopos da jurisdição deve preservar estabilidade e transmitir um substrato mínimo de confiabilidade aos indivíduos e grupos que integram uma comunidade, para que não se dê margem à indesejável vulnerabilidade e incerteza nas relações sociais.

Assim, esclarece Canotilho que

> os indivíduos têm do direito poder confiar em que aos seus actos ou às decisões públicas incidentes sobre os seus direitos, posições ou relações jurídicas alicerçados em normas jurídicas vigentes e válidas por esses actos jurídicos deixado pelas autoridades com base nessas normas se ligam os efeitos jurídicos previstos e prescritos no ordenamento jurídico.[74]

A opção pela solução de controvérsias através do processo deve voltar atenção, como em todas as instituições jurídicas, essencialmente a dois valores, o da segurança e da justiça, considerados fundamentais no âmbito da convivência social, porquanto o princípio da segurança impede que

> se satisfacen pretensiones públicamente porque, en caso de no hacerlo, el insatisfecho rendiría en muchas ocasiones a hacerlo por sí, privadamente, y como la eficacia de esta actuación privada dependería de su fuerza, resultaría de ello una conmoción jurídica desordenada que podría en peligro la paz social.[75]

No preâmbulo da Constituição Federal reforça-se como objetivo principiológico a instituição de um Estado Democrático "destinado a

---

[73]. Cf. Alessandra Citati e Valentina Zambrano, "Convergenze e divergenze tra la giurisprudenza italiana ed europea...", cit., pp. 137-138.
[74]. Cf. *Direito Constitucional e Teoria da Constituição*, cit., p. 257.
[75]. Cf. Jaime Guasp, *Derecho Procesal Civil*, t. I, 4ª ed., Madrid, Civitas, 1998, p. 38.

assegurar o exercício dos direitos sociais e individuais, a liberdade, a segurança, o bem-estar, o desenvolvimento, a igualdade e a justiça como valores supremos de uma sociedade fraterna, pluralista e sem preconceitos, fundada na harmonia social e comprometida, na ordem interna e internacional, com a solução pacífica das controvérsias".[76]

Independentemente de conotação axiológica – numa análise em termos históricos, políticos, sociológicos e, em especial, econômicos, que possa enriquecer o sentido da palavra *segurança*, inclusive como derivativo de manutenção do *establishment*, cuja ideia é simbolizada pelos princípios da liberdade e da legalidade (CF, art. 5º, II)[77] –, ela, a segurança, é um componente inafastável à preservação da ordem e da paz social, um dos principais objetivos do Estado moderno, o que não significa, entretanto, a imposição de imobilismo, ou freio a qualquer tentativa de transformação dos paradigmas da sociedade, ou desprezo à sua evolução e ao esforço de aperfeiçoamento de suas instituições e correlatas teses jurídicas.[78]

---

76. Conforme esclarece Humberto Theodoro Júnior, a atual doutrina alemã atribui à segurança jurídica o *status* de um princípio, mais precisamente de um *imperativo* ("Gebot der Rechtssicherheit") portador de um valor constitucional, mas não se trataria de um valor próprio, e sim algo derivado do princípio geral do Estado de Direito no sentido da Lei Fundamental. Cf. "A onda reformista do Direito Positivo e suas implicações com o princípio da segurança jurídica", *Revista Forense* 102, n. 387, set./out. 2006, p. 139.

Há autores que incluem a segurança jurídica, além da justiça e certeza do direito, no âmbito dos sobreprincípios, que informariam toda ordem jurídica. Cf. Francysco Pablo Feitosa Gonçalves, "Os princípios gerais da Administração Pública e o neoconstitucionalismo: até onde a adesão à doutrina alienígena é válida?", *RT* 910, ago. 2011, p. 28.

77. Ao mencionar o liberalismo político e econômico, J. J. Gomes Canotilho, citando autores alemães (Habermas e Kriele), anota que "se a sociedade burguesa fornecia o substrato sociológico ao Estado constitucional, este, por sua vez, criava condições políticas favoráveis ao desenvolvimento do liberalismo econômico. A economia capitalista necessita de *segurança jurídica* e a segurança jurídica não estava garantida no Estado Absoluto, dadas as frequentes intervenções do príncipe na esfera jurídico-patrimonial dos súbditos e o direito discricionário do mesmo príncipe quanto à alteração e revogação das leis. Ora, toda a construção constitucional liberal tem em vista a *certeza do direito*. O laço que liga ou vincula às leis gerais as funções estaduais protege o sistema da liberdade codificada do direito privado burguês e a economia de mercado". Cf. *Direito Constitucional e Teoria da Constituição*, cit., p. 109.

78. Nesse sentido, para Carlos Alberto Alvaro de Oliveira, "o jurista deve observar a ordem jurídica, atento ao valor da segurança jurídica, sem confundi-la com a manutenção cega e indiscriminada do *statu quo*. Cumpre não identificar, outrossim, o valor da segurança jurídica com a 'ideologia' da segurança, que tem por objetivo o imobilismo social". Cf. *Do Formalismo no Processo Civil...*, cit., pp. 79-80.

A espécie segurança jurídica aparece estampada em vários dispositivos constitucionais, especialmente no rol dos direitos e garantias fundamentais, *v.g.*, art. 5º, incs. XXXVI – "a lei não prejudicará o direito adquirido, o ato jurídico perfeito e a coisa julgada" –, e LIV – "ninguém será privado da liberdade ou de seus bens sem o devido processo legal". Desses preceitos se nota que a preocupação com a segurança jurídica incide basicamente sobre dois planos (direito material e processual), como consectário do sistema dualista de ordenamento, em face da indispensável presença do suporte instrumental para, se necessário, concretizar a prevalência do império da vontade do direito ameaçado ou lesado.

Sob o ponto de vista do consectário do princípio da segurança, Canotilho destaca-o em três níveis:

> (1) relativamente a *actos normativos* – proibição de normas retroactivas restritivas de direitos ou interesses juridicamente protegidos; (2) relativamente a *actos jurisdicionais* – inalterabilidade do caso julgado; (3) em relação a *actos da administração* – tendencial estabilidade dos casos decididos através de actos administrativos constitutivos de direitos.[79]

Desse modo, é perceptível, a efetivação do princípio da segurança jurídica pelo Estado em seu sentido global é de responsabilidade de todos os poderes constituídos, seja no momento da elaboração ou da aplicação das normas.

Sem dúvida, por traduzir o aspecto mais visível da força política das decisões emanadas do Poder Judiciário (o poder de coerção que afeta o espírito dos jurisdicionados), expondo uma das características da atividade jurisdicional (a definitividade), o instituto da coisa julgada, como bem lembra Cândido Rangel Dinamarco, é consagrado diante do reconhecimento do valor segurança jurídica, a fim de tornar útil o exercício da jurisdição no aspecto de seus resultados, pois uma total vulnerabilidade deles comprometeria gravemente o escopo social da pacificação.[80]

Eros Roberto Grau também alerta para que não se confunda *segurança* com *imobilidade*, devendo aquela ser concebida como resultante da *ordenação do movimento*. *O Direito Posto e o Direito Pressuposto*, 9ª ed., rev. e ampl., São Paulo, Malheiros Editores, 2014, p. 184.

79. Cf. *Direito Constitucional e Teoria da Constituição*, cit., p. 257.

80. Cf. *Instituições de Direito Processual Civil*, vol. I, 7ª ed., 2013, cit., p. 310.

Havendo expressa previsão constitucional (art. 5º, XXXVI), "a chamada relativização da coisa julgada (fora dos casos excepcionais de rescindibilidade, inexistência, ineficácia ou nulidade do julgado) constitui uma contradição em termos", pois "mostra-se de todo ilógico pretender relativizar a própria finalidade do processo,

Por outro lado, a fórmula do *due process of law*,[81] adotada praticamente por todos os Estados modernos de tradição democrática, é que consiste em pacificar a solução do caso concreto". Cf. Carlos Alberto Alvaro de Oliveira, *Do Formalismo no Processo Civil...*, cit., p. 82.

Nelson Nery Junior propugna vigorosamente a intangibilidade da coisa julgada como garantia de segurança e justiça do Estado Democrático de Direito. Cf. *Teoria Geral dos Recursos*, 6ª ed., São Paulo, Ed. RT, 2004, pp. 509 e ss.

No entanto, há entendimento segundo o qual seria possível a sua flexibilização, se, *v.g.*, presente entre outros o valor da moralidade administrativa, ou o interesse da cidadania e direitos fundamentais, sob determinados critérios, pertinente a sua relativização no convívio com outros valores de grandeza constitucional, com o fim de buscar o equilíbrio entre as exigências de segurança e de justiça, atendendo-se ao princípio da razoabilidade e da proporcionalidade. Cf. Cândido Rangel Dinamarco, *Nova Era do Processo Civil*, 4ª ed., rev., atual. e aum., São Paulo, Malheiros Editores, 2013, pp. 217-270, esp. 240-241; *Fundamentos do Processo Civil Moderno*, t. II, cit., pp. 1.141 e 1.150-1.166.

Pode-se traçar a linha divisória em termos de duas posições distintas em relação à coisa julgada, pois, para a concepção liberal e garantista, o pronunciamento decorrente da sentença definitiva em um processo com todas as garantias às partes faz nascer o direito constitucional à efetivação da tutela reconhecida e, para a concepção oposta, a coisa julgada seria um conceito político que não legitimaria situação de abuso e exorbitância que atentasse contra a ideia de justiça. Cf. Juan Montero Aroca, "La ideología de los jueces y el caso concreto. Por alusiones, pido la palabra", in *Proceso Civil e Ideología: Un prefacio, una sentencia, dos cartas y quince ensayos*, Valencia, Tirant Lo Blanch, 2006, pp. 275-276.

Partindo-se da premissa de que não há valores absolutos, em caráter de excepcionalidade e observados parâmetros mínimos, essa última corrente doutrinária se mostra sustentável. Com efeito, leciona Carlos Alberto Alvaro de Oliveira que "(...) a segurança não é o único valor presente no ambiente processual, mormente porque todo o processo é polarizado pelo fim de realizar a justiça material do caso, por meio de um processo equânime e efetivo. De tal sorte, a segurança excessiva pode inclusive inibir o desempenho dos direitos fundamentais do jurisdicionado, de caráter essencialmente principial com avantajada carga de indeterminação, por sua própria natureza". Cf. *Do Formalismo no Processo Civil...*, cit., p. 83.

81. Existe um desdobramento material dessa cláusula (*substantive due process*), teoria elaborada pela doutrina e jurisprudência norte-americanas, que permite a avaliação de determinados aspectos dos diplomas legislativos e atos administrativos, sem que implique a quebra da separação de poderes.

Para o exame do aspecto histórico e da evolução do devido processo legal, inclusive no direito brasileiro, Cf. Eduardo Henrique de Oliveira Yoshikawa, *Execução Extrajudicial e Devido Processo Legal*, São Paulo, Atlas, 2010, pp. 42-92.

Paulo Henrique dos Santos Lucon refere-se à manifestação do devido processo legal substancial quando assentado na garantia dos direitos fundamentais do cidadão, que se projetaria no processo em duas vertentes: i) o controle dos atos administrativos, legislativos (através de controle difuso e concentrado de constitucionalidade) e jurisdicionais (pela motivação das decisões, a garantia do contraditório e da ampla

a expressão do princípio da segurança jurídica na seara do processo (civil, penal ou administrativo), através da oferta de garantia de que os indivíduos serão respeitados os seus importantes desdobramentos, como o direito de ser submetido às autoridades previamente constituídas, ao contraditório, à ampla defesa, bem como a obrigatoriedade da motivação das decisões e a vedação de provas ilícitas, além de outros princípios subjacentes, sem mencionar ainda as diversas regras contidas nas normas infraconstitucionais, a exemplo daquelas que cuidam da competência e do procedimento.

Derivação importante da cláusula do devido processo legal encontra-se na teoria da invalidade dos atos praticados no processo, que apresenta fina sintonia com o aspecto essencial para a perfeita compreensão do fenômeno, ou seja, o fundamento do formalismo processual, ou as justificativas da exigência das formas. A súmula vinculante encampada pela Constituição Federal pode ser considerada como um dos mecanismos a privilegiar nitidamente o valor da segurança jurídica, com o fim de uniformizar a aplicação do direito,[82] temas esses que serão mais bem abordados na última parte do trabalho, na análise de técnicas processuais sob a atuação do juiz na busca da efetividade.

defesa, o respeito à competência e a relativização da coisa julgada) e ii) a garantia da igualdade substancial das partes no processo (através da assistência judiciária e da inversão do ônus da prova). *Devido Processo Legal Substancial, passim,* in www.mundojuridico.adv.br/sis_artigos/artigos.asp?codigo=6; acesso em 22.3.2011.

82. Podem ser mencionadas outras técnicas para esse escopo, como o recurso especial, o extraordinário, a ação direta de inconstitucionalidade, a arguição de descumprimento de preceito fundamental, o incidente de uniformização de jurisprudência e os embargos de divergência.

O Código de Processo Civil de 2015 traz a figura do incidente de resolução de demandas repetitivas – que tenham por objeto questão de direito material ou processual (CPC/2015, arts. 928, parágrafo único, e 976), cabível a sua instauração quando houver, simultaneamente: "I – efetiva repetição de processos que contenham controvérsia sobre a mesma questão unicamente de direito; II – risco de ofensa à isonomia e à segurança jurídica" e que será julgado no prazo de um ano, com preferência sobre os demais feitos (CPC/2015, art. 976). Há clara tendência à valorização do precedente judicial por meio de uniformização de jurisprudência, incumbindo-se a aplicação pelos julgadores, além das decisões do Supremo Tribunal Federal em controle concentrado de constitucionalidade, dos enunciados de súmula vinculante, dos acórdãos em incidente de assunção de competência ou de resolução de demandas repetitivas e em julgamento de recursos extraordinário e especial repetitivos, das súmulas do Supremo Tribunal Federal e do Superior Tribunal de Justiça e da orientação do plenário ou do órgão especial aos quais estivem vinculados (CPC/2015, art. 927 e incisos).

A confiança no ordenamento jurídico depende essencialmente dos atributos da estabilidade e previsibilidade[83] tanto na esfera dos direitos materiais, ou seja, do ordenamento que trata da regulação de interesses e de condutas dos membros de uma sociedade, quanto no âmbito da atuação dos instrumentos preventivos e reparatórios em caso de violação dos preceitos, incluindo-se os mecanismos de solução de conflitos, formais e alternativos. A segurança dos indivíduos que se patenteia através da estabilidade diz respeito à tendência à consolidação das relações jurídicas regularmente implementadas. A previsibilidade traduz-se na expectativa de que as relações jurídicas serão tratadas de maneira uniforme, inclusive pelas decisões a serem tomadas por atos de autoridade na aplicação das disposições normativas.[84]

Para a preservação da paz social deve ser observada a sintonia das normas jurídicas em dois momentos distintos, isto é, a sua coerência no instante da elaboração e também por ocasião da aplicação, pois, como pondera Carlos Alberto Alvaro de Oliveira:

> não só a norma jurídica deve ser formulada de maneira clara, acessível e previsível, mas também previsível deve ser o resultado do litígio, sem causar estranheza no meio social onde deve atuar. As soluções exóticas, com clara afronta ao sistema, além de surpreender, deslegitimam o Poder Judiciário perante a sociedade civil.[85]

Não se cuida, com isso, por outro lado, de relacionar automaticamente "o Estado com a ordem, e a lei com a justiça, subprodutos do

---

83. O princípio da *segurança jurídica* mantém estreita associação com o da *proteção da confiança* (alguns autores o consideram como um subprincípio ou uma dimensão específica daquele), como elementos do Estado de Direito, sendo que "a *segurança jurídica* está conexionada com elementos objectivos da ordem jurídica – garantia de estabilidade jurídica, segurança de orientação e realização do direito – enquanto a *protecção da confiança* se prende mais com as componentes subjectivas da segurança, designadamente a calculabilidade e previsibilidade dos indivíduos em relação aos efeitos jurídicos dos actos dos poderes públicos". Cf. J. J. Gomes Canotilho, *Direito Constitucional e Teoria da Constituição*, cit., p. 257 (destaques no original).

84. Um dado externo ou de natureza sociológica que tem despertado o interesse pelo tema, como elemento de desestabilização do princípio, refere-se ao fenômeno difuso da "inflação legislativa". Cf. Odete Medauar, "Segurança jurídica e confiança legítima", in Humberto Ávila (org.), *Fundamentos do Estado de Direito. Estudos em Homenagem ao Prof. Almiro do Couto e Silva*, São Paulo, Malheiros Editores, 2005, p. 115.

85. Cf. *Do Formalismo no Processo Civil...*, cit., p. 79.

positivismo, com o que se impediria o acolhimento de qualquer direito não-estatal, bem como a absorção dos reclamos de justiça do povo, a menos que com o expresso beneplácito do legislador".[86]

Todavia, deve ser preservado o equilíbrio na atuação judicial frente à aplicação das normas jurídicas, porquanto, como adverte Fritz Bauer, "o alargamento do campo das atividades do juiz não significa querer se transformar o processo em um todo de atos carentes de forma, entregue total e completamente à apreciação do juiz. Se cada juiz montasse o processo de acordo com a sua vontade, isto significaria ter-se posto em perigo a paridade de tratamento e a igualdade jurídica, garantidas pelo direito material. Então, o papel do juiz realmente precisa de nítidos contornos legislativos".[87]

Nesse contexto, um dos pontos mais relevantes do tema da segurança jurídica certamente refere-se ao papel do juiz no momento da aplicação da norma, sobretudo de conteúdo aberto, como se percebe na preocupação refletida na seguinte passagem de autoria de Humberto Theodoro Júnior:

> se, com leis formuladas axiologicamente e traduzidas excessivamente em cláusulas gerais e normas vagas, caberá ao juiz de fato definir o sentido e alcance da lei, na verdade só se firmará o teor da norma legal depois que o julgador atribuir-lhe o resultado que entender de conferir-lhe. (...) O jurisdicionado somente virá a conhecer a regra de cuja violação é acusado depois de julgado pela sentença. Isto representa, em termos, uma verdadeira eficácia retroativa para a norma. (...) Para que essa injustiça não seja cometida é indispensável que a norma não seja excessivamente em branco, nem seja imprevisível quanto ao modo e aos limites de preenchimento de sua previsão genérica.[88]

Prossegue o autor afirmando que "o abuso, contudo, do emprego constante e injustificado de cláusulas gerais pelo legislador pode desestabilizar o ordenamento jurídico, gerando dúvidas, incertezas e mesmo imprevisibilidade no meio social".[89]

Nos limites deste trabalho não é possível o esgotamento do tema, que também tem relação marcante com o direito constitucional e a filosofia do direito, atinente à questão da legitimidade da atuação do Poder Judi-

---

86. Idem, ibidem, p. 80.
87. Cf. "O papel ativo do juiz", cit., p. 191.
88. Cf. "A onda reformista do Direito Positivo e suas implicações com o princípio da segurança jurídica", pp. 135-136.
89. Idem, p. 144.

ciário no contexto do Estado Democrático de Direito e aos mecanismos de controle das normas. Porém, o assunto será retomado oportunamente quando se tratar do poder de criação ou da força normativa do juiz para a efetivação dos direitos. Registre-se aqui, contudo, que o princípio da segurança jurídica não se revela como absoluto, embora possa fazer contraponto com o princípio da celeridade e o valor justiça, na realização da garantia da efetividade da prestação jurisdicional.

5. Celeridade versus *segurança*

Como pôde ser nitidamente percebido, a celeridade e a segurança aparecem como dois grandes princípios, valores, vetores ou finalidades a serem cumpridos simultaneamente e sem exclusão no processo, sob a perspectiva da efetividade, compreendida como aptidão para, em tempo hábil e razoável, através da atuação previsível, firme e confiável dos instrumentos processuais adequados, gerar respostas concretas e úteis aos litigantes de qualquer espécie (indivíduos, coletividade, entidades privadas e poder público) e a todos que de alguma forma têm interesse numa determinada controvérsia.

No âmbito das normas jurídicas essas duas grandezas também devem ser previamente sopesadas pelo legislador na elaboração de técnicas comprometidas com o escopo da efetividade, com vistas a afastar, da melhor forma possível, as fricções sociais e permitir que os escopos da jurisdição sejam realizados com o menor dispêndio de energia e recursos.[90] A atividade legislativa contribui sobremaneira para o nível de litigiosidade numa determinada comunidade; se o ordenamento jurídico revelar-se coerente e os meios de solução disponibilizados em caso de controvérsia forem seguros e céleres, menor será a possibilidade de perturbação e conflitos sociais, que naturalmente encontrarão os canais mais convenientes de superação, incluindo-se a via judicial dada a promessa constitucional da ubiquidade da jurisdição.

Na experiência forense em que se manifesta a opção pelo modelo de confrontação, em todos os tipos de processo (considerados em sua diver-

---

90. A preocupação com a eficiência dos meios em relação aos fins processuais apresenta fundamento também político, além do jurídico, tendo em vista que "si riconosce nell'amministrazione 'economica' della giustizia la prevalenza di un pubblico interesse, rappresentato dalla stessa natura dei fini fondamentali della funzione giurisdizionale, poiché l'imperativo del 'fare presto e bene' con il 'minimo messo' è l'elementare criterio direttivo di ogni legislazione processuale". Cf. Luigi Paolo Comoglio, *Il Principio di Economia Processuale*, cit., pp. 7-8.

sidade de tutela, procedimento – independentemente da fase, objeto litigioso, sujeitos interessados, valores envolvidos – políticos, econômicos, sociais, entre outros), inclusive na jurisdição voluntária, verifica-se, em menor ou maior intensidade, dês que sempre haverá interesse antagônico em disputa, a sobrecarga entre os valores da celeridade e da segurança. Como tem demonstrado a prática, os métodos de solução através da autocomposição, com ênfase na conciliação e mediação, são eficazes no rompimento desse circuito de tensão que pode acarretar intenso desgaste e angústia para todos os sujeitos processuais, além da possibilidade maior de proporcionar a solução do conflito em sua extensão máxima, e não apenas da lide levada à apreciação judicial.[91]

A presença dessas variáveis se nota também quando a efetividade é testada na esfera da execução envolvendo qualquer espécie de título (judicial ou extrajudicial), que conta com a participação do *binário de forças*, presidindo "o *equilíbrio* entre o interesse de celeridade e eficiência da execução e o interesse do devedor em despender o mínimo possível para a satisfação do seu credor".[92]

O confronto entre a celeridade e a segurança ganha relevância, ainda, no capítulo relativo ao combate ao abuso do processo, decorrente do exercício anormal das situações jurídicas. Com efeito, a garantia da inafastabilidade da prestação jurisdicional em seu sentido bidirecional (ação e defesa) disponibiliza às partes interessadas o manejo de todas as situações jurídicas processuais, nos contornos do ordenamento jurídico, o que representaria, inequivocamente, o fator segurança, porquanto a prática da maioria dos atos, *v.g.*, a interposição de recursos, decorre diretamente das garantias constitucionais do devido processo legal.

Todavia, na outra extremidade, há a exigência da garantia da prestação jurisdicional em tempo razoável que se afigura como outro valor a ser considerado e, nesse ambiente, é inevitável que o excesso cometido no exercício das posições jurídicas possa comprometer a tempestividade da prestação jurisdicional, sem mencionar o aspecto da credibilidade do Estado que tem o dever de coibir conduta atentatória à dignidade da justiça, de sorte que, por exemplo, o direito/poder de utilização da via recursal não pode ser tido como absoluto, devendo a autoridade judicial

---

91. A conciliação apresenta enorme vantagem do ponto de vista social restabelecendo entre as partes um clima de harmonia, já que o processo pode ter efeito de exasperar-lhes o contraste e a recíproca antipatia. Cf. Jack I. H. Jacob, *La giustizia civile in Inghilterra* (trad. Elisabetta Silvestri, Bologna, Il Mulino, 1995), p. 252.
92. Cf. Carnelutti, *apud* Cândido Rangel Dinamarco, *Execução Civil*, cit., p. 321, nota de rodapé n. 28.

coibir os expedientes maliciosos que objetivam somente a protelação do término da ação.

Outrossim o juiz, ao se defrontar com o questionamento sobre a regularidade das formas processuais, exercerá importante papel de condução do processo, tendo em vista que deverá afastar todos os óbices que comprometam a celeridade, mas, simultaneamente, não poderá desconsiderar a segurança jurídica, sob pena de, indiretamente, vulnerar propriamente o escopo da prestação expedita se incidir nas hipóteses de invalidação dos atos processuais em seu amplo sentido, com o retorno às etapas anteriores caso não seja verificada a possibilidade de convalidação.

O embate entre a celeridade e a segurança potencializa-se de modo dramático nas tutelas de urgência, pois é da essência dessas técnicas a necessidade de tomada de decisões com a devida antecedência para evitar prejuízo às partes, mormente de quem pede a prestação jurisdicional, seja de natureza acautelatória ou antecipatória. Por isso, foram criados mecanismos de distribuição do tempo no processo como os procedimentos especiais, que podem ser incluídos na denominada *tutela jurisdicional diferenciada*,[93] com foco no modo de ser da cognição. Pertinente a dicção de Luiz Guilherme Marinoni:

> os procedimentos que impedem a discussão de determinadas questões (cognição parcial), que restringem o uso das provas (mandado de segurança, cognição exauriente *secundum eventum probationis*) ou mesmo que são de cognição plena e exauriente, mas dotados de tutela antecipatória, permitem, de certa forma, uma melhor distribuição do tempo da justiça.[94]

Todavia, é consabido que, ao lado da imprescindível providência jurisdicional voltada a debelar qualquer risco da demora na entrega da

---

93. José Roberto dos Santos Bedaque esclarece que a expressão pode ser compreendida de duas formas: "a existência de procedimentos específicos, de cognição plena e exauriente, cada qual elaborado em função de especificidades da relação material; ou a regulamentação de tutelas sumárias típicas, precedidas de cognição não exauriente, visando a evitar que o tempo possa comprometer o resultado do processo". Cf. *Tutela Cautelar e Tutela Antecipada: Tutelas Sumárias e de Urgência (Tentativa de Sistematização)*, 5ª ed., São Paulo, Malheiros Editores, 2009, p. 25.

Para uma classificação completa e combinação das várias modalidades de cognição (plena e exauriente; parcial e exauriente; plena e exauriente *secundum eventum probationis*; eventual, plena ou limitada e exauriente; sumária ou superficial), cf. Kazuo Watanabe, *Da Cognição no Processo Civil*, cit., pp. 113/-121.

94. Cf. *Tutela Antecipatória e Julgamento Antecipado: parte incontroversa da demanda*, 5ª ed., São Paulo, Ed. RT, 2002, p. 27.

prestação pretendida, lastreada na garantia constitucional da ação e que, por isso, não pode sofrer restrições legislativas, a fim de proporcionar ao titular do direito a concreta fruição da situação jurídica, não se pode perder de vista que, diante da bilateralidade da relação processual, as garantias previstas na Constituição alcançam ambas as partes, de modo que, conforme assevera José Roberto dos Santos Bedaque:

> da mesma forma que para o autor a tutela sumária antecipada constitui, muitas vezes, o único meio apto para conferir efetividade a seu direito, o sistema constitucional assegura ao réu a possibilidade de resistir à pretensão inicial. E esse direito não pode ser completamente aniquilado pela efetiva proteção processual àquele que deduziu a pretensão em juízo.[95]

Conclui o autor no sentido de que "reside aí, portanto, a difícil missão do processualista moderno. Adequar o sistema processual às necessidades do direito material, que requer soluções cada dia mais rápidas, sem que isso implique, todavia, sacrifício indevido da posição de um dos sujeitos parciais da relação processual".[96]

O Código de Processo Civil de 2015 suprimiu o livro das ações cautelares e disciplinou a tutela de urgência e a tutela da evidência na Parte Geral, no Livro V – Da Tutela Provisória. Considerou que

> "a resposta do Poder Judiciário deve ser rápida não só em situações em que a urgência decorre do risco de eficácia do processo e do eventual perecimento do próprio direito. Também em hipóteses em que as alegações da parte se revelam de juridicidade ostensiva deve a tutela ser antecipadamente (total ou parcialmente) concedida, independentemente de periculum in mora, por não haver razão relevante para a espera, até porque, via de regra, a demora do processo gera agravamento do dano", [*sendo que*] "a tutela de urgência e a tutela da evidência podem ser requeridas *antes* ou *no curso* do procedimento em que se pleiteia a providência principal".[97]

Existem situações em que a tensão parece ficar em segundo plano, especialmente quando houver o comprometimento da celeridade pela ausência ou negligência do fator segurança, ou pela própria imbricação

---

95. Cf. *Tutela Cautelar e Tutela Antecipada...*, cit., p. 84.
96. Idem, ibidem.
97. Trecho da exposição de motivos do Anteprojeto do Novo Código de Processo Civil (PLS 166/2010), datada de 8.6.2010. Endereço eletrônico acessado em 23.4.2015: www.senado.gov.br/atividade/materia/getPDF.asp?t=79547&tp=1 (destaques no original).

da morosidade com a insegurança, configuração em que a efetividade restará golpeada em sua dupla faceta diante da inobservância de um ou ambos os valores indispensáveis. Nesse sentido, mencione-se a problemática da repetição de demandas e da relação entre elas, particularmente no universo em que transitam as ações coletivas e individuais.

Nesse aspecto verificou-se em passado não tão distante o questionamento judicial acerca da exigibilidade de tarifa de assinatura básica de serviços telefônicos,[98] antecedido de outros casos relacionados a planos econômicos e benefícios previdenciários, caracterizado pelo aforamento de incontáveis demandas individuais e coletivas com a identidade de objeto. Isso provocou na época enorme impacto no meio jurídico, inclusive através de ampla divulgação na imprensa, o que praticamente colocou em dúvida a capacidade do sistema judiciário brasileiro de solucionar, com agilidade e segurança, a questão da multiplicação de feitos.

O tema consubstanciado nas hipóteses aqui mencionadas como exemplos de possível confrontação dos vetores inerentes à efetividade do processo, assim como do comprometimento dos valores em análise, será retomado na Parte III do trabalho, sob a ótica da atuação do juiz, porém, de qualquer forma, adiante-se a particularidade de que, inexistindo a correta compreensão e o emprego dos institutos que regem a relação entre demandas, no campo das ações coletivas, deve ser relembrada a advertência ainda atual de Kazuo Watanabe:

> a total displicência por esses aspectos de suma relevância vem ocasionando uma inadmissível multiplicidade de demandas coletivas com o mesmo objeto (...) e tem provocado, o que é pior, a contradição de julgados, uns concedendo a atualização pretendida pelos inativos de alguns Estados e denegando-a outros aos aposentados dos demais Estados. Seguramente, contradições tão flagrantes de julgados povo algum terá estrutura suficiente para absorver com tranquilidade e paciência por muito tempo, e por mais prestigiada que seja a justiça de um país terá condições bastantes para resistir por muito tempo a tamanho desgaste.[99]

---

98. A propósito, o Supremo Tribunal Federal fixou a competência da Justiça Estadual para a apreciação de causas entre consumidor e concessionária de serviço público de telefonia quando a Anatel não figurar como parte, assistente ou oponente (Súmula Vinculante 27).

Sobre o mérito da cobrança da tarifa básica pelo uso dos serviços de telefonia fixa foi editada a Súmula 356 pelo Superior Tribunal de Justiça, que reconheceu a legitimidade de sua exigência (*DJU* de 8.9.2008).

99. Cf. "Demandas coletivas e os problemas emergentes da práxis forense", in *As Garantias do Cidadão na Justiça*, São Paulo, Saraiva, 1993, *passim*.

Ao examinar o texto do Código de Processo Civil de 2015, no Capítulo I do Livro I da Parte Geral, que trata das normas fundamentais do processo civil, é possível extrair a presença constante dos referidos valores. De efeito, o processo será "ordenado, disciplinado e interpretado conforme os valores e as normas fundamentais estabelecidos na Constituição da República Federativa do Brasil" (art. 1º), que englobam a garantia da efetividade no duplo sentido da celeridade e segurança.

O processo, apesar de ser incoado, em regra, pela parte, "se desenvolve por impulso oficial" (art. 2º), cujo dispositivo dá ênfase à necessidade de movimento ou impulso para alcançar os seus objetivos. O art. 4º explicita o conteúdo da garantia constitucional da efetividade no aspecto temporal: "as partes têm o direito de obter em prazo razoável a solução integral do mérito, incluída a atividade satisfativa". Preveem os arts. 5º e 6º respectivamente que "aquele que de qualquer forma participa do processo deve comportar-se de acordo com a boa-fé" e "todos os sujeitos do processo devem cooperar entre si para que se obtenha, em tempo razoável, decisão de mérito justa e efetiva", revelando a preocupação com a lealdade processual e a plena efetivação do direito material, posto que o resguardo do valor ético também influencia o resultado e a duração do processo.

O art. 8º enumera os princípios que devem nortear o juiz na aplicação da lei, atendendo-se "aos fins sociais e às exigências do bem comum, resguardando e promovendo a dignidade da pessoa humana e observando a proporcionalidade, a razoabilidade, a legalidade, a publicidade e a eficiência". O Código de Processo Civil de 2015 também reafirma os poderes-deveres diretivos do juiz no processo, que deverá assegurar "às partes paridade de tratamento em relação ao exercício de direitos e faculdades processuais, aos meios de defesa, aos ônus, aos deveres e à aplicação de sanções processuais, competindo ao juiz zelar pelo efetivo contraditório" (art. 7º).

O art. 9º revela a árdua tarefa do juiz na opção entre a prestação jurisdicional antecipada e o resguardo da segurança emergente do devido processo legal, já que veda a prolação de decisão contra uma das partes sem que ela seja previamente ouvida, com a exceção das tutelas de urgência e da evidência. A redação do art. 10 é a projeção do princípio do contraditório: "o juiz não pode decidir, em grau algum de jurisdição, com base em fundamento a respeito do qual não se tenha dado às partes oportunidade de se manifestar, ainda que se trate de matéria sobre a qual tenha que decidir de ofício". E, por fim, o art. 11 repete o princípio da publicidade, ressalvado o caso de segredo de justiça, e da fundamentação das decisões judiciais, nos termos do art. 93, IX, da CF.

6. A constante "justiça" no núcleo da efetividade

A prestação jurisdicional célere e segura de nada serviria se não estivesse incorporado no seu bojo o valor justiça,[100] eis que o fundamento da decisão estatal repousa na paz social oriunda do sentimento de que o justo prevaleceu ao fim da condução do método de resolução de controvérsia. Afinal, de que adiantaria a movimentação de todo o aparato estatal se ele não fosse direcionado à promoção da justiça como consectário principal do Direito?[101]

---

100. Oportuna a advertência de Quintin Hogg lançada em 1949: "non è solo importante rendersi conto che il processo è un evento negativo; è importante anche rendersi conto che né la rapidità, né il risparmio sulle spese costituiscono i fini ultimi del processo. Il vero fine ultimo è la giustizia (...)". Cf. Jack I. H. Jacob, *La Giustizia Civile in Inghilterra*, cit., pp. 266-267 e nota de rodapé n. 63.

101. Escapa das pretensões deste trabalho o exame dos múltiplos aspectos teóricos que envolvem o tema da justiça (termo plurívoco). Mencionem-se, em linhas gerais, diante de sua autoridade intelectual, apenas as principais ideias de Aristóteles, discípulo de Platão, tendo em vista que a síntese por ele operada "permitiu, por meio de seus textos, que se congregassem inúmeros elementos doutrinários reunidos ao longo dos séculos, pelos quais se espalharam os conhecimentos gregos anteriores a ele (pré-socráticos, socratismo, sofistas, platonismo...)". Cf. Eduardo C. B. Bittar e Guilherme Assis de Almeida, *Curso de Filosofia do Direito*, 8ª ed., São Paulo, Atlas, 2010, p. 124.

Ademais, Aristóteles é considerado o primeiro sistematizador da lógica, superando os predecessores, inclusive da lógica implícita e da dialética de Platão, pois lhe deu estrutura e forma definitivas com as leis do silogismo, e cujo pensamento permaneceu sem modificação substancial até o final do século XIX. Cf. Alaôr Caffé Alves, *Lógica. Pensamento Formal e Argumentação*, 2ª ed., São Paulo, Quartier Latin, 2002, pp. 146-147.

Para Aristóteles, a justiça, em sentido genérico, é uma virtude de um justo meio e pode ser classificada em universal (total, geral ou integral) ou particular, sendo que o exercício da primeira espécie exigiria a virtude mais completa, "porque a pessoa que a possui pode exercer sua virtude não só em relação a si mesmo, como também em relação ao próximo". Cf. *Ética a Nicômaco*, 5ª ed., São Paulo, Martin Claret, 2011, p. 101.

No tocante à justiça particular, o filósofo estagirita distingue-a em duas formas: a distributiva e a corretiva, sendo que a primeira se manifestaria na divisão de bens públicos entre aqueles que têm parte na constituição, de acordo com a devida proporção, e a outra desempenharia uma função de correção nas transações entre indivíduos, que poderiam ser voluntárias (por exemplo, as compras e vendas, os empréstimos, o penhor, o depósito, a locação) ou involuntárias (a exemplo do furto, adultério, envenenamento, falso testemunho, agressão, sequestro etc.). Idem, pp. 104 e 106.

Na primeira situação, a justiça seria feita de acordo com a proporção estabelecida pela natureza das coisas, por exemplo, "quando se trata de distribuir os fundos comuns de uma sociedade, ela se fará conforme à mesma razão que se observa entre os fundos trazidos para um negócio pelos diferentes sócios". E, na outra hipótese,

Por isso, sabiamente sintetizou Aristóteles, ao discorrer sobre a justiça corretiva, apontando a essência pela qual as pessoas buscam o juiz quando ocorrem disputas:

> recorrer ao juiz é recorrer à justiça, pois a natureza do juiz é ser uma espécie de justiça animada, e as pessoas procuram o juiz como um intermediário, e em algumas cidades-Estado os juízes são chamados mediadores, na convicção de que, se os litigantes conseguirem o meio-termo, obterão o que é justo.[102]

Nas palavras do jurista John Rawls,

> a justiça é a vontade primeira das instituições sociais, assim como a verdade o é dos sistemas de pensamento. Por mais elegante e econômica que seja, deve-se rejeitar ou retificar a teoria que não seja verdadeira; da mesma maneira que as leis e as instituições, por mais eficientes e bem organizadas que sejam, devem ser reformuladas ou abolidas se fossem injustas.[103]

Com efeito, especialmente na época contemporânea, é impensável que a importante função estatal de pacificação possa ser reduzida à visão meramente burocrática ou tecnicista do processo, com a preocupação voltada exclusivamente à produção em série de decisões, imbuída de simples objetivos estatísticos, como se fosse resultado de operação mecânica desprovida de componentes valorativos que estão impregnados na base de todo o conflito judicial.[104]

"a justiça nas transações entre um homem e outro é efetivamente uma espécie de igualdade, e a injustiça nessas relações é uma espécie de desigualdade, todavia não de acordo com a espécie de proporção que citamos, e sim de acordo com uma proporção aritmética". Idem, p. 106.

De qualquer modo, a justiça e outros conceitos morais de natureza superior são instituições que interpretamos, por isso o seu traço característico de divergência, a exemplo do imposto de renda, o qual, para um libertário, seria injusto porque se apropria de bens sem o consentimento do proprietário, ao passo que para um utilitarista seria justo se realmente contribuísse para a maior felicidade a longo prazo, independentemente da apropriação consentida. Cf. Ronald Dworkin, *O Império do Direito*, São Paulo, Martins Fontes, 2007, pp. 89-90.

102. Cf. *Ética a Nicômaco*, cit., p. 107.

103. Cf. *Uma Teoria da Justiça*, São Paulo, Martins Fontes, 2008, p. 4.

104. A propósito, o direito é um fenômeno complexo que pode denotar várias acepções e que compreende, segundo a teoria tridimensional, três elementos básicos que coexistem numa unidade: o *normativo* (o Direito como *ordenamento* e sua respectiva ciência), o *fático* (o Direito como *fato*, ou em sua efetividade social e histórica) e o *axiológico* (o Direito como *valor* de Justiça). Assim, analisadas essas

Uma vez que está proibida, a um particular, a atuação por conta própria diante de violação de um direito, cabe ao Estado o dever de dar-lhe a proteção. O mecanismo engendrado para tanto é o processo, de modo que "no basta la existencia de un ordenamiento jurídico que regule las relaciones humanas, sino que es necesario un instrumento jurídico idóneo para los supuestos en que dicho ordenamiento sea conculcado o se pretenda que lo ha sido", de forma que "el proceso, entendido de esta manera, obedece a dos principios: la seguridad y la Justicia".[105]

É certo que a função jurisdicional como expressão do poder do Estado tem revelado o aspecto da humanização nos últimos tempos, passando a ser encarada também pelo ângulo do serviço público que se destina, em derradeiro, aos contribuintes que lhe dão sustentáculo através de pagamento de tributos. Porém, uma visão radicalizada, colocando-os tão somente na condição de usuários ou consumidores da justiça, pode criar "o risco de coisificá-lo, atribuindo desmedido significado aos valores custo e eficiência, em detrimento de outros aspectos axiológicos também importantes. Não se trata de 'consumir' a justiça, visão amoral e mercantilista, mas de distribuí-la adequadamente".[106]

O processo ideal não obedece somente ao princípio da segurança agregado ao da celeridade, senão também ao valor da justiça, e essa preocupação sempre esteve em destaque, como pode se extrair das considerações de Jaime Guasp:

> en el proceso se satisfacen pretensiones, pero no de cualquier modo, sino de manera distinta, según que la pretensión aparezca, a los ojos del tercero imparcial que juzga, fundada o no, es decir, justa o no, variando el sentido de la satisfacción en cada caso, pues una pretensión justa se satisface mediante su actuación, y una pretensión injusta, mediante su denegación. Si las pretensiones procesales se satisficieran de cualquier modo, acaso se obtendría la seguridad, pero de ninguna manera la justicia.[107]

três noções de Direito, nota-se que, na experiência jurídica, "cada uma delas obedece, respectivamente, a uma perspectiva do fato ('realização ordenada do bem comum'), da norma ('ordenação bilateral-atributiva de fatos segundo valores') ou do valor ('concretização da ideia de justiça')", de modo que sob todos esses ângulos o Estado-juiz deverá analisar as questões que lhe forem submetidas. Cf. Miguel Reale, *Lições Preliminares de Direito*, 27ª ed. São Paulo, Saraiva, 2009, pp. 64-68.

105. Cf. Jose de los Santos Martin Ostos, *Las Diligencias para mejor Proveer en el Proceso Civil*, Madrid, Montecorvo, 1981, pp. 22-23.

106. Cf. Carlos Alberto Alvaro de Oliveira, *Do Formalismo no Processo Civil...*, cit., p. 85.

107. Cf. *Derecho Procesal Civil*, t. I, 4ª ed., Madrid, Civitas, 1998, p. 39.

OS VALORES INTEGRANTES DA EFETIVIDADE DO PROCESSO 167

Na passagem acima não transparece o enfoque de justiça a que pretendeu atribuir primordialmente o insigne jurista, porquanto o vocábulo pode ser compreendido, de um lado, como efetivo resguardo de valores em torno das pretensões fundadas no direito material, e, por outro, a justiça pode ter sentido específico no plano processual, que se implementaria através da observância de certos ditames do processo, no qual são garantidos essencialmente os atributos do devido processo legal. Insere-se nesse último contexto a ideia de processo eticamente edificado, capaz de oferecer aos sujeitos dele participantes as garantias fundamentais para a legitimação do instrumento de consecução dos objetivos do Estado.

Nesse aspecto da justiça atrelada ao instrumento de realização do direito substancial, a propósito, desponta-se a noção de justo processo e de suas garantias mínimas consagradas na Constituição italiana com a reforma de 1999 (art. 111, parágrafos 1º e 2º): "La giurisdizione si attua mediante il giusto processo regolato dalla legge. Ogni processo si svolge nel contraddittorio tra le parti, in condizioni di parità, davanti a giudice terzo e imparziale. La legge ne assicura la ragionevole durata". O acesso à justiça deve ser ativamente assegurado e concretizado através de atos normativos e atividades estatais a fim de que o sistema judiciário possa exercer o seu papel preponderante, alcançando o "nucleo essenziale" e "inviolabile del processo equo e giusto (o, nelle nobili tradizioni di 'common law', del 'due process of law')".[108]

A distinção entre a justiça material e a processual acentuou-se na esteira do movimento de autonomia do direito processual iniciado a partir de meados do século XIX. Na atual etapa da evolução doutrinário--científica, em que se projetou a visão de instrumentalidade, indispensável se tornou o foco na efetivação da essência do ordenamento jurídico, ou seja, da própria justiça substancial, através do processo qualificado de justo, cumprindo-se assim todas as finalidades da jurisdição.[109] Com a realização da justiça no caso concreto implementa-se o objetivo jurídico em primeiro plano, repercutindo, de imediato, nos outros escopos, mormente os sociais, com o natural efeito de pacificação.

108. Cf. Luigi Paolo Comoglio, "Accesso alle corti e garanzie costituzionali", in *Estudos em Homenagem à Professora Ada Pellegrini Grinover*, São Paulo, DPJ, 2005, p. 262.
109. Assim, retrata Cândido Rangel Dinamarco o alcance da noção de justo no plano do direito processual com reflexo no direito material: "o processo justo, celebrado com meios adequados e produtor de resultados justos, é o portador de tutela jurisdicional a quem tem razão, negando proteção a quem não a tenha". Cf. *Instituições de Direito Processual Civil*, vol. I, cit., p. 253.

Atualmente essa configuração bifronte caracteriza-se também pela preocupação constante não só com a materialização das pretensões asseguradas pela ordem jurídica, mas igualmente com a efetividade das técnicas cujo manejo está a cargo do juiz a fim de que sejam oportunizados os melhores e mais adequados instrumentos capazes de propiciar a prestação efetiva da tutela do direito com os resultados práticos correspondentes,[110] o que vem ao encontro da ideia de que o término do processo não é o fim em si mesmo, tendo em vista que "a eliminação de litígios sem o critério de justiça equivaleria a uma sucessão de brutalidades arbitrárias que, em vez de apagar os estados anímicos de insatisfação, acabaria por acumular decepções definitivas no seio da sociedade".[111]

7. Conclusões parciais (Parte II, Capítulo I)

A efetividade do processo implica a aptidão de produzir o resultado esperado no desempenho da função estatal destinada à solução de conflitos, isto é, uma prestação jurisdicional qualificada e segura dentro de um prazo razoável de espera, como corolário da garantia prevista na Carta Política. A sua concretização depende da obra do legislador, do juiz, das partes e de todos aqueles que de alguma forma participam do processo. Nos limites propostos neste trabalho, a noção de efetividade é retratada sob o ângulo do juiz no papel de conformação dos valores mais salientes no exercício da jurisdição, ou seja, a celeridade e a segurança.

Além da forma de atuação do juiz, há vários fatores que concorrem para a criação de obstáculos à efetividade do processo, sejam de natureza jurídica, ou não, que, em última análise, também contribuem para a de-

---

110. Entenda-se que o direito à tutela jurisdicional efetiva compreende não só a observância do direito material, mas a realidade social em que se encontra inserido, de forma que, exemplificativamente, "existindo situações de direito substancial e posições sociais justificadoras de distintos tratamentos, a diferenciação de procedimentos está de acordo com o direito à tutela jurisdicional efetiva", sendo que, "se o processo pode ser visto como instrumento, é absurdo pensar em neutralidade do processo em relação ao direito material e à realidade social". Cf. Luiz Guilherme Marinoni, *Técnica Processual e Tutela dos Direitos*, cit., pp. 148-149.

Nesse sentido, "a classificação da tutela jurisdicional está intimamente relacionada com a situação de direito material e com as circunstâncias em que ela é deduzida em juízo. Não existe apenas uma espécie de processo ou um único tipo de procedimento para tutelar todas as situações de vantagem asseguradas pelo ordenamento jurídico material". Cf. José Roberto dos Santos Bedaque, *Direito e Processo: influência do direito material sobre o processo*, cit., p. 51.

111. Cf. Cândido Rangel Dinamarco, *A Instrumentalidade do Processo*, cit., p. 347.

cantada crise do Poder Judiciário, interferindo de algum modo na presteza e/ou na segurança da atividade jurisdicional. Em termos legislativos os empecilhos podem decorrer da malsucedida normatização tanto do direito material quanto do ordenamento processual, porquanto uma construção adequada evitará ou reduzirá o surgimento de incertezas e discórdias, encaminhando os contendores à solução mais justa e rápida. Sob os aspectos cultural, sociológico e psicológico, mencione-se que o incentivo apenas de modalidades adversariais de superação de controvérsias pode acirrar o quadro de conflitos e incrementar a busca pela via tradicional da heterocomposição.

As expressões "celeridade" e "duração razoável do processo" apresentam similitude vez que encerram o mesmo sentido voltado à necessidade da entrega da prestação jurisdicional em tempo que possa ser considerado aceitável, cuja perspectiva deve ser atribuída tanto ao autor como ao réu, dada a natureza bilateral da ação. De há muito acompanha os estudiosos a preocupação com a aceleração do processo e que agora adquiriu o foro de obrigatoriedade ao ser incorporada a referida garantia nos principais documentos supranacionais e nos textos constitucionais da maioria dos países democráticos.

Para a sua concretização não há fórmula preconcebida para a determinação ou o cálculo do tempo ideal a ser considerado entre o ajuizamento da ação e a sua conclusão, ou até a efetiva satisfação da decisão final. Quando muito as legislações preveem prazos para a realização de atos processuais, de modo que se afigura imprescindível uma análise das circunstâncias particulares do caso concreto, conquanto deva ser combatido o decurso de tempo inútil nas denominadas "etapas mortas" que separam os atos. É possível tomar como paradigma o entendimento adotado pelo Tribunal Europeu de Direitos Humanos, que tem levado em conta, em linhas gerais, a complexidade do caso, o comportamento das partes e a conduta do órgão judicante.

O fator segurança igualmente merece prestígio no âmbito da efetividade, porquanto o método de trabalho voltado à prestação jurisdicional deve ser confiável aos membros da sociedade, traduzindo-se em um instrumento équo e justo, com a observância dos consectários do devido processo legal. No entanto, não se revela aceitável o extremismo a ponto de conduzir ao imobilismo, já que é natural a evolução social, de modo que até o instituto da coisa julgada não pode ser tido como absoluto.

O desenvolvimento das atividades voltadas à prestação jurisdicional, através do *iter* procedimental, perante órgão competente, em função da natureza dialética e da própria fisiologia do discurso jurídico, essencialmente argumentativo, pressupõe o decurso de tempo necessário para que se elabore uma resposta estatal justa em observância das garantias mínimas inerentes ao devido processo legal, de modo que não se tolera exatamente a demora reincidente, desarrazoada e desproporcional, o que colocaria em risco a própria integridade do bem jurídico tutelado. De outro lado, assinale-se que a preocupação com o componente temporal, insuprimível, não pode ser tomada de forma exclusiva no contexto maior da efetividade tendo em vista a presença de outros valores importantes a serem considerados, com destaque para a segurança jurídica.

Em nome da efetividade, o legislador elabora normas processuais levando-se em consideração as grandezas da celeridade e segurança, fazendo muitas vezes a escolha do valor preponderante, a exemplo dos pressupostos da tutela de urgência; porém o juiz, no exercício de sua atividade essencial, é que se defronta, em grau variável de intensidade, com a imbricação desses aspectos, qualquer que seja o tipo de processo, mesmo na denominada jurisdição voluntária, a espécie de tutela, o procedimento, a qualidade das partes e os valores extrajurídicos envolvidos.

Embora a celeridade e a segurança estejam no centro das atenções da efetividade do processo, indiscutivelmente não pode ser negligenciado o valor "justiça", escopo principal de toda a atividade jurisdicional. A referida expressão enseja diversas abordagens, mas, de acordo com a concepção atualizada da ciência processual, a sua ideia deve se fazer presente tanto no aspecto processual quanto no âmbito material, eis que, ao mesmo tempo em que o instrumento deve propiciar o respeito às garantias do justo ou devido processo legal, impõe-se que a preocupação esteja sempre voltada para a realização do direito substancial.

Capítulo II
A ATIVIDADE JUDICIAL COMO FATOR DE CONCRETIZAÇÃO DA EFETIVIDADE

1. O ordenamento jurídico como sistema. 2. Elementos integrantes do ordenamento jurídico. 3. Principais doutrinas em torno das categorias jurídicas: 3.1 Direitos e garantias – 3.2 Princípios e regras: 3.2.1 Karl Larenz – 3.2.2 Ronald Dworkin – 3.2.3 Robert Alexy – 3.2.4 J. J. Gomes Canotilho – 3.2.5 Humberto Ávila. 4. O fenômeno da colisão e coexistência de normas. 5. Interpretação e aplicação do direito. Distinção e métodos: 5.1 O positivismo jurídico – 5.2 Indeterminação de conceitos ou termos jurídicos – 5.3 O sentido e o alcance da discricionariedade judicial – 5.4 A nova hermenêutica – 5.5 A argumentação jurídica – 5.6 Os princípios e os postulados da proporcionalidade, razoabilidade e igualdade. 6. O poder de criação do juiz e o ativismo judicial. 7. Conclusões parciais (Parte II, Capítulo II).

1. *O ordenamento jurídico como sistema*

Em termos genéricos, o vocábulo "sistema", com significado de

reunião, método, juntura, exprime o conjunto de regras e princípios sobre uma matéria, tendo relações entre si, formando um corpo de doutrinas e contribuindo para a realização de um fim. É o *regime*, a que se subordinam as coisas. Assim, todo *conjunto de regras,* que se devem aplicar na ordenação de certos fatos, integrantes de certa matéria, constitui um sistema. Destarte, há *sistemas jurídicos, sistemas econômicos, sistemas sociais, sistemas de trabalho, etc.*[1]

---

1. Cf. De Plácido e Silva, *Vocabulário Jurídico*, atualizadores: Nagib Slaibi Filho e Geraldo Magela Alves, 15ª ed., Rio de Janeiro, Forense, 1998, p. 761.
O *Dicionário Houaiss da Língua Portuguesa*, 1ª ed., 2009, pp. 1.753-1.754, traz uma extensa lista de acepções para a palavra "sistema", destacando-se aqui duas delas: "1. conjunto de elementos, concretos ou abstratos, intelectualmente organizados" e "1.2 conjunto de regras ou leis que fundamentam determinada ciência, fornecendo explicação para uma grande quantidade de fatos (s. filosófico) (s. jurídico) (s. newtoniano)".

"Sistema" é, no dizer de José Cretella Júnior, a combinação de elementos articulados para a consecução de determinado fim, acrescentando-se à sua ideia, paralelamente, a noção de ordem, harmonia e organização.[2] No aspecto histórico, as bases gerais da concepção de sistema atualmente aceitas provêm do pensamento grego,[3] que lhe atribuía no início o significado de composto, de uma totalidade constituída de várias partes, adicionando-se-lhe, posteriormente, a ideia de ordem e organização. O termo se generalizou a partir da metade do século XVII, com a contribuição de vários filósofos (Malebranche, Wolff, Lambert, Kant, Pufendorf, Foucault, Lask e outros). Daí o direito privado europeu ter recebido maior colaboração da escola jusnaturalista, que desenvolveu e difundiu o "caráter lógico-demonstrativo de um sistema fechado".[4]

Em qualquer campo do conhecimento humano em que houver a congregação de diversos elementos (feição concreta) e aspectos conceituais (face abstrata) que se coordenam entre si e se organizam estruturalmente para a consecução de determinado(s) escopo(s) estará presente a noção de sistema, de modo que se pode falar, *v.g.*, de sistema jurídico, judicial, constitucional, ou processual, sobressaindo-lhe a ideia de unidade, organização e finalidade. Por isso, sistematizar um assunto implica a noção de atividade de estruturação de seus elementos, dando-lhe organicidade e criando condições para a sua funcionalidade.[5]

Cândido Rangel Dinamarco define sistema processual como "um conglomerado harmônico de órgãos, técnicas e institutos jurídicos regidos por normas constitucionais e infraconstitucionais capazes de propiciar sua operacionalização segundo o objetivo externo de solucionar conflitos" e, de acordo com as especificidades de cada sistema vigente nos diversos lugares e tempos, falar-se-ia de modelo processual.[6]

2. Cf. *Curso de Filosofia do Direito*, 11ª ed., Rio de Janeiro, Forense, 2007, p. 213.
3. Idem, ibidem.
4. Cf. Tércio Sampaio Ferraz Jr., *Conceito de Sistema no Direito*, São Paulo, Ed. RT, 1976, pp. 7-23.
5. Há tradicionalmente duas acepções de sistema: o externo ou o extrínseco, que se refere ao trabalho intelectual resultante da totalidade de conhecimentos classificados pela lógica, de acordo com o princípio unificador, e o interno ou o intrínseco, que não se refere ao conhecimento do objeto, mas ao próprio objeto, isto é, ao conjunto de elementos materiais ou imateriais vinculados por uma relação de dependência, constituindo um todo organizado. Cf. Paulo Bonavides, *Curso de Direito Constitucional*, 30ª ed., São Paulo, Malheiros Editores, 2015, pp. 109-110.
6. Cf. *Instituições de Direito Processual Civil*, vol. I, 7ª ed., São Paulo, Malheiros Editores, 2013, pp. 175-176.

Claus-Wilhelm Canaris realizou um estudo profundo sobre a conceituação do termo, destacando, de início, depois de apresentar algumas definições de sistema, dois elementos comuns: a ordenação e a unidade[7]. Estes elementos estariam um para o outro na estreita relação de intercâmbio, mas distintamente, já que, em relação à ordenação, "pretende-se exprimir um estado de coisas intrínseco racionalmente apreensível, isto é, fundado na realidade" e, quanto à unidade, "este factor modifica o que resulta já da ordenação, por não permitir uma dispersão numa multitude de singularidades desconexas".[8]

Essas características primordiais detectadas na ideia de sistema decorreriam do fato de que "os fenômenos jurídicos implicam relações estáveis entre si; essas relações facultam um conjunto de estruturas que permitem a consistência ontológica do conjunto. Seja qual for o labor teórico que sobre ele incida, o Direito, ainda que relativizado segundo coordenadas históricas e geográficas, pressupõe como que uma concatenação imanente".[9]

Pressupõe-se que o ordenamento jurídico-processual compreendido, como será analisado, no sentido amplo, de elementos normativos, princípios, regras e outros valores, funcione de modo harmônico e para tanto lhe deve ser atribuída também a ideia de sistema, uma vez que nele se busca a coerência entre os seus componentes dogmáticos, principiológicos, normativos ou axiológicos em direção convergente a um propósito, ou seja, a concretização dos escopos da jurisdição que se traduzem na efetiva prestação de tutela jurisdicional, através do manejo adequado dos instrumentos legítimos e eficazes. Observe-se que a possibilidade de contradição entre os seus componentes não descaracteriza o sentido de unidade, tendo em vista que, como será examinado oportunamente, pode estabelecer-se uma convivência lógica e harmônica entre os diversos elementos, inclusive através de mecanismos de superação dessa realidade.

Da mesma forma, embora não seja possível nos lindes desta pesquisa a incursão na problemática das lacunas do sistema jurídico, este deve ser concebido em sua natureza transformadora, não se lhe exigindo a noção de completude,[10] algo impensável mercê da evolução da vida em socie-

---

7. Cf. *Pensamento Sistemático e Conceito de Sistema na Ciência do Direito*, trad. A. Menezes Cordeiro, 4ª ed., Lisboa, Fundação Calouste Gulbenkian, 2008, pp. 12-13.
8. Idem, ibidem.
9. Cf. Antônio Menezes Cordeiro, "Os dilemas da ciência do direito no final do século XX", in Claus-Wilhelm Canaris, *Pensamento Sistemático...*, cit., p. LXIV.
10. Hans Kelsen sustentou em termos gerais a plenitude do sistema, mas acabou admitindo, mesmo que implicitamente, que nem todas as situações poderiam ser pre-

dade. Segundo esclarece Maria Helena Diniz, o sistema jurídico "traz em si novos fatos e conflitos, de maneira que os legisladores, diariamente, passam a elaborar novas leis; juízes e tribunais constantemente estabelecem novos precedentes e os próprios valores sofrem mutações, devido ao grande e peculiar dinamismo da vida".[11] "O direito não se reduz, portanto, à singeleza de um único elemento, donde a impossibilidade de se obter uma unidade sistemática que abranja em sua totalidade. O sistema jurídico não tem um aspecto uno e imutável, mas sim multifário e progressivo. Querer um sistema jurídico único é uma utopia".[12]

Nesse ambiente, diante da natural mobilidade que caracteriza o direito, a questão das lacunas é inerente ao sistema, inclusive em decorrência lógica da sua estrutura. O problema apenas poderia surgir "no momento da aplicação do direito a um caso *sub judice* não previsto pela ordem jurídica".[13]

---

vistas no ordenamento jurídico, porquanto deveria ser afastada pelo órgão julgador a aplicação de norma que conduzisse à injustiça quando deparasse com o contraste entre o direito positivado e o desejável, tendo em vista que o legislador jamais pretendeu elaborar normas injustas. Assim, Kelsen aceitou a ideia de lacuna, de modo explícito, embora como ficção jurídica, cuja serventia estivesse voltada ao fim prático de impor limites à atividade judicial. Cf. Maria Helena Diniz, *As Lacunas no Direito*, 9ª ed., São Paulo, Saraiva, 2009, p. 100.

11. Cf. *As Lacunas no Direito*, cit., p. 72.

12. Idem, p. 73. Praticamente em sentido contrário, Teresa Arruda Alvim Wambier sustentava a incompatibilidade de se emprestar a noção de sistema ao estado de transformações que vinha experimentando o Código de Processo Civil brasileiro nos últimos tempos, pois que "as zonas de penumbra são incontáveis e tendem a multiplicar-se na exata proporção da *quantidade* e da *velocidade* das alterações que se vão introduzindo no texto da lei. Em face desse quadro pensamos que pode ser absolutamente desastrosa a insistência em manter o raciocínio orientado exclusivamente pelo método clássico de pensar". Cf. "Fungibilidade de 'meios': uma outra dimensão do princípio da fungibilidade", in *Aspectos Polêmicos e Atuais dos Recursos Cíveis*, São Paulo, Ed. RT, 2001, pp. 1.091-1.092.

No entanto, a ideia de sistema permanece intacta mesmo durante a fase de mudanças legislativas ou de acomodação jurisprudencial ou doutrinária. Quando muito haveria o movimento de rearranjo de seus elementos constitutivos, inclusive mediante a adoção da ideia de subsistemas. Assim, independentemente do método de interpretação a ser adotado, "onde quer que tenhamos de tratar como uma 'verdadeira ordem jurídica' e com a sua imposição espiritual, aí será imprescindível a ideia de sistema. Mesmo uma ordem jurídica que 'tacteie de caso para caso e de regulação particular para regulação particular' desenvolver-se-ia 'de acordo com princípios imanentes que formam no seu conjunto um sistema". Cf. Karl Larenz, *Metodologia da Ciência do Direito*, trad. José Lamego, 3ª ed., Lisboa, Fundação Calouste Gulbenkian, 1997, p. 231.

13. Cf. Maria Helena Diniz, *As Lacunas no Direito*, cit., p. 108.

É que, conforme elucida Chaïm Perelman, diferentemente do sistema da lógica formal, que "contém regras de construção de expressões bem formadas, axiomas e regras de dedução, (...) desprovidas de ambiguidade, e todo ser (homem ou máquina), capaz de distinguir signos e arranjá-los conforme uma ordem, deveria poder reconhecer se a expressão é bem formada e a dedução correta",[14] o sistema jurídico funcionaria de modo diferente, tendo em vista que "o juiz é amarrado pelo sistema de direito que ele deve aplicar; nos Estados modernos, ele não tem poder legislativo. Mas, por outro lado, impõem-lhe a obrigação de julgar: todos os sistemas de direito modernos contêm disposições atinentes ao delito de denegação de justiça".[15] Essa incumbência, aliada à de motivar a decisão, leva o legislador a prever que "o juiz deve considerar o sistema jurídico coerente e categórico, e a técnica jurídica deve adaptar-se a essa dupla exigência".[16]

Tradicionalmente, por influência da escola positivista de direito, com reflexos no sistema jurídico processual, predominava o modelo legislado ou codificado, disposto em sólidas estruturas lógico-racionais, sinônimo de segurança. Mas o estágio atual da ciência processual, que mantém estreito vínculo com a ordem constitucional, da qual descende diretamente, tem dado ênfase aos conteúdos fundamentais de domínio daquele ramo, atribuindo importância a outros elementos integrativos, sobretudo a valores. Nesse ambiente se impõe a compreensão de termos que não se limitam a espécies de atos tecnicamente normativos.

Em sintonia com essa realidade, a doutrina tem realçado a importância dos princípios, os quais desempenhariam principalmente "a função de organizar o sistema jurídico, atuando como elo responsável por demonstrar os resultados escolhidos pela nação, sendo inegável seu caráter prevalentemente axiológico"[17] e, em consequência, exerceriam "o papel de vetores interpretativos".[18]

Sinteticamente, pode-se afirmar que o ordenamento jurídico na sua concepção moderna, que não se reduz ao material legislado, em sua composição mais extensa, em que os princípios, como será analisado na

---

14. Cf. *Retóricas*, trad. Maria Ermantina Galvão G. Pereira, São Paulo, Martins Fontes, 1999, p. 348.
15. Idem, p. 349.
16. Idem, ibidem.
17. Cf. Paulo Henrique dos Santos Lucon, "Devido processo legal substancial", in www.mundojuridico.adv.br/sis_artigos/artigos.asp?codigo=6, *passim*; acesso em 22.3.2011.
18. Cf. Teresa Arruda Alvim Wambier e José Miguel Garcia Medina, *O Dogma da Coisa Julgada: hipóteses de relativização*, São Paulo, Ed. RT, 2003, p. 177.

sequência, assumem papel de peculiar importância, somente poderá trazer o resultado prático esperado na consecução de seus objetivos sociais se compreendido no contexto de unidade, estruturação e coerência, próprio da noção de sistema, de sorte que deve funcionar como tal.

2. Elementos integrantes do ordenamento jurídico

Dada a noção de unidade e organização presentes no sistema, pode-se deduzir que se afigura importante que os elementos que se inserem na constelação jurídica estejam estruturados, o que não significa que haja vinculação necessariamente hierárquica, como poderia transparecer numa abordagem inicial. Essa estrutura axiológico-normativa, que se projeta no conceito de sistema jurídico e assegura a sua organicidade, impõe, para a melhor compreensão dos fenômenos que desafiam a ciência do direito e que estão à base de quase todos os debates jurídicos da atualidade, a "necessidade de uma clarificação tipológica".[19]

Nessa tentativa, os estudiosos que retrataram a matéria fizeram referência, essencialmente, a conceitos de "normas", "princípios", "regras", "políticas", "postulados", com especial relevo para as diferenças que sobressaem do cotejo entre princípios e regras.[20] Outras denominações também podem ser mencionadas, com ou sem identidade semântica, como os termos "garantias" e "direitos".

Embora os primeiros autores que se dedicaram ao tema, cuja origem tenha sido impulsionada nos domínios da teoria geral e filosofia do direito, proviessem da tradição anglo-saxônica, a exemplo do jurista norte-americano Ronald Dworkin, o fato é que atualmente, na conformação do direito em qualquer de seus ramos, é imprescindível, para o adequado exame e compreensão dos respectivos institutos e fundamentos, a prévia

---

19. Cf. J. J. Gomes Canotilho, *Direito Constitucional e Teoria da Constituição*, 7ª ed., Coimbra, Almedina, 2003, p. 1.159.

Conforme preceitua Tércio Sampaio Ferraz Jr., o conceito de sistema no Direito está ligado ao de totalidade jurídica e também é implícita a ideia de limite, surgindo "a necessidade de se precisar o que pertence ao seu âmbito, bem como de se determinar as relações entre o sistema jurídico e aquilo a que ele se refira". Cf. *Conceito de Sistema no Direito*, São Paulo, Ed. RT, 1976, p. 129.

20. A propósito, Willis Santiago Guerra Filho faz uma distinção entre as regras e os princípios no sentido de que aquelas apresentariam uma estrutura lógico-deôntica na qual se encontrariam a descrição de uma hipótese de fato e a previsão do consectário jurídico e os últimos conteriam valores prontos a adquirir validade objetiva ou positividade. Cf. *Processo Constitucional e Direitos Fundamentais*, São Paulo, Celso Bastos, 1999, p. 52.

noção dessas grandezas que regem todo o ambiente sistematizado do direito.

Como será acentuado adiante, a hegemonia do paradigma do positivismo ditou por muito tempo a elaboração da teoria do direito, estruturada sobre base formalista e atrelada ao dogma da neutralidade. Foi seu expoente o jurista Hans Kelsen, cuja doutrina defendia a desconsideração de elementos extrajurídicos, provenientes especialmente da filosofia e sociologia do direito.[21] O sistema jurídico, na visão de seus idealizadores, deveria ser constituído de escalonamento hierárquico de prescrições normativas, cuja imagem se projetaria numa pirâmide com a "Norma Fundamental" no seu ápice (*Grundnorm*), o que privilegiava a atividade codificadora do Estado em detrimento da atuação judicial, que passou a se ressentir de soluções adequadas e suficientes nos limites do arcabouço legislativo para o enfrentamento de todos os problemas jurídicos que se apresentavam, na medida em que evoluía a organização social, principalmente a partir do século passado, fazendo surgir nova corrente de pensamento chamada de pós ou neopositivista.[22]

---

21. De maneira que Kelsen adotou como princípio metodológico fundamental para a pureza da sua teoria "um conhecimento apenas dirigido ao Direito e excluir deste conhecimento tudo quanto não pertença ao seu objecto, tudo quanto se não possa, rigorosamente, determinar como Direito. Quer isto dizer que ela pretende libertar a ciência jurídica de todos os elementos que lhe são estranhos". Cf. *Teoria Pura do Direito,* trad. João Baptista Machado, 6ª ed., Coimbra, Armênio Amado, 1984, p. 17.

A ideia de neutralidade da atividade estatal, legislativa ou interpretativa tem origem na doutrina liberal-normativista, preocupada com a preservação do *status quo*, o que pressupõe hoje algo impensável na medida em que não se espera do intérprete indiferença ao produto do seu trabalho. Cf. Luís Roberto Barroso, *Interpretação e Aplicação da Constituição*, 7ª ed., São Paulo, Saraiva, 2009, pp. 292-293.

22. Entre os autores dessa geração destaca-se Herbert L. A. Hart, que se intitulava como defensor do positivismo moderado (*soft positivism*) e sustentava a possibilidade de o juiz, não só em casos considerados difíceis, utilizar critérios valorativos na interpretação das leis, por falta de completude e incapacidade para fornecer qualquer resposta a situações específicas. Cf. Pós-escrito editado por Penelope A. Bulloch e Joseph Raz, *O Conceito de Direito*, trad. A. Ribeiro Mendes, 3ª ed., Lisboa, Fundação Calouste Gulbenkian, 2001, pp. 312-316.

O autor mencionou a existência, no núcleo de um sistema jurídico, da união de regras primárias, que "dizem respeito às acções que os indivíduos devem ou não fazer" e de regras secundárias, que "respeitam todas às próprias regras primárias. Especificam os modos pelos quais as regras primárias podem ser determinadas de forma concludente, ou ser criadas, eliminadas e alteradas, bem como o facto de que a respectiva violação seja determinada de forma indubitável". O remédio para a superação de incerteza do regime das regras primárias seria a introdução de "regra de reconhecimento" dotada de autoridade. Cf. *O Conceito de Direito*, cit., p. 104.

Atualmente é inquestionável a importância do princípio no contexto global do ordenamento jurídico,[23] como se pode apreender nas contundentes palavras de Celso Antônio Bandeira de Mello:

> é, por definição, mandamento nuclear de um sistema, verdadeiro alicerce dele, disposição fundamental que se irradia sobre diferentes normas compondo-lhes o espírito e servindo de critério para sua exata compreensão e inteligência exatamente por definir a lógica e a racionalidade do sistema normativo, no que lhe confere a tônica e lhe dá sentido harmônico. É o conhecimento dos princípios que preside a intelecção das diferentes partes componentes do todo unitário que há por nome sistema jurídico positivo. Violar um princípio é muito mais grave que transgredir uma norma qualquer. A desatenção ao princípio implica ofensa não apenas a um específico mandamento obrigatório, mas a todo o sistema de comandos. É a mais grave forma de ilegalidade ou inconstitucionalidade, conforme o escalão do princípio atingido, porque representa insurgência contra todo o sistema, subversão de seus valores fundamentais, contumélia irremissível a seu arcabouço lógico e corrosão de sua estrutura mestra. Isto porque, com ofendê-lo, abatem-se as vigas que sustêm e alui-se toda a estrutura nelas esforçada.[24]

Hart igualmente aceitou a presença do conteúdo valorativo na norma jurídica, inclusive a influência da moral sobre o direito, que se realizaria através da legislação ou do processo judicial e, nesse sentido, afirmou que "nenhum 'positivista' poderá negar estes factos, nem que a estabilidade dos sistemas jurídicos depende em parte de tais tipos de correspondência com a moral. Se tal for o que se quer dizer com a expressão conexão necessária do direito e da moral, então a sua existência deverá ser admitida". Idem, ibidem, p. 220.

23. Cf. Karl Larenz, para quem os princípios são os pensamentos diretores de uma regulação jurídica existente ou possível. Cf. *Derecho Justo*, Madrid, Civitas, 1985, p. 32.

24. Cf. *Curso de Direito Administrativo*, 32ª ed., São Paulo, Malheiros Editores, 2015, pp. 986-987.

É imprescindível, todavia, deixar aqui registrado que o célebre conceito elaborado por Bandeira de Mello, centrado na ideia de mandamento nuclear e de disposição fundamental de um sistema, pode ser considerado clássico, porquanto tem conotação diversa dos atributos conferidos, sobretudo, pelos autores neoconstitucionalistas, como Robert Alexy, os quais, tal qual será verificado no item seguinte, traçaram as características particulares entre os princípios e as regras no contexto das normas jurídicas, descolando os primeiros da noção de fundamentalidade. Em consequência, "muito do que as classificações tradicionais chamam de princípio, deveria ser, se seguirmos a forma de distinção proposta por Alexy, chamado de regra. Assim, falar em princípio do *nulla poena sine lege*, em princípio da legalidade, em princípio da anterioridade, entre outros, só faz sentido para as teorias tradicionais. Se adotam os critérios propostos por Alexy, *essas normas são regras, não princípios*". Cf. Francysco Pablo Feitosa Gonçalves, "Os princípios gerais da Administração Pública

No entanto, a tendência atual da doutrina não confere a inexorável supremacia aos princípios em relação às regras,[25] tendo em vista que cada uma das espécies normativas desempenharia um papel específico no âmbito da estruturação jurídica. Assim, ambos seriam imprescindíveis de maneira própria para a regulação do comportamento dos indivíduos e para a concretização dos objetivos de uma determinada sociedade, embora na atualidade somente uma compreensão do Direito como um complexo de princípios poderia conduzir a uma leitura e reconstrução das reais aspirações da vontade da comunidade.[26]

3. Principais doutrinas em torno das categorias jurídicas

No vasto espectro do ordenamento jurídico é imprescindível a percepção das modalidades ou categorias que o compõem, uma vez que é somente a partir desse entendimento que será possível projetar a articulação de seus elementos para a adequada aplicação nos diversos ramos do direito, inclusive no campo processual e, no domínio deste trabalho, para perscrutar a atuação que se espera do juiz no processo civil dos tempos modernos, na busca da efetividade da prestação jurisdicional.

e o neoconstitucionalismo: até onde a adesão à doutrina alienígena é válida?", *RT* 910/26-27, 2011.

Embora por obra dos autores denominados neoconstitucionalistas os princípios tivessem recebido uma forma de tratamento diferenciada, especialmente na confrontação com as regras, ainda persiste a relevância da noção tradicional dos princípios jurídicos para a compreensão do sistema em sua plenitude, uma vez que podem ser considerados como "as ideias fundamentais e informadoras de qualquer organização jurídica. São os elementos que dão racionalidade e lógica, um sentido de coesão e unidade ao ordenamento jurídico. Dão ao todo um aspecto de coerência, logicidade e ordenação. São instrumentos de construção de um sistema, seu elo de ligação, de coordenação, sua ordem e sua unidade". Cf. Cassio Scarpinella Bueno, *Curso Sistematizado de Direito Processual Civil: teoria geral do direito processual civil*, vol. 1, 5ª ed., São Paulo, Saraiva, 2011, p. 132.

25. Assim, não se pode falar de hierarquia entre essas espécies normativas, de modo que a infringência de certas regras pode acarretar consequências diretas e até mais graves do que a inobservância de determinados princípios. Cf. José Cretella Neto, *Fundamentos Principiológicos do Processo Civil*, Rio de Janeiro, Forense, 2006, p. 350.

Humberto Ávila também refuta a concepção de que "descumprir um princípio é mais grave que descumprir uma regra". Cf. *Teoria dos Princípios. Da Definição à Aplicação dos Princípios Jurídicos*, 16ª ed., São Paulo, Malheiros Editores, 2015, pp. 178-179 e 195.

26. Cf. Lúcio Antônio Chamon Júnior, *Teoria da Argumentação Jurídica*, 2ª ed., Rio de Janeiro, Lumen Juris, 2009, p. 60.

A título de esclarecimento, a palavra "categoria" é aqui apreendida como cada um dos conceitos genéricos, abstratos e fundamentais, de que se pode servir para a elaboração do pensamento ou juízo,[27] dada a característica vital e essencial dos elementos que gravitam no ordenamento jurídico.[28]

Sem dúvida, como leciona José Cretella Júnior, as categorias jurídicas "são formulações genéricas, *in abstracto*, com especiais conotações, ainda não comprometidas com nenhum instituto do direito privado ou do direito público; são as 'formas puras' às quais se refere Rudolf Stammler, modelos aproveitados depois pelos especialistas do direito privado e do direito público, para plasmar as espécies características e diferenciadas com que trabalham".[29] "(...) Postas lado a lado as matrizes do direito privado e as matrizes do direito público, podemos observar caracteres comuns a ambas, o que permite atingir as *matrizes categoriais*, as *categorias jurídicas*."[30]

3.1 Direitos e garantias

No estudo da ciência jurídica, sobretudo nas considerações propedêuticas, como ponto de partida de investigação, tradicionalmente é mencionada a noção de direito, endereçando-lhe a ideia de conjunto

---

27. Cf. *Dicionário Houaiss da Língua Portuguesa*, cit., p. 423, rubrica 7 (filosofia).

28. De modo que uma "categoria" pode representar "um conceito fundamental e último que já não é susceptível de definição, um modo originário do nosso pensamento". Cf. Karl Engisch, *Introdução ao Pensamento Jurídico*, trad. J. Baptista Machado, 10ª ed., Lisboa, Fundação Calouste Gulbenkian, 2008, p. 37.

29. Cf. *Curso de Filosofia do Direito*, 11ª ed., Rio de Janeiro, Forense, 2007, p. 190.

30. Idem, p. 199. Não se pode perder de vista, no entanto, "o perigo da *transposição* (mesmo com adaptações) de institutos de um campo para outro campo do direito", por exemplo, "tomando-se como referência o *direito civil*, corre-se o risco de captar o instituto privado diferenciado – a espécie – e de transpô-lo para o âmbito público, a fim de apresentar a outra espécie paralela. No caso, a *espécie* é alçada à categoria de *gênero*; na verdade, pseudogênero. Ao contrário, partindo-se do gênero – a *categoria jurídica* – trabalhar-se-á com a *matriz*, com o *arquétipo*, com a *fórmula pura*, com o *modelo genérico*, que se flexionará às modalidades peculiares aos vários ramos do direito. Como contraprova, os vários esquemas específicos fornecerão a matéria-prima indispensável para, mediante a abstração, proceder-se à escalada do *iter* inverso e ascender-se ao modelo jurídico descomprometido com cada instituto em particular dos diferentes setores do mundo do direito", o que só seria possível "com a visão universal do direito". Cf. José Cretella Júnior, *Curso de Filosofia do Direito*, cit., pp. 199, 205 e 206.

de preceitos deliberados pelo Estado a que os membros da sociedade estariam vinculados, sob pena de imposição coativa em caso de descumprimento. Assim, o renomado civilista Caio Mario Silva Pereira doutrina que os direitos são "um complexo de normas, a que os indivíduos devem obediência, sob a sanção do Estado, que no caso de transgressão é chamado, pelo seu órgão competente, a compelir o infrator a se sujeitar ao império da ordem jurídica".[31]

É comum ainda a distinção entre direito objetivo e subjetivo. A expressão "direito objetivo" enfeixa o conjunto de normas jurídicas em vigor numa dada localidade e numa determinada época, apresentando traços de generalidade, bilateralidade, imperatividade e coercibilidade, ao passo que o "direito subjetivo" pode ser compreendido como faculdade de exercer um interesse protegido, como detentor de determinada situação jurídica favorável conferida pelo direito positivo.[32] Assim, é lançada a ideia de direito subjetivo, que surgiria no campo das relações sociais ou entre particulares como decorrência de um interesse cuja tutela estaria condicionada à vontade ou à disponibilidade exclusiva do titular ou do interessado.

Nesse contexto, pronunciou Carnelutti:

cuando la tutela dependa, en todo o incluso sólo en parte, de la voluntad del interesado, éste tiene en sus manos el poder de hacer actuar el Derecho objetivo, esto es el mandato, lo mismo que el usuario de la electricidad tiene el poder de hacer actuar la corriente girando el interruptor.[33]

Percebe-se, no entanto, que especialmente nos tempos atuais não mais se revela suficiente a apreensão do objeto da ciência jurídica exclusivamente por essa moldura tradicional. Como se observará amiúde, a doutrina que coloca a relação direito objetivo-subjetivo no centro do estudo limita o campo de entendimento do sistema jurídico, de estruturação aberta, como realmente deve ser visto, ou seja, impediria de, no dizer de Canotilho, "navegar no cosmos normativo" com a devida amplitude e de maneira global.[34]

31. Cf. *Instituições de Direito Civil*, vol. I, 22ª ed., Rio de Janeiro, Forense, 2007, p. 55.
32. Cf. José Cretella Júnior, *Curso de Filosofia do Direito*, cit., pp. 175-179.
33. Cf. *Sistema de Derecho Procesal Civil*, vol. I, Buenos Aires, Uteha Argentina, 1944, p. 32.
34. Cf. *Direito Constitucional e Teoria da Constituição*, 7ª ed., Coimbra, Almedina, 2003, p. 1.144.

Com efeito, é iludível que a noção transmitida pela conceituação de direito objetivo tende a realçar apenas uma das espécies da norma jurídica, ou seja, a regra, geralmente consubstanciada em mandamento textual, que foi o principal enfoque e ferramenta de estudo dos doutrinadores da escola positivista. Como será demonstrado mais adiante, os pensadores pós-positivistas e os neoconstitucionalistas[35] agregaram diverso ponto de vista, evidenciando que há outros elementos ou valores a serem considerados, ou mesmo uma diversa forma de abordagem, no amplo universo do sistema jurídico.[36]

O termo "garantia", por seu turno, vincula-se à origem histórica da luta política travada contra o Absolutismo pela salvaguarda dos direitos

Conforme esclarece Canotilho, a expressão "cosmos normativo" foi utilizada pelo jurista e filósofo alemão Horst Dreier. Idem, p. 1.142, nota de rodapé n. 24.

Quando muito fornece uma ideia baseada na generalidade, no sentido de que o direito objetivo é a ordem jurídica inteira, ou seja, o conjunto das normas ou regras jurídicas que são imperativas, e o direito subjetivo é o poder ou legitimação conferido pelo direito. Cf. Karl Engisch, *Introdução ao Pensamento Jurídico*, cit., p. 41.

35. O neoconstitucionalismo, movimento originado de um contexto histórico específico, isto é, a partir da Segunda Guerra Mundial, pode ser concebido como tentativa de revalorizar o papel da Constituição, especialmente em favor da "constitucionalização de princípios"; no Brasil, teria sido inaugurado definitivamente a partir da Carta Política de 1988. Cf. Francysco Pablo Feitosa Gonçalves, "Os princípios gerais da Administração Pública e o neoconstitucionalismo...", cit., pp. 23-25.

36. Assim, ao menos seria incompleta a adoção do termo "direito" no sentido reduzido de normas escritas emanadas por autoridade competente e com o atributo de coerção. A indagação sobre o verdadeiro significado e alcance do direito – os mandamentos morais, as leis, as decisões dos tribunais, os princípios etc., como um ramo da ciência, já despertou inúmeras teorias, de sorte que é intuitivo que o seu contexto seja muito mais extenso e problemático. A propósito, Herbert L. A. Hart bem anotou: "poucas questões respeitantes à sociedade humana têm sido postas com tanta persistência e têm obtido respostas, por parte de pensadores sérios, de formas tão numerosas, variadas, estranhas e até paradoxais como a questão 'O que é direito?'". Cf. *O Conceito de Direito*, cit., p. 5.

Acrescente-se que a noção de direito como situação de proveito de um sujeito em relação a um bem ou interesse de outrem e a da contraposta obrigação estão intimamente ligadas ao direito privado. Assim, não é razoável a limitação do fenômeno ao referido conceito, da maneira que é comumente utilizado em determinada seara do direito. Nesse sentido, geralmente o direito é entendido como a "promessa de manutenção do bem ou a legítima expectativa de obtê-lo", ou a obrigação como "o dever de entregá-lo ou de realizar o *facere* ou o *nec facere* exigido pela lei". Daí também a impropriedade em se referir a direitos e obrigações no processo, de maneira que tão só "por costume ou comodidade tolera-se o emprego do vocábulo *direito*, no processo" e o "'direito' de *ação* não é um autêntico direito subjetivo, mas o *poder* de criar condições para que o Estado possa decidir". Cf. Cândido Rangel Dinamarco, *Instituições de Direito Processual Civil*, vol. II, 6ª ed., São Paulo, Malheiros Editores, 2009, pp. 215-216.

primordiais dos cidadãos – previstos atualmente na maioria dos diplomas de proteção e consagrados nos textos constitucionais –, impondo ao Estado, na visão moderna, além do dever de respeitar o núcleo básico das garantias individuais, o de promover a efetivação daqueles interesses fundamentais.

Conforme assinala Canotilho,

> rigorosamente, as clássicas garantias são também direitos, embora muitas vezes se salientasse nelas o *carácter instrumental* de protecção dos direitos. As *garantias* traduziam-se quer no direito dos cidadãos a exigir dos poderes públicos a protecção dos seus direitos, quer no reconhecimento de meios processuais adequados a essa finalidade.[37]

3.2 Princípios e regras

Serão mencionados nesta parte do trabalho os pensamentos basilares dos mais destacados doutrinadores da atualidade que trataram dos "princípios" e "regras", elementos fundamentais para a adequada compreensão do fenômeno jurídico, sem pretender, todavia, esgotar a extensa fonte de pesquisa sobre o tema, assim como resumir inadvertidamente toda a teoria construída pelos autores que se aprofundaram no estudo. Objetiva-se tão somente nesse âmbito demonstrar os aspectos distintivos das aludidas espécies normativas no largo contexto do sistema jurídico, uma vez que produzirão reflexos diretos inclusive na concretização dos valores relacionados à efetividade do processo.

3.2.1 Karl Larenz

O jusfilósofo alemão Karl Larenz, ao discorrer sobre o pensamento direcionado a valores no âmbito da aplicação do direito, fez a distinção

---

37. Cf. *Direito Constitucional e Teoria da Constituição*, cit., p. 396, destaque no original.

Há uma íntima ligação entre direitos e garantias, como anotou Ruy Barbosa: "as disposições meramente *declaratórias,* que são as que imprimem existência legal aos direitos reconhecidos, e as disposições *assecuratórias,* que são as que, em defesa dos *direitos,* limitam o poder. Aquellas instituem os *direitos;* estas, as *garantias;* ocorrendo não raro junta-se, na mesma disposição constitucional, ou legal, a fixação da garantia, com a declaração do direito". Cf. *Commentarios à Constituição Federal Brasileira*, vol. 5, São Paulo, Saraiva, 1934, p. 181.

Karl Engisch orienta as garantias fundamentais de Direito constitucional como exemplos clássicos de atribuições de direitos, ou seja, seriam normas atributivas e confeririam direitos subjetivos. Cf. *Introdução ao Pensamento Jurídico*, cit., p. 41.

entre *conceito* e *tipo* no sentido de que o caráter valorativo perde a importância quando a previsão da norma aplicável foi definida por meio conceitual, situação em que haveria apenas a necessidade de subsunção. Nessa dualidade há certa aproximação das ideias irradiadas da teoria em torno, respectivamente, de regras e princípios, remodelada pelos autores contemporâneos que serão mencionados nos itens subsequentes.

Reportou-se ao "conceito" em sentido estrito quando houvesse a possibilidade de sua definição de forma clara, mediante a indicação exaustiva de todas as notas de distinção que o caracterizariam de modo todo particular.

Nesses termos,

> a "premissa maior" do silogismo subsuntivo é a definição do conceito, a "premissa menor" é a constatação – corroborada pela percepção – de que este objecto X apresenta todas as notas distintivas mencionadas na definição, e a conclusão é o enunciado de que X pertence à classe de objectos designados pelo conceito, ou que X é um "caso" do gênero que se designou mediante o conceito – para o jurista a situação fáctica X seria um "caso" da previsão normativa conceptualmente apreendida.[38]

No "tipo" a definição não conteria elementos que permitissem essa operação de subsunção.

Com efeito, "as notas características indicadas na descrição do tipo não precisam, pelo menos algumas delas, de estar todas presentes; podem nomeadamente ocorrer em medida diversa. São com frequência passíveis de gradação e até certo ponto comutáveis entre si".[39] E acrescenta o autor que

> a necessidade de um pensamento "orientado a valores" surge com a máxima intensidade quando a lei recorre a uma pauta de valoração que carece de preenchimento valorativo, para delimitar uma hipótese legal ou também uma consequência jurídica. Tais pautas são, por exemplo, a "boa-fé", uma "justa causa", uma "relação adequada" (de prestação ou contraprestação), um "prazo razoável" ou "prudente arbítrio".[40]

Nessa situação, todavia, não se cuida tampouco de preenchimento valorativo irracional, conquanto reste ao órgão julgador, em muitos ca-

---

38. CF. *Metodologia da Ciência do Direito*, trad. José Lamego, 3ª ed., Lisboa, Fundação Calouste Gulbenkian, 1997, p. 300.
39. Idem, p. 307.
40. Idem, pp. 310-311.

sos, uma faixa que permitiria uma livre apreciação, especialmente onde se patenteia uma situação de "mais" ou "menos", de modo que "a sua 'aplicação' exige sempre a sua concretização, quer dizer, a determinação ulterior do seu conteúdo, e esta por seu lado retroage à 'aplicação' da pauta em casos futuros semelhantes, pois que cada concretização (alcançada) serve de caso de comparação e torna-se assim ponto de partida para concretizações ulteriores".[41]

Com enfoque no método de interpretação, Larenz refere-se aos princípios ético-jurídicos com critérios teleológico-objectivos, qualificando-os de "pautas directivas de normação jurídica que, em virtude da sua própria força de convicção, podem justificar resoluções jurídicas", enquanto "ideias jurídicas materiais" são manifestações especiais da ideia de Direito. Alguns desses princípios estariam declarados na Constituição ou noutras leis, ou podem ser deduzidos da regulação legal, ou por via de uma "analogia geral" ou do retorno à *ratio legis*.[42]

Na comparação entre princípios e regras de natureza geral, esclarece que

> os princípios jurídicos não têm o carácter de regras concebidas de forma muito geral, às quais se pudessem subsumir situações de facto, igualmente de índole muito geral. Carecem antes, sem excepção, de ser concretizados. Mas cabe a este respeito distinguir vários graus de concretização. No grau mais elevado, o princípio não contém ainda nenhuma especificação de previsão e consequência jurídica, mas só uma "ideia jurídica geral", pela qual se orienta a concretização ulterior como por um fio condutor. Dessa espécie são, por exemplo, o princípio do Estado de Direito, o princípio do Estado Social, o princípio do respeito da dignidade da pessoa humana, etc.[43]

Complementa que

> há princípios com preceito de igual tratamento jurídico de situações de fato idênticas, por exemplo, o preceito da boa-fé, que conteriam especificação de previsão e consequência jurídica e, portanto, do começo da formação de regras, ou seja, seriam "subprincípios", que também estariam longe de representar regras de que pudesse resultar directamente a resolução de um caso particular.[44]

---

41. Idem, pp. 311-312.
42. Idem, p. 674.
43. Idem, p. 674.
44. Idem, p. 675.

3.2.2 Ronald Dworkin

O jurista norte-americano Dworkin, além de anotar as diferenças entre regras e princípios, também faz menção a políticas (*rules, principles and policies*), ao chamar de *policy* aquele tipo de *standard* que indica um objetivo a ser alcançado, geralmente uma melhoria nos aspectos econômicos, políticos ou sociais de uma comunidade (muito embora alguns objetivos possam ser considerados negativos, situação em que se estipularia que algum aspecto seja resguardado de mudanças adversas). Quanto a *principle*, refere-se a um *standard* que deve ser observado, não porque trará avanços ou assegurará uma situação econômica, política ou social considerada desejável, mas porque é um mandamento de justiça, ou razão, ou alguma outra dimensão de moralidade.[45]

Em relação a *legal rules*, o autor estabelece comparação com *legal principles*, afirmando que a diferença estaria numa distinção lógica, porquanto ambos apontam na direção de decisões concretas em torno de obrigação legal em circunstâncias particulares, mas diferem na própria natureza de sentido, já que as regras são aplicáveis em *an all-or-nothing fashion*. Assim, diante da observância dos fatos estipulados em uma regra, ela é válida, de sorte que a consequência prevista deva ser aceita, ou não, situação que em nada contribui para a decisão naquele sentido positivo. Acrescenta que uma regra pode ter exceções, mas estas devem estar previstas claramente, de preferência também nos casos em que a lista de exclusões for extensa, para uma melhor precisão do conteúdo da regra.[46]

Em sequência, anota o autor que os princípios têm uma dimensão que as regras não possuem ("the dimension of weight or importance"), de maneira que quando há o cruzamento ou encontro de princípios a solução do conflito envolveria a consideração do peso relativo de cada um deles, ao passo que entre regras, é possível falar de importância funcional no sentido de que uma regra legal pode ser mais importante do que outra por causa do seu papel na regulação de conduta, embora não possa dizer que uma seja mais importante do que outra dentro de um sistema de regras, pois quando há conflito entre elas uma suplanta a outra em razão de seu peso maior.[47]

Observa Dworkin, ainda no âmbito das regras, que a decisão em torno de qual delas é válida e qual será abandonada deve ser realizada através de considerações além das regras em si mesmas, através de crité-

---

45. Cf. Ronald Dworkin, *Taking Rights Seriously*, Cambridge, Massachusetts, Harvard University Press, 1999, p. 22.
46. Idem, ibidem, pp. 24-25.
47. Idem, ibidem, p. 26.

rios específicos, tendo em vista que um sistema legal poderia regular tais conflitos por outras regras, as quais poderiam referir-se à regra promulgada por uma autoridade superior, ou regulamentada oportunamente, ou por uma regra mais específica etc.; o sistema legal também pode preferir a regra sustentada por princípios mais importantes.[48]

Em incremento, esclarece que algumas vezes uma regra e um princípio podem desempenhar o mesmo papel, isto é, nem sempre a distinção entre tais espécies normativas se faria de maneira nítida. A diferença entre eles seria quase uma questão de forma, como na hipótese em que um tribunal considerou uma previsão de regra como se contivesse a palavra "desarrazoada", levando-o a considerá-la em substância como um princípio. Assim, determinadas palavras, como "razoável", "negligente", "injusto", "significante" com frequência, por exemplo, denotariam essa função, de modo que a aplicação da regra nesses casos faria depender de alguma aproximação com os princípios e políticas que estariam inseridos na regra, que então aí ganharia feição mais de princípio.[49]

3.2.3 Robert Alexy

O jurista alemão Alexy acompanha, na essência, os critérios propostos pelos doutrinadores da atualidade para a distinção entre princípios e regras, tomando-os sob o conceito genérico de norma, ambos portadores de um dever de comportamento, ou seja:

> podem ser formulados com a ajuda das expressões deônticas básicas de mandamento, permissão e proibição. Os princípios, como as regras, são razões para juízos concretos de dever ser, inclusive quando sejam razões de um tipo muito diferente. A distinção entre regras e princípios é, pois, uma distinção entre os tipos de normas.[50]

Alexy menciona como critérios de diferenciação o da generalidade e o mandamento de otimização, porquanto os princípios, ao contrário das regras, apresentariam elevado grau de generalidade, assim como se implementariam na máxima medida do possível, ao passo que as regras dariam azo apenas ao seu cumprimento, ou não, dentro de um contexto possível de fato e de direito.[51]

---

48. Idem, ibidem, pp. 26-27.
49. Idem, ibidem, pp. 27-28.
50. Cf. *Teoria dos Direitos Fundamentais*, trad. de Virgílio Afonso da Silva, 2ª ed., 4ª tir., São Paulo, Malheiros Editores, 2015, p. 87.
51. Idem, pp. 83-87; trad. bras.: pp. 86-90.

A colisão de princípios seria resolvida pela prevalência de um deles após o exame da dimensão do respectivo peso, observada a proporcionalidade, ao passo que o conflito de regras seria solucionado pela declaração de invalidade de uma delas com a sua consequente exclusão do ordenamento jurídico, ou pela introdução de cláusula de exceção.[52]

Adiciona que, na colisão de direitos fundamentais, a teoria dos princípios mostrar-se-ia mais adequada, pois possibilitaria um meio equilibrado entre "vinculação e flexibilidade", ao passo que a teoria das regras permitiria apenas a "alternativa: validez ou não-validez". A adoção dos princípios evitaria a ocorrência de "vazio dos direitos fundamentais sem conduzir ao entorpecimento", pois a intervenção em direitos fundamentais exigiria justificação a ser analisada por uma "ponderação", um dos aspectos do princípio da proporcionalidade do direito constitucional alemão, precedida do "princípio da idoneidade do meio empregado para o alcance do resultado com ele pretendido, o segundo, o da necessidade desse meio. Um meio não é necessário se existe um meio mais ameno, menos interventor", de maneira que "quanto mais intensiva é uma intervenção em um direito fundamental tanto mais graves devem ser as razões que a justificam".[53]

O autor demonstra a proximidade entre princípios e valores:

> lo que en el modelo de los valores es *prima facie* lo mejor es, en el modelo de los principios, *prima facie* debido; y lo que en el modelo de los valores es definitivamente lo mejor es, en el modelo de los principios, definitivamente debido. Así pues, los principios y los valores se diferencian solo en virtud de su carácter deontológico y axiológico respectivamente.[54]

Conclui que, entre o modelo de valores e o de princípios, o último traria a vantagem de que se expressaria o caráter de dever ser, dando menos lugar a falsas interpretações.[55]

3.2.4 J. J. Gomes Canotilho

O autor luso Canotilho segue praticamente a linha demarcada por Dworkin ao abandonar a tradicional metodologia que distinguia normas

---

52. Idem, p. 88; trad. bras.: p. 91.
53. Cf. Robert Alexy, "Colisão de direitos fundamentais e realização de direitos fundamentais no Estado de Direito Democrático", *Revista de Direito Administrativo*, vol. 217, pp. 77-79.
54. Cf. *Teoría de los Derechos Fundamentales*, cit., p. 147; trad. bras.: p. 153.
55. Idem, ibidem, p. 147; trad. bras.: p. 153.

dos princípios (*Norm und Grundsatz*) e sugerir a separação entre regras e princípios como espécies do gênero norma.[56] Menciona, para tanto, os critérios de distinção fornecidos pela doutrina recente:

> a) grau de abstração: relativamente elevado nos princípios; b) grau de determinalidade: os princípios carecem de mediações concretizadoras, seja do legislador ou juiz; c) caráter de fundamentalidade: os princípios têm natureza estruturante devido à sua importância e posição hierárquica no sistema das fontes; d) proximidade da ideia de direito: os princípios são vinculados à ideia de direito e justiça; e) natureza normogenética: os princípios são fundamentos de regras.[57]

O doutrinador português aponta as seguintes diferenças entre princípios e regras:

> os princípios são normas jurídicas impositivas de uma *optimização*, compatíveis com vários graus de concretização, consoante os condicionalismos fácticos e jurídicos; as *regras* são normas que prescrevem imperativamente uma exigência (impõem, permitem ou proíbem) que é ou não é cumprida (nos termos de Dworkin: *applicable in all-or--nothing fashion*); a convivência dos princípios é conflitual (Zabrebelsky), a convivência de regras é antinômica; os princípios coexistem, as regras antinômicas excluem-se.[58]

Uma das tipologias de princípios apontadas por Canotilho são os princípios-garantia, os quais visariam à instituição direta e imediata de uma garantia dos cidadãos, atribuindo-lhes "uma densidade de autêntica norma jurídica e uma força determinante, positiva e negativa", como o princípio do juiz natural, de *nullum crimen sine lege* e *de nulla poena sine lege*, ou de *non bis in idem* e *in dubio pro reo*".[59]

---

56. J. J. Gomes Canotilho agrupa regras e princípios no âmbito do "superconceito norma". Cf. *Direito Constitucional e Teoria da Constituição*, cit., p. 1.160.

57. Idem, ibidem, pp. 1.160-1.161.

58. Idem, ibidem, p. 1.161.
Para Claus-Wilhelm Canaris, as normas convivem ao lado de valores e princípios, distinguindo-os na medida em que "o postulado da ausência de contradições só se alcança num sistema de normas e não, também, num sistema de valores ou de princípios". Cf. *Pensamento Sistemático e Conceito de Sistema na Ciência do Direito*, cit., p. 40.

59. J. J. Gomes Canotilho, *Direito Constitucional e Teoria da Constituição*, cit., p. 1.167.

3.2.5 Humberto Ávila

O pensador brasileiro que tem se destacado no estudo da matéria, Humberto Ávila, refuta todos os critérios propalados pela doutrina contemporânea na distinção entre princípios e regras, tais como o caráter hipotético-condicional dos primeiros, o modo de aplicação e o conflito normativo entre eles, afirmando que não seriam precisos e consistentes.[60] Apresenta, concordando com a premissa de que as duas figuras são espécies normativas, um conceito analítico nos seguintes termos:

> as regras são normas imediatamente descritivas, primariamente retrospectivas e com pretensão de decidibilidade e abrangência, para cuja aplicação se exige a avaliação da correspondência, sempre centrada na finalidade que lhes dá suporte ou nos princípios que lhes são axiologicamente sobrejacentes, entre a construção conceitual da descrição normativa e a construção conceitual dos fatos.[61]

Por outro lado, sustenta que

> os princípios são normas imediatamente finalísticas, primariamente prospectivas e com pretensão de complementariedade e de parcialidade, para cuja aplicação se demanda uma avaliação da correlação entre o estado de coisas a ser promovido e os efeitos decorrentes da conduta havida como necessária à sua promoção.[62]

Explica que os princípios são normas com conteúdo finalístico ao estabelecer um objetivo, um fim, uma orientação, um conteúdo a ser alcançado ou desejado, através de uma *função diretiva* para a determinação da conduta. Desse modo o escopo estabelece um estado ideal de coisas a ser atingido, sendo que "a instituição do fim é ponto de partida para a procura por meios".[63]

O autor traça a distinção entre princípios e valores na medida em que os primeiros

> se situam no plano deontológico e, por via de consequência, estabelecem a obrigatoriedade de adoção de condutas necessárias à promoção gradual de um estado de coisas, os valores situam-se no plano axio-

---

60. Cf. *Teoria dos Princípios...*, cit., pp. 60-87.
61. Idem, p. 102.
62. Idem, ibidem.
63. Idem, p. 103.

lógico ou meramente teleológico e, por isso, apenas atribuem uma qualidade positiva a determinado elemento.[64]

Reparte o autor as regras em dois grupos: o das regras comportamentais (descrevem condutas obrigatórias, permitidas ou proibidas) e o das regras constitutivas (atribuem efeitos jurídicos a determinados atos, fatos ou situações).[65]

Argumenta que haveria inconsistência nas duas principais correntes doutrinárias que apontam a diferença entre princípios e regras, a saber: a) a que sustenta que os primeiros, diversamente das regras, seriam normas de elevado grau de abstração e generalidade, com considerável grau de subjetividade do aplicador; b) aquela defendida por Dworkin e Alexy no sentido de que os princípios são aplicados mediante ponderação, ao passo que as regras teriam a hipótese de aplicação obrigatória, mediante subsunção.[66]

Com efeito, assenta que a primeira distinção é denominada "fraca" porque tanto os princípios como as regras teriam as mesmas propriedades, com graus distintos de determinação, abstração e generalidade. De fato, qualquer que seja a espécie de norma, ela é, de alguma medida, indeterminada e, ademais, essa distinção pode conduzir à falsa ideia de que "o intérprete não tem liberdade alguma de configuração dos conteúdos semântico e valorativo das regras, quando, em verdade, toda norma jurídica – inclusive as regras – só tem seu conteúdo de sentido e sua finalidade subjacente definidos mediante um processo de ponderação".[67]

A segunda distinção é considerada "forte" tendo em vista que os princípios e as regras seriam de propriedades distintas, permitindo-se aos princípios o recurso do sopesamento e da ponderação e às regras o uso da subsunção e da decretação de invalidade de uma das regras envolvidas. Ávila acentua a inadequação para a distinção das espécies de norma pela ponderação ou subsunção, já que toda norma jurídica não dispensa um processo de ponderação e é possível verificar antinomias também entre regras, de modo que a adoção desse critério poderia conduzir "a uma trivialização do funcionamento das regras, transformando-as em normas que são aplicadas de modo automatizado e sem a necessária ponderação de razões", porquanto "toda norma jurídica – inclusive as regras – estabelece

---

64. Idem, p. 104.
65. Idem, pp. 104-105.
66. Idem, pp. 109-117.
67. Idem, p. 110.

deveres provisórios, como comprovam os casos de superação das regras por razões extraordinárias com base no postulado da razoabilidade".[68]

Ademais, rebate a concepção tradicional segundo a qual coloca o princípio no centro do universo normativo, pois seria inconcebível a ideia de que "descumprir um princípio é mais grave que descumprir uma regra", uma vez que, como é intuitivo:

> as regras têm a pretensão de decidibilidade que os princípios não têm: enquanto as regras têm a pretensão de oferecer uma solução provisória para um conflito de interesses já conhecido ou antecipável pelo Poder Legislativo, os princípios apenas oferecem razões complementares para solucionar um conflito futuramente verificável.[69]

Por último, insere os princípios e as regras no âmbito em que se procura fixar o dever de realização de coisas para alcançar determinados fins (normas) e menciona outro patamar, o das metanormas, que se situam "num segundo grau e estabelecem a estrutura de aplicação de outras normas, princípios e regras", chamando-as de postulados normativos, que seriam distintos de sobreprincípios, como do Estado de Direito ou do devido processo legal, os quais estariam no "próprio nível das normas que são objeto de aplicação".[70]

4. *O fenômeno da colisão e coexistência de normas*

Considerando que o direito é uma manifestação cultural, isto é, somente pode ser objeto cognoscível no âmbito da atitude referida ao valor, um conceito ou um fato a ele relacionado,[71] é natural a aceitação da pre-

---

68. Idem, p. 114.
69. Idem, p. 115, de forma que, possuindo a regra caráter descritivo imediato, com comando mais inteligível, tornar-se-ia mais censurável a sua inobservância diante do seu "grau de conhecimento prévio do dever". Idem, pp. 129-130.
Humberto Ávila, em outro escrito, afasta a ideia generalizada de que a Constituição brasileira de 1988 teria adotado o modelo prevalente de princípios e assenta que ela "é um complexo de regras e princípios com funções e eficácias diferentes e complementares", assim como "não se pode categoricamente afirmar que os princípios são quantitativa ou qualitativamente mais expressivos que as regras no ordenamento jurídico brasileiro". Cf. "'Neoconstitucionalismo'": entre a 'Ciência do Direito' e o 'Direito da Ciência'", *Revista Eletrônica de Direito do Estado (REDE)*, n. 17; artigo publicado no endereço eletrônico: www.direitodoestado.com/revista/REDE-17-JANEIRO-2009-HUMBERTO%20AVILA.pdf, pp. 6 e 17; acessado em 25.10.2011.
70. Cf. *Teoria dos Princípios...*, cit., pp. 176-177.
71. Cf. Gustav Radbruch, *Filosofia do Direito*, trad. Marlene Holzhausen, São Paulo, Martins Fontes, 2010, pp. 11 e 107.

missa geral de que se estabeleça a dialética na confrontação dos elementos normativos em sentido amplo de que constitui o sistema jurídico, já que são portadores, em maior ou menor intensidade, de carga axiológica.[72]

O sentido da contradição de normas[73] estabelece-se primeiramente no patamar lógico da concretização das finalidades e da observância dos valores por elas almejados e, sob outro ponto de vista, no plano das espécies normativas, como se pôde constatar dos doutrinadores que refutam a limitação do ordenamento à norma positivada, ou seja, na relação entre princípios, entre regras, ou, ainda, entre princípios e regras.

Para buscar a coerência de um determinado ordenamento no mesmo âmbito de validade não basta se atentar para as hipóteses clássicas de incompatibilidade como no caso em que "são colocadas em existência duas normas, das quais uma obriga e a outra proíbe, ou uma obriga e a outra permite, ou uma proíbe e a outra permite o mesmo comportamento", situação que poderia se verificar no encontro de duas regras claras, *v.g.*, entre uma que permite a reunião em lugares abertos ao público sem aviso prévio e a outra que prescreve a obrigatoriedade de aviso, pelo menos três dias antes do evento, à autoridade competente.[74]

---

72. Ainda para a teoria que vislumbra valor apenas quando inserido numa norma que prescreve uma conduta real, isto é, traduzindo um juízo de valor positivo, haveria o fenômeno da confrontação de normas que se resolveria através da aplicação dos fundamentos da legalidade, considerando-se que "a ordem jurídica apresenta uma construção escalonada de normas supra e infraordenadas umas às outras, e como uma norma só pertence a uma determinada ordem jurídica porque e na medida em que se harmoniza com a norma superior que define a sua criação, surge o problema de um possível conflito entre uma norma de escalão superior e uma norma de escalão inferior". Cf. Hans Kelsen, *Teoria Pura do Direito*, trad. João Baptista Machado, 6ª ed., Coimbra, Armênio Amado, 1984, pp. 37-47 e 363-376.

73. É a antiga problemática das normas incompatíveis com que se deparam os juristas de todos os tempos, situação tratada desde as constituições de Justiniano e que adquiriu denominação própria de antinomia. Cf. Norberto Bobbio, *Teoria do Ordenamento Jurídico*, trad. Maria Celeste Cordeiro Leite dos Santos, 10ª ed., Brasília, UnB, 1999, p. 81.

74. Idem, ibidem, p. 86. Assim, a ordem jurídica prevê métodos tradicionais para a superação de antinomias normativas, como o hierárquico (*lex superior derogat legi inferiori*), o cronológico (*lex posterior derogat legi priori*) e o de especialidade (*lex specialis derogat legi generali*), os quais, não sendo capazes para a remoção do conflito, dariam ensejo ao fenômeno da lacuna, a ser enfrentado por meio de princípios gerais, preservando-se, em casos excepcionais, a ordem pública ou social. Haveria, ainda, antinomia de antinomias (antinomia de segundo grau) quando o conflito se estabelece entre os critérios anteriores: hierárquico e cronológico; de especialidade e cronológico; hierárquico e de especialidade, situações em que se aplicariam os metacritérios: *lex posterior inferiori non derogat priori superiori, lex posterior generalis*

Com efeito, a antinomia pode se estabelecer em outras situações, a que chama Norberto Bobbio de *antinomias impróprias*:

> fala-se de antinomia no Direito com referência ao fato de que um ordenamento jurídico pode ser inspirado em valores contrapostos (em opostas ideologias): consideram-se, por exemplo, o valor da liberdade e o da segurança como valores antinômicos, no sentido de que a garantia da liberdade causa dano, comumente, à segurança, e a garantia da segurança tende a restringir a liberdade; em consequência, um ordenamento inspirado em ambos os valores se diz que descansa sobre princípios antinômicos.[75]

O ilustre pensador italiano ainda aponta mais duas antinomias impróprias, isto é, a denominada de avaliação:

> que se verifica no caso em que uma norma pune um delito menor com uma pena mais grave do que a infligida a um delito maior. É claro que nesse caso não existe uma antinomia em sentido próprio, porque as duas normas, a que pune o delito mais grave com penalidade menor e a que pune o delito menos grave com penalidade maior, são perfeitamente compatíveis. Não se deve falar de antinomia nesse caso, mas de injustiça. O que a antinomia e a injustiça têm em comum é que ambas dão lugar a uma situação que pede uma correção: mas a razão pela qual se corrige a antinomia é diferente daquela pela qual se corrige a injustiça. A antinomia produz *incerteza*, a injustiça produz *desigualdade*, e portanto a correção obedece nos dois casos a diferentes valores.[76]

A última acepção de antinomia imprópria apontada por Bobbio refere-se às *antinomias teleológicas*,

> que têm lugar quando existe uma oposição entre a norma que prescreve o meio para alcançar o fim e a que prescreve o fim. De modo que, se aplico a norma que prevê o meio, não estou em condições de alcançar

non derogat priori speciali e *suum cuique tribuere*. Cf. Maria Helena Diniz, *Conflito de Normas*, 9ª ed. São Paulo, Saraiva, 2009, pp. 34-41 e 49-52.

Conquanto esses métodos sejam particularmente úteis no conflito estabelecido entre regras, uma das espécies de norma de acordo com a configuração teórica mais moderna, é intuitivo que tais critérios de solução de antinomias são insuficientes para as situações em que as colisões ultrapassam o âmbito das regras, sobretudo quando se instalam entre princípios.

75. Cf. *Teoria do Ordenamento Jurídico*, cit., pp. 89-90.
76. Idem, pp. 90-91.

o fim, e vice-versa. Aqui a oposição nasce, na maioria das vezes, da insuficiência do meio: mas, então, trata-se, mais que de antinomia, de *lacuna*.[77]

A propósito, a norma de índole constitucional que preconiza a efetivação da prestação jurisdicional em tempo considerado razoável conflita com aquela que institui a segurança jurídica no processo, representado pela cláusula do devido processo legal, não em termos excludentes de objetivos a serem alcançados simultaneamente, que são plenamente conciliáveis, mas no aspecto da concretização de ambos os propósitos, pois um pode limitar ou controlar o outro reciprocamente. A título ilustrativo, pode-se imaginar uma situação em que o condutor de veículo de resgate, que transporta paciente que necessite de pronto atendimento médico, almeja chegar ao local apropriado o mais rápido possível e, ao mesmo tempo, é compelido a enfrentar condições adversas de trânsito a exigir-lhe redobrada cautela, de modo que são dois intentos a serem realizados, isto é, encurtar o tempo de viagem e dirigir com a máxima segurança, que se restringem mutuamente.

Nesse aspecto particular, em que os fins ou valores contemplados não se revelam ontologicamente inconciliáveis, criando somente tensão no momento da efetivação em decorrência da natural fricção provocada entre eles, pode-se dizer que há coexistência de normas. Diversas são as hipóteses em que se traduz uma incompatibilidade própria, a que alude Bobbio, como nas seguintes situações: "1) entre uma norma que *ordena* fazer algo e uma norma que *proíbe* fazê-lo (*contrariedade*); 2) entre uma norma que *ordena* fazer e uma que *permite* não fazer (*contraditoriedade*); 3) entre uma norma que *proíbe* fazer e uma que *permite* fazer (*contraditoriedade*)".[78]

Quando verificada a presença de colisões entre as normas, a superação dessa realidade, de acordo com a melhor doutrina, far-se-á principalmente através da ponderação de bens ou valores no caso particular, sendo que, de acordo com Larenz, esse método permitiria impulsionar o próprio desenvolvimento do Direito ao delimitar as esferas de aplicação

---

77. Idem, p. 91.
78. Idem, p. 85. A relação de oposição, que se estabelece diante de duas proposições, uma afirmando e outra negando o mesmo predicado do mesmo sujeito, pode apresentar-se de quatro modos: contradição (oposição máxima), contrariedade (oposição média), subcontrariedade (oposição mínima), subalternação (relação de compatibilidade entre proposições de mesma qualidade). Cf. Alaor Caffé Alves, *Lógica. Pensamento Formal e Argumentação*, 2ª ed., São Paulo, Quartier Latin, 2002, pp. 240-254.

das normas que convivem no mesmo ambiente, entrecruzando-se, a fim de concretizar os mandamentos jurídicos, cuja faixa de atuação permaneceu em aberto.[79]

A relação entre as normas, de acordo com as modalidades alhures apontadas, pode traduzir-se em situações particulares de conflito a envolver somente regras, apenas princípios, ou, ainda, regras e princípios. Na primeira situação, considerada de antinomia própria,[80] a solução, como exposto, pode ser encontrada geralmente pelos critérios tradicionalmente conhecidos, baseados na hierarquia, cronologia e especialidade, ao passo que na outra situação, estabelecida a colidência entre princípios, inevitavelmente a resposta a ser buscada emergirá das propostas dos autores que bem trataram do tema. Estes, em linhas gerais, reconheceram características marcantes dos princípios, como a dimensão de peso e generalidade, o caráter de relatividade de sua aplicação, a forma peculiar de funcionamento, a diversidade de escopo, tendo os doutrinadores, ainda, apontado, como traço comum, a sua forte carga valorativa, invocando a necessidade de ponderação.

Na última configuração de confronto de normas, que se delineia entre regras e princípios, urge a tomada de algumas considerações. Por primeiro, se um dispositivo da legislação ordinária, que, em geral, funciona como regra, estiver em confronto com um princípio de ordem constitucional, aquele primeiro não pode prevalecer[81] e, em caso contrário, deve ser respeitada a vontade do legislador na sua liberdade de opção por

---

79. Cf. *Metodologia da Ciência do Direito*, cit., pp. 574-587. Karl Larenz nessa passagem refere-se ao conflito entre normas e princípios, mas essa dualidade já é de todo superada, porquanto, como foi acentuado, diante da nova metodologia (a teor da doutrina pós-positivista), a norma é colocada na acepção de gênero, do qual são espécies os princípios e as regras. Cf. Paulo Bonavides, *Curso de Direito Constitucional*, 30ª ed., São Paulo, Malheiros Editores, 2015, pp. 277-278.

80. A palavra antinomia aplica-se ao conflito entre regras jurídicas, impondo a extirpação do sistema de uma delas, já que essa hipótese de conflito caracterizaria antinomia jurídica própria, ao passo que as antinomias jurídicas impróprias não conduziriam à necessidade de eliminação do sistema, quando o conflito manifesta-se pela incompatibilidade entre ambas, porém não resulta em antinomia jurídica, tal como ocorre nos conflitos entre princípios, de modo que a opção do intérprete por um deles não implica a desobediência do outro. Cf. Eros Roberto Grau, *Ensaio e Discurso sobre a Interpretação/Aplicação do Direito*, 5ª ed., rev. e ampl., São Paulo, Malheiros Editores, 2009, pp. 194-195.

81. Para Karl Larenz, a disposição de lei nessas condições seria inválida, sendo que entre diversos critérios de interpretação possíveis a preferência deveria recair sobre aquele que se harmoniza com a Constituição, isto é, que esteja "conforme à Constituição". Cf. *Metodologia da Ciência do Direito*, cit., pp. 479-480.

uma determinada forma de concretizar um princípio, de modo que nesse aspecto a questão passa pelo controle de constitucionalidade.

Na hipótese das regras constitucionais defrontadas com os princípios que se localizam no mesmo plano, não seria razoável que os últimos tivessem a força de coonestar o atributo das primeiras imediatamente aplicáveis, pois que, com evidência:

> as regras têm a função, precisamente, de resolver um conflito, conhecido ou antecipável, entre razões (autoritativas) como razões que bloqueiam o uso das razões decorrentes dos princípios (contributivas). Daí se afirmar que a existência de uma regra constitucional elimina a ponderação horizontal entre princípios pela existência de uma solução legislativa prévia destinada a eliminar ou diminuir os conflitos de coordenação, conhecimento, custos e controle de poder. E daí se dizer, por consequência, que, num conflito, efetivo ou aparente, entre uma regra constitucional e um princípio constitucional, deve vencer a regra.[82]

Na disposição conflitante verificada entre uma regra e princípios de estatura infraconstitucional, inclusive aqueles que não estão positivados (implícitos), como leciona Eros Roberto Grau, não haveria antinomia entre essas modalidades jurídicas, tendo em vista que as regras operariam a concreção dos princípios. Assim, "quando em confronto dois princípios, um prevalecendo sobre o outro, as regras que dão concreção ao que foi desprezado são *afastadas*: não se dá a sua aplicação a determinada hipótese, ainda que permaneçam integradas, validamente (isto é, dotadas de *validade*), no ordenamento jurídico", ou seja, "aquelas regras que dão concreção ao princípio desprezado, embora permaneçam plenas de *validade*, perdem *eficácia* – isto é, *efetividade* – em relação à situação diante da qual o conflito entre princípios manifestou-se".[83]

Ademais, nessa situação, afigura-se razoável o entendimento segundo o qual as regras devam ceder espaço ao princípio jurídico acolhido com que entram em confronto no caso concreto, sendo que na maioria das vezes a colisão desse jaez acaba se projetando num conflito entre princípios, cujo resultado determinará se aquela regra com a qual se estabeleceu a confrontação seria compatível com a finalidade concretizadora do princípio prevalente.

---

82. Cf. Humberto Ávila, "'Neoconstitucionalismo': entre a 'ciência do direito' e o 'direito da ciência'", p. 5.
83. Cf. *Ensaio e Discurso sobre a Interpretação/Aplicação do Direito*, cit., p. 198.

No entanto, há autores que entendem haver conflito no enfeixamento de princípios e regras, especialmente entre uma regra e um princípio explícito, ou entre dois princípios positivados, situação que poderia ser reduzida a um embate entre regras, hipótese em que seria sustentável a prevalência do princípio, com ressalva, a fim de evitar a incerteza e a insegurança jurídica.

Com efeito,

> há muitos princípios colidentes, que se equilibram pela ponderação entre eles. Não basta, então, para afastar a aplicação de uma regra vigente e válida encontrar ou descobrir um princípio jurídico que aponte em sentido contrário e dizer que este prevalece. A banalização deste proceder poderia sempre ou quase sempre justificar a recusa de aplicação das regras, instaurando um subjetivismo indesejado.[84]

Ademais,

> na maioria das vezes, o princípio, em vez de afastar a incidência da regra, atuará para atribuir a ela o seu real e correto alcance, esclarecendo seu significado e iluminando sua aplicação. Poderá haver situações em que o princípio limite ou restrinja de tal maneira a regra a ponto de parecer que está simplesmente negando a ela vigência, mas tal não ocorre necessariamente. O que muitas vezes se verifica, na verdade, é um ajuste das regras aos princípios e vice-versa.[85]

De qualquer modo, afigura-se necessário para a superação dos confrontos das espécies de norma, nas suas diversas manifestações, tirante a hipótese de pura antinomia entre regras, o árduo esforço de interpretação em seu sentido lato, visualizando todas as nuances possíveis, de acordo com a situação de direito e de fato trazida à apreciação. Neste caso é imprescindível a verificação acurada das espécies normativas que poderiam incidir concretamente, distinguindo os princípios e as regras que tenham alguma pertinência, assim como dos valores que lhes são subjacentes.[86]

84. Cf. Carlos Dias Motta, *Direito Matrimonial e seus Princípios Jurídicos*, São Paulo, Ed. RT, 2007, pp. 147-153, esp. p. 151.
85. Idem, ibidem, p. 152.
86. No tocante à doutrina dos valores, Recaséns Siches aponta a necessidade de uma estimativa ou avaliação jurídica que teria como principais tarefas: a) a determinação dos valores supremos que dão lugar a normas ideais de caráter geral e que devem estar presentes em todo o Direito (por exemplo, a dignidade moral do homem e o princípio da liberdade); b) a averiguação de outros valores que devem ser considerados na elaboração dos Direitos em determinados casos e sob certas condições (a exemplo de valores de caráter econômico, científico, técnicos, pedagógicos, estéticos etc.); c) a

É que as normas que integram um determinado ordenamento estão interligadas, fazendo parte de um sistema e a noção dessa unidade é essencial "numa visão juspublicística onde se incorporam as mais recentes conquistas metodológicas da Nova Hermenêutica".[87]

5. Interpretação e aplicação do direito. Distinção e métodos

O direito, por sua essência, produto da cultura humana, não prescinde de interpretação.[88] A atividade de revelar o conteúdo do direito e de aplicá-lo a determinada realidade[89] decorre da própria natureza do ordenamento jurídico que não pode contemplar, de forma antecipada, solução e decisão para todos os acontecimentos da vida e conflitos oriundos das complexas relações sociais, de modo que se aventa a linha tênue entre a atividade legislativa e a judiciária.[90]

consideração de outros valores que não podem ser traduzidos em normas de Direito, como os relativos à fé religiosa; d) a inquirição de normas que regulam as relações entre os valores; e) o estudo das normas para a realização dos valores jurídicos. Cf. *Tratado General de Filosofia del Derecho*, 3ª ed., México, Porrúa, 1965, pp. 494-495.

87. Cf. Paulo Bonavides, *Curso de Direito Constitucional*, cit., p. 280.

88. Como afirmou Recaséns Siches, sem interpretação, não há possibilidade de que exista alguma ordem jurídica, eis que as normas são destinadas a serem cumpridas e, em cada caso, aplicadas. Cf. *Tratado General de Filosofia del Derecho*, cit., p. 627.

A interpretação de norma jurídica é aqui vista sob o ângulo vinculativo através de ato deliberativo estatal, pois nada impede que um jurisperito particular possa apresentar o seu parecer respondendo a uma determinada indagação e externando uma apreciação do *quid iuris*. Assim, a interpretação judicial é um processo de individuação, realizando no caso concreto a aplicação do preceito geral da norma. Cf. Emilio Betti, *Interpretação da Lei e dos Atos Jurídicos*, trad. Karina Jannini, São Paulo, Martins Fontes, 2007, pp. 161-164.

89. A aplicação do direito ou das normas jurídicas é o ato praticado no final do "ciclo que se inicia com o diagnóstico do fato, prossegue com o diagnóstico jurídico, a crítica da norma, sua interpretação, e se encerra com a aplicação do direito, que corresponde ao tratamento jurídico do caso concreto". Cf. Vicente Rao, *O Direito e a Vida dos Direitos*, 6ª ed., anot. e atual. por Ovídio Rocha Barros Sandoval, São Paulo, Ed. RT, 2005, p. 550.

90. Comenta Recaséns Siches que quando se diz que os legisladores proibiram a interpretação das normas que emitiram estariam a expressar que ordenavam uma aplicação estrita ou severa, porém sem qualquer sentido, tendo em vista que sem interpretação não há possibilidade de funcionamento de nenhuma ordem jurídica e, ademais, o legislador, "dentro del ámbito de su competencia, tiene desde luego plenos poderes para dictar normas generales; pero, en cambio, la función jurisdiccional y la manera de ejercerla escapa de cualquier función legislativa, no pertenece a ella, no se la puede meter dentre de ella; y, por tanto, cuando el legislador quiere decirles a los jueces de qué modo han de interpretar la ley, sus palabras sobre esta materia han de resultar por necesidad inoperantes. El legislador puede incluir en sus mandatos

Karl Larenz, a propósito, anotou, entre dois eventos distintos, o aspecto da atividade posterior de exteriorização do valor contido no produto elaborado pelo legislador, porquanto é ele que estatui uma norma, ou: "mais precisamente, que intenta regular um determinado sector da vida por meio de normas, deixa-se nesse plano guiar por certas intenções de regulação e por considerações de justiça e de oportunidade, às quais subjazem em última instância determinadas valorações", ao passo que "'compreender' uma norma jurídica requer o desvendar da valoração nela imposta e o seu alcance. A sua aplicação requer o valorar do caso a julgar em conformidade a ela, ou, dito de outro modo, escolher de modo adequado à valoração contida na norma ao julgar o 'caso'".[91]

E a interpretação judicial pode ser considerada ato de conhecimento, de vontade, ou de ideologia e, dentro do amplo espectro entre as escolas (realista, positivista e das variantes intermediárias), haverá distinção no itinerário interpretativo. Com efeito, para os realistas, a atividade criativa do juiz passaria somente pelos fatos, em cuja operação a lei seria apenas um dado entre outros, porém não é certo afirmar que a decisão judicial emanaria exclusivamente da vontade do julgador, pois a razão participaria do conhecimento dos fatos, da determinação dos valores e fins. Por outro lado, os positivistas confiam no legislador como a única fonte que inovaria a ordem jurídica, de forma que essa corrente condena o intérprete à via estreita da lógica formal, transformando a lei em um fim em si mesmo, inclusive em detrimento da realização do justo.[92]

Atualmente, o melhor entendimento aponta no sentido de que na tarefa interpretativa o juiz não seria escravo da lei e nem aquela decorreria simplesmente de sua vontade, mas "submetido ao ordenamento jurídico vigente, que é um sistema aberto afeiçoado aos fins e valores que a sociedade quer atingir e preservar, no pressuposto indeclinável de que essa ordem aspira à justiça".[93] Na verdade, o juiz elabora a norma para o caso concreto tanto por sua razão como por sua vontade e a sua tarefa "é um ato de razão porque exige o conhecimento de elementos fáticos, valorativos e normativos do caso; é um ato de vontade por implicar a escolha entre diversas alternativas decisórias possíveis".[94]

legales todo cuanto estime oportuno; pero la función jurisdiccional es una cosa diferente, y solo puede ser de la competencia del órgano que la ejerza autorizadamente". Cf. *Tratado General de Filosofía del Derecho*, cit., p. 627.
 91. Cf. Karl Larenz, *Metodologia da Ciência do Direito*, cit., pp. 297-298.
 92. Cf. Ruy Rosado de Aguiar Júnior, "Interpretação", *Ajuris*, vol. 45, 1989, p. 17.
 93. Idem, ibidem.
 94. Idem, ibidem, p. 18.

Eros Roberto Grau, com apoio em Enrique Eduardo Marí e Hans-Georg Gadamer, esclarece que haveria diferença entre interpretação e aplicação, ocorrendo uma superposição – já que não se realizariam autonomamente –, cuja equação não se resolveria em dois momentos distintos, mas diante de uma só operação mental, sendo que a interpretação do direito consistiria em "*concretar a lei* em cada caso, isto é, na sua *aplicação*, o intérprete, ao interpretar a lei, desde um caso concreto, a *aplica*".[95]

E essa tarefa de interpretação e aplicação do direito[96] constitui o ponto crucial da atividade judicial, que se tem tornado cada vez mais intrigante na medida em que há incremento da organização social, com a constante atualização de valores. Isso se depreende da própria evolução dos direitos fundamentais desde a época do liberalismo econômico do século XVIII, alcançando a geração atual de direitos consagrados pelos principais ordenamentos mundiais. Esclarece Karl Larenz:

> as normas jurídicas são interpretadas para, por regra, serem "aplicadas" a casos concretos. Na interpretação das normas jurídicas, só aparentemente se trata de um processo em que a norma aplicável se coloca, à semelhança de um metro articulado, sobre a situação de facto a julgar e esta é por ele mensurada. Isto pressuporia, em primeiro lugar, que a norma aplicável estivesse já em si tão determinada que o seu verdadeiro conteúdo estivesse fora de questão. Se assim fosse, não careceria de interpretação. Em segundo lugar, isto pressuporia ainda que a situação fáctica a julgar estivesse já determinada em todos os seus elementos e que fosse também susceptível de se ajustar precisamente

---

95. Cf. *O Direito Posto e o Direito Pressuposto*, cit., p. 205. Elival da Silva Ramos expõe que o binômio interpretação-aplicação é integrante de uma estrutura lógica complexa e dinâmica, "comandada por uma relação dialética de polaridade-implicação entre o sujeito cognoscente e o texto normativo, relação dialética essa que também existe entre as duas atividades que aquele simultaneamente exerce, a interpretação e a aplicação, mutuamente implicadas, embora lógica e conceitualmente distintas". Cf. *Ativismo Judicial. Parâmetros dogmáticos*, São Paulo, Saraiva, 2010, p. 84.

96. Com referência à origem nas instituições norte-americanas, em especial na Suprema Corte dos Estados Unidos, há doutrinadores que diferenciam o termo interpretação *stricto sensu* da construção (*construction*), reservando-se ao primeiro a tarefa de examinar o significado da linguagem utilizada ou do texto legal, ao passo que a outra expressão representaria a atividade de revelar as razões do produto legislado, reconstruindo-o em seu conjunto, recorrendo-se a outras considerações, a fim de que também se permita a renovação jurisprudencial de acordo com o dinamismo e a evolução política, social e econômica. Cf. Sálvio de Figueiredo Teixeira, *A Criação e Realização do Direito na Decisão Judicial*, Rio de Janeiro, Forense, 2003, pp. 17-22.

ao modelo dado na norma. Tão pouco é isto o que acontece. A maior parte das situações fácticas são por demais complexas.[97]

Dworkin apresenta, de modo didático, sob o recorte das etapas de raciocínio desenvolvido nesse processo de pesquisa do sentido das normas, uma distinção analítica em três fases a serem superadas:

A primeira denominada de "pré-interpretativa", na qual "são identificados as regras e os padrões que se consideram fornecer o conteúdo experimental da prática. (Na interpretação de obras literárias, a etapa equivalente é aquela em que são textualmente identificados romances, peças etc., isto é, a etapa na qual o texto de *Moby Dick* é identificado e distinguido do texto de outros romances)"; a etapa seguinte é a interpretativa "em que o intérprete se concentra numa justificativa geral para os principais elementos da prática identificada na etapa pré-interpretativa. Isso vai consistir numa argumentação sobre a conveniência ou não de buscar uma prática com essa forma geral", e, "por último, deve haver uma etapa 'pós-interpretativa ou reformuladora', à qual ele ajuste sua ideia daquilo que a prática 'realmente' requer para melhor servir à justificativa que ele aceita na etapa interpretativa".[98]

Como bem anota Dworkin, com enfoque na ideia de construção do amplo conceito de direito e na importância do papel do intérprete, o direito não se esgotaria, assim,

> por nenhum catálogo de regras ou princípios, cada qual com seu próprio domínio sobre uma diferente esfera de comportamentos. Tampouco por alguma lista de autoridades com seus poderes sobre parte de nossas vidas. O império do direito é definido pela atitude (...) é uma atitude interpretativa e autorreflexiva, dirigida à política no mais amplo sentido (...). A atitude do direito é construtiva: sua finalidade, no espírito interpretativo, é colocar o princípio acima da prática para mostrar o melhor caminho para um futuro melhor, mantendo a boa-fé com relação ao passado.[99]

Mesmo no sistema inglês, em relação ao direito legislado (*Statutory*), a função destinada ao juiz é de aplicá-lo mediante interpretação, seja quando a sua redação for conflitante, ou quando a sua incidência for incerta, assim como se a revelação de seu sentido ou o alcance demandar

---

97. Cf. *Metodologia da Ciência do Direito*, cit., pp. 295-296.
98. Cf. *O Império do Direito*, trad. Jefferson Luiz Camargo, São Paulo, Martins Fontes, 2007, pp. 81-82.
99. Idem, p. 492.

prévia elaboração. Sob o aspecto formal, a lei é expressa em palavras, que são meio de comunicação imperfeito, necessitando de interpretação, por exemplo, nas situações em que "the Act is badly drafted, or because the subject-matter of the Act is so complex that errors are inevitable, or because the Act fails to provide for all possible contingencies".[100] Nessa tarefa o juiz deve valer-se de algumas regras ou princípios e respeitar alguns limites.[101]

Conquanto haja previsão legal, o direito aplicável ao caso somente pode ser conhecido no instante em que é implementado, sendo que, na ausência de legislação acerca de uma situação específica,

> the parties may not know what their rights are until after the judge has decided the dispute between them. Of course, much of the advantage claimed here for statute law is lost if the particular statutory provision is ambiguous – *a state of affairs which is very common*. A clear, unambiguous statute can undoubtedly prevent much litigation.[102]

Os métodos de interpretação conhecidos como jurídicos ou clássicos pautam-se, conforme sintetiza Canotilho, pela concretização do sentido das normas através do teor do texto legal mediante a utilização de elementos interpretativos tais como: "(i) do elemento filológico (= literal, gramatical, textual); (ii) do elemento lógico (= elemento sistemático); (iii) do elemento histórico; (iiii) do elemento teleológico (= elemento racional); (iiiii) do elemento genérico".[103]

Ainda sob o ângulo dos cânones, métodos ou técnicas de interpretação, Robert Alexy menciona a existência de variações doutrinárias, a ponto de que, *in verbis*:

> Savigny distingue o elemento gramatical, lógico, histórico e sistemático de interpretação. Segundo Larenz, existem cinco critérios de

---

100. Cf. Terence Ingman, *The English Legal Process*, 9ª ed., New York, Oxford University Press, 2002, p. 329.
101. Terence Ingman aponta as regras da interpretação literal (*literal rule*), da "regra de ouro" (*golden rule*), mediante a aplicação restrita da lei para evitar um resultado absurdo, ou a aplicação ampliada, especialmente nas considerações de política pública para prevenir uma interpretação obnóxia, da regra do prejuízo (*mischief rule*), que permite analisar a situação da lei anterior para descobrir o equívoco da lei atual, da regra da interpretação sistemática ("the statute must be read as a whole"), isto é, as palavras devem ser interpretadas dentro do seu contexto. Idem, ibidem, pp. 330-347.
102. Cf. Terence Ingman, *The English Legal Process*, cit., p. 311, destaques nossos.
103. Cf. *Direito Constitucional e Teoria da Constituição*, cit., pp. 1.210-1.211.

interpretação: o sentido literal, o significado da lei segundo o contexto, as intenções e metas normativas do legislador histórico, os critérios objetivo-teleológicos e o mandamento de interpretação conforme a constituição. Wolff, para mencionar outro exemplo, cita as interpretações filológica, lógica, sistemática, histórica, comparativa, genética e teleológica.[104]

Alexy lembra ainda o problema da ordem hierárquica, assim como a sua imprecisão, o que "exclui a possibilidade de usá-los como regras suficientes por si mesmas para a fundamentação de decisões jurídicas". Assim, "os argumentos a partir de sistemas, quaisquer que sejam esses, desempenham um papel importante tanto na *práxis* judicial quanto na Ciência do Direito".[105]

O mesmo autor, indagando "onde e em que medida são necessárias valorações, como deve ser determinada a relação dessas com os métodos da interpretação jurídica e com os enunciados e conceitos da dogmática jurídica, e como podem ser racionalmente fundamentadas ou justificadas essas valorações", com vistas ao "problema da legitimidade da regulação dos conflitos sociais mediante decisões judiciais", propõe um procedimento denominado de argumentação jurídica racional, sustentando que não é a produção de segurança do resultado que constitui o caráter racional da Ciência do Direito, mas "o cumprimento de uma série de condições, critérios ou regras", a exemplo da "exigência de consistência (não contradição), de racionalidade dos fins e de verdade dos enunciados empíricos empregados".[106]

No tocante à elaboração das decisões judiciais, incluindo-se a atividade de interpretação, é certo que deve haver um mínimo de coerência, objetividade e racionalidade, qualquer que seja o tipo de sistema de direito vigente em um determinado contexto sócio-político, tanto no ordenamento da *Civil Law* ou da *Judge-made-law*. Numa tipologia básica de justificação ou fundamentação, a questão pode ser encarada pelo aspecto interno e externo:

> The former is defined as a justification of a conclusion, i.e., of decision, by its premises according to the accepted rules of reasoning.

---

104. Cf. *Teoria da Argumentação Jurídica. A teoria do discurso racional como teoria da fundamentação jurídica,* trad. Zilda Hutchinson Schild Silva, 3ª ed., Rio de Janeiro, Forense, 2011, pp. 20-21.
105. Idem, ibidem.
106. Idem, pp. 24 e 284-285.

These premises in judicial decision cover the knowledge and the evaluations (preferences) of the decisionmaker. The later deals with the correctness of these premises.[107]

Todavia, na adoção exclusiva dessas técnicas, a preocupação quanto ao paradigma ou modelo teórico de justificação de decisão judicial sempre esteve focada no aspecto racional e da coerência lógica das normas, subtraindo-se qualquer menção da face valorativa, cujos fundamentos podem ser assim resumidos:

> a) the decision of validity, which states that the applied legal norm is valid and applicable (or – exceptionally – only applicable in case); b) the decision of interpretation, stating that the norm to be applied has a determined meaning; c) the decision of evidence stating that some facts of the case are admitted as existing in the determined *spatio--temporal* dimensions; d) the decision of the choice of consequences stating that according to the applied norm the proved facts of the case have determined legal consequences.[108]

Os métodos tradicionais têm sido criticados, inclusive no direito inglês, sobretudo pelo uso exagerado no passado da interpretação literal das leis, por não se revelarem consistentes e não proporcionarem ainda a previsibilidade na aplicação judicial, de modo que haveria esforços para a melhoria das técnicas, como a proposta de implementação da pesquisa do sentido da legislação ao invés da extração do conteúdo meramente formal do texto ("the 'purposive' approach to the literal approach"), em que se tentaria buscar a compreensão como "'intention seeker rather than a 'strict literal constructionist'".[109]

As técnicas de interpretação também acompanharam a evolução do direito, *v.g.*, na época em que predominava a concepção positivista e formalista, a metodologia esteve atrelada preponderantemente ao exame textual dos dispositivos legais que se ordenavam estruturalmente, afastando qualquer perquirição de elementos de consideração axiológica. Com a superação dessa corrente e o advento da teoria material da Constituição, conforme assenta Paulo Bonavides,

---

107. Cf. Jerzy Wróblewski, "Paradigms of justifying legal decisions", *Theory of Legal Science. Proceedings of the Conference on Legal Theory and Philosophy of Science, Lund, Sweden, December 11-14, 1983*. Dordrecht/Boston/Lancaster, D. Reidel, p. 255.
108. Idem, ibidem, pp. 258-259.
109. Cf. Terence Ingman, *The English Legal Process*, cit., pp. 368-370.

o centro de gravidade dos estudos constitucionais, que dantes ficava na parte organizacional da Lei Magna – separação de poderes e distribuição de competências, enquanto forma jurídica de neutralidade aparente, típica do constitucionalismo do Estado liberal – se transportou para a parte substantiva, de fundo e conteúdo, que entende com os direitos fundamentais e as garantias processuais da liberdade, sob a égide do Estado social.[110]

Acrescenta o mesmo autor que

os métodos tradicionais, a saber, gramatical, lógico, sistemático e histórico, são de certo modo rebeldes a valores, neutros em sua aplicação, e por isso mesmo impotentes e inadequados para interpretar direitos fundamentais. Estes se impregnam de peculiaridades que lhes conferem um caráter específico, demandando técnicas ou meios interpretativos distintos, cuja construção e emprego gerou a Nova Hermenêutica.[111]

A ciência processual moderna não hesita em reafirmar, como lembra Cândido Rangel Dinamarco, que:

o momento de decisão de cada caso concreto é sempre um momento valorativo. Como a todo intérprete, incumbe ao juiz postar-se como canal de comunicação entre a carga axiológica atual da sociedade em que vive e os textos, de modo que estes fiquem iluminados pelos valores reconhecidos e assim possa transparecer a realidade de norma que contêm no momento presente. O juiz que não assuma essa postura perde a noção dos fins de sua própria atividade, a qual poderá ser exercida até de modo bem mais cômodo, mas não corresponderá às exigências de justiça.[112]

Nesse contexto, espera-se da figura do juiz-cidadão que esteja em sintonia com os dramas sociais de seu tempo, que não se contente em ser

---

110. Cf. *Curso de Direito Constitucional*, cit., p. 616. Não mais pode subsistir, reafirme-se, a pretensa neutralidade do julgador, posição sustentada pelos positivistas, uma vez que "a partir da compreensão de que nosso mundo é mediado linguisticamente, não mais se faz seriamente sustentável a pretensão de que possamos ser 'neutros' em face de qualquer coisa que seja. Isso porque a postura básica para qualquer atividade interpretativa jamais pode ser a 'neutralidade', mas o *mergulho*, o compartilhamento, de determinados pré-conceitos e pré-compreensões que nos forma um arcabouço hermenêutico a nos permitir a própria atividade interpretativa adequada". Cf. Lúcio Antônio Chamon Júnior, *Teoria da Argumentação Jurídica*, cit., p. 215.
111. Cf. Paulo Bonavides, *Curo de Direito Constitucional*, cit., p. 624.
112. Cf. *A Instrumentalidade do Processo*, 15ª ed., rev. e atual., São Paulo, Malheiros Editores, 2013, pp. 347-348.

mero aplicador das leis, mas sensível e comprometido com os problemas da sociedade para a qual se destina a tutela jurisdicional.[113]

5.1 O positivismo jurídico

Não obstante a escola positivista tivesse desempenhado importante papel no passado ao permitir, com base na concepção de sistema, herança do jusnaturalismo, a organização e a estruturação de vários institutos que careciam de um mínimo de segurança, através do movimento de codificação do Direito não escrito (natural e consuetudinário), oferecendo "ao Estado um instrumento de controle da vida em sociedade",[114] o positivismo é próprio de um modelo lógico-estrutural de normas jurídicas voltado exclusivamente para elas, tendo como fundamento a premissa da legalidade, ignorando-se, como fazem vigorosamente os defensores da corrente purista, cujo expoente foi Hans Kelsen, quaisquer elementos axiológicos como a moral e a justiça para explicar o conceito de direito.[115]

O movimento positivista pode ser classificado em duas correntes. O positivismo puro, ou estrito, concebe, de acordo com o ensinamento de Norberto Bobbio, o direito como "um conjunto de comandos emanados pelo soberano" e "introduz na definição o elemento único da validade, considerando portanto como normas jurídicas todas as normas emanadas num determinado modo estabelecido pelo próprio ordenamento jurídico, prescindindo do fato de estas normas serem ou não efetivamente aplicadas na sociedade: na definição do direito não se introduz assim o requisito da eficácia".[116]

---

113. Cf. Cândido Rangel Dinamarco, *Fundamentos do Processo Civil Moderno*, t. I, 6ª ed., São Paulo, Malheiros Editores, 2010, p. 150.

114. Cf. Eduardo C. B. Bittar e Guilherme Assis de Almeida, *Curso de Filosofia do Direito*, 8ª ed., rev. e aum., São Paulo, Atlas, 2010, p. 387.

115. Não se quer afirmar com isso que Hans Kelsen não tivesse demonstrado interesse na investigação em torno da concepção de justiça, mas remeteu toda essa questão para outra esfera de discussão, já que não haveria qualquer espaço na teoria pura do direito. Particularmente, o autor manifestou que a justiça seria um conceito aberto e de conteúdo variável, afirmando que, ao lado da justiça absoluta, qualificável como "belo sonho da humanidade", se contentaria com uma justiça relativa, ou seja, "da liberdade, da paz, da democracia, da tolerância". Cf. *O que é Justiça?*, trad. Luís Carlos Borges, 3ª ed., 2ª tir., São Paulo, Martins Fontes, 2010, p. 25.

116. Cf. *O Positivismo Jurídico. Lições de Filosofia do Direito*, compiladas por Nello Morra, trad. e notas de Márcio Pugliesi, Edson Bini e Carlos E. Rodrigues, São Paulo, Ícone, 2006, p. 142.

Nesse sentido, Hans Kelsen sustenta que nada impede que as normas ineficazes possam ser consideradas como válidas, assim como "uma norma absolutamente

Ao cabo dessa vertente, surgiu no início do século passado a denominada "escola realista do direito", que se desenvolveu sobretudo nos países anglo-saxônicos. Para ela, o direito não pode ser visto apenas do ângulo do dever-ser, mas pelo aspecto do ser, como uma realidade fatual, inserindo a noção de eficácia, com enfoque na aplicação das normas jurídicas pelos juízes, de modo que o verdadeiro direito para essa corrente seria aquele aplicado pelo juiz, embora não esteja de acordo com as normas postas pelo legislador.[117]

De qualquer maneira, a característica comum de ambas as visões do positivismo é o formalismo, como postura anti-ideológica do direito.[118] Essa tentativa de redução do fenômeno do Direito aos contornos da norma escrita, abstraindo outras abordagens relacionadas aos campos da política, história, ética, economia, sociologia etc., implicaria a desconsideração de importantes papéis exercidos, por exemplo, pelos *standards* no sistema jurídico, que não funcionam adequadamente na moldura e nos estritos limites do pensamento positivista, já que, diferentemente de regras, também podem operar como princípios, políticas e outros tipos de configuração, especialmente em torno do enfrentamento de casos considerados difíceis (*hard cases*).[119]

O significado e o alcance da legalidade sob o enfoque positivista podem ser mais bem compreendidos se contrastadas as principais etapas através das quais se estabeleceu a incorporação dos princípios gerais no âmbito do Direito Constitucional, cuja progressiva inserção determinou a diversidade no modo de tratamento do seu sentido normativo, com reflexo nos demais ramos da ciência jurídica. Assim, podem ser analisadas, em linhas preponderantes, de acordo com a ordem cronológica de evolução, as fases jusnaturalista, positivista e pós-positivista.[120]

Na primeira, os princípios não passavam da esfera de abstração e sua normatividade, basicamente nula e duvidosa, contrastava com o reconhecimento de sua dimensão ético-valorativa de ideia que inspirava os postulados de justiça.[121] A fase seguinte, a positivista, que perdurou

---

eficaz, que nem sequer pode ser violada, não é tida por válida porque nem sequer é considerada norma". Cf. *Teoria Pura do Direito*, cit., p. 299.
117. Cf. Norberto Bobbio, *O Positivismo Jurídico...*, cit., pp. 142-144.
118. Idem, ibidem, p. 144.
119. Cf. Ronald Dworkin, *Taking Rights Seriously*, cit., p. 22.
120. Cf. Paulo Bonavides, *Curso de Direito Constitucional*, cit., pp. 264-271.
121. Idem, ibidem, pp. 264-265. Por isso, no antagonismo entre a doutrina do direito natural e do positivismo jurídico, o primeiro era conhecido como doutrina idealista, porque, sendo fruto de criação do arbítrio humano, seria um direito ideal,

desde o século XIX até os meados do século XX, permitiu o ingresso dos princípios nos códigos, mas como fonte subsidiária, servindo apenas como "válvula de segurança",[122] que não se sobrepunha à lei, de modo que os princípios na ordem constitucional não serviam senão como meras pautas programáticas. Na etapa subsequente, atualmente em voga, o pós-positivismo cultua a hegemonia valorativa dos princípios, "convertidos em pedestal normativo sobre o qual assenta todo o edifício jurídico dos novos sistemas constitucionais".[123]

Radbruch faz um recorte histórico para apontar o risco de um desequilíbrio do direito dependendo da forma extremada em privilegiar um ou outro elemento ou valor do sistema jurídico. Assim, inicialmente, menciona o caráter multilateral do direito e a plenitude de contradições que o caracterizam para, então, apontar três aspectos necessários e antagônicos que devem estar presentes: 1) a justiça que é atrelada à noção de igualdade, que instrui o modo de tratamento (aos iguais como iguais e aos desiguais como desiguais); 2) a utilidade ou adequação a um fim, que diz respeito ao ponto de vista segundo o qual uns devam ser qualificados como iguais e outros como desiguais; e 3) a segurança jurídica (se não se pode identificar o que é justo, então é necessário estabelecer o que deve ser jurídico).

Em seguida, esclarece que há tensão e contradição permanente entre esses elementos, embora dependendo da época histórica um poderia sobrepor-se a outro, considerando-se a ideia transcrita na seguinte passagem:

---

invariável, identificável com a justiça. Cf. Hans Kelsen, *Contribuciones a la Teoría Pura del Derecho*, México, Distribuciones Fontamara, 1999, p. 121.

122. Cf. Paulo Bonavides, *Curso de Direito Constitucional*, cit., p. 267.

123. Idem, ibidem, p. 264. Essa última fase iniciada no decorrer do século passado, que se desenvolveu sob os diversos matizes, também é conhecida como a do realismo jurídico, que se distinguiria tanto do jusnaturalismo quanto do positivismo, cujo movimento tenta construir o direito captando as verdadeiras aspirações da sociedade. Cf. Norberto Bobbio, *Teoria da Norma Jurídica*, trad. Fernando Pavan Baptista e Ariani Bueno Sudatti, São Paulo, Edipro, 2001, pp. 62-68.

O pós-positivismo traduz um "ideário difuso, no qual se incluem a definição das relações entre valores, princípios e regras, aspectos da chamada *nova hermenêutica constitucional* e a teoria dos direitos fundamentais, edificada sobre o fundamento da dignidade humana", de modo que esse movimento representou a reaproximação entre o direito e a ética. Cf. Luís Roberto Barroso e Ana Paula de Barcellos, "O começo da história: a nova interpretação constitucional e o papel dos princípios no direito brasileiro", in Virgílio Afonso da Silva (org.), *Interpretação Constitucional*, 1ª ed., 3ª tir., São Paulo, Malheiros Editores, 2010, pp. 278-279.

o *Estado-gendarme* buscou a prevalência do princípio da utilidade ou finalidade, afastando irrefletidamente a justiça e a segurança jurídica nos atos autoritários de sua justiça de gabinete (*Kabinettjustiz*). O *período do direito natural* buscou extrair da ideia formal do justo a totalidade do conteúdo jurídico, daí a sua vigência. Na mais fatal unilateralidade, a superada época do *positivismo jurídico* via somente a positividade e a segurança jurídica, e provocou por longo tempo a paralisação da investigação sistemática da utilidade e até mesmo da justiça, silenciando durante decênios a filosofia do direito e a política do direito.[124]

O positivismo puro não se sustenta atualmente, podendo ser apontadas para tanto as seguintes explicações doutrinárias: 1) não admite a presença de lacunas e, quando a aceita, não apresenta solução material, já que a integração da lacuna se faria à margem do pensamento jurídico; 2) não dispõe de meios para lidar com conceitos indeterminados, como normas em branco e, em geral, com proposições carecidas de preenchimento valorativo; 3) é inoperante "em situações de contradições de princípios", levando à postura metodológica de negação, ou ignorância ou a busca de solução para "os acasos das decisões subjectivas"; 4) "o juspositivismo detém-se perante a questão complexa mas inevitável das normas injustas", falecendo "uma bitola que viabilize o juízo de 'injustiça'"; falta-lhe a capacidade de apontar soluções alternativas diante de injustiças ou inconveniências graves no Direito vigente.[125]

Mauro Cappelletti critica o aspecto patológico do positivismo jurídico ao examinar o movimento de acesso à justiça afirmando que aquele é o resultado de

> una potente reazione contro un'impostazione dogmatico-formalistica che pretendeva di identificare il fenomeno giuridico esclusivamente nel complesso delle norme, essenzialmente di derivazione statale, di un determinato Paese. Il dogmatismo giuridico è stato una forma degenerativa del positivismo giuridico, che ha portato non soltanto ad una semplificazione irrealistica del diritto, ridotto appunto al suo aspetto normativo – *jus positum* – trascurandone cosi gli altri non meno essenziali elementi: soggetti, istituzioni, procedimenti; ma ha portato altresì ad una non meno irrealistica semplificazione dei compiti

---

124. Cf. *Filosofia do Direito*, trad. Marlene Holzhausen, São Paulo, Martins Fontes, 2010, pp. 107-114.
125. Cf. Antônio Menezes Cordeiro, "Os dilemas da ciência do direito no final do século XX", in Claus-Wilhelm Canaris, *Pensamento Sistemático e Conceito de Sistema na Ciência do Direito*, cit., pp. XXI-XXIII.

e delle responsabilità del giurista, giudice, avvocato, studioso, compiti che, secondo quella impostazione, dovrebbero limitarsi ad una mera, asettica, passiva e meccanica conoscenza ed applicazione delle norme nella vita pratica, nell'insegnamento e nell'analisi scientifica. In questa impostazione formalistica e degenerativa del positivismo giuridico, l'interpretazione della norma altro non è che 'il risultato di un calcolo concettuale a struttura deduttiva, fondato su un'idea dell'ordinamento come sistema di norme chiuso, completo e gerarchizzato.[126]

Conquanto o positivismo jurídico tenha trazido contribuição, na época, ao pensamento jurídico "ao preconizar a sua formulação dentro dos padrões rigorosos e racionais da ciência",[127] esse movimento representou, de outro lado, ponto de partida para novas incursões metodológicas pela filosofia do direito contemporâneo na tentativa de "explicar o fenômeno jurídico sem abdicar de sua dimensão valorativa, nem cair no subjetivismo irracionalista que se costuma apontar como consequência do desrespeito da neutralidade axiológica".[128]

5.2 Indeterminação de conceitos ou termos jurídicos[129]

O atual estágio da sociedade contemporânea caracteriza-se pelas transformações sociais que se processam em ritmo mais intenso em cotejo com a época relativamente recente da história da humanidade, podendo ser mencionada, como marco da ruptura desse ambiente em que reinava maior estabilização de valores, a transposição entre os séculos XIX e XX, quando a segurança jurídica ainda representava fator predominante para a garantia da paz social.

Nesse contexto, a tarefa do intérprete e do aplicador do direito não exigia muito esforço diante do modelo de definição normativa prévia das

---

126. Cf. "L'accesso alla giustizia e la responsabilità del giurista nella nostra epoca", *Studi in Onore di Vittorio Denti*, vol. I, Padova, CEDAM, 1994, p. 265.
127. Cf. Willis Santiago Guerra Filho, "Notas para destacar a importância do princípio constitucional da proporcionalidade no delineamento dos poderes do juiz", in *Os Poderes do Juiz e o Controle das Decisões Judiciais*, 2ª tir., São Paulo, Ed. RT, 2008, p. 115.
128. Idem, ibidem.
129. Eros Roberto Grau esclarece que o correto seria "termos indeterminados" ao invés de "conceitos indeterminados", uma vez que "a *indeterminação* a que nos referimos, na hipótese, *não é dos conceitos jurídicos (ideias universais), mas de suas expressões (termos)*; logo, mais adequado será referirmo-nos a *termos indeterminados de conceitos*, não *a conceitos (jurídicos ou não) indeterminados*". Cf. *O Direito Posto e o Direito Pressuposto*, cit., p. 194, destaques no original.

situações de vida, reservando-se, apenas em caráter residual, as faixas de atuação judicial em que se requeria uma atividade de integração, elaboração ou interpretação mais apurada. Mesmo assim, nos meados do século passado, Karl Engisch, ao definir o conceito indeterminado como aquele cujo conteúdo e extensão seriam em larga medida incertos, alertava para o fato de que os conceitos absolutamente determinados seriam muito raros no Direito.[130]

No início do século passado, por volta da década de 1920, Benjamin Cardozo, influente jurista norte-americano, que combatia o formalismo legal, afirmava que códigos e leis não tornavam supérfluo o juiz, nem perfunctório e mecânico o seu trabalho. Havia lacunas a serem esclarecidas, assim como "asperezas e injustiças a serem mitigadas, se não evitadas",[131] vez que o dever do juiz não se resumiria "à ideia de casar as cores do caso concreto, que tem em mãos, com as cores de muitos modelos de casos, espalhados sobre a sua mesa de trabalho", pois, se isso fosse verdade, "o homem que possuísse o melhor fichário dos casos julgados seria, também, o juiz mais sábio".[132]

No mesmo diapasão, Recaséns Siches, analisando a incompletude das leis, fez, em meados do século passado, interessante comparação entre máquinas e raciocínio jurídico, afirmando que nunca haveria "juízes eletrônicos" tendo em vista que o juízo avaliativo se formaria diante de variados e heterogêneos fatores, de diversos argumentos, particularmente de ordem ética e jurídica, a formar uma espécie de todo complexo unitário:

> Las computadoras pueden emitir juicios de valor como consecuencia deductiva de criterios estimativos que previamente han sido metidos dentro de la computadora; pero no pueden producir la armonía de un juicio prudente, de una decisión tomada con buen sentido humano, en vista a los componentes particulares que intervienen en cada problema singular", de forma que, igualmente, "es imposible que el legislador, incluso el más genialmente talentoso, pueda prever todos los casos que el futuro – remoto o incluso próximo – depare, así tampoco pueden meterse dentro de una computadora ni todos los criterios estimativos que deban venir en cuestión, ni tampoco todas las pautas para la armonización unitaria de esos criterios.[133]

---

130. Cf. *Introdução ao Pensamento Jurídico*, cit., p. 208.
131. Cf. *A Natureza do Processo e a Evolução do Direito*, trad. Leda Boechat Rodrigues, São Paulo, Companhia Editora Nacional, 1943, p. 14.
132. Idem, p. 18.
133. Cf. *Experiencia Jurídica, Naturaleza de la Cosa y Lógica "Razonable"*, México, Universidad Nacional Autónoma de México (UNAM), 1971, pp. 546-547.

Também são perfeitamente ajustáveis ao nosso sistema as considerações feitas por Benjamin Cardozo a respeito da *Common Law* no sentido de que ela não se operaria com verdades pré-estabelecidas, de validade universal e inflexível, para chegar às suas conclusões derivadas, por um processo dedutivo, bem como "as regras e princípios do direito consuetudinário (*case-law*) nunca foram tratados como verdades finais, mas como hipóteses de trabalho, continuamente reexaminadas nesses grandes laboratórios do direito que são os tribunais de justiça".[134]

Com maior razão, nas quadras atuais, o poder de colmatação ou integração das normas, cujo fenômeno tradicionalmente se revelava de modo subsidiário para a mera superação das lacunas do direito (Lei de Introdução às normas do Direito Brasileiro, art. 4º: "Quando a lei for omissa, o juiz decidirá o caso de acordo com a analogia, os costumes e os princípios gerais de direito"), tem papel preponderante na concretização das normas de tipo aberto, cada vez mais comuns no ordenamento jurídico, não se resumindo àquela tarefa de solucionar o impasse provocado pela ausência de previsão normativa específica.

A preferência política pela técnica através da qual o legislador não se antecipa a todas as circunstâncias do caso, deixando certa abertura por ocasião da elaboração normativa primária,[135] que demandará atividade complementar de valoração, é praticamente inexorável nos tempos de

---

Aristóteles já tinha a exata noção da impossibilidade de prever todas as situações particulares, uma vez que dado o caráter universal da lei ela "leva em consideração o caso mais frequente, embora não ignore a possibilidade de erro em consequência dessa circunstância. E nem por isso esse procedimento deixa de ser correto, pois o erro não está na lei nem no legislador, e sim na natureza do caso particular, já que os assuntos práticos são, por natureza, dessa espécie". Mais adiante, discorrendo sobre a natureza do equitativo como correção da lei quando essa for deficiente em razão da sua universalidade, afirmou que "nem todas as coisas são determinadas pela lei: é impossível estabelecer uma lei acerca de algumas delas, de tal modo que se faz necessário um decreto. Com efeito, quando uma situação é indefinida, a regra também é indefinida (...)". Cf. *Ética a Nicômaco*, trad. Torrieri Guimarães, 5ª ed., São Paulo, Martin Claret, 2011, p. 121.

134. Cf. Benjamin Cardozo, *A Natureza do Processo e a Evolução do Direito*, cit., p. 19.

135. Esse aspecto da função legislativa foi anotado por Perelman, nos seguintes termos: "conforme o legislador deseje restringir ou estender o poder de apreciação daqueles que deverão aplicar as leis, trate-se de administração pública ou do poder judiciário, redigirá o texto da lei em termos mais ou menos precisos, ou mais ou menos vagos: significando a imprecisão que, nos casos particulares, o próprio legislador não deseja tomar uma posição determinada, quer pelo fato de estarem ausentes todos os elementos de informação, quer por não haver acordo dos membros do legislativo sobre a maneira de regulá-los: caberá, então, aos que devem aplicar os textos legais

hoje diante do dinamismo da vida moderna e, ao mesmo tempo, mostra-se vantajosa ao afastar a necessidade de modificações legislativas frequentes mercê da introdução constante de novos componentes sociais, políticos, econômicos, culturais e outros. Ademais, solução inversa provavelmente conduziria à insegurança jurídica, pois,

> quanto mais pródiga em minúcias a lei, quanto mais particularista, maior o número de interrogações que levanta, de litígios que sugere. Deve procurar suprir as faltas dos Códigos, reveladas pela prática, ou corrigir as conclusões prejudiciais a que chegou a jurisprudência.[136]

Em contrapartida, como se verá oportunamente, não se pode perder de vista que é imprescindível a estipulação de limites na atuação judicial ao se defrontar com a necessidade de preenchimento dos termos da norma no caso concreto, bem como a fixação de garantias para o seu controle, a fim de que o sistema não compadeça a indesejável margem de casuísmo e subjetivismo, o que poderia provocar interferência ou ameaça, mesmo em grau mínimo, à segurança jurídica.

A relevância do viés metodológico voltado à definição do conteúdo das normas no momento da aplicação é inquestionável tanto na visão macroscópica do processo para a aferição dos valores cardeais que determinam o grau de sua efetividade, bem como no aspecto intrínseco do manejo do instrumento de concretização do direito material, seguindo--se a tendência verificada na elaboração legislativa em diversos ramos,

---

tomar as decisões definitivas em cada caso específico". Cf. *Lógica jurídica. Nova retórica*, p. 202/203.

136. Cf. Carlos Maximiliano, *Hermenêutica e Aplicação do Direito*, 19ª ed. Rio de Janeiro, Forense, 2007, p. 48. É o consectário de que o legislador, como ser humano, é incapaz de prever rigorosamente todos os acontecimentos da vida, que "(...) é muito mais rica do que a imaginação do legislador, na experiência comum surgem situações que, contrariando as expectativas, não comportam as soluções postas nos textos do direito positivo. Às vezes, porque não foram previstas, não se acham incluídas nas *fattispecie* legais e para elas nada está disposto; temos aí as lacunas da lei, para as quais a teoria jurídica oferece soluções aceitáveis. Outras vezes, o caso concreto apresenta conotações específicas tão discrepantes dos *standards* presentes na mente do legislador, que, não-obstante um juízo puramente dedutivo pudesse conduzir a reputá-lo disciplinado segundo certos cânones, uma valoração acurada desaconselha que isso seja feito. Daí a imperfeição de toda ordem jurídico-positiva, a ser superada pela atuação inteligente e ativa do juiz empenhado em fazer com que prevaleçam os verdadeiros princípios da ordem jurídica sobre o que aparentemente poderia resultar dos textos". Cf. Cândido Rangel Dinamarco, *Nova Era do Processo Civil*, 4ª ed., São Paulo, Malheiros Editores, 2013, p. 30.

a exemplo do Código Civil de 2002, que fez nítida eleição pelas normas de tipo aberto.[137]

Com efeito, a atuação judicial, na concepção instrumentalista do processo, não pode negligenciar a preocupação constante com a efetividade do direito material e, para isso, é imprescindível, sob o risco de comprometer o seu resultado, que a utilização adequada das técnicas interpretativas incida igualmente na condução do processo, na consideração dos importantes valores consagrados na Norma Fundamental, dentre os quais representados, para a tônica deste trabalho, pelos princípios da celeridade e da segurança jurídica.

No contexto em que se generalizam normas com indeterminação de termos jurídicos, os métodos hermenêuticos que se valem da interpretação em conexão com os fatos atinentes à realidade da causa, sem prejuízo dos valores impregnados na dimensão fático-normativa, podem preservar o fator segurança através da constatação de que a linha de raciocínio a ser conduzido funda-se especialmente em torno dos princípios jurídicos. Isso proporciona suficiente grau de previsibilidade, o qual, aliás, não poderia mesmo ser absoluto, tendo em vista a própria natureza do direito, ciência ontologicamente valorativa.

137. Mencionem-se, *v.g.*, os vários dispositivos do Código Civil atual que adotaram o termo ou a cláusula geral da *boa-fé*: arts. 113, 128, 164, 167, § 2º, 187, 242, *caput*, e parágrafo único, 286, 307, parágrafo único, 309, 422, 523, 606, 637, 686, 689, 765, 814, § 1º, 856, parágrafo único, 878, 879, 896, 925, 1.049, 1.149, 1.201, *caput*, e parágrafo único, 1.202, 1.214, *caput*, e parágrafo único, 1.217, 1.219, 1.222, 1.228, § 4º, 1.238, 1.242, 1.243, 1.247, parágrafo único, 1.255, parágrafo único, 1.257, 1.258, 1.259, 1.260, 1.261, 1.268, § 1º, 1.270, 1.561, § 1º, 1.563, 1.741, 1.817, parágrafo único, e 1.828.

O Código de Processo Civil de 2015 também acolheu diversos dispositivos legais contendo termos abertos, vagos ou indeterminados, *e.g.*: "boa-fé" (arts. 322, § 2º, e 489, § 3º), "má-fé" (arts. 79, 80, 81, 96, 100, parágrafo único, 142, 536, § 3º, 702, §§ 10 e 11, e 777), "dano irreparável" (arts. 314 e 989, II), "dano grave ou de difícil reparação" (arts. 1.012, § 4º, 1.026, § 1º), "abuso do direito de defesa" (art. 311, I), "manifesto propósito protelatório" (art. 311, I), "manifesto risco de grave dano de difícil ou incerta reparação" (art. 521, parágrafo único) e "perigo de irreversibilidade" (art. 300, § 3º).

A Constituição Federal de 1988 também já havia consagrado, em várias passagens, a textura aberta das normas, a exemplo do direito fundamental ao meio ambiente ecologicamente equilibrado, tendo o constituinte adotado, no art. 225, para a tutela dos valores ambientais, "dada a sua complexidade, extensão e abrangência", a opção pela abertura normativa, deixando "aos mecanismos do sistema a responsabilidade de ajustamento para sua concreção ao caso concreto, por meio de um preenchimento valorativo". Cf. Norma Sueli Padilha, *Colisão de Direitos Metaindividuais e a Decisão Judicial*, Porto Alegre, Sergio Antonio Fabris Editor, 2006, pp. 82-83.

Ademais, os conceitos vagos ou termos indeterminados não acarretam a incômoda insegurança, quando muito ensejam esforço a ser empreendido de ordem interpretativa, podendo ser acrescentada a seguinte observação:

> se *linguisticamente* o conceito indeterminado é aquele que gera dúvidas quanto à inclusão daquele objeto determinado no seu âmbito de alcance semântico, do ponto de vista jurídico esta dúvida não pode existir, porque o valor *segurança* é especialmente prezado pelo Direito. Se as normas jurídicas, direta ou indiretamente, prescrevem condutas, é necessário que se as estenda de um modo unívoco, para que se esteja orientado quanto ao modo de agir lícito e para que se tenha previsibilidade. Os princípios desempenham papel relevante na condução do pensamento do intérprete a encontrar o sentido de normas que contenham um conceito vago ou a decidir se certa situação pode ser resolvida com a incidência daquela determinada norma. Assim, se terá certo grau de segurança quanto ao fato de que o sentido encontrado está em conformidade com o *ethos* dominante.[138]

5.3 O sentido e o alcance da discricionariedade judicial

Discute-se muito acerca da existência do poder discricionário do juiz.[139] Numa primeira abordagem e em sentido genérico, a discricionariedade judicial pode ser compreendida como a possibilidade de atuação dentro de um determinado campo de seleção conferido pelo legislador ou pelo sistema, observando-se o prudente arbítrio e atendidas todas as

---

138. Cf. Teresa Arruda Alvim Wambier, *Controle das Decisões Judiciais por meio de Recursos de Estrito Direito e de Ação Rescisória*, São Paulo, Ed. RT, 2002, pp. 376-377.

139. A propósito, Elio Fazzalari aponta que o âmbito da discricionariedade do juiz é exíguo, entendida sob a noção que é empregada na Administração Publica, porquanto "il giudice opera in una struttura con contradditorio e che gran coppia dell'attività processuale è svolta dalle parti. La discrezionalità del giudice riguarda alcuni momenti della vicenda processuale: si pensi, a mo' di esempio, alla chiamata in causa del terzo; alla disposizione di prove *ex officio*; alla fissazione di udienze successive; alla sospensione del processo di esecuzione". Cf. *Istituzioni di Diritto Processuale*, 5ª ed., Padova, CEDAM, 1989, p. 333.

De acordo com Michele Taruffo, o termo discricionariedade pode ser usado em sentido muito amplo, incluindo todas as situações em que um sujeito se encontra na posição de realizar uma escolha relativa a um ato ou comportamento, dentro de um espectro mais ou menos amplo de alternativas, ou seja, "discrezionalità significa che i comportamenti processuali non sono strettamente e completamente determinati dalle norme". Cf. "L'abuso del processo: profili comparatistici", *Revista de Processo* 96, 1999, p. 155, nota de rodapé n. 5.

garantias do processo, especialmente o contraditório e o dever de motivação.[140]

No tocante à ilação de poder discricionário na atividade jurisdicional, Nicolò Trocker assinala, de início, que devem ser considerados os atos processuais do juiz e de seus auxiliares como deveres sob o ponto de vista das posições subjetivas. Isso valeria para qualquer tipo de jurisdição, fazendo parte do princípio geral de todos os órgãos públicos e não somente do juiz que deve absorver a própria tarefa.[141] Essa dedução não seria contrariada pelo fato de que a lei frequentemente reserva ao agente determinadas margens de escolha,[142] de forma que se estabelece a diferença entre deveres sem qualquer opção de escolha (vinculados) e outros de conteúdo "discricionário".

Assim,

> la scelta attiene alla determinazione del contenuto (*lato sensu*) dell'atto (nel senso che l'agente, con riferimento alla "causa" prefissagli, potrà scegliere, in tutto o in parte, il contenuto del proprio comportamento, per adeguarlo alla medesima), ma non incide sulla valutazione di doverosità che la norma collega all'atto, ne lo potrebbe per alcun verso, giacché la valutazione è logicamente distinta dalla condotta, è prefissata dalla norma e non sovvertibile dall'agente. In altri termini, la scelta in parola non fa che inserirsi, completandolo, nello schema del "dovere": è fuori di dubbio, in fatto, che, una altra operata la sua scelta, l'agente sia tenuto al comportamento. Si conferma e contempla, qui, il profilo della "discrezionalità", come scelta del comportamento svolgentesi nell'ambito del dovere; e si delinea con evidenza la distinzione fra "dovere vincolato" e "dovere discrezionale", più esattamente, fra "dovere a contenuto vincolato" e "dovere a contenuto discrezionale".[143]

José Roberto dos Santos Bedaque, na sua obra acerca dos poderes do juiz, ao discorrer sobre a realização da prova, refuta a ideia de discricionariedade, mesmo diante de expressões de "contornos semânticos

---

140. De acordo com Carlos Aurélio Mota de Souza, o sistema jurídico brasileiro teria adotado o chamado Juízo de direito e o Juízo de equidade, sendo que em relação ao último o legislador poderia estabelecer algumas ou várias soluções, permitindo ao juiz uma margem de discrição, investindo-o de um dever ou poder de conteúdo discricionário. Cf. *Poderes Éticos do Juiz: a igualdade das partes e a repressão ao abuso no processo*, Porto Alegre, Fabris Editor, 1987, p. 89.
141. Cf. Nicolò Trocker, *Processo Civile e Costituzione: problemi di diritto tedesco e italiano*, Milano, Giuffrè, 1974, p. 399.
142. Idem, ibidem, pp. 399-400.
143. Idem, ibidem, p. 400.

flexíveis", conferindo-lhe maior poder de concretização da norma, já que, "ao decidir à luz dessas regras, não o faz por conveniência e oportunidade", de forma que, "configurada uma dessas hipóteses, verificando haver subsunção da situação descrita pela parte a qualquer das hipóteses legais, não restará alternativa ao julgador, senão aplicar a regra invocada".[144] Nessa hipótese, não recairia ao juiz

> o poder de optar por uma entre várias soluções possíveis. Caso se verifiquem os pressupostos legais, a única alternativa é aquela prevista pela norma. É claro que quanto maior a imprecisão dos conceitos contidos na lei, tanto maior será a liberdade no exame desses requisitos. Mas essa circunstância não torna discricionário o ato judicial.[145]

Karl Engisch faz considerações sob a ótica da possibilidade do reexame da decisão no confronto entre aquela proferida pelo órgão judicial e administrativo ao anotar a seguinte observação:

> o conceito de discricionariedade (poder discricionário) é um dos conceitos mais plurissignificativos e mais difíceis da teoria do Direito. As dificuldades adquirem uma particular premência e um peso particular pelo facto de a teoria da discricionariedade se ter tornado ao mesmo tempo um ponto fulcral do Direito processual. Trata-se aqui da importante questão de saber se as decisões discricionárias das autoridades administrativas podem ser revistas e corrigidas pelos tribunais e se as decisões discricionárias dos tribunais podem ser revistas e reformadas por tribunais superiores.[146]

Prossegue o autor mencionando que ocasionalmente se tem pretendido definir "decisões discricionárias" como aquelas que não são judicialmente sindicáveis.[147] Salienta-se com frequência a característica de que as autoridades que as proferem são livres, sendo que "elas não podem ser impugnadas com expectativa de êxito enquanto se mantiverem dentro de certos limites jurídicos".[148] Nessa direção, a discricionariedade seria concebida como poder de atuar no domínio em que a lei autoriza a exercer, dentro de certos limites, a função do legislador e, no lugar dele, juízos de valor e decisões de vontade.[149]

---

144. Cf. *Poderes Instrutórios do Juiz*, 4ª ed., São Paulo, Ed. RT, 2009, pp. 148-149.
145. Idem, ibidem.
146. Cf. Karl Engisch, *Introdução ao Pensamento Jurídico*, cit., p. 214.
147. Idem, ibidem.
148. Idem, ibidem, p. 215.
149. Idem, ibidem, p. 275.

Dworkin discorre sobre a liberdade na decisão judicial conferida num limite relativamente aberto pelo ordenamento em algumas situações, pois seria possível imaginar um sistema jurídico em que o juiz não teria o dever de adotar, ao decidir uma causa, uma certa solução, a exemplo da aplicação de uma determinada pena para o réu condenado por prática de um crime, dentro da faixa estipulada em lei, em que a acusação e a defesa propugnam soluções inversas. Acrescenta o autor:

> o conceito de dever oferece um espaço entre a proposição de que o juiz tem o dever de decidir num certo sentido e a proposição de que ele tem o dever de decidir no outro sentido; esse espaço é ocupado pela proposição de que ele não tem nenhum *dever* de decidir, quer num sentido quer no outro, mas antes uma permissão ou, como dizem os juristas, um "poder discricionário" para decidir num ou noutro sentido.[150]

De acordo com Barbosa Moreira, mencionando exemplos extraídos do campo do direito civil – na adoção de medida que melhor represente a preservação da segurança do menor na hipótese de abuso do poder familiar, para o cumprimento da obrigação de prestar alimentos, ou para a fixação do rumo de passagem forçada em favor do prédio encravado –, a discricionariedade seria "o poder de, em face de determinada situação, atuar ou abster-se, ou ainda (...) o poder de escolher, dentro de certos limites, a providência que adotará, tudo mediante a consideração da oportunidade e conveniência".[151]

Lembra, ainda, Barbosa Moreira, apontando para o exemplo da expressão "atos contrários à moral e aos bons costumes", que, "na fixação dos conceitos juridicamente indeterminados, abre-se ao aplicador da norma, como é intuitivo, certa margem de liberdade. Algo de subjetivo quase sempre haverá nessa operação concretizadora, sobretudo quando ela envolva, conforme ocorre com frequência, a formulação de juízos de valor", de sorte que "é particularmente importante o papel confiado à prudência do aplicador da norma, a quem não se impõem padrões rígidos de atuação".[152]

---

150. Cf. *Uma Questão de Princípio*, trad. Luís Carlos Borges, São Paulo, Martins Fontes, 2005, p. 180.
151. Cf. "Regras de experiência e conceitos juridicamente indeterminados", *RF* 261/15.
152. Idem. No tocante à relação entre os conceitos indeterminados e a discricionariedade, elucida o mesmo autor que os primeiros fariam parte da descrição do fato, tocando ao aplicador o papel de fixar a premissa, ou seja, "uma vez estabelecida, *in concreto*, a coincidência entre o acontecimento real e o modelo normativo, a solução estará, por assim dizer, predeterminada", ao passo que a última se situaria no campo

Há, ainda, entendimento segundo o qual se faria presente o poder discricionário judicial na hipótese de a norma jurídica ter atribuído ao juiz, expressamente, uma margem de liberdade de escolha em face de uma determinada circunstância no tocante à resposta que melhor esteja em sintonia com a finalidade da norma. Nessa situação, o poder discricionário seria um atributo conferido pela lei[153] para determinadas hipóteses pela impossibilidade ou inconveniência de regulamentar a solução com antecedência. O legislador opta por atribuir ao intérprete o poder de atuar de acordo com juízo de oportunidade no caso concreto, a exemplo da possibilidade de decisão judicial acerca dos negócios da sociedade havendo impasse entre os sócios (CC, art. 1.010, § 2º).[154]

Em verdade, a visão do poder discricionário, que, de acordo com a doutrina clássica, sempre esteve atrelada ao binômio conveniência e oportunidade da autoridade administrativa competente e ao seu relativo juízo de subjetividade, tem recebido, atualmente, a influência da plasticidade dos termos ou conceitos vagos, ou chamados de "indeterminados".[155] Essa tendência, certamente, acarretará a limitação da discricionariedade

---

dos efeitos, isto é, "a própria escolha da consequência é que fica entregue à decisão do aplicador". Idem, pp. 15-16.

153. Para Eros Roberto Grau, aludindo-se à esfera da administração, "a *discricionariedade* é *atribuída*, pela lei, à autoridade administrativa; não *decorre* da lei, utilizando-se o verbo *decorrer*, aqui, para referir a circunstância de o emprego, pelo texto legal, de 'conceitos indeterminados' *conduzir à discricionariedade*". Cf. *O Direito Posto e o Direito Pressuposto*, cit., p. 190, destaques no original.

154. Cf. Jorge Tosta, *Manual de Interpretação do Código Civil: As normas de tipo aberto e os poderes do juiz*, Rio de Janeiro, Elsevier, 2008, pp. 74-75. O referido autor classifica as normas de tipo aberto previstas no Código Civil entre aquelas caracterizadas por termos vagos ou indeterminados, subdivididas em normas com vagueza comum e normas com vagueza socialmente típica, e normas de tipo aberto em sentido lato, sendo que somente em relação a essa última espécie, em que "não há subsunção do fato à norma, porque esta é destituída de parâmetros ou definições", seria possível uma atuação discricionária do juiz, estribada em previsão legal, as quais evidenciariam "a positivação da *discricionariedade judicial*", conferindo-lhe a liberdade para decidir segundo um juízo de oportunidade e por equidade. Idem, ibidem, pp. 15, 23-60 e 69-85.

Pode-se mencionar, ainda, a hipótese prevista no art. 536, § 1º, do CPC/2015, no tocante à escolha das medidas necessárias entre as diversas possíveis para a efetivação da tutela específica ou a obtenção do resultado prático equivalente, tais como a imposição de multa, busca e apreensão, remoção de pessoas e coisas, desfazimento de obras, impedimento de atividade nociva e requisição de força policial.

155. Cf. Celso Antônio Bandeira de Mello, *Discricionariedade e Controle Jurisdicional*, 2ª ed., 10ª tir., São Paulo, Malheiros Editores, 2010, pp. 28-32.

no âmbito da Administração, dando abertura para maior ingerência do Judiciário na busca da "finalidade ótima da norma".[156]

Na seara judicial, é certo que os termos determinados, de um lado, não admitiriam a discricionariedade, já que definido o âmbito de sua atuação, ao passo que, de outro lado, "o conceito jurídico indeterminado se estrutura por conter um núcleo fixo ou zona de certeza positiva, uma zona intermediária ou de incerteza e a zona de certeza negativa" e "a zona intermediária é a que patenteia que o juiz, diante do litígio, está em face da incerteza e deve, ao julgar, atrofiá-la e se conduzir às zonas de certeza positiva ou negativa e, portanto, dizer que existe, por exemplo, a improbidade ou excluí-la, dizendo que não existe".[157]

No entanto, diante dos conceitos vagos ou termos indeterminados, ou ainda, com feição de cláusulas gerais,[158] o que subsiste é o papel de

---

156. Cf. Alberto Gosson Jorge Júnior, *Cláusulas Gerais no novo Código Civil*, São Paulo, Saraiva, 2004, p. 51. Originariamente, a discricionariedade era atribuída à Administração Pública a quem cabia fazer a mera aplicação das leis de modo essencialmente livre, ao passo que a interpretação das leis era voltada às leis civis *lato sensu*, pois a Administração e os indivíduos não confiavam no poder dos tribunais. De modo gradual, o legislador deixou de ser onisciente, passando tanto a Administração como o Judiciário atrelada à interpretação somente surgiu quando a Administração recebeu a incumbência de interpretar a lei, cuja tarefa não mais se limitava a uma operação lógica. Cf. Teresa Arruda Alvim Wambier, *Controle das Decisões Judiciais...*, cit., p. 377.

A doutrina moderna do Direito Administrativo não tem dúvida de que, nos casos de discricionariedade, mesmo havendo margem de liberdade de eleição de acordo com critérios de razoabilidade, há sempre o dever jurídico do administrador de praticar no caso concreto o ato único e exclusivo que atenda à finalidade da lei e não qualquer ato dentre os comportados pela norma. Cf. Celso Antônio Bandeira de Mello, *Discricionariedade e Controle Jurisdicional*, cit., pp. 33 e 48.

157. Cf. Gisele Santos Fernandes Góes, "Existe discricionariedade judicial? Discricionariedade *x* termos jurídicos indeterminados e cláusulas gerais", in *Os Poderes do Juiz e o Controle das Decisões Judiciais*, São Paulo, Ed. RT, 2008, pp. 88-89.

158. A cláusula geral, quanto ao âmbito da indeterminação de seus termos ou expressões, remonta a aspectos relativos aos valores atualizáveis no contexto histórico, que geralmente seriam encontrados fora do sistema jurídico. Cf. Alberto Gosson Jorge Júnior, *Cláusulas Gerais no novo Código Civil*, cit., p. 9.

A distinção entre as cláusulas gerais e os conceitos vagos ou termos indeterminados é tênue a ponto de que poderiam ser utilizados como expressões equivalentes, tendo em vista que também na concreção judicial de uma cláusula geral se recorre ao processo integrativo-interpretativo-subsuntivo, que não resulte de parecer pessoal do órgão aplicador do Direito. Cf. Jorge Tosta, *Manual de Interpretação do Código Civil...*, cit., pp. 46-47.

As cláusulas gerais como da função social do contrato, da empresa, da propriedade e da boa-fé objetiva são questões de ordem pública e, portanto, cognoscíveis de

interpretação, inseparável do campo da argumentação, e da aplicação do direito ou da norma pelo juiz. Embora não possa haver uma conexão direta entre discricionariedade e interpretação,[159] cuja função é dar vida ao enunciado jurídico, "como consequência na liberdade do intérprete nas escolhas entre as possíveis soluções corretas, enquanto que a discricionariedade não requer o sentido da norma jurídica, investe-se fora do campo jurídico, por meio de elementos extrajurídicos – subjetivos – para dimensionar o fato".[160]

Ademais, em face do pressuposto de que os princípios exercem atualmente importante papel dentro do sistema jurídico, haverá para qualquer situação concretamente considerada uma determinada solução a ser assumida como a sua melhor resposta, isto é, "uma única decisão adequada para cada caso, ou seja, para todo e qualquer caso é possível, sim, alcançar a decisão adequada a partir de uma re-interpretação dos princípios em face daquele caso".[161]

Com efeito, "a discricionariedade judicial só toma parte nos estreitos lindes de permissão conferidos pela lei, tornando-se total exceção no sistema jurídico processual".[162] A interpretação é moldada pela adoção "dos princípios gerais do direito e, sobremaneira hoje, por intermédio da lógica do razoável, da aceitabilidade e adequação da decisão judicial, oriunda dos princípios da razoabilidade e proporcionalidade que viabilizam abertura do sistema jurídico".[163]

---

ofício, não se sujeitando à regra da congruência entre o pedido e a sentença. Cf. Nelson Nery Júnior e Rosa Maria de Andrade Nery, *Código de Processo Civil Comentado e Legislação Extravagante*, 10ª ed., São Paulo, Ed. RT, 2007, p. 387.

159. Karl Engisch, ao admitir a possibilidade de discricionariedade judicial traduzida num poder de escolha, por exemplo, na determinação das consequências jurídicas do fato punível, ou na fixação da reparação pecuniária do dano moral, ou em certas medidas processuais baseadas na mera conveniência, destaca que a "convicção pessoal (particularmente, a valoração) de quem quer que seja chamado a decidir é elemento decisivo para determinar qual das várias alternativas que se oferecem como possíveis dentro de certo 'espaço de jogo' será havida como sendo a melhor e a 'justa'" e que seria "problema da hermenêutica jurídica indagar onde e com que latitude tal discricionariedade existe". Cf. *Introdução ao Pensamento Jurídico*, cit., pp. 225-228.

160. Cf. Gisele Santos Fernandes Góes, "Existe discricionariedade judicial?...", cit., p. 90.

161. Cf. Lúcio Antônio Chamon Júnior, *Teoria da Argumentação Jurídica*, cit., p. 238.

162. Idem, ibidem, p. 90.

163. Idem, ibidem, p. 91. Por isso, ainda que se cogite de ambiente tomado por princípios, na atribuição de peso maior a um deles, não há o exercício da discri-

Deve, então, ser afastada a ideia de discricionariedade judicial, com a ressalva em situações excepcionais, tendo em vista que, primeiramente, não recaem ônus ou faculdades ao juiz, mas sim poderes-deveres, considerando-se, ainda, que, mesmo diante de ausência de determinação de conceitos ou termos jurídicos, se cogita de apenas uma solução adequada ou ideal a ser apresentada, inexistindo permissão ao seu alvedrio para a escolha dentre outras possíveis. A decisão, ademais, se sujeita ao crivo do contraditório, ao dever de fundamentação e, assim, ao controle judicial.

5.4 A nova hermenêutica

Além das fórmulas tradicionais de interpretação, que se afeiçoam ao modelo que prima sobretudo pela revelação e aplicação do conteúdo textual, basicamente segundo os critérios da lógica dedutiva, a doutrina elaborou outras técnicas que tencionaram ultrapassar esse limite metodológico. Nesse diapasão, pode-se mencionar, por exemplo, a denominada abordagem tópico-problemática, a qual parte do processo aberto de argumentação a partir do caráter indeterminado da norma, valendo-se o intérprete de vários *tópoi*, isto é, "pontos de vista sujeitos à prova das opiniões pró ou contra, a fim de descortinar, dentro das várias possibilidades derivadas da polissemia de sentido do texto constitucional, a

---

cionariedade, cabendo ao juiz a busca da definição de uma das soluções corretas no elenco das possíveis a que a interpretação do direito pode conduzir, de forma que "é precisamente o fato de que o intérprete autêntico estar vinculado, retido, pelos princípios que torna mais criativa a *prudência* que pratica". Cf. Eros Roberto Grau, *O Direito Posto e o Direito Pressuposto*, cit., p. 207.

Teresa Arruda Alvim Wambier também expressa o entendimento segundo o qual não existiria discricionariedade do Poder Judiciário "quando interpreta (e aplica ao caso concreto) norma que tenha conceito vago, seja proferindo liminares, seja prolatando sentenças. Isso implicaria, de certo modo, que essas decisões ficassem fora do controle das partes. Impossível conclusão diferente. Qual o sentido funcional do conceito de discricionariedade? Exatamente o de gerar essa margem de *liberdade* dentro da qual o agente estaria fora do controle dos atingidos pela decisão". Cf. *Controle das Decisões Judiciais...*, cit., p. 379.

A mesma autora ainda não aceita chamar de discricionariedade o poder conferido ao juiz de não fazer referência a uma determinada prova produzida por tê-la considerado irrelevante por conta da liberdade na formação de sua convicção em torno dos fatos da causa, já que não seria controlável por meio de recursos de estrito direito, no contexto de uma motivação tida por suficiente ou adequada, por entender que a parte interessada teria o direito de obter manifestação judicial sobre todos os pontos suscitados, inclusive em sede de embargos declaratórios. Cf. *Omissão Judicial e Embargos de Declaração*, São Paulo, Ed. RT, 2005, pp. 358-373.

interpretação mais conveniente para o problema".[164] Outro método que ganhou destaque é o hermenêutico-concretizador, o qual parte da prévia compreensão do sentido do texto normativo para que então "o intérprete efectua uma actividade prático-normativa, *concretizando* a norma para e a partir de uma situação histórica concreta".[165]

É certo que nenhum método está livre de críticas,[166] porém é intuitivo que aqueles amplamente adotados nas épocas passadas, especialmente na fase positivista, são insuficientes para o enfrentamento dos desafios impostos pelo desenvolvimento das doutrinas que passaram a inserir o componente valorativo nas normas jurídicas, refletindo, inclusive, na técnica legislativa dos tipos normativos abertos.

Karl Engisch vislumbrou conteúdo a mais além da lei, o qual chamou de modo geral e indeterminado de "Direito":

> A lei não é uma grandeza apoiada sobre si própria e absolutamente autônoma, algo que haja de ser passivamente aceite como mandamento divino, mas, antes, estratificação e expressão de pensamentos jurídicos aos quais cumpre recorrer a cada passo, sempre que pretendamos compreender a lei correctamente, ou ainda eventualmente restringi-la, completá-la e corrigi-la.[167]

Propôs o autor para a apreensão do substrato do Direito a chamada "jurisprudência dos interesses", ou seja, "na aplicação do direito legislado à vida, na interpretação, no preenchimento de lacunas e na correção da lei, hão de aqueles interesses ser investigados, ser efetivados de acordo com a vontade do legislador".[168]

Ademais, nas ciências consideradas histórico-hermenêuticas, diferentemente das empírico-analíticas:

> o sentido da avaliação de enunciados não se constitui no sistema de referência de disposição técnica. As esferas da linguagem formalizada e da experiência objectiva ainda não se encontram diferenciadas; pois, nem as teorias estão já construídas de modo dedutivo, nem as experiências se encontram organizadas em vista do êxito das operações.

---

164. Cf. J. J. Gomes Canotilho, *Direito Constitucional e Teoria da Constituição*, cit., p. 1.211.
165. Idem, ibidem, p. 1.212.
166. Canotilho lembra que a maior censura direcionada à técnica adotada pelo método tópico-problemático seria o casuísmo sem limites e a interpretação sempre direcionada do problema para a norma. Idem, ibidem, pp. 1.211/1.212.
167. Cf. *Introdução ao Pensamento Jurídico*, cit., p. 367.
168. Idem, p. 370.

Em vez da operação, é a compreensão de sentido que abre o acesso aos factos. À comprovação sistemática das suposições legais além existentes, corresponde aqui a interpretação de textos. Por isso, as regras da hermenêutica determinam o sentido possível dos enunciados das ciências do espírito.[169]

Nesse movimento ascendente,

a dimensão objetiva e valorativa dos direitos fundamentais, seguida do reconhecimento de sua natureza *principial*, foi decisiva para transitar--se da hermenêutica privatista, de subsunção, da metodologia dedutivista para a moderna hermenêutica juspublicística, a chamada Nova Hermenêutica, a hermenêutica constitucional, basicamente indutiva, onde se aplica com frequência o princípio da proporcionalidade e que gera conceitos novos quais os de "concordância prática", "pré--compreensão" e "concretização".[170]

Em resumo,

na Velha Hermenêutica *interpretava-se* a lei, e a lei era tudo, e dela tudo podia ser retirado que coubesse na função elucidativa do intérprete, por uma operação lógica, a qual, todavia, nada acrescentava ao conteúdo da norma; em a Nova Hermenêutica, ao contrário, *concretiza-se* o preceito constitucional, de tal sorte que concretizar é algo mais do que interpretar, é, em verdade, interpretar com acréscimo, com criatividade. Aqui ocorre e prevalece uma operação cognitiva de valores que se ponderam. Coloca-se o intérprete diante da consideração de princípios, que são as categorias por excelência do sistema constitucional.[171]

De efeito, no estágio atual da hermenêutica, a decisão judicial abrange a análise tanto dos fatos e da norma, em seu sentido amplo, quanto

---

169. Cf. Jürgen Habermas, *Técnica e Ciência como "Ideologia"*, Lisboa, Edições 70, 1997, p. 138. Isso não implica que deva ser desprezada a objetividade na atividade interpretativa, a qual jamais será totalmente "discricionária ou puramente mecânica", mas um produto da relação entre o intérprete e o texto, incumbindo à objetividade traçar os parâmetros de atuação e possibilitar a verificação do acerto da decisão "à luz das possibilidades exegéticas do texto, das regras de interpretação (que confinam a um espaço que, normalmente, não vai além da literalidade, da história, do sistema e da finalidade da norma) e do conteúdo dos princípios e conceitos de que não se pode afastar". Cf. Luís Roberto Barroso, *Interpretação e Aplicação da Constituição*, cit., pp. 291-292.
170. Cf. Paulo Bonavides, *Curso de Direito Constitucional*, cit., p. 666.
171. Idem, ibidem, pp. 666-667.

das considerações de natureza valorativa ou ideológica neles impregnada. É corrente no pensamento moderno a insuficiência do critério de interpretação baseado no puro silogismo no processo de elaboração do juízo decisório, resultado lógico e imediato do singelo raciocínio dedutivo no cotejo entre a regra (premissa maior) e os elementos circunstanciais de um determinado caso (premissa menor), porquanto há valores vinculantes em atuação, principalmente o da justiça, que, por sinal, é um dado imanente de toda a atividade jurisdicional.

Esses componentes axiológicos são resilientes à operação interpretativa do julgador e, nesse contexto, quanto mais diversificada a sociedade, maior será a confluência de valores que dão sustentação à base social, transformando o papel do juiz, em sua essência, em escolhas eminentemente de pautas ideológicas, a exigir novas abordagens da teoria da hermenêutica.[172]

5.5 A argumentação jurídica

Segundo Aristóteles, o orador, de acordo com a modalidade do discurso, pretendia atingir determinados fins: no deliberativo se visava o aconselhamento, no judiciário, o justo, no epidíctico, o elogio ou a censura. Assim, nesse último gênero a finalidade estava mais voltada ao lado estético, à literatura do que à ideia de argumentação, ao passo que os dois primeiros, o deliberativo e o judiciário, foram incorporados pela filosofia e dialética. Os debates políticos e judiciários integravam verdadeiras contendas em que os adversários procuravam ganhar a adesão de um auditório que apresentava o desfecho de um processo decisório ou disputa judicial.[173]

A questão da justiça envolve, sob o aspecto da lógica, o fundamento de uma demonstração rigorosa no sentido de que os objetos referidos

---

172. Tércio Sampaio Ferraz Júnior aponta a importância da ideologia no discurso de decisão, que, por ser mutável ao longo do tempo e de acordo com o ambiente, propicia o fornecimento de dados relevantes à dogmática da decisão. Serve, ainda, como guias de orientação ao indicar os fatores sociais determinantes, bem como os fins e as metas do sistema, e, também, de constituição de premissas argumentativas. Cf. *Introdução ao Estudo do Direito: Técnica, Decisão, Dominação*, 4ª ed., São Paulo, Atlas, 2003, p. 346.

173. Cf. Chaïm Perelman e Lucie Olbrechts-Tyteca, *Tratado da Argumentação. A nova Retórica*. São Paulo, Martins Fontes, 2005, pp. 53-60; Chaïm Perelman, *Lógica Jurídica. Nova Retórica,* trad. Vergínia K. Pupi, 2ª ed., 2ª tir., São Paulo, Martins Fontes, 2010, pp. 147-149.

devem ser idênticos para receber o mesmo tratamento, o que na prática dificilmente acontece, ou seja,

os objetos sempre diferem em algum aspecto, e o grande problema, o que suscita a maioria das controvérsias, é decidir se as diferenças constatadas são ou não irrelevantes ou, em outros termos, se os objetos não diferem pelas características que se consideram essenciais, isto é, os únicos a serem levados em conta na administração da justiça.[174]

Perelman faz a comparação entre a dialética aristotélica – da forma analítica de raciocínio – e a aplicação de normas, demonstrando que as argumentações jurídicas, diferentemente das lógicas, não se ajustam ao modelo de premissas verdadeiras ou falsas, tendo em vista que são decorrentes de discurso argumentativo em face do auditório de quem pretende obter o convencimento, de modo que o raciocínio realizado para a elaboração de decisões judiciais sustentar-se-ia em outros parâmetros.

Nesse sentido, afirma o referido autor que "a prática e a teoria da argumentação são correlativas de um racionalismo crítico que transcende a dualidade de juízos de realidade – juízos de valor, e torna tanto uns como outros solidários da personalidade do cientista e do filósofo, responsável por suas decisões, tanto no campo do conhecimento como no da ação". Acrescenta ainda que "se a liberdade fosse apenas adesão necessária a uma ordem natural previamente dada, excluiria qualquer possibilidade de escolha; se o exercício da liberdade não fosse fundamentado em razões, toda escolha seria irracional e se reduziria a uma decisão arbitrária atuando num vazio intelectual".[175]

O autor belga introduz os conceitos de auditório universal e particular: o primeiro seria constituído pela humanidade inteira, o segundo formado somente pelo interlocutor a quem se dirige e o terceiro constituído pelo próprio sujeito, quando delibera as razões de seus atos.[176] Nos auditórios formados por juristas existiria a necessidade de domínio de argumentação específico a ser desenvolvida no interior de um sistema.[177]

174. Cf. Chaïm Perelman e Lucie Olbrechts-Tyteca, *Tratado da Argumentação. A nova Retórica*, cit., p. 248.
175. Idem, ibidem, p. 581.
176. Idem, ibidem, pp. 33-34.
177. Idem, ibidem, p. 114. Quanto à noção de auditório universal, entendido como a reunião de pessoas que podem ser convencidas através de argumentação válida, requerem-se dois pressupostos, isto é, aquelas pessoas devem contar com as informações necessárias e possuir a capacidade para o seu processamento, de modo que, no âmbito do direito processual, o juiz seria o representante do auditório univer-

E, particularmente em relação às decisões judiciais, devem ser satisfeitos três auditórios distintos: as partes em litígio, os profissionais do direito e, por fim, a opinião pública.[178]

A argumentação é consectário da problemática decorrente da aplicação das técnicas de interpretação, pois somente através daquela é possível conferir a necessária justificação ao processo de aplicação da norma,[179] que adquire relevância ainda maior diante da confluência de valores a serem confrontados. Como observado por Perelman, a paz judicial só se estabelece definitivamente quando a solução, a mais aceitável socialmente, é acompanhada de uma argumentação jurídica suficientemente sólida e a sua busca incessante, por obra da doutrina e da jurisprudência, é que favoreceria a evolução do direito.[180] O dever de decisão e de fundamentação carreado ao juiz, como vem sendo destacado, não se faz apenas em conformidade com as disposições legais, pelos simples critérios da lógica formal, pois que a motivação de uma decisão "constitui um elemento essencial na constituição do saber jurídico".[181]

Não se pretende neste trabalho adentrar na profundidade das teorias, procedimentos e técnicas de argumentação,[182] porém se mostra necessário

---

sal, e não do particular, pois lhe cabe "fundamentar sua decisão em razões suficientes para convencer por um argumento técnico (em termos jurídicos) e um cultural (em termos de justiça ou valores culturais). Sua decisão deve ser racional (justificada formalmente) e razoável (substancialmente justificável). Os oradores, as partes, são aqueles que deduzem argumentos, buscando convencer o julgador. Quando o juiz expõe as 'razões de seu convencimento', ele declara as premissas que o autorizaram (fundamentaram, motivaram, justificaram) sua decisão (conclusão, dispositivo). O juiz indica o argumento vitorioso". Cf. Samuel Meira Brasil Júnior, *Justiça, Direito e Processo. A argumentação e o direito processual de resultados justos*, São Paulo, Atlas, 2007, pp. 74-76.

178. Cf. Chaïm Perelman, *Lógica Jurídica. Nova Retórica*, cit., p. 238.

179. Em termos de raciocínio, no campo da ciência, as demonstrações seriam *apodíticas*, ao passo que na esfera do direito se valeria do recurso às argumentações retóricas (*dialéticas*), isto é, "a dialética seria, então, uma espécie de arte de trabalhar com opiniões opostas, que instaura entre elas um diálogo, confrontando-as, no sentido de um procedimento crítico. Enquanto a analítica estaria na base da ciência, a dialética estaria na base da prudência". Cf. Tércio Sampaio Ferraz Jr., *Introdução ao Estudo do Direito...*, cit., p. 327.

180. Cf. Chaïm Perelman, *Lógica Jurídica. Nova retórica*, cit., p. 191.

181. Cf. Chaïm Perelman, *Retóricas*, cit., p. 350. Com efeito, a tarefa de aplicação do Direito não se afasta do processo de comunicação orientado à elaboração de um consenso, baseado no entendimento, respeitando-se aos pressupostos necessários, caso se pretenda atingir uma decisão jurisdicional racional. Cf. Lúcio Antônio Chamon Júnior, *Teoria da Argumentação Jurídica*, p. 180.

182. A propósito, há diversos autores que trataram do tema, *v.g.*: Perelman e Tyteca, Lausberg, Quintiliano, Viehweg, da mesma maneira existem vários reper-

apontar os parâmetros mínimos de controle da racionalidade na utilização desse método para a tomada de decisões:

a) a argumentação deve basear-se em fundamentos normativos, inclusive implícitos, já que o intérprete não pode se valer apenas da preferência pessoal na realização de justiça;

b) a argumentação deve ser explicitamente apresentada, ou seja, a decisão judicial deve ser motivada suficientemente, sobretudo se adotada a técnica da ponderação;

c) a argumentação deve observar os princípios aplicáveis, que, no âmbito constitucional, poderiam ser classificados em duas ordens: os instrumentais ou específicos (*v.g.*, da supremacia e unidade da constituição, da interpretação conforme a constituição e da proporcionalidade) e os princípios materiais propriamente ditos que trazem a carga ideológica, axiológica e finalística da ordem constitucional (*v.g.*, da dignidade da pessoa humana).[183]

Observa-se que o raciocínio argumentativo deve estar escorado num processo de motivação lógica,[184] com a exposição clara e concatenada de fundamentos para a tomada de decisão, em que a imparcialidade será elemento essencial para a legitimação da resposta judicial.

É que aquela implica a assunção de "uma atividade interpretativa *a reconhecer, diante dos argumentos processualmente construídos, qual é a única decisão que naquele caso seja capaz de realizar de maneira*

---

tórios ou métodos de argumentação jurídica, tais como: *ab absrudo* ou *reductio ad absurdum, ab auctoritate, a contrario sensu, ad hominem, ad rem, a fortiori, a maiori ad minus, a minori ad maius, a pari* ou *a simile, a posteriori, a priori, exempla* e silogístico ou entimema. Cf. Tércio Sampaio Ferraz Jr., *Introdução ao Estudo do Direito...*, cit., pp. 335-344.

Mencione-se, ainda, para o estudo do esboço de uma teoria, contendo as regras aplicáveis ao discurso prático geral e ao discurso jurídico, a obra de Robert Alexy, *Teoria da Argumentação Jurídica. A Teoria do Discurso Racional como Teoria da Fundamentação Jurídica* (trad. Zilda Hutchinson Schild Silva), 3ª ed., Rio de Janeiro, Forense, 2011.

183. Cf. Luís Roberto Barroso e Ana Paula de Barcellos, "O começo da história: a nova interpretação constitucional e o papel dos princípios no direito brasileiro", in Virgílio Afonso da Silva (org.), *Interpretação Constitucional*, 1ª ed., 3ª tir., São Paulo, Malheiros Editores, 2010, pp. 291-310, esp. pp. 292-295.

184. No entanto, a lógica jurídica, em especial a judiciária, não se apresenta como uma lógica formal, mas sim como "uma argumentação que depende do modo como os legisladores e os juízes concebem sua missão e da ideia que têm do direito e de seu funcionamento na sociedade". Cf. Chaïm Perelman, *Lógica Jurídica. Nova Retórica*, cit., p. 243.

adequada o ideal de igual reconhecimento de direitos fundamentais aos afetados pela decisão".[185]

Infere-se, assim, que o processo argumentativo é da essência da legitimidade da atuação judicial e serve para a garantia de sua efetividade. Aquele método de raciocínio torna-se imprescindível, sobretudo em face das normas jurídicas que não oferecem uma solução material pré-determinada, caracterizadas por abertura estrutural, semântica e interpretativa. É o exemplo das normas jusfundamentais a que se refere Alexy, que encerram essencialmente o caráter de princípios, implicando a necessidade de ponderação.[186]

Todavia, a ponderação, apesar de seu procedimento racional, não acarreta obrigatoriamente uma solução única, que para ser considerada correta "depende de valoraciones que no son ellas mismas controlables a través del propio procedimiento de ponderación",[187] conduzindo à ideia de sistema jurídico aberto, o que evidentemente suscita debate em torno da competência de controle das determinações materiais, ou seja, da questão de como equilibrar o campo de atuação dos juízes e dos legisladores, já que não é possível o estabelecimento de um sistema de normas em que para cada caso concreto esteja prevista uma resposta correta.[188]

Nessa direção, toda a preocupação se volta à questão da segurança da fundamentação, ou, em outras palavras, ao tema da relação entre argumentação e decisão. É evidente que diante de regras com soluções materiais nítidas e antecipadas pelo legislador a decisão prescindirá de profundo raciocínio. A dificuldade concentra-se nos processos de decisão envolvendo avaliação de normas de conteúdo aberto, de natureza de princípios, como aquelas que disciplinam os direitos fundamentais, geralmente presentes nos casos denominados difíceis ou problemáticos.

Nesse processo de argumentação jurídica a racionalidade do discurso depende diretamente da medida em que as valorações envolvidas sejam passíveis de controle.[189] Por isso, Alexy defende o discurso prático racional como solução promissora no campo da teoria procedimental em virtude da maior facilidade de fundamentar as decisões, embora dependente do método discursivo. Para tanto, ele haveria de vincular a teoria

---

185. Cf. Lúcio Antônio Chamon Júnior, *Teoria da Argumentação Jurídica*, cit., p. 216.
186. Cf. *Teoría de los Derechos Fundamentales*, cit., p. 525; trad. bras.: *Teoria dos Direitos Fundamentais*, cit., p. 543.
187. Idem, ibidem.
188. Idem, pp. 525-527; trad. bras.: pp. 543-545.
189. Idem, p. 530; trad. bras.: p. 548.

da moral com a teoria do direito através de um modelo de quatro graus: o discurso prático geral, o procedimento legislativo, o discurso jurídico e o procedimento judicial.[190]

Em linhas gerais, no primeiro grau, no discurso prático geral evidencia-se um sistema de código de razão prática, mas que não conduz, em cada situação, a resultado algum, de forma que não seria suficiente para a superação de conflitos sociais, o que impõe um procedimento institucionalizado de criação do direito, ou legislativo, que envolve a argumentação e a decisão.

Todavia, quase sempre essa forma de atuação não permitiria que as soluções fossem apresentadas antecipadamente para todas as situações, invocando o discurso jurídico, que seria levado a cabo mediante a sujeição à lei, aos precedentes judiciais e à doutrina, de modo a reduzir substancialmente a insegurança comum no discurso prático geral. Porém, a insegurança não estaria eliminada por completo diante da necessidade de uma argumentação prática geral nos limites da argumentação jurídica, de maneira a conduzir ao quarto procedimento, ou seja, o judicial, no qual não apenas se argumentaria, mas também se decidiria, sendo que as questões valorativas seriam apreciadas, com autoridade, dentro de modelo racional.[191]

5.6 *Os princípios e os postulados da proporcionalidade, razoabilidade e igualdade*

O princípio da proporcionalidade[192] (*Grundsatz der Verhältnismäßigkeit*), amplamente reconhecido pela doutrina moderna,[193] tornou-se um poderoso instrumento de interpretação judicial nos casos em que se veri-

---

190. Idem, pp. 530-531; trad. bras.: pp. 548-549.
191. Idem, pp. 531-532; trad. bras.: pp. 549-550.
192. Por primeiro, a noção de proporcionalidade está intimamente ligada à ideia de justiça. Assim, num escorço sobre as principais doutrinas acerca da justiça desde a antiguidade, exsurge, de modo manifesto, entre todas as teorias, uma linha comum: "el concebir la justicia como regla de armonía, de igualdad proporcional, de proporcionalidad, entre lo que se da y se recibe en las relaciones interhumanas, bien entre individuos, bien entre el individuo y la colectividad. El mismo pensamiento se ha expresado también muchas veces en la historia de la filosofía jurídica y política diciendo que justicia consiste en 'dar a cada uno lo suyo'". Cf. Recaséns Siches, *Tratado General de Filosofía del Derecho*, cit., p. 481.
193. Para uma análise da origem histórica do princípio e a sua evolução no direito alemão, Cf. Willis Santiago Guerra Filho, "Princípio da proporcionalidade e devido processo legal", in Virgílio Afonso da Silva (org.), *Interpretação Constitucional*, 1ª ed., 3ª tir., São Paulo, Malheiros Editores, 2010, pp. 255-269.

fica a colisão de proeminentes interesses e mantém estreita ligação com o da razoabilidade, até mesmo se confundindo com ele. O fundamento jurídico do princípio da razoabilidade se encontra, inclusive sob o aspecto histórico, na cláusula do devido processo legal, em sua vertente material (*Substantive Due Process*), assentado na jurisprudência norte-americana, que dá abertura à sindicância judicial de determinados aspectos dos atos emanados do Poder Legislativo e da Administração Pública.

Tal princípio não mais desperta dúvida quanto à sua aplicação, sobretudo no âmbito da jurisprudência constitucional de diversos países europeus, inclusive nos órgãos da Comunidade Europeia, buscando a doutrina a sua consolidação como base "de apoio e proteção dos direitos fundamentais e de caracterização de um novo Estado de Direito, fazendo assim da proporcionalidade um princípio essencial da Constituição".[194]

Tradicionalmente, sua origem remonta ao campo do direito administrativo, tendo sido encampado, em meados do século passado, pela doutrina alemã, e, em seguida, transplantado para a seara do direito constitucional. Conquanto o princípio da proporcionalidade não esteja inserido no texto constitucional brasileiro de forma expressa como norma de caráter geral,[195] na etapa atual do desenvolvimento da ciência jurídica, como esclarece Paulo Bonavides, ele "é hoje axioma do direito constitucional, corolário da constitucionalidade e cânone do Estado de direito, bem como regra que tolhe a ação ilimitada do poder do Estado no quadro de juridicidade de cada sistema legítimo de autoridade".[196]

---

194. Cf. Paulo Bonavides, *Curso de Direito Constitucional*, cit., p. 405.

195. A Constituição Portuguesa de 1974 teria disposto sobre a "força jurídica" do princípio da proporcionalidade ao consagrar a seguinte redação: "A lei só pode restringir os direitos, liberdades e garantias nos casos expressamente previstos na Constituição, devendo as restrições limitar-se ao necessário para salvaguardar outros direitos ou interesses constitucionalmente protegidos". Cf. Willis Santiago Guerra Filho, "Princípio da proporcionalidade e devido processo legal...", cit., p. 265.

Todavia, no ordenamento brasileiro, há referência a expressões que revelam nítida adoção da ideia de proporcionalidade em diversas passagens do texto constitucional e legislação infraconstitucional, *v.g.*, na Constituição Federal: arts. 5º, V, 7º, V e XXI, 41, §§ 2º e 3º, 45, *caput* e § 1º, 58, §§ 1º e 4º, 71, VIII, 93, XIII, 155, § 4º, II, 159, II, e 212, § 6º; no Código Civil: arts. 157, 415, 450, parágrafo único, 500, 567, 571, 702, 756, 783, 796, parágrafo único, 962, 1.083, 1.084, 1.094, VII, 1.103, V, 1.106, 1.272, § 1º, 1.297, 1.317, 1.334, I, 1.357, § 2º, 1.752, 1.967, § 1º, e 1.968.

O Código de Processo Civil de 2015, no capítulo relativo às normas fundamentais, faz alusão ao vocábulo "proporcionalidade", como exigência, entre outras, a ser observada pelo juiz na aplicação do ordenamento jurídico (art. 8º).

196. Cf. Willis Santiago Guerra Filho, "Princípio da proporcionalidade e devido processo legal...", cit., p. 436.

Não há dúvida de que tal princípio esteja inserido na tutela constitucional do processo, funcionando como coadjuvante de todos os demais princípios, consolidando-se a ideia de que é essencial ao direito processual e, como anota Marcelo José Magalhães Bonício:

> principalmente quando se pensa que, por possuir um conteúdo mais denso do que a garantia do devido processo legal, poderá contribuir sobremaneira para a análise dos excessos cometidos e da falta de adequação das medidas adotadas no sistema processual para a solução dos problemas.[197]

Assim, denota-se estreita relação entre o princípio em tela e o sistema de direitos e garantias essenciais na sua integralidade. Segundo a abalizada doutrina, "o princípio da proporcionalidade se consubstanciaria em uma garantia fundamental, ou seja, direito fundamental com uma dimensão processual, de tutela de outros direitos – e garantias – fundamentais, passível de se derivar da 'cláusula do devido processo'".[198]

Sem embargo de que a sua origem remonte à esfera do direito administrativo, passando-se para o domínio do direito constitucional pela postura assumida pela Corte Constitucional da Alemanha Ocidental após o período da Segunda Guerra Mundial,[199] agora se vê inserido o princípio da proporcionalidade nos diversos setores do direito, de modo que é inegável, portanto, a sua adoção inclusive pela vertente moderna da ciência processual.

Apenas para ilustração, no campo processual, o princípio em destaque tem sido prestigiado para solucionar a problemática advinda da discussão sobre a constitucionalidade ou não das concessões de medidas liminares sem a prévia ouvida da parte contrária. Assim, pertinente a seguinte consideração:

> o excessivo apego ao princípio do contraditório, que tornaria inconstitucional esta concessão, frustra, nestes casos, a efetividade do processo (= produção de decisões "úteis" para a parte). A ponderação dos dois valores (e é essa a função do princípio da proporcionalidade) leva ao resultado de se considerar em harmonia com a Constituição

---

197. Cf. *Proporcionalidade e Processo. A garantia constitucional da proporcionalidade, a legitimação do processo civil e o controle das decisões judiciais*, São Paulo, Atlas, 2006, pp. 65-67.
198. Cf. Willis Santiago Guerra Filho, "Princípio da proporcionalidade e devido processo legal...", cit., p. 267.
199. Idem, ibidem, p. 260.

Federal decisão tomada nessas condições, se preenchidos seus requisitos.[200]

Quanto à sua natureza, embora possa ser apreendida a proporcionalidade como decorrente da cláusula do devido processo legal, reforçando-se o caráter instrumental de efetivação próprio das garantias em contraposição à feição meramente declaratória de direitos, ela pode ser compreendida tanto como princípio diretivo de outros derivativos da fórmula do processo justo e équo, quanto como instrumento de interpretação e aplicação do direito,[201] hipótese em que adquiriria a formatação de postulados.

Nesse sentido, de acordo com a lição de Humberto Ávila, os postulados[202] não se integrariam ao conceito de normas, constituídas de princípios e regras, e se aproximariam dos critérios de interpretação para efeito de aplicação das espécies normativas, através de pesquisa jurisprudencial e análise crítica das decisões anteriores através de processo argumentativo. Os postulados são considerados elementos de estruturação do direito e dos deveres que serviriam como ponte de ligação entre os mesmos, impondo relação entre eles, não funcionando de maneira uniforme, a depender da confluência de razões substanciais para sua aplicação, de modo que os elementos e os critérios para a ponderação ou o sopesamento (bens, interesses, valores, direitos, princípios, razões) podem ser específicos.[203]

---

200. Cf. Teresa Arruda Alvim Wambier e José Miguel Garcia Medina, *O Dogma da Coisa Julgada*, cit., p. 178.

201. É imprescindível que se faça a ponderação dos valores inseridos nas normas em aparente conflito através do referido princípio o qual não deixa de ser "um princípio instrumental de interpretação constitucional, dirigido ao intérprete: é uma sobre-norma, uma premissa metodológica de aplicação das outras normas". Cf. Luís Roberto Barroso, *Temas de Direito Constitucional*, vol. III, Rio de Janeiro, Renovar, 2008, p. 529.

202. A ideia de postulado compreenderia previamente a noção de axioma (verdade autoevidente, sem necessidade de prova, como as sentenças universalmente válidas, a exemplo da afirmação: "o todo é maior que suas partes"). Os postulados, de seu turno, "seriam proposições não tão evidentes mas que também são aceitas sem prova. São regras que formam a base de um sistema dedutível, arbitrariamente estabelecidas", de forma que "a proporcionalidade é um postulado, porque consiste em um conjunto de proposições não tão evidentes, mas que são aceitas sem prova. São destinadas a estabelecer um raciocínio axiomático sobre a aplicação de normas jurídicas". Cf. Samuel Meira Brasil Júnior, *Justiça, Direito e Processo. A argumentação e o direito processual de resultados justos*, São Paulo, Atlas, 2007, p. 96, nota de rodapé n. 30.

203. Cf. *Teoria dos Princípios. Da Definição à Aplicação dos Princípios Jurídicos*. 16ª ed., rev. e atual., São Paulo, Malheiros Editores, 2015, pp. 176-177 e 184-185.

O autor divide os postulados em específicos: da igualdade, razoabilidade e proporcionalidade; e inespecíficos: da ponderação, concordância prática e proibição de excesso.[204]

Humberto Ávila distingue a razoabilidade da proporcionalidade ao destacar, em relação à primeira, as seguintes acepções: a) utilizada como diretriz que exige a harmonização das normas gerais com as individualidades do caso concreto (razoabilidade como equidade); b) empregada como diretriz que exige uma vinculação das normas jurídicas com o mundo ao qual elas fazem referência, ou com as condições externas de aplicação das normas (razoabilidade como congruência); c) utilizada como diretriz que exige a relação de equivalência entre duas grandezas, entre a medida adotada e o critério que a dimensiona (razoabilidade como equivalência).[205]

---

204. Idem, pp. 184-220. Eros Roberto Grau também defende que proporcionalidade e razoabilidade seriam postulados normativos da interpretação e aplicação do direito e não princípios. Cf. *O Direito Posto e o Direito Pressuposto*, cit., p. 218.

205. *Teoria dos Princípios...*, cit., pp. 195-201.

Para Luís Virgílio Afonso da Silva um ato pode ser considerado desproporcional mas não será necessariamente irrazoável, pois, de acordo com uma jurisprudência inglesa, para ser tido desproporcional um ato não é preciso que seja extremamente irrazoável ou absurdo, de maneira que, além da diferença de origem, não se igualariam em sua estrutura e na forma de aplicação. Cf. "O proporcional e o razoável", *RT* 798/27-31.

Não obstante haja essa distinção doutrinária, o termo razoabilidade também é utilizado indistintamente para denotar a proporcionalidade, embora a última expressão tenha sido mais consagrada no Brasil por influência europeia, ao passo que o primeiro decorre, por tradição histórica, da elaboração do direito norte-americano.

Luís Roberto Barroso assenta, referindo-se à razoabilidade, que "é uma decorrência natural do Estado Democrático de Direito e do princípio do devido processo legal. O princípio, com certeza, não liberta o juiz dos limites e possibilidades oferecidos pelo ordenamento. Não é de voluntarismo que se trata. A razoabilidade, contudo, abre ao Judiciário uma estratégia de ação construtiva para produzir o melhor resultado (...)". Cf. *Temas de Direito Constitucional*, vol. I, cit., p. 163.

Anota Paulo Henrique dos Santos Lucon que as noções de proporcionalidade e razoabilidade sempre estivem juntas e que, para quem faz a distinção, "a proporcionalidade diz respeito a *uma comparação entre duas variáveis: meio e fim*; já a razoabilidade não tem como requisito uma relação entre dois ou mais elementos, mas *representa um padrão de avaliação geral*". Cf. "Devido processo legal substancial", *passim*; acesso em 22.3.2011, ao endereço eletrônico: www.mundojuridico.adv.br/sis_artigos/artigos.asp?codigo=6.

Eros Roberto Grau sustenta que tanto a proporcionalidade como a razoabilidade, como postulados, não passariam de nova denominação dada à equidade, através da qual o Judiciário já vinha exercitando a interpretação e a aplicação do direito. *O Direito Posto e o Direito Pressuposto*, cit., pp. 277-278.

Justifica-se a necessidade de ponderação ou sopesamento de interesses em disputa e da aplicação da proporcionalidade ou da razoabilidade tendo em vista que os direitos e as garantias fundamentais não são estáticos e os valores que os modelam podem ganhar novas conformações, de acordo com a evolução da sociedade, ensejando adaptações no seu tratamento jurídico.

Assim é que a doutrina, para efeito didático, classifica os direitos de acordo com a passagem de gerações, tendo sido agregados paulatinamente outros valores também reputados essenciais, desde as cartas oitocentistas, que se centravam nos direitos individuais de liberdade contra o abuso de poder praticado pelo Estado liberal, até os direitos sociais e econômicos, ao invocar uma atuação estatal na oferta de condições melhores e dignas de sobrevivência.[206] A próxima etapa deu abertura aos direitos de natureza coletiva ou difusa, tais como a proteção ambiental e do patrimônio de titularidade dispersa na comunidade. Por fim, os de quarta geração abarcariam novos valores trazidos pelas mudanças econômicas e sociais, como o direito ao desenvolvimento equilibrado da sociedade, à paz social e à ordem econômica justa e democrática, podendo ser incluídos ainda todos aqueles resultantes da conformação do princípio da boa-fé e da ética.[207]

Deflui-se, então, que a complexidade da sociedade moderna, na confluência de todos os direitos consagrados ao longo dos tempos, propicia o surgimento de diversos problemas jurídicos denominados de *hard cases*,[208] num ambiente em que não há supremacia de interesses

---

206. Não se operava a exclusão ou a substituição dos direitos anteriormente reconhecidos, pois, concomitantemente aos que estabeleciam limites ao Estado, determinando-lhe abstenção, foram acrescidos outros a prestações positivas exigíveis do mesmo Estado. Cf. Manoel Gonçalves Ferreira Filho, Ada Pellegrini Grinover, Anna Cândida da Cunha Ferraz, *Liberdades Públicas (Parte Geral)*, São Paulo, Saraiva, 1978, pp. 109-114.

207. Paulo Bonavides aponta o direito à democracia, à informação e ao pluralismo como direitos da quarta geração e o direito à paz como o de quinta geração, referindo-se às gerações anteriores os direitos individuais, sociais, ao desenvolvimento e à democracia. Cf. *Curso de Direito Constitucional*, cit., pp. 585-586 e 588-590.

208. Expressão que faz referência a situações que não comportam solução baseada em clássicas regras de interpretação como o método gramatical, histórico, sistemático e finalístico, pois o sistema proporciona mais de um resultado possível, envolvendo, na maioria das vezes, opções valorativas e políticas. Da versão em língua espanhola da obra de Ronald Dworkin se extrai que "un caso es difícil si existe incerteza, sea porque existen varias normas que determinan sentencias distintas – porque las normas son contradictorias –, sea porque no existe norma exactamente aplicable". Cf. *Los Derechos en Serio*, trad. Marta Guastavino, Barcelona, Ariel, 1995, p. 13.

protegidos pelas normas constitucionais. Isso implica a confrontação de normas fundamentais, situação em que não seria mais suficiente a adoção de técnicas tradicionais de interpretação voltadas exclusivamente à subsunção dos fatos às previsões legais.

Nota-se certa uniformidade da doutrina quantos aos requisitos, elementos ou subprincípios da proporcionalidade, apontando, em primeiro lugar, a adequação ou a pertinência (*Geeignetheit*) entre o meio a ser utilizado e o fim desejado. O segundo é a necessidade da medida (*Erforderlichkeit*) a impor que ela não ultrapasse os limites essenciais para a concretização do escopo pretendido e, por último, a proporcionalidade *stricto sensu* (*Verhältnismäßigkeit*), que conduza à escolha do meio que atenda à proporção exigida no caso concreto, que não pode ser, em síntese, "excessiva" e "injustificável".[209]

A noção de harmonia ou proporcionalidade que decorre do ideal de justiça, que pode ser sintetizado na máxima *suum cuique attribuere*, por si só, não promove a efetivação desse desiderato na realidade prática, porquanto, como anota Recaséns Siches:

> se puede estar de acuerdo en que se debe tratar igualmente a los iguales, y puede discrepar sobre cuáles deban ser los puntos de vista para apreciar las igualdades y las desigualdades; es decir, se puede discrepar sobre lo que deba ser considerado como suyo de cada cual, sobre los puntos de vista axiológicos desde los cuales se deba enfocar esa

---

Embora apresente a proporcionalidade peso significativo no enfrentamento de casos de grande repercussão, o condutor do processo estará a aplicá-la praticamente em todas as situações, pois aquela "se presta a equacionar situações em que o juiz, notadamente no que toca às iniciativas probatórias, deve ponderar um valor em detrimento de outro. Algumas vezes, será necessário confrontar a 'celeridade' com a 'aproximação da certeza ao decidir'. Por vezes, também se confronta o 'juízo de aproximação de certeza' com o 'juízo de probabilidade ao aplicar as máximas de experiência', e, em dadas situações, o magistrado deve ponderar entre 'mera inversão do ônus da prova excessiva a uma das partes' e 'iniciativa probatória destinada a tentar desvendar a qual parte assiste razão na demanda', assim como 'o benefício da prova' e 'a vedação de sua admissibilidade em juízo'. Para tanto, tendo em vista que a proporcionalidade é aplicada casuisticamente, necessária a máxima atenção ao princípio da motivação das decisões judiciais já comentado, a fim de permitir o controle de decisão judicial pautada em elementos abertos e circunstanciais às peculiaridades do caso concreto". Cf. Daniel Penteado de Castro, *Contribuições ao Estudo dos Poderes Instrutórios do Juiz no Processo Civil: fundamentos, interpretação e dinâmica*, São Paulo, Dissertação de mestrado defendida perante a Faculdade de Direito da Universidade de São Paulo, 2010, p. 201.

209. Cf. Paulo Bonavides, *Curso de Direito Constitucional*, cit., p. 405, e Luís Roberto Barroso, *Temas de Direito Constitucional*, vol. I, p. 163.

tarea de armonización, de igualación proporcional, o que sirvan para determinar lo que debe ser considerado como suyo de cada cual.[210]

De efeito, é inexorável a vinculação entre o princípio da proporcionalidade e os valores, servindo o primeiro como meio ou instrumento para a perscrutação dos últimos, tendo em vista, nas palavras do mesmo autor:

> las dificultades y la discusión se centran en torno a cuales sean los valores relevantes para promover la proporción o armonía, se centran en torno a qué sea lo que deba atribuirse a cada cual como lo "suyo". Este problema de valoración material o de contenido constituye nada menos que el asunto principal de la filosofia política y de la axiología jurídica.[211]

Quanto à igualdade, anote-se que o axioma da isonomia permeia todas as dimensões do direito, confundindo-se com o próprio ideal de justiça, por isso pode funcionar tanto como regra ao instituir a vedação de tratamento discriminatório, quanto como princípio ao estabelecer um valor ou fim a ser alcançado, ou, ainda, como postulado, "estruturando a aplicação do Direito em função de elementos (critério de diferenciação e finalidade de distinção) e da relação entre eles (congruência do critério em razão do fim)".[212]

É importante destacar que a igualdade real, material ou substancial, que se perfaz de acordo com a aplicação da medida da proporcionalidade exigível no caso concreto, somente pode ser concretizada em sua plenitude com a observância de critérios objetivos de distinção ou igualação, pois a igualdade ou a desigualdade se implementa em função de um elemento diferenciador nitidamente definido, dado que se vincula de modo direto ao fator segurança, que deve estar atrelado a um determinado escopo a ser alcançado. Assim, "fins diversos levam à utilização de critérios distintos, pela singela razão de que alguns critérios são adequados à realização de determinados fins; outros, não. Mais do que isso: fins diversos conduzem a medidas diferentes de controle. Há fins e fins no Direito".[213]

6. *O poder de criação do juiz e o ativismo judicial*

É inegável a natureza política impregnada na jurisdição contemporânea, como acontece em todas as funções estatais, na busca da realização

---

210. Cf. *Tratado General de Filosofia del Derecho*, cit., p. 482.
211. Idem, ibidem.
212. Cf. Humberto Ávila, *Teoria dos Princípios...*, cit., p. 192.
213. Idem, ibidem, p. 193.

do interesse comum do Estado. O que os estudos fomentam atualmente é a extensão do papel do Poder Judiciário defronte à atividade previamente iniciada pelo Legislativo, ao qual incumbe estatuir objetivos a serem atingidos e antecipar eventuais meios para a sua realização, mas com a reserva de uma margem considerável da atividade de concretização dos fins eleitos, fenômeno que pode ser denominado de função criadora do direito pela atividade jurisdicional.[214]

214. Hans Kelsen refutou a ideia de que somente a legislação seria política e geradora do direito e a jurisdição, mera aplicação reprodutiva, pois, "na medida em que o legislador autoriza o juiz a avaliar, dentro de certos limites, interesses contrastantes entre si, e decidir conflitos em favor de um ou outro, está lhe conferindo um poder de criação do direito, e portanto um poder que dá à função judiciária o mesmo caráter 'político' que possui – ainda que em maior medida – a legislação. Entre o caráter político da legislação e o da jurisdição há apenas uma diferença quantitativa, não qualitativa". Cf. *Jurisdição Constitucional*, São Paulo, Martins Fontes, 2007, p. 251.

De maneira que "os magistrados, longe de meramente declarar ou reproduzir um direito preexistente, contribuem para a sua configuração, entretanto, não de forma livre ou inteiramente desvinculada e sim a partir do texto a aplicar, cujo teor normativo resulta, principalmente, da atividade de concretização. (...) A interpretação-aplicação é, desse modo, percebida como uma atividade simultaneamente cognoscitiva e criativa". Cf. Elival da Silva Ramos, *Ativismo Judicial. Parâmetros Dogmáticos*, cit., pp. 82-83.

Cândido Rangel Dinamarco, todavia, não vislumbra na atividade do juiz a função de criação do direito, mas tão somente a de revelação. Apesar disso, reconhece que há legítima liberdade de julgar através da apreciação inteligente de valores da sociedade, captando-os e compreendendo-os com sensibilidade, de modo que, assim agindo, o juiz coloca-se como "*válido canal de comunicação entre os valores vigentes na sociedade e os casos concretos em que atua*". Cf. *Instituições de Direito Processual Civil*, vol. 1, 7ª ed., São Paulo, Malheiros Editores, 2013, pp. 135-140, grifos no original.

O termo ativismo judicial surgiu no seio da jurisprudência e doutrina norte--americanas, mas muitas vezes acompanhado de certa dose de censura, como se pode depreender da definição adotada em um dos mais conceituados dicionários jurídicos. É entendido, de acordo com a tradução livre, como uma filosofia de elaboração de decisão judicial em que as visões pessoais dos juízes acerca da política pública, entre outros fatores, determinam as suas decisões, especialmente com a conotação de violações constitucionais e desprezo dos precedentes judiciais. Cf. *Black's Law Dictionary*, 7ª ed., 1999, p. 850.

A mudança de postura do Poder Judiciário, inicialmente preconizada na época da Revolução Francesa como mero aplicador da lei, também decorre em parte, sob o ponto de vista prático, pelo modo de atuação do Legislativo moderno que não cumpre de modo suficiente a sua tarefa de elaborar as regras de conduta, inclusive por sua composição heterogênea, que resulta não raro em lei vaga e ambígua, e do Executivo que, por seu turno, edita anomalamente os atos normativos, invocando-se ao Judiciário uma atuação supletiva do desvio dos demais Poderes, a qual também, por consequência, acabaria se afastando dos postulados da teoria tripartite. Cf. Sálvio

Com efeito, as decisões judiciais são

necessariamente criativas e inovadoras, não apenas porque geram a denominada norma de decisão (ponto culminante do processo de concretização normativa), mas, principalmente, porque esta não se limita a reproduzir o que está nos textos paramétricos, os quais são desdobrados, adaptados e, porque não dizer, enriquecidos para poderem disciplinar adequadamente a situação fática que provocou a atuação da jurisdição.[215]

Herbert H. A. Hart esclarece, diante da plasticidade das normas jurídicas em geral, que as regras e os princípios jurídicos, identificados em termos gerais pelos critérios fornecidos pela regra de reconhecimento, têm, muitas vezes, "textura aberta", de forma que: "quando a questão é de saber se uma dada regra se aplica a um caso concreto, o direito é incapaz de determinar uma resposta em qualquer dos sentidos e, assim, vem a provar-se que é parcialmente indeterminado". Isso não se restringiria aos "casos difíceis", mas "o direito em tais casos é, no fundamental, *incompleto*; não fornece *qualquer* resposta para as questões em causa, em tais situações. Não estão juridicamente regulados e, para se obter uma decisão

---

de Figueiredo Teixeira, *A Criação e Realização do Direito na Decisão Judicial*, Rio de Janeiro, Forense, 2003, pp. 5-6 e 9.

Observa-se, em progressão, que as decisões mais importantes de cunho político no Estado Democrático de Direito contemporâneo sofreram considerável redirecionamento ao Poder Judiciário, de forma a se tornar essencial, na estruturação dos Estados, o papel das Cortes Constitucionais. Cf. Eduardo de Avelar Lamy, "Súmula vinculante: um desafio", *Revista de Processo* 120/117.

A doutrina mais conservadora não aceitava a jurisprudência como fonte do direito e, atualmente, a autêntica criação do direito através de decisões judiciais é fato incontestável de modo que, mesmo no sistema codificado, esse fenômeno ocorre com mais intensidade do que na produção legislativa. Cf. Sálvio de Figueiredo Teixeira, *A Criação e Realização do Direito...*, cit., p. 7.

215. Cf. Elival da Silva Ramos, *Ativismo Judicial. Parâmetros Dogmáticos*, cit., p. 119.

Desse modo, como apontado na primeira parte do trabalho, carece de adaptação a noção de jurisdição apresentada por Chiovenda, como a mera atuação da vontade da lei (cf. *Principii di Diritto Processuale Civile*, Napoli, Jovene, 1980, p. 301), acrescentando-se que "a força do constitucionalismo e a atuação judicial mediante a concretização das regras abertas fez surgir um modelo de juiz completamente distinto do desejado pela tradição do *civil law*", o que faz aproximar o papel do juiz brasileiro ao do *common law*, tendo em vista a incumbência de controlar a constitucionalidade da lei no caso concreto. Cf. Luiz Guilherme Marinoni, *Precedentes Obrigatórios*, 2ª ed., São Paulo, Ed. RT, 2011, p. 100.

nesses casos, os tribunais devem exercer a função restrita de criação de direito (...)".[216]

Provavelmente o poder do juiz de elaborar a norma de direito tenha origem no juízo de equidade. Quanto a esse aspecto, Piero Calamandrei trouxe uma interessante comparação nos confins entre a jurisdição e a atividade legislativa ao fazer distinção entre a jurisdição de equidade e de direito, esclarecendo, primeiramente, que as sentenças dispositivas são um tipo especial de sentenças constitutivas. O autor chama de decisões dispositivas aquelas que são proferidas pelo juiz não em aplicação de uma norma jurídica já formulada pelo legislador previamente, mas no exercício do poder de equidade, estabelecendo o direito para o caso singular, em contraposição às providências de direito (*secundum ius*), porque "faltaba el derecho para regularla". Assim, à ausência de norma preexistente, o juiz é chamado a criar, segundo o autor, de forma discricionária, conforme o seu sentido de equidade, o direito objetivo que pareça mais adequado para regular o caso concreto.[217]

Esse poder de criação do juiz estaria taxativamente determinado pelo legislador, porque seria uma exceção do princípio da legalidade.[218] Esse fenômeno excepcional do juízo de equidade não se confundiria com o poder de interpretar a lei para a aplicação em caso concreto. O juízo de equidade decorreria do próprio legislador que deliberadamente teria omitido regular certas formas de relações ou antecipar determinados aspectos, deixando certos vazios no sistema, confiando ao juiz esse papel, de modo que se lhe deferiria o poder de cumprir as valorações políticas.[219]

Isso através de integração segundo as circunstâncias do caso, em conformidade com as concepções que melhor respondam à consciência social da época. Aqui se poderia dizer que o sistema da formulação legislativa do direito se substituiria, nos limites queridos pelo legislador, pelo sistema da formulação judicial.[220] Daí a providência judicial estaria no meio do caminho entre a jurisdição e a legislação, já que, enquanto não aparecem a generalidade e a abstração, conteria a eficácia "innovativa y creadora" do direito.[221] Essa atribuição de poderes ao juiz não significaria renúncia do legislador ao seu ofício de regular antecipadamente certas

---

216. Cf. *O Conceito de Direito*, cit., p. 314.
217. Cf. *Instituciones de Derecho Procesal Civil*, trad. Santiago Sentis Melendo, Buenos Aires, Depalma, 1943, p. 122.
218. Idem, p. 123.
219. Idem, ibidem.
220. Idem, p. 124.
221. Idem, p. 125.

modalidades de relações, pois a equidade seria considerada mais do que um poder de criar o direito, como poder de adaptar o direito já existente às especiais exigências do caso singular, no espírito da legislação vigente.[222]

Ademais, segundo a concepção atual, no ativismo judicial, inclusive nos sistemas da *Common Law*, não há substituição da atividade legislativa pelos julgadores.

Pois,

> mesmo nos casos em que há amplo espaço para a movimentação do juiz, por inexistir precedente aplicável ou por existir um texto legislativo vazado em linguagem da qual decorram conceitos amplos e indeterminados, não se comportam os órgãos de jurisdição como um autêntico legislador, tanto mais que estão compelidos, ao contrário deste, a justificar suas decisões, o que fazem lançando mão de argumentação técnico-jurídica (escolha de método de interpretação adequado, integração por meio de princípios gerais de direito ou analogia etc.).[223]

Mauro Cappelletti apreendeu a nítida essência transformadora inserida na atividade judicial voltada à interpretação e à concretização do produto legislado, anotando que a diferença quanto ao papel mais tradicional dos julgadores seria apenas de grau, e não de conteúdo:

> mais uma vez impõe-se repetir que, em alguma medida, toda interpretação é criativa, e que sempre se mostra inevitável um mínimo de discricionariedade na atividade jurisdicional. Mas, obviamente, nessas novas áreas abertas à atividade dos juízes haverá, em regra, espaço para mais elevado grau de discricionariedade e, assim, de criatividade, pela simples razão de que quanto mais vaga a lei e mais imprecisos os elementos do direito, mais amplo se torna também o espaço deixado à discricionariedade nas decisões judiciárias. Esta é, portanto, poderosa causa da acentuação que, em nossa época, teve o ativismo, o dinamismo e, enfim, a criatividade dos juízes.[224]

Registre-se que há autores que defendem uma visão crítica, como o faz Elival da Silva Ramos: ele entende que o ativismo judicial seria o exercício anormal da função jurisdicional, vez que ultrapassaria os limites institucionais traçados pelo ordenamento ao Poder específico do Estado

---

222. Idem, p. 126.
223. Cf. Elival da Silva Ramos, *Ativismo Judicial...*, cit., p. 109.
224. Cf. *Juízes legisladores?*, trad. Carlos Alberto Alvaro de Oliveira, Porto Alegre, Sérgio Antônio Fabis, 1993, p. 42.

para a resolução de litígios, sejam de natureza subjetiva (conflitos de interesse), ou de feição objetiva (conflitos normativos):

há, como visto, uma sinalização claramente negativa no tocante às práticas ativistas, por importarem na desnaturação da atividade típica do Poder Judiciário, em detrimento dos demais Poderes. Não se pode deixar de registrar mais uma vez, contudo, que o fenômeno golpeia mais fortemente o Poder Legislativo, o qual tanto pode ter o produto da legiferação irregularmente invalidado por decisão ativista (em sede de controle de constitucionalidade), quanto o seu espaço de conformação normativa invadido por decisões excessivamente criativas.[225]

Todavia, já na década de 1980, o professor Cândido Rangel Dinamarco havia observado a existência de margem de independência e criação na atuação judicial no processo:

o juiz, investido por critérios estabelecidos na ordem constitucional e mediante as formas que a lei institui, é também um agente político do Estado, portador do poder deste e expressão da democracia indireta praticada nos Estados ocidentais contemporâneos. Inexiste razão para enclausurá-lo em cubículos formais do procedimento, sem liberdade de movimentos e com pouquíssima liberdade criativa. O que precisa ficar muito claro, como fator de segurança para as partes e como perene advertência ao juiz, é a substancial exigência de preservação das fundamentais garantias constitucionais do processo, expressas no contraditório, igualdade, inafastabilidade de controle jurisdicional e na cláusula *due process of law*.[226]

Nesse contexto, o ativismo judicial, entendido como o poder de elaborar o direito aplicável ao caso particular para solucionar determinada controvérsia, é impulsionado pela doutrina e jurisprudência também como forma de combater a letargia e promover a geração de direitos; o que se vislumbra é o receio de eventual desvio ou excesso, quando houver "ultrapassagem das linhas demarcatórias da função jurisdicional, em detrimento principalmente da função legislativa, mas, também, da função administrativa e, até mesmo, da função de governo. (...), com incursão insidiosa sobre o *núcleo essencial* de funções constitucionalmente atribuídas a outros Poderes".[227]

---

225. Cf. *Ativismo Judicial...*, cit., p. 129.
226. Cf. *A Instrumentalidade do Processo*, cit., pp. 154-155.
227. Cf. Elival da Silva Ramos, *Ativismo Judicial...*, cit., pp. 116-117. O autor chama a atenção para o risco de exacerbação do ativismo judicial, que, para ele,

No entanto, como foi frisado, há limites objetivos que estremam a atuação jurisdicional e mecanismos de controle para obstar a ocorrência de excessos. Atualmente, "a discussão, como se constata nos Estados Unidos, tende a se deslocar para o plano da Filosofia política, em que a indagação central não é a consistência jurídica de uma atuação mais ousada do Poder Judiciário e sim a sua legitimidade, tendo em vista a ideologia democrática que permeia o sistema político norte-americano".[228]

Discorrendo sobre o significado do precedente judicial no sistema jurídico inglês, esclarece Terence Ingman que, apesar da "superioridade" da legislação do Parlamento sobre o papel do juiz, há ainda uma margem considerável para o *judicial law-making*, pois "quando o juiz aplica ou estende a regra já estabelecida a novos fatos, ou decide que a regra não se aplica a certa situação, ele está fazendo ou mudando a lei", embora "não tenha a mesma liberdade de um legislador, não deve ser visto como usurpação de seu poder". A maioria do direito inglês deriva da lei (*Statute*) e da *Common Law*, sendo que a função dos juízes é de interpretar a primeira e de desenvolver a outra. A doutrina do *judicial precedent*, com algumas exceções, envolve uma aplicação do princípio do *stare decisis*, ou seja, baseia-se nos casos já decididos.[229]

estaria sendo disseminado de forma preocupante no Brasil, sendo que, *v.g.*, "o resultado de decisões judiciais que, em vão, tentam suprir, mediante tutelas individuais ou coletivas, a ausência de riqueza suficiente para propiciar o cabal atendimento às necessidades da população, é o aumento da frustração e, inclusive, da desigualdade social, pois não raramente segmentos melhor organizados e com mais recursos conseguem fazer valer direitos em detrimento da maioria". Cf. "Controle jurisdicional de políticas públicas: a efetivação dos direitos sociais à luz da Constituição brasileira de 1988", *Revista da Faculdade de Direito*, vol. 102, p. 349, 2007.

Não se nega a importância de se encontrar o ponto ideal entre o ativismo e a autocontenção dos tribunais, especialmente em demandas versando políticas públicas, todavia inafastável do Poder Judiciário brasileiro da atualidade o dever constitucional de implementação dos direitos políticos, econômicos e sociais que eventualmente tenha sido omitida pelos demais Poderes. Nesse contexto, verifica-se a presença de temas polêmicos nas pautas recentes do Supremo Tribunal Federal, *v.g.*, doações de empresas para campanhas eleitorais, sistema político (fidelidade partidária e verticalização de coligações), demarcação de terras indígenas, união homoafetiva e aborto de anencéfalos. Cf. "Equilíbrio judicial", *Folha de São Paulo*, 30.12.2013, p. A2.

Tais observações conduzem à necessidade de reflexão quanto ao aprimoramento dos instrumentos de efetivação das políticas públicas e de controle das decisões judiciais, porém não afasta a tendência moderna no sentido da consolidação do importante papel do Poder Judiciário, inclusive na deliberação de questões de alta relevância político-social.

228. Cf. Elival da Silva Ramos, *Ativismo Judicial...*, cit., p. 110.
229. Cf. *The English Legal Process*, cit., pp. 384-385.

O mesmo autor, ainda discorrendo sobre o referido sistema, enfatiza a importância do papel harmônico a ser desempenhado na relação entre o Poder Legislativo e o Judiciário, nos seguintes termos:

> In the English legal system the law-making process is shared, not necessarily equally, by two bodies. While Parliament claims to be the sole domestic law-maker, its powers are supplemented by the activities of the judiciary, which traditionally has adopted a much less overt role. Parliament, consisting of the Queen (whose royal assent is necessary by constitutional convention before a Bill can become an Act), the House of Lords, and the House of Commons, passes legislation in the form of Acts of Parliament, alternatively called statutes. The interrelationship between legislation and the judiciary is of crucial importance, for the judges are the ultimate enforces of the law, whether civil or criminal, and whether Parliamentary in origin or judge-made. A judge will spend approximately one-half of his judicial time on the interpretation of legislation, as a glance at the law reports will confirm.[230]

Sob a perspectiva dessa correlação de forças, o poder de atuação do juiz, compreendido também o de criação do direito ao estipular a norma jurídica individual, sofre limitações, já que é natural o vínculo entre a prática de excesso e a configuração do abuso e arbitrariedade. Conquanto haja uma "zona de liberdade dentro da qual pode exercer sua atividade", essa autonomia é garantida somente "nos limites da órbita jurídica que lhe corresponde",[231] sob pena de acarretar interferência negativa no equilíbrio entre os sistemas legislativo e judicial.

A função criadora do juiz aceita pela doutrina moderna, portanto, não é incondicionada, porquanto deve levar em conta a seguinte peculiaridade:

> as suas valorações ou estimações não são projeções do seu critério axiológico pessoal, uma vez que ele emprega como critérios avaliati-

---

[230]. Idem, p. 310. Não é foco central deste trabalho o estudo comparativo entre os dois sistemas jurídicos conhecidos no mundo ocidental, mas merece o destaque de que, embora a força criativa do juiz remonte ao controle dos atos do Parlamento no *Common Law*, a evolução do *Civil Law*, alavancada especialmente por teoria do constitucionalismo e dos direitos fundamentais, conferiu aos seus juízes um poder semelhante ao do magistrado inglês submetido ao *Common Law* e ao do juiz norte-americano, revestido do poder de realizar o controle da lei a partir da Constituição. Sob a visão dos direitos positivados na Constituição, é possível afirmar que o juiz brasileiro nos tempos atuais tem poder criativo maior do que o do *Common Law*, uma vez que não segue os precedentes com o devido rigor. Cf. Luiz Guilherme Marinoni, *Precedentes Obrigatórios*, cit., pp. 39-41.

[231]. Cf. Maria Helena Diniz, *As Lacunas no Direito*, cit., p. 295.

vos as pautas axiológicas consagradas na ordem jurídica, interpretando-as em relação com as situações fáticas que deve solucionar tendo em vista o momento atual. Não há uma criação livre, sem freios, porque o próprio direito é uma projeção necessária da estrutura social, valorativa e normativa em que se integra.[232]

Mauro Cappelletti também enfatiza o mesmo ponto, defendendo a existência de graus e limitação da criatividade judiciária:

> De fato, o reconhecimento de que é intrínseco em todo ato de interpretação certo grau de criatividade – ou, o que vem a dar no mesmo, de um elemento de discricionariedade e assim de escolha –, não deve ser confundido com a afirmação de *total liberdade* do intérprete. Discricionariedade não quer dizer necessariamente arbitrariedade, e o juiz, embora inevitavelmente criador do direito, não é necessariamente um criador completamente livre de vínculos. Na verdade, todo sistema jurídico civilizado procurou estabelecer e aplicar certos *limites à liberdade judicial*, tanto *processuais* quanto *substanciais*.[233]

Desse modo, deve prevalecer o bom senso entre o basilar princípio de freios e contrapesos da separação de poderes e a "necessidade de garantir às normas constitucionais a máxima *efetividade*" na aplicação do ativismo judicial, entendido em seu sentido amplo, "com a apresentação de metodologia interpretativa clara e fundamentada, de maneira a balizar o excessivo subjetivismo, permitindo a análise crítica da opção tomada".[234]

Pertinentes, igualmente, as considerações de Benjamin Cardozo:

> O juiz, mesmo quando livre, não é totalmente livre. Ele não pode inovar a seu bel prazer. Não é um cavalheiro-errante, vagando à vontade em busca de seu próprio ideal de beleza ou de bondade. Deve extrair a sua inspiração de princípios consagrados. Não deve ceder ao sentimento espasmódico, à benevolência indefinida e desgovernada.[235]

---

232. Idem, ibidem, p. 302. Por isso, o juiz ou o tribunal não está legitimado a "'criar' princípios, ou a 'inventar' normas para os casos difíceis, não inseridos dentre as 'leituras possíveis' ou não anteriormente tomados em consideração pelos 'programas condicionais' que as normas representariam". Cf. Lúcio Antônio Chamon Júnior, *Teoria da Argumentação Jurídica*, cit., p. 182.

233. Cf. *Juízes legisladores?*, cit., pp. 23-24.

234. Cf. Alexandre de Moraes, *Direito Constitucional*, 27ª ed., São Paulo, Atlas, 2011, p. 24.

235. Cf. *A Natureza do Processo e a Evolução do Direito*, cit., p. 87.

Em acréscimo,

a balança se inclina não pelos gostos ou pela fantasia, mas pela razão. O juiz que escolhe acredita, com intensidade variante de convicção, que escolheu bem e sabiamente. Não obstante, mesmo em seu espírito houve uma verdadeira alternativa, e não simplesmente nominal. Havia dois caminhos, todos dois abertos, embora conduzissem a fins diferentes. A encruzilhada no caminho não foi neutralizada, para o viajante, por uma barreira atravessada numa das rotas com o título: "trânsito impedido". Ele deve reunir todas as suas faculdades intelectuais, armar-se de coragem e adiantar-se na direção de um caminho ou de outro, rogando que esteja avançando não para uma emboscada, para um pântano ou para a escuridão, mas em segurança, em espaço livre e iluminado.[236]

A intelecção judicial nessa obra criativa desenvolve-se pela análise compreensiva e crítica dos fatos, das normas e principalmente dos valores enfeixados num determinado contexto social e político, buscando, através dos diversos métodos fornecidos pelos processos hermenêuticos, a solução exigida no caso concreto, isto é, aquela que se harmoniza com as possibilidades contidas no sistema jurídico, de modo que geralmente não se resume à automática revelação da resposta contida no ordenamento jurídico através da técnica da subsunção do fato à norma impositiva de conduta ou sanção.[237]

Na temática que toca à consolidação dos amplos poderes do juiz, é certo que há quem defenda o argumento de que os julgadores, por não serem eleitos, diferentemente dos legisladores, não contariam com o devido respaldo na força criadora do direito. Todavia, esclarece Ronald Dworkin, ressalvada a realidade norte-americana, que, entendida a atividade legislativa como política, como compromisso entre objetivos e propósitos individuais nas áreas do bem-estar da comunidade, tal missão deve ser exercida pelos agentes eleitos e responsáveis, porém não as comparações interpessoais de utilidade ou preferência, através das quais podem se objetivar tais compromissos, de modo que as decisões políticas

---

236. Idem, p. 150.
237. Como é largamente perceptível, para o significado moderno de justiça, não mais é possível a tomada de acepção do Direito restrito ao material legislativo, de caráter abstrato e geral, de modo que "implica uma grande confiança no poder criativo do julgador, de quem se espera uma *sensibilidade muito refinada* para lidar com o sempre mutante contexto social". Cf. Lídia Reis de Almeida Prado, *O Juiz e a Emoção: aspectos da lógica da decisão judicial*, 5ª ed., Campinas, Millennium, 2010, p. 88.

deveriam ser tomadas mediante a operação de algum processo político destinado a produzir uma expressão exata dos diferentes interesses que têm de ser levados em conta, papel que poderia ser desempenhado por juízes não eleitos, que não estão submetidos ao controle de grupos de pressão, para estabelecer compromissos entre os interesses em jogo.[238]

Vale, ainda, mencionar a consideração feita por Mauro Cappelletti no sentido de que a alegação de falta de representatividade democrática dos juízes nos países do sistema do *Civil Law* também não ostenta muita força, pois, além do movimento de criação de tribunais constitucionais, cujos integrantes são nomeados em grande parte por critérios políticos, as suas decisões são acompanhadas de motivações racionais, encontrando-se as cortes, assim, expostas ao controle da coletividade. Mencione-se, também, sem esgotar outros argumentos, a participação conferida em contraditório, nos procedimentos judiciais, aos grupos marginais nos debates políticos.[239]

Dworkin professa, com razão, ainda sobre o aspecto da interpretação, a rejeição do convencionalismo, "que considera a melhor interpretação a de que os juízes descobrem e aplicam convenções legais especiais, e o pragmatismo, que a encontra na história dos juízes vistos como arquitetos de um futuro melhor, livres da exigência inibidora de que, em princípio, devem agir coerentemente uns com os outros", propondo "a terceira concepção, do direito como integridade, que compreende a doutrina e a jurisdição. Faz com que o conteúdo do direito não dependa de convenções especiais ou de cruzadas independentes, mas de interpretações mais refinadas e concretas da mesma prática jurídica que começou a interpretar".[240]

É certo que a incursão do juiz no papel de complementar a atividade inicialmente verificada na elaboração abstrata de normas, sobretudo nas grandes questões políticas e sociais, pode acarretar controvérsia sobre a eventual ascendência da atividade jurisdicional sobre a legislativa, mas não provoca, por si só, a corrosão ou abalo na teoria da separação de poderes, a não ser que haja uma utilização indevida e abusiva. Assim, deve ser preservada a função original do legislador na determinação de meios e fins em torno de questões com conteúdo essencialmente político, resguardando-se a atuação judicial como instrumento de garantia contra eventuais excessos praticados.[241]

---

238. Cf. *Los Derechos en Serio*, cit., p. 151.
239. Cf. *Juízes legisladores?*, cit., pp. 92 e ss.
240. Cf. *O Império do Direito*, cit., pp. 488-489.
241. Cf. Paulo Bonavides, *Curso de Direito Constitucional*, cit., pp. 430-435.
Por isso, Humberto Ávila, ao analisar a questão do imprescindível equilíbrio na ponderação a ser levada em consideração pelo Poder Judiciário no conflito entre

Embora a adoção do critério da proporcionalidade, mesmo apreendida como mais um elemento diretivo e racional de interpretação a ser levado a efeito no caso concreto, possa representar o incremento do poder do juiz, com a suposta redução da competência atribuída ao legislador, essa possibilidade estaria atenuada significativamente se cogitado, de modo simultâneo, o método denominado "interpretação conforme a Constituição", considerado também pela jurisprudência como técnica eficaz na superação de conflitos normativos no patamar constitucional.[242]

Ademais, "o raio de autonomia, a faculdade política decisória e a liberdade do legislador para eleger, conformar e determinar fins e meios se mantém de certo modo plenamente resguardada",[243] porém, com a evolução do Estado de Direito, os legisladores também passaram a sofrer controles, impedidos de atuar com arbitrariedade na consecução dos fins políticos, que não podem "contrariar valores e princípios constitucionais; um destes princípios vem a ser precisamente o da proporcionalidade,

---

regras e princípios, e que seja compatível com o sistema de separação de poderes, afastando-se a sua atuação excessiva e arbitrária, destaca que devem ser observadas as seguintes diretrizes: "Em primeiro lugar, o aplicador deve verificar a existência de uma regra constitucional imediatamente aplicável ao caso. Se ela existir, afastada está a ponderação horizontal entre princípios constitucionais eventualmente colidentes, pois, relativamente à hipótese, houve uma ponderação pré-legislativa das razões contrapostas que culminou no regramento constitucional, não cabendo ao aplicador substituir o Poder Constituinte mediante mera desconsideração desse regramento. (...) Em segundo lugar, na inexistência de uma regra constitucional imediatamente aplicável, o aplicador deve examinar a existência de uma regra constitucional que regule a atribuição, o exercício ou a delimitação de uma competência. (...) Em terceiro lugar, caso não haja regra constitucional imediatamente aplicável, nem regra legal editada no exercício regular da função legislativa, ou caso haja uma regra legal que seja incompatível com o estado de coisas cuja promoção é determinada por um princípio constitucional, caberá ao aplicador efetuar uma ponderação dos princípios constitucionais eventualmente colidentes para editar uma norma individual reguladora do conflito de interesses concretamente existente". Cf. "'Neoconstitucionalismo'": entre a 'Ciência do Direito' e o 'Direito da Ciência'", cit., pp. 10-12.

242. Cf. Paulo Bonavides, *Curso de Direito Constitucional*, cit., pp. 435-436. Luiz Guilherme Marinoni destaca o poder de criação da norma jurídica diante do caso concreto mediante o ajuste da legislação à norma constitucional: "nos casos de interpretação de acordo, de interpretação conforme e de declaração parcial de nulidade sem redução de texto, a norma geral é visivelmente conformada – *em menor (no primeiro caso) ou maior medida (nos demais casos)* – pelas normas constitucionais. Nessas três hipóteses o juiz cria a norma jurídica considerando a relação entre o caso concreto, o texto da lei e as normas constitucionais". Cf. "A jurisdição no Estado contemporâneo", in *Estudos de Direito Processual Civil. Homenagem ao Prof. Egas Dirceu Moniz de Aragão*, São Paulo, Ed. RT, 2005, p. 54.

243. Cf. Paulo Bonavides, *Curso de Direito Constitucional*, cit., p. 408.

princípio não escrito, cuja observância independe de explicitação em texto constitucional, porquanto pertence à natureza e essência mesma do Estado de Direito".[244]

Pelo critério de solução de conflitos através de premissas tradicionais o papel do juiz circunscreve-se ao de "identificar a norma aplicável ao problema que lhe cabe resolver, revelando a solução nela contida; sua função é uma função de conhecimento técnico, de formulação de juízos de fato",[245] ao passo que, adotados outros métodos e critérios de interpretação, "já não será apenas um papel de conhecimento técnico, voltado para revelar o sentido já contido na norma. O juiz torna-se coparticipante do processo de criação do Direito, ao lado do legislador, fazendo valorações próprias, atribuindo sentido a cláusulas abertas e realizando escolhas".[246]

Ademais, mesmo que o processo de concretização normativa tenha chegado à etapa de exaurimento no âmbito legislativo, com a edição de normas gerais, de índole constitucional ou infraconstitucional, ela é conduzida, em larga medida, em linguagem indeterminada, de sorte que, como anotou Humberto Ávila:

> caberá ao Poder Judiciário a imprescindível função de adequar a generalidade das regras à individualidade dos casos, bem como escolher, dentre os vários sentidos possíveis, aquele que melhor se conforme a Constituição, e cotejar a hipótese da regra com sua finalidade subjacente, ora ampliando, ora restringindo o seu âmbito normativo.[247]

Em conclusão, é impensável, na atual quadra da evolução do direito e da sociedade brasileira, ignorar, na produção de normas concretas, a presença de certo aspecto criativo e libertário no exercício da jurisdição. Independentemente da denominação, o verdadeiro ativismo judicial aceito pelo ordenamento jurídico é aquele que conscientemente observa os limites constitucionais, deixando intactas as atribuições genuínas reservadas aos demais Poderes, preservando-se, assim, o imprescindível equilíbrio político.

---

244. Idem, ibidem, pp. 409-410.
245. Cf. Luís Roberto Barroso, *Temas de Direito Constitucional*, vol. III, cit., p. 522.
246. Idem, ibidem, p. 524.
247. Cf. "Neoconstitucionalismo": Entre a "ciência do direito" e o "direito da ciência", cit., p. 17.

No entanto, ao mesmo tempo, se afigura essencial, com a pressuposição dos atributos naturais de qualquer atuação judicial,[248] no exercício dos deveres endereçados ao Poder Judiciário pela Carta Magna, o desempenho de seu importante papel de concretização dos direitos fundamentais, sobretudo em meio à elaboração crescente de normas jurídicas materiais ou processuais com formatação aberta, resguardadas as caras garantias do devido processo legal. O debate político que se instala em torno da definição da linha demarcatória de atuação entre os Poderes deve ser compreendido não como um dado negativo a propiciar eventual insegurança, mas como um aspecto extremamente saudável para a evolução da sociedade complexa da atualidade, de forma que se acentua a relevância do processo argumentativo na concreção das normas *in abstracto*.

7. Conclusões parciais (Parte II, Capítulo II)

O ordenamento jurídico engloba elementos que se entrecortam e para que possa produzir os resultados esperados é imprescindível que haja unidade de propósitos e mínima estruturação entre eles, embora sem a necessária vinculação hierárquica, de modo que a concepção de sistema lhe é inerente. Também não enfraquece essa ideia a ocorrência de eventual lacuna e/ou contradição entre os seus componentes, pois deverão ser encontrados mecanismos de superação dado que a completude não é a sua marca indispensável, sobretudo porque a maioria dos objetos de estudo é dotada de suficiente abertura para acomodar as constantes

---

248. Enrico Redenti e Mario Velani destacam o caráter de ordem moral que deve estar presente no espírito do julgador, quanto à necessária serenidade, imparcialidade e à independência. Nesse sentido, "adeguare il diritto alle finalità telelogiche è compiuto dello Stato (e, per esso, di altri suoi organi) nella funzione di legislatore. Ma una volta che il diritto è positivamente costituito per fonti, una sua utilità sociale immediata sta nella certezza che esso introduce nelle relazioni sociali, cosicché ognuno sappia come contenersi e su che cosa potere contare o fare fidanza. Di tale certezza il giudice è custode e vindice e gli si richiede, a questo scopo, d'essere non meno acuto e fedele interprete delle fonti che un buono storico dei fatti. Non è poco dire. Al riguardo concorrerà in lui anche un abito psicologico e morale di serenità, d'imparzialità, d'indipendenza (... *oportet iudicem esse gravem*, dissero enfaticamente gli antichi, *sanctum, severum, incorruptum, inadulabilem*) e che non lo turbi il clamore della piazza, né la minaccia dei potenti (orazianamente: *non civium ardor prava iubentium nec vultus instantis tiramni*). Ond'è che se il mestiere del giudice ha un suo emblema logico, ha anche una sua insegna morale, che è quella della purità dello spirito. I principi dell'imparzialità e della terzietà del giudice sono stati elevati a rango costituzionale (...)". Cf. *Diritto Processuale Civile*, vol. 1, 5ª ed., Milano, Giuffrè, 2000, p. 43.

mudanças e permitir a própria evolução da ciência. O sistema processual também não se afasta dessa noção de sistema, porquanto congrega elementos normativos (constitucionais e infraconstitucionais) que regem órgãos jurisdicionais, técnicas e institutos voltados ao cumprimento de seus escopos.

Na constelação jurídica a principal categoria refere-se às normas em sentido lato, que abrangem os princípios e as regras. Os denominados neoconstitucionalistas substituíram a noção clássica conferida à expressão "princípios" como dispositivo fundamental do sistema pelo dado de relativismo das duas espécies normativas, passando a considerá-las igualmente importantes para o ordenamento jurídico. A par das diferenças doutrinárias, podem ser mencionadas as mais relevantes características distintivas apontadas pelos renomados autores: os princípios exigiriam uma aplicação relativizada e ponderada mercê da dimensão de peso ou importância que carregam, apresentando, assim, elevado grau de generalidade e abstração, cuidando-se de mandamento de otimização a reclamar geralmente a atividade concretizadora mais densa, ao passo que as regras seriam inferidas pelo critério da validade, ou da cláusula de exclusão, dada a previsão antecipada da regulação de conduta.

No entanto, há autores, *v.g.*, Humberto Ávila, que entendem que não seriam suficientes os métodos baseados na distinção de propriedade das normas – elevado grau de abstração e generalidade dos princípios (distinção fraca) e no uso da ponderação na aplicação dos princípios e da subsunção na incidência das regras (distinção forte), uma vez que qualquer espécie normativa conteria certo grau de indeterminação a ensejar a valoração, assim como na aplicação de regras não seria possível a completa ausência do processo de sopesamento.

Dos valores centrados neste trabalho como integrantes da efetividade do processo tanto a celeridade como a segurança jurídica, embora possam ser consideradas igualmente garantias constitucionais por traduzir a possibilidade de exigir a devida proteção, aproximam-se da noção conferida atualmente aos princípios, vez que refletem um nítido comando de otimização de valores a ensejar uma atividade de materialização, seja na função legislativa, ou no âmbito jurisdicional, cuja atuação se fará principalmente pelo recurso da ponderação. Também revelam considerável dimensão de peso em torno de bens igualmente importantes e inseridos no mesmo patamar constitucional.

No universo das normas jurídicas é comum a ocorrência de confrontação no caso concreto (entre princípios, entre regras e entre princípios e regras), fenômeno que tende a se dissipar através de mecanismos de superação. A despeito da diversidade doutrinária, podem-se classificar as hipóteses de incompatibilidade entre antinomia própria e imprópria, sendo que a primeira se relaciona às situações tradicionais em que se manifesta a contrariedade lógica entre regras (contrariedade e contraditoriedade a que alude Bobbio), passível de solução através de métodos clássicos, mediante o emprego de critérios fundados na hierarquia, cronologia e especialidade. De outro lado, a antinomia imprópria revela-se diante da contraposição de valores, cujas normas podem coexistir numa dada realidade, de modo que é mais comum na confrontação entre princípios, para cuja resposta se recorre usualmente à ponderação.

Mercê do dinamismo social o legislador não busca mais antecipar e regulamentar todas as situações da vida em sociedade, de forma que é reservado ao juiz o essencial papel de interpretação e aplicação do direito, ou seja, recai-lhe o poder-dever de revelar o sentido e o alcance da norma jurídica, dando-lhe o tratamento adequado na espécie. Não obstante seja possível a distinção lógica entre as duas atividades, na prática elas se fundem em operação única, cuja tarefa se torna mais complexa na medida em que as normas se apresentam imbuídas de elementos valorativos a serem considerados, embora, mesmo em face de regras expressas, não se afaste a possibilidade de contradição ou ambiguidade, impondo a utilização de diversas técnicas hermenêuticas. Os métodos clássicos de interpretação – gramatical ou textual, lógico ou sistemático, histórico e teleológico – não se revelam suficientes diante da evolução social e da configuração atual do sistema jurídico, especialmente na afluência de normas principiais.

A escola positivista, que marcou a passagem dos séculos XIX e XX, desempenhou importante papel ao sistematizar os preceitos jurídicos que necessitavam de uma mínima estruturação e segurança, mas a edificação de sua teoria com base no exacerbado legalismo e na abstração de elementos axiológicos mostrou-se, embora com menor resistência na sua vertente mais liberal (positivismo realista), insuficiente, tendo em vista que se caracterizava por sistema planteado exclusivamente em regras, para solucionar todos os problemas que lhe sobrevieram, especialmente diante dos chamados "casos difíceis", para cuja superação se afiguraria mais consentâneo um ordenamento pródigo em termos indeterminados e espécie normativa de princípios.

Essa realidade coincidiu com o incremento da opção metodológica e política por termos ou conceitos jurídicos indeterminados na elaboração de normas, impulsionada por época de constantes transformações sociais, o que tornava ineficiente a prévia definição normativa de todas as circunstâncias das relações da vida em sociedade. Em contrapartida, diante do fenômeno da incompletude das leis, passou-se a exigir do julgador uma atividade mais delicada na interpretação e aplicação do direito, destacando-se o seu papel de colmatação e integração de normas, com o foco também voltado aos aspectos da justiça das decisões.

Muito se discutiu sobre a existência ou não do poder discricionário do juiz na interpretação e aplicação do direito. É inegável que atualmente o sistema confere uma margem formidável de atuação judicial na escolha de alternativas colocadas pelo sistema, porém no sentido verdadeiro da atividade que recai ao Estado-juiz no exercício de seu poder-dever não há de se falar em discricionariedade, pois lhe compete buscar para o caso concreto, segundo a superior conveniência e oportunidade, a única ou a melhor solução dentre as possíveis, mesmo contando com ampla liberdade no universo cada vez mais repleto de termos jurídicos indeterminados, porquanto essa realidade é fruto da inconveniência do legislador de antecipar todas as situações de conflito e não do poder desvinculado conferido ao juiz de optar a seu talante qualquer alternativa, pois a toda resposta se reclama a suficiente fundamentação.

Em face da disseminação de normas jurídicas com feição predominantemente aberta e indeterminação de termos foram propostas outras técnicas de interpretação que não se limitassem à pura operação dedutiva, com especial ênfase para aquelas voltadas à revelação do sentido de valor através de processo argumentativo. Podem ser mencionados como integrantes da denominada "nova hermenêutica" os métodos tópico-problemático, hermenêutico-concretizador e da jurisprudência dos interesses. Conquanto nenhuma técnica esteja desprovida de censura por algum aspecto, imperioso é que sejam considerados outros paradigmas de interpretação, como aqueles pautados em raciocínio indutivo e na captação de valores incrustados nas normas a partir da realidade social.

O raciocínio jurídico, diversamente do que ocorre nas ciências embasadas em premissas verdadeiras e falsas e na lógica formal, invoca discurso argumentativo específico e consistente, também denominado de retórico ou dialético, a ser lançado diante de um auditório cuja adesão é pretendida, a fim de conferir a devida justificação na interpretação de determinada norma jurídica. Em outras palavras, o processo de argumentação é da essência da atividade judicial, geralmente diante de normas de conteúdo aberto. E, em meio a diversas técnicas, é imprescindível a presença de um padrão mínimo de controle de legitimidade, o qual não dispensa, por exemplo, a busca da argumentação fundada em bases normativas e não somente em preferências pessoais, a explicitação e a motivação rigorosa dos fundamentos além da observância dos princípios pertinentes ao caso. Para garantir a indispensável segurança, o discurso ou a argumentação jurídica deve ser racional e sujeitar-se às normas, aos precedentes judiciais e à doutrina.

Na atividade de interpretação e aplicação do direito, que passa pela argumentação jurídica, o princípio da proporcionalidade, embora não inserido expressamente em todos os textos constitucionais, mas que foi acolhido pela maioria dos ordenamentos jurídicos, exerce importante papel diante da colisão de interesses e valores normativos, tendo-se tornado um indispensável instrumento a ser manejado na atuação judicial contemporânea, especialmente no embate entre as garantias e direitos fundamentais, que têm apresentado expressiva evolução com a passagem das gerações.

Conquanto remontem à origem histórica diversa e recaia-lhes distinção sobre o significado de sua extensão, tanto a proporcionalidade quanto a razoabilidade na essência encerram semelhante natureza, pois objetivam resguardar o fundamental equilíbrio, seja a partir de comparação entre elementos ou valores, ou na busca de um padrão desejável de avaliação ou comportamento.

Quanto aos seus requisitos ou subprincípios a doutrina não discrepa e menciona a adequação (ou a pertinência) entre o meio a ser utilizado e o fim almejado, a necessidade da medida e a proporcionalidade em sentido estrito, ou seja, a opção pelo meio mais adequado ao caso concreto. Há corrente, a exemplo de Humberto Ávila, que faz referência à razoabilidade e à igualdade como postulados, ao invés de princípios, por entender que elas teriam o escopo de estruturar a aplicação do direito.

É inegável o amplo poder conferido ao juiz na atividade de concretização do direito na esteira dos objetivos do Estado, em continuação à obra do legislador que estabelece normas de caráter geral: sobrevindo conflito, o Poder Judiciário é chamado a intervir na interpretação e aplicação do direito. O ativismo judicial é compreendido nos limites do trabalho como o poder de elaboração do direito aplicável ao caso particular. E esse poder de criação é acentuado em sistemas em que há predomínio de normas principiais e textos de conteúdo aberto ou dotados de termos jurídicos indeterminados e nas causas em que se debatem altas questões político--sociais. Essa atividade de elaborar a norma de direito teria surgido do juízo de equidade como exceção ao princípio da legalidade, situando-se entre a função legislativa e a jurisdição (Calamandrei).

Na concepção atual, apesar do intenso debate na doutrina, especialmente no campo do direito constitucional, o ativismo judicial não pode ser visto como sucedâneo da função legislativa, principalmente porque ao

Poder Judiciário é devido justificar as suas decisões através de processo de interpretação e argumentação em torno das normas de natureza tanto material quanto processual. Ademais, não se tolera a prática de desvio ou o excesso no exercício dessa atuação, havendo instrumentos de controle se se configurar a invasão nas esferas do Legislativo e da Administração, posto que deva ser preservado o sistema de equilíbrio de forças entre os poderes.

Capítulo III
O ESCOPO DO EQUILÍBRIO E O SOPESAMENTO DE VALORES

1. Segurança jurídica: núcleo intangível da efetividade do processo. 2. A tentativa de ponderação e harmonização de valores per se importantes. 3. Conclusões parciais (Parte II, Capítulo III).

1. Segurança jurídica: núcleo intangível da efetividade do processo

É fundamental para a convivência harmônica entre os integrantes de uma comunidade a presença do substrato mínimo da ética jurídico-social, ou do sentido do justo, assim como do equilíbrio de valores essenciais para a preservação da unidade e estabilidade. Assim, é imprescindível a coexistência da grandeza da justiça e da segurança,[1] conquanto em busca da manutenção desse último elemento o pensamento jurídico moderno seja caracterizado metodologicamente, como indica Eros Roberto Grau, pelas marcas do formalismo e positivismo.[2] Do conteúdo da segurança surge a sua conotação mais abstrata (a forma como irmã gêmea da liberdade).[3]

No contexto das espécies normativas as regras são tidas geralmente, de modo diverso dos princípios, como fator de garantia da segurança jurídica, em seu duplo sentido:

    tanto no seu aspecto formal-temporal (os atos estatais devem ser previsíveis para os destinatários, independentemente do seu conteúdo)

---

1. Cf. Carlos Aurélio Mota de Souza, *Poderes Éticos do Juiz: a igualdade das partes e a repressão ao abuso no processo*, Porto Alegre, Fabris Editor, 1987, p. 19.
2. Cf. *O Direito Posto e o Direito Pressuposto*, 9ª ed., rev. e ampl., São Paulo, Malheiros Editores, 2014, p. 32.
3. Idem, p. 184.

quanto no seu aspecto material (os atos estatais devem ter uma certa medida de inteligibilidade, clareza, calculabilidade e controlabilidade para os destinatários).[4]

Com efeito,

ao ponderar previamente os aspectos relevantes sobre um conflito entre princípios, com a pretensão de afastar a posterior ponderação pelo aplicador mediante uma decisão prévia, a instituição de regras não deixa aberta a escolha de outro meio de atuação pelo aplicador, excluindo a direta consideração de valores morais e afastando a ponderação quantitativa entre as razões conflitantes em favor de uma análise qualitativa que investiga a estrutura do poder atribuído por meio da reconstrução dos sentidos normativos. Por apresentarem uma solução para um conflito entre razões, as regras são instrumentos normativos de justiça geral e, por isso, de segurança, na medida em que visam diminuir o risco de restrição futura aos princípios constitucionais causada pela arbitrariedade e incerteza que a falta de decisões provoca no planejamento da conduta humana.[5]

No entanto, embora na instituição de regras, diante da sua força decisória prévia, haja vista o afastamento dos motivos e determinadas circunstâncias que seriam levados em consideração no caso particular, os princípios, "por deixarem aberta a solução para um conflito entre razões a ser encontrada por meio de uma ponderação entre os princípios complementares e concretamente colidentes", são instrumentos de justiça individual, "na medida em que visam a permitir ao aplicador a consideração dos aspectos individuais presentes no caso concreto sem as limitações institucionais existentes no caso das regras".[6]

A propósito, como professa Canotilho, a estruturação sistêmica entre regras e princípios permite a "compreensão da constituição como sistema

---

4. Cf. Humberto Ávila, "Princípios e regras e a segurança jurídica", in *Segurança Jurídica na Tributação e Estado de Direito – II Congresso Nacional de Estudos Tributário*, São Paulo, Noeses, 2005, p. 266.

5. Idem, ibidem, p. 275.

A função da regra pode ser resumida em "eliminar ou substancialmente reduzir problemas de coordenação, conhecimento, custos e controle de poder", tendo em vista a constatação de que "a justiça do mundo real, não do ideal, exige a existência de regras". Cf., do mesmo autor, "'Neoconstitucionalismo'": entre a 'Ciência do Direito' e o 'Direito da Ciência'", *Revista Eletrônica de Direito do Estado (REDE)*, n. 17, p. 14, artigo publicado no endereço eletrônico: www.direitodoestado.com/revista/REDE-17-JANEIRO-2009-HUMBERTO%20AVILA.pdf; acessado em 25.10.2011.

6. Cf. Humberto Ávila, "Princípios e regras e a segurança jurídica", cit., p. 274.

aberto de regras e princípios", pois se houvesse apenas regras o sistema jurídico seria "de limitada racionalidade prática. Exigiria uma disciplina legislativa e completa – *legalismo* – do mundo e da vida". Seria uma opção pelo "sistema de segurança", mas impediria a "complementação e desenvolvimento de um sistema" e também "não permitiria a introdução dos conflitos, das concordâncias, do balanceamento de valores e interesses, de uma sociedade pluralista e aberta".

O modelo baseado apenas em princípios, por outro lado, conduziria a situações inaceitáveis, a "um sistema falho de segurança jurídica e tendencialmente incapaz de reduzir a complexidade do próprio sistema".[7]

Por isso, o modelo jurídico ideal aponta para aquele consubstanciado "em uma distinção equilibrada de regras e princípios, nos quais as regras desempenham o papel referente à *segurança jurídica* – previsibilidade e objetividade das condutas – e os princípios, com sua flexibilidade, dão margem à realização da *justiça* do caso concreto".[8] Nesse particular, no recorte da atividade judicial que se desenvolve no trato das espécies normativas, é perceptível que, em linhas gerais, a ponderação não se mostra suficiente ou adequada quando defrontada com casos em que se delineia a aplicação de regras com condutas autolimitadoras estabelecidas previamente pelo legislador.

Todavia, não se pode perder de vista um dos valores nucleares do direito, que é a justiça. Destarte, afirmando que tão somente a segurança jurídica é que permitiria justificar a força e a vigência da sentença e do direito injusto, Radbruch elaborou a seguinte ressalva: "assim mesmo, há casos em que a incorreção do conteúdo do direito, a sua injustiça ou sua inadequação a um fim são de tal magnitude que não podem ser equilibradas pelo valor afiançado pela segurança jurídica com base na vigência do direito positivo.

Em razão de sua injustiça, a essa invalidez do direito positivo corresponde o pensamento da *nulidade absoluta* de sentenças com força de lei em consequência de determinados erros, tanto do direito material quanto do direito formal", situação em que se opõem à integridade da sentença apenas a injustiça e a inadequação ao seu fim, pois "contrária à força de lei da sentença, exigida pela segurança jurídica, erige-se a exigência da

---

7. Cf. *Direito Constitucional e Teoria da Constituição*, 7ª ed., Coimbra, Almedina, 2003, p. 1.162.
8. Cf. Luís Roberto Barroso, *Interpretação e Aplicação da Constituição*, 7ª ed., São Paulo, Saraiva, 2009, p. 354.

realização do direito formal e material, originada igualmente da mesma ideia de segurança jurídica".[9]

Nesse sentido, Karl Engisch reforçou a ideia lançada por Radbruch no sentido de que na confrontação entre a justiça e a segurança não se exprimiria apenas o dissídio entre justiça e clareza do Direito, mas também a pendência entre justiça e pretensão de validade do Direito positivo. A segurança jurídica exigiria a aplicação do Direito positivo, mesmo quando o último fosse injusto, ao passo que a justiça exigiria, em certas circunstâncias, que nos afastássemos do Direito positivo: "Onde a injustiça do Direito positivo atinge um grau tal que, em face dela, a segurança jurídica, garantida pelo mesmo Direito positivo, deixa mesmo de ter relevância – num caso destes o Direito positivo injusto tem de ceder o passo à justiça".[10]

Tirantes as hipóteses de eventual emprego desarrazoado dos princípios, que comporta controle pelas vias jurisdicionais disponibilizadas pelo sistema, quanto à possibilidade de comprometimento da segurança jurídica por importar a ausência de previsibilidade das decisões judiciais, tal circunstância não decorre tão somente "de uma opção ideológica, filosófica ou metodológica", mas "de uma inevitabilidade dos tempos modernos, da complexidade dos problemas a resolver e do refinamento da dogmática jurídica".[11] Ademais, o valor segurança não pode ser visto como absoluto, mas sim como mais um, concomitantemente com o da justiça e do bem-estar social, para a consecução do Direito.

Robert Alexy adianta que a adoção da tese não positivista da vinculação do direito conduziria, quando muito, a um comprometimento reduzido do valor segurança.[12] Ele anota que, "ao avaliar a questão da aceitabilidade desse dano mínimo à segurança jurídica, há que se considerar que esta última, embora seja um valor muito alto, não é o único. O valor da segurança jurídica deve ser sopesado com o da justiça material" e concluiu que a sua resoluta defesa, "como qualquer persecução de um princípio absoluto, contém certa dose de fanatismo".[13]

---

9. Cf. *Filosofia do Direito*, trad. Marlene Holzhausen, São Paulo, Martins Fontes, 2010, pp. 263-264.
10. Cf. *Introdução ao Pensamento Jurídico*, trad. J. Baptista Machado, 10ª ed., Lisboa, Fundação Calouste Gulbenkian, 2008, p. 320.
11. Cf. Luís Roberto Barroso, *Temas de Direito Constitucional*, vol. III, Rio de Janeiro, Renovar, 2008, p. 534.
12. Cf. *Conceito e Validade do Direito*, São Paulo, Martins Fontes, 2009, p. 63.
13. Idem, p. 64.

Expondo a sua experiência de magistrado e ao refletir sobre a natureza do processo judicial, Benjamin Cardozo, um dos mais destacados membros da Suprema Corte norte-americana do início do século XX, afirmou que se convencera de seu caráter de incerteza, como algo inevitável, e que, no contexto em que o processo em seu apogeu não deve ser visto como uma descoberta, mas sim uma criação, a tônica excessiva no valor certeza ou segurança poderia representar a "adoração de uma rigidez intolerável".[14]

Acrescente-se que a estabilidade do direito não se confunde com o seu imobilismo e aí repousaria o dilema com o qual os estudiosos e, sobretudo, os julgadores são chamados a lidar, impelindo-os à constante busca do ideal de equilíbrio na prevalência de valores. Como anotou Benjamin Cardozo: "repouso e movimento, regras excessivamente rígidas e completo arbítrio são igualmente destruidores. O direito, assim como a espécie humana, se a vida tem de continuar, deve encontrar algum modo de acordo. Duas tendências distintas, movendo-se em direções diferentes, devem ser reunidas, fazendo-se que elas trabalhem em uníssono. Tudo depende da sabedoria com que essa reunião for realizada". Assim, mesmo no modelo da *Civil Law* é perfeitamente aplicável o sentido essencial de que "a vitória não é para os partidários de uma lógica inflexível e nem para os niveladores de todas as regras e precedentes, mas é para aqueles que souberem fundir essas duas tendências numa adaptação a um fim ainda que imperfeitamente discernido".[15]

O pensamento metodológico de Cândido Rangel Dinamarco também trilha na direção da conciliação de valores, resultante da necessidade de se postular, ao comentar o aspecto da estabilização das decisões judiciais, "*o equilíbrio entre duas exigências divergentes* – a saber, entre a exigência de *celeridade*, que favorece a certeza das relações jurídicas, e a da *ponderação*, destinada à produção de resultados justos (Calamadrei)", de modo que competiria, em princípio, "ao constituinte e ao legislador a escolha desse momento, ou a escolha do momento em que se impõem

---

14. Cf. *A Natureza do Processo e a Evolução do Direito*, trad. Leda Boechat Rodrigues, São Paulo, Companhia Editora Nacional, 1943, pp. 104 e 127. A uniformidade e a certeza não podem ser garantidas o tempo todo também na medida em que há diferenças entre as personalidades dos juízes. Se essa circunstância pode ser considerada desagradável, Jerome Frank assinalou que "a uniformidade levaria a consequências muito piores, pois implicaria escolher para a judicatura pessoas pouco talentosas, de mente rígida, estereotipada, predispostas a ignorar os matizes individuais de cada caso". Cf. Lídia Reis de Almeida Prado, *O Juiz e a Emoção: aspectos da lógica da decisão judicial*, 5ª ed., Campinas, Millennium, 2010, p. 21.

15. Cf. *A Natureza do Processo e a Evolução do Direito*, cit., pp. 117-118 e 198.

preclusões ou se consuma a coisa julgada material, implantando-se com isso a segurança jurídica indispensável à tranquilidade de cada um e à paz entre os homens".[16]

Ao estudar o árduo tema da preclusão, Heitor Vitor Mendonça Sica, reportando-se à preocupação, de um lado, com a necessidade de limitação da atividade das partes no processo pelo instituto da preclusão, com vistas a alcançar o mais rápido possível o seu fim e a conferir maior segurança, e, na outra extremidade, o interesse pela busca da verdade e da justiça das decisões, alerta também para a conveniência de se encontrar o meio-termo quando há envolvimento de valores como celeridade, segurança e justiça e outros igualmente importantes dentro do sistema.[17]

No espectro formado da interação entre a celeridade e a segurança, sob o ângulo da atuação judicial na busca da realização do processo efetivo, na tensão estabelecida entre esses valores complementares, é perceptível que a necessidade de preservação da garantia mínima do valor segurança, seja no trato do direito material, ou na observância das normas processuais,[18] funciona como elemento contrastante, e não excludente, do cumprimento de outra garantia de índole constitucional, que é a celeridade. Porém, mercê das características dos princípios no ordenamento jurídico, haverá de se encontrar meios de concretização da efetividade do processo através da conjugação dos interesses almejados.

Na preservação da efetividade do processo, tendo-se sempre em mente a pacificação social – que estará resguardada somente se o juiz

16. Cf. *Fundamentos do Processo Civil Moderno*, t. II, 6ª ed. São Paulo, Malheiros Editores, 2010, p. 1.154.

17. Cf. *Preclusão Processual Civil*, 2ª ed., São Paulo, Atlas, 2008, pp. 308-312. Justifica-se, por isso, a ausência de preclusão em hipótese como aquela tutelada no art. 267, § 3º, do CPC/1973 (art. 458, § 3º, do CPC/2015), em torno de matéria denominada de ordem pública, porquanto "para o juiz, a preclusão não pode ser causa de perpetuação de injustiças. Em determinadas situações excepcionais e dentro dos poderes que lhes são conferidos, torna-se imperativo afastar a preclusão". Cf. Paulo Henrique dos Santos Lucon, "Art. 515, § 3º, do Código de Processo Civil, ordem pública e prequestionamento", in José Miguel Garcia Medina e outros (coord.), *Os Poderes do Juiz e o Controle das Decisões Judiciais. Estudos em Homenagem à Prof. Teresa Arruda Alvim Wambier*, 2ª tir., São Paulo, Ed. RT, 2008, p. 41.

18. Nesse sentido, em referência à técnica da preclusão no sistema processual brasileiro, como norte a ser observado, não se revela conveniente que o juiz flexibilize sua aplicação conforme critérios pessoais, sob o risco de criar instabilidade jurídica e sepultar a maior virtude do instituto, que é impedir a duração indefinida do processo, em afronta à garantia constitucional de durabilidade razoável. Cf. João José Custódio da Silveira, *O Juiz e a Condução Equilibrada do Processo*, São Paulo, Saraiva, 2012, p. 47.

for compreendido como agente indispensável e qualificado, a quem é conferida a delicada função de garantir um grau mínimo de segurança para os integrantes da sociedade, a partir da avaliação das consequências dos conflitos em que os seus membros estiverem envolvidos –, buscar-se-á incansavelmente lograr o máximo de coerência entre as expectativas criadas pelo direito e as soluções que lhes serão dadas.[19]

Como será visto oportunamente na análise das técnicas processuais, os fatores que criam resistência à celeridade do instrumento estatal de realização de justiça, limitando a sua atuação, são, na essência, consectários da cláusula do devido processo legal, em especial o princípio da legalidade e do contraditório, cuja aplicação poderá ensejar certa flexibilização, de acordo com as características do direito material envolvido, do procedimento e outras circunstâncias peculiares.

2. A tentativa de ponderação e harmonização de valores per se importantes

Como tem sido enfatizado, não se discute a exigência de equilibrar os valores potencialmente importantes que convivem no ordenamento, os quais, no momento decisório, caso se encontrem em situação de aparente antagonismo ou tensão a envolver diversos bens, interesses ou objetivos juridicamente protegidos, precisam ser perscrutados para a adequada tomada de direção.[20] Para tanto, vale-se a doutrina da técnica da ponderação (*Abwägung*) ou do balanceamento (*Balancing*).[21]

Canotilho aponta as razões metodológicas para a adoção dessas ideias na ordem constitucional: 1) ausência de ordenação abstrata de bens constitucionais, tornando indispensável a operação de balanceamento

19. Cf. J. J. Calmon de Passos, "O Magistrado, protagonista do processo jurisdicional?", in José Miguel Garcia Medina e outros (coords.), *Os Poderes do Juiz e o Controle das Decisões Judiciais*, 2ª tir., São Paulo, Ed. RT, 2008, pp. 222-223.

20. Em texto editorial de um jornal de circulação nacional foi lançada a reflexão em torno do tema dos interesses envolvidos na utilização de importante via pública da cidade de São Paulo, ou seja, de um lado, os manifestantes que invocam em seu favor a previsão constitucional do direito de reunião pacífica em locais públicos e abertos e, de outro, os cidadãos que imprescindem da utilização do mesmo espaço público. Com efeito, "trata-se, sem dúvida, de prerrogativa assegurada pela Carta, mas o direito de organizar manifestações na [avenida] Paulista não é absoluto – precisa ser conciliado com os direitos difusos da população. Existindo conflito entre princípios constitucionais, cabe ao poder público equacioná-los nos casos específicos, evitando que um deles seja anulado". Cf. "Paulista para todos", *Folha de São Paulo*, 24.12.2011, p. A2.

21. Cf. J. J. Gomes Canotilho, *Direito Constitucional e Teoria da Constituição*, 7ª ed., Coimbra, Almedina, 2003, p. 1.236.

a fim de obter uma *norma de decisão situativa*, ou seja, adaptável às circunstâncias do caso; 2) *formatação principial* da maioria das normas constitucionais, em especial, das consagradoras de direitos fundamentais, implicando colisão a exigir solução que não conduza a alternativas radicais de "tudo ou nada"; 3) fratura da unidade de valores de uma comunidade que obriga à variada leitura dos conflitos de bens, exigindo uma cautelosa análise dos bens em presença e uma rigorosa *fundamentação* do balanceamento a ser realizado para a solução dos conflitos.[22]

O mesmo jurista luso esclarece que a ponderação em seu sentido estrito não se confunde com a atividade de interpretação, embora sejam etapas de um mesmo processo: enquanto nessa última se pretenda atribuir um significado normativo e naquela se objetive equilibrar e ordenar bens conflitantes num determinado caso, "o balanceamento de bens situa-se a jusante da interpretação".[23] A atividade de interpretar passa por uma reconstrução e qualificação dos interesses ou bens em conflito à procura do sentido normativo a aplicar, ao passo que "a ponderação visa elaborar critérios de ordenação para, em face dos dados normativos e factuais, obter a solução justa para o conflito de bens".[24]

Impõe-se a adoção da técnica de ponderação se presentes os seguintes pressupostos básicos:

> Em primeiro lugar, a existência, pelo menos, de dois bens ou direitos reentrantes no âmbito de protecção de duas normas jurídicas que, tendo em conta as circunstâncias do caso, não podem ser "realizadas" ou "optimizadas" em todas as suas potencialidades. Concomitantemente, pressupõe a inexistência de regras abstractas de prevalência, pois nesse caso o conflito deve ser resolvido segundo o balanceamento abstracto feito pela norma constitucional. Finalmente, é indispensável a justificação e motivação da regra de prevalência parcial assente na ponderação, devendo ter-se em conta sobretudo os princípios constitucionais da igualdade, da justiça e da segurança jurídica.[25]

Canotilho distingue ainda as expressões "ponderar princípios" e "harmonizar princípios", esclarecendo que a primeira significaria sopesar a fim de decidir qual dos princípios, num caso concreto, teria maior peso ou valor entre aqueles conflitantes e a última equivaleria a uma contem-

---

22. Idem, ibidem, p. 1.237.
23. Idem, ibidem.
24. Idem, ibidem.
25. Idem, ibidem, pp. 1.240-1.241.

porização entre eles de forma a assegurar, num caso particularizado, a aplicação coexistente dos princípios contrastantes.[26]

Nesse contexto, no campo do processo civil, atinente à importância da ponderação judicial a ser levada em conta pelo julgador, José Roberto dos Santos Bedaque, ao fazer considerações sobre o poder judicial no exame dos requisitos à concessão da tutela antecipada, acentua a circunstância de que, "quanto maior a indeterminação do conceito legal, mais relevante e delicada se apresenta a função jurisdicional. A decisão, nesses casos, pressupõe grande *liberdade de investigação crítica* do julgador".[27]

Com frequência, argumenta-se que a ponderação não constituiria um método passível de controle racional:

> los valores y principios no regulan por sí mismos su aplicación, es decir, la ponderación quedaría sujeta al arbitrio de quien la realiza. Allí donde comienza la ponderación, cesaría el control a través de las normas y el método. Se abriría así el campo para el subjetivismo y decisionismo judiciales. Estas objeciones valen en la medida en que con ellas infiera que la ponderación no es un procedimiento que, en cada caso, conduzca exactamente a un resultado. Pero, no valen en la medida en que de ellas se infiera que la ponderación no es un procedimiento racional o es irracional.[28]

No entanto, seria tal método irracional somente se o estabelecimento do enunciado de preferência fosse resultado de esquema psíquico incontrolável, de maneira que se depreende que o modelo da fundamentação permitiria referir ao postulado da racionalidade da ponderação.[29]

Luigi Paolo Comoglio lembra, ademais, a imprescindibilidade da atuação interligada das garantias, já que "il diritto fondamentale dell'individuo ad un processo equo e giusto non si cristallizza, né tanto meno si esaurisce, in garanzie singole, ma si basa sul necessario coordinamento di più garanzie concorrenti".[30]

---

26. Idem, ibidem, p. 1.241.
27. Cf. José Roberto dos Santos Bedaque, *Tutela Cautelar e Tutela Antecipada: Tutelas Sumárias e de Urgência (Tentativa de Sistematização)*, 5ª ed. rev. ampl., São Paulo, Malheiros Editores, 2009. p. 385.
28. Cf. Robert Alexy, *Teoría de los Derechos Fundamentales*, Madrid, Centro de Estudios Políticos y Constitucionales, 2001, p. 157; tradução brasileira: *Teoria dos Direitos Fundamentais*, trad. de Virgílio Afonso da Silva, 2ª ed., 4ª tir., São Paulo, Malheiros Editores, 2015, pp. 163-164.
29. Idem, ibidem, pp. 158-159; trad. bras., cit., pp. 164-165.
30. Cf. "I modelli di garanzia costituzionale del processo", *Studi in Onore di Vittorio Denti*, vol. I, Padova, CEDAM, 1994, p. 315.

Conquanto a proporcionalidade esteja consagrada atualmente como técnica de ponderação, o seu emprego suscitava preocupação em face da ausência de critérios objetivos, como se pode verificar na seguinte passagem contida na tese, em torno da prova ilícita no tocante às interceptações telefônicas, de autoria da professora Ada Pellegrini Grinover, no final da década de 1970:

> a exceção aos princípios da exclusão da prova ilícita, baseada num equilíbrio entre valores fundamentais conflitantes, ou seja, no "princípio da proporcionalidade", pode, evidentemente, tornar-se perigosa, por seu subjetivismo, havendo casos em que os tribunais alemães já a aplicaram extensivamente.[31]

Porém, enfatizou a ilustre professora que, apesar de tais riscos, alguns autores admitiam o fato de que o *Verhältnismäßigkeitprinzip* (*princípio da proporcionalidade*) poderia transformar-se num instrumento imprescindível para a salvaguarda do necessário equilíbrio entre valores conflitantes, desde que aplicado em situações extraordinárias, tais como aquelas em que a inadmissibilidade da prova ilícita poderia traduzir-se em "resultados desproporcionais, desusuais e repugnantes".[32] Assim, hoje, não mais se questiona que a sua utilização seria um fator de incremento da efetividade do direito e do processo.

Por outro lado, a tônica da contemporização dos valores também não permite que esse princípio seja levada ao extremo a ponto de ignorar completamente as regras, criando zonas de insegurança jurídica. Destarte, assiste razão a Eros Roberto Grau quando lembra que não se deve apregoar o antipositivismo sem limites, pois a ética da legalidade também não aceita ser ignorada, sob o risco de comprometer o próprio sistema, tendo em vista que o conteúdo da justiça que se impõe na afirmação do direito está relacionado ou inserido igualmente na sua faceta positivada.[33]

---

31. Cf. *Liberdades Públicas e Processo Penal. As interceptações telefônicas*, 2ª ed., São Paulo, Ed. RT, 1982, p. 112.
32. Idem, p. 113.
33. Cf. *O Direito Posto e o Direito Pressuposto*, cit., p. 286.
A propósito, numa comparação mitológica e no campo da psicologia é possível observar a interação entre duas formas de abordagem da justiça. Assim, Marie-Louise Von Franz faz referência à existência de uma justiça masculina e outra feminina, sendo que a primeira seria impessoal e objetiva, atrelada ao direito positivo, que visa à manutenção da ordem e da segurança, e a segunda seria a justiça da natureza, pessoal, que se adapta às situações de cada caso. O ideal não seria pregar o antagonismo, pois "somente com a convivência dessas duas dimensões, presentes em *Diké e Atena*, parece ser exequível uma prestação jurisdicional fundada na virtude da prudência

De qualquer modo, a solução satisfatória apenas será alcançada se tomados em conta os valores jurídicos, que "perdem a sua conotação subjetiva e pessoal na medida em que se expressam em normas, dentro de um ordenamento objetivo, passíveis de serem harmonizadas em um sistema coerente que, apesar de abstrato, volta-se para a resolução dos problemas práticos da vida jurídica".[34]

Ao cabo do que foi desenvolvido, é possível afirmar que a efetividade do processo a partir da ótica do juiz dependerá, no exercício do seu poder-dever de decisão, da conjugação de três atividades interligadas, ou seja, a interpretação das normas jurídicas para a extração do sentido normativo a ser aplicado no caso particular, a ponderação dos valores em confronto e a argumentação através de critérios racionais, a fim de justificar as suas escolhas e conferir a devida legitimidade na sua atuação. Desse complexo exercício intelectivo advirá a concretização do necessário equilíbrio entre os igualmente importantes valores a serem preservados.

3. Conclusões parciais (Parte II, Capítulo III)

É impensável uma convivência social pacífica sem a congregação do sentido de justiça e da segurança jurídica. As regras conferem maior segurança ao antecipar atos, efeitos e condutas aos destinatários, incrementando a previsibilidade, ao passo que os princípios permitem a ponderação de valores no caso particular, dando maior abertura para a realização da justiça individual.

O modelo ideal de ordenamento deve contemplar ambas as espécies de norma jurídica a fim de propiciar a desejada harmonia entre a segurança e a evolução sistêmica, principalmente em sociedade pluralista, permitindo que se realize a justiça no caso concreto e, ao mesmo tempo, não se perca de vista a estabilidade. Não é possível extirpar, em toda a sua extensão, a imprevisibilidade naturalmente transmitida pelos princípios, tendo em vista a própria natureza da sociedade moderna, que se encontra em constante evolução. Impõe-se a busca do equilíbrio de valores contrastantes, sendo que nenhum deles goza de supremacia absoluta. Embora a prevalência da segurança jurídica restrinja a justiça das decisões e a própria celeridade do processo, aquela se constitui num dos

---

e, assim, equilibrada e harmônica". Cf. Lídia Reis de Almeida Prado, *O Juiz e a Emoção...*, cit., pp. 119-120.

34. Cf. Willis Santiago Guerra Filho, "Notas para destacar a importância do princípio constitucional da proporcionalidade no delineamento dos poderes do juiz", in *Os Poderes do Juiz e o Controle das Decisões Judiciais*, São Paulo, Ed. RT, 2008, p. 115.

núcleos essenciais para a efetividade do instrumento estatal de realização do direito substancial e, por consequência, elemento de pacificação social.

Dado o relativismo dos interesses salvaguardados no ordenamento jurídico, especialmente no patamar dos princípios, é natural que ocorram situações de aparente conflito, o que reclama a busca do equilíbrio e sopesamento de valores do mesmo modo relevantes. Embora uma parcela da doutrina lance distinção sutil entre ponderação e balanceamento, na verdade elas se resumem na técnica que tenciona à aplicação dos princípios de acordo com a preponderância ou a coexistência num dado particular, especialmente pelo emprego da proporcionalidade, por meio de atividade argumentativa racional e controlável.

Nos contornos da pesquisa, o papel do juiz sob a perspectiva de sua atuação eficiente no processo passa pelo sopesamento dos valores inseridos na ordem constitucional, quais sejam a segurança jurídica e a celeridade, ou a prestação jurisdicional em tempo razoável, cuja análise ocorrerá singularmente, com o que estará promovendo a justiça no caso concreto.

Em face do que foi examinado até agora é possível constatar que a atividade judicial em direção à pretendida realização dos valores da efetividade do processo consiste na tríade formada pela:

a) interpretação e/ou aplicação das normas jurídicas de qualquer natureza (material ou processual) e espécie (princípios e regras),

b) ponderação e/ou balanceamento dos valores contrastantes que emergirem *in concreto*, levando-se conta, ainda, se for o caso, o arcabouço probatório carreado e, por último,

c) argumentação (racional, suficiente e explícita) para justificar as suas escolhas e decisões.

Parte III
INSTITUTOS E TÉCNICAS PROCESSUAIS SOB O ASPECTO DA EFETIVIDADE

Capítulo I
OS PONTOS SENSÍVEIS
NO CONTEXTO DA EFETIVIDADE

1. Formas processuais. Invalidade e aproveitamento dos atos processuais. 2. O direito à prova e a sua valoração. Juízo de certeza e probabilidade: 2.1 A ilicitude da prova. O poder-dever de avaliação do juiz e o confronto entre o processo civil e penal. 3. Adaptabilidade procedimental. 4. Fungibilidade de meios. 5. Pressupostos processuais e condições da ação. 6. Conclusões parciais (Parte III, Capítulo I).

1. Formas processuais.
Invalidade e aproveitamento dos atos processuais

As formas processuais referem-se ao aspecto da exteriorização dos atos,[1] considerando-se os requisitos legais exigidos para a efetivação, bem como as circunstâncias, temporais e espaciais, que envolvem a sua concretização.[2] Quando se cogita de obediência às formas em sentido ampliado há direta vinculação com a ideia de legalidade, previsibilidade e segurança, uma vez que, conforme lembrado por Carlos Alberto Alvaro de Oliveira:

1. Os atos processuais inserem-se na espécie denominada de "ato jurídico *stricto sensu*", porquanto, diferentemente dos atos jurídicos em sentido amplo ou negócios jurídicos, a vontade do agente, embora imprescindível para a realização do ato, é irrelevante para a produção de seus efeitos, já previamente determinados pelo legislador, se observados os requisitos de existência do ato.
2. No primeiro aspecto, a forma é considerada em sentido estrito, como invólucro do ato processual, e, na outra acepção, a forma é vista em sentido amplo. Nessa última perspectiva, essas condições extrínsecas do ato, que delimitam o exercício das posições dos sujeitos processuais e conferem organização ao processo, constituiriam o formalismo ou as formalidades. Cf. Carlos Alberto Alvaro de Oliveira, *Do Formalismo no Processo Civil. Proposta de um formalismo-valorativo*, 3ª ed., rev., São Paulo, Saraiva, 2009, pp. 6-7.

se o processo não obedecesse a uma ordem determinada, cada ato devendo ser praticado a seu devido tempo e lugar, fácil entender que o litígio desembocaria numa disputa desordenada, sem limites ou garantias para as partes, prevalecendo ou podendo prevalecer a arbitrariedade e a parcialidade do órgão judicial ou a chicana do adversário.[3]

Servem, assim, a forma e a técnica processuais para "assegurar o desenvolvimento ordenado da relação, com a prática de atos previamente estabelecidos em lei, permitindo às partes influir no resultado do julgamento".[4]

Pode-se constatar que as formas,[5] além de atuarem como penhor da liberdade dos interessados alicerçado na segurança, têm interferência, no seu resultado final, na efetividade do processo na sua faceta da celeridade, em consequência da estabilidade que confere ao método estatal de realização de justiça e aos sujeitos dele participantes. É esclarecedora a consideração feita por Carlos Alberto Alvaro de Oliveira:

> o formalismo, ao contrário do que geralmente se pensa, constitui o elemento fundador tanto da efetividade quanto da segurança do processo. A efetividade decorre, nesse contexto, do seu poder organizador e ordenador (a desordem, o caos, a confusão decididamente não colaboram para um processo ágil e eficaz), a segurança decorre do seu poder disciplinador. Sucede, apenas, que ao longo do tempo o termo sofreu desgaste e passou a simbolizar apenas o formalismo excessivo, de caráter essencialmente negativo.[6]

---

3. Idem, ibidem, p. 9.
4. Cf. José Roberto dos Santos Bedaque, *Efetividade do Processo e Técnica Processual*, 3ª ed., São Paulo, Malheiros Editores, 2010, p. 508.
5. Embora não haja uniformidade da expressão, a palavra forma é aqui utilizada como sinônima de reunião de exigências impostas para a prática e validade de determinado ato processual.
Segundo De Plácido e Silva, a formalidade significa a regra, solenidade ou prescrição legal, indicativas da maneira por que o ato deva ser formado. Cf. *Vocabulário Jurídico*, 15ª ed., Rio de Janeiro, Forense, 1998, p. 367.
Carlos Alberto Alvaro de Oliveira prefere a denominação "formalismo", já que estaria consagrada no meio jurídico, e reserva o seu emprego com sentido negativo, como excesso ou superfetação da forma, à denominação de "formalismo excessivo". Cf. *Do Formalismo no Processo Civil...*, cit., p. 8, nota de rodapé n. 15.
João Batista Lopes, advertindo que a inobservância injustificada das formas processuais pode provocar graves injustiças, comprometendo a qualidade da prestação jurisdicional, afirma que "não há confundir *formalidade* com *formalismo*" e que só o último deveria ser evitado. Cf. "Os poderes do juiz e o aprimoramento da prestação jurisdicional", *Revista de Processo* 35, abr./jun. 1984, p. 27.
6. O autor utiliza a palavra "efetividade" no sentido de "celeridade" adotado neste trabalho. Cf. "O formalismo-valorativo no confronto com o formalismo excessivo", *Revista de Processo* 137, jul. 2006, p. 10.

Todavia, não se apregoa o formalismo sem conteúdo, o culto à forma desnecessária, a doutrina de "formas residuais", ou a "degeneração da forma", pois cada um deles representa verdadeira deturpação do fenômeno. As regras acerca da forma dos atos processuais visam, na sua essência, à realização do fim objetivado, destinando-se à proteção do interesse das próprias partes ao garantir a segurança e a idoneidade do instrumento, tornando-o apto à obtenção do resultado justo.[7]

Não se pretende fazer incursões no árduo tema das nulidades, que já recebeu especial atenção dos estudiosos,[8] mas é importante destacar que o instituto em tela está relacionado à problemática da forma dos atos processuais e é intimamente associado à efetividade da tutela jurisdicional por envolver os seus dois princípios contrapostos. De início, a nulidade ou a invalidade do ato decorre do vício resultante da falta de conformidade com a previsão normativa,[9] a qual pretendeu atender aos escopos da efetividade, em especial o da segurança, ao predeterminar o resultado visado pela configuração do ato processual a ser realizado de acordo com as exigências legais.[10]

Embora os estudos da teoria da nulidade possam partir dos institutos e das noções comuns da teoria geral do direito, dada a peculiaridade dos princípios do direito processual, devem ser observadas as suas especificidades, a exemplo da possibilidade de convalidação do ato nulo, diferentemente do que ocorre no âmbito do direito material, pelo fenômeno da coisa julgada. Até mesmo a hipótese de inexistência poderá acarretar

7. Cf. José Roberto dos Santos Bedaque, *Efetividade do Processo e Técnica Processual*, cit., pp. 425-428 e 433-434.
8. Cf. Calmon de Passos, *Esboço de uma Teoria das Nulidades aplicada às Nulidades Processuais*, Rio de Janeiro, Forense, 2002; Roque Komatsu, *Da Invalidade no Processo Civil*, São Paulo, Ed. RT, 1991; Teresa Arruda Alvim Wambier, *Nulidades do Processo e da Sentença*, 6ª ed., São Paulo, Ed. RT, 2007; Humberto Theodoro Júnior, "As nulidades no Código de Processo Civil", *Paraná Judiciário*, vol. 9. Curitiba, Tribunal de Justiça do Estado do Paraná, 1984.
9. O consectário desse descompasso entre o ato praticado e os requisitos previstos em lei, afastando-se dos elementos normativos, é a ocorrência de nulidade dos atos jurídicos em geral, de modo que, ao contrário, havendo correspondência a um determinado modelo, o ato é perfeito, apto a produzir os efeitos nele previstos. Cf. Roque Komatsu, *Da Invalidade no Processo Civil*, cit., pp. 190-191.
10. O resguardo da segurança jurídica está na base da justificação para a exigência das formalidades também no direito privado. Por exemplo, no testamento, a observância de prescrições legais decorre da necessidade de preservar a higidez do ato ou negócio jurídico diante das relevantes repercussões no âmbito do direito sucessório. Mesmo assim, a jurisprudência tem atenuado algumas exigências formais, com o intuito de salvar a disposição testamentária. Cf. Zeno Veloso, "Testamentos: noções gerais; formas ordinárias", *Revista do Advogado*, n. 112, jul. 2011, pp. 181-182.

consequências no campo processual, como na clássica referência à ausência de citação do réu que venha a tomar ciência do processo e nele compareça a tempo, efetivando-se a plenitude do contraditório.[11]

Conquanto seja fundamental a nítida distinção entre as classes de atos inexistentes, inválidos e ineficazes de acordo com os respectivos planos jurídicos,[12] tirantes as hipóteses da primeira situação correspondente a um "não ato", que padece de qualquer de seus elementos constitutivos e exibindo, quando muito, a aparência de ato, e do campo dos atos ineficazes, que são incapazes de produzir efeitos,[13] ou da mera irregularidade, que não compromete o resultado pretendido pela norma jurídica, é exatamente no campo das nulidades que se suscitam maiores cautelas interpretativas.

Nesse último plano do mundo jurídico (da validade), embora a doutrina tradicional tenha sistematizado o fenômeno da nulidade em três graus distintos, em consonância com a natureza do interesse a ser tutelado pela norma – ou seja, presente o interesse público, a nulidade seria insanável, se regulado por normas cogentes, a nulidade seria relativa, enquanto que a anulabilidade seria regida por normas dispositivas, de sorte que nessas duas hipóteses o escopo estaria voltado substancialmente à proteção do interesse das partes[14] –, prevalece a classificação dualista (nulidades absolutas e relativas ou nulidades insanáveis e sanáveis),[15]

---

11. José Roberto dos Santos Bedaque menciona que a falta de citação do réu, embora seja um vício grave, não gera a inexistência do processo ou da decisão, que, se contrária aos interesses o autor, se torna imutável com o trânsito em julgado. O autor adota o entendimento de que o processo pode existir mesmo sem o contraditório, o qual deve ser apenas "real" e "necessário", de modo que, mesmo diante da inexistência material ou jurídica da citação, se ausente o réu, o vício será desconsiderado se a sentença lhe for favorável. Cf. *Efetividade do Processo e Técnica Processual*, cit., pp. 485 e 486 e ss.

12. Cf. Marcos Bernardes de Mello, *Teoria do Fato Jurídico: Plano da Existência*, 9ª ed., São Paulo, Saraiva, 1999, pp. 104-105.

13. Os atos nulos tendem geralmente a converter-se em atos ineficazes. Cf. Teresa Arruda Alvim Wambier, *Nulidades do Processo e da Sentença*, cit., p. 139.

De acordo com Roque Komatsu, "ao ato ineficaz se opõe o ato eficaz. A ineficácia do ato, *lato sensu*, é causada pela invalidade deste ou, simplesmente, pela inocorrência de algum fator que, sem influir na composição válida de seus elementos de fato, seja indispensável à realização de todos ou alguns efeitos". Cf. *Da Invalidade no Processo Civil*, cit., p. 158.

14. Cf. Galeno Lacerda, *Despacho Saneador*, Porto Alegre, Sulina, 1953, pp. 68-75.

15. A legislação processual também não faz distinção em três níveis de graduação da invalidade. O Código de Processo Civil de 2015 manteve praticamente a mesma redação contida na norma anterior (CPC/1973, art. 245), que distingue, por

baseada, por razões políticas do Estado no temperamento da segurança e celeridade, no interesse a ser resguardado numa determinada situação, seja de ordem pública, impondo a decretação de ofício da invalidade, ou que recaia exclusivamente na esfera da parte atingida, que teria o ônus da iniciativa da alegação, sob pena de preclusão.[16]

No enfrentamento das questões em torno das formas do ato processual sobressai na atividade do juiz, na busca da efetividade, a preocupação com o valor segurança,[17] cuja observância, de modo reflexo, também determinará o ritmo do processo, visto que evitará retornos indesejáveis a fases anteriores do processo por reconhecimento tardio da invalidade, comprometendo todo o investimento de tempo e recurso e, desse modo, postergando a solução definitiva do conflito. A superação do conflito entre

aproximação, as nulidades de acordo com a natureza da imperfeição, *in verbis*: "Art. 278. A nulidade dos atos deve ser alegada na primeira oportunidade em que couber à parte falar nos autos, sob pena de preclusão. Parágrafo único. Não se aplica o disposto no *caput* às nulidades que o juiz deva decretar de ofício, nem prevalece a preclusão provando a parte legítimo impedimento".

Na verdade, a distinção entre as espécies de nulidades é feita pela doutrina e jurisprudência. Cf. Cândido Rangel Dinamarco, *Instituições de Direito Processual Civil*, vol. II, 6ª ed., São Paulo, Malheiros Editores, 2009, p. 611.

16. Há outras formas de sistematização, como a distinção entre nulidades cominadas e não cominadas, porém, embora a regra geral seja a cominação da nulidade absoluta (CPC/2015, *v.g.*, arts. 11, 115, parágrafo único, 272, §§ 2º e 5º, 278 e 280), não há exata correspondência entre as primeiras e as absolutas e entre as não cominadas e as relativas, uma vez que o vício não transmuda de acordo com a previsão legal. Cf. Araújo Cintra, Grinover e Dinamarco, *Teoria Geral do Processo*, 31ª ed., São Paulo, Malheiros Editores, 2015, pp. 422-423.

Como lembra Cândido Rangel Dinamarco, o legislador renunciou à pretensão de adotar um *numerus clausus* de hipóteses de nulidades a fim de afastar o enrijecimento do sistema. Cf. *Instituições de Direito Processual Civil*, vol. II, cit., p. 608.

Em cotejo com a teoria do direito civil, é possível, ainda, mencionar a classificação entre as nulidades textuais, ou expressas, e virtuais, ou implícitas. As hipóteses de nulidade relativa estariam expressamente previstas em lei e as de nulidade absoluta poderiam ser tanto expressas ou virtuais, de modo que, com vistas a preservar o fator segurança jurídica, o legislador previamente estabeleceria as situações de interesse exclusivamente das partes, conduzindo à convalidação em caso de falta de questionamento. Cf. Zeno Veloso, *Invalidade do Negócio Jurídico: Nulidade e Anulabilidade*, Belo Horizonte, Del Rey, 2002, pp. 75 e ss.

17. Ressalte-se um ponto crucial emergente do confronto entre a segurança e a efetividade sob o enfoque maior da celeridade, que seriam princípios conflitantes: quanto mais seguro o processo, menos efetivo (célere) ele tende a ser. Inversamente, quanto mais efetivo, será naturalmente menos seguro. Cf. Alexandre S. Marder, *Das Invalidades no Direito Processual Civil*, São Paulo, Malheiros Editores, 2010, pp. 89-92 e 115.

a segurança e a celeridade somente ocorrerá na análise do caso concreto, observados os princípios e as regras aplicáveis ao tema das invalidades.

Os princípios relacionados à nulidade dos atos processuais, que se encontram, em sua maioria, codificados pela importância que representam, estão relacionados aos valores da liberdade, finalidade (art. 244, CPC/1973; art. 277, CPC/2015), proteção (arts. 243 e 249, § 2º, CPC/1973; arts. 276 e 282, § 2º, CPC/2015), prejuízo (art. 249, § 1º, CPC/1973; art. 282, § 1º, CPC/2015), instrumentalidade (art. 250, CPC/1973; art. 283, CPC/2015), conservação, interesse, economia processual, convalidação e preclusão (art. 245, CPC/1973; art. 278, CPC/2015) e causalidade (arts. 248 e 249, CPC/1973; arts. 281 e 282, CPC/2015). Apesar de serem princípios extraíveis do Código de Processo Civil e se referirem apenas a espécies do gênero das invalidades da teoria geral do direito, muitos deles contribuem de modo decisivo para a concretização dos valores constitucionais fundamentais.[18]

O princípio da liberdade é o resultado do reconhecimento da inconveniência do legislador de esgotar as formalidades dos atos, de modo que faz a opção consciente pela observância de solenidade senão "quando a lei expressamente a exigir, considerando-se válidos os que, realizados de outro modo, lhe preencham a finalidade essencial" (CPC/2015, art. 188). Adota-se, assim, por exceção, o sistema da legalidade ou taxatividade da forma. O princípio da finalidade significa que a forma não é um fim em si mesmo, não contém um valor intrínseco próprio, mas representa um meio para atingir um determinado escopo no processo, de maneira que, ainda que se tenha afastado o ato ou termo do modelo geral, será considerado válido.[19] Em consequência, se a finalidade for alcançada, independentemente da natureza da nulidade (absoluta ou relativa, cominada ou não cominada), e, assim, não configurado o prejuízo, o vício deve ser ignorado, convalidando-se o ato.[20]

O princípio da proteção ou da conservação indica a conveniência de preservar o ato sempre que o reconhecimento de nulidade não possa favorecer à parte que questionar a sua higidez, ou se a anulação for pretendida por quem deu causa ao vício mercê da lealdade processual; tratando-se de atos complexos, somente aqueles que não puderem ser aproveitados deverão ser desconsiderados. O princípio do prejuízo é um

---

18. Cf. Alexandre S. Marder, *Das Invalidades no Direito Processual Civil*, cit., p. 62.

19. Cf. Roque Komatsu, *Da Invalidade no Processo Civil*, cit., p. 133.

20. Cf. José Roberto dos Santos Bedaque, *Efetividade do Processo e Técnica Processual*, cit., pp. 449-457.

dos mais importantes no tema da nulidade, porquanto, mesmo realizado o ato em desconformidade com a previsão legal, será mantido se não vislumbrar qualquer dano relevante à parte que competia a sua alegação, e.g., como visto anteriormente, o defeito de citação, ou mesmo a sua inexistência, pode não ter representado qualquer impedimento ao réu se tomou conhecimento da demanda e pôde oferecer regularmente a defesa.

O princípio da instrumentalidade, vinculado ao do prejuízo ou da transcendência, é a própria essência da imposição de formas, visto sob o ângulo do meio pelo qual se pretende lograr uma determinada finalidade, constituindo-se na necessidade de, em face do princípio geral da liberdade, preservar o grau mínimo de segurança às partes e aos jurisdicionados. O princípio do interesse representa a legitimidade de arguir a invalidade do ato somente por quem não tenha dado causa ao vício e, se e quando, o seu reconhecimento efetivamente lhe carrear algum proveito. O princípio da economia, embora implícito, permeia todo o processo e se torna mais visível quando se defronta com a alegação de invalidade do ato, tendo em vista que o seu reconhecimento pródigo importaria no comprometimento do escopo do máximo resultado com o menor dispêndio de recursos.

O princípio da convalidação, que mantém estreita ligação com o instituto da preclusão,[21] implica o ônus da alegação tempestiva, sobretudo nas hipóteses de nulidades relativas ou sanáveis, a fim de que não haja prejuízo ao andamento do processo, cabendo ao juiz velar, simultaneamente, pela celeridade e segurança. Assim, mesmo nas situações de nulidade absoluta, se não impugnadas no seu devido tempo, os atos tornar-se-ão imutáveis em face do trânsito em julgado, sem prejuízo da eventualidade da ação rescisória. O princípio da causalidade é decorrência da regra *utile per inutile non vitiatur*, de modo que, diante da sucessão de atos e estabelecido o elo entre eles, os subsequentes serão afetados se o anterior, do qual forem dependentes, vier a ser objeto de nulificação.

Dada a prevalência do valor segurança em matéria de formalidade, as regras, diferentemente dos princípios, têm acentuado predomínio. No entanto, os princípios ganham importância no manejo das previsões legais que regulam a realização das formas dos atos processuais, de sorte que será fundamental a correta aplicação dessas normas de conteúdo diretivo na interpretação dos casos concretos. Com efeito, a decisão em particu-

---

21. Tanto a preclusão quanto o princípio da convalidação decorrem da lealdade processual, pois que a alegação deve ser feita tão logo verificado o vício, não sendo lícito guardá-la em falas posteriores, momento em que já alcançadas outras etapas do feito, quando se pressupõe a superação do ato viciado. Cf. Humberto Theodoro Júnior, "As nulidades no Código de Processo Civil", cit., pp. 42-43.

lar que decretar ou não a sanção de invalidade, num ou noutro sentido, reitere-se, determinará de maneira inexorável a efetividade em seu sentido amplo, englobados os dois valores em confronto, já que se, por um lado, poderá implicar a restauração indevida e desnecessária do ato, de outra banda, em caso de omissão da inexpugnável providência, haverá decerto o risco de contagiar todos os atos que lhe forem vinculados, disseminando a duração patológica do processo e os danos individuais e sociais que lhe são inerentes.

O sistema processual das invalidades adotou como norte o princípio da salvação dos atos, prestigiando a segurança e a economia processuais, e reservou o seu desfazimento em caráter excepcional. Devem ser preservadas, porém, as garantias mínimas derivadas da cláusula do devido processo legal. Depreende-se que nessa tarefa é imprescindível que o juiz tencione a busca do equilíbrio entre a celeridade e a segurança, sendo despiciendo assentar que a escolha por um dos valores não poderá se dar de modo arbitrário, mas sempre mediante ponderação e fundada em critérios racionais de hermenêutica.

2. O direito à prova e a sua valoração. Juízo de certeza e probabilidade

O ideal de concretização do processo seguro e expedito encontra o seu núcleo na etapa em que se profere decisão sobre a admissibilidade da prova e se procede à sua efetiva colheita. Isso conduzirá à fase proeminente da atuação do juiz, em que será realizada a análise dos elementos probatórios reunidos, que servirão para a interpretação e aplicação do direito no caso concreto, mediante esforço argumentativo. Qualquer posição extremada no trato com a matéria de prova poderá comprometer a efetividade, já que a busca desenfreada da certificação da verdade ensejará delongas insuportáveis, ferindo a justa expectativa de resposta estatal em tempo razoável; por outro lado, uma análise meramente perfunctória da alegação dos fatos poderá conduzir a intoleráveis situações de injustiça tendo em vista o risco de descompasso entre o provimento jurisdicional e a realidade fático-jurídica.

Nesse sentido, a tensão entre os elementos que determinam a efetividade, em especial os valores da celeridade e justiça, é permanente na atividade instrutória, tendo em conta que

> o princípio da duração razoável do processo deve ser observado, a evitar que seja dado ao juiz o poder de exaustivamente transformar-

-se em mero órgão inquisidor e que a todo custo tente obter a clareza da verdade mediante desmesurada investigação probatória. Torna-se, portanto, tarefa árdua o exercício dessa parcimônia, de sorte a equacionar a entrega da tutela jurisdicional com justiça e, por outro lado, evitar exageros que venham a comprometer a parcialidade ou dilatar excessivamente a instrução do processo.[22]

Em consequência, o ordenamento jurídico contenta-se com um juízo de probabilidade, abdicando-se da ideia de certeza, para que, no encontro dessas exigências conflitantes, seja estabelecido o equilíbrio, oferecendo, sem espera injustificada, resultado baseado em conhecimento satisfatório dos fatos.

Com efeito, "a busca da verdade, na instrução processual, toma tempo; e que o passar do tempo, além de sujeitar a riscos de deterioração o próprio resultado jurídico do processo, prolonga as angústias do conflito e o estado de insatisfação que o serviço jurisdicional visa a eliminar".[23] Diante dessa realidade, ciente dos males que o fator temporal pode causar, "o juiz deve estar em estado permanente de guerra entrincheirada. Por isso é que em certas situações o angustiante desafio da *tensão entre conhecimento e ignorância* há de ser contornado e o sistema exige que o juiz se conforme e pacifique sem haver chegado ao ponto ideal de assimilação da verdade".[24]

Considerando-se a própria natureza do processo, que se sujeita ao caráter de falibilidade diante do imprescindível juízo valorativo e aprecia-

---

22. Cf. Daniel Penteado de Castro, *Contribuições ao Estudo dos Poderes Instrutórios do Juiz no Processo Civil: Fundamentos, Interpretação e Dinâmica*, São Paulo, Dissertação de mestrado defendida perante a Faculdade de Direito da Universidade de São Paulo, 2010, p. 277.
23. Cf. Cândido Rangel Dinamarco, *A Instrumentalidade do Processo*, 15ª ed., rev. e atual., São Paulo, Malheiros Editores, 2013, p. 273.
24. Idem, ibidem, pp. 273-274.

Michele Taruffo, embora critique, por entender que está pouco comprometida sob o ponto de vista filosófico e ideológico, a tese segundo a qual haveria impossibilidade prática para a determinação da verdade dos fatos no processo civil diante do argumento de que o juiz não disporia de instrumentos cognoscitivos, nem de tempo e liberdade de investigação própria do cientista e do historiador, vez que o interesse público clama que o *finis litium* se realize rapidamente, reconhece que as limitações e as peculiaridades inerentes à estrutura do processo civil são, *a priori*, incompatíveis com a busca da verdade absoluta. Mais adiante, afirma que, tomando o sentido de "verdade absoluta" como correspondência de uma descrição com os fatos do mundo real, seria possível falar de "verdade" no sentido de "verdade relativa", o qual seria o único significado sensato do termo "verdade" a assumir no processo. *La Prueba de los Hechos*, trad. Jordi Ferrer Beltrán, Madrid, Trotta, 2002, pp. 45-46 e 182.

tivo, diversamente do que ocorre nas ciências naturais, no confronto entre esses vetores contrastantes na dinâmica das técnicas processuais, há um risco ponderado, que conta inclusive com meios de correção, mercê da inviabilidade, na maioria dos casos, de que seja formado, em lapso temporal aceitável, o juízo de certeza sobre as controvérsias que circundam os fundamentos fáticos agitados, ou seja, a verdade dos fatos, incumbindo ao julgador valer-se apenas de um coeficiente mínimo, suficiente, e não absoluto, de segurança.

Como lembra Cândido Rangel Dinamarco,

> em todos os campos do exercício do poder, contudo, a exigência de certeza é somente uma ilusão, talvez uma generosa quimera. Aquilo que muitas vezes os juristas se acostumaram a interpretar como exigência e certeza para as decisões nunca passa de mera *probabilidade*, variando somente o grau da probabilidade exigida e, inversamente, os limites toleráveis dos riscos.[25]

Acrescenta o autor, referindo-se a Malatesta, que

> probabilidade é a situação decorrente da preponderância dos motivos convergentes à aceitação de determinada proposição, sobre os motivos divergentes. A probabilidade é *menos que a certeza*, porque, lá, os motivos divergentes não ficam afastados mas somente suplantados, e é mais que a *credibilidade*, ou verossimilhança, em que na mente do observador os motivos convergentes e os divergentes comparecem em situação de equivalência e, se o espírito não se anima a afirmar, também não ousa negar.[26]

Ademais, no exame dos poderes judiciais em relação aos atos instrutórios em geral, é bem verdade que, mesmo num sistema processual que se declare ser abertamente inquisitorial, não se admite que o juiz procure por todos os fatos como se fosse *Sherlock Holmes*,[27] extrapolando na busca além dos necessários sobre os quais versa a controvérsia, a ponto de comprometer os valores complementares da efetividade.

A extensão do papel do juiz no campo instrutório, como verificado anteriormente (Parte I, Capítulo III, item 5.2), pode variar de acordo com o país, especialmente entre aqueles do sistema dos direitos codicísticos e os da *Common Law*, prevalecendo a regra de que a produção da prova

---

25. Cf. *A instrumentalidade do processo*, p. 281.
26. Idem, pp. 281-282.
27. Cf. J. A. Jolowicz, *On Civil Procedure*, Cambridge, Cambridge University Press, 2000, p. 218.

dos fatos determinantes caiba às partes, embora seja possível, em algumas situações, por exemplo na França, a determinação judicial para as "medidas de instrução", constatando-se, apenas sob o enfoque comparativo, que o "continental procedure retains less of the original concept of civil litigation as a forensic due between two opponents who would otherwise resort to physical violence than does the adversary procedure of the common law".[28]

A única forma de o juiz afastar definitivamente o risco de ultrapassar os limites das partes quanto à produção de provas seria, além da observância do dever de cooperação na elucidação dos fatos, o respeito ao devido processo legal, de modo que é conveniente a fixação da questão e, antes de proferir a decisão, reabrir o caso, se necessário, para novas alegações, preservando-se o contraditório. Assim, como adverte J. A. Jolowicz, existe a tênue distinção entre a atividade judicial e a dos contendores:

> he should not hesitate to do this whenever he thinks that his intervention will assist the realization of justice according to law, but he should never adopt reasoning as the foundation of his argument if the parties have nor, at the very least, had the opportunity to present their observations on it.[29]

Muito embora as regras concernentes ao direito à prova não tenham experimentado modificações na esteira das últimas reformas do processo civil, mercê do enfoque instrumental do processo governado pelos extensos escopos do método consagrado pelo Estado para a pacificação de conflito, a temática da prova está umbilicalmente ligada à ideia de efetividade.

É matéria candente na teoria geral do processo,[30] pois é através da adequada canalização dos elementos de demonstração da verdade das ale-

---

28. Idem, ibidem, pp. 220-221. Ademais, vislumbra-se, como anotado por Michele Taruffo, no cotejo dos vários ordenamentos processuais, que não há previsão de que "il giudice si scateni a priori e da solo nella ricerca delle prove, ma soltanto che egli eserciti poteri sostanzialmente residuale, rispetto ai poteri di iniziativa istruttoria che spettano alle parti". Cf. "Poteri probatori delle parti e del giudice in Europa", cit., p. 263.

29. Cf. J. A. Jolowicz, *On Civil Procedure*, cit., p. 203. A propósito, o Código de Processo Civil de 2015 manteve a regra anterior, ou seja, a possibilidade de aditamento ou alteração do pedido e da causa de pedir, até o saneamento do processo, desde que haja consentimento do réu, se já efetivada a citação, "assegurado o contraditório mediante a possibilidade de manifestação deste no prazo mínimo de 15 (quinze) dias, facultado o requerimento de prova suplementar" (CPC/2015, art. 329, I e II).

30. Muito se debateu sobre a natureza jurídica do direito probatório sem que houvesse sido alcançado consenso. Porém, conforme lição de Cândido Rangel Di-

gações em contraditório que se permitirá a escorreita aplicação do direito ao caso concreto, propiciando a entrega da prestação jurisdicional mais aderente à realidade. Isso porque a justiça da decisão depende diretamente do apropriado tratamento dado à disciplina da prova (*ex facto oritur jus*), desde o momento genético em que se formam os elementos (fonte de prova), passando por todo o *iter* probatório que se realiza judicialmente (a propositura pela parte, a admissão pelo juiz, a realização propriamente dita e a valoração judicial), conferindo ao julgador as condições fidedignas para a aplicação do justo através de seu motivado convencimento,[31] resultante, no sistema da persuasão racional atualmente em vigor, "da liberdade intelectual mas sempre apoiado na prova constante dos autos".[32]

namarco, é possível enquadrar as fontes de prova (elementos externos ao processo – pessoas ou coisas das quais se colhem as informações sobre uma alegação) e o *onus probandi* na modalidade bifronte (direito processual substancial), dada a proximidade às relações jurídico-substanciais e à influência sobre a possibilidade de tutela jurisdicional, ao passo que outros conceitos podem ser considerados exclusivamente como processuais, a exemplo do objeto da prova (conjunto das alegações das partes), os meios de prova (técnicas de extração do conhecimento dos fatos) e os critérios de valoração, uma vez que "a produção da prova não é prerrogativa inerente à estrutura dos direitos, mas ao exercício da jurisdição, da ação e da defesa". Esclarecedora, ainda, a colocação do professor: "quando se trata de *convencer* e não de constituir validamente o ato (*prova ad substantiam*), estamos no campo preparatório de julgamentos e por isso é de *processo* que se cuida". Cf. *Instituições de Direito Processual Civil*, vol. III, 6ª ed., São Paulo, Malheiros Editores, 2009, pp. 44-46.

31. De acordo com as Ordenações Filipinas, "a prova é o farol que deve guiar o juiz nas suas decisões" (Livro III, Título 63), *apud* Araújo Cintra, Grinover e Dinamarco, *Teoria Geral do Processo*, cit., p. 426.

Daí a correção da assertiva de Sergio Chiarloni no sentido de que, *in verbis*, "la sentenza è giusta quando passa l'esame di un doppio criterio di verità. Quando cioè è il frutto di una corretta interpretazione delle norme coinvolte e di un'esatta ricostruzione dei fatti'". Cf. "Giusto processo, garanzie processuali, giustizia della decisione", *Revista de Processo* 152, out. 2007, p. 103.

32. Cf. Araújo Cintra, Grinover e Dinamarco, *Teoria Geral do Direito*, cit., p. 437.

Conforme lição de Moacyr Amaral Santos, provar, em sentido amplo, é convencer o espírito da verdade respeitante a alguma coisa e o objeto da prova judiciária são os fatos da causa, cuja finalidade é a formação da convicção quanto à existência daqueles. Cf. *Primeiras Linhas de Direito Processual Civil*, 2º vol., 10ª ed., São Paulo, Saraiva, 1985, p. 329.

No campo da teoria geral do direito, segundo a estrutura tridimensional concebida por Miguel Reale, o aspecto dos fatos, ao lado dos valores e normas, também é realçado, já que "se implicam e se exigem reciprocamente", refletindo inclusive "no momento em que o jurisperito interpreta uma norma ou regra de direito para dar-lhe aplicação". Cf. *Lições Preliminares de Direito*, 27ª ed., São Paulo, Saraiva, 2009, p. 66.

A problemática da pertinência da prova, desde o aspecto da colheita das fontes, assim como no âmbito da valoração dos elementos probatórios, ganha contornos dramáticos dependendo da natureza dos interesses contrapostos no caso concreto, incumbindo ao juiz a árdua tarefa de realizar a escolha entre valores igualmente importantes, mediante a aferição das circunstâncias envolvidas, na efetivação das garantias constitucionais de um processo efetivo.

É inquestionável que o tema da prova desperta interesse de todos os sujeitos processuais, especialmente dos parciais, já que lhes conferem, além da possibilidade de influir no resultado do julgamento da causa como consectário do encargo do próprio interesse, a de permitir avaliar com antecedência os elementos de instrução, bem como aqueles que poderiam ser produzidos, inclusive sobre os riscos de um eventual julgamento estatal, sobretudo na hipótese preconizada pela doutrina que defende a produção antecipada da prova mesmo fora das situações de urgência.[33]

No entanto, sem qualquer desconsideração do relevante aspecto subjetivo do ônus da prova, por opção metodológica deste trabalho, a questão da admissibilidade da prova é analisada sob a ótica predominante do juiz no exercício do seu poder-dever de instrução, a quem incumbe o acurado exame dos elementos probatórios carreados ao processo por obra das partes, ou até de ofício,[34] justamente na situação em que sobrevier o questionamento sobre a higidez ou a idoneidade da atividade ou do procedimento de colheita dos dados de prova e de fixação (produção) no processo.

Embora não explicitado na Carta Magna, indiscutivelmente o direito à prova é a consagração de um postulado próprio da cláusula constitu-

---

33. Cf. Flávio Luiz Yarshell, *Antecipação da Prova sem o Requisito da Urgência e Direito Autônomo à Prova*, São Paulo, Malheiros Editores, 2009, *passim*.
Seguindo essa tendência, o Código de Processo Civil de 2015 prevê a produção antecipada de prova nos casos em que houver, além do "fundado receio de que venha a tornar-se impossível ou muito difícil a verificação de certos fatos na pendência da ação", "a prova a ser produzida seja suscetível de viabilizar a autocomposição ou outro meio adequado de solução de conflito" e "o prévio conhecimento dos fatos possa justificar ou evitar o ajuizamento de ação" (art. 381 e incs. I, II e III).
34. E dos elementos de prova, ou dos dados objetivos que confirmam ou negam uma asserção de um fato que interessa à decisão da causa (por exemplo, a declaração de uma testemunha, o conteúdo de um documento, ou a opinião de um perito), que se extrai a conclusão a propósito de um fato (o resultado da prova), através de um procedimento intelectual feito pelo juiz, amparado por elementos introduzidos no processo. Cf. Antônio Magalhães Gomes Filho, "Notas sobre a terminologia da prova (reflexos no processo penal brasileiro)", in *Estudos em Homenagem à Prof. Ada Pellegrini Grinover*, São Paulo, DPJ, 2005, pp. 307-308.

cional do devido processo legal em seu desdobramento nos princípios do contraditório e da ampla defesa,[35] pois é ínsita na garantia de acesso à justiça a ideia de oportunidade a que assiste a parte de demonstrar a veracidade de suas alegações concernentes aos fatos relevantes para o julgamento da causa, representando vital importância para o provimento jurisdicional.[36] É da confluência das situações jurídicas ativas e passivas que emerge a materialização do direito à prova, como consectário da participação bilateral (ação e defesa) inerente ao contraditório, motivação política que anima a relação jurídica processual.

A cláusula do devido processo legal repercute na previsão do direito à prova no âmbito da legislação infraconstitucional, que adotou a técnica da atipicidade dos meios de prova através da fórmula aberta: "todos os meios legais, bem como os moralmente legítimos, ainda que não especificados neste Código" (art. 332, CPC/1973; art. 369, CPC/2015).[37] No entanto, a referida liberdade não se incompatibiliza com as limitações impostas pelo ordenamento jurídico ao exercício daquele sagrado direito, cujo fundamento é derivado da contraposição de outros valores igualmente merecedores de consideração, que também deitam raízes no leito constitucional.

O primeiro decorre dos valores segurança e celeridade enfeixados na efetividade, de modo que o legislador, pretendendo a sua concretização, antecipou-se e elaborou regras que reduzem o campo de atuação das técnicas de prova, com ênfase nas circunstâncias objetivas ou na incidência de presunções resultantes do comportamento da parte, *v.g.*, a adoção do instituto da preclusão. No processo civil,[38] mencionem-se as hipóteses relacionadas à conduta do réu, tornando os fatos alegados pelo

35. No dizer de Ada Pellegrini Grinover, "a atividade probatória representa induvidosamente o momento central do processo". Cf. "O conteúdo da garantia do contraditório", in *Novas Tendências do Direito Processual*, Rio de Janeiro, Forense Universitária, 1990, p. 19.
36. Por isso, a falta de efetividade dessa prerrogativa comprometeria "a própria garantia constitucional do *direito ao processo*". Cf. Cândido Rangel Dinamarco, *Instituições de Direito Processual Civil*, vol. III, cit., p. 46.
37. Como adverte Cândido Rangel Dinamarco, a expressão "meios legais" deve ser entendida também como fontes de prova, já que é visível a intenção do legislador "de assegurar tanto o direito ao emprego das técnicas (*meios de prova*), quanto a de submeter a elas os elementos externos úteis e obtidos por modos legítimos (*fontes*)". Cf. *Instituições de Direito Processual Civil*, vol. III, cit., p. 47.
38. No âmbito da prova penal o tratamento é diverso, tendo em vista que se cuida de "uma reconstrução histórica", sendo "irrelevante que os fatos sejam incontroversos e apesar da convergência das partes o juiz deve sempre pesquisar, com a finalidade de colher a prova que lhe possa fazer-lhe conhecer os fatos reais e verdadeiros". Cf. Ada

autor incontroversos em face de sua revelia (art. 319, CPC/1973; art. 344, CPC/2015),[39] da ausência de impugnação específica (art. 302, *caput*, CPC/1973; art. 341, *caput*, CPC/2015), ou da própria confissão (arts. 334, II, e 348, CPC/1973; arts. 374, II, e 389, CPC/2015). Primando-se pelo valor segurança, o legislador, mediante prévia ponderação, restringiu o alcance da prova testemunhal em várias situações (art. 400, I e II, art. 401 *usque* art. 403 e art. 406, I e II, CPC/1973; arts. 442, 443, I e II, *usque* art. 445 e art. 448, I e II, CPC/2015).[40]

Ademais, por questões de ordem lógica e utilidade,[41] independem de prova certos fatos cercados de notoriedade, incontrovérsia ou presunção

---

Pellegrini Grinover, "As provas ilícitas na Constituição", in *O Processo em Evolução*, São Paulo, Forense Universitária, 1998, p. 47.

39. Na hipótese de revelia, além das questões que devem ser conhecidas de ofício, a doutrina e a jurisprudência modernas têm adotado com cautela a incidência da presunção de veracidade dos fatos, mitigando a aplicação da regra constante no art. 344 do CPC/2015 (CPC/1973, art. 319), em atenção ao princípio da razoabilidade, especialmente se o eventual substrato probatório incorporado no processo evidenciar convencimento judicial contrário às alegações trazidas na petição inicial. Cf. José Roberto dos Santos Bedaque, *Poderes Instrutórios do Juiz*, 4ª ed., São Paulo, Ed. RT, 2009, pp. 56-63; e Theotonio Negrão e José Roberto F. Gouvêa, *Código de Processo Civil e Legislação Processual em Vigor*, 39ª ed. São Paulo, Saraiva, 2007, pp. 457-459.

40. É interessante mencionar a regra do art. 401 do CPC/1973, que dispunha sobre a admissibilidade da prova exclusivamente testemunhal somente "nos contratos cujo valor não exceda o décuplo do maior salário mínimo vigente no país, ao tempo em que foram celebrados". Todavia, com vistas a assegurar o direito à prova, como corolário do devido processo legal, sem comprometer a devida segurança, a jurisprudência tem entendido que a restrição legal se aplicaria apenas à comprovação da existência do contrato em si, de modo que tem recepcionado a prova exclusivamente testemunhal para a demonstração dos efeitos decorrentes do contrato firmado entre as partes, assim como do cumprimento de obrigações contratuais, inclusive para se evitar o enriquecimento sem causa. Cf. STJ, 3ª T., AgRg no Ag 1.319.590-MG, rel. Min. Sidnei Beneti, j. 14.9.2010; 4ª T., REsp 436.085-MG, rel. Min. Luis Felipe Salomão, j. 6.4.2010; 4ª T., REsp 203.929-PR, rel. Min. Barros Monteiro, j. 20.3.2001; 3ª T., AgRg no Ag 487.413-GO, rel. Min. Nancy Andrighi, j. 18.3.2003; 3ª T., REsp 329.533-SP, rel. Min. Carlos Alberto Menezes Direito, j. 6.5.2002; 4ª T., REsp 139.236-SP, rel. Min. Sálvio de Figueiredo Teixeira, j. 24.11.1998.

A propósito, o Código de Processo Civil de 2015 supriu a regra anteriormente em vigor.

41. Excluem-se evidentemente do campo da atividade probatória "as alegações de *fatos impossíveis* ou mesmo *improváveis*. Como em toda interpretação, é indispensável aqui o apelo à *razoabilidade* (Recaséns Siches), porque seria de suma insensatez impor ao juiz o reconhecimento passivo da ocorrência de fatos ou existência de situações fáticas que sua inteligência de homem comum repele". Cf. Cândido Rangel Dinamarco, *Instituições de Direito Processual Civil*, vol. III, cit., pp. 61-62.

(art. 334, I, III e IV, CPC/1973; art. 374, I, III e IV, CPC/2015). Naturalmente, somente as diligências necessárias voltadas à comprovação de fatos relevantes à causa dão ensejo à realização de atividade probatória (art. 130, CPC/1973; art. 370 e parágrafo único, CPC/2015), eis que entendimento contrário viria de encontro ao princípio da economia processual e aos fins do processo como método de trabalho voltado a proporcionar uma resposta jurisdicional efetiva.

O outro aspecto que limita legitimamente a oportunidade de demonstrar as alegações em torno de fatos relevantes no processo decorre da contrariedade aos valores mínimos ditados pela moral, tanto no aspecto da extração das fontes de prova quanto no âmbito da realização ou introdução dos meios probatórios. Assim, no plano constitucional, encontra-se a razão de ordem ética e política, ou de natureza material, que impede a aceitação de todas as espécies de prova por vulnerar as garantias e os direitos fundamentais da pessoa humana,[42] daí a expressa vedação à prática de tortura, tratamento desumano, ou degradante (CF, art. 5º, inc. III), a garantia da proteção da intimidade e vida privada, inclusive a honra e a imagem (inc. X), da inviolabilidade da casa (inc. XI) e do sigilo das comunicações em geral (inc. XII).

2.1 A ilicitude da prova. O poder-dever de avaliação do juiz e o confronto entre o processo civil e penal

Trata-se das provas denominadas ilícitas, antijurídicas, ilegítimas ou ilegais,[43] em cuja utilização o sistema impõe vedação por implicar grave

No tocante ao tema do ônus da prova, com base na abalizada doutrina, o Código de Processo Civil de 2015 adotou a teoria das cargas probatórias dinâmicas, através da qual, em face das particularidades do caso em que o encargo se revelar impossível de cumprimento, ou de excessiva dificuldade para a parte, ou, ainda, diante da "maior facilidade de obtenção da prova do fato contrário", poderá o juiz fundamentar o estabelecimento do critério do ônus probatório de forma diversa (art. 373, § 1º).

42. Como assinala Luigi Paolo Comoglio, embora a Constituição italiana atual não tenha expressamente enunciado qualquer vedação probatória, seria incompatível a utilização processual de prova que afrontasse os valores da "correttezza", "equità" e "giustizia procedurale", sobre os quais se fundam os componentes ético-deontológicos do justo processo. Cf. *Etica e Tecnica del "Giusto Processo"*, Torino, Giappichelli, 2004, pp. 278-279.

43. Apesar de divergências reinantes em sede doutrinária, basicamente no âmbito conceitual, parece despontar tendência de se aceitar, em substância, a clássica teoria de Pietro Nuvolone no sentido de que a prova vedada ou ilegal corresponderia ao gênero do qual seriam espécies a prova ilícita e a prova ilegítima, sendo que a primeira decorreria da noção de ofensa de um direito de natureza material, ao passo

ofensa aos valores essenciais da dignidade humana. Essa contenção à liberdade de prova fundada em argumento minimamente ético convive ao lado de prescrições legais que elegeram o fator segurança e a previsibilidade como um dos corolários do devido processo legal. Conquanto o papel do juiz no enfrentamento da matéria relacionada à licitude da prova não se verifique no eixo central da polaridade entre a celeridade e a segurança, decerto tem influência decisiva na efetividade do processo por envolver a ponderação deslocada para os valores contrastantes da segurança e justiça.

Embora a norma constitucional tivesse expressamente previsto a vedação do emprego de prova ilícita, não discriminou o alcance do mandamento de acordo com os diversos ramos da ciência processual (civil, penal, trabalhista, administrativo), cada qual com as suas peculiaridades, especialmente no aspecto dos direitos e interesses prevalentes e do elastério que deve ser conferido na apuração do valor "verdade". Assim, sobressai o inevitável exame da matéria na confrontação entre as esferas do processo penal e civil e a indagação acerca da possibilidade de se aceitar tratamento uniforme no tocante ao tema da ilicitude da prova.

Sem dúvida, é marcante a influência do processo penal em torno da ideia de vedação de prova ilícita. Como anotam Luiz Guilherme Marinoni e Sérgio Cruz Arenhart, no sistema brasileiro atual, a colheita da prova geralmente se realiza pela autoridade policial em etapa precedente ao processo judicial, de modo que se impõe a dissuasão do agente público na obtenção de elementos probatórios sem a observância dos direitos e garantias fundamentais.[44]

Outro aspecto a ser considerado remonta ao fato de que, conquanto seja inegável a identidade de propósitos da jurisdição, concebida em sua unidade, em resposta ao conflito instalado em qualquer espécie de lide,[45]

---

que a última representaria afronta a uma norma de caráter processual. Cf. "Le prove vietate nel processo penale nei paesi di diritto latino", *Rivista di Diritto Processuale*, n. 3, 1966, p. 470.

Nesse sentido, a maioria dos autores reserva a expressão "provas ilícitas" essencialmente àquelas tais que violam as disposições de índole substancial, sejam legais e constitucionais. Cf. Ada Pellegrini Grinover, "As provas ilícitas na Constituição", cit., pp. 47-48.

44. Cf. *Prova*, São Paulo, Ed. RT, 2009, p. 247.

45. Historicamente a noção de prova ilícita tem origem no direito processual penal, porém não há dúvida de que seja aplicável perfeitamente ao processo civil, seja diante de princípios comuns aos dois ramos, o que impulsiona à consolidação de uma teoria geral do direito processual, quanto pela aplicabilidade dos conceitos levados ao

o processo penal é marcado, em regra, pela permanente tensão entre o valor liberdade, alicerçado no princípio da presunção de inocência, e o interesse estatal na defesa da sociedade movido pela pretensão punitiva (*jus puniendi*), o que sustentaria a ampliação do poder-dever do juiz na busca da verdade, como premissa para a realização da justiça. É que o processo penal assume o papel de tutelar bens jurídicos nitidamente antagônicos, pois, no dizer de Vélez Mariconde, cumpre a função de proteger o interesse social pelo império do direito, ou seja, pela repressão do delinquente e, simultaneamente, o interesse individual e social pela liberdade pessoal.[46]

Há corrente doutrinária que sustenta, portanto, uma atuação mais incisiva e diferenciada do juiz na condução da atividade probatória no campo penal, com a outorga proeminente de poderes, por força da política criminal, respaldada no "interesse público", tendente a adentrar progressivamente na esfera privada.[47]

Assim, acentua Fernando da Costa Tourinho Filho que,

> vigorando no Processo Penal o princípio da verdade real, é natural não deva, em princípio, haver qualquer limitação à prova, sob pena de ser desvirtuado aquele interesse do Estado na justa atuação da lei. A atividade do Juiz no cível, doutrina Dellepiane, é, em certo modo, passiva, e a prova reveste, então, o caráter de uma confrontação. No juízo criminal é diferente. Não se achando em presença de verdades feitas, de um acontecimento que se lhe apresente reconstruído pelas partes, está obrigado a procurar, por si mesmo, essas verdades.[48]

A amplitude de atuação do juiz no processo penal, baseada na perscrutação da verdade real, circunstância qualificada como a necessidade de se valer de todos os meios para a apuração do sentido da realidade sobre as alegações fáticas deduzidas, mesmo que não tenham sido objeto de controvérsia, estaria atrelada ao caráter indisponível dos interesses públicos na esfera criminal. Para uma parcela da doutrina, diante do objetivo colimado pelo Estado, no exercício da atividade jurisdicional,

---

âmbito do processo civil. Cf. Ricardo Raboneze, *Provas Obtidas por Meios Ilícitos*, Porto Alegre, Síntese, 1998, p. 17.

46. *Derecho Procesal Penal*, Buenos Aires, 1982, vol. 2, cap. III, n. 5, p. 127, apud Fernando da Costa Tourinho Filho, *Processo Penal*, vol. 3, 10ª ed. São Paulo, Saraiva, 1987, p. 212.

47. Cf. Patrícia Azevedo da Silveira, "A prova ilícita no cível", in Carlos Alberto Alvaro de Oliveira (org.), *Prova Cível*, Rio de Janeiro, Forense, 1999, p. 192.

48. Cf. *Processo Penal*, vol. 3, cit., pp. 206-207.

fundamentar-se-ia o afastamento de restrições oriundas da inadmissibilidade das provas ilícitas.[49]

No entanto, o conceito de "verdade material", tomado como justificativa para a ampla investigação probatória, assim como para contrastar o processo penal do civil, rendeu muitas polêmicas por parte dos estudiosos do processo, como lembra Ada Pellegrini Grinover.[50] Em tempos modernos, não se concebe mais a ideia da busca incessante da verdade, sem qualquer parâmetro, mesmo no processo penal, com a conferência de poder ilimitado ao juiz.

Nessa sintonia,

> o termo "verdade material" há de ser tomado em seu sentido correto: de um lado, no sentido da verdade subtraída à influência que as partes, por seu comportamento processual, queiram exercer sobre ela; de outro lado, no sentido de uma verdade que, não sendo "absoluta" ou "ontológica", há de ser antes de tudo uma verdade judicial, prática e, sobretudo, não uma verdade obtida a todo preço: uma verdade processualmente válida.[51]

Observa-se, então, que a correlação dos conceitos "verdade material ou real" e "verdade formal", respectivamente, ao processo penal e civil não encontra firme suporte na doutrina mais abalizada, pois "a verdade é *uma* e interessa a qualquer processo, se bem que a justiça possa (e às vezes *deva*) renunciar – na esfera civil e *na penal* – à sua reconstituição completa, em atenção a outros valores de igual dignidade".[52] José Roberto dos Santos Bedaque lembra que a famigerada distinção entre a verdade real e a formal poderia conduzir, quanto à última, à modificação para

---

49. Nesse sentido, Hermenegildo de Souza Rego, *Natureza das Normas sobre a Prova*, São Paulo, Ed. RT, 1985, p. 115.

50. Cf. "As provas ilícitas na Constituição", cit., p. 46.

51. Cf. Ada Pellegrini Grinover, Antônio Scarance Fernandes e Antônio Magalhães Gomes Filho, *As Nulidades no Processo Penal*, 8ª ed., São Paulo, Ed. RT, 2004, p. 156.

52. Cf. Barbosa Moreira, "A Constituição e as provas ilicitamente obtidas", *RF* 337/131-132, jan./mar. 1997. O ilustre processualista complementa: "dizer que o processo penal persegue a chamada 'verdade real', ao passo que o processo civil se satisfaz com a denominada 'verdade formal', é repetir qual papagaio tolices mil vezes desmentidas". Ob. cit., p. 131.

Jaime Guasp também reafirma que é equivocada a dualidade da verdade entre formal e real e que somente existe uma verdade, ou seja, "la que se corresponde con la realidad". Cf. *Comentarios a la Ley de Enjuiciamiento Civil*, t. I, Madrid, Aguilar, 1943, p. 905.

mentira formal, "sem qualquer alteração do significado, pois verdade formal é aquela aceita pelo julgador, sem qualquer preocupação com a correspondência entre o resultado do processo e a realidade substancial".[53]

Por isso, indaga o autor, se adotado o princípio da verdade real no processo penal, o que justificaria a inadmissão da prova ilícita para o fim do interesse público na condenação por prática de crime hediondo e a consequente superioridade do valor liberdade em relação à garantia constitucional à intimidade,[54] de sorte que o critério de distinção entre a verdade material e formal não demonstra suficiência para explicar o fenômeno da eventual atuação diferenciada nas diversas modalidades de processo.

Ainda sobre a censurada dupla face do conteúdo da verdade, Flávio Luiz Yarshell, no campo das controvérsias que recaem sobre direitos indisponíveis, refuta a ideia de que se justificaria o poder de instrução mais acentuado na busca da verdade denominada material, como algo mais próximo da realidade das coisas, já que a verdade "processual" seria uma só, limitada. Não fosse assim, em homenagem à verdade "real", seria admissível o julgamento baseado em prova ilícita sem nenhuma ressalva.[55]

Ademais, em que pese a prevalência do *status libertatis* que milita no processo penal, a categórica rejeição de provas ilícitas para a elucidação de fatos atinentes à versão acusatória e o seu prévio acolhimento como elemento de demonstração da tese absolutória, sem a cautela de exame apurado de outros dados concretos, pode implicar a aniquilação do valor justiça e o tratamento diferenciado entre as partes, com ofensa ao valor da isonomia, também digno de proteção constitucional.[56]

53. Cf. *Poderes Instrutórios do Juiz*, cit., p. 145.
54. Idem, p. 146.
55. Cf. *Antecipação da Prova sem o Requisito da Urgência e Direito Autônomo à Prova*, cit., p. 105.
56. Com efeito, não obstante vigore o princípio da presunção da inocência e a premissa de que a posição de acusação no processo penal conte com melhores recursos no campo probatório do que a defesa, como bem adverte Barbosa Moreira, "pode suceder, no entanto, que ela [*tal premissa*] deixe de refletir a realidade em situações de expansão e fortalecimento da criminalidade organizada, como tantas que enfrentam as sociedades contemporâneas" (ob. cit., p. 128). Por outro lado, a conclusão de que as provas ilicitamente colhidas podem ser utilizadas no processo penal apenas quando beneficiem a defesa não autoriza que ela atue como quiser no processo, sem se pautar pelas normas constitucionais e seus princípios. Cf. Nilton Luiz de Freitas Baziloni, "Prova ilícita e o princípio da proporcionalidade", in Daniel Amorim Assumpção Neves (coord.), *Provas. Aspectos Atuais do Direito Probatório*, São Paulo, Método, 2009, p. 286.

A tendência moderna do incremento do poder do juiz vem atenuando a tradicional separação no que tange ao exercício da atividade instrutória, indistintamente no âmbito penal e no civil, inclusive na valoração a ser conferida aos elementos probatórios diante da referência à ilicitude por afronta às normas de direito material ou processual. A preocupação com o balanceamento de valores ganha particular importância na marcha pela efetividade do processo no capítulo atinente à prova ilícita, eis que ao tema convergem simultaneamente superiores interesses jurídicos contrastantes, com a presença marcante dos valores justiça e segurança, para cuja realização a elucidação dos fatos da causa se torna, na maioria das vezes, imprescindível.[57]

Como exposto por Ada Pellegrini Grinover,

> a questão da denominação "prova ilícita" ubica-se, juridicamente, na investigação a respeito da relação entre o ilícito e o inadmissível no procedimento probatório e, sob o ponto de vista da política legislativa, na encruzilhada entre a busca da verdade em defesa da sociedade e o respeito a direitos fundamentais que se podem ver afetados por esta investigação.[58]

Mencione-se, ainda, que a contraposição entre a indisponibilidade e a disponibilidade de interesses[59] também não serve como base de distinção entre o processo penal e civil a ponto de afastar inexoravelmente um tratamento uniforme em regime de prova ilícita, já que são conceitos presentes tanto num como noutro caso. Ademais, conforme conclui José Roberto dos Santos Bedaque:

> A igualdade está intimamente ligada ao devido processo legal, ao contraditório e à imparcialidade, formando uma unidade dotada de coerência teleológica, em que o verdadeiro acesso à justiça e ao direito ao processo requer a observância das normas processuais portadoras de garantias de tratamento isonômico. Cf. Paulo Henrique dos Santos Lucon, "Garantia do tratamento paritário das partes", in José Rogério Cruz e Tucci (coord.), *Garantias Constitucionais do Processo Civil*, São Paulo, Ed. RT, 1999, p. 98.
57. Frise-se que as garantias constitucionais ou legais, "sejam quais forem, não terão caráter absoluto, e a descoberta da verdade relativamente a certos fatos poderá, no confronto dos valores em jogo, sobrepor-se às mesmas". Cf. Flávio Luiz Yarshell, *Antecipação da Prova sem o Requisito da Urgência e Direito Autônomo à Prova*, cit., pp. 301-302.
58. Cf. "As provas ilícitas na Constituição", cit., p. 47.
59. Sob outro enfoque, partindo da análise da garantia constitucional, mesmo nos casos de indisponibilidade de algum direito em conflito, não se atingem as linhas mestras do devido processo legal. Cf. José Frederico Marques, *Manual de Direito Processual Civil*, vol. 1, atual. Vilson Rodrigues Alves, Campinas, Bookseller, 1997, p. 495.

o processo, como instrumento da atividade jurisdicional do Estado, é um só, sendo irrelevante se a matéria discutida é civil, penal, disponível ou indisponível. Tanto o direito processual civil como o direito processual penal pertencem ao mesmo ramo do direito.[60]

Nesse sentido, recorda Barbosa Moreira,

um pensamento superficial costuma trazer à colação, a tal respeito, a oposição entre decisões que só interessam ao patrimônio e decisões que afetam a liberdade pessoal. É esquecer que no âmbito civil se trata com frequência de problemas relativos a aspectos íntimos e relevantíssimos da vida das pessoas, como ocorre, por exemplo, nos assuntos de família; e também que no processo penal pode igualmente estar em jogo apenas o patrimônio, como acontece quando a infração não é punível senão com multa.[61]

Da análise das posições sobre o tema, especialmente daquela em defesa das garantias e direitos fundamentais da pessoa humana, consubstanciada na segurança jurídica, afigura-se que a rejeição imediata da possibilidade de admitir-se elemento probatório derivado de fonte supostamente ilícita significa claramente assumir o risco consciente de elaboração de provimento jurisdicional que não esteja em pertinência com os fatos importantes debatidos, incorrendo na eventual injustiça da decisão. Isto redundaria na consumação de dupla violação, pois, além da ilicitude anteriormente perpetrada na obtenção ou na formação da prova, estar-se-ia concedendo direito à parte que não mereça ser favorecida e até produzindo efeitos indesejados sobre a esfera jurídica de pessoas que não tiveram qualquer relação com o vício probatório.

Na comparação das teses complementares em torno das provas adquiridas, na tensão entre o interesse da justiça na revelação da verdade e a necessidade de preservar o bem jurídico mínimo, Barbosa Moreira aponta a solução mais sensata:

conceder ao juiz a liberdade de avaliar a situação em seus diversos aspectos; atenta a gravidade do caso, a índole da relação jurídica controvertida, a dificuldade para o litigante de demonstrar a veracidade

---

60. Cf. José Roberto dos Santos Bedaque, *Poderes Instrutórios do Juiz*, cit., p. 130.
61. Cf. "A Constituição e as provas ilicitamente obtidas", cit., p. 131. A atuação de forças em sentido contrário é atenuada nas infrações de menor potencial ofensivo, denominação conferida pela Lei 9.099/1995, pois comportam transação consistente em concessões mútuas entre as partes, desde que verificadas certas condições na fase que antecede à acusação, como a suspensão condicional do processo.

de suas alegações mediante procedimentos perfeitamente ortodoxos, o vulto do dano causado e outras circunstâncias, o julgador decidiria qual dos interesses em conflito deve ser sacrificado, e em que medida.[62]

Acrescente-se que, como visto alhures, a indisponibilidade dos interesses tutelados não é um critério suficiente para distinguir o processo penal do civil, já que, em qualquer desses campos, podem transitar valores em graus diversos no aspecto da possibilidade de transação, tendo em vista a natureza do bem e a capacidade de seu titular. No entanto, sem prejuízo da observação feita por José Roberto dos Santos Bedaque de que a ideia do princípio dispositivo devesse ser circunscrita ao campo do direito material, o poder do juiz, no manejo do princípio da proporcionalidade, a defrontar com o tema da prova ilícita, reduzir-se-ia drasticamente se evidenciados na lide direitos exclusivamente patrimoniais e plenamente disponíveis, vez que a balança tenderá a pender para a tutela dos valores constitucionais do indivíduo.[63]

Não se cogita, com o reconhecimento do amplo poder instrutório do juiz, a aceitação de qualquer ilicitude sem o acurado exame, pois a admissão da prova, inquestionavelmente, estará condicionada à "sua confiabilidade. Assim, provas obtidas mediante tortura ou a utilização de drogas devem ser rejeitadas, visto que inidôneas quanto ao resultado";[64] porém, o eventual vício não pode suprimir inteiramente o poder de avaliação do juiz, tendo em vista que a doutrina mais acertada não considera absoluta a previsão constitucional da vedação de prova ilícita.

3. Adaptabilidade procedimental

O procedimento é o aspecto perceptível e dinâmico do processo, o qual se compõe da relação jurídica entre pessoas e atos, e é responsável

---

62. Idem, p. 126. A propósito, o texto do Projeto do Novo Código de Processo Civil, na direção da firme tendência externada pela doutrina e jurisprudência no sentido da aceitação da tese do sopesamento dos valores e interesses, previa que, *in verbis*: "A inadmissibilidade das provas obtidas por meio ilícito será apreciada pelo juiz à luz da ponderação dos princípios e dos direitos fundamentais envolvidos" (art. 257, parágrafo único, do Projeto de Lei do Senado 166/2010). No entanto, na Câmara não foi mantido o referido dispositivo.

63. É o exemplo que se extrai da comparação entre uma gravação hábil para demonstrar violência ou maus-tratos a um menor em ação de modificação de guarda e outra que revele o cumprimento ou não de obrigação contratual. Cf. Maria Elizabeth de Castro Lopes, *O Juiz e o Princípio Dispositivo*, São Paulo, Ed. RT, 2006, p. 48.

64. Cf. José Roberto dos Santos Bedaque, *Poderes Instrutórios do Juiz*, cit., p. 142.

pela sua movimentação, que se inicia com a provocação da parte ou interessado, intercalado por impulso oficial, até o seu encerramento, com a prolação de decisão pelo Estado-juiz, estendendo-se, se necessário, a eventuais atos de satisfação.[65] Essa coordenação de atividades, conforme aponta Cândido Rangel Dinamarco, pode ser compreendida sob quatro elementos: a) a indicação de atos a realizar; b) a determinação da forma de realização; c) a estipulação da ordem sequencial de implementação; d) a diversificação estrutural de atividades e modelos de acordo com a espécie de tutela jurisdicional.[66]

É intuitivo que o procedimento é traçado pelo legislador pelas razões de segurança jurídica, servindo como garantia às partes, uma vez que a escolha do procedimento de acordo com critério exclusivamente do juiz poderia trazer "desequilíbrio na relação entre o poder judicial e o direito das partes".[67] Assim, estabelecia o diploma processual de 1973 a adoção do procedimento comum (ordinário ou sumário), salvo disposição em

---

65. É através do procedimento que se dá vida ao processo, não no sentido meramente mecânico de uma sequência lógica de atos prevista em lei, mas como meio que propicia o cumprimento de garantias maiores de participação efetiva dos litigantes, possibilitando-os a influir no resultado da causa. Assim, "a legitimação pelo procedimento não é como que a justificação pelo direito processual, ainda que os processos legais pressuponham um regulamento jurídico; trata-se, antes, da transformação estrutural da expectativa, através do processo efetivo de comunicação, que decorre em conformidade com os regulamentos jurídicos; trata-se do acontecimento real e não duma relação mental normativa". Cf. Niklas Luhmann, *Legitimação pelo Procedimento*, trad. Maria da Conceição Côrte-Real, Brasília, UnB, 1980, p. 35.
66. Cf. *Instituições de Direito Processual Civil*, vol. II, cit., p. 455.
67. Cf. Carlos Alberto Alvaro de Oliveira, *Do Formalismo no Processo Civil...*, cit., p. 9.

Se, de um lado, a adoção de determinado procedimento não pode ficar ao alvedrio do juiz por constituir imperativo de ordem pública, por outro lado, como lembra Cândido Rangel Dinamarco, não deve estar à mercê da vontade das partes, "na medida em que o Estado não quer aventurar-se em procedimentos menos seguros e de duvidosos resultados práticos". Cf. *Instituições de Direito Processual Civil*, vol. II, cit., p. 475.

No entanto, embora o juiz faça o controle do procedimento, é possível a relativização pelas partes plenamente capazes, antes ou durante o processo, para ajustá-lo às especificidades da causa (CPC/2015, art. 190, *caput*), ou em caso de cumulação de pedidos, preenchidos determinados requisitos, em prol do procedimento ordinário ou comum (art. 292, §§ 1º e 2º, CPC/1973; art. 327 e parágrafos, CPC/2015).

Embora, como consectário do modelo rígido e tradicional de procedimento, nem as partes teriam o poder de convencioná-lo diversamente da previsão legal, a doutrina mais recente que segue o ideário instrumentalista assume posição francamente oposta, preenchidos determinados requisitos, de acordo com as situações das partes e do direito material, bem como a inexistência de prejuízo. Cf. Fernando da

contrário, a todas as causas, inclusive, em caráter subsidiário, no sumário e especial (CPC/1973, arts. 271 e 272).[68] O sistema processual brasileiro segue, por costume, diversamente do padrão flexível, ou misto adotado em alguns países,[69] como regramento de ordem pública e, assim, prevalente o seu caráter cogente, o modelo de procedimento rígido, caracterizado por distribuição em fases nítidas (postulatória, ordinatória, instrutória e decisória), definidas pelas regras da eventualidade e da preclusão.[70]

Ressalte-se, de início, que a opção de procedimento é diferente da escolha de processo, a qual significa apontar a espécie de tutela jurisdicional mais adequada a critério do interessado, como corolário da liberdade de demandar, de sorte que, por exemplo, segundo elucidação de Cândido Rangel Dinamarco, a parte pode deliberar tanto

> vir pelas vias ordinárias, ainda quando presentes os requisitos para o mandado de segurança ou para o processo perante o juizado especial,

---

Fonseca Gajardoni, *Flexibilização Procedimental: um novo enfoque para o estudo do procedimento em matéria processual*, São Paulo, Atlas, 2008, pp. 215-222.

68. O Código de Processo Civil de 2015 adota o procedimento comum, de aplicação subsidiária aos especiais, suprimindo o sumário (art. 318 e parágrafo único). Prevê-se uma intensa concentração de atos processuais, vez que, superada a fase da conciliação, não mais se cogitará de exceções autônomas e o réu apresentará a sua defesa em única peça, em que poderá contestar e propor reconvenção, alegar as matérias preliminares, a incompetência absoluta e relativa, a incorreção do valor da causa e a concessão do benefício da gratuidade de justiça etc. (CPC/2015, art. 335 *usque* art. 343).

69. No sistema alemão, antes da adoção, na década de 1960, do "modelo de Stuttgart", vigorava com a ZPO (*Zivilprozessordnung*) de 1879 a teoria da individuação, o que dispensava a exposição de todos os fatos na petição inaugural, sendo suficiente a indicação do objeto e do fundamento jurídico do pedido. Esse sistema adotado na Alemanha (*Stuttgarter Model*) permitiu a realização de audiência una, precedida de um pré-procedimento para preparar a sua realização, cabendo ao magistrado, segundo a complexidade do caso, estabelecer o procedimento mais adequado (o escrito ou o oral), de modo que era acentuado o princípio da oralidade, conferindo poderes amplos aos juízes, cuja participação se tornava fundamental. Cf. Sidnei Amendoeira Jr., *Poderes do Juiz e Tutela Jurisdicional*, São Paulo, Atlas, 2006, pp. 48-51.

O Código de Processo Civil italiano, após a alteração ocorrida em 1990, passou a permitir às partes a alteração da demanda até a audiência preliminar. O juiz teria o poder de efetivar a modificação da causa, observado o contraditório, em qualquer etapa do processo.

70. Cf. Cândido Rangel Dinamarco, *Instituições de Direito Processual Civil*, vol. II, cit., pp. 464-465. José Roberto dos Santos Bedaque refuta a tese de que haveria conexão direta entre *procedimento* e *interesse público*, pois, em determinada situação concreta, o descumprimento de certa exigência formal relativa ao rito não comprometeria o objetivo imediato da norma, nem o escopo maior do processo. Cf. *Efetividade do Processo e Técnica Processual*, cit., p. 67.

etc., renunciando à tutela diferenciada, porque essa opção é, em substância, opção *pela espécie de tutela* que lhe pareça mais conveniente. Escolhido um *processo* inadequado, o autor carece de ação por falta de legítimo interesse processual e o processo será extinto".[71]

Em decorrência do princípio dispositivo, é vedada, em regra, a conversão ao processo adequado pelo juiz por implicar a oferta de tutela jurisdicional diversa da pleiteada,[72] o que não ocorre com o dever de adaptação do procedimento, se escolhido inapropriadamente.

Tendo em vista o escopo e a *ratio essendi* do procedimento, que tenciona preservar a previsibilidade da atuação das partes e do juiz em relação às circunstâncias que envolvem a ordenação de atos de acordo com as exigências previamente estabelecidas, as considerações essenciais feitas no tocante às formas e à validade do ato processual cabem perfeitamente no tema do procedimento, uma vez que a aplicação de seus princípios sem a devida ponderação, ou de suas regras com o rigor excessivo, pode comprometer a efetividade.

É que, não obstante vigore no nosso sistema, como matéria de ordem pública, o modelo da indisponibilidade do procedimento, sob o aspecto metodológico da instrumentalidade do processo, objetivando a sua aceleração e, por conseguinte, a sua conclusão em tempo menos dilatado, é imprescindível que seja acolhida a ideia da simplificação dos atos em geral, incluindo-se o procedimento, sem que isso conduza à vulneração da segurança.[73]

É certo que essa necessidade encontra limites legítimos na preservação dos valores inerentes ao devido processo legal, mas a interpretação no cotejo de valores também deve levar em conta a efetividade e a celeridade. O legislador, assim, seguindo essa tendência de evitar formas

---

71. Cf. *Instituições de Direito Processual Civil*, vol. I, 7ª ed., São Paulo, Malheiros Editores, 2013, pp. 173-174; vol. II, cit., p. 476; e vol. III, cit., pp. 345-346.
72. Mencione-se a hipótese de mandado de segurança em que não estão preenchidos os requisitos do direito líquido e certo do demandante, situação em que ao juiz não seria permitido alterar *motu proprio* para o processo de conhecimento. No entanto, é possível cogitar o aproveitamento do mandado de segurança como processo de conhecimento se, aberta a dilação probatória e respeitado o contraditório, teve o seu curso normal até a prolação de sentença. José Roberto dos Santos Bedaque traz o exemplo do mandado de segurança que, impetrado além do prazo legal, prosseguiu o seu trâmite e verificado que os valores fundamentais do processo haviam sido observados, foi reconhecido o direito do impetrante. Cf. *Efetividade do Processo e Técnica Processual*, cit., pp. 574-576.
73. Cf. Cândido Rangel Dinamarco, *Fundamentos do Processo Civil Moderno*, t. I, 6ª ed. São Paulo, Malheiros Editores, 2010, pp. 155-156.

prescindíveis, assume, em determinadas situações moldadas pelo direito substancial, certas posturas e risco de acordo com a máxima *quod plerumque accidit*.[74]

Nesse sentido, a flexibilização dos procedimentos visa a atender o reclamo da tempestividade e evitar, com isso, todos os males decorrentes da demora excessiva do processo. Compete ao legislador, em primeiro plano, ponderados os valores em contraste, a estipulação de meios e técnicas voltadas à produção de respostas mais rápidas, como as medidas de antecipação de tutelas e de cautelares em geral. Podem ser mencionadas, ainda, aquelas que buscam a simplificação, abreviação, ou a aceleração dos procedimentos, a qual implica discutir "modos de propiciar o dispêndio de menor tempo entre o início e o fim do procedimento mesmo".[75]

Sem dúvida, a fixação de balizas dos atos procedimentais objetiva conferir a segurança, porém o excesso de rigor poderá gerar formalismo prejudicial tanto à tempestividade da tutela, assim como, de modo reflexo, à sua qualidade, porquanto a tendência à deformalização faz parte de "um perene movimento dos sistemas processuais no sentido da dispensa de formas inúteis e busca de soluções mais ágeis e produtivas que as tradicionais, inclusive mediante apelo à tecnologia moderna",[76] a exemplo das regras que instituíram a informatização do processo judicial, com a adoção dos meios eletrônicos na sua tramitação, comunicação de atos e transmissão de peças processuais.[77]

No intuito de promover a adequação do procedimento de acordo com a natureza da causa e o bem ou interesse envolvido, o legislador antecipa-se, a fim de conferir a efetividade em seu duplo sentido (celeridade e segurança), a determinadas situações, instituindo alterações nas estruturas procedimentais. É o que ocorre, por exemplo, no procedimento sumário, no mandado de segurança, no processo monitório e dos juizados especiais. São as denominadas tutelas jurisdicionais diferenciadas, caracterizadas pela "proteção concedida em via jurisdicional mediante meios processuais particularmente ágeis e com fundamento em uma cognição sumária".[78]

Em acréscimo, decorrem da legislação, inclusive extravagante, que associa a limitações de cognição, seja no plano vertical ou horizontal, a

---

74. Idem, ibidem, p. 155.
75. Idem, ibidem, p. 873.
76. Idem, ibidem, p. 878.
77. Lei 11.419, de 19.12.2006.
78. Cf. Cândido Rangel Dinamarco, *Instituições de Direito Processual Civil*, vol. III, cit., pp. 767-768.

"instituição de *procedimentos concentrados*, sem fases bem delineadas como as do procedimento ordinário, para com isso operacionalizar a dinâmica da tutela diferenciada – porque, se o objetivo é acelerar para obter a tempestividade da tutela, os atalhos aos caminhos ordinários impõem-se como instrumento apto a evitar delongas e esperas".[79]

No entanto, não é possível que todas as variações procedimentais sejam objeto de prévia normatização, sobretudo diante da larga especificidade de conflitos, marca registrada da sociedade moderna, e, para que não se traduza em comprometimento da efetividade do processo diante da ausência de previsão legislativa, afigura-se essencial ao juiz o papel de flexibilização ritual, de acordo com a tutela do direito material reclamada no caso concreto.[80]

Para a finalidade de coibir eventual arbítrio judicial, cumprindo as regras de procedimento o seu papel organizador do processo, conferindo-lhe maior eficiência, bem como promovendo a igualdade das partes, fundamental que aquelas, como anotado por Fernando da Fonseca Gajardoni:

79. Idem, ibidem.
80. Nesse sentido, o Projeto do Novo Código de Processo Civil previa, entre os poderes-deveres do juiz, a incumbência de "adequar as fases e os atos processuais às especificações do conflito, de modo a conferir maior efetividade à tutela do bem jurídico, respeitando sempre o contraditório e a ampla defesa" (PLS 166/2010, art. 107, V). O texto final do Código de Processo Civil de 2015 restringiu o alcance do dispositivo, *in verbis*: "dilatar os prazos processuais e alterar a ordem de produção dos meios de prova, adequando-os às necessidades do conflito de modo a conferir maior efetividade à tutela do direito" (CPC/2015, art. 139, VI).

A nova legislação também trouxe uma novidade ao inserir um dispositivo no capítulo relativo à forma dos atos processuais, prevendo expressamente a possibilidade de estipular mudanças no procedimento, não como fruto de ato unilateral do juiz, mas resultado de consenso entre as partes plenamente capazes, sob controle judicial quanto aos "casos de nulidade ou de inserção abusiva em contrato de adesão ou em que alguma parte se encontre em manifesta situação de vulnerabilidade", nas causas em que se admite a autocomposição, a fim de ajustá-lo "às especificidades da causa e convencionar sobre os seus ônus, poderes, faculdades e deveres processuais, antes ou durante o processo" (CPC/2015, art. 190 e parágrafo único).

Naturalmente não se antevê a possibilidade de convenções processuais que impliquem alteração de determinados poderes e deveres do juiz, *verbi gratia*, como aquelas que restrinjam a imposição de sanção à litigância de má-fé, retirem-lhe a aplicação das normas cogentes como o exame da legitimidade das partes, introduzam novas hipóteses de recurso, dispensem a vedação ao uso de prova lícita e o dever de fundamentação, modifiquem o regime de competência absoluta e limitem a publicidade do processo fora das situações previstas em lei.

Em direção à cooperação entre o juiz e as partes, foi prevista a possibilidade, de comum acordo, de fixação de calendário para a prática de atos processuais (CPC/2015, art. 191).

sejam de conhecimento dos litigantes antes de sua implementação no curso do processo, sendo de pouca importância a fonte de onde provenham. Ou seja, sendo as variações rituais implementadas apenas após a participação das partes sobre elas em pleno contraditório, não se vê a segurança jurídica abalada, já que o desenvolvimento do processo está sendo regrado e predeterminado judicialmente, o que o faz previsível.[81]

Vislumbra-se, portanto, nitidamente, que a atividade do juiz na adequação ou flexibilização das regras procedimentais tenciona a incrementar a efetividade sob o ângulo da celeridade e justiça, tendo em vista que se buscará a sintonização dos atos processuais com a particularidade do conflito, o que implicará resposta estatal mais eficiente, rápida e aderente ao direito material controvertido. De outro lado, inafastável a devida ponderação para que a segurança não seja posta em xeque, de modo que deverão ser observados requisitos ou garantias basilares oriundas do devido processo. Para tanto, espera-se que estejam presentes a finalidade da flexibilização, que consiste na existência de justificativa para que ela se implemente, o contraditório, isto é, a participação dos sujeitos processuais nessa decisão, e a motivação, ou seja, a exposição de fundamentos que demonstrem a utilidade dessa variação para o processo.[82]

Seguindo essa tendência de abrandar a rigidez procedimental, a novidade legislativa que se prenunciava com o Projeto do Código de Processo Civil consistia na superação da regra de estabilização da demanda em vigor, que estabelece dois limites insuperáveis – a citação e o saneamento (CPC/1973, arts. 264 e 294), a fim de possibilitar o autor de, "enquanto não proferida a sentença, aditar ou alterar o pedido e a causa de pedir, desde que o faça de boa-fé e que não importe em prejuízo ao réu, assegurado o contraditório mediante a possibilidade de manifestação deste no prazo mínimo de quinze dias, facultada a produção de prova suplementar", cuja regra se aplicaria também "ao pedido contraposto e à respectiva causa de pedir" (PLS 166/2010, art. 314 e parágrafo único).[83]

81. Cf. *Flexibilização Procedimental...*, cit., p. 85.
82. Idem, pp. 87-95.
83. Pretendia-se com esse dispositivo "patrocinar maior racionalização da tutela jurisdicional, permitindo a composição dos litígios com maior economia processual e em conformidade com o objetivo daquele que buscou a tutela jurisdicional, evitando--se dispêndio inútil de atividade do Estado e eventual ajuizamento de outras demandas". Cf. Luiz Guilherme Marinoni e Daniel Mitidiero, *O Projeto do CPC. Crítica e Propostas*, São Paulo, Ed. RT, 2010, pp. 114-115.
No entanto, o novel código aprovado retomou a sistemática anterior, demarcando a citação e o saneamento do processo como limites para a modificação dos ele-

Todavia, caso tivesse sido acolhida tal regra, a sua utilização desmesurada poderia comprometer a efetividade. A exigência de cautela decorre do eventual risco à celeridade caso haja infindáveis reaberturas de debate, pois, se de um lado é legítima a preocupação em solucionar o conflito sociológico na sua máxima extensão, evitando-se, dessa forma, a necessidade de apresentação de novas demandas, não se permite, de outro, olvidar que a decisão acerca da controvérsia inicialmente trazida em juízo não pode ficar à mercê de excessivas delongas, sem que o procedimento conduza ao seu fim, mesmo em face de outros desdobramentos oriundos da relação entre as partes, com exceção das hipóteses de superveniência do direito e fatos, matéria cognoscível de ofício, ou houver expressa autorização legal (arts. 303 e 462, CPC/1973; arts. 342 e 493, CPC/2015).

A tradição brasileira caminha na direção da estabilização dos elementos da causa em face do inarredável interesse público na resolução mais rápida possível da demanda levada a juízo, assim como comparece "o próprio caráter ordenador do processo, a correr o risco de se transformar num novelo inextricável se deixado ao alvedrio das partes a mudança do pedido ou da causa de pedir a qualquer hora".[84]

Caberá ao juiz, ainda, além de preservar o devido contraditório, reprimir prontamente eventual tentativa de infração ao dever de probidade e lealdade na formulação de requerimento de acréscimo ou modificação da causa, lançando mão, por exemplo, de fundamentos de fato que já existiam por ocasião da propositura da ação, ou de manobras dilatórias de uma ou ambas as partes, em especial se houver conluio para prática de ato simulado ou obtenção de fim vedado em lei (art. 129, CPC/1973; art. 142, CPC/2015).

A discussão em torno da conveniência de se possibilitar a modificação do pedido ou de seu fundamento após determinada fase do processo remete ao confronto de valores preponderantes a cada uma das posições adotadas, seja em prol do modelo rígido ou do flexível de estabilização da demanda, porquanto a primeira opção melhor atenderia à celeridade e à segurança, calcadas firmemente nas regras preclusivas, permitindo-se a realização do contraditório mais inconteste, tendo em vista que, com a renovação da fase de debates e eventual complementação de provas, aumentam-se as chances de que as partes sejam tomadas de surpresa por decisões baseadas em ponto que poderá ter passado despercebido pelos litigantes.

---

mentos objetivos da causa, a depender, superada a fase da citação, do consentimento da parte contrária (CPC/2015, art. 329, incisos e parágrafo único).

84. Cf. Carlos Alberto Alvaro de Oliveira, "Poderes do juiz e visão cooperativa do processo", in www.mundojuridico.adv.br, p. 40; acesso em 4.6.2012.

Reversamente, a adoção do regime mais maleável de preclusão, com a reabertura da causa mesmo que superada alguma das fases anteriores (postulatória, ordinatória ou instrutória), embora possa alongar o trâmite do feito, de modo a consumir mais tempo para a sua conclusão, e implicar, ainda, a necessidade de maior atenção ao efetivo contraditório entre as partes, propiciará ênfase ao valor justiça da decisão ao privilegiar o incremento da busca da verdade, na esteira do pensamento de que deve ser alcançada a solução integral do conflito (aspecto sociológico), e não apenas daquela determinada lide (aspecto técnico-processual). Desse modo a possibilidade de alteração do pedido e sua causa, como traço de publicização do processo, reforçaria "a visão social e política do fenômeno processual, que não restringe o escopo do processo à sua finalidade apenas jurídica de atuar o direito objetivo".[85]

Sem dúvida, se tivesse vingado a proposta legislativa que tornava mais elástico o modelo brasileiro, haveria o incremento do poder-dever do juiz, pois lhe incumbiria, do cotejo dos importantes aspectos em evidência, a busca do ponto de equilíbrio entre os valores que determinarão em concreto a efetividade do processo. Com efeito, de um lado, nas atividades instrutória e decisória, o juiz "deve ter a plena noção de quais questões terá o dever de instruir e realizar o julgamento. Sob essa ótica, quanto antes se operar a imutabilidade da demanda, mais prestigiado será o contraditório".[86] No entanto, convivendo a jurisdição com outros valores também importantes, como a pacificação dos litígios, "utilizando-se da maior justiça possível, todas as questões vislumbradas pelo juiz, que interessem ao deslinde da causa, não podem ser desprezadas".[87]

4. Fungibilidade de meios

Ainda relacionada ao amplo tema da forma dos atos processuais, a fungibilidade de meios,[88] que também pode ser compreendida como mecanismo de flexibilização, igualmente interage de maneira direta com

---

85. Cf. Milton Paulo de Carvalho, *Do Pedido no Processo Civil*, Porto Alegre, Fabris Editor, 1992, p. 133.
86. Cf. Junior Alexandre Moreira Pinto, "Sistemas rígidos e flexíveis: a questão da estabilização da demanda", in *Causa de Pedir e Pedido no Processo Civil (questões polêmicas)*. São Paulo, Ed. RT, 2002, p. 86.
87. Idem, ibidem.
88. A expressão aqui adotada está consagrada na doutrina, embora haja entendimento de que não traduziria todo o fenômeno, tendo em vista que a fungibilidade pertenceria à espécie de princípio do direito processual civil, de modo que a denominação "princípio da fungibilidade" seria mais ampla, abrangendo não somente

a problemática da efetividade do processo na medida em que se verifica amiúde o fenômeno do aproveitamento da via inadequadamente eleita, de acordo com o modelo legal adotado, para o escopo de obtenção de um determinado fim – situação em que a atuação do juiz dá ensejo à confrontação de valores igualmente importantes, ou seja, a cautela com a entrega da prestação jurisdicional justa em menor tempo possível[89] e a preservação da segurança às partes. Evidencia-se, portanto, o choque entre a previsibilidade dos instrumentos e a observância do princípio da economia processual e do máximo aproveitamento dos atos.

À semelhança do que se sucede com as regras de procedimento, o legislador toma a dianteira, mediante prévio sopesamento dos riscos e das vantagens em situações pontuais, para a optimização do sistema, indicando caminhos a serem trilhados pelos sujeitos processuais, mediante a estipulação de casos em que é conferido espaço para a fungibilidade (substituição) de meios, possibilitando-se, assim, a aceitação de uma forma por outra, a fim de que o mesmo objetivo seja alcançado. São as hipóteses preconizadas, por exemplo, entre as demandas possessórias (art. 920, CPC/1973; art. 554, CPC/2015), as tutelas de natureza cautelar (art. 798, CPC/1973; art. 297, *caput*, CPC/2015), as situações de antecipação de tutela e medida cautelar (art. 273, § 7º, CPC/1973; art. 305, parágrafo único, CPC/2015).[90] e as tutelas específicas nas obrigações de fazer, não fazer e de entregar coisa (arts. 461 e 461-A, CPC/1973; arts. 497 e 498, CPC/2015).

---

os casos expressamente previstos pelo legislador. Cf. Guilherme Freire de Barros Teixeira, *Teoria do Princípio da Fungibilidade*, São Paulo, Ed. RT, 2008, pp. 232-235.

89. Se o enfoque da efetividade incidir apenas sobre a celeridade, a sua ideia implica o requisito da simplicidade, do que resulta o abrandamento do rigor da forma e, por conseguinte, a redução das nulidades. Daí a conciliação entre segurança e rapidez tornar-se o maior desafio do processualista. Cf. José Roberto dos Santos Bedaque, *Efetividade do Processo e Técnica Processual*, cit., p. 168.

90. Não há dúvida de que é cabível a interpretação ampliativa para abarcar a hipótese contrária à previsão legal a fim de que também seja admissível a substituição de cautelar por eventual antecipação de efeitos da tutela. Antes mesmo da introdução desse dispositivo legal, José Roberto dos Santos Bedaque defendia o tratamento isonômico para ambas as modalidades de tutelas de urgência. Cf. *Efetividade do Processo e Técnica Processual*, cit., p. 119, e *Tutela Cautelar e Tutela Antecipada: Tutelas Sumárias e de Urgência (Tentativa de Sistematização)*, 5ª ed. rev. ampl. São Paulo, Malheiros Editores, 2009, *passim*.

O Código de Processo Civil de 2015 condensou a tutela cautelar ou antecipada, a ser conferida em caráter antecedente ou incidental, na categoria de tutela provisória de urgência, sendo que o juiz poderá determinar as meuadas para a sua efetivação (CPC/2015, art. 294, *caput*, e parágrafo único).

No entanto, não é possível ao legislador cumprir a tarefa de prever todas as situações em que se afigure conveniente a substituição. Em decorrência lógica dos princípios que regem o trato das formas processuais, em especial os da instrumentalidade, do prejuízo e da economia processual, a fungibilidade não deve se limitar aos casos expressamente delineados. Por isso, a doutrina e a jurisprudência encarregam-se do papel de elaborar outras hipóteses de sua aceitação, sobretudo através da leitura e incidência dos princípios correlatos, valendo-se, mercê da presença de áreas não cobertas pelo sistema, chamadas de "zonas cinzentas",[91] da ideia segundo a qual os múltiplos canais de acesso ao Judiciário seriam, em tese, aptos a conferir a tutela de direitos,[92] a exemplo da construção pretoriana que se seguiu em direção à interpretação do sistema recursal brasileiro adotado por ocasião da vigência do Código de Processo Civil de 1939 (art. 810), em torno do alcance da fungibilidade naquele âmbito, que passou a se referir a condicionantes como "dúvida objetiva", "erro grosseiro", "boa-fé" e "prazo legal".[93]

91. Cf. Sidnei Amendoeira Júnior, *Fungibilidade de Meios*, São Paulo, Atlas, 2008, p. 138.

92. Cf. Flávio Luiz Yarshell, *Tutela Jurisdicional*, São Paulo, DPJ, 2006, p. 123.

Teresa Arruda Alvim Wambier sustenta que, diante das zonas de penumbra, deve ser feita a opção pela resposta que "privilegie os valores fundamentais, dentre os quais se sobressai a *operatividade do sistema*, como apta a gerar os fins para os quais foi criado", de maneira que seria inadequado o "pensamento rigoroso que privilegia a coerência absoluta e a precisão dos passos do raciocínio para resolver boa parte dos problemas jurídicos, especialmente problemas processuais". Cf. "Fungibilidade de 'meios': uma outra dimensão do princípio da fungibilidade", in *Aspectos Polêmicos e Atuais dos Recursos Cíveis*, São Paulo, Ed. RT, 2001, pp. 1.090-1.091.

93. Cf. Guilherme Freire de Barros Teixeira, *Teoria do Princípio da Fungibilidade*, cit., pp. 131-148.

No entanto, como tais requisitos não se encontram previstos em lei, mas são resultado de posições adotadas pela jurisprudência, a maioria da doutrina tem concluído pela sua inexigibilidade, sobretudo em relação à observância do eventual prazo mais exíguo previsto ao recurso tido como adequado, o que leva à conclusão de que o único pressuposto a ser verificado seria o da inexistência de erro grosseiro (ou a presença de dúvida objetiva). Cf. José Roberto dos Santos Bedaque, *Efetividade do Processo e Técnica Processual*, cit., pp. 116-117, nota de rodapé n. 60; Guilherme Freire de Barros Teixeira, *Teoria do princípio da fungibilidade*, p. 148/158.

Como a lealdade das partes constitui-se no importante aspecto para a efetividade e a preservação da seriedade do instrumento público de solução de controvérsia, cabe ao juiz velar pela sua observância, contendo eventuais abusos e atos de improbidade. Nesse sentido, deve ser repudiada a fungibilidade de meios se houver má-fé, representada pela escolha de meio inadequado quando já preclusa a possibilidade de uso do correto, situação em que as noções de "dúvida objetiva" e "erro inescusável" teriam grande valia. Tal manobra deve ser evitada, incidindo nessa situação "os limites im-

Além do mais, se a fungibilidade for compreendida como princípio, o seu campo de atuação não se restringirá às situações previstas em lei, embora o seu verdadeiro alcance passe pela observância de pressupostos e de seus limites,[94] em harmonia com outras normas do sistema processual. Essa visão extraída da fungibilidade também permitiria a sua aplicação não somente nas denominadas áreas descobertas,

> ou seja, quando exista perplexidade quanto ao instrumento processual a ser utilizado pela parte, porque a lei não estabelece o mecanismo processual adequado ou porque há mais de uma solução possível no sistema, mas também em duas outras situações, que dispensam a existência de dúvida, lacuna, conflito ou obscuridade, quer porque a natureza da relação jurídica de direito material ou a situação fática permite a adaptação do pedido ou da medida pleiteada pela parte, quer porque o interessado tenha manejado um instrumento processual inadequado, mas a forma prevista em lei não seja necessária à obtenção do escopo do ato processual, não servindo como garantia às partes ou para a ordenação do processo, podendo, por isso, ser legitimamente transgredida.[95]

Nesse sentido, a apresentação do pedido reconvencional na própria contestação, e não em petição autônoma, por si só, não comprometeria as garantias do devido processo legal, se tiver preenchido os requisitos legais que assegurem o contraditório necessário, assim como não se antevê barreira para a admissão da exceção de incompetência como matéria preliminar de contestação, ao invés de ser apresentada em peça autônoma, tendo em vista, na última situação, a elementar razão:

É

> um incidente processual que provoca a suspensão do processo, permitindo a realização de um contraditório limitado às questões atinentes à

postos pela construção sobre as zonas de penumbra", isto é, circunstâncias em que se patenteia dúvida objetiva em torno do meio mais adequado no caso. Cf. José Roberto dos Santos Bedaque, *Efetividade do Processo e Técnica Processual*, cit., p. 124.

Sidnei Amendoeira Júnior tem entendimento diverso nesse aspecto ao excluir a boa-fé como requisito necessário, vez que a sua aferição traria subjetivismo extremo e o casuísmo, limitando a utilização da fungibilidade. Cf. *Fungibilidade de Meios*, cit., pp. 10 e 139.

94. Sidnei Amendoeira Júnior menciona como limites para a aplicação do princípio da fungibilidade os princípios da inércia, da correlação entre a sentença e o pedido, da adstrição ao pedido, do contraditório, da igualdade entre as partes e da imparcialidade. Cf. *Fungibilidade de Meios*, cit., p. 139.

95. Cf. Guilherme Freire de Barros Teixeira, *Teoria do Princípio da Fungibilidade*, cit., pp. 245 e 259-260.

delimitação da competência, (...). Assim, ainda que não seja instaurado o incidente, pelo fato de a arguição ter sido feita na contestação, as partes terão o direito de fazer alegações e produzir provas de modo a convencer o magistrado acerca do juízo competente, não se podendo considerar a exceção como um instrumento processual imprescindível à obtenção do escopo do ato processual, como garantia às partes ou para a ordenação do processo. Em outras palavras, a garantia do contraditório não será violada caso seja aceita a arguição da incompetência relativa como preliminar de contestação, podendo-se admitir a aplicação do princípio da fungibilidade em tal hipótese, sem que haja qualquer prejuízo ao devido processo legal.[96]

Sidnei Amendoeira Júnior aponta, em estudo sobre o tema, a classificação da fungibilidade através de seguintes espécies: de provimentos, em que não haveria alteração do pedido, causa de pedir, ou rito, mas tão somente do provimento a ser concedido; de demandas, em que não se verificaria a variação da causa de pedir e do pedido mediato, atuando o princípio sobre o pedido imediato, que, por ser semelhante, possuiria o mesmo escopo do pedido inicialmente formulado; de ritos, situação em que, dado o caráter indisponível da matéria, em havendo erro por obra da parte, haverá conversão pelo juiz; de tutelas, na qual haverá fungibilidade de demandas e de ritos, como na hipótese de conversão entre as tutelas para a solução da crise de inadimplemento e, também, de acordo com o escopo comum; recursal, à semelhança da fungibilidade de ritos.[97]

96. Idem, ibidem, p. 255.
O Código de Processo Civil de 2015 expressamente indicou a contestação como peça na qual será proposta a reconvenção (art. 343) e, como matéria preliminar, entre outras alegações, a incompetência absoluta e relativa (art. 337, II).
97. Cf. *Fungibilidade de Meios*, cit., pp. 139-140. O mesmo autor, após pesquisar o ordenamento processual de 1973, descreveu a casuística da aplicação do princípio da fungibilidade: i) entre os interditos possessórios; ii) entre as ações de nunciação de obra nova e demolitória; iii) entre as tutelas monitórias, condenatórias e executivas; iv) entre as formas de tutela cominatória e desta com a ação de indenização; v) entre os ritos sumários, ordinários e dos juizados especiais cíveis; vi) entre as tutelas de urgência; vii) entre o mandado de segurança e os recursos; viii) entre os meios autônomos para impugnar a sentença; ix) entre os embargos de devedor, embargos de terceiro e objeção à pré-executividade; e x) entre as formas de liquidação de sentença (idem, p. 306).
Podem figurar-se inúmeras outras situações de aplicação da fungibilidade, especialmente quando houver dissenso doutrinário e pretoriano no tocante ao cabimento dos meios mais apropriados, *v.g.*, entre embargos à execução e demanda declaratória, não havendo bens para oferecer à penhora, entre mandado de segurança e medida cautelar para a obtenção de efeito suspensivo a recurso, na forma de impugnar o pedido monitório (os embargos previstos em lei podem configurar contestação ou nova

Avulta o poder judicial em face da diversidade de hipóteses que dariam margem à aplicação da fungibilidade, que poderia ser reconhecida em qualquer fase do procedimento, desde que conferida a prévia oportunidade de contraditório às partes, o que escapa da atividade unicamente no campo legislativo. Advém daí a necessidade do controle para eventuais arbitrariedades, o qual se faria por meio de vinculação aos elementos constantes nos autos, tocando ao juiz o dever de avaliar, de acordo com as forças atuantes na composição da efetividade, em especial a preservação da segurança mínima, "se será possível transgredir legitimamente uma exigência formal, com olhos voltados para o princípio da proporcionalidade e sempre buscando uma solução harmonizada com o sistema processual".[98]

5. Pressupostos processuais e condições da ação

A autonomia do direito processual foi consagrada pela comprovação de que ele se situava em plano jurídico distinto do direito material. Assim, Oskar von Bülow, na sua célebre obra, demonstrou que haveria uma realidade independente, constituída de relação jurídica entre as partes e o Estado-juiz, o que seria perceptível através da constatação dos pressupostos processuais.[99] A ciência processual nessa fase autonomista

demanda), entre apelação e agravo contra a parte da sentença em que se concedeu a antecipação de tutela. Cf. José Roberto dos Santos Bedaque, *Efetividade do Processo e Técnica Processual*, cit., pp. 120-122.

É possível mencionar a aplicação do princípio da fungibilidade também nas espécies de intervenção de terceiros, como na hipótese de dúvida objetiva verificada na opção entre a denunciação da lide e o chamamento ao processo, especialmente em relação ao antigo proprietário de veículo em ação de indenização por acidente de trânsito. Cf. Eduardo de Avelar Lamy, "Intervenção de terceiros e o princípio da fungibilidade: hipóteses de aplicação", in *O Terceiro no Processo Civil Brasileiro e Assuntos Correlatos. Estudos em Homenagem ao Professor Athos Gusmão Carneiro*, São Paulo, Ed. RT, 2010, pp. 195-197.

98. Cf. Guilherme Freire de Barros Teixeira, *Teoria do Princípio da Fungibilidade*, cit., p. 277.

99. Comprovou o jurista alemão que o sistema das exceções processuais surgiu das interpretações engendradas a partir do direito romano, delimitando a dualidade do processo entre os pressupostos processuais e a relação litigiosa substancial, cuja decisão implicaria a certificação pelo tribunal da concorrência das condições de existência do processo, ou seja, "ademais do *suposto de fato da relação jurídica privada litigiosa* (da *res in judicium deducta* [coisa deduzida em juízo (ou levada a juízo)] deve comprovar se dá-se o suposto de fato da relação jurídica processual (do *judicium*)". Cf. *Teoria das Exceções e dos Pressupostos Processuais*, trad. e notas de Ricardo Rodrigues Gama, Campinas, LZN Editora, 2005, p. 10.

realizou profundos estudos e assentou que não mais subsistia a ideia privatista precursora, com raízes no direito romano, como resultado de um pacto entre as partes interessadas em se submeter voluntariamente ao processo e aos seus resultados.[100]

Na seara da efetividade, a preocupação com os pressupostos processuais encontra fundamento principal no fator segurança, pois o instrumento estatal de realização do direito material deve apresentar requisitos mínimos de existência e validade, demonstrando aptidão para fornecer resposta legítima aos contendores. Por isso, é costume afirmar-se que o processo se encontra ou não formalmente em ordem para os ulteriores atos, transmitindo a ideia de estabilidade, confiabilidade e correção de acordo com o modelo legal pré-estabelecido.

Não se pretende neste trabalho adentrar na divergência acerca das classificações dos pressupostos processuais; em essência, a doutrina aponta aqueles relativos à própria existência e ao desenvolvimento do processo. A outra distinção far-se-ia pelos aspectos subjetivos (relacionados ao juiz e às partes) e objetivos (vinculados aos atos do processo). De outro ponto de vista, poderiam ser divididos em positivos ou negativos, sendo que os últimos, se presentes, impediriam o regular desenvolvimento (litispendência e coisa julgada).[101]

O mandamento a que o juiz está vinculado, em face do interesse público, é o dever de ordenação do processo quando alguma desconformidade for detectada, determinando as providências necessárias, as quais, contudo, dependerão muito da fase em que ele se encontrar. Com efeito, naturalmente, se o vício for constatado no início do processo, porque latente o valor segurança, não deve o juiz consentir no seu pros-

---

100. Cf. Araújo Cintra, Grinover e Dinamarco, *Teoria Geral do Processo*, cit., pp. 318-319.

101. Os pressupostos de existência ou de constituição compreenderiam o pedido, a jurisdição e as partes, ao passo que os de validade seriam a capacidade das partes, a competência, a insuspeição do juiz e a ausência de litispendência e de coisa julgada. Cf. Roque Komatsu, *Da Invalidade no Processo Civil*, cit., pp. 232-234.

Teresa Arruda Alvim Wambier acrescenta a capacidade postulatória e a citação como pressupostos de existência e, como pressupostos de validade, a capacidade e legitimidade das partes, a citação e a petição inicial válidas. E, como pressupostos extrínsecos ou negativos, adiciona a cláusula compromissória arbitral. Cf. *Nulidades do Processo e da Sentença*, cit., pp. 46-54.

José Roberto dos Santos Bedaque sustenta que haveria somente um verdadeiro pressuposto de existência, a investidura do órgão jurisdicional, e que o pedido e a parte que o formula seriam apenas imprescindíveis ao desenvolvimento válido. Cf. *Efetividade do Processo e Técnica Processual*, cit., p. 218-226.

seguimento, caso não atendida a determinação para o conserto diante do potencial risco de perda de todo o trabalho que viesse a ser a partir de então desenvolvido.

Todavia, recai-lhe o dever de examinar a questão com a máxima cautela "se o juiz já estiver em condições de julgar o mérito a favor da parte a quem a forma visa a proteger",[102] abrindo-se a possibilidade de alteração da ordem natural do exame antecedente dos pressupostos, pois "a parte não pode beneficiar-se de uma falha processual se nenhum prejuízo sofreu, sob pena de haver inversão de valores, representada por decisão favorável a quem não tem razão no plano material".[103] De acordo com a doutrina mais atualizada, tirante a competência, todos os demais pressupostos processuais teriam o escopo de proteger as partes, inclusive a própria citação, cuja finalidade é possibilitar ao réu o exercício do direito de defesa.[104]

O exame dos requisitos de admissibilidade para o julgamento do mérito, porquanto relacionados ao amplo gênero das formas do ato, deve ser realizado de acordo com os princípios da instrumentalidade e da economia processual.[105] Somente através de atuação fundada nessas diretrizes é que o juiz contribuirá para a celeridade, evitando dispêndio desnecessário de recursos de toda espécie (custos financeiros, tempo, energia, desgaste emocional acarretado pela espera e frustração de expectativas) ao sujeitar as partes, de um lado, à proclamação tardia de invalidade de atos processuais, caso não seja possível a convalidação, ou, na outra extremidade, à desconsideração do princípio da salvação, se o vício puder ser ignorado na confluência dos parâmetros fornecidos pelos princípios fundamentais da teoria geral das nulidades processuais.[106]

Por conseguinte, deverá o juiz proceder à análise apurada dos pressupostos processuais, ou, ainda, das condições da ação, ou de quaisquer irregularidades que possam comprometer o resultado útil do mecanismo estatal de solução de conflitos, na primeira oportunidade em que tiver contato com a causa, em visão prospectiva, ao despachar a inicial, determinando, se viável, a sua emenda.[107] Se a etapa postulatória tiver sido

---

102. Cf. José Roberto dos Santos Bedaque, *Efetividade do Processo e Técnica Processual*, cit., p. 202.
103. Idem, ibidem.
104. Idem, ibidem, p. 206.
105. Idem, ibidem, p. 174.
106. De modo que a superveniência da condição da ação ausente por ocasião da propositura da ação sanará a sua falta se presente no momento da sentença. Cf. Cândido Rangel Dinamarco, *Instituições de Direito Processual Civil*, vol. III, cit., p. 130.
107. Por isso, o Código de Processo Civil de 2015 explicita no elenco dos poderes-deveres do juiz na direção do processo a incumbência de "determinar o su-

ultrapassada sem a devida providência, na fase ordinatória, ou por ocasião da decisão saneadora, atuará para impedir que eventuais provas sejam produzidas inutilmente.

Outrossim, caso tenha o processo alcançado a fase decisória, sem que tivesse sido notada a ausência daqueles requisitos que inviabilizariam a análise propriamente do mérito, à luz dos princípios acima referidos, através de olhar retrospectivo, deverá tentar ao máximo a preservação do processo, contornando o vício e determinando providências corretivas, se não constituir barreira intransponível para o provimento jurisdicional substancial.

Nessa esteira, em função dos princípios gerais atinentes às formas do ato processual, com destaque para o do prejuízo, a falta de requisito de admissibilidade somente impedirá o exame do mérito "se não for possível beneficiar, no âmbito do direito material, a parte processualmente prejudicada", assim como se o vício estiver relacionado ao poder legitimador da atuação jurisdicional, como é a situação da incompetência absoluta.[108]

A observância acurada das condições da ação também é exigência que se vincula ao fator segurança e celeridade (caracterizada essencialmente pela economia processual), com vistas a afastar o investimento estéril de recursos estatais e o esforço das partes em face da inviabilidade do processo revelada de plano, atestando a sua inutilidade, a inadequação do meio, assim como a impossibilidade da própria pretensão veiculada a partir do cotejo com o direito material.

De acordo com o escólio de José Frederico Marques,

> no plano objetivo, o interesse de agir traduz essa condição básica e essencial para o exercício do *ius actionis*, ao passo que a *legitimatio ad causam* é que a revela, no plano subjetivo. A falta de possibilidade jurídica do pedido, por outro lado, constitui indício macroscópico da inexistência de pretensão razoável.[109]

A distinção entre os pressupostos processuais e as condições da ação é realizada pelas conexões com a pretensão deduzida, sendo que "ambos constituem espécie de pressupostos de admissibilidade da tutela

---

primento de pressupostos processuais e o saneamento de outros vícios processuais" (art. 139, IX).
108. Cf. José Roberto dos Santos Bedaque, *Efetividade do Processo e Técnica Processual*, cit., p. 182.
109. Cf. José Frederico Marques, *Manual de Direito Processual Civil*, vol. I, cit., p. 239.

jurisdicional. Mas, enquanto os pressupostos processuais incidem sobre a relação processual, as condições da ação promanam da viabilidade do pedido que o autor deduz quando propõe a ação".[110]

O legislador de 1973 perfilhou-se à teoria eclética elaborada por Liebman, que sustentava a existência de três níveis distintos de cognição, ou seja, pressupostos processuais, condições da ação e mérito, concebendo aquelas como requisito de admissibilidade do exame desse último.[111] Todavia, essa perspectiva de ordenar a apreciação preliminar e independente das condições da ação tem provocado muita polêmica entre os processualistas, forte no argumento de que aquelas seriam requisitos provenientes do exame propriamente do direito material, de sorte que a sentença de carência de ação implicaria juízo de mérito.[112]

110. Idem, ibidem, p. 240.

111. Embora os pressupostos processuais e as condições da ação integrem os requisitos de admissibilidade para o exame do mérito, de acordo com a opção legislativa em vigor, não seria possível, rigorosamente, agrupá-los numa só categoria. Cf. Rodrigo da Cunha Lima Freire, *Condições da Ação: Enfoque sobre o Interesse de Agir no Processo Civil Brasileiro*, 3ª ed., São Paulo, Ed. RT, 2005, p. 75.

O Código de Processo Civil de 2015 fez alusão às expressões "pressupostos processuais" (art. 139, IX) e "interesse processual" (arts. 330, III, e 337, XI, e 485, VI), denotando a manutenção da dualidade dos requisitos de admissibilidade para o pronunciamento do mérito.

112. Dessa maneira, há autores que defendem a teoria do binômio (as condições da ação seriam analisadas juntamente com o mérito, posteriormente à aferição da presença dos pressupostos processuais): Araken de Assis, Galeno Lacerda, Adroaldo Furtado Fabrício, Ovídio Baptista da Silva, Fábio Gomes e Calmon de Passos. Cf. José Roberto dos Santos Bedaque, *Efetividade do Processo e Técnica Processual*, cit., pp. 252-255; Susana Henriques da Costa, *Condições da Ação*, São Paulo, Quartier Latin, 2005, p. 49.

Há tendência na Itália de reunir os pressupostos processuais e as condições da ação no único conceito de requisitos de admissibilidade do julgamento de mérito e, aqui no Brasil, também se verifica adesão a essa corrente. Cf. José Roberto dos Santos Bedaque, *Efetividade do Processo e Técnica Processual*, cit., p. 357, nota de rodapé n. 167.

Cândido Rangel Dinamarco também ressalta que não se afigura necessária, a não ser para a melhor compreensão do fenômeno, a distinção precisa entre essas espécies diante da tendência de agrupamento, tal como na doutrina alemã, em uma única denominação dos pressupostos do julgamento. Cf. *Instituições de Direito Processual Civil*, vol. III, cit., p. 129.

Assim, propõe que o juiz analise em primeiro lugar os pressupostos como um todo, "sem prioridades para as que dizem respeito aos pressupostos processuais ou às condições da ação (primeiro plano), e passa em seguida ao exame das questões de mérito (segundo plano)". Cf. *Fundamentos do Processo Civil Moderno*, t. I, cit., p. 328.

É cediço que, em geral, o defeito concernente a condições da ação funcionaria como "causa de invalidação do exercício da ação", que consequentemente levaria "à extinção do processo", sem prejuízo, em caso de julgamento do mérito, de eventual "exame da validade da sentença definitiva em outros processos que se venham a instaurar a respeito da mesma lide",[113] de sorte que, incluídas aquelas no gênero dos pressupostos de admissibilidade do provimento jurisdicional, não haveria preclusões para o juiz (art. 267, § 3º, CPC/1973; art. 485, § 3º, CPC/2015).

Não se pretende sondar a natureza jurídica das condições da ação,[114] matéria que escapa dos objetivos do trabalho, mas mencione-se que, de acordo com a teoria da asserção, que desfruta de prestígio na doutrina nacional, as condições da ação deveriam ser verificadas em conformidade com o direito afirmado (*in statu assertionis*) na petição inaugural, aferindo, em tese, a possibilidade do pedido, a legitimidade da parte e o eventual interesse na ação, à luz do direito material vigente, com o intento de certificar a viabilidade da relação processual, isto é, se se apresenta apta a debelar a crise trazida ao Estado-juiz. As condições da ação seriam apenas requisitos para o julgamento do mérito, e não exatamente de existência do direito constitucional de ação.[115]

Nessa direção, as condições da ação deveriam ser analisadas

> em tese, isto é, sem adentrar ao exame do mérito, sem que a cognição do Juiz se aprofunde na situação de direito substancial. Esse exame, feito no condicional, ocorre normalmente em face da petição inicial, *in statu assertionis*. Apenas por exceção se concebe a análise das condições da ação após esse momento: é que algumas vezes não há elementos para que tal ocorra naquele instante. Desde que a cognição

---

113. Cf. Roque Komatsu, *Da Invalidade no Processo Civil*, cit., pp. 227-229.

114. Para uma visão pormenorizada e análise das principais teorias, cf. Susana Henriques da Costa, *Condições da Ação*, cit., pp. 54-107.

115. Nesse sentido, assenta Kazuo Watanabe que, com a premissa de que a teoria do direito abstrato de agir seria a mais aceitável, tais condições estariam relacionadas ao "*julgamento do mérito da causa*, impostas basicamente por questões de economia processual, e não condições para a existência da ação". Cf. *Da Cognição no Processo Civil*, 2ª ed., São Paulo, Central de Publicações Jurídicas: Centro Brasileiro de Estudos e Pesquisas Judiciais, 1999, pp. 79-80. A propósito, o autor anota a importância da coordenação entre direito material e processo, com vistas a que o último cumpra a sua função de instrumento efetivo, não apenas sob o ponto de vista teórico, pois a aludida relação "deve ser adequadamente situada, qualquer que seja o método de pensamento do processualista. A tentativa de coordenação no *plano prático* e com a exigência de *efetiva existência do direito material* conduzirá ao *concretismo*, em se cuidando de teoria elaborada pela perspectiva do direito processual, e ao *imanentismo*, se a teoria for concebida pela perspectiva do direito material" (ob. cit., pp. 91-92).

permaneça nos limites formulados (análise em tese, no condicional), permanecerá no âmbito das condições da ação.[116]

Essas condições "são aferidas no *plano lógico* e da *mera asserção* do direito, e a *cognição* a que o juiz procede consiste em simplesmente confrontar a afirmativa do autor com o esquema abstrato em lei. Não se procede, ainda, ao acertamento do direito afirmado",[117] de modo que aquelas constituem técnica processual que permite o julgamento antecipado, sem que, por razões de economia processual, atos inteiramente inúteis sejam praticados.[118]

No entanto, conforme aponta José Roberto dos Santos Bedaque, nem mesmo a adoção da teoria da asserção para a distinção entre as condições da ação e o mérito de acordo com a profundidade da cognição, embora afaste gama considerável de falsas situações de carência, eliminaria todas as dúvidas quando da aplicação da formulação teórica no mundo concreto.[119] Sustenta o autor, a propósito, que, na verificação da impossibilidade jurídica da demanda na cognição realizada na petição inicial, não parece correto afirmar que o seu indeferimento leve apenas à extinção do processo sem julgamento de mérito, pois se trataria de improcedência *prima facie*, dada a irrelevância da eventual controvérsia fática, inexistindo, assim, motivo para negar a aptidão para o trânsito em julgado,[120] isso porque se despontaria a identidade entre a impossibilidade jurídica e o mérito.[121]

Já a sentença que venha a reconhecer a carência de ação por falta de interesse ou ilegitimidade de parte, embora diversa a opção do legislador

---

116. Cf. José Roberto dos Santos Bedaque, "Pressupostos processuais e condições da ação", *Justitia*, vol. 156, out-dez. 1991, p. 54.
117. Cf. Kazuo Watanabe, *Da Cognição no Processo Civil*, cit., p. 94.
118. Idem, ibidem.
119. Cf. *Efetividade do processo e técnica processual*, cit., p. 259.
120. Idem, pp. 269-271 e 284; e Fredie Didier Jr., "Um réquiem às condições da ação. Estudo analítico sobre a existência do instituto", *RF* 351, jul./set. 2000, esp. p. 76.
121. Cf. José Roberto dos Santos Bedaque, *Efetividade do Processo e Técnica Processual*, cit., pp. 274-286.
De acordo com José Frederico Marques, as condições da ação são "indeclináveis para a admissibilidade da tutela jurisdicional" e "se ligam intimamente à pretensão deduzida em juízo". Cf. *Manual de Direito Processual Civil*, vol. I, cit., p. 235.
Fredie Didier Jr. distingue a impossibilidade jurídica do pedido em absoluta e relativa: a primeira seria proveniente de pretensão manifestamente proibida pelo ordenamento ou fora dele, *e.g.*, pedir um terreno na lua, enquanto na segunda a causa de pedir o tornaria impossível, como usucapião de bem público ("Um réquiem às condições da ação...", cit, p. 75).

processual atual, e acarrete a solução de parte da lide "pode e deve ser proferida em caráter liminar. A definição de todo o litígio logo no início do processo somente é possível se o pedido for manifestamente injurídico", de modo que a sentença tornar-se-ia imutável em relação à solução dada no plano material, seja integral ou parcial.[122]

A impossibilidade jurídica, inserida no âmbito das condições da ação, poderia ser tomada como ausência de interesse de agir, tal qual passou a sustentar Liebman na década de 1970,[123] embora o Código de Processo Civil de 1973 tivesse mantido o seu posicionamento anterior (CPC/1973, arts. 267, VI, e 295, parágrafo único, III), solução diversa alvitrada pelo legislador de 2015, que suprimiu a expressão pedido "juridicamente impossível" ou termo equivalente (CPC/2015, arts. 330, § 1º, e 485, VI). É que aquela modalidade se aproxima inexoravelmente do mérito; inclusive, a sua interpretação rígida, diante da pronúncia pelo juiz da carência de ação, pode comprometer o acesso à justiça por deixar "intacta a situação jurídica entre as partes, sem afirmar ou negar o direito substancial alegado pelo demandante".[124]

Portanto, conquanto se tribute a distinção entre o plano das condições da ação e o do direito material (mérito), há íntima ligação entre essas duas realidades, vez que o exame daquelas é feito a partir do último, de forma que não é possível "sustentar que uma sentença que declare impossível o pedido do autor, não analise a pretensão processual e, consequentemente, o mérito do processo. Pelo contrário, ela afasta esta pretensão, pois expressa ou implicitamente defesa pelo ordenamento jurídico".[125]

Apesar da controvérsia em torno da natureza do mérito, este pode ser entendido como sinônimo de pretensão do autor, consubstanciada no pedido por ele levado à apreciação do juiz,[126] porquanto aquela o repre-

---

122. Cf. José Roberto dos Santos Bedaque, *Efetividade do Processo e Técnica Processual*, cit., p. 359.
123. Cf. Susana Henriques da Costa, *Condições da Ação*, cit., p. 57.
124. Cf. Cândido Rangel Dinamarco, *Execução Civil*, 6ª ed., São Paulo, Malheiros Editores, 1998, p. 405.
125. Cf. Susana Henriques da Costa, *Condições da Ação*, cit., p. 91.
Na mesma sintonia, Ovídio A. Baptista da Silva e Luiz Fábio Gomes também externaram o entendimento de que as condições da ação integrariam a relação de direito material, de sorte que "mesmo que o juiz afirme na sentença estar extinguindo o processo sem julgamento de mérito por ausência de uma das condições da ação, de sentença de mérito se tratará se o respectivo exame não for apenas hipotético". Cf. *Teoria Geral do Processo Civil*, 5ª ed., São Paulo, Ed. RT, 2010, p. 117.
126. Cf. Susana Henriques da Costa, *Condições da Ação*, cit., pp. 76-85.

senta, além do que o prover significa, de acordo com Cândido Rangel Dinamarco:

> (...) estabelecer um preceito concreto destinado a dar àquela um desfecho favorável ou desfavorável (procedência, improcedência). O ato jurisdicional cumpre o escopo social do processo ao remover as angústias representadas pelas pretensões insatisfeitas.[127]

Como técnica processual, o exame acurado das condições da ação, tal como ocorre em relação aos pressupostos processuais, pode incrementar a efetividade, alcançando indistintamente as partes, vez que a constatação de sua ausência "logo no limiar do processo permite conceder ao réu que tem razão uma tutela útil e eficaz, que afasta desde já o dano marginal causado pelo processo e evita a desnecessária utilização de toda a máquina judiciária estatal de um processo que já se encontra em condições de julgamento".[128]

O que interessa neste domínio é assentar que o juiz deve observar o quanto antes a eventual falta dos pressupostos processuais e das condições da ação para que o processo não atinja as suas ulteriores etapas, em evidente detrimento da celeridade e da economia processual, bem como da segurança, impedindo, assim, a repropositura da ação. Porém, realizada a instrução e, somente a essa altura, for constatada aquela situação que conduziria, *de lege lata*, à extinção do feito, deverá o juiz "extrair da atividade desenvolvida pelo Estado o resultado mais útil possível".[129]

Sob essa perspectiva, é possível cogitar a desconsideração de situações de carência em sentido amplo, se não constatadas nas fases anteriores, com a consequente solução definitiva da causa, se: a) mesmo que ausente a adequação do procedimento ou da tutela, o julgamento do mérito não causar dano às partes e trouxer vantagens ao sistema;

---

127. Cf. *Fundamentos do Processo Civil Moderno*, t. I, cit., p. 323.
128. Cf. Susana Henriques da Costa, *Condições da Ação*, cit., p. 137.
129. Cf. José Roberto dos Santos Bedaque, *Efetividade do Processo e Técnica Processual*, cit., pp. 369-380, esp. p. 379.

O conhecimento das chamadas matérias de ordem pública, englobando as condições da ação e os pressupostos de constituição e desenvolvimento válido do processo, alcança todos os graus de jurisdição, inclusive no âmbito recursal, e a razão dessa possibilidade "vai muito além do simples imperativo legal: diz respeito a uma diretiva superior, relacionada com o papel do juiz no processo civil moderno". Paulo Henrique dos Santos Lucon, "Art. 515, § 3o, do Código de Processo Civil, ordem pública e prequestionamento", in *Os Poderes do Juiz e o Controle das Decisões Judiciais. Estudos em Homenagem à Prof. Teresa Arruda Alvim Wambier*, São Paulo, Ed. RT, 2008, p. 41.

b) mesmo faltando a necessidade da tutela, houver elementos para o reconhecimento da improcedência do pedido; c) mesmo identificada a ilegitimidade passiva, se é possível o juízo de improcedência da pretensão do autor.[130] Deve-se, portanto, privilegiar o julgamento do mérito, "se, à luz dos princípios da instrumentalidade das formas e da economia processual, for possível ignorar a falha processual".[131]

Essa busca incessante do equilíbrio entre as exigências opostas é que torna importante e decisivo o papel do juiz na análise dos pressupostos de admissibilidade do exame do mérito, especialmente na fase decisória, pois, se de um lado, como visto, o máximo aproveitamento dos atos representará o aumento da efetividade pelo aspecto da celeridade, não se deve ignorar que a observância daqueles requisitos, conforme lembra Cândido Rangel Dinamarco:

> é projeção da garantia constitucional do *due process of law* e significa que o Estado só se dispõe a dar tutela jurisdicional quando o processo apresentar suficientes mostras de ter sido realizado de modo seguro para todos. Tal é o *processo justo e équo*, indicado na doutrina mais moderna como precedente indispensável de toda tutela jurisdicional.[132]

6. Conclusões parciais (Parte III, Capítulo I)

Em que pese a divergência terminológica encontrada na doutrina, o termo "formalidade" pode ser entendido como característica relacionada às exigências legais para a validade dos atos processuais, com a justificativa de preservar a segurança jurídica e propiciar o resultado almejado (aspecto saudável), ao passo que o vocábulo "formalismo" compreenderia o culto exacerbado à forma, sem a correspondente aferição da real necessidade de sua observância, o que comprometeria a efetividade do processo (aspecto nocivo). Assim se espera do juiz a análise parcimoniosa dos preceitos normativos relativos às formas processuais, de acordo com os princípios concernentes ao tema da nulidade, a fim de que não haja o comprometimento tanto da celeridade quanto da segurança.

O adequado juízo de admissibilidade das provas é essencial para a efetividade do processo, muito embora a tensão não se verifique primordialmente nos planos da celeridade e segurança, mas entre esses valores, com ênfase no primeiro, e a justiça, dado que o processo lida com dois

---

130. Cf. José Roberto dos Santos Bedaque, *Efetividade do Processo e Técnica Processual*, cit., p. 413-414.
131. Idem, ibidem, p. 399.
132. Cf. *Instituições de Direito Processual Civil*, vol. II, cit., p. 635.

propósitos que devem ser conciliados, isto é, a conveniência de proporcionar, sem hesitação e delongas, a paz social e de apresentar uma resposta que se aproxime o quanto possível da verdade.

Assim, na atuação atenta, o juiz, na fase instrutória, ao rejeitar o pedido de produção de provas desnecessárias (em torno de fatos impertinentes, irrelevantes, incontroversos e que lhes recai a presunção de veracidade), estará a imprimir a desejada rapidez e segurança, porém esse poder utilizado de modo incipiente ensejará o comprometimento da justiça do resultado final do processo ao reduzir o campo de valoração na formação de seu convencimento.

É no tema das provas ilícitas que se amplia o seu poder-dever de apreciar com profundidade as normas jurídicas e os fatos articulados para a correta interpretação e aplicação, procedendo-se à sólida argumentação para afastar ou acolher uma determinada prova, através de ponderação de valores que estão em confronto no caso particular, perscrutando o interesse jurídico que merece ser resguardado em detrimento do outro. Nessa atividade hermenêutico-argumentativa não mais se afigura coerente a adoção de fórmulas tradicionais e rígidas como aquelas que apregoavam a resistência maior à aceitação de provas ilícitas no âmbito do processo civil sob a alegação de que lidaria mais com direitos disponíveis e contentar-se-ia com a verdade formal.

O procedimento constitui o aspecto dinâmico e visível do processo e, dada a sua importância pelo norte que lhe imprime, o legislador disciplina de modo circunstanciado os parâmetros acerca de sua tramitação, conferindo a devida segurança jurídica e previsibilidade na atuação das partes e do próprio juiz. No Brasil foi adotado o modelo rígido, com fases bem demarcadas, em sistema nitidamente preclusivo, de maneira que a matéria é tida pela doutrina clássica como de ordem pública. Todavia, mesmo com o esforço de normatização, a exemplo dos procedimentos relativos às denominadas "tutelas diferenciadas", não é possível prever todas as situações de acordo com as características do conflito, e a aplicação rigorosa das regras procedimentais pode comprometer os princípios inerentes à efetividade.

É imperiosa, portanto, a sua flexibilização, com vistas à aceleração do processo, inclusive para o incremento do valor justiça da decisão, desde que observados determinados pressupostos para que não se comprometa a segurança. Nesse sentido, recai ao condutor do processo o dever de judiciosa ponderação e suficiente argumentação, respeitado o contraditório, para promover a modificação no rito, fases e atos processuais e, sobrevindo alteração legislativa que torne maleável a regra de estabilização da demanda, a atividade judicial tornar-se-á ainda mais intensa no sopesamento dos valores da efetividade.

A fungibilidade de meios pode ser considerada, de certo modo, uma técnica de flexibilização procedimental, uma vez que, em primeiro plano, o legislador, primando pela segurança jurídica, antevê as formas dos atos processuais em geral, indicando os meios através dos quais as partes deveriam se valer para alcançar um determinado objetivo, assim como antecipa algumas hipóteses de exceção. Porém, dada a inevitável ocorrência de "zonas de penumbra", o juiz, especialmente nos casos em que não há clara incidência normativa, deverá aferir a possibilidade de substituição de mecanismos para que seja obtido o mesmo escopo pretendido pelo sistema, desde que conferida às partes a possibilidade do contraditório. Como apontado pela doutrina e jurisprudência, podem-se cogitar diversas espécies de fungibilidade: de provimentos, demandas, ritos, tutelas, recursos, assim como inúmeras situações em que se mostra cabível a sua aplicação, de modo que é marcante o papel do juiz na ponderação de valores diante de hipóteses em que se abre a possibilidade para essa importante técnica.

A correta análise dos pressupostos processuais e das condições da ação, que podem ser agrupados no gênero "requisitos de admissibilidade do exame do mérito", constitui ponto relevante para a efetividade, aspecto que muitas vezes passa despercebido, sobretudo na fase inicial do processo, com o que poderia ser obstado o trâmite indevido de demandas que padecem de elementos de existência e validade, bem como carecem de viabilidade para o julgamento da pretensão.

Na busca da efetividade, afigura-se ao juiz o dever de examinar o quanto antes a presença de vícios dessa natureza para coarctar o desperdício de recursos; caso sejam detectados tardiamente, impõe-se-lhe, através de visão retrospectiva, o esforço de afastar as falhas de acordo com a leitura dos princípios da teoria geral da nulidade, objetivando evitar a extinção do processo sem a apreciação do mérito. O plano das condições da ação tangencia o próprio direito material, de modo que deve o juiz se atentar para a possibilidade do exame da pretensão ou do mérito, demovendo as hipóteses de carência e dando a resposta definitiva da demanda, principalmente se não houver prejuízo às partes e, com ênfase, nas situações de improcedência do pedido.

Capítulo II
A ATUAÇÃO JUDICIAL DE ACORDO COM A NATUREZA DA TUTELA JURISDICIONAL

1. Tutelas de conhecimento: 1.1 Declaratória – 1.2 Constitutiva – 1.3 Condenatória – 1.4 Mandamental – 1.5 Executiva (lato sensu). 2. Tutela satisfativa: 2.1 Modalidades de obrigação e técnicas de satisfação – 2.2 Execução e efetividade. 3. Tutelas de urgência: 3.1 Antecipação de tutela – 3.2 Tutela cautelar – 3.3 Tutela da evidência. 4. Conclusões parciais (Parte III, Capítulo II).

1. Tutelas de conhecimento

De acordo com a doutrina tradicional, as tutelas jurisdicionais, embora todas enfeixem identidade de escopo, que é a pacificação social com a superação de controvérsia através de resposta estatal ao pedido formulado em concreto, podem ser classificadas de conformidade com três ordens de conteúdo, por isso se admite também a denominação de "ação" ou "processo" de conhecimento, executivo e cautelar.[1] As tutelas relacionadas à primeira espécie apresentam, de forma exclusiva ou cumulada, provimento de teor declaratório, constitutivo ou condenatório, cuja diversidade na configuração acompanha as situações da realidade reproduzidas no plano do direito material.

Assim, os meios processuais são disponibilizados pelo sistema para fornecer a solução mais adequada às peculiaridades de crise anotadas no

---

1. As ideias de ação, processo e tutela estão associadas, seja sob o ponto de vista da garantia ou direito de acessar à Justiça, ou, ainda, sob o aspecto da atividade exercida pelo juiz no instrumento de trabalho. Por mera opção metodológica foi adotada a classificação pelo ângulo da tutela jurisdicional, como resultante da natureza do pedido apresentado e que corresponde "à proteção a ser conferida pelo Estado--jurisdição à situação da vida retratada abstratamente em regras existentes no plano do direito material". Cf. José Roberto dos Santos Bedaque, *Efetividade do Processo e Técnica Processual*, 3ª ed., São Paulo, Malheiros Editores, 2010, p. 519.

patamar do direito substancial.[2] Conquanto o grau de concreção esteja relativamente pré-determinado em função da especificidade do direito, como se sucede com as "tutelas de cognição exauriente",[3] o papel do juiz ainda será determinante na definição da qualidade da prestação jurisdicional e na presteza de sua entrega, na interação dos importantes vetores da efetividade.

A natureza de determinados provimentos jurisdicionais pode condicionar, na ausência de colaboração do vencido, à implementação de atos executivos ou complementares e determina o respectivo alcance para a plena realização do direito outorgado ao demandante, o que pode postergar a efetiva entrega da pretensão judicialmente reconhecida. Embora não se inclua no objetivo deste trabalho o exame das teorias da classificação das ações,[4] afigura-se importante a menção das principais características de cada uma das espécies de tutela para a melhor compreensão das bar-

---

2. A abordagem da efetividade do processo, mesmo sob o ângulo exclusivamente do juiz, não dispensa a análise, pelo contrário, ela impõe-se de maneira especial, pela perspectiva das espécies de tutela jurisdicional, tendo em vista que é o efeito prático objetivado pela garantia constitucional da jurisdição. Essa metodologia está em sintonia com a tendência moderna do estudo do processo pelo resultado almejado através da atuação do meio, que é a atividade jurisdicional-processual. Ademais, reforça-se a importância do escopo de realização do direito material através do método de atuação do processo, de modo que a expressão "tutela jurisdicional" abarca, ao mesmo tempo, o "tipo" de proteção postulada contra o Estado-juiz ("pedido imediato") e os "efeitos práticos" no plano do direito substancial ("pedido mediato"). Cf. Cassio Scarpinella Bueno, *Curso Sistematizado de Direito Processual Civil: teoria geral do direito processual civil*, vol. 1, 5ª ed. São Paulo, Saraiva, 2011, p. 309.
3. Cf. José Roberto dos Santos Bedaque, *Efetividade do Processo e Técnica Processual*, cit., p. 523.
4. São basicamente duas correntes em voga em torno da catalogação das ações ou tutelas. É clássico o debate entre os defensores da teoria ternária e aqueles que sustentam a existência de cinco espécies distintas, a partir da identificação da carga de eficácia preponderante (declaratória, condenatória, constitutiva, executiva e mandamental). Cf. Pontes de Miranda, *Comentários ao Código de Processo Civil*, t. I, Rio de Janeiro, Forense, 1974, pp. 139-149; *Tratado das Ações*, t. I, São Paulo, Ed. RT, 1970, pp. 117 e ss.

Mencione-se, ainda, a classificação proposta por Celso Neves entre ações "objetivamente simples" e "objetivamente complexas", para quem as primeiras seriam a declaratória, no plano da cognição, e a de execução, seja com fundamento em título sentencial ou extrajudicial, no plano juris-satisfativo. A outra espécie englobaria as constitutivas e as condenatórias, de forma que a declaração situar-se-ia no plano do juízo, sendo que a constituição e a condenação estariam no plano da satisfação. Cf. "Classificação das ações", *Revista da Faculdade de Direito*, vol. LXX, São Paulo, 1975, *passim*.

reiras à efetividade, o que moldará, inexoravelmente, a atividade do juiz na consideração dos valores contrastantes.[5]

1.1 Declaratória

Entre as espécies de tutela cognitiva, a declaratória é a que comporta maior simplicidade de visualização em sua estrutura lógica, uma vez que o seu escopo se resume à atividade jurisdicional consistente em proclamar a afirmação ou a negação de uma relação jurídica em torno da qual se estabelece a controvérsia, ou seja, a sua finalidade é exclusivamente afastar a situação de incerteza que envolve uma determinada relação de direito, quanto à existência, ou à eventual extensão de seus elementos integrantes. Por isso, é admissível no nosso sistema a pretensão limitada à mera declaração de existência ou inexistência de relação jurídica, inclusive sobre a autenticidade ou falsidade de documento, ainda que configurada a violação do direito (art. 4º, parágrafo único, CPC/1973; art. 20, CPC/2015).

O consectário dessa tutela, que visa a dirimir a dúvida objetiva em torno de uma relação jurídica, é a completude da prestação jurisdicional decorrente da decisão que debela a crise de certeza, sem a necessidade de prática de atos de execução, como na hipótese da ação de investigação de paternidade, em que é afirmada a existência ou não do vínculo de filiação, e na demanda na qual se pretende a declaração de inexistência de obrigação cambial.[6]

---

5. Numa abordagem mais crítica, Ovídio A. Baptista da Silva e Luiz Fábio Gomes sustentam que o processo de conhecimento teria origem no pensamento racionalista decantado na época do Iluminismo e nas concepções então reinantes, o que teria levado à supressão dos juízos de verossimilhança, impedindo que o juiz proferisse julgamento "com base em verdades apenas prováveis". Cf. *Teoria Geral do Processo Civil*, 5ª ed., São Paulo, Ed. RT, 2010, p. 52.

Independentemente dessa visão, é certo que a estrutura do processo de conhecimento naturalmente tende a preservar a segurança, mas, sob a ótica moderna do processo, animada pela corrente instrumentalista, há outros importantes valores a serem prestigiados, como a efetividade, de sorte que se engendraram técnicas para a flexibilização do valor certeza, mediante a ampliação dos poderes do juiz e a diversificação do grau de cognição de acordo com o direito material envolvido.

Assim, não há como propor o simples abandono do processo de conhecimento, mas é fundamental que lhe seja conferido tratamento mais afinado com os princípios preponderantes do sistema, sob pena de transformá-lo "em instrumento absolutamente inseguro – fenômeno tão indesejado quanto aquele resultante do culto à descoberta da verdadeira vontade da lei e ao juízo de certeza". Cf. José Roberto dos Santos Bedaque, *Efetividade do Processo e Técnica Processual*, cit., p. 542.

6. Não se descaracteriza a natureza declaratória mesmo se na sentença sobrevier condenação pelas verbas de sucumbência, pois "constitui capítulo distinto, que não

Somente as exclusivamente declaratórias caracterizam a tutela em espécie, podendo, contudo, servir como antecedente lógico para os demais tipos de provimento (constitutivo e condenatório).[7] O fator segurança tem peso preponderante na tutela declaratória uma vez que a sua finalidade é dissipar dúvidas que podem assolar a relação interpessoal ou social, ou seja, decorrentes de crises de certeza.[8]

Todavia,

> para a sua configuração é indispensável o caráter objetivo daquelas dúvidas, não bastando meras preocupações, temores ou crises puramente subjetivas do suposto titular de direitos, obrigações ou deveres. Sem qualquer repercussão social, esses estados puramente anímicos não põem o direito em crise, entendido este vocábulo como representativo de situações patológicas de fraqueza, enfermidade, risco.[9]

É certo que a jurisprudência tem ampliado a exegese restrita de que a tutela somente compreenderia o pronunciamento em torno da existência ou não de determinada relação jurídica,[10] passando a admitir também, no tocante aos próprios aspectos dos direitos e obrigações, *v.g.*, a definição de certeza em torno da exata interpretação de cláusula contratual (STJ, Súmula 181), embora continue não sendo possível a exclusiva declaração sobre a ocorrência ou inocorrência de fatos; a única exceção repousa na autenticidade ou falsidade de documento (art. 4º, II, CPC/1973; art. 19,

---

se refere ao *mérito principal*", ensejando nessa parte título para a execução forçada. Cf. Cândido Rangel Dinamarco, *Instituições de Direito Processual Civil*, vol. III, 6ª ed., São Paulo, Malheiros Editores, 2009, p. 223.

7. Desse modo, "la declaración es la calidad que corresponde a todas las sentencias, por eso los juicios declarativos son el tipo de todos los procesos, y todos los actos y anexos procesales tienden a la declaración judicial". Cf. James Goldschmidt, *Principios Generales del Proceso*, vol. I, Buenos Aires, Ediciones Jurídicas Europa-América (EJEA), 1961, pp. 39-40.

8. Essa característica é derivada na tutela declaratória da própria coisa julgada em torno de eventual incerteza jurídica. Cf. João Batista Lopes, *Ação Declaratória*, 4ª ed., São Paulo, Ed. RT, 1995, p. 55.

9. Cf. Cândido Rangel Dinamarco, *Instituições de Direito Processual Civil*, vol. III, cit., p. 228.

10. A propósito, embora inexista interesse na declaração de relação futura ou pretérita, estará aquele presente se o pedido versar sobre o "desenvolvimento futuro de relação jurídica já existente ou quando, relativamente à relação jurídica pretérita, se questionar sobre seus efeitos no presente" (cf. João Batista Lopes, *Ação Declaratória*, cit., p. 55). Por isso, o Código de Processo Civil de 2015 ampliou as hipóteses de interesse à Declaração, incluindo o "modo de ser de uma relação jurídica" (art. 19, I).

II, CPC/2015).[11] Ademais, não se pode perder de vista, dado que o Judiciário não é órgão de mera consulta na interpretação do direito em tese, a imprescindibilidade da demonstração de interesse concreto em afastar a crise de incerteza ou dúvida.

É que, inexistindo crise nessa acepção jurídica, não se desponta o interesse processual, isto é, a necessidade de movimentar a máquina judiciária, o que poderia ensejar afronta ao valor público, prejudicando o andamento de outros feitos endereçados ao Poder Judiciário, além das repercussões negativas ao demandado diante da litispendência. Nesse sentido, a interpretação do art. 4º do CPC/1973 (CPC/2015, arts. 19 e 20) dever ser guiada com prudência, afastando-se o interesse de agir nas pretensões declaratórias quando houver, dada a ausência de crise de certeza, como lembra Cândido Rangel Dinamarco, "*mero descumprimento* da parte do obrigado que não nega ou mesmo confessa dever mas não paga", situação que daria ensejo à imediata pretensão condenatória, diversamente se a obrigação fosse descumprida sob a alegação de sua inexistência.[12]

Naturalmente, somente as declarações que figurem na parte dispositiva da sentença têm o condão de produzir efeitos vinculantes, pois aquelas constantes na motivação, que servem de "meros suportes lógicos da conclusão do juiz sobre a concreta existência de um dado direito, obrigação, dever ou relação jurídica",[13] são proclamadas *incidenter tantum*, não lhes incidindo a autoridade da coisa julgada, a não ser que haja pronunciamento sobre determinada questão prejudicial (arts. 5º, 325 e 470, CPC/1973; art. 503, §§ 1º e 2º, CPC/2015). Dada a natureza da sentença meramente declaratória, o seu comando adquire força imperativa, se e quando, alcançada a definitividade, operando, porém, a eficácia *ex tunc*, retroagindo ao momento em que se verificou a materialização do efeito jurídico.[14]

    11. Em que pese a tradicional opção ao limitar a ação meramente declaratória de fato à hipótese prevista na legislação nacional, vale o registro de que há tendência de uma parcela da doutrina que sustenta a ampliação dessa espécie de tutela, desde que haja demonstração de importantes reflexos no mundo jurídico a partir de um fato determinado e relevante, como a declaração a respeito de tempo de serviço. Cf. Daniel Amorim Assumpção Neves, *Ações Probatórias Autônomas*, São Paulo, Saraiva, 2008, pp. 465-470.
    12. Cf. *Instituições de Direito Processual Civil*, vol. III, cit., p. 229.
    13. Cf. Cândido Rangel Dinamarco, *Instituições de Direito Processual Civil*, vol. III, cit., p. 225.
    14. Todavia, é possível cogitar de medidas cautelares ou antecipatórias, caso reversíveis, para que seja autorizada ou impedida a prática de atos conexos a uma determinada relação jurídica, cuja incerteza se pretende afastar através do provimento declaratório. Nesse caso, "em que o autor obtém tutela para poder exercer um direito

Ressalve-se, no entanto, dada a relativa proximidade com o objetivo perseguido na tutela declaratória, a hipótese tratada pela doutrina quanto ao direito autônomo de produção da prova mesmo sem a configuração do pressuposto da urgência e sem o vínculo direto com o processo de reconhecimento do direito,[15] cujo fim igualmente é dissipar situações de dúvida, inclusive para fomentar os meios adequados de solução de conflito e evitar a propositura de ações judiciais (CPC/2015, art. 381, II e III), de modo que a ponderação do juiz no processamento de pedido dessa natureza será de especial importância para a contribuição à efetividade em seu sentido mais amplo.[16]

Em consequência, como esclarece Flávio Luiz Yarshell,

> se é certo que a atividade jurisdicional – nos meios que emprega ou, mesmo, no resultado que persegue – procura superar incertezas e propiciar segurança, não há como negar a existência de um ponto comum entre a invocação de um ato que declara o direito no caso concreto (e à qual se chega mediante o exercício do direito de ação), de um lado, e o pleito de produção de uma dada prova, de outro: se o que busca a atividade jurisdicional é superar crises de certeza e se a prova – ainda que com um grau de eficiência reconhecidamente inferior – é apta, em alguma medida, a produzir esse resultado (especialmente quando se pensa na convicção das partes, e não apenas do juiz), então, parece lícito afirmar que a produção da prova, vista que seja de forma autônoma (desvinculada da declaração do direito), oferece resultado relevante e útil tanto para o Estado quanto para as pessoas que protagonizam determinado estado de incerteza.[17]

---

que ainda será declarado, fica fácil perceber o seu caráter antecipatório. A tutela, nesse caso, não está assegurando a possibilidade de o autor realizar o direito no futuro, porém viabilizando o seu imediato exercício". Cf. Luiz Guilherme Marinoni, *Antecipação da Tutela*, 11ª ed., São Paulo, Ed. RT, 2009, p. 56.

15. Como anotou Flávio Luiz Yarshell, na comparação com o processo declaratório, "aquele instaurado por força do direito à prova não parece se qualificar exatamente como o 'acessório', se tomado no confronto com o que, então, seria o 'principal'. Se tal qualificação, com efeito, muitas vezes é negada em relação à produção antecipada de prova cautelar, com maior razão se pode negar ligação dessa ordem quando se trata de um direito autônomo à produção da prova, e que nessa se esgota". Cf. *Antecipação da Prova sem o Requisito da Urgência e Direito Autônomo à Prova*, São Paulo, Malheiros Editores, 2009, p. 354.

16. A cognição estaria voltada notadamente ao juízo de admissibilidade da prova que se pretende produzir antecipadamente, assim como ao eventual reconhecimento da inexistência do direito material afirmado pelo demandante. Cf. Luiz Flávio Yarshell, *Antecipação da Prova...*, cit., pp. 356-360.

17. Idem, ibidem, p. 251.

Um aspecto importante que pode influir na efetividade do processo, sob o ângulo da segurança, é a forma de interpretação judicial à redação do art. 475-N (títulos executivos judiciais), inciso I, do CPC de 1973, conferida pela Lei 11.232/2005 ("a sentença proferida no processo civil que reconheça a existência de obrigação de fazer, não fazer, entregar coisa certa ou pagar quantia"),[18] já que trouxe à tona a discussão acerca da eventual incorporação de eficácia executiva, ou de traço condenatório, na sentença meramente declaratória,[19] uma vez que o produto da atividade estritamente declaratória se exaure no pronunciamento judicial, com a completa satisfação do vitorioso, nada havendo depois dele para ser implementado.

Tirante o debate em torno da inconstitucionalidade formal da norma que teria passado pela alteração do texto encaminhado ao Senado Federal[20] e a despeito do teor da legislação aprovada, o exame da estrutura lógica da tutela puramente declaratória não permite adotar a tese de que nela teria havido a automática agregação da decantada eficácia executiva, porquanto, se presentes os elementos constitutivos delimitadores de uma obrigação, pela natureza das coisas, certamente não se estaria mais diante de uma sentença de cunho estritamente declaratório. Daí a pertinente lição de Araken de Assis:

> apesar de renegar adjetivo "condenatório", o texto sob análise não inovou, substancialmente, na medida em que reconhecer a existência de prestação (obrigação) a cargo do vencido é mais do que declarar a relação jurídica. Dá-se um passo adiante e já se condena o vencido, possibilitando a execução.[21]

18. O novo Código de Processo Civil também manteve o núcleo da redação anterior, *in verbis*: "as decisões proferidas no processo civil que reconheçam a exigibilidade de obrigação de pagar quantia, de fazer, de não fazer ou de entregar coisa" (art. 515, I).
19. Teori Albino Zavascki defendia antes da referida alteração legislativa a possibilidade de atribuição de eficácia executiva, dispensando-se a ação condenatória, caso já houvesse o reconhecimento de uma obrigação em juízo por meio de ação declaratória. Cf. "Sentenças declaratórias, sentenças condenatórias e eficácia executiva dos julgados", *Revista de Processo* 109/45, jan./mar. 2003.
20. Cf. Carlos Alberto Carmona, "Novidades sobre a execução civil: observações sobre a Lei 11.232/2005", in *A Nova Execução de Títulos* Judiciais, São Paulo, Saraiva, 2006, pp. 72-73.
21. Cf. "Sentença condenatória como título executivo", in *Aspectos Polêmicos da Nova Execução 3*, São Paulo, Ed. RT, 2006, p. 19.
A sentença meramente declaratória, reitere-se, é autossuficiente, prescindindo de qualquer atividade de satisfação. Cf. Italo Andolina, *"Cognizione" ed "esecuzione forzata" nel Sistema della Tutela Giurisdizionale*, Milano, Giuffrè, 1983, p. 3.

Insistir na tese de que a sentença declaratória teria adquirido a força de condenatória, rigorosamente, viria de encontro à própria natureza da teoria do direito das obrigações, que reclama a presença de atributos mínimos da certeza, exigibilidade e liquidez, cujo reconhecimento implicaria ao menos a observância de contraditório efetivo. *A contrario sensu*, não poderia o legislador negar a executividade da "norma jurídica concreta certificada por sentença se nela estiverem presentes todos os elementos identificadores da obrigação (sujeitos, prestação, liquidez, exigibilidade), pois isso representaria atentado a direito constitucional à tutela executiva, que é inerente e complemento necessário do direito de ação".[22]

Não discrepa desse entendimento Paulo Henrique dos Santos Lucon, que assim assinala:

> os dois momentos lógicos da sentença que reconheça a existência de uma obrigação são: I – declaratório: no qual a sentença afirma a existência da obrigação e define seus objetos identificadores (certeza e liquidez); II – sancionatório (que pode ser explícito ou implícito no *decisum*): portador de sanção executiva. Assim, se a sentença contiver a declaração de existência da obrigação e definir seus elementos identificadores (certeza e liquidez), não há como impedir a execução. Se a sentença contiver a declaração da existência da obrigação, bem como o que é devido (certeza – *an debeatur*), será necessária a fase liquidativa para que se possa começar a execução.[23]

O atributo da executividade pode derivar-se do título de crédito, que é "a representação documental de uma norma jurídica individualizada",[24] ou do pronunciamento judicial se a obrigação estiver definida, de modo completo, não havendo, nesse caso, conforme anotou Teori Zavascki:

---

22. Cf. Teori Albino Zavascki, *Processo de Execução*, São Paulo, Ed. RT, 2004, pp. 307-308. No mesmo sentido: Cf. Carlos Alberto Carmona, "Novidades sobre a execução civil...", cit., p. 74.
23. Cf. "Títulos executivos e multa de 10%", in *Execução Civil, Estudos em Homenagem ao Prof. Humberto Theodoro Júnior*, São Paulo, Ed. RT, 2007 p. 995.
24. Cf. Teori Albino Zavascki, "Sentenças declaratórias, sentenças condenatórias...", cit., p. 48.
Apenas para fins de registro, mencione-se o debate doutrinário no passado entre Carnelutti e Liebman acerca da natureza do título executivo, tendo o primeiro sustentado se tratar de documento que comprovaria a existência legal do crédito, ao passo que o último nele vislumbrava um ato constitutivo da vontade sancionatória do Estado. Cf. Enrico Tullio Liebman, "Il titolo esecutivo riguardo ai terzi", in *Problemi del Processo Civile*, Napoli, Morano, 1962, pp. 355 e ss.

razão alguma, lógica ou jurídica, para submetê-la, antes da execução, a um segundo juízo de certificação, até porque a nova sentença não poderia chegar a resultado diferente do da anterior, sob pena de comprometimento da garantia da coisa julgada, assegurada constitucionalmente.[25]

Ademais, há situações em que o legislador se antecipa e confere a força executiva, como efeito anexo, possibilitando atribuir obrigações (arts. 76, 899, § 2º, 918, 475-O, I, e 811, CPC/1973; arts. 129, parágrafo único, 545, § 2º, 552, 520, I, e 302, CPC/2015), ou, por força de construção doutrinária e jurisprudencial, na hipótese de rescisão judicial de contrato de compra e venda em que se reconhece o dever de restituição do bem.[26]

Depreende-se desse panorama que será fundamental a escorreita interpretação judicial da tutela perseguida no caso concreto, porquanto irrelevante o rótulo que se pretenda atribuir,[27] bem como a observância de todas as garantias em caso de eventual reconhecimento dos atributos da obrigação, de modo que se constitui título executivo judicial qualquer sentença que se vincule à pretensão executiva, desde que seja revelada "uma suficiente certeza acerca da existência do direito".[28] Ademais, não se exige que o provimento judicial seja necessariamente de procedência, pois pode suceder que, por exemplo, movida ação declaratória de inexistência de dívida, a sentença de improcedência venha a reconhecer, expressamente, a existência da obrigação.[29]

---

25. Cf. "Sentenças declaratórias...", cit., p. 52.
26. Cf. Teori Albino Zavascki, "Sentenças declaratórias...", cit., pp. 55-56.
Todavia, deve haver cautela do juiz na fixação do título executivo como consequência lógica da resolução do negócio jurídico, pois o autor pode ter sofrido danos em função do inadimplemento do réu, ensejando eventual compensação no próprio processo, o que tornaria essencial a existência de pedido de devolução expresso a ser submetido ao contraditório. Cf. José Roberto dos Santos Bedaque, *Efetividade do Processo e Técnica Processual*, cit., pp. 563-564.
27. De efeito, mesmo que o legislador tivesse adotado o vocábulo "declaração" no art. 515, I, do CPC/2015 (CPC/1973, art. 475-N, I), para que a sentença pudesse adquirir a força executiva seria imperioso o reconhecimento do inadimplemento, inclusive a respectiva pretensão se sujeitaria à eventual prescrição, não se confundindo com a espécie de tutela prevista no art. 4º do CPC/1973 (art. 19 do CPC/2015), de natureza imprescritível. Cf. Carlos Alberto Alvaro de Oliveira, "Tutela declaratória executiva?", *Revista do Advogado*, n. 85, maio 2006, pp. 39-41.
28. Cf. José Miguel Garcia Medina, "A sentença declaratória como título executivo. Considerações sobre o art. 475-N, inc. I do CPC", in *Processo de Execução Civil. Modificações da Lei 11.232/05*, São Paulo, Quartier Latin, 2006, p. 121.
29. Idem, ibidem, p. 122. A jurisprudência tem acolhido esse entendimento, também em homenagem à efetividade processual, cf.: STJ, 1ª T., REsp 1300213-RS,

Somente assim poderá haver contribuição para a efetividade, no confronto entre a segurança, representada pelo devido processo legal, relativamente aos requisitos cuja certificação ultrapassaria a tutela meramente declaratória, e a celeridade, que restará comprometida se, comprovados suficientemente aqueles elementos do direito material e às partes tiver sido concedida a devida oportunidade de debate e produção probatória, não for reconhecida na sentença o conteúdo ou a eficácia condenatória.

1.2 Constitutiva

Presta a tutela constitutiva a afastar a crise de situação jurídica em face do pedido de criação, modificação ou extinção de uma determinada realidade de direito material, a exemplo do que se sucede no pleito de adoção, dissolução de vínculo societário, matrimonial, ou de convivência, anulação de casamento, rescisão contratual e de revisão de prestação alimentícia. O interesse processual decorre da resistência oposta pelo adversário, ou simplesmente por imposição legal, de acordo com o caráter indisponível da relação jurídica, sendo que nessas situações a pretensão é originária do arbítrio de seu titular (direito potestativo).[30]

Por evidente, a sentença de improcedência da ação em que se formula pedido constitutivo tem natureza declaratória negativa.

Conforme leciona Cândido Rangel Dinamarco,

> sentença constitutiva é a *decisão judiciária de mérito que reconhece o direito do autor à alteração pedida e realiza ela própria a alteração*. Eis seus dois momentos lógicos e sucessivos e entrelaçados, sendo o segundo estritamente dependente do primeiro. Amoldando-se às espécies de alterações que essa sentença pode produzir sobre a situação jurídica de direito material, ela será *constitutiva positiva* (inclusive por reconstituição da situação), *constitutiva modificativa* ou *constitutiva negativa*.[31]

---

rel. Min. Teori Zavascki, j. 12.4.2012; STJ, 1ª Seção, Resp 1261888-RS, rel. Min. Mauro Campbell Marques, j. 9.11.2011; TJSP, 11ª Câmara de Direito Privado, Ag 0217971-97.2012.8.26.0000, Comarca de Guarujá, v.u., j. 6.12.2012; TJSP, 30ª Câmara de Direito Privado, Ag 2011463-51.2013.8.26.0000, Comarca da Capital, v.u., j. 27.11.2003, ementa: "Prestação de serviços de telefonia – Ação declaratória de inexibilidade de débito – Demanda improcedente – Execução da sentença declaratória pelo réu – Possibilidade – Exegese do art. 475-N, inciso I, do Código de Processo Civil".

30. Cf. Cândido Rangel Dinamarco, *Instituições de Direito Processual Civil*, vol. III, cit., p. 255.

31. Idem, ibidem, p. 257.

Considera-se plena a eficácia que emerge da sentença constitutiva definitiva, porquanto acolhido o pleito de modificação de uma situação jurídica, nenhuma atividade complementar de natureza executiva é reclamada, já que a finalidade da pretensão se esgota no próprio pronunciamento judicial. Como é cediço, por exemplo, o ato consistente no registro da decisão judicial em cartório, ou repartições públicas, nas situações em que tal providência é reclamada por lei não é medida de sub-rogação, cuidando-se de mera documentação da sentença, denominada pela doutrina de execução imprópria.[32]

Como elucida Barbosa Moreira,

> trata-se, na verdade, de efeitos produzidos pela própria sentença, sem necessidade alguma da posterior prática de atos destinados a modificar o mundo exterior, sensível, menos ainda do emprego de meios de coerção. A mudança da situação jurídica – que é a única alterada – decorre *ipso iure* do trânsito em julgado da sentença de procedência do pedido.[33]

Excepcionado o provimento jurisdicional que acolhe o pedido de anulação de atos jurídicos em geral, que induz ao fenômeno da repristinação (CC, art. 182), a eficácia da sentença constitutiva se perfaz, em regra, para o futuro (efeito *ex nunc*), a partir do trânsito em julgado, tendo em vista que o legislador não previu, diante do risco da irreversibilidade do provimento, a sua implementação na modalidade provisória, reservando-se ela para a tutela de natureza condenatória, para cujo dano o sistema impôs o dever de ressarcimento pela adoção da teoria da responsabilidade civil objetiva (art. 475-O, CPC/1973; art. 520 e incisos, CPC/2015).

Todavia, em situações em que estiver presente o perigo de dano irreparável, como consectário da grandeza temporal, segundo magistério de Luiz Guilherme Marinoni, "pode ser necessária uma tutela que confira ao autor os efeitos concretos da constituição pretendida ou que impeça a prática de atos que serão ilegais caso a sentença seja de procedência",[34] de sorte que vale a mesma observação lançada para as tutelas declara-

---

32. Expressão utilizada por Alfredo Buzaid, Cf. apontamento de Cândido Rangel Dinamarco, *Instituições de Direito Processual Civil*, vol. III, cit., p. 209.
33. Cf. *O Novo Processo Civil Brasileiro (Exposição sistemática do procedimento)*, 25ª ed., Rio de Janeiro, Forense, 2007, p. 224.
34. Cf. *Antecipação da Tutela*, cit., p. 56. Acrescenta o mesmo doutrinador que "a tutela de sustação de protesto, no caso de demanda desconstitutiva, também é antecipatória, já que impede um ato que não poderia ser praticado se houvesse sido pronunciada a desconstituição" (idem, p. 58).

tórias, sendo cabíveis medidas antecipatórias em torno de providências correlatas ao provimento futuro, desde que não esteja configurada a irreversibilidade.

Insere-se, de acordo com a doutrina majoritária, na modalidade constitutiva a tutela que confere ao autor a declaração de direito com vistas à obtenção de efeitos provenientes de uma manifestação de vontade omitida pelo réu, ou de descumprimento do compromisso de concluir um contrato, cuja obrigação estava prevista em título (arts. 466-A, 466-B e 466-C, CPC/1973; art. 501, CPC/2015), *v.g.*, a ação de adjudicação compulsória (Dec.-Lei 58/1937).[35]

Apesar da redação adotada no art. 466-A do CPC/1973, que se reportava ao vocábulo "condenado", este artigo não exibia na espécie a necessidade de prática de atos executivos, quando muito aquele foi "empregado em sentido muito amplo, equivalente a *efetivação*, ou *imposição do cumprimento por ato judicial*. Nesse sentido larguíssimo mas legítimo, toda sentença constitutiva é *ato de execução*".[36] Indiscutível, pois, a sua natureza constitutiva, embora seja pertinente assinalar que aí não se trata verdadeiramente de direito potestativo, espécie relacionada à tutela que visa a solucionar uma crise de situação jurídica, pois a decisão substitutiva busca atender ao direito a uma prestação a ser outorgado pelo Estado, que materializa situação jurídica idêntica àquela que decorreria da natural atuação a que estava obrigado o demandado.

1.3 Condenatória

Fundamenta a tutela condenatória em declarar a existência de um direito e, na sequência, em conferir a possibilidade de exigir a prestação de uma obrigação, de modo que a sua distinção entre as demais espécies de conhecimento se opera por esse "*segundo momento lógico*, consistente na criação de condições para que a execução passe a ser admissível no caso, isto é, para que ela venha a ser a via *adequada* para o titular do direito buscar sua satisfação",[37] abrindo-se ao sujeito a quem o direito foi reconhecido a oportunidade de prática de atos executivos.

Nesse sentido, de acordo com a doutrina de Liebman, adotada pela maioria dos autores nacionais e estrangeiros, a espécie condenatória

---

35. Cf. Cândido Rangel Dinamarco, *Instituições de Direito Processual Civil*, vol. III, cit., pp. 257-259.
36. Idem, ibidem, pp. 253 e 259.
37. Idem, ibidem, p. 234.

agregaria dois elementos distintos ou duas declarações autônomas: na primeira etapa o juiz estipularia o direito aplicável no caso concreto e, na fase seguinte, haveria de impor à parte vencida "sanção estabelecida na lei para o ato ilícito".[38]

O escopo da tutela condenatória é a superação da crise de adimplemento, não apenas de certeza (declaratória), ou de situação jurídica (constitutiva), ao reconhecer ao detentor do direito o respectivo título contendo todos os elementos da obrigação (variáveis, de acordo com as características obrigacionais e a natureza do direito, *v.g.*, nas condenações denominadas alternativas, genéricas e condicionais), ao mesmo tempo em que se impõe ao obrigado a sanção executiva. Não efetivado o comando judicial espontaneamente, emerge a sua característica marcante, isto é, a necessidade de pôr em prática os atos tendentes à sua satisfação, porquanto a sentença condenatória, em regra, traz em si apenas um preceito a ser realizado.

A técnica de efetivação das tutelas condenatórias varia de acordo com a natureza da obrigação que lhes é subjacente. Nas obrigações de pagar quantia, com o inadimplemento, não resta qualquer dúvida acerca da necessidade de prática extensiva de atos tendentes à satisfação do vencedor. Da mesma forma, tanto na de fazer e na de não fazer, quanto na de entregar (ou dar) coisa, é imprescindível a atividade complementar, caso o comando obrigacional não seja cumprido de modo voluntário.

Como traço distintivo em todas as espécies de condenação, há de existir a pronta colaboração do devedor, a qual será fundamental, inclusive na obrigação de fazer e de abster-se, para a obtenção do resultado pretendido pelo credor.

Com efeito, "a recusa do devedor, no particular, coloca em confronto dois valores: o do respeito à liberdade individual, pelo que se afasta a legitimidade de ser violentado o devedor em sua liberdade, resolvendo-se o inadimplemento em perdas e danos, e o da tutela do interesse do credor, assegurando-se-lhe a execução específica",[39] situação que dá

---

38. Cf. *Processo de Execução*. 4ª ed., São Paulo, Saraiva, 1980, pp. 14-19.

Filiando-se à corrente que questiona o ilícito sancionável como critério constante e distintivo das sentenças condenatórias, Barbosa Moreira aponta, para sustentar o seu entendimento, o exemplo em que ao vencido é imposta a obrigação de arcar as despesas do processo. Cf. "Reflexões críticas sobre uma teoria da condenação civil", *Temas de Direito Processual*, 1ª série, São Paulo, Saraiva, 1977, p. 1.346.

39. Cf. José Joaquim Calmon de Passos, *Inovações no Código de Processo Civil*, Rio de Janeiro, Forense, 1995, p. 52.

ensejo, dependendo do caso concreto, à prática de atos cominatórios ou sub-rogatórios.[40]

1.4 Mandamental

Para os seguidores da teoria ternária, a classificação das tutelas de conhecimento cinge-se somente às declaratórias, constitutivas e condenatórias, ao passo que os defensores da teoria quinária catalogam também as sentenças denominadas mandamentais e executivas, as quais se distinguiriam da tutela condenatória, especialmente por força da inconfundível preponderância da carga de eficácia.[41]

40. A propósito, não se discute a relevância da efetiva entrega da tutela específica, que deve ser priorizada em relação à modalidade ressarcitória, porém, como realisticamente lembra Andrea Proto Pisani, "la strada da percorrere per attribuire effettività a tale specie di tutela è ancora notevole. I punti critici, i nodi, che restano ancora irrisolti riguardano soprattutto l'esecuzione forzata in forma specifica (...)". Cf. *Lezioni di Diritto Processuale Civile*, 3ª ed., Napoli, Eugenio Jovene, 1999, p. 818.

41. Cf. Pontes de Miranda, *Comentários ao Código de Processo Civil*, t. I, cit., pp. 139-141.

O reconhecimento da modalidade de sentenças mandamentais no nosso ordenamento principiou-se com a introdução do Código de Defesa do Consumidor (art. 84), seguido da redação do art. 461 do CPC/1973 (CPC/2015, art. 497). A adoção da teoria quinária não é unanimidade na doutrina nacional, como se pode notar da crítica endereçada por José Carlos Barbosa Moreira, para quem a classificação em cinco espécies de sentença não seria uniforme por se valer tanto do conteúdo da sentença quanto dos seus efeitos (cf. "Questões velhas e novas em matéria de classificação das sentenças", *COAD – Seleções Jurídicas ADV*, ago. 2003, *passim*). Lembra, ademais, o mesmo autor, que até hoje se mantém firme, na literatura estrangeira, a classificação tradicional ternária (cf. "Sentença executiva?", in *Temas de Direito Processual*, 9ª série, São Paulo, Saraiva, 2007, p. 181).

Seguem a orientação na doutrina nacional da teoria elaborada por Pontes de Miranda, que abarca as cinco classes autônomas, entre outros: Araken de Assis, Sérgio Gilberto Porto, Clóvis do Couto e Silva, Carlos Alberto Álvaro de Oliveira e Ovídio A. Baptista da Silva. Cf. Araken de Assis, *Manual da Execução*, 12ª ed., São Paulo, Ed. RT, 2009, p. 79.

Sob o enfoque da crise verificada no plano material, José Roberto dos Santos Bedaque entende suficiente a classificação ternária, pois "as denominadas sentenças executivas ou mandamentais representam mera variação da forma como serão praticados os atos destinados à realização concreta do conteúdo do ato cognitivo: no mesmo processo ou mediante medidas de coerção" (cf. "Algumas considerações sobre o cumprimento da sentença condenatória", *Revista do Advogado*, n. 85, maio 2006, pp. 66 e 68). Em acréscimo, assenta que a classificação quinária encerraria em si mesma um problema pela falta de homogeneidade. Cf. *Efetividade do Processo e Técnica Processual*, cit., pp. 578-580.

De qualquer forma, na comparação entre a sentença condenatória e a mandamental, sob o aspecto estrutural, vislumbra-se, em ambos os provimentos, a identidade na primeira etapa lógica, quando se dá o reconhecimento da obrigação, residindo o diferencial na imposição de preceito na sorte mandamental, ao acoplar ao comando sentencial um atributo especial para a implementação do direito reconhecido ao vencedor,[42] *v.g.*, a ordem em mandado de segurança é dirigida à autoridade coatora, a determinação de desconto de pensão alimentícia em folha de pagamento é expedida ao empregador, nas condenações por obrigação de fazer, de não fazer, ou de entregar coisa certa podem ser conferidas, caso não haja cumprimento espontâneo, providências para a melhor efetivação da tutela ou a obtenção do resultado prático equivalente.[43]

Sobreleva, assim, como nota de distinção entre essa classe de tutela e a condenatória a possibilidade de imposição à denominada mandamental de ordem especial ou de medidas coercitivas com o intento de efetivação da obrigação, o que não ocorreria na sentença condenatória comum,[44] na qual caberia ao titular do direito a busca de realização de medidas

Há autores que utilizam a expressão "classificação trinária", mas melhor seria se fosse substituída por "classificação ternária", que significa constituída de três, sendo que o vocábulo "trinária" ou "trinário" não consta nos verbetes, como se confere no *Dicionário Houaiss da Língua Portuguesa*, 1ª ed., 2009.

42. Nesse sentido, Cândido Rangel Dinamarco proclama que a tutela mandamental seria outra modalidade de condenatória, cuja diferença estaria na presença em relação à primeira de maior potencial coercitivo, porém não seria uma quarta espécie, pois "por sua estrutura, função e eficácia, as sentenças mandamentais compartilham da natureza *condenatória*, sem embargo do reforço de eficácia que lhes outorga a lei". Cf. *Instituições de Direito Processual Civil*, vol. III, cit., pp. 236 e 250.

De acordo com James Goldschmidt, o provimento dessa natureza conteria, ao lado da declaração do direito, uma ordem dirigida a alguma autoridade ("Der Prozess als Rechtslage", § 31, p. 496, nota 2.615, *apud* Araken de Assis, *Manual da Execução*, cit., p. 89, nota de rodapé n. 96).

43. Eduardo Talamini, ao comentar a técnica instituída no art. 461 do CPC de 1973, afirma, em reforço à mandamentalidade, que "o provimento concessivo da tutela, mais do que autorizar o emprego de meios substitutivos da conduta do réu, há de ter força suficiente para *mandar* que ele mesmo adote o comportamento devido. A cientificação desse ato ao demandado não constituirá, então, mera 'oportunidade para cumprir'. Veiculará *ordem, revestida de autoridade estatal, para que cumpra*". Cf. "Tutelas mandamental e executiva *lato sensu* e a antecipação de tutela *ex vi* do art. 461, § 3º do CPC", in *Aspectos Polêmicos da Antecipação de Tutela*, São Paulo, Ed. RT, 1997, p. 152.

44. No entanto, como anotou José Roberto dos Santos Bedaque, existe ordem ao escrivão do Registro Civil para a averbação do divórcio, interdição, ou da paternidade, modalidades de tutelas constitutiva e declaratória. Cf. *Efetividade do Processo e Técnica Processual*, cit., p. 524.

de sub-rogação. Contudo, a primeira não perde a natureza nitidamente condenatória,[45] conquanto é relevante registrar, em relação ao eventual discrímen, que, conforme a dicção de Barbosa Moreira, "tampouco se justifica o abandono da qualificação de 'condenatória' para a sentença, só porque a efetivação do *decisum* se siga à respectiva prolação, no mesmo processo, sem solução de continuidade, ou só porque a iniciativa parta do mesmo órgão judicial que proferiu o julgamento".[46]

Cogita-se a possibilidade da presença de provimento mandamental nas hipóteses de obrigação de pagamento de quantia com vistas à imposição de ordem judicial ou medidas de coerção, também denominadas de "execução indireta", ao devedor, exercendo-lhe pressão psicológica, a fim de se colher a pronta prestação em favor do credor.[47] De início, a análise perfunctória da questão remete, de modo inexorável, à imprescindível definição da espécie obrigacional conferida pelo direito material, pois, somente a partir dos contornos da obrigação (sujeitos, objeto e forma), é possível estabelecer os meios colocados à disposição pelo ordenamento processual que se revelem mais adequados e eficientes em concreto, sem se olvidar ainda de eventuais limitações impostas pelo legislador.[48]

45. Cândido Rangel Dinamarco traz ainda mais um argumento para a defesa do entendimento de que a sentença mandamental conservaria o tônus condenatório pela necessidade, na conversão da obrigação específica em pecuniária, da atuação da vontade do próprio credor. Cf. *Instituições de Direito Processual Civil*, vol. III, cit., pp. 249-250.
46. O mesmo processualista aponta o exemplo da justiça trabalhista (CLT, art. 878, *caput*), que confere a possibilidade de execução da sentença *ex officio* pelo juiz ou Presidente do Tribunal competente, para demonstrar que essa circunstância não faz desaparecer a sua natureza condenatória. Cf. "A nova definição de sentença", *Revista de Processo* 136, pp. 270-271.
Acrescenta José Roberto dos Santos Bedaque que não é possível identificar, com precisão, o motivo da existência de ordem para algumas sentenças e indaga se isso não seria resultado de pura discricionariedade do legislador. Cf. *Efetividade do Processo e Técnica Processual*, cit., p. 531.
47. Cf. Flávio Luiz Yarshell e Marcelo José Magalhães Bonício, "Tutela mandamental nas obrigações de pagamento de quantia", in *Tutelas de Urgência e Cautelares*, São Paulo, Saraiva, 2010, *passim*.
48. Na execução contra a Fazenda Pública, de acordo com o art. 87 do ADCT da CF, e segundo a Lei 10.259/2001 (art. 17 e parágrafos), a execução de quantia considerada de pequeno valor far-se-á sob a forma de requisição pelo juízo da execução (RPV), após o trânsito em julgado da decisão, para que efetue o pagamento no prazo de 60 dias contados de sua entrega, sob pena de sequestro da importância devida, ao invés de se adotar o procedimento do precatório judicial.
O Código de Processo Civil de 2015 seguiu semelhante orientação adotada pela legislação acima. Cf. art. 535, § 3º, II, não impugnada a execução ou rejeitadas as

Mesmo que se aceite, em linhas gerais, a premissa de que a execução por sub-rogação seria menos efetiva do que a imposição de medidas coercitivas ou mandamentais, essas não encontrariam espaço nas obrigações em que se revele em sua faceta única o descumprimento de entregar quantia em dinheiro, situação na qual a conduta esperada do devedor se restringe a um atuar voltado ao pagamento. Assim, em tese, toda obrigação que não se resuma ao simples adimplemento de uma obrigação de pagar, envolvendo outra forma de comportamento, não se afigura infenso à aplicação de medidas de caráter cominatório, isolada ou cumulativamente.

De qualquer forma, tirante a possibilidade de restrição de liberdade em caso de dívida de alimentos, na situação preconizada no art. 733 do CPC/1973; art. 528, §§ 3º e 4º, do CPC/2015, e em outros casos específicos, relativos "aos deveres instrumentais ao pagamento de quantia",[49] tais como a constituição e a inscrição de hipoteca judiciária (art. 466, CPC/1973; art. 495, CPC/2015), e a determinação para que o devedor indique os bens penhoráveis (art. 600, IV, CPC/1973; art. 774, V, CPC/2015), o sistema não tolera a adoção de técnicas de coerção nas obrigações de conteúdo puramente pecuniário, cuja satisfação deverá ser realizada através do ato estatal consistente na expropriação de bens da esfera do devedor, transferindo-se o seu produto ao credor.

É interessante mencionar que tem havido prolação de comandos judiciais no âmbito da execução contra a Fazenda Pública, envolvendo a necessidade de pronta liberação de quantia certa, sem se submeter ao regime do precatório, para que, em caso excepcional, o credor desfrute de efeito satisfativo imediato, assegurando-se-lhe, por exemplo, uma terapia médica de urgência, sob o fundamento da sobreposição do direito à vida às finanças públicas.[50] Todavia, à margem do palpitante tema do controle jurisdicional das políticas públicas e de seus limites, tem-se que na situação mencionada a obrigação, apesar de à primeira vista apresentar a feição pecuniária, encerra indisfarçável preceito de ordem, ou seja, o

---

arguições da executada, independente de precatório, *in verbis*: "por ordem do juiz, dirigida à autoridade na pessoa de quem o ente público foi citado para o processo, o pagamento de obrigação de pequeno valor será realizado no prazo de 2 (dois) meses contado da entrega da requisição, mediante depósito na agência de banco oficial mais próxima da residência do exequente".

49. Cf. Flávio Luiz Yarshell e Marcelo José Magalhães Bonício, "Tutela mandamental nas obrigações de pagamento de quantia", cit., p. 570.

50. Cf. Ricardo Perlingeiro, "Redefinição de papéis na execução de quantia certa contra a Fazenda Pública", *Revista CEJ*, vol. 31, n. 9. Brasília, out./dez. 2005, pp. 72-73.

pedido é no sentido de que o Estado providencie o tratamento de saúde sem protelações, circunstância em que se daria ensejo à imposição de diversos meios para a efetivação da tutela.

1.5 Executiva (lato sensu)[51]

Escrevera Pontes de Miranda, em comentário ao Código de Processo Civil de 1939, a seguinte observação:

> a noção de executividade não se restringe àqueles casos em que se pede a expropriação de alguns bens, mais precisamente – em que se pede a expropriação do *poder de dispor*, e posterior entrega do equivalente ao autor exequente. Também abrange aqueles casos em que se entrega o *bem específico*, ou a *prestação específica* (*e.g.*, a parte do bem antes indiviso). Por isso mesmo, a ação de execução de sentença que *condenou* a entregar coisa certa supõe *ação de condenação* não cumulada com a de *execução*. A cumulação verifica-se nas ações possessórias e na imissão de posse, por exemplo, cuja sentença *já expede o mandado de execução*. Sempre que esse elemento executivo prepondera, tal como se dá com as ações do art. 298, a ação é executiva (e mandamental), e prescinde de *actio iudicati*.[52]

Extrai-se, assim, do entendimento do respeitável autor que na tutela executiva, como na mandamental, sobressairia um elemento específico, o que faria dispensar a formação de outra relação processual, ou, como decorrência lógica, prescindiria, para a realização de medidas tendentes a dar efetividade, "instaurar novo processo, formalmente diferenciado: a atividade jurisdicional prossegue, embora com caráter distinto, no mesmo feito em que se proferiu a sentença".[53] Araken de Assis, embora sustente a insuficiência da classificação ternária, enfatiza a importância da natureza do direito discutido concretamente:

> uma sentença não exibe força executiva senão em virtude do direito material posto em causa. A circunstância de os atos se realizarem no

---

51. Com razão, Barbosa Moreira critica a expressão *lato sensu*, uma vez que não se antevê a eventual diferenciação substancial com a denominada executiva *stricto sensu*. Cf. "Questões velhas e novas em matéria de classificação das sentenças", cit., p. 24.

52. Cf. *Comentários ao Código de Processo Civil*, t. IV, 2ª ed., Rio de Janeiro, Forense, 1959, p. 280.

53. Cf. Barbosa Moreira, "'Cumprimento' e 'execução' de sentença: necessidade de esclarecimentos conceituais", *Temas de Direito Processual*, 9ª série, São Paulo, Saraiva, 2007, p. 323.

mesmo processo é irrelevante. Trata-se de área reservada, legitimamente, à técnica do processo, mas não toca o problema básico da execução, nem altera o direito material objeto da provisão judicial.[54]

Ao longo da discussão em torno da teoria da classificação das tutelas que melhor explicaria o fenômeno da diversidade de provimentos judiciais, não há impedimento para conferir a denominação de tutela executiva para a modalidade de sentença condenatória que propicie a prática de atos executivos no mesmo processo em que ela foi proferida. A doutrina menciona como exemplos dessa espécie de tutela a sentença que julga procedente a ação de depósito, a que acolhe o pedido de despejo, domínio, reintegração de posse, imissão na posse, entre outros. Conforme esclarece Cândido Rangel Dinamarco, essas sentenças seriam autênticas condenatórias, manifestando a diferença apenas na prescindibilidade da iniciativa da parte para a efetivação do direito.[55]

Pode-se apontar como outra distinção entre a tutela executiva e a condenatória o fato de que na primeira a atividade de satisfação volta-se, em regra, ao objeto determinado, com vistas à recomposição da situação anterior, enquanto que na última aquela atuação poderá recair sobre qualquer bem do devedor, emergindo a nota da fungibilidade.

Com efeito, de acordo com Araken de Assis, uma das diferenças de destaque entre a tutela executiva e a condenatória estaria na seguinte circunstância:

> na ação que nasce com força executiva (eficácia imediata), o ato de cumprimento recairá sobre bem que integra o patrimônio do vencedor (*v.g.*, na ação de despejo a posse, senão o domínio mesmo, pertence ao locador); na ação que nasce com simples efeito executivo (eficácia

---

54. Cf. *Manual da Execução*, cit., p. 93.
55. Cf. *Instituições de Direito Processual Civil*, vol. III, cit., p. 251.
A propósito, adverte José Roberto dos Santos Bedaque que é "equivocado afirmar que a eliminação do processo de execução, dotando a sentença condenatória de executividade – o que a transformaria em executiva ou executiva *lato sensu* –, constitui solução apta a conferir-lhe maior grau de efetividade. Seja meramente condenatória, seja executiva, haverá necessidade da prática dos mesmos atos destinados a concretizar o comando da sentença. A única diferença reside na técnica adotada para a prática desses atos: no mesmo processo ou em processo distinto". Cf. *Efetividade do Processo e Técnica Processual*, cit., p. 543.
De acordo com o Código de Processo Civil de 2015, nem essa distinção mais prevalecerá, pois a sua execução dar-se-á nos próprios autos de imediato, com a exceção da obrigação de pagar quantia, em que o cumprimento da sentença far-se-á a requerimento do exequente (arts. 513, § 1º, 536 e 538).

mediata ou diferida), o ato executivo recairá sobre bem integrante do patrimônio do vencido.[56]

De conformidade com o mesmo autor, a eficácia executiva, que permitiria a incursão imediata na esfera jurídica do vencido, objetivando um bem previamente definido, seria o motivo para a dispensa da "instituição de novo processo para reavê-lo".[57]

Sob outro enfoque, Flávio Luiz Yarshell, elencando as situações figuradas pela doutrina para explicar o fenômeno da sentença executiva e a mandamental, particularmente no exemplo em que se dá a imposição ao vencido de um dever de prestação consistente em entrega de coisa, esclarece que a tônica não estaria na própria sentença, mas no modo de execução, já que aquelas espécies de tutela, "como casos típicos de sentença condenatória que são, não dispensam o prosseguimento da atuação estatal para que o respectivo comando produza efeitos concretos".[58]

E complementa o autor:

> dizer que uma sentença que impõe prestação é "executiva" – no sentido de que dispensa a execução – é contrariar a lógica porque uma sentença com esse conteúdo e efeitos, por si só, nada produz em prol do demandante vencedor e em nada altera o mundo concreto, o que somente poderá ocorrer com a prática de atos materiais de invasão da esfera individual do devedor.[59]

Da análise das características de cada espécie de tutela jurisdicional tem-se que a concretização dos princípios integrantes da efetividade dependerá, em primeiro lugar, essencialmente, da natureza do direito material envolvido, pois os provimentos meramente declaratórios e constitutivos demandarão nenhuma atividade executória, ou, quando muito, providências de cunho administrativo, como a expedição de mandado de averbação ao competente cartório.

A tutela condenatória, incluindo-se nela, para os defensores da teoria quinária, a executiva e a mandamental, exigirá, não havendo colaboração do vencido, atos de materialização do direito reconhecido, por meio daqueles praticados, ou não, nos próprios autos, de modo que

---
56. Cf. *Manual da Execução*, cit., p. 92.
57. Idem, ibidem.
58. Cf. "Reflexões em torno da execução para entrega de coisa no direito brasileiro", in *Processo Civil. Evolução. 20 anos de vigência*, São Paulo, Saraiva, 1995, pp. 129-130.
59. Idem, ibidem.

nessa modalidade de provimento se acentua a importância do papel do juiz no incremento da efetividade, como será visto no item seguinte, em especial no manejo das técnicas disponibilizadas pelo sistema (execução direta e indireta).

De outro lado, da análise comparativa das espécies de tutela também é possível perceber que o juiz é compelido a solucionar a tensão entre os valores conflitantes da celeridade e segurança através das diversas técnicas de cognição, a exemplo do exame dos requisitos da antecipação de tutela, aplicável inclusive em relação aos efeitos dos atos cuja realidade jurídica é objeto de pronunciamento final nas ações meramente declaratórias e constitutivas.

Em relação aos poderes instrutórios do juiz, que se revelam de modo mais contundente no processo de conhecimento, na esteira da cognição, seja no plano vertical, ou no plano horizontal, observada em qualquer fase ou espécie do processo, vale lembrar que também haverá de sopesar os elementos da efetividade por ocasião da fixação dos "pontos controvertidos na demanda e determinar sobre quais questões recairá a produção de provas, ao passo que a iniciativa probatória também poderá ser exercida quando relevantes e necessários outros elementos de prova, cuja finalidade se presta à formação do livre convencimento".[60]

2. Tutela satisfativa

No âmbito do processo ou fase de execução a exigência da presteza na atividade jurisdicional atinge o seu ponto crucial, porquanto é natural que, ultrapassado todo o *iter* procedimental para o reconhecimento judicial de uma situação de vantagem, ou apresentado título que porte determinado grau de probabilidade de existência do crédito,[61] se potencialize a expectativa da entrega do bem da vida de modo célere e eficaz. A efetividade do processo de execução, no dizer de Leonardo Greco, "consiste na busca da atuação no mundo dos fatos de modo tão completo e oportuno quanto se o devedor viesse a cumprir espontaneamente a prestação constante do título".[62]

---

60. Cf. Daniel Penteado de Castro, *Contribuições ao Estudo dos Poderes Instrutórios do Juiz no Processo Civil: fundamentos, interpretação e dinâmica*, São Paulo, Dissertação de mestrado defendida perante a Faculdade de Direito da Universidade de São Paulo, 2010, p. 272.
  61. Cf. Cândido Rangel Dinamarco, *Instituições de Direito Processual Civil*, vol. IV, 6ª ed., São Paulo, Malheiros Editores, 2009, pp. 210-211.
  62. Cf. "A execução e a efetividade do processo", *Revista de Processo* 94, abr./jun. 1999, p. 45.

2.1 Modalidades de obrigação e técnicas de satisfação

O fenômeno da sentença de conhecimento indica que, com exceção da exclusivamente declaratória e constitutiva, se requer essencialmente um *facere* a ser levado a cabo pelo réu (tutela condenatória), para cujo adimplemento dependerá de sua atuação. Convindo a sua inércia ou o seu cumprimento parcial, será imprescindível a imposição de meios diretos ou indiretos, dependendo da natureza da obrigação que lhe foi imposta, de modo que as medidas sub-rogatórias são destinadas à efetivação da obrigação de pagar. Por outro lado, se se revelar necessário o concurso do próprio devedor (obrigação específica), é deliberada, em regra, a aplicação de diversos expedientes cominatórios, ou de coerção, previstos no ordenamento jurídico e conferidos *ope judicis*.

Nesse diapasão, não se pode ignorar, de acordo com a natureza da obrigação imposta, o surgimento de obstáculo intransponível em caso de ausência de cooperação do devedor, remanescendo, por exemplo, a conversão em perdas e danos (art. 638 e parágrafo único, CPC/1973; art. 821 e parágrafo único, CPC/2015) diante das especificidades do direito em torno do qual se busca a realização prática e, *e.g.*, dada "l'obbiettiva impossibilità di eseguire coattivamente gli obblighi di fare infungibili".[63]

Assim, as sentenças que conferem uma prestação a ser realizada pelo próprio devedor, em função de sua natureza, são dotadas de menor grau de efetividade, porque não dispõem da autossuficiência de que se revestem os provimentos meramente declaratórios e especialmente os constitutivos, onde o Estado-Juiz atua onipotente – na produção de efeitos de direito.[64]

No tocante ao eventual incremento da celeridade atribuível ao modelo de execução das tutelas condenatórias denominadas executivas ou mandamentais por conta da redução das possibilidades de oposição

---

Giuseppe Tarzia, referindo-se à expressão "giusto processo" constante no art. 6º da Convenção Europeia para a proteção dos direitos do homem e das liberdades fundamentais de 1950, lembra que a sua aplicação aos processos de execução forçada de sentenças civis foi afirmada pela Corte Europeia em vários julgamentos, com base no argumento de que o direito ao acesso aos tribunais "sarebbe illusorio se l'ordinamento giuridico interno di uno Stato contraente permettesse che una decisione giudiziale definitiva e vincolante restasse inoperante a danno di una parte (...) l'esecuzione di una sentenza, di qualsiasi giurisdizione, deve dunque essere considerata come parte integrante del 'processo' ai sensi dell'art. 6". Cf. "Il giusto processo di esecuzione", *Rivista di Diritto Processuale*, n. 2/2002, Padova, CEDAM, abr./jun. 2002, p. 330.

63. Cf. Crisanto Mandrioli, *Corso di Diritto Processuale Civile*, vol. I, 4ª ed., Torino, Giappichelli, 2005, p. 107.

64. Cf. Barbosa Moreira, "Tendências na execução de sentenças e ordens judiciais", *Temas de Direito Processual*, 4ª série, São Paulo, Saraiva, 1989, p. 217.

de embargos ou impugnação pelo executado, assim como diante da imposição de providências assecuratórias visando ao resultado prático equivalente, a questão não se revela tão simples, como se verifica, exemplificativamente, nos provimentos que imponham prestação de dar coisa certa, em que seria possível cogitar a oferta pelo executado de alegações relevantes após a prolação da sentença acerca de fatos ou circunstâncias supervenientes, v.g., a alienação de coisa litigiosa e a realização de benfeitorias na coisa.[65]

Nesse particular, haveria duas alternativas a serem consideradas, como anotou Flávio Luiz Yarshell em artigo publicado antes da promulgação da Lei 10.444/2002, que conferiu nova redação aos arts. 461-A e 621 do CPC/1973: ou se compreende que não poderia ser articulada qualquer matéria nessa via, senão pleitear reparação oportunamente, ou se facultaria o ingresso de "simples" petição nos autos, de modo que se estaria diante de um dilema de difícil solução, a qual passaria pelo exame dos limites da cognição permitidos nas relações processuais derivadas da execução dessas espécies de tutela condenatória.

Prosseguindo, esclarece que qualquer matéria que seja importante para a respectiva execução

> pode e deve ser alegada e conhecida na própria relação processual, desde que possa ser julgada de plano pelo juiz, sem a necessidade de proceder a dilação probatória, que não a simplesmente literal e pré-constituída. Do contrário, isto é, sendo necessária essa modalidade de instrução, deve o magistrado remeter as partes às vias próprias e adequadas a tal cognição.[66]

---

[65]. O STJ tem firmado entendimento no sentido de que o direito de retenção por benfeitorias deve ser exercido, sob pena de preclusão, no momento da contestação, durante o processo de conhecimento de natureza possessória, como no caso da ação declaratória de invalidade de compromisso de venda e compra com pedido cumulativo de restituição da posse de imóvel, em que a discussão acerca daquele eventual direito seria inadmissível na fase executiva ou de cumprimento, a teor da redação do art. 461-A do CPC/1973 (incluído pela Lei 10.444/2002), que passou a admitir a oposição de embargos apenas nas hipóteses de execução voltada à entrega de coisa certa prevista em título extrajudicial (CPC/1973, art. 621). Cf. REsp 1.278.094-SP, rel. Min. Nancy Andrighi, v.u., j. 16.8.2012.

O Código de Processo Civil de 2015 expressamente adotou o regramento que remete o ônus da alegação de existência de eventuais benfeitorias, assim como o seu direito de retenção, "(...) na fase de conhecimento, em contestação, de forma discriminada e com atribuição, sempre que possível e justificadamente, do respectivo valor" (CPC/2015, art. 538, §§ 1º e 2º).

[66]. Cf. Flávio Luiz Yarshell, "Reflexões em torno da execução para entrega de coisa no direito brasileiro", cit., pp. 133-135. De acordo com o ordenamento

ATUAÇÃO JUDICIAL E A NATUREZA DA TUTELA JURISDICIONAL 341

Para Luiz Guilherme Marinoni, sob uma visão histórico-crítica, a classificação ternária das sentenças representaria a expressão de valores de um modelo institucional de Estado de matriz liberal, sob as influências doutrinárias do final do século XIX, o que teria dado margem ao surgimento de "um juiz despido de poder de *imperium* e que deveria apenas proclamar as palavras da lei. As tutelas da classificação trinária, todas elas *lato sensu* declaratórias, refletem esta ideia, já que não permitem ao juiz dar ordens".[67] Acrescenta o autor a seguinte consideração:

> a sentença condenatória, compreendida como uma sentença que se liga à execução por sub-rogação, afasta-se da ideia de coerção sobre a vontade do obrigado. A correlação entre a condenação e a execução por sub-rogação, implícita no conceito clássico de sentença condenatória, tem um evidente compromisso com a ideologia liberal, já que evidencia que o juiz não pode atuar sobre a vontade do réu mediante o uso de coerção, privilegiando, assim, o valor da liberdade individual.[68]

Todavia, em que pese a importância do estudo dos institutos processuais sob os aspectos histórico-políticos,[69] no tema da execução, a efetividade das decisões judiciais passa necessariamente pelo aprimoramento das técnicas executivas, sejam expropriatórias ou coercitivas, que devem estar rentes à realidade do direito material que amolda as diversas espécies

---

processual, somente na execução de obrigação de entrega de coisa certa constante de título executivo extrajudicial, o devedor poderá apresentar embargos alegando direito de retenção por benfeitorias necessárias ou úteis (art. 745, IV, CPC/1973; art. 917, IV, CPC/2015), sem prejuízo da liquidação prévia obrigatória das benfeitorias indenizáveis feitas na coisa pelo executado ou por terceiros (art. 628, CPC/1973; art. 810, CPC/2015).

67. Cf. "O procedimento comum clássico e a classificação trinária das sentenças como obstáculos à efetividade da tutela dos direitos", in http://bdjur.stj.gov.br/xmlui/bitstream/handle/2011/2221/O_Procedimento_Comum_Cl%C3%A1ssico. pdf?sequence=1, pp. 16 e 21; acesso em 10.6.2010.

68. Idem, ibidem.

69. A propósito, Ovídio A. Baptista da Silva fez críticas contundentes em relação ao binômio conhecimento-execução ao afirmar que tal concepção estaria ligada ao princípio da neutralidade do juiz e a sua origem remontaria à natureza privada da função jurisdicional romana, daquela exercida pelo *iudex* na fase da *ordo judiciorum privatorum*, que teria sido "transmitida através do Processo de Conhecimento, responsável pela supressão do *processus executivis* medieval". Esse conceito de jurisdição posteriormente teria sustentado os ideários do Estado Absoluto, calcado no *juízo de certeza* e no paradigma da ordinariedade, o que viria de encontro às tentativas de modernização do processo civil contemporâneo. Cf. *Jurisdição e Execução na Tradição Romano-Canônica*, 3ª ed., Rio de Janeiro, Forense, 2007, pp. 90, 95, 113-114, 130, 189, 193, 196-197 e 200-201.

de obrigação. Afigura-se, assim, que a adoção de uma ou outra teoria acerca da classificação das tutelas (ternária ou quinária) não será determinante para estabelecer o grau de efetividade na satisfação do comando conferido judicialmente, de igual modo não representará o seu acréscimo o fato de que as providências executivas devam ou não ser implementadas no mesmo processo, mas sim o adequado manejo dos poderes do juiz, por exemplo, na determinação de medidas mais compatíveis, conforme as circunstâncias do caso concreto, para a obtenção da tutela específica ou do almejado resultado prático equivalente.

Com a agudeza de sempre, Barbosa Moreira escreveu, no tocante à construção legislativa que unificou no mesmo processo os atos de cognição e execução:

> a lei é livre de esbater ou apagar as fronteiras entre as referidas séries de atos, dispensar a propositura formal de "ação nova" a quem queira fazer realizar a segunda série, outorgar ao mesmo órgão judicial o poder de passar *motu proprio* de uma série à subsequente, intercalar atos típicos de uma a atos típicos de outra, antecipar à formulação da norma concreta providências tendentes à modificação do estado de fato (em princípio, na pressuposição de que a norma concreta será provavelmente formulada em tais ou quais termos), combinar, misturar, aglutinar, inventar mil esquemas variáveis de "arrumação", sem que disso resulte consequência alguma no plano da *natureza* dos atos: o que era cognição continuará sendo cognição, o que era execução não deixará de ser execução.[70]

O distinto doutrinador admite que houve, tecnicamente, modificação formal ou estrutural na sistemática da execução pela alteração legislativa de 2005, porém questiona se teria ocorrido o mesmo em caráter substancial, uma vez que, em qualquer situação, se trata "de levar a cabo uma atividade jurisdicional complementar, tendente a conformar a realidade concreta àquilo que se julgou".[71] O autor acresce a seguinte circunstância:

> a constância desse traço parece-nos muito mais importante que a eventual variação dos revestimentos externos do fenômeno; e tal variação por demais tênue para justificar a convicção de que, na sistemática anterior, se houvesse de qualificar de condenatória a sentença, ao passo que na consequente à reforma ela passe a merecer outro rótulo, o de executiva (...).[72]

70. Cf. "Sentença executiva?", cit., p. 185.
71. Idem, pp. 188-189.
72. Idem, ibidem.

Aqueles que sustentam a maior efetividade na execução se adotada a teoria quinária das tutelas centram-se na distinção entre a sentença condenatória e a executiva (ou a mandamental), argumentando que a diferenciação não residiria somente no fato de que a atividade satisfativa se realizaria no mesmo processo, mas, sim, na circunstância de que na tutela executiva a atuação do juiz não estaria submetida a formas fixas,[73] assim como ao executado não seria facultada a oposição de embargos ou de impugnação.

Todavia, a questão da rigidez procedimental parece não ser tão determinante e, ademais, ainda na execução de obrigação pecuniária, há sinais de relativa flexibilidade na condução das atividades judiciais, como o poder-dever de eleger os meios menos gravosos para o devedor, a teor do art. 620 do CPC/1973 (CPC/2015, art. 805). Quanto à eventual ausência de previsão de embargos (ou impugnação) nas espécies de obrigação específica, é imperioso registrar-se que, independentemente da técnica, não pode ser tolhido o direito de defesa, exercitável seja na etapa de conhecimento, ou na fase de execução, mormente se as questões se circunscreverem no âmbito das condições da ação e dos pressupostos processuais, articuláveis, inclusive, sob a forma de "exceção de pré--executividade".[74]

É pertinente anotar que,

> revigorada a garantia do acesso à justiça, com suas implicações de oferta de atividade efetiva em termos de resultado, os padrões do confronto entre seu atendimento e a intangibilidade da vontade individual – ambos valores consagrados na ordem jurídica brasileira

---

73. De acordo com Lino Osvaldo Serra Souza Segundo, a elaboração do art. 461 do CPC/1973 (CPC/2015, art. 497) teria consagrado ações sincréticas, unificando cognição e execução numa estrutura flexível onde "os diversos provimentos devem se ajustar consoante ditar a natureza da tutela específica que tiverem por fim prestar". Cf. "O binômio conhecimento-execução e as ações de cumprimento das obrigações de fazer e não fazer no art. 461 do CPC", *Revista de Processo* 127, set. 2005, p. 274.

74. Kazuo Watanabe, ao analisar o exemplo da ação de despejo, assinala, como particularidade das sentenças executivas e mandamentais, além da inadmissibilidade de embargos e da possibilidade de promoção da execução por simples mandado, "a necessidade de dedução de toda a defesa na fase de conhecimento, inclusive no tocante ao direito de retenção por benfeitorias, e não através de embargos na fase de execução", o que demonstra, em qualquer método empregado, a imprescindibilidade da cognição. Cf. "Tutela antecipatória e tutela específica das obrigações de fazer e não fazer (arts. 273 e 461 do CPC)", in *Reforma do Código de Processo Civil*, São Paulo, Saraiva, 1996, p. 23.

com *status* constitucional – devem ser revistos dentro de padrões de proporcionalidade.[75]

Desse modo, *v.g.*, o art. 620 do CPC/1973 (CPC/2015, art. 805) pode ser aplicado *ex officio*, caso o credor faça a opção pelo meio mais oneroso, ou a requerimento do interessado "por constituir verdadeiro princípio fundado na equidade e no tratamento paritário das partes no processo",[76] o que não afasta, igualmente, a preclusão se o devedor intervier nos autos e não impugnar, no primeiro momento em que lhe couber a manifestação, a execução e o meio indevido escolhido pelo credor.[77]

Barbosa Moreira, questionando a assertiva de que haveria maior margem de escolha de medidas de implementação pelo órgão judicial na conjugação de atividade cognitiva e executiva no mesmo processo, aponta a hipótese do pedido de despejo de imóvel, em que a execução deve ser implementada estritamente de acordo com o disposto na lei especial (Lei 8.245/1991, art. 63 e ss.), de modo a indicar que essa suposta maleabilidade procedimental não poderia ser concebida como característica própria das tutelas executivas.[78]

É importante também que não sejam confundidas a ideia de "execução" e a de "processo de execução", pois refletem situações ontologicamente diversas, o que vem a calhar para bem distinguir o verdadeiro alcance da principal modificação legislativa trazida pela técnica do "processo sincrético", pois a primeira permanece hígida, embora o segundo, não. Assim, "execução não é o nome de um tipo de processo, mas a denominação de uma atividade jurisdicional. Nos casos em que se faz necessário instaurar um processo para que tal atividade seja exercida, ter-se-á processo de execução".[79]

Pertinente, dessarte, o enfoque dado por Barbosa Moreira quanto à alteração promovida pela Lei 11.232/2005:

75. Cf. Lino Osvaldo Serra Sousa Segundo, "O binômio conhecimento-execução...", cit., p. 269.
76. Cf. Paulo Henrique dos Santos Lucon, em comentário ao art. 620 do CPC/1973; e Antônio Carlos Marcato (coord.), *Código de Processo Civil Interpretado*, 2ª ed., São Paulo, Atlas, 2005, p. 1.905.
77. Cf. Fredie Didier Jr., "Contribuição para o entendimento do art. 620 do CPC (cláusula geral de proteção contra o abuso do direito pelo exequente)", in *Execução e Cautelar. Estudos em Homenagem a José de Moura Rocha*, 3ª série, Salvador, Juspodium, 2012, p. 155.
78. Cf. "Sentença executiva?", cit., p. 191.
79. Cf. Alexandre Freitas Câmara, *A Nova Execução de Sentença*, Rio de Janeiro, Lúmen Júris, 2006, p. 90.

decerto fez o que fez por entender que a eliminação de certas formalidades, entre as quais a nova citação da parte vencida, facilitará e abreviará aquela satisfação – resultado que, se comprovadamente for atingido, à luz de elementos objetivos, colhidos na experiência forense, deporá com eloquência a favor da reforma. Mas decididamente não é por essa via que se poderá construir uma classe homogênea de sentenças merecedoras da designação de "executivas" (...).[80]

No tocante à caracterização de sentenças mandamentais nas tutelas previstas na redação dos arts. 461, e parágrafos, e 461-A, e parágrafos, do CPC/1973 (CPC/2015, arts. 497 *usque* 500, e 536 e parágrafos, *usque* 538 e parágrafos), diante da possibilidade de imposição de ordens judiciais com o objetivo de efetivar o cumprimento de obrigações, a doutrina não é uníssona, como se pode observar, mais uma vez, da anotação de Barbosa Moreira:

> para imprimir total solidez à proposta, é forçoso considerar, aqui, uma série de indagações, a começar pela seguinte: a presença desse elemento é obrigatória na sentença favorável ao autor? Ou ficará a critério do juiz, conforme as circunstâncias, emitir ou não alguma ordem – que, na espécie, talvez lhe pareça desnecessária ou inútil? No caso negativo, obviamente, desde logo se excluirá a hipótese de mandamentalidade.[81]

Não se opera, portanto, o imediato acréscimo da efetividade nas tutelas de obrigações de fazer, não fazer e de entregar coisa como consequência, por si só, da substituição da concepção ternária das ações pela classificação quinária, com a adoção de provimentos que parcela da doutrina denomina de executivos e mandamentais, tendo em vista que, em primeiro lugar, não se pode ignorar o fato de que a sentença que efetivamente autoriza providências para a implementação do comando nela certificado deve revelar em seu conteúdo a prévia natureza condenatória, ou seja, não se pode excluir a fase predominantemente cognitiva. Com isso não se pretende negar a importância das medidas voltadas à concretização das tutelas específicas ou dos mecanismos para assegurar o resultado prático equivalente, os quais permitiriam operacionalizar o cumprimento de obrigações que reclamam provimento diferenciado, com base nos amplos poderes conferidos ao juiz pelo sistema (art. 461, § 5º, CPC/1973; art. 536, § 1º, CPC/2015).

80. Cf. "'Cumprimento' e 'execução' de sentença...", cit., p. 332.
81. Cf. "Questões velhas e novas em matéria de classificação das sentenças", cit., p. 24.

Essa característica distintiva decorre muito mais da natureza da obrigação, formatada pelo direito material,[82] em suas variadas espécies: a de fazer pode ser fungível ou infungível e a de não fazer, de atuação instantânea ou continuada (duradoura),[83] de modo que o grau de efetividade estará condicionado ao resultado da avaliação judicial eficiente a ser implementada em concreto, inclusive no cotejo entre o princípio da celeridade, mais sintonizado com a efetividade da execução,[84] porquanto já elaborado o título que reconheceu a obrigação, e o da segurança, representado pela menor onerosidade dos meios conferida ao devedor e pela garantia mínima de previsibilidade (devido processo legal).[85]

É notável a tensão entre os valores da efetividade também na execução provisória, em que o juiz não deverá ultrapassar os marcos traçados pelo legislador voltados a guarnecer os interesses do devedor, em favor de quem poderá ser julgado o recurso manejado, especialmente no tocante à observância de oferta de caução idônea e suficiente como pressuposto para a satisfação antecipada do crédito em face do caráter objetivo da responsabilidade do exequente (art. 475-O, CPC/1973; art. 520 e incisos, CPC/2015).

82. De acordo com Cândido Rangel Dinamarco, independentemente da "multiplicidade dos meios de outorga de tutela jurisdicional existentes numa ordem jurídica (...) As soluções estão no direito substancial". Cf. *Instituições de Direito Processual Civil*, vol. I, 7ª ed., São Paulo, Malheiros Editores, 2013, p. 151.
José Roberto dos Santos Bedaque lança a ideia de que o modelo executivo ideal talvez fosse a sua atipicidade, como aquela prevista para a execução das obrigações de fazer, não fazer e dar, ao possibilitar ao juiz o estabelecimento da forma mais adequada à efetivação da sentença condenatória. Cf. *Efetividade do Processo e Técnica Processual*, cit., p. 559.
Todavia, é importante que haja uma margem de previsibilidade na execução, traçada pelo legislador, a fim de conferir uma segurança mínima, como se pode depreender das hipóteses de procedimentos especiais, *v.g.*, a previsão das circunstâncias que autorizam o decreto prisional do devedor de alimentos (art. 733, CPC/1973; art. 528, §§ 3º e 4º, CPC/2015), decorrente da ressalva à vedação de prisão civil por dívida em geral (CF, art. 5º, LXVII).
83. Cf. Araken de Assis, *Manual da Execução*, cit., pp. 578-580 e 599-602.
84. Nessa direção, o Código de Processo Civil de 2015 expressamente prevê, entre os princípios e garantias fundamentais, que "as partes têm o direito de obter em prazo razoável a solução integral do mérito, incluída a atividade satisfativa" (art. 4º).
85. Assim, "o executado tem o inequívoco direito de ver seu patrimônio, composto de bens materiais ou imateriais, retirado de sua esfera jurídica com a estrita observância das prescrições do procedimento antecipadamente previsto em lei". Cf. Araken de Assis, *Manual da Execução*, cit., pp. 128-129.

2.2 Execução e efetividade

Acompanhando os acenos da doutrina nacional, o legislador, com o escopo de conferir maior efetividade na execução das decisões judiciais que reclamam a prática de atos complementares, incorporou o modelo denominado "processo sincrético" (Lei 11.232/2005) para todas as espécies de obrigações, alcançando, na etapa da reforma de 2005, a de pagar quantia. Todavia, independentemente da técnica adotada, a ausência de colaboração do vencido, aliada à natureza das obrigações, na maioria das vezes, expõe os percalços inerentes à concretização dos direitos reconhecidos, comprometendo a garantia da prestação jurisdicional em lapso temporal razoável, repita-se, em face da necessidade de imposição e realização de medidas coercitivas ou sub-rogatórias.

Com efeito, apesar de que algumas novidades trazidas pela Lei 11.232/2005, com vistas à "racionalização da execução civil", em torno "das controvérsias judiciais que envolvam obrigações de pagar quantias certas",[86] *v.g.*, a supressão da citação,[87] a possibilidade de indicação de bens à penhora pelo próprio credor e a impugnação, em regra, sem efeito suspensivo, tivessem representado a inequívoca intenção de superação de entraves na busca de maior celeridade, constata-se que não houve profundas alterações estruturais da execução, porquanto as atividades inerentes à satisfação do vencedor continuam a imprescindir de implementação, em momento posterior ao reconhecimento da obrigação. É certo que o legislador foi compelido a conferir coerência ao modo de atuação prática do provimento final em relação ao comando contido nas decisões que antecipam a tutela, uniformizando, assim, o regime de efetivação.[88]

No entanto, na análise estrutural das reformas de 2005, pertinente a observação de Barbosa Moreira no sentido de que elas não produziram "mudanças substanciais na maneira pela qual se identificam os pronunciamentos judiciais e se caracterizam os respectivos regimes. Podem, quando muito, forçar o intérprete a tal ou qual manobra hermenêutica, para acomodar conceitos e flexibilizar arestas".[89]

---

86. Cf. Sérgio Rabello Tamm Renault e Pierpaolo Cruz Bottini, "O contexto da reforma processual civil", in *A Nova Execução de Títulos Judiciais: comentários à lei n. 11.232/05*, São Paulo, Saraiva, 2006, p. 11.
87. O Código de Processo Civil de 2015 ratificou a tendência de reunir a execução de todas as espécies de obrigação na fase de cumprimento da sentença, independentemente de nova citação (art. 513).
88. Cf. Flávio Luiz Yarshell e Marcelo José Magalhães Bonício, *Execução Civil: novos perfis*, São Paulo, RCS Ed., 2006, pp. 5 e 6.
89. Cf. "A nova definição de sentença", cit., p. 276.

O fato é que, além das dificuldades inerentes ao cumprimento da obrigação de fazer infungível, persiste o maior entrave na execução por quantia certa, isto é, a quase insolúvel questão da localização e apreensão de bens do devedor, que sejam disponíveis tanto no aspecto físico ou jurídico (a questão da impenhorabilidade). Nesse contexto, é certo que não se devem ignorar as garantias constitucionais derivativas do processo legal,[90] mas o desequilíbrio jurídico das partes na fase de satisfação exigiria a "reequalização das posições do credor e do devedor", com o redimensionamento do papel do devedor, "o que é compreensível diante do fato de este já ter contra si uma decisão que não lhe reconhece direito, e, correlatamente, reconheceu o direito do autor".[91]

Há também, inegavelmente, componentes sociológicos envoltos na problemática da efetividade do processo de execução, ou seja, a liberdade de contratar, aspecto principal da sociedade liberal e de consumo, associada aos direitos individuais amplamente reconhecidos, tem propiciado ambiente favorável para as transações financeiras, de modo que "ser devedor não é mais uma vergonha e não pagar os débitos não é mais um sinal de desonra".[92]

Constata-se, na nossa atualidade, a sensação de que são criadas "condições excelentes para os devedores. É senso comum a todos que hodiernamente é bem mais confortável ser devedor do que ser credor" e "a ordem do juiz não é suficiente para permitir a efetiva apreensão de bens. Além disso, o juiz deixou de ser uma autoridade intocável, que encarna

---

90. Clito Fornaciari Júnior expressou, no contexto da reforma legislativa, preocupação com a preservação dos "valores maiores afinados à plenitude de defesa". Cf. "Nova execução: aonde vamos?", *Revista Síntese de Direito Civil e Processual Civil* 33/45, jan./fev. 2005, *passim*.
Por compreender restrições a valores como patrimônio e liberdade, é inafastável a cláusula *due process of law* no desenvolvimento das atividades executivas. Pela incompatibilidade das execuções extrajudiciais no contexto da garantia em referência, cf. Eduardo Henrique de Oliveira Yoshikawa, *Execução Extrajudicial e Devido Processo Legal*, São Paulo, Atlas, 2010, especialmente a partir da p. 93.
91. Cf. Arruda Alvim, "A natureza jurídica da impugnação prevista na Lei 11.232/2005 – A impugnação do devedor instaura uma ação incidental, proporcionando o exercício do contraditório pelo credor; exige decisão, que ficará revestida pela autoridade de coisa julgada", in *Aspectos Polêmicos da Nova Execução 3*, São Paulo, Ed. RT, 2006, p 50.
92. Roger Perrot, "L'effettività dei provvedimenti giudiziari nel diritto civile, commerciale e del lavoro in Francia", *Rivista Trimestrale di Diritto e Procedura Civile* 4/854, *apud* Leonardo Greco, "A execução e a efetividade do processo", cit., p. 36.

uma verdade superior que ninguém discute; suas decisões resultaram, em grande parte, ineficazes".[93]

Nesse ambiente de descrença, embora seja irrefutável a existência de barreiras jurídicas, fáticas ou culturais, inerentes à execução, o manejo adequado dos poderes do juiz no processo de execução ou na fase de cumprimento de sentença será fundamental para a concretização da garantia da prestação jurisdicional plena, segura e célere. De chofre, mencione-se a tensão entre a imprescindível presteza na entrega do bem da vida ao titular do direito e o princípio da menor onerosidade, que veda o modo mais gravoso ao devedor (art. 620, CPC/1973; art. 805, CPC/2015).[94]

No embate desses valores resulta a necessária incidência do princípio da proporcionalidade, acrescentando-se que, "ao atuar no curso de uma ação de execução, o juiz acaba por resolver diversas questões relevantes que não dizem respeito, necessariamente, à averiguação da existência da relação jurídica de direito material, mas sim à validade e adequação dos atos executivos, operação esta que reflete materialmente nas esferas jurídicas do exequente e do executado".[95]

A título exemplificativo, mencione-se a situação colhida na jurisprudência em que se observa nítido confronto de interesses na execução, envolvendo também direitos fundamentais. Tratou-se de execução de sentença que reconheceu direito à indenização decorrente de acidente de trânsito, consistente na reparação de danos materiais e morais, inclusive na prestação de alimentos. O executado insurgiu-se, com fundamento na Lei 8.009/1990, contra a penhora sobre o imóvel no qual residia, mas que

---

93. Cf. Paulo Henrique dos Santos Lucon, "Execução provisória: caução e ressarcimento dos danos", in *Eficácia das Decisões e Execução Provisória*, São Paulo, Ed. RT, 2000, pp. 424-425.
94. Quanto ao balanceamento de valores em confronto na execução, mencione-se a pertinente observação de Cândido Rangel Dinamarco: "Eis por que é necessário falar em *equilíbrio*. Nem *crucificar* o devedor, e muito menos aquele *infeliz e de boa-fé* (expressão do direito belga, utilizada por Rubens Requião), que simplesmente não paga porque não pode; nem também relaxar o sistema e deixá-lo nas mãos de caloteiros e *chicanistas* que se escondem e protegem sob o manto de regras e sub-regras processuais e garantias constitucionais manipuladas de modo a favorecê-los em sua obstinação a não adimplir". Cf. *Nova Era do Processo Civil*, 4ª ed., São Paulo, Malheiros Editores, 2013, p. 302.
95. Cf. José Miguel Garcia Medina, "Variações recentes dos poderes executivos do juiz, cumprimento e execução da sentença condenatória", in *Os Poderes do Juiz e o Controle das Decisões Judiciais. Estudos em Homenagem à Prof. Teresa Arruda Alvim Wambier*, São Paulo, Ed. RT, 2008, p. 334.

foi rejeitada a sua pretensão com base na exceção da regra da impenhorabilidade (art. 3º, III, da referida legislação).[96]

É interessante anotar um trecho da ementa do acórdão:

a colisão dos direitos – de penhorar e de não penhorar – que têm na dignidade da pessoa humana ponto comum, resolve-se pela aplicação dos princípios da cedência recíproca e da máxima efetividade. Com essa constatação e o confronto dos direitos em disputa, tem-se que tanto o crédito das Agravadas como a moradia do Agravante são essenciais, de onde inviável a proteção pela impenhorabilidade no caso concreto.[97]

Destaque-se, ainda, a recorrente hipótese de colisão de interesses fundamentais observada nas execuções de prestações alimentícias com espeque no art. 733, § 1º, do CPC/1973 (CPC/2015, art. 528, §§ 3º e 4º), em que o legislador realizou o prévio sopesamento de valores e privilegiou o cumprimento do crédito dessa natureza, mediante coerção pessoal do alimentante, em prejuízo do direito de liberdade. Em que pese a solução antecipada pelo legislador infraconstitucional, o órgão judicial tem o poder-dever de analisar e rever a previsão normativa em confronto com as circunstâncias do caso, especialmente sob a perspectiva do conflito de caros valores de natureza fundamental.[98]

---

96. De acordo com a nova redação dada pela Lei 13.144, de 6.7.2015, continua inoponível a impenhorabilidade contra credor da pensão alimentícia, desde que "resguardados os direitos, sobre o bem, do seu coproprietário que, com o devedor, integre união estável ou conjugal, observadas as hipóteses em que ambos responderão pela dívida".

97. Cf. TJSP, 34ª Câmara de Direito Privado, Ag 990.09.243318-0, rel. Des. Irineu Pedrotti, v.u., j. 28.6.2010.

98. Por isso, a jurisprudência, respaldada na doutrina, tem afastado a aplicação da medida extrema para a satisfação dos alimentos vencidos há certo tempo, os quais teriam perdido sua função, como se depreende do teor da Súmula 309 do STJ, *in verbis*: "o débito alimentar que autoriza a prisão civil do alimentante é o que compreende as três prestações anteriores ao ajuizamento da execução e as que se vencerem no curso do processo". Tal entendimento derivaria em seu âmago da consagração do princípio da proporcionalidade, no sopesamento entre o direito à vida e à tutela da liberdade, realizando-se a "concordância prática entre os direitos fundamentais do alimentante e do alimentando". Cf. Marcelo Lima Guerra, "Prisão civil de depositário infiel e princípio da proporcionalidade", *Revista de Processo* 105/39-41, jan./mar. 2002.

O legislador acolheu a orientação pretoriana acima a fim de autorizar expressamente a prisão civil do alimentante em relação ao débito compreendido "até as 3 (três) prestações anteriores ao ajuizamento da execução e as que se vencerem no curso do processo" (CPC/2015, art. 528, § 7º).

Em qualquer espécie de obrigação e praticamente em todas as fases da execução ou cumprimento de sentença ao órgão judicial incumbirá a difícil tarefa de fazer as escolhas entre valores em confronto, a iniciar-se pela adoção de medidas concretas tendentes à efetivação da tutela específica, ou à obtenção do resultado equivalente ao do adimplemento, como aquelas elencadas pelo legislador em *numerus apertus*: a imposição de multa, a busca e apreensão, a remoção de pessoas e coisas, a imissão na posse, o desfazimento de obras e o impedimento de atividade nociva e a requisição de força policial (arts. 461, *caput*, e § 5º, 461-A, § 2º, e 625, CPC/1973; arts. 497, 536, § 1º, 538 e 806, § 2º, CPC/2015).[99]

Quanto à sanção pecuniária, ausente o seu caráter reparatório, mas somente intimidatório ou coercitivo, para que não seja comprometida a sua eficácia, de acordo com as circunstâncias do caso, o juiz tem o poder- -dever de modular a multa, aumentando ou diminuindo, ou adequando a sua periodicidade (arts. 461, §§ 4º e 6º, 621, parágrafo único, e 645, parágrafo único, CPC/1973; arts. 537 e parágrafos, 538, § 3º, 806, § 1º, 813, 814, parágrafo único, CPC/2015),[100] mesmo depois do trânsito em

O Código de Processo Civil de 2015 prevê um regime escalonado de medidas de coerção, pois, caso o executado "não efetue o pagamento, não prove que o efetuou ou não apresente justificativa da impossibilidade de efetuá-lo", será expedido mandado de protesto ao cartório (CPC/2015, arts. 517 e 528, § 1º), e, "se o executado não pagar ou se a justificativa apresentada não for aceita", além do protesto, será decretada a sua prisão (CPC/2015, art. 528, § 3º).

99. Da mesma forma como prevista anteriormente, o Código de Processo Civil de 2015, visando a dar maior efetividade no cumprimento da ordem judicial na execução, manteve a alusão à incidência ao executado das penas de litigância de má-fé, sem prejuízo de responder por outras sanções de natureza processual ou material, inclusive indenização pelos prejuízos causados, por conduta comissiva ou omissiva (art. 774, incisos e parágrafo único), apesar da previsão genérica de caracterização de improbidade em caso de resistência injustificada ao andamento do processo (arts. 80, IV, e 81).

100. Embora o objetivo das *astreintes* seja bem definido, isto é, a remoção do intento do devedor em permanecer recalcitrante, de modo que a sua imposição deva ser "suficiente para constranger", não se pode concordar integralmente com a assertiva de Araken de Assis de que, para tal escopo, "nenhum outro critério substitui o do puro casuísmo. O juiz considerará o patrimônio do devedor – quanto mais rico, maior o valor da pena – e a magnitude da provável resistência, e preocupar-se-á em identificar e aplicar um valor exorbitante e desproposidato, inteiramente arbitrário, capaz de ensejar o efeito pretendido pelo credor". Cf. *Manual da Execução*, cit., p. 628.

Com efeito, importante ressaltar que no tocante à margem de atuação judicial em torno da fixação de multa, independentemente da sua natureza jurídica, estará envolvida, além do valor da efetividade do processo, a questão da oferta de adequada tutela jurisdicional, pois, se é vedada a aplicação de multa de modo excessivo que possa conduzir o devedor à insolvência, "o valor da multa, quando muito reduzido, é ineficaz para que o sistema atinja os propósitos estabelecidos na lei processual, consistentes em oferecer

julgado da sentença, já que o valor das *astreintes* não faz coisa julgada material.[101]

Na execução de obrigação de pagar quantia certa caberá à autoridade judicial sopesar os interesses contrastantes, a exemplo do poder-dever de tutela específica aos credores de determinado tipo de obrigação", de forma que "a frustração causada pela insuficiência do valor, ou mesmo pela timidez da periodicidade, não atinge apenas o credor, na medida em que atenta contra todo o sistema processual". Impõe-se, assim, o "perfeito dimensionamento do princípio da proporcionalidade", evitando-se, ainda, a prática desvirtuada do credor, em especial em face da Fazenda Pública, que prefere muitas vezes a incidência da multa ao infinito e a criação de "uma espécie de 'pensão vitalícia'". Cf. Marcelo José Magalhães Bonício, *Proporcionalidade e Processo. A garantia constitucional da proporcionalidade, a legitimação do processo civil e o controle das decisões judiciais*, São Paulo, Atlas, 2006, pp. 129-132.

101. Cf. STJ, REsp 705.914, rel. Min. Gomes de Barros, e REsp 793.914, rel. Min. Asfor Rocha.

Uma interessante questão que suscita debate circunscreve-se na possibilidade, ou não, da execução provisória da multa cominatória imposta para compelir a parte ao cumprimento de decisão liminar antecipatória (arts. 273, § 3º, e 461, §§ 3º e 4º, CPC/1973; arts. 297, parágrafo único, e 537 e parágrafos, CPC/2015). De um lado, entende-se que só seria possível a partir da prolação de sentença confirmatória e desde que o eventual recurso de apelação fosse recebido no efeito meramente devolutivo, já que tal sanção pecuniária deteria caráter híbrido (direito material e processual), vinculando-se ao reconhecimento do direito de fundo pretendido na demanda, sob pena de acarretar enriquecimento ilícito. Cf. STJ, 4ª T., REsp 1.347.726-RS, rel. Min. Marco Buzzi, j. 27.11.2012.

Em outro sentido, reconhece-se a execução provisória da multa diária por descumprimento da obrigação de fazer ou não fazer fixada em liminar, pois não careceria do trânsito em julgado da sentença final condenatória, posto que tal decisão interlocutória representaria título executivo hábil para a executiva definitiva, eis que a tutela antecipada efetiva-se pela via executiva provisória que se processa como definitiva (art. 475-O, CPC/1973; art. 520, CPC/2015), sob pena de restar comprometida a finalidade das *astreintes* de vencer a obstinação do devedor em permanecer recalcitrante. Cf. STJ, 1ª T., REsp 1.098.028-SP, rel. Min. Luiz Fux, j. 9.2.2010.

O Código de Processo Civil de 2015 equiparou expressamente todas as espécies de obrigação para efeito de cumprimento provisório de sentença impugnada por recurso desprovido de feito suspensivo (art. 520, *caput* e § 5º); quanto à efetivação da tutela provisória, cautelar ou antecipada, serão observadas as normas relativas ao cumprimento provisório da sentença (arts. 294, parágrafo único, e 297, parágrafo único).

Foi adotada pelo legislador solução intermediária ao possibilitar o cumprimento provisório da multa, determinando-se o seu depósito em juízo, permitindo, contudo, o levantamento do valor somente após o trânsito em julgado da sentença favorável à parte ou na pendência do agravo em recurso especial ou extraordinário interposto contra decisão de presidente ou vice-presidente do tribunal que inadmiti-lo sob o fundamento de que "o acórdão recorrido coincide com a orientação do tribunal superior", ou de que "o Supremo Tribunal Federal reconheceu a inexistência de repercussão geral da questão constitucional discutida" (CPC/2015, art. 537, § 3º, 1.042, II e III).

aferir o percentual da penhora sobre o faturamento da empresa executada (art. 655-A, § 3º, CPC/1973; art. 866 e parágrafos, CPC/2015), bem como de apreciar os requerimentos de substituição da penhora (arts. 656 e 668, CPC/1973; art. 847 *usque* art. 853, CPC/2015) e da aplicação da regra da impenhorabilidade.[102]

O poder do juiz também se estende à execução provisória, especialmente na dispensa ou no arbitramento da caução "suficiente e idônea" para fins de levantamento de depósito e alienação de bens do devedor (art. 475-O, III, § 2º e incisos, CPC/1973; arts. 520, IV, e parágrafos, e 521 do CPC/2015),[103] assim como à constituição do capital do devedor para assegurar o pagamento da prestação de alimentos na indenização decorrente de ato ilícito (art. 475-Q e parágrafos, CPC/1973; art. 533 e parágrafos, CPC/2015). Despontada a prática de atos atentatórios na execução, haverá ensejo à aplicação de reprimendas, notadamente a de natureza pecuniária (art. 601, CPC/1973; art. 774, parágrafo único, CPC/2015), tema que merecerá maiores considerações no último capítulo, que tratará do abuso processual.

3. Tutelas de urgência

3.1 Antecipação de tutela

A cognição pode ser visualizada tanto no plano horizontal, quando se refere à sua extensão, abrangendo os elementos objetivos – pressupostos

---

102. Ao juiz da execução serão remetidas constantemente questões em torno de interesses contrapostos, incumbindo-se-lhe a análise da preponderância dos valores envolvidos, a exemplo da aplicação da regra aparentemente simples que dispõe acerca da impenhorabilidade de instrumentos e bens móveis necessários ou úteis ao exercício de qualquer atividade profissional (art. 649, V, CPC/1973; art. 833, V, CPC/2015). O legislador pretendeu preservar a dignidade do desempenho profissional do executado, mas ela deve ser confrontada, com parcimônia, em face das circunstâncias específicas do caso concreto, para não onerar a efetividade da execução, de modo que a expressão "outros bens móveis necessários ou úteis ao exercício de qualquer profissão", ou, conforme nova redação, "outros bens móveis necessários ou úteis ao exercício da profissão do executado", encerra conceito aberto a exigir atividade de interpretação, ponderação e argumentação.
103. À possibilidade de dispensa da caução concorre a tentativa de equilibrar "o direito à tempestividade da tutela jurisdicional com as necessidades do demandado", temperando "os direitos em jogo e, assim, permitir um tratamento isonômico às partes litigantes". Cf. Luiz Guilherme Marinoni, "Garantia da tempestividade da tutela jurisdicional e duplo grau de jurisdição", in *Garantias Constitucionais do Processo Civil. Homenagem aos 10 anos da Constituição Federal de 1988*, São Paulo, Ed. RT, 1999, p. 232.

processuais, condições da ação e mérito, e que se implementa de forma plena ou limitada (ou parcial), quanto no plano vertical, se vinculada ao grau de sua profundidade, de modo que nesse último âmbito poderia ser exauriente (completa) ou sumária (incompleta).[104] O modelo de cognição plena e exauriente é aquele proporcionado pelo procedimento comum do processo de conhecimento, em que se espera do juiz, como pressuposto para a decisão, o exame de todas as questões debatidas pelas partes, o que representaria o ideal de segurança jurídica na expectativa de se aproximar o quanto possível do fator certeza.[105]

No entanto, como a efetividade implica igualmente a outorga de provimento jurisdicional em tempo razoável, impõe-se, através de criteriosa avaliação judicial e em consonância com as técnicas disponibilizadas pelo sistema, a limitação da cognição, de modo que haverá situações em que se afigurará necessário que ela se realize de forma parcial e/ou incompleta. Nessa esteira, o legislador toma a dianteira e estatui hipóteses estipulando diversidade na extensão e no grau de cognição, a exemplo do pedido de conversão da separação judicial em divórcio,[106] nos embargos de terceiro, embargos de execução (impugnação), na busca e apreensão na alienação fiduciária, no processo de desapropriação, no mandado de segurança e na ação de prestação de contas.[107]

Com isso,

é possível distribuir o tempo do processo através dos procedimentos especiais – as chamadas tutelas jurisdicionais diferenciadas –, elaborados a partir das técnicas de cognição. Os procedimentos que impedem

---

104. Cf. Kazuo Watanabe, *Da Cognição no Processo Civil*, 2ª ed., São Paulo, Central de Publicações Jurídicas: Centro Brasileiro de Estudos e Pesquisas Judiciais, 1999, pp. 111-112.
105. Reiterem-se as considerações expendidas nesta parte do trabalho (III), Capítulo I, item 2, no tocante à inviabilidade prática da busca da verdade absoluta ou certeza na atividade jurisdicional, contentando-se o sistema com o mero juízo de probabilidade, consciente dos riscos inerentes a essa opção metodológica, em face da inaceitável eternização da controvérsia.
106. Com a Emenda Constitucional 66, de 2010, que deu nova redação ao art. 226, § 6º, da CF, uma parcela da doutrina sustenta que não é mais possível o pedido de separação, tendo em vista que passou a constar no texto constitucional que o casamento civil poderia ser dissolvido somente pelo divórcio, de forma que se impõe o seu decreto judicial, operada a extinção superveniente do instituto da separação. Cf. Maria Berenice Dias, *Manual de Direito das Famílias*, 9ª ed., 2ª tir., São Paulo, Ed. RT, 2013, pp. 310-312. No entanto, o Código de Processo Civil de 2015 manteve a dicotomia divórcio e separação judicial (arts. 23, III, 53, I, 189, II, § 2º, 693, 731, 732 e 733).
107. Cf. Kazuo Watanabe, *Da Cognição no Processo Civil*, cit., pp. 116-120.

a discussão de determinadas questões (cognição parcial), que restringem o uso das provas (mandado de segurança; cognição exauriente *secundum eventum probationis*) ou mesmo que são de cognição plena e exauriente, mas dotados de tutela antecipatória, permitem, de certa forma, uma melhor distribuição do tempo da justiça.[108]

Dado que a certeza é algo quase inatingível no direito e em face da garantia maior da efetividade, compreendida em seu sentido abrangente, o órgão judicial deve valer-se da verossimilhança ou do patamar suficiente de probabilidade para que a demora na sua resposta não comprometa a celeridade. Italo Andolina estabelece comparação entre o predomínio da urgência e a necessidade de esgotamento da cognição nos seguintes termos:

> l'interesse di urgenza, supponendo costante la sua entità quantitativa, acquista una rilevanza complessiva tanto più grande quanto maggiore è la probabilità che il successivo giudicato conduca ad un accertamento positivo del diritto dell'attore; analogamente, l'interesse alla completa cognizione, supponendo costante la sua entità quantitativa, acquista una rilevanza complessiva tanto più grande quanto maggiore è la probabilità che il successivo giudicato conduca ad un accertamento negativo della situazione sostanziale controversa.[109]

Nesse sentido, a técnica que mais se coaduna com o princípio da celeridade está relacionada à cognição sumária, incompleta ou superficial (plano vertical), na qual se enquadram as tutelas de urgência, situação em que diversas circunstâncias deverão ser levadas em conta pelo juiz na elaboração da convicção, de sorte que a intensidade do juízo de probabilidade deve ser adequada "ao momento procedimental da avaliação, à natureza do direito alegado, à espécie dos fatos afirmados, à natureza do provimento a ser concedido, enfim, à especificidade do caso concreto".[110]

Na antecipação da tutela o juiz realiza, no plano vertical, a cognição sumária ou superficial, porquanto, de acordo com Kazuo Watanabe:

> nos processos sumários cautelares e não cautelares, a sumariedade da cognição abrange o próprio mérito da causa. Entre a perfeição e a celeridade, o legislador procurou privilegiar esta última, mas em con-

---

108. Cf. Luiz Guilherme Marinoni, *Tutela Antecipatória e Julgamento Antecipado: parte incontroversa da demanda*, 5ª ed., São Paulo, Ed. RT, 2002, p. 27.
109. Cf. *"Cognizione" ed "Esecuzione Forzata"...*, cit., pp. 36-37.
110. Cf. Kazuo Watanabe, *Da Cognição no Processo Civil*, cit., p. 128.

trapartida deixou de conferir a autoridade de coisa julgada material ao conteúdo declaratório assentado em cognição sumária.[111]

Prossegue o autor no sentido de que, sob a ótica do instrumentalismo substancial,

a *cognição sumária* constitui uma técnica processual relevantíssima para a concepção de processo que tenha plena e total aderência à realidade sócio-jurídica a que se destina, cumprindo sua primordial vocação que é a de servir de instrumento à efetiva realização dos direitos.[112]

Assim, a técnica da antecipação da tutela visa a reduzir os efeitos deletérios do fator tempo,[113] permitindo-se prover, integral ou parcialmente, mesmo antes do momento decisório, do exaurimento da fase instrutória, ou da citação, os efeitos que pela tramitação normal poderiam advir apenas ao final do curso do processo. A antecipação de tutela foi introduzida no nosso ordenamento processual civil na década de 1990 através de alteração legislativa, que conferiu nova redação ao art. 273, exigindo para a sua concessão a presença de "prova inequívoca" acerca da "verossimilhança da alegação", desde que houvesse "fundado receio de dano irreparável ou de difícil reparação", ou a caracterização do "abuso de direito de defesa ou o manifesto propósito protelatório do réu".

Em acréscimo, foi prevista a possibilidade de concessão da antecipação de tutela nas obrigações de fazer e não fazer, liminarmente ou mediante justificação prévia, se houvesse relevância do fundamento do pedido e, ao mesmo tempo, receio de ineficácia do provimento final (CPC/1973, art. 461, § 3º).

Conquanto a antecipação dos efeitos da tutela, tirantes os casos excepcionais em que se afigura o perigo de lesão ao direito do autor (CPC,

---

111. Idem, ibidem, p. 142. A inserção dessa técnica afasta a ideia tradicional de que a jurisdição estaria atrelada à coisa julgada material. Com efeito, "a tutela satisfativa (de cognição) sumária realiza o direito material afirmado pelo autor, ou, em outras palavras, dá satisfação ao direito material afirmado, obviamente incidindo (ainda que, na angulação processual, de forma provisória) sobre o plano das relações substanciais. A realização de um direito através da tutela antecipatória é realização de um direito que preexiste à sentença de cognição exauriente". Cf. Luiz Guilherme Marinoni, *Antecipação da Tutela*, cit., p. 44.
112. Cf. Kazuo Watanabe, *Da Cognição no Processo Civil*, cit., p. 145.
113. Por isso, a tutela antecipatória é corolário do direito à adequada tutela jurisdicional e é garantida pelo princípio da inafastabilidade, ou da proteção judiciária. Cf. Luiz Guilherme Marinoni, *Antecipação da Tutela*, cit., pp. 131-140.

art. 273, I), somente deva ser conferida após a apresentação da defesa,[114] é cediço que, se imprescindível a postergação da oitiva da parte contrária, não haverá violação do princípio do contraditório, que não é um valor absoluto em face de outros igualmente relevantes. Ademais, o caráter provisório desses provimentos permite a modificação ulterior, total ou parcialmente.

Caberá ao juiz verificar em concreto a necessidade de limitar a bilateralidade da audiência,

> ditada no interesse superior da justiça, dado que em certas ocasiões a ciência dos atos processuais à parte adversa e mesmo a demora na efetivação da medida solicitada poderiam resultar em ineficácia da atividade jurisdicional. Essa potencial ineficácia, se caracterizada, viria ofender o princípio da paridade das partes no processo, de sorte que o *periculum in mora* autoriza a concessão da medida liminar.[115]

A propósito, quanto ao verdadeiro sentido da expressão ampla defesa, não deve ser confundida com a ideia de que seja irrestrita, não conotando

> defesa *pródiga*, mas abundante. Isto porque o princípio constitucional da amplitude de defesa é abrangente (não ilimitado), significando que tolera mitigações, em face da eficácia normativa da efetividade, alçada ao *status* constitucional do direito à jurisdição e do devido processo legal, e não comporta dilações intermináveis, mesmo em nome da perfeição da descoberta da verdade; mas contém certos conteúdos indispensáveis no jogo da proporcionalidade.[116]

---

114. Cf. Luiz Guilherme Marinoni, *Antecipação da Tutela*, cit., p. 158.
115. Cf. Nelson Nery Junior, *Princípios do Processo Civil na Constituição Federal*, 8ª ed., São Paulo, Ed. RT, 2004, pp. 185-186.
116. Cf. Delosmar Mendonça Junior, *Princípios da Ampla Defesa e da Efetividade no Processo Civil Brasileiro*, São Paulo, Malheiros Editores, 2001, p. 80. De acordo com o mesmo autor, "a defesa ampla é aquela suficiente para demonstrar o fato e o direito alegado, obedecendo-se ao procedimento. É aquela ampla o bastante para instruir a causa (instrução no sentido lato), compreendendo a alegação de fatos e consequências jurídicas decorrentes (matéria de direito), dilação capaz de provar a inexistência ou existência do fato constitutivo ou a existência ou inexistência de exceções substanciais arguidas, tudo dentro de um procedimento previsto em norma legal" (idem, p. 82).

Acrescente-se que o princípio do contraditório, sob a ótica moderna, deve incluir a participação ativa também do órgão jurisdicional, no escopo de pacificação e eliminação do litígio, de maneira que, igualmente, representa instrumento operativo

Assim, o princípio do contraditório deve ser adaptado às técnicas e às circunstâncias da hipótese em concreto, sem que esse ajuste represente qualquer comprometimento de seu núcleo essencial e da finalidade que se pretende atingir. Quanto à antecipação dos efeitos em relação à parcela incontroversa do pedido, conforme dispositivo contido no art. 273, § 6º, do CPC/1973, trazido pela Lei 10.444/2002, o Código de Processo Civil de 2015, ao expressar a regra geral do contraditório prévio, com a exceção das hipóteses de tutela provisória de urgência, tutela da evidência embasada em alegações comprovadas documentalmente, e com tese firmada em julgamento de casos repetitivos ou em súmula vinculante, e em pedido reipersecutório fundado em prova documental adequada do contrato de depósito (arts. 9º, 311, II e III, e 701), suprimiu o dispositivo do Código anterior (art. 273, § 6º),[117] condicionando a concessão de tutela antecipada, liminarmente ou após justificação prévia, à presença dos requisitos da urgência – "a probabilidade do direito e o perigo de dano ou o risco ao resultado útil do processo" (CPC/2015, arts. 300 e 303).

Mesmo que configurada a situação de perigo da demora, projetando eventual dano irreparável ou de difícil recomposição, o que ensejaria a antecipação de tutela sem a prévia ciência da parte contrária, ancorado na segurança jurídica, o legislador estabeleceu limite intransponível, vedando ao juiz o adiantamento da tutela se patente o risco de irreversibilidade do provimento antecipatório (art. 273, § 2º, CPC/1973; art. 300, § 3º, CPC/2015), de modo a salvaguardar os interesses da parte contrária, pressupondo a necessidade de se realizar a cognição completa, como na situação de reconhecimento de paternidade e da dissolução da sociedade conjugal, excetuada a possibilidade de conferir efeitos concretos relacionados à pretendida tutela, ou para impedir a prática de atos contrários àquela que venha a ser reconhecida a final.[118] Ainda no aspecto

do juiz para a adequada condução do processo, contribuindo para afastar supostas desigualdades entre as partes. Cf. José Roberto dos Santos Bedaque, *Tutela Cautelar e Tutela Antecipada: Tutelas Sumárias e de Urgência (Tentativa de Sistematização)*, 5ª ed. rev. ampl., São Paulo, Malheiros Editores, 2009, pp. 97-98.

117. O CPC/2015 adotou, na fase do julgamento conforme o estado do processo, a técnica do julgamento antecipado parcial do mérito, "quando um ou mais dos pedidos formulados ou parcela deles mostrar-se incontroverso", decisão impugnável por agravo de instrumento (art. 356, I, e § 5º).

118. Cf. Notas de rodapé anteriores ns. 146 e 166 (itens 1.1 e 1.2 deste Capítulo II da Parte III do trabalho).

É importante, no entanto, observar que, apesar da inequívoca possibilidade de adiantamento de efeitos do provimento final, "o juiz deverá atuar com moderação e parcimônia nesse campo, seja para que a decisão antecipatória não ultrapasse os limites do provimento de mérito, seja para que os direitos do réu sejam respeitados".

da segurança, dispensável era a previsão constante no art. 273, § 1º, do CPC/1973 (CPC/2015, art. 298), dado que toda a decisão judicial deve estar devidamente fundamentada, conforme mandamento constitucional (CF, art. 93, IX).

Na situação de manifesto intento protelatório do réu, ou de abuso do direito de defesa, como lembra Luiz Guilherme Marinoni: "no jogo entre a tempestividade e a segurança, a tutela antecipatória baseada no art. 273, II, somente é possível quando a defesa deixar entrever a grande probabilidade de o autor resultar vitorioso e, consequentemente, a injusta espera para a realização do direito".[119] Em complemento, "um direito é evidenciado de pronto quando é demonstrado desde logo. Para a tutela antecipatória baseada em abuso de direito de defesa, contudo, são necessárias a evidência do direito do autor e a fragilidade da defesa do réu, não bastando apenas a caracterização do primeiro".[120]

Como é intuitivo, presentes os requisitos legais, vislumbra-se a possibilidade de antecipação de tutela em diversas situações, qualquer que seja a espécie de tutela (declaratória, constitutiva ou condenatória), natureza da obrigação (fazer, não fazer, pagar quantia certa, positiva ou negativa), processo (de conhecimento, execução ou cautelar), procedimento (ordinário ou especial), fase ou momento processual, na primeira ou nas instâncias superiores, contra particular ou Fazenda Pública,[121] de modo que se acentua o poder-dever[122] do juiz na aferição *in concreto* dos

Cf. João Batista Lopes, *Tutela Antecipada no Processo Civil Brasileiro*, 4ª ed., São Paulo, Ed. RT, 2009, p. 85.
119. Cf. *Abuso de Defesa e Parte Incontroversa da Demanda*, São Paulo, Ed. RT, 2007, pp. 44-45.
120. Idem, p. 45. O art. 273, II, do CPC/1973 refere-se à hipótese de abuso de direito de defesa ou de manifesto propósito protelatório do réu, caso em que o Código de Processo Civil de 2015 caracterizou como situação de concessão da tutela da evidência, a qual, como era antes, independe da demonstração de perigo de dano ou de risco ao resultado útil do processo (CPC/2015, art. 311, I).
121. Embora haja debate doutrinário e dissenso jurisprudencial em torno do tema, é possível cogitar de dispensa de formalidades, como o precatório, especialmente em situações excepcionais em que justificasse a flexibilização do princípio da impenhorabilidade de bem público. Cf. João Batista Lopes, *Tutela Antecipada no Processo Civil Brasileiro*, cit., pp. 142-151, esp. p. 145.
122. Como já analisado na Parte anterior (II), Capítulo II, item 5.3, inexiste propriamente o poder discricionário na atividade jurisdicional, sendo que também na avaliação judicial no pedido de antecipação de tutela a escolha não se fará por critérios subjetivos, mas pautada por técnicas de interpretação e com vinculação aos preceitos normativos, constitucionais e legais. Cf. João Batista Lopes, *Tutela Antecipada no Processo Civil Brasileiro*, cit., pp. 107-110.

pressupostos para a sua concessão, sobretudo na interpretação de termos jurídicos indeterminados ou vagos.[123] Como espécie do gênero "tutelas de urgência", a técnica da antecipação de provimentos, ou de seus efeitos, confere, com primazia, tônica ao princípio da celeridade, porém é latente o conflito com o valor segurança, como se depreende dos limites claramente estabelecidos pelo legislador.

Discute-se se haveria preclusão em torno das decisões liminares que apreciam pedido de medidas antecipatórias (deferindo ou indeferindo), tendo em vista o disposto nos arts. 273, § 4º, e 461, § 3º, *in fine*, ambos do CPC/1973; art. 296 do CPC/2015, que estatuem a possibilidade de revogação ou modificação da tutela "a qualquer tempo". De início, note-se que o legislador apresentou no ordenamento processual hipóteses permissivas de revisão das questões anteriormente resolvidas pelo mesmo órgão jurisdicional, mediante provocação (*v.g.*, arts. 285-A, § 1º, 296 e 529, CPC/1973; art. 332, § 3º, 331 e 1.018, § 1º, CPC/2015).[124]

A latere, remanescem situações em que não se opera a preclusão ao juiz, quando envolvidas matérias de ordem pública, especialmente na verificação dos pressupostos processuais e das condições da ação (arts. 267, § 3º, e 301, § 4º, CPC/1973; arts. 337, § 5º, 485, § 3º, CPC/2015), estendendo-se ao controle da regularidade e das formalidades essenciais dos atos das partes, como a admissibilidade e a tempestividade de recurso.[125]

Retornando ao tema da decisão acerca da antecipação de tutela, para que não se acarrete a indesejada insegurança jurídica, excetuadas as hipóteses acima mencionadas sobre as quais não se opera a preclusão, deve ser, em regra, observado o princípio da estabilidade do pronunciamento

---

123. Na aferição, por exemplo, da expressão *prova inequívoca* e *da verossimilhança*, deverá o juiz estar atento à gravidade da medida a prover, buscando "um *equilíbrio* entre os interesses dos litigantes. Não se legitima conceder a antecipação da tutela ao autor quando dela possam resultar danos ao réu, sem relação de proporcionalidade com a situação lamentada". Cf. Cândido Rangel Dinamarco, *A Reforma do Código de Processo Civil*, 5ª ed., rev., ampl. e atual., São Paulo, Malheiros Editores, 2001, pp. 145-146.

124. Em relação ao artigo 518, § 2º, do CPC/1973 (hipótese de reexame pelo juiz dos pressupostos de admissibilidade da apelação), não há correspondência diante da mudança de sistemática no novo CPC, pois o juiz passará a remeter o recurso ao tribunal independente do juízo de admissibilidade (art. 1.010, § 3º). No entanto, o novo CPC adotou o juízo de retratação em apelação interposta contra sentença que julgar o processo, sem resolução do mérito (art. 485, § 7º).

125. Cf. Heitor Vitor Mendonça Sica, *Preclusão Processual Civil*, 2ª ed., São Paulo, Atlas, 2008, pp. 183-184 e 230-239.

anterior, embora de caráter provisório, reservando-se o controle do desacerto "pela eficaz via do agravo de instrumento, na qual o interessado terá plena oportunidade de demonstrar o engano ocorrido".[126]

No entanto, levar esse entendimento de modo inflexível poderá implicar situações de injustiça. Com efeito, diante da peculiaridade do caso concreto, sobretudo nas obrigações de natureza impositiva e não meramente ressarcitória, afigurado nitidamente o equívoco ou a sua incompatibilidade, seja pela evidência do erro de apreciação inicial, ou em face de mudança de convicção mercê de outros elementos probatórios carreados, impõe-se o ajuste da decisão à realidade que emerge dos autos,[127] naturalmente com respaldo em suficiente fundamentação, tendo em vista que o valor da segurança também não é absoluto[128] e, dependendo das circunstâncias, a espera de eventual manejo da via recursal pode representar o seu aniquilamento, sem mencionar o prejuízo à celeridade diante do risco de retorno à fase anterior.[129]

126. Idem, ibidem, p. 262.
127. Nessa direção, por exemplo, "se o juiz verifica, em virtude de prova trazida aos autos com a contestação, que a tutela inibitória antecipada não deveria ter sido concedida, não há que pensar em preclusão, já que é da própria essência da tutela urgente de cognição sumária a modificabilidade e revogabilidade, por ser inerente a ela a provisoriedade". Cf. Luiz Guilherme Marinoni, *Tutela Inibitória (Individual e Coletiva)*, 4ª ed., São Paulo, Ed. RT, 2006, p. 202.
128. A circunstância de que as medidas de urgência são tomadas através de cognição incompleta representa a sua relativa instabilidade, dado que a própria lei as considera revogáveis e "é assim porque o legislador quer abrir portas para as medidas urgentes mas não fechá-las ao reexame ponderado dos fatos e razões jurídicas mediante uma ulterior cognição exauriente em processo de conhecimento, sem a pressa de decidir que institucionalmente rege a concessão das medidas antecipatórias e das cautelares". Em contrapartida, o legislador não pretendeu "consentir que fossem indiscriminadamente revogadas, porque uma ampla e ilimitada possibilidade seria fator de *insegurança jurídica* para as partes". Nesse conflito, a eventual revogação estaria respaldada pela exigência constitucional de motivação. Cf. Cândido Rangel Dinamarco, *Fundamentos do Processo Civil Moderno*, t. I, 6ª ed., São Paulo, Malheiros Editores, 2010, pp. 763-765.
129. A concessão de antecipação de tutela na situação retratada no art. 273, § 6º, do CPC/1973 (em relação à parcela incontroversa da demanda) também não impede que ocorram situações excepcionais que justifiquem a modificação da decisão com base no art. 273, § 4º ("a tutela antecipada poderá ser revogada ou modificada a qualquer tempo, em decisão fundamentada"), muito embora se reconheça que há forte corrente entendendo que se trata de hipótese de coisa julgada material ao invés de simples preclusão. Cf. Heitor Vitor Mendonça Sica, *Preclusão Processual Civil*, cit., pp. 206-208.

De acordo com o regramento do Código de Processo Civil de 2015, a decisão que concede a tutela antecipada em caráter antecedente não faz coisa julgada, embora

Nesse contexto, é viável e conveniente a tomada de medidas de correção mesmo na ausência de requerimento,[130] desde que em "situações excepcionais em que o juiz verifique a necessidade da antecipação, diante do risco iminente de perecimento do direito cuja tutela é pleiteada e do qual existam provas suficientes de verossimilhança", quando, excepcionalmente, "a atuação *ex officio* do juiz constitui o único meio de se preservar a utilidade do resultado do processo".[131]

Com efeito,

> a tutela antecipada é precedida de cognição sumária, muitas vezes formada à luz de elementos trazidos apenas pelo autor. É perfeitamente possível que, após refletir mais demoradamente sobre os dados da questão, convença-se o juiz da inadequação ou desnecessidade da liminar antecipatória. Seria excesso de formalismo impedir a retratação, com fundamento na preclusão *pro iudicato*. Esse instituto não apresenta, na situação, nenhuma utilidade. Não contribui para a celeridade do processo, nem para a efetividade da tutela jurisdicional. Na verdade, vai de encontro a esses objetivos, pois implica manter inalterável decisão reconhecidamente equivocada.[132]

Paralelamente, não se verifica a violação do princípio da congruência entre a decisão e o pedido na concessão de tutela específica das obrigações de fazer e não fazer, uma vez que, através da previsão do art. 461, §§ 4º *usque* 6º, do CPC/1973; CPC/2015, arts. 536, § 1º, e 537, *caput* e § 1º, I, o próprio legislador expressamente criou hipótese de exceção, permitindo-se, inclusive, a sub-rogação sucessiva da medida caso não revelasse aquela adotada inicialmente apta e suficiente para o provimento da tutela específica ou do resultado prático equivalente ao do adimplemento.[133]

---

propicie a estabilização dos respectivos efeitos, que só será afastada por decisão a ser proferida em ação ajuizada por uma das partes (art. 304, § 6º).

130. Nesse aspecto lembra Cândido Rangel Dinamarco, diferentemente do que ocorre nas medidas cautelares incidentais, em que o juiz deverá atuar, se necessário, de ofício para o correto exercício da jurisdição, nas antecipações de tutela vigoraria a regra *nemo iudex sine actore* (art. 262, CPC/1973; art. 2º, CPC/2015), tendo em vista que elas "são ordinariamente gravosas para a parte contrária, ou invasivas de sua esfera jurídica". Cf. *Nova Era do Processo Civil*, cit., pp. 87-89.

131. Cf. José Roberto dos Santos Bedaque, *Tutela Cautelar e Tutela Antecipada: Tutelas Sumárias e de Urgência*, cit., pp. 413-414.

132. Cf. José Roberto dos Santos Bedaque, "Estabilização das tutelas de urgência", in *Estudos em Homenagem à Prof. Ada Pellegrini Grinover*, São Paulo, DPJ Editora, 2005, p. 666.

133. Cf. Kazuo Watanabe, "Tutela antecipatória e tutela específica...", cit., pp. 43-44.

Visando ao incremento da efetividade, em ambos os sentidos – da celeridade e da segurança – se a tutela antecipada for concedida em caráter antecedente, ou seja, observada a urgência contemporânea à propositura da ação, requerida em petição inicial com a indicação do pedido de tutela final, com a exposição da lide, do direito que pretende realizar e do perigo da demora, o autor deverá aditá-la, inclusive confirmando o pedido de tutela final, sob pena de extinção do processo sem resolução do mérito (CPC/2015, art. 303, § 1º, I, § 2º). Não sobrevindo recurso contra a decisão que conceder, em aludido procedimento, a tutela antecipada, ela se tornará estável, levando o processo à extinção (CPC/2015, art. 304, *caput*, e § 1º).

Qualquer das partes poderá pleitear, no prazo de dois anos da decisão acima referida, em ação a ser distribuída por prevenção, a revisão, reforma ou invalidação da tutela antecipada estabilizada, a qual não fará coisa julgada, mas produzirá os seus respectivos efeitos enquanto não afastada por decisão de mérito que a "revir, reformar ou invalidar" (CPC/2015, art. 304, §§ 2º, 3º, 4º, 5º e 6º).[134]

Do que se depreende das regras estatuídas nos arts. 303 e 304 do CPC/2015, para que se implemente a técnica da estabilização da tutela antecipada, a ser requerida em procedimento antecedente, revestida de caráter de urgência (art. 303, *caput*) e concedida *inaudita altera parte*, deverá o autor pedir expressamente a aplicação desse benefício (art. 304, § 5º), limitando-se ao requerimento da tutela antecipada, com a indicação da tutela final. Caso contrário, se, desde o início, postular, sem prejuízo da tutela provisória, também a definitiva, significa que o autor não se contentará apenas com a estabilização da tutela provisória, ou seja, pretende que o Estado lhe confira, ao final da cognição exauriente, decisão com o juízo de mérito a ser acobertada pela imutabilidade da coisa julgada. De qualquer modo, por ser instituto ainda novo no sistema brasileiro, inspirado no direito processual italiano (*provvedimenti d'urgenza*) e francês

---

134. O Código de Processo Civil de 2015 não adotou a posição mais extremada da estabilização da tutela antecipada contida no Projeto de Lei 186/2005 do Senado Federal, de iniciativa do Instituto Brasileiro de Direito Processual (comissão presidida pela professora Ada Pellegrini Grinover e composta pelos professores Luiz Guilherme Marinoni, Kazuo Watanabe e José Roberto dos Santos Bedaque). De acordo com a proposta, concedida a tutela antecipada, em procedimento antecedente ou na pendência do processo, a cognição exauriente ficaria condicionada à provocação de qualquer das partes e, caso não apresentado pedido nesse sentido, o consectário seria a definitividade da medida concedida em caráter sumário, tornando-se a decisão imutável pelo trânsito em julgado.

(*référé-provision*), estará aberta a possibilidade de construção doutrinária mais elaborada e interpretação dos nossos tribunais.

3.2 Tutela cautelar

Tanto a tutela cautelar quanto a antecipatória, especialmente a última fundada no perigo da demora, inserem-se no amplo gênero das técnicas de urgência, embora tradicionalmente se possam apontar distinções entre as duas modalidades de provimento. A primeira, como se infere da própria expressão, remete à ideia inicial de resguardo, prevenção, proteção contra algo ou alguma situação, dando-se a devida eficácia diante da configuração de risco potencializado pela natural espera inerente à solução da controvérsia.[135] É peculiar à tutela cautelar a noção de instrumentalidade, acessoriedade, utilidade e segurança em relação ao pedido principal, cujo bem jurídico poderá ser reconhecido ou satisfeito em momento ulterior, ou seja, aquela tutela visaria, em caráter preparatório ou incidental, a "garantir o resultado final do processo de conhecimento, ou do processo executivo".[136] Desse modo, em face do escopo de assegurar a viabilidade do objeto da ação principal ou do "resultado útil do processo" (arts. 796 e 801, III, CPC/1973; arts. 294, parágrafo único, e 305, CPC/2015), a doutrina também faz menção ao termo "referibilidade".[137]

---

135. A preocupação consistia, chegando o processo ao seu final, em não mais se encontrar existente a situação jurídica sobre a qual a jurisdição devia atuar tendo em vista que "não é possível simplificar o curso procedimental da cognição de forma tal que o pedido venha imediatamente a ser julgado". Cf. José Frederico Marques, *Manual de Direito Processual Civil*, vol. IV, Campinas, Bookseller, 1997, pp. 379-380.

136. Cf. José Frederico Marques, *Manual de Direito Processual Civil*, vol. IV, cit., p. 381. Por isso, o processo cautelar tem natureza auxiliar e subsidiária. Cf. Antônio Carlos Marcato, *Procedimentos Especiais*, 7ª ed., 2ª tir., ampl., São Paulo, Malheiros Editores, 1997, p. 33.

Muito embora o Código de Processo Civil de 2015 tenha suprimido o livro próprio do processo cautelar, deslocou a tutela cautelar para a categoria de tutela provisória de urgência, passível de concessão em caráter antecedente ou incidental, a qual "pode ser efetivada mediante arresto, sequestro, arrolamento de bens, registro de protesto contra alienação de bem e qualquer outra medida idônea para asseguração do direito" (arts. 294 e 301).

137. Nesse sentido, na lição de Luiz Guilherme Marinoni, "a tutela que satisfaz, por estar além do assegurar, realiza missão que é completamente distinta da cautelar. Na tutela cautelar há sempre referibilidade a um direito acautelado. O direito referido é que é protegido (assegurado) cautelarmente. Se inexiste referibilidade, ou referência a direito, não há direito acautelado". Cf. *Antecipação da Tutela*, cit., p. 107.

Kazuo Watanabe discorrendo sobre a ação cautelar adverte que a noção de "referibilidade", ou a ideia de "transitividade", nem sempre permitiria solucionar a questão

O instituto da antecipação de tutela, inserido no direito brasileiro na década de 1990 (Lei 8.952, de 13.12.1994), foi resultado das "pressões sociais por tutela jurisdicional adequada e o consequente uso da ação cautelar inominada como técnica de sumarização do processo de conhecimento",[138] bem como do posicionamento de alguns tribunais que passaram a incorporar a denominada "ação cautelar satisfativa",[139] desvinculando-a da ideia de lide ou pretensão principal, como se sucede no mecanismo do adiantamento de tutela, desde que, presentes certos pressupostos previstos em lei, faculta-se ao autor a satisfação, parcial ou total, dos próprios efeitos da tutela pretendida e que seria objeto de decisão final.

Essa distinção, todavia, não descaracteriza o traço comum que fundamenta a tutela cautelar e a antecipatória, ou seja, o risco de perecimento ou deterioração do direito em face da demora do processo e do transcurso do tempo (*periculum in mora* ou *perigo de dano ou o risco ao resultado útil do processo* – CPC/2015, art. 300), daí a natureza de urgência de que ambas as medidas se revestem.[140] Em consequência, tendo em vista que

---

da determinação da ação principal, pois aquela deve ser analisada de acordo com os seus graus de intensidade e que "somente quando a causa de pedir da ação cautelar, no seu dado remoto, contém ou deve conter afirmação relativa à ação principal, é que esta se faz de imperiosa propositura". Assim, por exemplo, quando a ação principal for meramente declaratória, em princípio, ela se faz desnecessária, ou nas situações em que se afiguram atos que colocam em perigo alguns direitos de personalidade, como os concernentes à vida, à liberdade, à saúde, à honra. Cf. *Da Cognição no Processo Civil*, cit., pp. 139-141.

De qualquer forma, não se pretende neste trabalho adentrar no debate em torno dos diversos problemas de natureza teórico-dogmática envolvendo o processo cautelar em confronto com a tutela antecipatória, como se pode verificar do complexo panorama trazido por Sidnei Amendoeira Júnior. Cf. *Poderes do Juiz e Tutela Jurisdicional*, São Paulo, Atlas, 2006, pp. 164-166.

138. Cf. Luiz Guilherme Marinoni, *Técnica Processual e Tutela dos Direitos*, 2ª ed., São Paulo, Ed. RT, 2008, p. 82.

139. Há situações em que exageros foram cometidos a ponto de desconsiderar a necessidade da instrução em caso de concessão de medida cautelar inominada, com a dispensa da ação principal, gerando confusão entre satisfatividade e definitividade, pois o contraditório e a cognição exauriente seriam imprescindíveis para a formação da coisa julgada material. Por isso, "a grande maioria dos doutrinadores e dos tribunais não admitiam que a tutela sumária satisfativa fosse prestada sob o manto protetor da 'ação cautelar inominada'". Cf. Luiz Guilherme Marinoni, *Antecipação da Tutela*, cit., pp. 103-104 e 106.

140. A técnica da antecipação de tutela, no direito italiano, remonta ao efeito expansivo aplicado às providências de conteúdo cautelar, denominadas de *provvedimenti d'urgenza*, que visavam inicialmente a conferir remédio instrumental à satisfação da tutela principal, conforme se nota do teor do art. 700 do Codice di

ainda não houve oportunidade para a realização da cognição exauriente, a provisoriedade também é ponto de contato entre as aludidas tutelas,[141] de sorte que a sua execução se submeteria, de acordo com a natureza da obrigação, aos regramentos específicos e, diante do risco envolvido, inclusive, à imposição de garantias e da responsabilidade objetiva do beneficiário (arts. 273, § 3º, 475-O, 804, 811 e 816, II, CPC/1973; arts. 297, parágrafo único, 520, 300, § 1º, e 302, CPC/2015).

Outra característica específica a tais modalidades de tutela é a razoabilidade da pretensão veiculada: *fumus boni iuris*, *verossimilhança da alegação* (CPC/1973, art. 273, *caput*), ou *probabilidade do direito* (CPC/2015, art. 300), a denotar a exigência de uma considerável margem de êxito do pedido formulado, englobando os fundamentos jurídicos e fáticos, embora, em geral, o grau de avaliação esperado do juiz na hipótese de tutela antecipada seja mais elevado.[142] O receio de dano irreparável,

Procedura Civile: "Fuori dei casi regolati nelle precedenti sezioni di questo capo, chi ha fondato motivo di temere che durante il tempo occorrente per far valere il suo diritto in via ordinaria, questo sia minacciato da un pregiudizio imminente e irreparabile, può chiedere con ricorso al giudice i provvedimenti d'urgenza, che appaiono, secondo le circostanze, più idonei ad assicurare provvisoriamente gli effetti della decisione sul merito".
    De acordo com Cândido Rangel Dinamarco, o conjunto das medidas antecipatórias e cautelares pode ser designado como "medidas aceleratórias da tutela jurisdicional". Cf. *Fundamentos do Processo Civil Moderno*, t. I, cit., p. 876.
    O Código de Processo Civil de 2015 explicitou que a tutela provisória de urgência pode ser de natureza cautelar ou antecipada (art. 294, parágrafo único).
    141. Ovídio A. Baptista da Silva e Luiz Fábio Gomes preferem o termo "temporariedade", vez que uma coisa seria temporária enquanto não se destinasse a durar para sempre, e as coisas provisórias, embora temporárias, existiriam para serem substituídas por outras definitivas. As tutelas cautelares, por sua natureza, seriam temporárias para durar enquanto persistisse o estado de perigo. Cf. *Teoria Geral do Processo Civil*, cit., pp. 311-315.
    142. Cf. Cândido Rangel Dinamarco, *A Reforma do Código de Processo Civil*, cit., p. 145. Todavia, o ilustre autor, em outra obra, refuta que as antecipações de tutela dependam invariavelmente de uma probabilidade maior em comparação com as medidas cautelares, pois em ambas as situações estaria presente o *juízo do mal maior*: "quanto mais intensa for a atuação da medida sobre a esfera de direitos da parte contrária, tanto mais cuidado deve ter o juiz, mas a variação de intensidade dos efeitos invasivos não é determinada rigidamente pela natureza antecipatória ou cautelar; mesmo no campo das cautelares, convivem algumas que não causam mal algum, como a inocente produção antecipada de prova, e outras mais severas e invasivas, como o arresto, o sequestro ou a busca-e-apreensão" (cf. *Nova Era do Processo Civil*, cit., p. 74).
    Da atuação do juiz na interação dos pressupostos da medida cautelar (*periculum in mora* e *fumus boni juris*) emerge a importância da avaliação da probabilidade do

lesão grave, ou de difícil reparação (CPC/1973, arts. 273, I, e 798), ou "o perigo de dano ou o risco ao resultado útil do processo" (CPC/2015, arts. 300, 303 e 305), é requisito inafastável apenas para a tutela cautelar, já que na antecipação se pode presumir o efeito deletério da *dilatio temporis* de conformidade com o comportamento do réu (abuso de direito de defesa, manifesto propósito protelatório, concordância, expressa ou tácita, com o pedido, total ou parcialmente). Todavia, o Código de Processo Civil de 2015 modificou a matéria a fim de que o perigo da demora fosse dispensado apenas nas hipóteses de tutela da evidência, como quando "ficar caracterizado o abuso do direito de defesa ou o manifesto propósito protelatório da parte" (art. 311, I).

Extrai-se que na tutela cautelar se objetiva essencialmente conferir "proteção jurisdicional, destinada a preservar a incolumidade dos direitos ou de algum interesse legítimo, ante uma situação de emergência que os coloque em posição de risco iminente de periclitação",[143] de maneira que o juiz procede à cognição sumária "a fim de que o tempo necessário ao desenvolvimento do devido processo legal não comprometa a efetividade do instrumento".[144]

Embora a tutela cautelar tivesse recebido previsão autônoma pelos idealizadores do Código antrior, em livro próprio, como *tertium genus*, ao lado do processo de conhecimento e de execução, diante da identificação de seus aspectos essenciais e da inclusão posterior da tutela antecipatória, não mais se justificava o tratamento dissociado entre essas duas técnicas por ocasião da elaboração do Código de Processo Civil de 2015, de maneira que houve o acolhimento da orientação mais coerente com a doutrina atual.[145]

---

direito, com base no confronto entre o "juízo do direito mais forte" e o "juízo do mal maior". Nesse sentido, Cândido Rangel Dinamarco propõe a seguinte fórmula de equilíbrio: "a) ainda quando não seja muito intensa a probabilidade de existência do direito, a gravidade do dano temido pela parte é fator que deve encorajar os juízes a enfrentar o risco de erro, que é inerente às medidas urgentes (Calamandrei); b) ainda quando o perigo não seja tão grande ou de tanta gravidade, menor será o temor de errar quando a probabilidade de existência do direito da parte for extraordinariamente forte". Cf. *Fundamentos do Processo Civil Moderno*, t. I, cit., pp. 776-777.
143. Cf. Ovídio A. Baptista da Silva e Luiz Fábio Gomes, *Teoria Geral do Processo Civil*, cit., p. 307.
144. Cf. José Roberto dos Santos Bedaque, *Efetividade do Processo e Técnica Processual*, cit., p. 519.
145. Diante da premissa de que a tutela cautelar objetiva não a satisfação definitiva no plano do direito material, mas nele atuando apenas de forma indireta, conferindo, através de providências cautelares, eficácia a outras duas tutelas, de conhecimento ou de execução, parece mesmo que se trata de uma tutela acessória,

Reiterem-se as observações lançadas no item relativo à antecipação de tutela no tocante aos poderes-deveres do órgão judicial na busca da efetividade, pois, embora o juízo de probabilidade acerca da pertinência do direito invocado ocorra, em regra, em grau menos intenso na concessão de medida cautelar, será igualmente compelido a realizar avaliação acendrada das circunstâncias do caso concreto, aplicando adequadamente as normas que contêm expressões jurídicas genéricas e indeterminadas.

Mencione-se, ainda, o poder geral do juiz em face da amplitude de sua atividade diante de situações que demandam a imposição de medidas inominadas ou a exigência de garantias (art. 798, CPC/1973; art. 297, *caput*, CPC/2015), ou providências que melhor assegurem a eficácia do provimento final, a reclamar a plena consciência do enfoque polarizado entre as exigências da urgência (celeridade) e da segurança, a fim de afastar dano indevido à parte contrária.[146]

Ademais, valem as anotações acerca da antecipação de tutela (arts. 273, § 4º, e 461, § 3º, parte final, CPC/1973; art. 296, CPC/2015) no tocante à possibilidade de revisão ou modificação de medidas assecuratórias eficazes para a garantia da tutela final, no exercício do amplo poder-dever de cautela (arts. 798 e 805, CPC/1973; art. 297, *caput*, CPC/2015), sendo que a regra geral condiciona a atuação judicial a pedido da parte e desde que haja expressa autorização legal, ressalvando-se as situações excepcionais de urgência, de modo que não se aplica na tutela cautelar, em caráter absoluto, a regra da congruência entre o pedido e a sentença, pois, admitida "a antecipação da tutela sem prévio pedido da parte, com

---

"um instrumento do instrumento", e "o critério utilizado para distinguir cognição de execução, fundado na natureza da atividade jurisdicional, não é o mesmo que se leva em conta para identificar a tutela cautelar, que comporta cognição e execução. O que a caracteriza, na verdade, é a provisoriedade, em oposição à tutela definitiva". Cf. José Roberto dos Santos Bedaque, *Tutela Cautelar e Tutela Antecipada: Tutelas Sumárias e de Urgência*, cit., pp. 195-197.

Assim, as medidas de espécie cautelar e satisfativa (ou antecipada) foram agrupadas na modalidade de tutelas provisórias de urgência, com menção, ainda, à tutela da evidência, nela incluindo as hipóteses que eram tratadas no Código anterior como de antecipação de tutela e com o acréscimo de outras situações (CPC/2015, art. 294 *usque* art. 311).

146. José Roberto dos Santos Bedaque aponta esses valores constitucionais conflitantes na tutela provisória, mas acrescenta que o manejo de suas modalidades seria um dos mecanismos para viabilizar a convivência entre segurança jurídica e efetividade (no sentido da celeridade), porquanto "destinadas a dar solução imediata do problema apresentado, tendo em vista a existência de algum fator que possa comprometer o resultado do processo, mas apenas enquanto não houver elementos suficientes para a outorga de tutela definitiva". Cf. *Tutela Cautelar e Tutela Antecipada...*, cit., p. 96.

muito mais razão, aceitará a possibilidade de o juiz adequar a providência às peculiaridades concretas inerentes à situação substancial".[147]

Apenas para registrar, há parcela da doutrina que sustenta a existência de classe autônoma de tutela denominada de inibitória, que apresentaria traços diversos da cautelar,[148] consistente em provimentos destinados a dar efetividade à situação em que estivesse configurado o ilícito, independentemente do dano, que seria mero elemento acidental.[149] Sustenta-se que a previsão do art. 287 do CPC/1973 não seria suficiente para o desiderato da tutela inibitória ou repressiva, cujos fundamentos se encontrariam nos arts. 461 do CPC/1973 (CPC/2015, art. 536) e 84 do Código de Defesa do Consumidor, e, assim, teria tornado prescindível o emprego da cautelar inominada.[150] Luiz Guilherme Marinoni defende a necessidade "de que o processo realmente responda de maneira efetiva aos direitos, uma forma de tutela jurisdicional capaz de impedir a prática, a repetição ou a continuação do ilícito".[151] Sustenta o autor, ainda, a importância da tutela inibitória para a efetividade dos direitos não patrimoniais, como os direitos da personalidade.[152]

147. Cf. José Roberto dos Santos Bedaque, *Tutela Cautelar e Tutela Antecipada...*, cit., pp. 415-416. O Código de Processo Civil italiano traz expressamente a regra que permite a modificação ou a revogação da medida cautelar em caso de alteração dos elementos circunstanciais: "Art. 669-decies. (Revoca e modifica). Salvo che sia stato proposto reclamo ai sensi dell'articolo 669-terdecies, nel corso dell'istruzione il giudice istruttore della causa di merito può, su istanza di parte, modificare o revocare con ordinanza il provvedimento cautelare, anche se emesso anteriormente alla causa, se si verificano mutamenti nelle circostanze o se si allegano fatti anteriori di cui si è acquisita conoscenza successivamente al provvedimento cautelare".

Registre-se, ainda, a observação quanto à fungibilidade em duplo sentido entre a medida cautelar e a antecipação de tutela (art. 273, § 7º, CPC/1973; art. 305, parágrafo único, CPC/2015), conforme mencionada no item 4, Capítulo I desta parte do trabalho (nota de rodapé n. 90).

148. De acordo com Luiz Guilherme Marinoni, em relação ao CPC/1973, "a tutela inibitória prestada sob o manto protetor da tutela cautelar somente não seria fundada em cognição exauriente se o juiz, em face do caso concreto, não aprofundasse a sua cognição sobre o ilícito, exigindo, em atenção ao art. 806 do CPC, a propositura da ação principal. Entretanto, como o art. 806, em tema de tutela cautelar, não dispensa a propositura da ação principal, não se atentava para a cognição da 'ação cautelar' e exigia-se *sempre* a propositura de uma ação principal, que se tornava, portanto, *muitas vezes inútil*. Isto quer dizer que a ação inibitória, que agora permite – em razão das virtudes do novo art. 461 – a obtenção de tutela inibitória antecipada em seu seio, não necessita, por motivos bastante óbvios, de uma ação principal". Cf. *Tutela Inibitória (Individual e Coletiva)*, cit., p. 65.

149. Cf. Luiz Guilherme Marinoni, *Tutela Inibitória...*, cit., pp. 56-58 e 199.
150. Idem, ibidem, pp. 65-66 e 71.
151. Idem, ibidem, p. 121.
152. Idem, ibidem.

No entanto, como se verifica dos exemplos mencionados na doutrina de tutela inibitória ou preventiva no direito brasileiro, ou seja, o interdito proibitório, a nunciação de obra nova, a ação cominatória e o mandado de segurança,[153] o sistema já prevê mecanismos de proteção através das tutelas de urgência, independentemente da técnica da antecipação ou da cautelaridade. É certo que, com a introdução do mecanismo de adiantamento genérico ou típico da tutela (arts. 273 e 461, CPC/1973; arts. 294 e ss., e 536, CPC/2015), antes reservado a algumas situações expressas, como no exemplo da proteção possessória, com a possibilidade de expedição de mandado de manutenção ou reintegração (art. 928, CPC/1973; art. 562, CPC/2015), da ação de consignação de pagamento, mandado de segurança, ação civil pública e ação popular, o campo de utilização da tutela cautelar inominada restou bastante reduzido.[154]

E a tutela inibitória, ou preventiva, cuja caracterização deflui da natureza do direito substancial, sobretudo em torno da obrigação de fazer e de não fazer, está atrelada, na sua essência, e de modo inequívoco, à proteção exigida pelo risco de comprometimento da tutela final e, portanto, é espécie do gênero da tutela de urgência, encontrando, assim, respaldo tanto através da via antecipatória, ou da cautelar. Assim, a efetividade pelo ângulo do juiz dependerá da escorreita atuação diante da peculiaridade do direito material controvertido em confronto com os elementos circunstancias do caso concreto, *v.g.*, a imposição de medidas necessárias e suficientes para que uma determinada fábrica cesse, de imediato, a atividade de liberação ao meio ambiente de produtos tóxicos sem o devido tratamento, de forma que "é sempre indispensável observar uma linha de equilíbrio com a qual o juiz leve em conta os males a que o interessado na medida se mostra exposto e também os que poderão ser causados à outra parte se ela vier a ser concedida".[155]

---

153. Idem, ibidem, pp. 291-303.
154. Como anotou Cândido Rangel Dinamarco, "discutiu-se no passado se algumas dessas liminares (especialmente, a do processo do mandado de segurança) têm ou não natureza *cautelar*. Essa discussão tende a ficar superada, a partir de quando se instituiu no Código de Processo Civil o conceito de tutela jurisdicional antecipada, o que concorre para implantar no pensamento jurídico-processual brasileiro a consciência de que uma medida urgente não tem necessariamente essa natureza. Essas medidas não são cautelares, mas antecipações de tutela, porque não se destinam a oferecer meios de eficiência e justiça ao processo, mas a confortar diretamente algum sujeito, em sua relação com outro sujeito ou com os bens da vida". Cf. *Nova Era do Processo Civil*, cit., p. 104.
155. Cf. Cândido Rangel Dinamarco, *Nova Era do Processo Civil*, cit., p. 74.

3.3 Tutela da evidência

O Código de Processo Civil de 2015, com enfoque na efetividade, deixou às escâncaras o conflito de valores entre a celeridade e a segurança, de modo particularmente agudo na previsão das tutelas de urgência e da evidência. Adotando a técnica de fusão entre as medidas cautelares e antecipatórias, ambas estariam acobertadas pela necessidade de se conferir uma rápida resposta jurisdicional, de caráter provisório, para afastar os efeitos prejudiciais e irreversíveis do fator tempo, e que poderiam ser pleiteadas, sejam de natureza cautelar ou satisfativa, previamente ou no curso do procedimento (CPC/2015, art. 294 e parágrafo único).

Assim, o juiz deverá aferir, nas tutelas de urgência em geral, a presença dos requisitos da probabilidade do direito e do perigo de dano ou risco ao resultado útil do processo (CPC/2015, art. 300). Tais medidas poderão ser acompanhadas da exigência de caução ou garantia que se revele suficiente para deter ou reparar a lesão (CPC/2015, art. 300, § 1º). O novel Código manteve dispositivo correlato nas medidas cautelares (CPC/1973, art. 811) para as tutelas de urgência, ou seja, a imposição da responsabilidade objetiva do requerente, caso sobrevenha prejuízo à parte contrária, independentemente do dever de reparar o dano processual, nas hipóteses catalogadas (CPC/2015, art. 302).[156]

Trouxe o legislador a figura da tutela da evidência – que revela situações em que se considera a presença do direito como evidente,[157]

---

156. O regime adotado pode evidenciar tratamento anti-isonômico entre as partes, já que "assim como está o autor responde objetivamente pela obtenção de tutela ao seu direito provável em detrimento da posição jurídica improvável do réu caso ao final se chegue à conclusão pela improcedência do pedido. De outro lado, se é negada tutela de cognição sumária ao autor – o que significa, na prática, que o órgão jurisdicional entendeu mais verossímeis as alegações do réu – e, exaurindo-se a cognição, chega-se à procedência do pedido do autor, não há qualquer previsão de responsabilidade objetiva por eventual dano por ele experimentado em face de não se encontrar fruindo, enquanto pendente o processo, do bem da vida que nele foi buscar". Com vistas à superação dessa realidade, parece razoável a instituição do regime de responsabilidade subjetiva para o autor da fruição de tutela sumária, arcando com o prejuízo que de forma dolosa ou culposa provocasse ao réu com a efetivação da medida. Cf. Luiz Guilherme Marinoni e Daniel Mitidiero, *O Projeto do CPC. Críticas e Propostas*, São Paulo, Ed. RT, 2010, pp. 110-111.

157. A rigor, por precisão terminológica, não se trata de outra modalidade de tutela, como um *tertium genus*, pois o que se evidencia são as provas do alegado direito, o que justificaria a sua concessão *ab initio*. Assim, "toda antecipação de tutela tem obrigatoriamente de ser fundada na evidência de um direito que justifique a antecipação dos efeitos do provimento e inverta o ônus do tempo no processo. A

e que, além de abarcar os casos de antecipação de tutela previstos no art. 273, inciso II, do CPC/1973 (o abuso de direito de defesa ou o manifesto propósito protelatório do réu), incluiu outras situações em que se desponta considerável grau de verossimilhança ou probabilidade do direito postulado: "as alegações de fato puderem ser comprovadas apenas documentalmente e houver tese firmada em julgamento de casos repetitivos ou em súmula vinculante",[158] ou "se tratar de pedido reipersecutório fundado em prova documental adequada do contrato de depósito, caso em que será decretada a ordem de entrega do objeto custodiado, sob cominação de multa", ou "a petição inicial for instruída com prova documental suficiente dos fatos constitutivos do direito do autor, a que o réu não oponha prova capaz de gerar dúvida razoável" (CPC/2015, art. 311, II, III e IV).[159]

Em quaisquer dessas hipóteses, que fundamentam o pedido de tutela da evidência, estaria o requerente dispensado da prova de vulneração da integridade do bem jurídico pretendido pela demora da prestação ju-

---

urgência que autoriza o deferimento liminar decorre da evidência do direito demonstrado pela parte e justifica ser injusto que o autor, aparentemente com razão, seja 'condenado' ao processo. Ou seja, se o direito do autor é evidente, urge que o receba logo e o réu suporte o ônus do tempo e os custos do processo". Cf. Vicente de Paula Maciel Júnior, "A tutela antecipada no Projeto do novo CPC", in *Novas Tendências do Processo Civil. Estudos sobre o Projeto do Novo Código de Processo Civil*, Salvador, Juspodium, 2013, pp. 320-321.

158. Como anotam Luiz Guilherme Marinoni e Daniel Mitidiero, "não são apenas as causas repetidas que dão origem a precedentes constitucionais ou que estabelecem a uniformização da interpretação da lei federal, assim como não é apenas no enunciado da súmula vinculante que se exterioriza a autoridade da jurisdição", de forma que os legisladores poderiam ter optado pela inclusão de termo indeterminado, dando maior poder de criação jurisprudencial para sua interpretação e desenvolvimento. Cf. *O Projeto do CPC. Críticas e Propostas*, cit., pp. 109-110.

No entanto, observa-se a clara preocupação com o fator segurança ao estabelecer a exigência da repetição dos casos, ou da prévia consolidação da matéria através de súmula vinculante.

159. O texto final aprovado não manteve a hipótese de tutela da evidência quando houvesse a incontrovérsia do pedido ou de sua parcela, como constava no Projeto de Lei do Senado 166, de 2010 (art. 278, II). E tal situação não foi prevista sequer nos dispositivos que tratam da tutela antecipada, como ocorria com o art. 273, § 6º, do CPC/1973, substituído, tendo sido remetida ao capítulo "Do julgamento conforme o estado do processo", permitindo-se ao juiz a prolação de decisão antecipada parcial do mérito em relação aos pedidos incontroversos, ou parcela deles, sujeita à impugnação por agravo de instrumento (CPC/2015, art. 356, I, e § 5º).

Acentuando o princípio do contraditório, o legislador permitiu a decisão liminar em torno da concessão da tutela da evidência somente nas hipóteses previstas nos incisos II e III do art. 311 do CPC/2015.

risdicional, ou seja, "da demonstração de perigo de dano ou de risco ao resultado útil do processo" (CPC/2015, art. 311, *caput*).

A introdução da tutela da evidência segue a trilha do incremento da celeridade, sem comprometer, numa análise inicial, a segurança jurídica, ao adotar a técnica da cognição sumária ou superficial, geralmente conformada "em razão da urgência e do perigo de dano irreparável ou de difícil reparação, ou para a antecipação do provimento final, nos casos permitidos em lei, ou ainda em virtude da particular disciplina da lei material".[160]

Embora o legislador, mediante a aferição prévia dos princípios concernentes à efetividade, estabeleça as situações em que será conferida a tutela, é certo que remanesce intacto ao juiz o seu importante e decisivo papel na interpretação e aplicação dos termos jurídicos abertos emprestados à norma (*v.g.*, a caracterização do abuso de direito de defesa, do manifesto propósito protelatório, prova documental adequada e suficiente, prova capaz de gerar dúvida razoável) e na valoração das circunstâncias do caso concreto.

4. Conclusões parciais (Parte III, Capítulo II)

Considerando-se que um dos principais escopos da jurisdição volta-se à implementação da ordem jurídica através do processo, mediante a oferta de resposta estatal afinada com o plano do direito material, a efetividade pelo ângulo do juiz tem estreita ligação com o adequado tratamento a ser conferido às demandas de acordo com as suas características, cujo enfoque está em plena sintonia com a atualizada metodologia de estudo do acesso à justiça baseada na tutela jurisdicional, de modo que, diante de suas especificidades, o juiz deverá modular os valores contrastantes no incremento da efetividade.

---

160. Cf. Kazuo Watanabe, *Da Cognição no Processo Civil*, cit., p. 115.

É importante não se olvidar que a concessão de liminares continua sendo medida de exceção no sistema diante da expressa autorização legislativa, de modo que o juiz deve agir com rigor redobrado no exame do caso concreto, pois "a proliferação de liminares implica verdadeira banalização desse importante mecanismo destinado a assegurar a efetividade do processo, transformando-o em fator de desequilíbrio entre as partes, muitas vezes com séria ofensa ao contraditório e à ampla defesa. (...) Por essa razão, decisões *inaudita altera parte*, especialmente as de conteúdo antecipatório, devem ser concedidas com bastante parcimônia. Daí a advertência do legislador quanto ao alto grau de verossimilhança e à excepcionalidade da liminar". Cf. José Roberto dos Santos Bedaque, "Estabilização das tutelas de urgência", cit., pp. 668, 676, 679 e 681.

Embora as tutelas de cunho meramente declaratório e constitutivo primem essencialmente pela segurança jurídica já que se prestam a solucionar a crise de incerteza em torno de determinada relação, ou de situação jurídica, dispensando a prática de atos complementares de satisfação, a atuação do juiz continua a exercer importante papel na efetividade do processo.

Mencione-se que na tutela declaratória é evidenciada a sua atividade de interpretação no exame do interesse jurídico em dissipar a dúvida objetiva alegada na pretensão em concreto (art. 4º, I, CPC/1973; art. 19, I, CPC/2015), assim como na aferição de eventual atributo da executividade a ser reconhecido na sentença (art. 475-N, I, CPC/1973; art. 515, I, CPC/2015), resguardado o devido processo legal. Recai-lhe, também, o dever de analisar criteriosamente os requisitos da antecipação de efeitos práticos relacionados à tutela a final pretendida, de natureza declaratória ou constitutiva, diante do acentuado valor da segurança representado pela irreversibilidade que caracteriza aquelas medidas.

Dentre as tutelas de conhecimento, embora em todas elas seja fundamental o correto exercício dos poderes instrutórios do juiz no confronto entre os valores da celeridade, segurança e justiça, na condenatória é que mais se prenuncia a atividade judicial na direção da efetividade do processo uma vez que, em momento posterior, dá margem à prática de atos voltados à satisfação do vencedor na hipótese de ausência de colaboração do vencido, qualquer que seja a espécie de obrigação.

A despeito das divergências doutrinárias, as tutelas mandamentais e executivas, que apresentariam autonomia para os adeptos da teoria quinária, também conservam as características de autêntica condenação, porquanto, caso não se dê o cumprimento espontâneo pelo obrigado, independentemente do objeto sobre o qual recaia a obrigação, imprescindível, a pedido ou não do credor, a realização de atos de satisfação, ou efetivação do resultado prático equivalente, sejam na mesma ou em outra relação processual.

Quanto à tutela satisfativa, a efetividade dependerá sobremaneira da atuação do juiz no manejo das técnicas de execução, sejam da espécie sub-rogatória ou cominatória, pois a execução direta ou indireta, inclusive se adotada a classificação da tutela mandamental e executiva, a depender da modalidade da obrigação que lhe é subjacente, exigirá o concurso do devedor, cuja omissão acarretará a transferência da atividade ao Estado; no ordenamento brasileiro, é reservada ao Poder Judiciário a incumbência de impor as medidas expropriatórias ou coercitivas, notadamente a aplicação de multa como forma de demover a recalcitrância do devedor.

Inegavelmente é empreendida pelo juiz a operação tríplice constituída de: a) interpretação e aplicação das normas relativas ao arcabouço que rege a tutela executiva, b) constante ponderação de valores colidentes entre a pretensão do credor e os interesses do devedor, e c) argumentação para fundamentar as escolhas realizadas no caso particular. Despontam-se no caminho da efetividade da tutela executiva limites relativos à segurança jurídica (*e.g.*, a norma que estatui a opção pelo modo menos gravoso ao devedor) e também de natureza prática (*v.g.*, a impossibilidade de realização por outrem da obrigação de fazer infungível) que devem ser observados pelo juiz, a fim de fornecer a melhor resposta para a satisfação da pretensão anteriormente reconhecida ao vencedor.

Conquanto se possam louvar os esforços do legislador na implementação do processo denominado sincrético (Lei 11.232/2005), especialmente no tocante à supressão do ato de citação e da adoção da regra geral do efeito não suspensivo das impugnações (CPC/2015, art. 525, § 6º), permanecem as dificuldades na fase executiva ou de cumprimento de sentença, tendo em vista que, sem a colaboração do devedor, a depender da natureza da obrigação, deverão ser implementadas as técnicas que resultem na otimização da execução, cujo resultado poderá ser embaraçado também por barreiras que se situam além do âmbito judicial, como a impossibilidade de localização e apreensão de bens do devedor e a eventual conduta descompromissada dos tomadores de crédito diante da obrigação assumida.

Não obstante todas as modalidades de tutela reivindiquem a efetividade no seu sentido bifronte (segurança e celeridade), as tutelas de urgência requerem especial atenção ao segundo aspecto diante da sua própria natureza, voltada a conferir uma rápida resposta jurisdicional, cujo fator tempo poderá inexoravelmente comprometer a integridade da pretensão, de modo que o legislador elaborou técnicas de cognição que melhor pudessem cumprir a sua distribuição no processo. Com o advento do Código de Processo Civil/2015, a tutela provisória se tornou gênero do qual são espécies a tutela de urgência e de evidência; a primeira pode apresentar natureza cautelar ou antecipatória e, neste caso, ambas devem ter presentes o *periculum in mora* e a probabilidade do direito. A tutela de evidência, por seu turno, se reveste de natureza antecipatória, dispensando-se, entretanto, o requisito da urgência.

Cabe ao juiz o poder-dever de perscrutar todas as variáveis do caso concreto, em especial no aspecto da colisão entre a urgência da tutela postulada e o mandamento do devido processo legal, notadamente no aspecto do efetivo contraditório. A atividade judicial revela-se intensa, qualquer que seja a sua espécie (cautelar, antecipatória, ou tutela da evidência), porquanto estará voltada à interpretação e aplicação dos termos jurídicos indeterminados contidos nas regras disciplinadoras, à ponderação dos contrastes de valor entre evitar o prejuízo decorrente da demora a interesse de uma das partes e preservar a segurança mínima de outra, assim como ao processo argumentativo em sua plenitude, sobretudo em razão dos efeitos agudos que serão produzidos, qualquer que seja o sentido da decisão, na situação jurídica dos envolvidos.

Capítulo III
OUTRAS TÉCNICAS E OPORTUNIDADES DE ATUAÇÃO JUDICIAL

1. Processo monitório. 2. Juizados especiais. 3. Súmula vinculante. 4. Repercussão geral. 5. Processo coletivo. 6. Fase recursal. 7. Contenção do abuso processual: 7.1 A extensão do princípio da lealdade processual – 7.2 As situações configuradoras do abuso do processo – 7.3 As sanções impostas ao abuso do processo – 7.4 O elemento subjetivo no abuso processual – 7.5 As hipóteses de abuso no direito de recorrer. 8. Conclusões parciais (Parte III, Capítulo III).

1. Processo monitório

O processo monitório insere-se no conceito de tutela jurisdicional diferenciada, que se notabiliza pela restrição imposta pelo legislador na intensidade da cognição em determinadas situações, a exemplo clássico do mandado de segurança. A monitória permite, com a apresentação de prova documentada, sem a eficácia de título executivo judicial ou extrajudicial, independentemente de prévia decisão de mérito, de acordo com a conduta do réu, a imediata incursão na fase satisfativa (CPC/1973, arts. 1.102-A *usque* 1.102-C). O Código de Processo Civil de 2015 acrescentou, além da obrigação de pagamento de quantia em dinheiro e entrega de coisa fungível ou de determinado bem móvel, as hipóteses de entrega de coisa infungível ou de bem imóvel e adimplemento de obrigação de fazer ou de não fazer, bem como a admissibilidade em face da Fazenda Pública, desde que observado o regramento específico (CPC/2015, art. 700 *usque* art. 702).

O sistema aqui adotado, embora não apresente completa coincidência, teve por inspiração aqueles modelos conhecidos no direito alienígena: austríaco e alemão (*Mahnverfahren* e *Mandatsverfahren*), italiano (*Ingiunzione*) e francês (*Injonction*).[1] Caracteriza-se por estrutura procedimental diferenciada, tendo o legislador acolhido uma técnica de conjugação e integração, numa única base, dos processos de conhecimento e execução, com o deslocamento do momento do contraditório, o que se torna similar aos procedimentos especiais, porém com esses não se confunde, conforme elucida Cândido Rangel Dinamarco:

> não é mero procedimento dentre os muitos de que se pode revestir o processo de conhecimento (ordinário, sumário, especiais). Ele não tem a natureza de processo de conhecimento, porque não produz o resultado característico deste, que é o julgamento do mérito: contém uma fase inicial, dita monitória, e uma final, de natureza executiva. (...) O processo monitório também não se confunde com o executivo, porque contém mais do que este. Ele é endereçado à satisfação do crédito sem que o autor disponha previamente de título executivo algum (CPC, art. 1.102-A) e é em seu curso que esse título se produz.[2]

A atividade principal no que concerne à efetividade na monitória repousa no juízo de admissibilidade ou de delibação, que consiste no exame da regularidade da petição inicial, dos pressupostos processuais, das condições da ação e da consistência da prova documentada sem a eficácia de título executivo que a instrui ("sendo evidente o direito do autor", conforme expressão contida no art. 701, *caput*, do CPC/2015). Incumbe ao juiz, se satisfeitas as exigências legais, determinar a pronta expedição do mandado de pagamento, de entrega de coisa para execução de obrigação de fazer ou de não fazer, que, se não ofertados embargos no prazo assinalado de quinze dias, será convertido em título judicial executivo, com a abertura da fase de cumprimento de sentença (CPC/2015, art. 701, § 2º).

Assim, ao receber a inicial, o juiz, em cognição sumária, deverá verificar se a documentação apresentada, inclusive a prova oral colhida antecipadamente em juízo em procedimento próprio (CPC/2015, arts. 381

---

1. Cf. Cândido Rangel Dinamarco, *Instituições de Direito Processual Civil*, vol. III, 6ª ed., São Paulo, Malheiros Editores, 2009, p. 776.
Cuida-se também de instituto tradicionalmente adotado no direito luso-brasileiro, à época das Ordenações do Reino, com passagem pelo Regulamento 737, na figura antecedente da "ação de assinação de prazo de dez dias ou decendiária". Cf. Ricardo de Barros Leonel, "Tutela jurisdicional diferenciada no Projeto de Novo Código de Processo Civil", *Revista de Informação Legislativa* 190/189, abr./jun. 2011.
2. Cândido Rangel Dinamarco, *Instituições de Direito Processual Civil*, vol. III, cit., p. 774.

usque 383 e 700, § 1º), numa apreciação *prima facie*, reúne idoneidade suficiente para formar o seu convencimento quanto à existência do crédito ou da obrigação, ou seja, se lhe emergem elementos atestando razoável probabilidade do direito afirmado.[3] Não se vislumbrando a completude dos requisitos genéricos e específicos da petição inicial (CPC/2015, art. 700, §§ 1º, 2º, 3º e 4º), será aquela indeferida e, se houver dúvida quanto ao coeficiente mínimo de viabilidade da prova trazida, depois de concedida a oportunidade de emenda da petição inicial, prosseguirá o feito pelo procedimento comum (CPC/2015, art. 700, § 5º).

O provimento jurisdicional que defere a emissão do comando para o adimplemento de qualquer obrigação ou a entrega de coisa, de acordo com o alcance dado pelo novel Código, é baseado em avaliação realizada somente na prova documentada carreada pelo autor, sem força executiva (art. 1.102-A, CPC/1973; art. 700, CPC/2015), cuja cognição poderá ser plena e exauriente em etapa ulterior a depender da extensão da matéria ventilada nos eventuais embargos a cargo do réu. Quanto ao interesse de agir, se ao autor é facultada a opção entre a via monitória e o processo de conhecimento,[4] não se daria o mesmo entre aquela e a via executiva, pois o legislador foi inequívoco ao delimitar aos casos de "prova escrita sem eficácia de título executivo", de sorte que quem dispuser de título apto à satisfação não exibiria interesse instrumental na obtenção da tutela monitória e, portanto, seria carecedor do meio correspondente.[5]

3. A ideia contida na expressão "prova escrita idônea" pode dar margem a inúmeras situações, de modo que era inevitável o papel da jurisprudência na colação de casos verificados em concreto. Assim, de acordo com os exemplos apontados por Cândido Rangel Dinamarco, um documento emitido unilateralmente pelo autor sem assinatura do réu não teria aptidão para a monitória, diversamente dos lançamentos constantes dos livros contábeis do autor comerciante, bem como não seria idôneo o documento constando apenas alguns dos fatos constitutivos, ou aquele que não indicasse o valor da obrigação, ou elementos para que seja ele passível de extração. Cf. *Instituições de Direito Processual Civil*, vol. III, cit., pp. 780-781.

Como a decisão que defere a expedição de mandado monitório não fica acobertada pela coisa julgada material, não se espera do juiz "toda a *certeza* que se exige para decidir sobre o mérito no processo de conhecimento", de modo que "um bom grau de probabilidade é suficiente para dar início ao processo monitório, sem ser necessário chegar a níveis mais elevados de convicção (daí, *cognição sumária*)" (idem, p. 782).

4. De acordo com o Código de Processo Civil de 2015, o autor poderia optar pelo pedido de concessão da tutela da evidência, independentemente da demonstração de perigo da demora, fundada, entre outras hipóteses, em "prova documental suficiente dos fatos constitutivos do direito do autor, a que o réu não oponha outra prova capaz de gerar dúvida razoável" (art. 311, IV).

5. Cf. Antônio Carlos Marcato, *Código de Processo Civil Interpretado*, 2ª ed., São Paulo, Atlas, 2005, p. 2.645.

A inércia do réu acarretará no processo monitório, diversamente do que ocorre no processo ordinário, em que a revelia nem sempre implica o necessário reconhecimento da pretensão do autor, a automática conversão do mandado inicial em título executivo judicial, tendo em vista que, segundo leciona Antônio Carlos Marcato:

> o processo não se presta à tutela de direitos indisponíveis, nem se admite, no seu bojo, a produção de outra prova que não a documental; depois, porque ultrapassada a fase dos embargos, inexistirá momento adequado àquele pronunciamento, visto que, convolado o mandado monitório em título executivo judicial, passa-se imediatamente à execução, intimando-se o executado.[6]

Independentemente da discussão em torno da natureza jurídica dos embargos opostos ao mandado monitório (ação ou contestação),[7] é importante ressaltar que o réu poderá articular amplas matérias de defesa, pois a lei menciona que se adotará o procedimento ordinário (CPC/1973, art. 1.102-C, § 2º), sendo admitida qualquer "matéria passível de alegação como defesa no procedimento comum" (CPC/2015, art. 702, § 1º).[8]

A jurisprudência tem admitido o processo monitório em diversas situações na denominada atipicidade do título executivo, em que a falta de algum dos requisitos legais impede a via imediata da execução, como nos contratos de "cheque especial", duplicata sem aceite nem protesto, título de crédito prescrito, entre outros. Cf. Cândido Rangel Dinamarco, *Instituições de Direito Processual Civil*, vol. III, cit., p. 783.
    6. Cf. *Código de Processo Civil Interpretado*, cit., p. 2.651.
    Não se nota risco à segurança jurídica ao réu que deixa de apresentar embargos, não tratando o processo monitório, ademais, do denominado "processo civil do autor", pois o ato que concede a ordem para pagar ou entregar não tem efeito declaratório, não ficando acobertado pela autoridade da coisa julgada material, apesar da sumariedade da cognição. Cf. Cândido Rangel Dinamarco, *Instituições de Direito Processual Civil*, vol. III, cit., pp. 786-788.
    Nota-se que, de acordo com o Código de Processo Civil de 2015, constituído o título executivo judicial diante da falta de pagamento e ausência de embargos, a decisão que deferir a expedição de mandado para pagamento, entrega de coisa ou adimplemento de obrigação de fazer ou de não fazer, somente será impugnável por ação rescisória (art. 701, *caput*, e §§ 2º e 3º)
    7. É prevalente o entendimento de que se trata de ação autônoma e incidental. Cf. Ricardo de Barros Leonel, "Tutela jurisdicional diferenciada...", cit., p. 134 e nota de rodapé 76.
    8. Provavelmente em função da nossa cultura, o processo monitório não representou significativo incremento da celeridade, uma vez que não se confirmou a tendência imaginada pelo legislador no sentido de pronto cumprimento do mandado de pagamento ou de entrega de coisa, valendo-se o réu, na maioria das vezes, da apresentação de embargos, o que propicia na prática a adoção da ordinariedade ritual (cognição

Discute-se se na fase executiva o devedor poderia valer-se dos embargos à execução, ou impugnação, assim como da amplitude da matéria de defesa, mas, diante da possibilidade de equiparação do mandado ao título executivo judicial e a própria natureza da monitória, as matérias devem ser limitadas àquelas supervenientes a uma sentença de mérito proferida em processo de conhecimento (art. 475-L, CPC/1973; art. 525, § 1º, 535, 536, § 4º, 538, § 3º, CPC/2015), a não ser, *v.g.*, na hipótese excepcional de vício do ato citatório do réu, que poderá inclusive lançar mão da exceção de pré-executividade, ou da própria *querela nullitatis insanabilis*, ou até mesmo de outros fundamentos relevantes que possam ser apreciados durante o curso da execução.

Como bem apontou Cândido Rangel Dinamarco,

> essa orientação, sobre a qual grassa grande insegurança na doutrina e nos tribunais, é a mais coerente com a natureza *diferenciada* da tutela jurisdicional que se pretende oferecer mediante o processo monitório, a qual é por definição uma tutela mais pronta que as ordinárias. Permitir a suspensão da execução monitória pela superveniência de impugnação à execução seria *ordinarizar* ainda mais o processo monitório, despejando-o na vala comum da execução subsequente ao processo de conhecimento e frustrando todo o objetivo de aceleração, que constitui a razão de ser dessa via processual diferenciada.[9]

2. Juizados especiais

Outra modalidade de processo diferenciado é o dos juizados especiais cíveis, inspirados nas *small claims courts* norte-americanas, tanto no

---

plenária e exauriente). Por isso, durante a tramitação do Projeto do Novo Código de Processo Civil, o texto aprovado incialmente no Senado Federal deixou de contemplar a monitória, preferindo a inserção da tutela da evidência (PLS 166/2010, art. 285, III).

Em que pese a distinção entre o mecanismo da estabilização dos efeitos das medidas de urgência e a ação monitória, são técnicas análogas, que partem da premissa da possibilidade de não-oferecimento de resposta pelo demandado que sabe não ter razão, de modo que não se justificava, por coerência, a exclusão da monitória do Projeto do Novo CPC, além do mais serviria como mais um meio alternativo para a obtenção da utilidade prática do processo, sem a necessidade de cognição plena e exauriente, assim como julgamento do mérito. Cf. Ricardo de Barros Leonel, "Tutela jurisdicional diferenciada...", cit., pp. 188-190.

9. Cf. *Instituições de Direito Processual Civil*, vol. III, cit., p. 800.

Todavia, o Código de Processo Civil de 2015 expressamente adotou a regra da suspensividade da eficácia do mandado monitório, em caso de oposição dos embargos, até o julgamento em primeiro grau, cabendo, ainda, contra a sentença que acolher ou rejeitá-los, o recurso de apelação (art. 702, §§ 4º e 9º).

âmbito da Justiça Estadual (Lei 9.099/1995) quanto na esfera da Justiça Federal (Lei 10.259/2001), cuja cognição sofre fortes atenuações, seja no corte horizontal como no plano da profundidade. O legislador os instituiu – atendendo-se, inicialmente, aos reclamos de uma justiça que pudesse alcançar a parcela da população brasileira que não encontrava canal adequado para a solução da denominada "litigiosidade contida" e, de outro lado, na esteira do movimento pela celeridade, procedimento simplificado e menos formal, em caráter optativo[10] –, para determinadas causas, consideradas de menor complexidade (Lei 9.099/1995, art. 3º e Lei 10.259/2001, art. 3º).

Os princípios informadores dos juizados especiais dão a tônica da atuação judicial, que deverá orientar-se "pelos critérios da oralidade, simplicidade, informalidade, economia processual e celeridade, buscando, sempre que possível, a conciliação ou a transação" (Lei 9.099/1995, art. 2º). O papel do juiz conciliador favorece a solução mais eficiente e rápida dos conflitos sociais em todos os tipos de processo, mas é essencialmente verdadeiro em sede de juizados especiais, de modo que o legislador conferiu ao juiz togado ou leigo o dever de esclarecer as partes sobre as vantagens da solução amistosa, revelando-lhes os riscos e as consequências da perpetuação do litígio (Lei 9.099/1995, art. 21).

Amplifica-se a importância dessa atribuição tendo em vista que, especialmente na situação em que as partes preferiram não constituir advogado, "a experiência ensina que a intransigência é muitas vezes fruto de uma desmesurada confiança nas suas próprias razões, sem perceber que o adversário também pode ter as suas nem sentir que há o risco de,

---

10. A doutrina e a jurisprudência não são pacíficas quanto ao tema. De uma banda, com o fundamento de que a competência seria absoluta em razão da matéria e do juízo, há aqueles que defendem a obrigatoriedade de foro para as causas previstas no art. 3º da Lei 9.099/1995. Em sentido diverso, sustenta-se que diante dos princípios norteadores dos juizados especiais não poderia subsistir a restrição das alternativas de acesso à justiça. Cf. Ricardo Cunha Chimenti, *Teoria e Prática dos Juizados Especiais Estaduais e Federais*, 10ª ed., São Paulo, Saraiva, 2008, pp. 53-56.

Afigura-se mais razoável a interpretação pela qual se concede a faculdade ao autor da escolha entre o juízo comum e os juizados especiais, pois "só haveria a obrigatoriedade dos juizados se o que se processa perante eles fosse mero procedimento especial e não um *processo* especial ou diferenciado. A indisponibilidade *do procedimento* tem sua razão de ser na ordem pública, mas não se pode tolher a cada um a liberdade de optar ou deixar de optar por uma *tutela jurisdicional diferenciada*, que é coisa diferente". Cf. Cândido Rangel Dinamarco, *Instituições de Direito Processual Civil*, vol. III, cit., p. 805.

afinal, amargar uma derrota inesperada".[11] Nesse sentido, com mais razão, deve o juiz remover o cerne da divergência que está por detrás de cada lide, superando eventuais barreiras de natureza subjetiva. Pertinente a seguinte observação de Cândido Rangel Dinamarco:

> um conciliador habilidoso saberá induzir as partes a discutir objetivamente o conflito de interesses assim posto em juízo, sem ressentimentos e sem radicalizações que possam agravar desnecessariamente os conflitos. A experiência mostra ainda que em pequenos conflitos o fator emocional é muitas vezes a causa maior das exigências exageradas ou resistências opostas com irracional obstinação pelas pessoas – e isso constitui mais uma demonstração de que na vida delas um interesse patrimonialmente pouco expressivo acaba por adquirir significado humano de grandes proporções.[12]

Outro fator que avulta são a informalidade e a simplicidade que regem o procedimento dos juizados especiais, de maneira que é imperioso que o juiz se afaste da conduta estritamente tradicional, evitando adotar "soluções burocratizantes em um sistema que se apresenta como verdadeira bandeira contra a burocracia".[13] Assim, os princípios relativos às formas dos atos processuais ganham peculiar relevância, impelindo à prática daqueles que sejam apenas imprescindíveis para o resguardo da segurança mínima.[14]

Em sintonia com os princípios informativos, em especial da oralidade, celeridade e da concentração dos atos, a atuação informal do juiz na audiência é característica marcante, eis que, não alcançada a conciliação, serão colhidas das provas, inclusive com a exibição de documentos, procedendo-se, através de abertura à participação das partes, à colheita

---

11. Cf. Cândido Rangel Dinamarco, *Instituições de Direito Processual Civil*, vol. III, cit., p. 828.
12. Idem, ibidem, p. 828.
13. Idem, ibidem, p. 820.
14. A Lei 9.099/1995 prevê que somente os atos considerados essenciais serão registrados, de maneira resumida, tanto em notas manuscritas, datilografadas, taquigrafadas ou estenotipadas, sendo que os demais atos poderão ser gravados em fita magnética ou equivalente, a ser inutilizada após o trânsito em julgado da decisão (art. 13, § 3º). No entanto, é importante que seja avaliada a segurança dos meios de registro utilizados, inclusive com a criação de cópia de segurança, tendo em vista que a prática demonstra que muitas vezes, por ocasião do julgamento do recurso contra as sentenças, as gravações realizadas encontram-se inaudíveis, comprometendo o registro dos atos essenciais do processo e a memória do julgamento.

do depoimento das testemunhas, as quais "são ouvidas informalmente, em diálogo, sem o rigor de perguntas, reperguntas e respostas".[15]

Nesse sentido, as regras de preclusão não deverão ser aplicadas rigidamente, sobretudo diante da opção de não contar a parte com o patrocínio da causa por advogado,[16] de modo que eventual fundamento da demanda ou da defesa que não foi trazido no momento esperado poderia ser agitado até a decisão, desde que o juiz preserve a igualdade de manifestação e de oportunidade de demonstração das alegações.

Isso evidentemente reflete na postura a ser adotada quanto à colheita e à avaliação da matéria probatória pelo juiz, que recebeu do legislador o poder de conduzir o processo "com liberdade para determinar as provas a serem produzidas, para apreciá-las e para dar especial valor às regras de experiência comum ou técnica" (Lei 9.099/1995, art. 5º). É natural que assim fosse no sistema em que a carga do ônus da prova atribuído às partes fica atenuada, que nem sempre são "portadoras de suficiente preparo para se defender em juízo: sua inabilidade, inibições de toda ordem, temor reverencial, etc.",[17] tudo a reforçar a atuação diligente do juiz na busca da verdade, assegurando-se, contudo, tratamento paritário e equilibrado.

Por opção do legislador, fundada nas razões de ordem política, social e econômica que justificaram a introdução desse importante mecanismo no nosso sistema processual para facilitar o acesso à justiça de pessoas carentes de suporte econômico e de informações em torno de meios tradicionais de efetivação do direito, o processo dos juizados especial projeta, sem dúvida, a prevalência do valor celeridade, impulsionada pelos critérios da oralidade, simplicidade, informalidade e economia pro-

---

15. Cf. Cândido Rangel Dinamarco, *Instituições de Direito Processual Civil*, vol. III, cit., p. 831.

16. Especial cautela deve ser observada na hipótese de presença de advogado em favor de apenas uma das partes, a fim de se permitir a adequada isonomia de tratamento e o efetivo contraditório. Assim, recomenda-se a nomeação de profissional à parte desassistida, inclusive através da Defensoria Pública, afastando-se situação de vulnerabilidade. Por outro lado, tal deficiência pode ser suprida através da adoção pelo juiz do modelo processual cooperativo, providenciando-se, de forma comedida, o devido esclarecimento ao litigante sobre os elementos processuais relevantes da causa (e não o mérito da causa), inclusive sob a perspectiva instrutória, sendo que essa iniciativa não implica o necessário comprometimento da imparcialidade. Cf. Fernanda Tartuce Silva, *Vulnerabilidade como Critério Legítimo de Desequiparação no Processo Civil*, Tese de doutorado defendida perante a Faculdade de Direito da Universidade de São Paulo, 2011, versão resumida, Conclusão, n. 19.

17. Cândido Rangel Dinamarco, *Instituições de Direito Processual Civil*, vol. III, cit., p. 835.

cessual. Todavia, para assegurar a desejável efetividade, deve o juiz zelar pela garantia resoluta da segurança jurídica, aplicando-se os princípios derivativos do devido processo legal, porquanto o informalismo não pode chegar ao extremo de significar o aniquilamento da previsibilidade dos atos essenciais de qualquer processo diferenciado.

3. Súmula vinculante

No contexto da morosidade do Poder Judiciário, em que há embaraço na administração da justiça no sentido de sua efetiva distribuição ao destinatário final, também veio à tona a consciência para o importante fenômeno então observado, isto é, o da repetição de demandas em que se reproduzem as discussões em torno da mesma questão de direito, compelindo o legislador a buscar soluções, no plano constitucional e infraconstitucional, por meio de diversas técnicas, como a introdução da súmula vinculante no Supremo Tribunal Federal (CF, art. 103-A), a implantação da repercussão geral de questão constitucional perante a mesma Corte (art. 102, III, § 3º da CF; arts. 543-A e 543-B, CPC/1973; arts. 1.035 e 1.036, CPC/2015), o julgamento, por amostragem, de recursos extraordinários ou especiais (arts. 543-B, § 1º, e 543-C, § 1º, CPC/1973; art. 1.036, § 1º, CPC/2015), a aplicação de súmulas impeditivas de recursos (arts. 518, § 1º, e 557, CPC/1973; art. 932, IV, "a", CPC/2015) e o julgamento antecipado, independentemente da citação do réu, pelo juiz de primeira instância (art. 285-A, CPC/1973; art. 332, CPC/2015).[18]

---

18. Cf. Ada Pellegrini Grinover, "O tratamento dos processos repetitivos", in *Processo Civil: Novas Tendências. Estudos em Homenagem ao prof. Humberto Theodoro Júnior*, Belo Horizonte, Del Rey, 2008, *passim*.

O Código de Processo Civil de 2015 introduziu dispositivos que reforçam a tendência à valorização dos precedentes jurisprudenciais como técnica de incremento da celeridade e da segurança:

a) hipótese para a concessão de tutela da evidência: "independentemente da demonstração de perigo de dano ou de risco ao resultado útil do processo, quando: (...) II – as alegações de fato puderem ser comprovadas apenas documentalmente e houver tese firmada em julgamento de casos repetitivos ou em súmula vinculante" (CPC/2015, art. 311, II);

b) hipótese de rejeição liminar da pretensão: "independentemente da citação do réu, julgará liminarmente improcedente o pedido que contrariar: I – enunciado de súmula do Supremo Tribunal Federal ou do Superior Tribunal de Justiça; II – acórdão proferido pelo Supremo Tribunal Federal ou pelo Superior Tribunal de Justiça em julgamento de recursos repetitivos; III – entendimento firmado em incidente de resolução de demandas repetitivas ou de assunção de competência; IV – enunciado de súmula de tribunal de justiça sobre direito local" (CPC/2015, art. 332);

c) hipótese de exceção à remessa necessária: "Está sujeita ao duplo grau de jurisdição, não produzindo efeito senão depois de confirmada pelo tribunal, a sentença: (...)

§ 4º. Também não se aplica o disposto neste artigo quando a sentença estiver fundada em: I – súmula de tribunal superior; II – acórdão proferido pelo Supremo Tribunal Federal ou pelo Superior Tribunal de Justiça em julgamento de recursos repetitivos; III – entendimento firmado em incidente de resolução de demandas repetitivas ou de assunção de competência; IV – entendimento coincidente com orientação vinculante firmada no âmbito administrativo do próprio ente público, consolidada em manifestação, parecer ou súmula administrativa" (CPC/2015, art. 496);

d) força vinculante dos precedentes em primeiro grau e nos tribunais: prevê o art. 926 do CPC/2015 que "os tribunais devem uniformizar sua jurisprudência e mantê-la estável, íntegra e coerente", observando-se: "§ 1º. Na forma estabelecida e segundo os pressupostos fixados no regimento interno, os tribunais editarão enunciados de súmula correspondentes a sua jurisprudência dominante". Explicita o art. 927 que os juízes e os tribunais observarão: "I – as decisões do Supremo Tribunal Federal em controle concentrado de constitucionalidade; II – os enunciados de súmula vinculante; III – os acórdãos em incidente de assunção de competência ou de resolução de demandas repetitivas e em julgamento de recursos extraordinário e especial repetitivos; IV – os enunciados das súmulas do Supremo Tribunal Federal em matéria constitucional e do Superior Tribunal de Justiça em matéria infraconstitucional; V – a orientação do plenário ou do órgão especial aos quais estiverem vinculados".

e) incidente de resolução de demandas repetidas: "Julgado o incidente, a tese jurídica será aplicada: I – a todos os processos individuais ou coletivos que versem sobre idêntica questão de direito e que tramitem na área de jurisdição do respectivo tribunal, inclusive àqueles que tramitem nos juizados especiais do respectivo Estado ou região; II – aos casos futuros que versem idêntica questão de direito e que venham a tramitar no território de competência do tribunal (...)" (CPC/2015, art. 985).

f) poderes do relator: "Incumbe ao relator: (...) IV – negar provimento a recurso que for contrário: a) a súmula do Supremo Tribunal Federal, do Superior Tribunal de Justiça ou do próprio tribunal; b) a acórdão proferido pelo Supremo Tribunal Federal ou pelo Superior Tribunal de Justiça em julgamento de recursos repetitivos; c) a entendimento firmado em incidente de resolução de demandas repetitivas ou de assunção de competência; V – depois de facultada a apresentação de contrarrazões, dar provimento ao recurso se a decisão recorrida for contrária a: a) súmula do Supremo Tribunal Federal, do Superior Tribunal de Justiça ou do próprio tribunal; b) acórdão proferido pelo Supremo Tribunal Federal ou pelo Superior Tribunal de Justiça em julgamento de recursos repetitivos; c) entendimento firmado em incidente de resolução de demandas repetitivas ou de assunção de competência" (CPC/2015, art. 932);

g) incidente de assunção de competência: o art. 947 o admite quando "o julgamento de recurso, de remessa necessária ou de processo de competência originária envolver relevante questão de direito, com grande repercussão social, sem repetição em múltiplos processos", ou "quando ocorrer relevante questão de direito a respeito da qual seja conveniente a prevenção ou a composição de divergência entre câmaras ou turmas do tribunal", caso em que "o relator proporá, de ofício ou a requerimento da parte, do Ministério Público ou da Defensoria Pública, que seja o recurso, a remessa necessária ou o processo de competência originária julgado pelo órgão colegiado que o regimento indicar" e "o acórdão proferido em assunção de competência vinculará

O mecanismo da súmula com efeito vinculante, que se originou historicamente no Brasil da edição reiterada de súmulas por diversos tribunais, que não apresentavam caráter impositivo, mas somente finalidade de mera orientação, está atrelado fundamentalmente ao aspecto da segurança jurídica ao permitir, através da uniformização de interpretação do direito, evitar ou minimizar situações de perplexidade causadas pela disparidade de julgamento na esfera da Administração Pública e entre diversos juízos e várias instâncias sobre o mesmo tema, ressalvadas as peculiaridades de cada caso concreto, o que representaria flagrante risco às garantias mínimas da isonomia de tratamento (*a similibus ad similia*).[19] Esse enfoque da previsibilidade, baseada na uniformização dos julgados, também contribui para a celeridade na medida em que se diminuirá o tempo para a decisão em conformidade com o entendimento sumular, que prevaleceria depois de percorrer longo trâmite processual até a decisão final.

A súmula vinculante exerce, assim, funções bem definidas, isto é, primeiramente, no mesmo sentido dos precedentes sumulados em geral, torna pública a jurisprudência consolidada na esfera do Supremo Tribunal Federal, bem como atende aos predicados da economia, celeridade processual e política judiciária, ao afastar a possibilidade de decisões discrepantes em relação a determinada matéria e, por fim, confere segurança jurídica ao sistema e às relações sociais trazendo certeza, previsibilidade e continuidade.[20]

É certo que a súmula não pode se converter em modelos rígidos a ponto de comprometer a função criadora do direito pelos tribunais,[21] por

todos os juízes e órgãos fracionários, exceto se houver revisão de tese" (CPC/2015, art. 947 e parágrafos);

h) recursos extraordinário e especial repetitivos no Supremo Tribunal Federal e no Superior Tribunal de Justiça com idêntica questão de direito (CPC/2015, art. 1.040).

19. Com efeito, "a dualidade de interpretações conspira contra a segurança-previsibilidade". Cf. Arruda Alvim, "Súmula e súmula vinculante", in *Os Poderes do Juiz e o Controle das Decisões Judiciais. Estudos em Homenagem à Prof. Teresa Arruda Alvim Wambier*, São Paulo, Ed. RT, 2008, p. 1.147.

E, assim, a interpretação do direito, com a eventual imprevisibilidade dos entendimentos em situações jurídicas e fáticas absolutamente iguais, "não pode se transformar em loteria para o jurisdicionado". Cf. Eduardo de Avelar Lamy, "Súmula vinculante: um desafio", *Revista de Processo* 120/123, fev. 2005.

20. Cf. Osmar Mendes Paixão Côrtes, *Súmula Vinculante e Segurança Jurídica*, São Paulo, Ed. RT, 2008, pp. 200-204.

21. Cf. Sálvio de Figueiredo Teixeira, *A Criação e Realização do Direito na Decisão Judicial*, Rio de Janeiro, Forense, 2003, p. 15.

isso esse instrumento de estabilização através de emprego do precedente obrigatório não permite chegar ao ponto de provocar o engessamento ou estagnação da jurisprudência, tanto assim é que a súmula vinculante aqui adotada é passível de adaptações de acordo com as transformações verificadas na sociedade através do mecanismo da revisão e cancelamento (CF, art. 103-A, § 2º).

A implantação da súmula vinculante faz o nosso sistema continental, de família romano-germânica, aproximar-se da tradição dos precedentes (*Common Law*), na qual se verifica o respeito à jurisprudência pretérita, revelando "preocupação com a resolução de casos concretos de forma efetiva a partir de uma base não-legislativa".[22] Os jurisdicionados tendem a aceitar uma decisão baseada em outra previamente proferida, de modo que "o *stare decisis* leva a uma sequência importante que até pode ser quebrada, mas não sempre, a de observar o caso anterior, que ganha força e é afirmado, assim como o posterior que o seguiu".[23]

Não obstante a Emenda Constitucional tivesse introduzido a força vinculativa dessas súmulas qualificadas aos demais órgãos do Poder Judiciário e à Administração Pública de todas as esferas, controlando-se a sua aplicação através do mecanismo da reclamação (CF, art. 103-A, *caput*, e § 3º), não está o juiz tolhido de observar a interpretação nelas contida de acordo com as especificidades do caso concreto,[24] em sintonia fina com a

22. Cf. Osmar Mendes Paixão Côrtes, *Súmula Vinculante e Segurança Jurídica*, cit., p. 111.
23. Idem, ibidem, p. 115.
Não se verifica incompatibilidade entre a adoção das súmulas e a subsistência do direito escrito, como se pode observar nos Estados Unidos da América, onde convivem normalmente os sistemas do *statute law* e do *stare decisis*, mediante a interpretação pela Suprema Corte do texto constitucional ao criar precedentes que passam a ter a grandeza de normas constitucionais. Nas Ordenações Afonsinas portuguesas já havia a previsão do *estilo da corte* e nas Ordenações Manuelinas dos *assentos* (com força vinculante). Cf. Osmar Mendes Paixão Côrtes, *Súmula Vinculante e Segurança Jurídica*, cit., p. 223.
Como anotou Rodolfo de Camargo Mancuso, de acordo com "a filiação jurídica do Brasil híbrida ou eclética, a meio caminho entre a *common law* (o *binding precedent*, sistema do *stare decisis*) e a *civil law* (direitos codicísticos), ou seja, a fonte de direitos e obrigações entre nós deixou de ser apenas a *norma*, para também incluir a *súmula vinculante*. Essa *rota de aproximação* entre as duas famílias jurídicas é reconhecida pela doutrina (...)". Cf. "Questões controvertidas sobre a súmula vinculante", in *Os Poderes do Juiz e o Controle das Decisões Judiciais. Estudos em Homenagem à Prof. Teresa Arruda Alvim Wambier*, São Paulo, Ed. RT, 2008, p. 1.192.
24. Discorrendo sobre o julgamento monocrático do relator com base na força dos precedentes dos tribunais superiores, Luiz Guilherme Marinoni esclarece que não estaria sendo atingido o princípio da livre convicção judicial e a prerrogativa do

realidade particular, verificando se ela se encaixará "no verbete sumular, apresentando as razões de fato e de direito de seu convencimento",[25] ou, extensivamente, de aplicar o processo hermenêutico em caso de incerteza em torno do entendimento da súmula, até que venha a ser dissipada pela Corte Máxima através de edição de outra, ou de esclarecimentos sobre o enunciado que acarrete dúvida.[26]

Em que pese a reverência à preocupação daqueles que acreditam, ao ser instituída, mesmo que em determinadas situações, súmula de caráter impositivo, haver cerceamento ou mácula à independência dos juízes no seu livre convencimento, com destaque para os de primeiro grau, afigura-se um pouco exagerada a afirmação de que tal restrição em relação a matérias já sumuladas represente inaceitável afronta à liberdade do julgador, pois no conjunto dos princípios maiores do sistema constitucional-processual contemporâneo é inarredável ao Estado observar a garantia da prestação jurisdicional em tempo razoável e a igualdade de tratamento em situações semelhantes, de modo que, diante da avassaladora quantidade de causas repetitivas, principalmente sob a perspectiva do risco de rompimento da isonomia mercê da disparidade nas respostas judiciais, a aplicação dos precedentes poderá significar, por atender primordialmente

juiz de decidir conforme a sua consciência, uma vez que "a força vinculante somente incide sobre a *interpretação do direito* e não sobre a apreciação dos fatos concretos. Objetiva-se apenas dar força vinculante à análise jurídica feita pelos tribunais superiores, sem que com isso se retire do juiz a prerrogativa de examinar o caso concreto, dando-lhe a solução adequada". Cf. *Precedentes Obrigatórios*, 2ª ed., São Paulo, Ed. RT, 2011, p. 515.
25. Cf. Eduardo de Avelar Lamy, "Súmula vinculante: um desafio", cit., p. 125.
26. É certo, porém, que "a súmula, em rigor, acaba por conter a interpretação de uma lei, cuja inteligência se torna obrigatória. Mas é evidente que essa interpretação, oriunda do mais alto Tribunal do país, objetiva, apenas, atribuir à lei interpretada o seu entendimento correto, de forma obrigatória. O mandamento é o da lei, e a interpretação obrigatória é o da súmula". Cf. Arruda Alvim, "Súmula e súmula vinculante", cit., p. 1.152.

De qualquer modo, os efeitos decorrentes da reclamação contra a recusa injustificada da aplicação de súmula vinculante e de precedente em julgamento de casos repetitivos ou em incidente de assunção de competência (CPC/2015, art. 988 *usque* art. 993), com a cassação da decisão impugnada e a consequente determinação para a prolação de substitutiva, com a ressalva da hipótese de correição parcial, não contêm natureza censória ou correcional, nos termos do art. 41 da Lei Orgânica da Magistratura Nacional (Lei Complementar 35/1979): "Salvo os casos de impropriedade ou excesso de linguagem o magistrado não pode ser punido ou prejudicado pelas opiniões que manifestar ou pelo teor das decisões que proferir". Cf. Rodolfo de Camargo Mancuso, "Questões controvertidas sobre a súmula vinculante", cit., p. 1.191.

à celeridade e à segurança, "meio de acesso à Justiça, de difusão, otimização e democratização do processo (...)".[27]

Interessante questão pode surgir no confronto entre a súmula vinculante e a eventual coisa julgada formada em sentido contrário, seja aquela editada anterior ou posteriormente pelo Supremo Tribunal Federal, isto é, pode ocorrer que o magistrado ou o Tribunal profira decisão sem adotar a tese consagrada em súmula de efeito vinculante e que venha a transitar em julgado sem impugnação tanto por via recursal própria como pelo instrumento da reclamação.

É importante registrar que ambas as técnicas convergem para a preservação do valor segurança,[28] porém, em regra, a imutabilidade da decisão judicial pelo trânsito em julgado revela força maior, devendo ser prestigiada em prol da consolidação de uma realidade sobre a qual houve pronunciamento estatal definitivo, sob pena de gerar instabilidade nas relações sociais. Assim, embora não haja previsão de prazo para o manejo da reclamação junto ao Pretório Excelso em situação de descumprimento de súmula vinculante, não seria razoável que a questão permanecesse sobrestada *ad infinitum*, sendo inaceitável também o argumento de que essa posição privilegiaria a segurança individual em afronta à coletiva, tendo em vista que, anote-se:

> a coisa julgada desrespeitada representa um ataque também coletivo – ao ordenamento e à sistemática e fundamental ideia de que todos terão assegurado um processo que chegue a um fim regular, com uma decisão que se torne, em dado momento, imutável e inquestionável.[29]

O consectário dessa posição conduz também ao entendimento de que não caberia a ação rescisória por violação de uma súmula vinculante, pois não haveria contrariedade à Constituição Federal ou à lei, mas tão somente ao conteúdo da súmula, que não seria norma geral e não se enquadraria no conceito de "literal disposição de lei" (CPC/1973, art. 485,

---

27. Cf. Eduardo de Avelar Lamy, "Súmula vinculante: um desafio", cit., p. 125.
28. A propósito, Luiz Guilherme Marinoni aponta diferença de função entre a coisa julgada e os precedentes vinculantes, pois o respeito aos últimos "garante a previsibilidade em relação às decisões judiciais, assim como a continuidade da afirmação da ordem jurídica. A coisa julgada, por sua vez, garante que nenhuma decisão estatal interferirá de modo a inutilizar o resultado obtido pela parte com a decisão acobertada pela coisa julgada, assim como a estabilidade das decisões judiciais". Cf. "Princípio da segurança dos atos jurisdicionais", in *Dicionário de Princípios Jurídicos*, Rio de Janeiro, Elsevier, 2011, p. 1.234.
29. Cf. Osmar Mendes Paixão Côrtes, *Súmula Vinculante e Segurança Jurídica*, cit., p. 229.

V), a não ser que houvesse violação ao dispositivo legal que serviu de base para a edição da súmula.[30]

No entanto, é possível cogitar que, excepcionalmente, venham a se afigurar situações em que despontem outros valores dignos de apreciação e de estatura igualmente constitucional e que superem, na avaliação criteriosa a ser levada pelo juiz no caso concreto, o valor segurança representado pela coisa julgada, sob pena de grave perpetuação de injustiça, conforme aventado anteriormente quando se fez menção à problemática da flexibilização da coisa julgada,[31] porquanto nenhum valor, seja de que natureza for, pode ser considerado absoluto no universo de outros, já que o seu conjunto sintetiza e representa as legítimas aspirações e necessidades de uma convivência social bem organizada.[32]

4. Repercussão geral

No tocante à repercussão geral, cuja introdução no Brasil, operada por força da Emenda Constitucional 45, de 2004 (CF, art. 102, § 3º), teve por inspiração o paradigma do direito anglo-americano (*writ of certiorari*), com o qual mantém certa similaridade,[33] ela funciona como pressu-

---

30. Idem, ibidem, pp. 233-238.
O Código de Processo Civil de 2015 alterou a redação do dispositivo para a expressão "violar manifestamente norma jurídica" (art. 966, V).
Visando a esclarecer o alcance desse dispositivo, a Lei 13.256, de 4.2.2016, incluiu dois parágrafos no art. 966, *in verbis*: "§ 5º. Cabe ação rescisória, com fundamento no inciso V do *caput* deste artigo, contra decisão baseada em enunciado de súmula ou acórdão proferido em julgamento de casos repetitivos que não tenha considerado a existência de distinção entre a questão discutida no processo e o padrão decisório que lhe deu fundamento"; e "§ 6º. Quando a ação rescisória fundar-se na hipótese do § 5º deste artigo, caberá ao autor, sob pena de inépcia, demonstrar, fundamentadamente, tratar-se de situação particularizada por hipótese fática distinta ou de questão jurídica não examinada, a impor outra solução jurídica".
31. Cf. Nota de rodapé n. 80 do item 4 do Capítulo I da Parte II deste trabalho.
32. Nesse sentido também se manifestou José Carlos Barbosa Moreira: cf. Cândido Rangel Dinamarco, *Fundamentos do Processo Civil Moderno*, t. I, 6ª ed., São Paulo, Malheiros Editores, 2010, pp. 213 e 240.
33. A Suprema Corte norte-americana, embora possa ordenar à corte de origem a remessa do registro do caso, não é obrigada a examiná-lo e geralmente o faz somente se vislumbrar significado nacional, para harmonizar decisões conflitantes nas cortes federais, ou se trouxer algum valor em termos de precedentes. Estatisticamente, a Corte tem aceitado por ano em torno de 100 a 150 casos no universo de mais de 7.000 encaminhados. De acordo com as regras da Suprema Corte, quatro dos nove Ministros devem votar a favor da apreciação do caso, e a concessão do pedido depende do voto favorável de cinco dos nove Ministros. Cf. www.uscourts.gov/educational-resources/get-informed/supreme-court/supreme-court-procedures.aspx; acessado em 12.2.2014.

posto para o conhecimento do recurso extraordinário, em que o recorrente terá o ônus de demonstrar, em preliminar, a sua existência, para apreciação exclusiva a cargo do Supremo Tribunal Federal, consubstanciada na presença de "questões relevantes do ponto de vista econômico, político, social ou jurídico, que ultrapassem os interesses subjetivos da causa" (art. 543-A, §§ 1º e 2º, CPC/1973; art. 1.035, §§ 1º e 2º, CPC/2015).[34]

Dada a natureza do Pretório Excelso é compreensível a adoção de sistema que restrinja a análise do recurso extraordinário, que de antemão evidencia o seu caráter excepcional, às matérias constitucionais de importância nacional, cujos interesses transponham meramente os das partes. Reservam-se-lhes a apreciação de questões constitucionais de interesse subjetivo da causa somente pelos Tribunais de segunda instância,[35] contribuindo, de modo sistêmico, para o aperfeiçoamento da segurança jurídica e integridade da jurisprudência,[36] de sorte que a doutrina aponta como requisitos de seu exame os filtros da relevância e da transcendência.

A repercussão geral é fruto da elaboração de conjunto de instrumentos que visaram a garantir a efetivação dos princípios constitucionais

Registre-se que é legítima a introdução de sistema através do qual se estabeleça a limitação das causas e matérias com acesso à Corte Suprema, como se verifica em diversos países. Cf. Cândido Rangel Dinamarco, "A função das Cortes Supremas na América Latina", *RF* 94/5, n. 342, abr./jun. 1998.

Observe-se que o modelo brasileiro é mais elaborado em comparação ao de outras localidades, a exemplo da Argentina, em que a conotação da decisão sobre a transcendência é fundamentalmente política e é baseada na discricionariedade. Cf. Flávia Pereira Ribeiro, "A repercussão geral no recurso extraordinário", *Revista de Processo* 197/451, jun. 2011.

34. O regramento da repercussão geral no Código de Processo Civil foi incluído pela Lei 11.418, de 2006. O novo Estatuto processual manteve, como pressuposto para a sua configuração, a hipótese de o recurso impugnar acórdão que "contrarie súmula ou jurisprudência dominante do Supremo Tribunal Federal" (art. 1.035, § 3º, I) e acrescentou outras duas: quando o recurso impugnar acórdão que "tenha reconhecido a inconstitucionalidade de tratado ou lei federal, nos termos do art. 97 da Constituição Federal" (art. 1.035, § 3º, III) e "tenha sido proferido em julgamento de casos repetitivos" (art. 1.035, § 3º, II). No entanto, essa última previsão foi revogada pela Lei 13.256, de 4.2.2016.

35. Cf. Mônica Monteiro Porto, "Repercussão geral: sua eficácia no âmbito do STF", in *Processo Civil em Movimento. Diretrizes para o Novo CPC*, Florianópolis, Conceito, 2013, p. 901.

36. Nesse sentido, afirma-se que o escopo do instituto é a maximização da feição objetiva do recurso em destaque, característica que bem pode servir ao propósito republicano de dar coerência e integridade ao direito, ou seja, tenciona a repercussão geral a otimizar a aplicação do direito democraticamente produzido, assegurando a sua melhor interpretação na lente da coerência de princípios. Cf. Gilmar Ferreira Mendes e Lenio Luiz Streck, "Comentário ao artigo 102, § 3º", in *Comentários à Constituição do Brasil*, São Paulo, Saraiva/Almedina, 2013, p. 1.407.

da duração razoável e da segurança jurídica, a exemplo das súmulas com efeito vinculante, porquanto a quantidade de feitos estacionados na Corte Suprema – com o inevitável represamento de causas importantes pendentes de decisão – por força da multiplicação do recurso extraordinário, com identidade de teses jurídicas, significava um obstáculo quase intransponível para a desejada celeridade. Ao mesmo tempo, ela por reflexo, colocava em risco a racionalidade do sistema diante da ausência de mecanismo de seleção e suspensão, até a decisão definitiva, de demandas representativas da controvérsia para a devida uniformização, conforme a jurisprudência da última instância,[37] tendo em vista o então "modo fragmentário de decidir vigorante no país".[38]

Ademais, não custa lembrar que o instituto atual não pode ser comparado à figura da "arguição de relevância da questão federal" para admissão do Recurso Extraordinário, instituída pela Emenda Constitucional 7/1977, no período de crise institucional que vigorou até a promulgação da atual Constituição e que conferia ao Supremo Tribunal Federal o poder de realizar uma interpretação aberta, segundo os interesses políticos da época, sem a exigência da fundamentação, ao passo que a decisão em

---

37. De acordo com as estatísticas do Supremo Tribunal Federal, em comparação entre segundo semestre de 2007 e primeiro semestre de 2014, houve, após a instituição da Repercussão Geral, redução significativa na distribuição dos recursos (64%) e no estoque de recursos (58%), baseada nos processos devolvidos às instâncias inferiores com fundamento no art. 543-B do CPC/1973.

A partir desse critério, por exemplo, os Tribunais de Justiça dos Estados do Rio Grande do Sul e São Paulo apresentaram mais processos devolvidos (9.585 e 9.316, respectivamente), sendo que os assuntos recorrentes foram relacionados ao direito do consumidor, processual civil, trabalhista e administrativo. Cf. www.stf.jus.br/portal/cms/verTexto.asp?servico=jurisprudenciaRepercussaoGeral&pagina=numeroRepercussao, acessado em 11.2.2014.

A significativa diminuição de recursos no Supremo Tribunal Federal por conta da aplicação da sistemática da Repercussão Geral estaria respaldada no fato de que, na média histórica, os recursos extraordinários e agravos de instrumento representavam cerca de 90% do total de processos na Corte. Cf. Gilmar Ferreira Mendes e Lenio Luiz Streck, "Comentário ao artigo 102, § 3º", cit., pp. 1.407-1.408.

38. Cf. Gilmar Ferreira Mendes e Lenio Luiz Streck, "Comentário ao artigo 102, § 3º", p. 1.408.

Sem prejuízo da ação direta de inconstitucionalidade, declaratória de constitucionalidade e arguição de descumprimento de preceito fundamental, o recurso extraordinário permite o controle de constitucionalidade por via difusa em meio à multiplicação de feitos com identidade de conflito, o que vem ao encontro da necessidade de uniformização da jurisprudência. Cf. Eduardo Lamy, "Explicitando a repercussão geral para admissão do recurso extraordinário", in *Processo Civil em Movimento. Diretrizes para o Novo CPC*, Florianópolis, Conceito, 2013, p. 787.

torno do reconhecimento, ou não, da repercussão geral em vigor está alicerçada em rígidos pressupostos de controle, inclusive com a eventual manifestação de terceiros interessados[39] (art. 543-A e parágrafos, CPC/1973; art. 1.035 e parágrafos, CPC/2015) e a indispensável motivação, ao menos de forma sintética.

O recorrente tem o ônus de demonstrar a configuração da repercussão geral acerca das questões constitucionais discutidas no caso, nos termos da lei (art. 543-A, §§ 1º a 3º, CPC/1973; art. 1.035, §§ 1º a 3º, CPC/2015), a fim de que o Supremo Tribunal Federal examine a admissibilidade do recurso, somente podendo recusá-lo pela manifestação de dois terços de seus membros (CF, art. 102, § 3º).[40] Note-se que, de acordo com a redação da lei vigente, na hipótese de o recurso extraordinário impugnar decisão que contrarie a súmula ou jurisprudência do Tribunal, estará sempre caracterizada a repercussão geral (CPC/1973, art. 543-A, § 3º),[41] embora seja considerada presunção legal relativa, dado que o

---

39. No CPC/1973, o ingresso de representantes para manifestação na repercussão geral deveria ser avaliado, a fim de preservar a máxima efetividade, com parcimônia, pelo relator (art. 543-A, § 6º), atentando-se para os efeitos da decisão, em especial a possibilidade de incremento da qualidade do julgamento definitivo do recurso extraordinário e da legitimação da decisão final no *leading case*. Cf. Felipe de Melo Fonte e Natália Goulart Castro, "*Amicus Curiae*, repercussão geral e o Projeto de Código de Processo Civil", in *Novas Tendências do Processo Civil. Estudos sobre o Projeto do Novo Código de Processo Civil*, Salvador, Juspodium, 2013, p. 884.

40. A decisão do Supremo Tribunal Federal que pronuncia a inexistência da repercussão geral é irrecorrível (art. 543-A, *caput*, CPC/1973; art. 1.035, *caput*, CPC/2015; e RISTF, art. 326), embora possa se cogitar do cabimento de embargos de declaração. Cf. Eduardo Lamy, "Explicitando a repercussão geral para a admissão do recurso extraordinário", cit., p. 793.

Diferente é a situação do não reconhecimento da existência de preliminar formal, que é recorrível por agravo de instrumento. Cf. Flávia Pereira Ribeiro, "A repercussão geral no recurso extraordinário", cit., p. 467.

Essa exigência constitucional do *quórum* qualificado de expressa maioria de votos (oito) dos componentes do Supremo Tribunal Federal para o afastamento da repercussão geral constitui uma inegável garantia às partes. Cf. José Rogério Cruz e Tucci, "Anotações sobre a Repercussão Geral como pressuposto de admissibilidade do recurso extraordinário (Lei 11.418/2006)", in *Direito Processual Civil*, vol. II, São Paulo, Quartier Latin, 2011, p. 416.

Por questão lógica, a repercussão geral somente será aferida após a verificação do atendimento a todos os demais pressupostos objetivos e subjetivos de admissibilidade do recurso extraordinário, inclusive a teor do art. 102, III, da CF.

41. O Código de Processo Civil de 2015 acrescentou a hipótese de repercussão geral para a situação em que o recurso impugnar acórdão que tenha reconhecido a inconstitucionalidade de tratado ou lei federal, nos termos do art. 97 da Constituição Federal (art. 1.035, § 3º, II e III).

Pretório Excelso pode modificar seu entendimento jurisprudencial sobre a matéria e afastar a existência da repercussão geral.[42]

Quanto à aplicação do disposto no art. 543-A, § 1º, do CPC/1973 (CPC/2015, art. 1.035, § 1º), que prevê os filtros da relevância e transcendência ("para efeito de repercussão geral, será considerada a existência ou não de questões relevantes do ponto de vista econômico, político, social ou jurídico que ultrapassem os interesses subjetivos do processo"), consigne-se a essencialidade da atividade judicial de interpretação, argumentação e sopesamento em face do grau de abertura revelado pelos termos jurídicos adotados pelo legislador.[43] Nesse aspecto, com percuciência, anotam Gilmar Ferreira Mendes e Lenio Luiz Streck:

> o tribunal (mormente o STF) é *fórum do princípio* (Dworkin) e que, portanto, decisões judiciais (mesmo as que enfrentem a questão sobre o reconhecimento, ou não, da repercussão geral) *devem ser geradas por princípios, e não por políticas*. Quer dizer, por argumentos jurídicos, voltados à defesa de direitos, e não por argumentos *econômicos, políticos, sociais* ou *morais* (teleológicos). Essa ressalva parece necessária para explicitar que a compreensão do que seja *econômica, política ou socialmente relevante* somente terá validade quando puder ser traduzida em *relevantes argumentos jurídicos*. Além disso, e para dizer o mínimo, adverte-se que, ainda que uma questão jurídica possa ser relevante do ponto de vista econômico, político ou social, caso ela não configure primeiro uma infração *imediata* a dispositivos constitucionais (lembremos que o STF já não vinha admitindo recursos extraordinários com base em violação dita *reflexa* à Constituição), ela não deverá chegar ao Supremo. Pelo menos, não via recurso extraordinário.[44]

Uma vez reconhecida a repercussão geral, após a manifestação de terceiros, se admitida pelo relator, será determinada no Supremo Tribunal Federal a suspensão do processamento de todos os processos pendentes

---

42. Cf. Mônica Monteiro Porto, "Repercussão geral: sua eficácia no âmbito do STF", cit., p. 899.
O recorrente haverá de ser mais cauteloso na demonstração de ter o acordão recorrido contrariado jurisprudência dominante, sendo certo que os precedentes invocados deverão ser atuais e intrinsecamente análogos à tese que sustenta o recurso extraordinário. Cf. José Rogério Cruz e Tucci, "Anotações sobre a Repercussão Geral...", cit., p. 416.
43. Como lembrou José Rogério Cruz e Tucci, andou bem o legislador ao optar pela ausência de enumeração taxativa de hipóteses que encerrassem os critérios de relevância de índole constitucional, estabelecendo "conceito jurídico indeterminado". Cf. "Anotações sobre a Repercussão Geral...", cit., p. 415.
44. Cf. "Comentário ao artigo 102, § 3º", cit., pp. 1.408-1.409.

que tramitem no território nacional, sejam individuais ou coletivos, que versem sobre a questão (art. 1.035, §§ 4º e 5º, do CPC/2015). Em caso de negativa de reconhecimento da repercussão geral, o tribunal de origem negará seguimento aos recursos extraordinários sobrestados que versem sobre matéria idêntica (art. 1.035, § 8º). O Código de Processo Civil/2015 estipulou o prazo de um ano para o julgamento do recurso, a contar do reconhecimento da repercussão geral, que teria preferência sobre os demais feitos, com a exceção dos que envolvam réu preso e *habeas corpus* (art. 1.035, § 9º).[45] Caso venha a ser negada a presença de repercussão geral no recurso extraordinário afetado, aqueles cujo processamento tenha sido sobrestado serão considerados automaticamente inadmitidos (art. 1.039, parágrafo único, do CPC/2015).

Nos limites deste trabalho ressalte-se, diante do conceito ou termo legal indeterminado atribuído à caracterização da repercussão geral,[46] o importante papel reservado ao Pretório Excelso, ao exame do pressuposto de admissibilidade do recurso extraordinário, na aferição da presença de questões relevantes sob o ângulo econômico, político, social ou jurídico que ultrapassem os meros interesses subjetivos do feito, assim como aos membros dos tribunais de origem na racionalização do andamento dos recursos, através do *sistema de contenção*,[47] quando revelada a multiplicidade fundada em idêntica controvérsia – questão de direito, com vistas à aplicação dos princípios complementares da efetividade do processo.

5. Processo coletivo

Pode-se afirmar indubitavelmente que no atual estágio da ciência processual o direito coletivo adquiriu autonomia, fruto de longa evolução no Brasil e no direito estrangeiro. Este movimento foi iniciado a partir da migração de foco dos valores do Estado Liberal para aqueles de índole menos individualista, sob a influência de demandas com conteúdo cada vez mais fluido que permeia o tecido social, com titularidade indeterminada, ou relacionado a grupos, classes, ou categorias de pessoas, ou, ainda, apesar da perfeita identificação dos sujeitos e a divisibilidade do objeto, quando se afigura mais vantajoso o enfrentamento molecular ou

---

45. Contudo, a Lei 13.256, de 4.2.2016, revogou o dispositivo que previa a cessação automática da suspensão dos processos, que retomariam seu curso normal, na hipótese de ausência de julgamento no prazo legal.
46. Cf. Nelson Nery Junior e Rosa Maria de Andrade Nery, *Constituição Federal Comentada e Legislação Constitucional*, São Paulo, Ed. RT, 2009, p. 488, nota n. 71.
47. Cf. Mônica Monteiro Porto, "Repercussão geral: sua eficácia no âmbito do STF", cit., p. 900.

defesa coletiva desses direitos (individuais homogêneos).[48] A intensa carga político-social de que se reveste o processo coletivo determina uma forma toda própria de atuação judicial, cujas preocupações superam a mera situação de controvérsia entre particulares.

Nesse sentido, o grau de efetividade no processo coletivo estará condicionado ao pleno exercício dos poderes-deveres do juiz que vão além daqueles conferidos à solução de litígios tradicionais, cuja feição predominava nos ambientes forenses ainda por ocasião da edição do Código de Processo Civil de 1973, passando-se para o enfrentamento de conflitos de massa, como se verifica, a título de menção, no complexo tema do controle jurisdicional de políticas públicas, que, em função dos interesses envolvidos, tanto na implementação quanto na correção, poderá ser concretizado pelas diversas vias processuais.[49] Porém, diante da natureza do objeto que lhes é inerente, a tendência é que a maioria dos pedidos

48. As pretensões coletivas (direitos difusos e coletivos *stricto sensu*) caracterizam-se pela dispersão dos titulares (transindividuais), indivisibilidade do objeto e são fundamentalmente indisponíveis, de modo que a defesa em juízo se efetiva em forma de substituição processual, o que não ocorre com os direitos individuais homogêneos, em relação aos quais, dado o seu caráter divisível e a possibilidade de identificação dos titulares, é facultado que sejam veiculados coletiva ou individualmente. Cf. Teori Albino Zavascki, *Processo Coletivo. Tutela de Direitos Coletivos e Tutela Coletiva de Direitos*, 4ª ed., São Paulo, Ed. RT, 2009, pp. 35-38.

A título de ilustração, mencione-se a tarefa de solucionar lides metaindividuais referentes a direitos conexos na dimensão da preservação ambiental envolvendo "um bem, sem titularidade, sem divisibilidade, sem fronteira e de altíssima carga de conflituosidade, cuja lesão, no mais das vezes, sequer pode ser objeto de mensuração". Cf. Norma Sueli Padilha, *Colisão de Direitos Metaindividuais e a Decisão Judicial*, Porto Alegre, Sergio Antonio Fabris Editor, 2006, p. 48.

Como é cediço, os autores da ação individual, para se beneficiarem da decisão a ser proferida na ação coletiva, deverão requerer a suspensão da individual no prazo de 30 dias contados da ciência do ajuizamento da demanda coletiva (CDC, art. 104). Diferentemente do nosso sistema, as *class actions* norte-americanas adotaram o critério do *opt out*, ou seja, os interessados "que deixam de optar pela exclusão serão automaticamente abrangidos pela coisa julgada, sem necessidade de anuência expressa, mas desde que tenha havido notícia pessoal do ajuizamento da ação". Cf. Ada Pellegrini Grinover, *Código Brasileiro de Defesa do Consumidor Comentado pelos Autores do Anteprojeto*, 8ª ed., Rio de Janeiro, Forense Universitária, 2005, p. 861.

49. A jurisdição somente será efetiva se for conferido aos interessados amplo acesso, reservando-lhes a iniciativa em defesa de valores juridicamente protegidos, de forma que essa aptidão para facilitar a propositura de demandas deve corresponder proporcionalmente à efetividade de suas respostas, visando não somente à solução de litígios, mas também a desestimular a prática de atos contrários ao interesse público salvaguardado. Cf. Carlos Alberto de Salles, "Políticas públicas e processo: a questão da legitimidade nas ações coletivas", in *Políticas Públicas: reflexões sobre o conceito jurídico*, São Paulo, Saraiva, 2006, p. 180.

seja veiculada com base nos diplomas legais da Ação Civil Pública e do Código de Defesa do Consumidor,[50] embora o ordenamento jurídico disponha de outros importantes instrumentos processuais, especialmente pela abertura conferida pelas ações constitucionais.[51]

O Poder Judiciário exerce relevante papel na implementação material do Estado Democrático de Direito brasileiro através de sua atividade interpretativa, sendo que, "de um lado, de *proteção* dos direitos e garantias constitucionais já consagrados formalmente; de outro, de *efetivação*, no plano material, desses direitos e garantias constitucionais, sejam eles de natureza individual, sejam eles de natureza coletiva". Cf. Gregório Assagra de Almeida, *Direito Processual Coletivo Brasileiro. Um novo ramo do direito processual*, São Paulo, Saraiva, 2003, p. 150.

50. A ação popular é limitada por ser direcionada ao controle dos atos do poder público, abrangendo os conflitos que envolvam ato ou omissão de autoridade, e a *legitimatio ad causam* é restrita ao cidadão eleitor, conforme lembrado por Rodolfo de Camargo Mancuso, *Interesses Difusos. Conceito e Legitimação para Agir*, 4ª ed., São Paulo, Ed. RT, 1997, p. 216.

Embora as políticas públicas geralmente veiculem programas coletivos, é possível cogitar a sua sindicabilidade individual, já que o interesse público também se encontra nos direitos individuais. Assim, adverte Hermes Zaneti Júnior que "a tentativa de alguns setores da doutrina de *melhor resolver* as questões ligadas às políticas públicas através de ações coletivas não pode resultar em *capitis diminutio* dos direitos individuais, suprimindo toda a teoria dos direitos fundamentais que vem sendo construída, de modo a reconhecer os direitos subjetivos como situações jurídicas complexas ou permissões especiais de aproveitamento, individuais e coletivas, ao contrário, transformando-os em promessas vazias diluídas nas responsabilidades coletivas". Cf. "A teoria da separação de poderes e o Estado Democrático Constitucional: funções de governo e funções de garantia", in *O Controle Jurisdicional de Políticas Públicas*, Rio de Janeiro, Forense, 2011, p. 57.

Todavia, os pedidos individuais que grassam no âmbito do Poder Judiciário através dos quais se buscam o reconhecimento de determinado direito ou interesse subjetivo e a sua consequente efetivação em caso singular, *v.g.*, o fornecimento de remédios, o tratamento médico e a concessão de vagas em estabelecimento de ensino, com fundamento em normas constitucionais e infraconstitucionais, não representam verdadeira implementação de políticas públicas, que implicaria amplo planejamento de ações e execuções, a começar pelos programas governamentais, inclusive mediante exame acurado de todos os limites autorizadores da intervenção do Judiciário, em particular a disponibilidade financeira na sua totalidade.

Com maior justificativa, "nos casos extremamente complexos, referentes a reformas estruturais ou institucionais, as quais exigem soluções globais, seja em razão do grande número de pessoas envolvidas, seja em razão das graves repercussões sociais e políticas, é válido questionar se as tradicionais técnicas de controle são, sob o prisma da efetividade processual, suficientes e adequadas à execução da decisão judiciária". Cf. Samuel Meira Brasil Júnior e Juliana Justo Botelho Castello, "O cumprimento coercitivo das decisões judiciárias no tocante às políticas públicas", in *O Controle Jurisdicional de Políticas Públicas*, Rio de Janeiro, Forense, 2011, p. 472.

51. Sem dúvida, são passíveis de controle judicial a condução de política pública inconstitucional e a omissão do legislador ou do administrador diante de determi-

Os principais aspectos do processo, notadamente a legitimidade,[52] a competência, a relação entre demandas, o instituto da coisa julgada, a liquidação e a execução, apresentam feição inteiramente particular, exigindo técnica sincronizada com as peculiaridades do sistema de proteção dos direitos coletivos. Assim, a atividade judicial deverá voltar-se à leitura diferenciada em comparação à exegese conferida no plano dos direitos interindividuais. Diante da relevância do tema sob o ângulo da efetividade proposto neste trabalho, sem o intuito de esgotar a extensa matéria referente à atividade judicial nos processos coletivos, será ressaltado o papel do juiz nos pontos mais relevantes para a celeridade e a segurança, ou seja, na análise a ser levada em conta em relação aos elementos da causa e no consequente tratamento a ser dispensado no entrelaçamento de demandas paralelas.

No processo civil clássico, em que se enaltece o valor individual, o legislador preocupou-se precipuamente em dotá-lo, destacado de sua coletividade, de garantias de proteção contra a resistência oposta aos seus interesses, de modo que, coerente com esse raciocínio, visando a conferir-lhe a devida segurança, ao elaborar regras acerca dos elementos de identificação da ação e das relações entre si, estabeleceu normas de interpretação restritiva, tanto no aspecto subjetivo, dado que cada pessoa, em regra, defenderia, em seu nome, o seu próprio interesse, quanto no âmbito objetivo, tendo em conta a perfeita particularização do bem jurídico pretendido. O emprego da construção teórica para a aferição da conexão,

nada política assegurada pela Constituição. Cf. Marcus Vinicius Kiyoshi Onodera, "O controle judicial das políticas públicas por meio do mandado de injunção, ação direta de inconstitucionalidade por omissão e arguição de descumprimento de preceito fundamental. Contornos e perspectivas", in *O Controle Jurisdicional de Políticas Públicas*, Rio de Janeiro, Forense, 2011, *passim*; Eduardo Talamini, *Tutela Relativa aos Deveres de Fazer e de Não Fazer*, 2ª ed., São Paulo, Ed. RT, 2003, esp. p. 148.

Por intermédio de mecanismos como a declaração de inconstitucionalidade e de controle de inconstitucionalidade por omissão, possibilita-se a tutela dos direitos fundamentais em conformidade com as normas constitucionais, ainda que não previstos pelo legislador infraconstitucional, e isso faria "parte da tarefa atribuída ao juiz no constitucionalismo contemporâneo". Cf. Luiz Guilherme Marinoni, "A jurisdição no Estado contemporâneo", in *Estudos de Direito Processual Civil. Homenagem ao Prof. Egas Dirceu Moniz de Aragão*, São Paulo, Ed. RT, 2005, p. 55.

52. O modelo brasileiro não seguiu, no campo da legitimidade ativa, o sistema da *class action* do direito norte-americano, em que cabe ao juiz analisar, diante do caso concreto, se o indivíduo-autor, isoladamente considerado, teria idoneidade para representar uma classe de pessoas interessadas numa determinada demanda coletiva (*adequacy of representation*). Cf. Gregório Assagra de Almeida, *Direito Processual Coletivo Brasileiro*, cit., p. 528.

continência e litispendência entre as ações individuais nos moldes tradicionais, sem o influxo do interesse coletivo, reclama, sem dúvida, menor esforço em comparação ao universo das demandas coletivas.

Todavia, no âmbito das ações coletivas, embora os conceitos basilares do direito processual sejam úteis e sirvam de ponto de partida e as respectivas regras tenham aplicação subsidiária, as peculiaridades do novo modelo apontam para a insuficiência desses instrumentos para a garantia da tutela judicial efetiva. A propósito, já na década de 1970 foi observado interessante fenômeno nos Estados Unidos da América acerca dos litígios envolvendo direito público, especialmente nas cortes federais, para as quais a visão tradicional de disputa entre dois indivíduos sobre um objeto claramente definido não possibilitava soluções compatíveis a conflitos caracterizados por incontestável alcance social e político, que se distinguiam a começar pelas partes litigantes que se encontravam em estrutura não rigidamente bilateral, mas "sprawling and amorphous".[53]

De início, a regra geral da interpretação limitativa do pedido inserida no art. 293 do CPC/1973, que recebeu outro tratamento pelo Código de Processo Civil de 2015 (será considerado "o conjunto da postulação e observará o princípio da boa-fé" – art. 322, § 2º), ganha outra dimensão mercê da marca da indisponibilidade, que recomenda a assunção pelo juiz do dever de controlar o bem jurídico nas pretensões coletivas, em especial no aspecto mediato (o bem da vida objetivado), a fim de aferir o seu real alcance, levando-se em conta, especialmente, o impacto social. Não há, dessa forma, sentido em limitar a atividade de interpretação em torno do pedido formulado.

Com efeito,

> seria o mesmo que dizer que o juiz deve anuir com a disposição indevida feita pelo autor. Equivaleria, em última instância, a ratificar um ato contrário à própria lei. Restringir a interpretação do pedido significa, nesse sentido, restringir a própria proteção do bem jurídico coletivo a ser tutelado.[54]

---

53. Cf. Abram Chayes, "The role of the judge in public law litigation", *Harvard Law Review*, vol. 89, n. 7, maio 1976, esp. p. 1.302.

54. Cf. Paulo Henrique dos Santos Lucon, Daniela Monteiro Gabbay, Rafael Francisco Alves e Tathyana Chaves de Andrade, "Interpretação do pedido e da causa de pedir nas demandas coletivas (conexão, continência e litispendência)", in *Tutela Coletiva. 20 anos da Lei da Ação Civil Pública e do Fundo de Defesa de Direitos Difusos. 15 anos do Código de Defesa do Consumidor*, São Paulo, Atlas, 2006, p. 189.

É nesse contexto que se torna a ação coletiva um poderoso instrumento de solução de conflitos em larga escala, de forma que a interpretação dos elementos subjetivos e objetivos ganha notória relevância. O seu exame exige uma visão prospectiva, lançando, inclusive na comparação das demandas, um olhar minucioso sobre os bens juridicamente almejados, os fatos que embasam os pedidos e a amplitude de pessoas a serem atingidas.

Diversamente da exegese restritiva do objeto e da estabilização da demanda nas ações de cunho individual (art. 264, parágrafo único, CPC/1973; art. 329, II, CPC/2015), em face da natureza dos direitos coletivos, impõe-se a flexibilização dessas regras, com a possibilidade de aditamento e alteração do pedido e da causa de pedir, desde que motivados de boa-fé e preservado o suficiente contraditório.[55]

Vale ressaltar que, dado o caráter multifário dos interesses, o que caracteriza o fenômeno da "intensa conflituosidade", nos direitos difusos e coletivos *stricto sensu*, a análise do pedido e, sobretudo, da causa de pedir no seu plano remoto, núcleo de distinção das demandas desse jaez, exige, como alerta Ricardo de Barros Leonel:

> modificação da operação intelectiva tradicionalmente realizada pelo julgador, inerente aos conflitos de natureza individual, de simples subsunção dos fatos à norma, em que o exame do valor subjacente já foi determinado previamente pelo legislador no reconhecimento legal dos direitos de cunho individual. Efetivamente, nas demandas coletivas, nada obstante haja também a subsunção dos fatos à norma, deve a situação concreta, da vida, de relação, ser interpretada valorativamente, ponderando critérios que extrapolam o simples exame dos aspectos jurídicos de cada caso, em verdadeiro conflito que somente será equacionado por opção política do julgador, formulada provavelmente na escolha de interesses igualmente relevantes. Essa

---

Ademais, para a correta identificação do objetivo litigioso, da adequação da tutela processual específica, da legitimação das partes e dos efeitos da coisa julgada nas demandas de natureza coletiva sobreleva o papel do juiz na importante distinção dos direitos metaindividuais envolvidos, a ser implementada nos casos concretos, quando houver colisão entre eles, dada a inexistência de ordem hierárquica entre os princípios de direito fundamental. Cf. Norma Sueli Padilha, *Colisão de Direitos Metaindividuais e a Decisão Judicial*, Porto Alegre, Sergio Antonio Fabris Editor, 2006, p. 140.

55. Embora aventada a mudança legislativa por conta do Projeto do Novo Código de Processo Civil, na versão inicial do Senado Federal (PLS 166/2010), houve retrocesso no texto final, vez que foi mantida a sistemática da inalterabilidade do pedido ou da causa de pedir se ultrapassado o saneamento do processo.

asserção influencia necessariamente a elaboração da "causa petendi" nas demandas coletivas.[56]

Prossegue o autor no sentido de que, além da narração dos fatos e dos fundamentos jurídicos, a individuação da ação requerer a especial descrição:

> (...) como que um *plus* (...) dos fundamentos valorativos, sociológicos, até mesmo ideológicos do conflito coletivo, que devem ser consignados não apenas à guisa de maior coloração, ou de argumentação, com poder suasório, mas sim para individualizar e diferenciar a demanda de outra semelhante (não a mesma).[57]

Quanto ao tema do paralelismo de demandas, verifica-se que um dos grandes empecilhos à efetividade nas pretensões coletivas encontra-se na dificuldade que encerra o tratamento simultâneo de feitos, especialmente se confrontado o trâmite concomitante de ações coletivas e individuais, e quando houver a sobreposição de objeto e causa de pedir.

De efeito,

> a judicialização de um conflito coletivo não pode obstar a intercorrência de demandas individuais, nem vice-versa, sob pena de atritar a garantia constitucional do acesso à Justiça (CF, art. 5º, XXXV), a questão que se coloca é a de como estabelecer um *modus vivendi* para a coexistência das jurisdições coletiva e singular. Essa imbricação traz, dentre outras intrigantes questões, o problema da compatibilização entre as respectivas coisas julgadas emergentes de cada qual daqueles planos, e isso sob dois parâmetros: a coisa julgada *coletiva*, por definição, tem que projetar eficácia – subjetiva e objetiva – na razão direta da natureza expandida no pedido que foi formulado (CDC, art. 81 e incisos, c/c art. 103 e incisos), ao passo que aquela formada na demanda individual fica contingenciada às partes do processo, sem beneficiar nem prejudicar terceiros (CPC, art. 472, 1ª parte).[58]

É interessante notar que o sistema legal pátrio dos processos coletivos, composto, em suas linhas mestras, pelas Leis da Ação Popular e da Ação Civil Pública e pelo Código de Defesa do Consumidor, não é

---

56. Cf. "A *causa petendi* nas ações coletivas", in *Causa de Pedir e Pedido no Processo Civil (questões polêmicas)*, São Paulo, Ed. RT, 2002, pp. 186-187.
57. Idem, p. 187.
58. Cf. Rodolfo de Camargo Mancuso, *Jurisdição Coletiva e Coisa Julgada. Teoria Geral das Ações Coletivas*, 2ª ed., São Paulo, Ed. RT, 2007, p. 483.

guarnecido de normas suficientemente elucidativas sobre o mecanismo de incidência dos fenômenos associados à identidade de elementos da causa envolvendo interesses coletivos *lato sensu*, com a exceção do art. 104 da Lei 8.078/1990-CDC, o qual repele expressamente a litispendência entre ações coletivas e ações individuais. Mencione-se que os arts. 2º, parágrafo único, da LACP (Lei 7.347/1985), e 5º, § 3º, da LAP (Lei 4.717/1965) também não eliminam dúvidas, já que estipulam apenas a prevenção para ações idênticas posteriormente ajuizadas. Por fim, existe o dispositivo geral que prevê a incidência subsidiária das regras do Código de Processo Civil (arts. 19 da LACP e 90 do CDC).

Pode-se, portanto, constatar que o ordenamento jurídico não fornece todos os meios para a solução de impasses surgidos nos casos concretos e que requerem a investigação de suposta ocorrência de paralelismo e intersecção de demandas coletivas entre si e entre aquelas e as de natureza individual. A superação dessa realidade depende, sobretudo, da aceitação da premissa de que as peculiaridades do sistema das ações coletivas exigem manejo diferenciado dos institutos em foco, emprestando-lhes aplicação menos ortodoxa, de modo a compatibilizar os interesses jurídicos em coexistência, que se caracterizam pela relevância social, política e econômica, em demandas com destacado potencial de alcance.

Não se pretende nos estreitos limites deste trabalho aprofundar no instigante tema da confluência das duas espécies de ação (individual e coletiva),[59] problematizado com o ingrediente da repetição de processos,

---

59. Na aferição da litispendência entre ações coletivas, a coincidência do objeto e da causa de pedir geralmente conduz à identidade dos titulares dos direitos, ainda que as partes processuais sejam distintas. Cf. Teresa Arruda Alvim Wambier, "Litispendência em ações coletivas", in *Tutela Coletiva. 20 anos da Lei da Ação Civil Pública e do Fundo de Defesa de Direitos Difusos. 15 anos do Código de Defesa do Consumidor*, São Paulo, Atlas, 2006, p. 273.

No tocante à relação entre a ação coletiva e a individual, tendo em vista que o art. 104 do CDC apenas dispõe que não haverá litispendência entre elas, a doutrina dissente acerca da eventual possibilidade de conexão e continência no encontro dessas demandas, sobretudo em relação aos processos individuais homogêneos. Com efeito, Ada Pellegrini Grinover defende a reunião dos processos ou, caso não seja possível, pela suspensão prejudicial em virtude da continência, nos seguintes termos: "com relação às partes, há coincidência perfeita dos sujeitos passivos e, quanto aos sujeitos ativos, a identidade resulta da circunstância de que o legitimado à ação coletiva é o *adequado representante* de todos os membros da classe, sendo portador, em juízo, dos interesses de cada um e de todos. Talvez se possa falar, na espécie, de uma nova hipótese de continência, a aplicar-se também aos sujeitos ativos, porquanto a parte ideológica, portadora em juízo dos direitos ou interesses individuais homogêneos, abrange todos os seus titulares. A identidade da causa de pedir é evidente. E o objeto

elegendo-se aqui como escopo trazer a lume a complexa realidade que poderá vir à tona na veiculação de demandas envolvendo direitos coletivos, sob esse particular aspecto da técnica processual, cujo tratamento determinará a extensão da efetividade da prestação jurisdicional, para a qual poderá ser adotado um novo modelo de processo, no qual se implantem, inclusive, meios de gestão no âmbito nacional do Poder Judiciário, a exemplo de cadastro de informações de ações coletivas, inquéritos e termos de ajustamento de conduta. Cogita-se, também, a reunião de processos, em qualquer das instâncias judiciais, especialmente em demandas envolvendo políticas públicas em que se afigurar o risco de oneração do orçamento público, caso em que seja conveniente o controle global.[60]

A jurisprudência do Superior Tribunal de Justiça tem sido quase unânime em não aceitar a litispendência entre a ação individual e a coletiva para o reconhecimento de direitos individuais homogêneos,[61] porém o debate que se instalou naquela Corte em torno do manejo mais adequado a ser conferido nas múltiplas demandas relativas ao questionamento da cobrança de tarifa básica nos contratos de prestação de serviços telefônicos bem demonstrou a dificuldade de tratamento da matéria e as suas consequências jurídico-sociais.[62]

A decisão tomada pela Corte no respectivo Conflito de Competência trouxe à tona a dimensão do choque de valores aparentemente inconciliá-

da ação coletiva, mais amplo, abrange o das ações individuais". Cf. *Código Brasileiro de Defesa do Consumidor...*, cit., p. 944.

Em sentido contrário, não antevendo qualquer elemento de identidade, quando muito a prejudicialidade entre a demanda coletiva e as individuais: Cf. Antônio Gidi, *Coisa Julgada e Litispendência em Ações Coletivas*, São Paulo, Saraiva, 1995, pp. 207-211.

60. Nesse sentido a conclusão n. 10 do seminário intitulado "O controle jurisdicional de políticas públicas", realizado pelo CEBEPEJ (Centro Brasileiro de Estudos e Pesquisas Judiciais), em São Paulo, entre 14 e 15 de abril de 2010.

Para conferir a mais ampla divulgação e publicidade, de acordo com a previsão do Código de Processo Civil de 2015, a instauração e o julgamento do incidente de resolução de demandas repetitivas, extensível ao julgamento de recursos repetitivos e da repercussão geral em recurso extraordinário, serão objeto de registro no Conselho Nacional de Justiça, cabendo aos tribunais a manutenção de banco de dados atualizados sobre questões de direito submetidas ao incidente, com comunicação imediata ao CNJ (CPC/2015, art. 979 e parágrafos).

61. Cf. REsp 640071-PE (2004/0010389-1), rel. Min. Franciulli Neto, j. 13.8.2004, *DJU* 28.2.2005. Mesmo na hipótese de ação coletiva movida pelo sindicato ou entidade de classe: REsp 327184-DF (2001/0061744-0), rel. Min. Jorge Scartezzini, j. 1.6.2004, *DJU* 2.8.2004.

62. Cf. CC 47731-DF (2005/0010679-9), relatado pelos Mins. Francisco Falcão (voto vencido) e Teori Albino Zavascki (voto vencedor), j. 14.9.2005, *DJU* 5.6.2006.

veis, pois a opção por uma das técnicas, ou seja, a adoção do método de concentração de ações, ou, de outro lado, da prevalência do tratamento "atomizado" das demandas, poderá implicar, na primeira situação, a restrição da garantia do amplo acesso à justiça, ou, no outro extremo, a inobservância do princípio da segurança jurídica, bem como a ameaça ao princípio da duração razoável do processo.

Em que pesem os judiciosos argumentos trazidos no voto vencedor, que rejeitou o conflito de competência e a reunião de processos, teria sido mais razoável se houvesse o reconhecimento da prevenção e a suspensão das ações individuais até o julgamento das coletivas, em face da coincidência do pedido e da causa de pedir e do risco de decisões contraditórias, e em atenção ao valor da efetividade, nos desdobramentos da segurança e celeridade, com a tomada de posição favorável ao tratamento "molecularizado" das demandas.

Note-se que, mesmo na situação dos direitos ou interesses individuais homogêneos, apesar de divisíveis,

> recebem, sob o ponto de vista jurisdicional e até que haja a habilitação das vítimas ou seus sucessores, tratamento coletivo pautado pelo interesse social da própria atividade jurisdicional de solucionar, em um mesmo processo, várias lides e questões jurídicas, evitando-se decisões contraditórias e atendendo o princípio da economia processual.[63]

Ademais, dada a natureza da controvérsia emergente do objeto litigioso e da causa de pedir, no caso trazido à guisa de ilustração, transparece com nitidez o caráter incindível da relação jurídica substancial, o que teria recomendado evitar a fragmentação do conflito coletivo em diversas demandas individualizadas e repetitivas. Com efeito, o direito acerca da cobrança da tarifa de prestação de serviços de telefonia apresenta homogeneidade e unitariedade, pois "qualquer modificação na estrutura de tarifas, inclusive por decisão do Judiciário, somente poderá ser feita de modo global e uniforme para todos os usuários. Jamais de forma individual e diversificada, com a exclusão de uma tarifa em relação apenas a alguns usuários e sua manutenção em relação aos demais".[64]

---

63. Cf. Gregório Assagra de Almeida, *Direito Processual Coletivo Brasileiro*, cit., p. 141.
64. Cf. Kazuo Watanabe, "Relação entre demanda coletiva e demandas individuais", in *Direito Processual Coletivo e o Anteprojeto de Código Brasileiro de Processos Coletivos*, São Paulo, Ed. RT, 2007, p. 159.
Nesse sentido, essas ações são consideradas pseudo-individuais, ao passo que pode ocorrer situação inversa quando interesses individuais homogêneos em sua

No mesmo sentido, manifestando-se sobre o exemplo mencionado, Rodolfo de Camargo Mancuso anota que

a imbricação – desnecessária e nefasta – de ações coletivas (ou a igualmente deletéria atomização do conflito coletivo em múltiplas ações individuais repetitivas) tem ocorrido no campo da prestação de serviços públicos de telefonia, que, todavia, se caracteriza pela homogeneidade e unitariedade, porque a conduta das empresas concessionárias é padronizada pela agência reguladora, no caso a *Anatel*, a qual, por sua vez, limita-se a implementar a política regulatória estabelecida para o setor (Lei 9.472/97, arts. 19, VII; 93, VII; 103 e § 3º; 106, 107).[65]

Nesse contexto, é relevante assinalar a *ratio* do disposto contido no art. 7º, § 3º, do Anteprojeto do Código Brasileiro de Processos Coletivos (versão de janeiro de 2007),[66] pois, ainda sobre o exemplo das ações que

essência são veiculados através de demandas coletivas, as quais podem ser denominadas, segundo magistério de Luiz Paulo da Silva Araújo Filho, de "pseudo-coletivas". Cf. *Ações Coletivas: a Tutela Jurisdicional dos Direitos Individuais Homogêneos*, Rio de Janeiro, Forense, 2000, pp. 199-202.

65. Cf. *Jurisdição Coletiva e Coisa Julgada...*, cit., p. 496.

66. *In verbis*: "O tribunal, de ofício, por iniciativa do juiz competente ou a requerimento da parte, após instaurar, em qualquer hipótese, o contraditório, poderá determinar a suspensão de processos individuais em que se postule a tutela de interesses ou direitos referidos a relação jurídica substancial de caráter incindível, pela sua própria natureza ou por força de lei, a cujo respeito as questões devam ser decididas de modo uniforme e globalmente, quando houver sito ajuizada demanda coletiva versando sobre o mesmo bem jurídico". Cf. Ada Pellegrini Grinover, Kazuo Watanabe e Linda Mullenix, *Os Processos Coletivos nos Países de* Civil Law *e* Common Law. *Uma análise de direito comparado*, São Paulo, Ed. RT, 2008, p. 344.

O Projeto de Lei 5.139/2009, apresentado na Câmara dos Deputados, que propôs nova disciplina da ação civil pública para a tutela de interesses difusos, coletivos ou individuais homogêneos, tendo como relator o Prof. Luiz Manoel Gomes Júnior, com a participação do Instituto Brasileiro de Direito Processual, representado pelos professores Ada Pellegrini Grinover, Athos Gusmão Carneiro, Petrônio Calmon Filho e Aluísio Gonçalves de Castro Mendes, em seu art. 63, trouxe a seguinte redação quanto ao tema: "Os juízes e tribunais que, no exercício de suas funções, tiverem conhecimento de fatos que possam ensejar a propositura de ação coletiva, inclusive a existência de diversas ações individuais a tramitar contra o mesmo réu, com identidade de fundamento jurídico, oficiarão o Ministério Público, com remessa de cópia ao órgão superior competente e, quando cabível, a outros legitimados".

O referido projeto de lei foi rejeitado no mérito, em 17.3.2010, na Comissão de Constituição e Justiça e de Cidadania (CCJC) de acordo com o parecer do Dep. José Carlos Aleluia, tendo sido apresentado pelo Dep. Antônio Carlos Biscaia, em 24.3.2010, recurso ao Plenário da Câmara dos Deputados, aguardando-se atualmente deliberação na Mesa Diretora. Acesso em 18.5.2015, ao endereço eletrônico da Câ-

foram veiculadas em torno do questionamento das tarifas de serviços telefônicos:

> com a repetição absurda de demandas coletivas e também de pseudo--demandas individuais, cuja admissão, muito ao contrário de representar uma garantia de acesso à justiça, está se constituindo em verdadeira *denegação da justiça* pela reprodução, em vários juízos do país, de *contradição prática* de julgados, que se traduzem num inadmissível tratamento discriminatório dos usuários dos serviços de telecomunicação.[67]

É evidente que não se pode questionar a grandeza da garantia constitucional da demanda como corolário do Estado Democrático de Direito;[68] contudo, é inevitável que o exercício do direito de ação submete-se às condições específicas e o ordenamento deve afastar situações que ameacem a estabilidade jurídica, embora não se possa edificar um sistema

---

mara dos Deputados: www.camara.gov.br/proposicoesWeb/fichadetramitacao?idProposicao=432485.

O Código de Processo Civil de 2015 adotou o incidente de resolução de demandas repetitivas "quando houver, simultaneamente: I – efetiva repetição de processos que contenham controvérsia sobre a mesma questão unicamente de direito; II – risco de ofensa à isonomia e à segurança jurídica" (art. 976), cujo pedido de instauração poderá ser dirigido ao presidente de tribunal, por ofício, pelo juiz ou relator, por petição, pelas partes, Ministério Público ou Defensoria Pública (art. 977). Uma vez admitido o incidente, o relator "suspenderá os processos pendentes, individuais ou coletivos, que tramitam no Estado ou na região, conforme o caso" (art. 982, inciso I) e, julgado o incidente, a tese jurídica será aplicada a todos os processos, sejam individuais ou coletivos, que versem sobre idêntica questão de direito, inclusive aos casos futuros e que venham a tramitar no território de competência do tribunal (art. 985, I e II). Ademais, "se o incidente tiver por objeto questão relativa a prestação de serviço concedido, permitido ou autorizado, o resultado do julgamento será comunicado ao órgão, ao ente ou à agência reguladora competente para fiscalização da efetiva aplicação, por parte dos entes sujeitos a regulação, da tese adotada" (art. 985, § 2º).

Com o fim de reforçar essa preocupação, o legislador inseriu entre os poderes--deveres do juiz a incumbência de, "quando se deparar com diversas demandas individuais repetitivas, oficiar o Ministério Público, a Defensoria Pública e, na medida do possível, outros legitimados a que se referem o art. 5º da Lei 7.347, de 24 de julho de 1985, e o art. 82 da Lei 8.078, de 11 de setembro de 1990, para, se for o caso, promover a propositura de ação coletiva respectiva" (CPC/2015, art. 139, X).

67. Cf. Kazuo Watanabe, "Relações entre demanda coletiva e demandas individuais", cit., *passim*.
68. Conforme bem lembra Rodolfo de Camargo Mancuso, a oferta de foros alternativos, que muitas vezes dá ensejo ao ajuizamento plúrimo de ações, está de acordo com a diretriz da *democracia participativa* (*Jurisdição Coletiva e Coisa Julgada. Teoria Geral das Ações Coletivas*, cit., p. 505).

imune a falhas e que aniquile todas as possibilidades de decisões conflitantes.[69] No entanto, deve sempre o ordenamento buscar meios para reduzir ao máximo possível a ocorrência de comandos contraditórios no plano prático, sob pena de colocar em xeque a segurança jurídica mínima que a sociedade espera, inclusive para a preservação da crença dos cidadãos no poder estatal.[70]

Em linhas gerais, entre as proposições consistentes na reunião de ações semelhantes e na aplicação das rígidas regras da litispendência, a primeira opção, como bem lembrou Rodolfo de Camargo Mancuso, afigurar-se-ia mais aceitável, asseverando, ainda, que, diante da particularidade de país continental e das características da nossa justiça, somando-se à incipiente informatização do serviço judiciário, "a imbricação de várias ações coletivas sobre um mesmo objeto é sempre uma virtualidade",[71] de sorte que deve o juiz ou o tribunal aplicar qualquer das técnicas disponíveis para que "*de algum* modo – reconhecimento de conexão ou continência das ações afins e reunião para julgamento conjunto no Juízo prevento; configuração de litispendência; carência de interesse de agir na ação *repetida* – seja coartada a virtualidade do trâmite concomitante de ações de tipo coletivo, sobre um mesmo objeto litigioso, ante os riscos imanentes a tal imbricação".[72]

Com vistas ao enfrentamento dessa ou de outras barreiras oriundas do aspecto da concomitância das ações coletivas observadas na nossa realidade forense, esforços devem ser envidados, tanto através de aprimoramento legislativo, quanto por meio de interpretações consentâneas que não venham de encontro aos caros valores inseridos no ordenamento, especialmente os emergentes das garantias e princípios de índole constitucional. O sistema deve oferecer soluções para evitar ou minimizar situações de perplexidade como aquela referida, em que se desponta notória a ameaça de proliferação de demandas com aspectos

---

69. Teresa Arruda Alvim Wambier proclama que, embora indesejável o fenômeno da coexistência de decisões contraditórias, o nosso sistema o toleraria, já que não seria garantia constitucional o compromisso absoluto de suprimi-lo. Cf. "Litispendência em ações coletivas", cit., p. 268.

70. No ambiente do *Common Law* também não se desconsidera a possibilidade de decisões diferentes para casos iguais, por isso surgiu o princípio, que inspira o *stare decisis*, de que os casos similares devem ser tratados da mesma forma ("treat like cases alike"). Cf. Luiz Guilherme Marinoni, *Precedentes Obrigatórios*, cit., p. 101.

71. Cf. *Jurisdição Coletiva e Coisa Julgada. Teoria Geral das Ações Coletivas*, cit., pp. 505-506.

72. Idem, p. 507.

de identidade e que se encontra no bojo o perigo à celeridade, segurança e igualdade jurídicas.[73]

Destaque-se, ao ensejo da aplicação de uma dessas técnicas racionalizadoras, a decisão proferida em outubro de 2009 pelo Superior Tribunal de Justiça, em sede de recurso especial, que determinou a suspensão de ações individuais até o julgamento da ação coletiva que dizia respeito à "macro-lide geradora de processos multitudinários". Em trecho do decisório constou, *in verbis*: "os rigores formais de admissibilidade devem ser mitigados, diante da relevância da tese principal, a fim de que se cumpra o que a Lei atualmente determina, ou seja, que o Tribunal julgue de vez, com celeridade e consistência, a macro-lide multitudinária, que se espraia em milhares de processos, cujo andamento individual, repetindo o julgamento da mesma questão milhares de vezes, leva ao verdadeiro estrangulamento dos órgãos jurisdicionais, em prejuízo da totalidade de jurisdicionados (...)". Enfatizou-se que, pela interpretação teleológica das normas, estaria preservado "o direito de ajuizamento da pretensão individual na pendência da ação coletiva, mas suspendendo-se o prosseguimento desses processos individuais, para o aguardo do julgamento de processo de ação coletiva que contenha a mesma macro-lide".[74]

Outra decisão do mesmo Sodalício, proferida em dezembro de 2009, seguiu a mesma direção,[75] que veio ao encontro da tentativa de buscar solução para a inconveniência de decisões judiciais contraditórias quando estivessem em curso diversas ações versando sobre o idêntico conflito. Tratou-se de decisão monocrática em sede de Reclamação[76] formulada por uma empresa de seguros, objetivando a reforma de acórdão proferido por uma Turma Recursal de Juizado Especial que conferiu o direito ao consorciado desistente de receber de imediato as parcelas pagas, independentemente do encerramento do grupo. Em decisão liminar, o STJ determinou a suspensão de todos os processos em andamento nos Juizados Especiais Cíveis do país em que tivesse sido estabelecida a controvérsia sobre o

---

73. Por isso, o Código de Processo Civil de 2015 absorveu a tendência no sentido de implantar mecanismos de contenção de multiplicidade de recursos ou processos com repetição de teses, bem como de privilegiar a força dos precedentes (súmula vinculante, súmulas impeditivas de recursos, repercussão geral, julgamento antecipado, julgamento por amostragem, incidente de demandas repetitivas, de assunção de competência etc.).
74. Cf. REsp 1.110.549-RS (2009/0007009-2), rel. Min. Sidnei Beneti.
75. Cf. Rcl 3752-GO (2009/0208182-3), rel. Min. Nancy Andrighi.
76. A Resolução 12/2009 do STJ dispõe sobre o processamento no âmbito do referido tribunal das reclamações destinadas a dirimir divergência entre acórdão prolatado por uma turma recursal estadual e a jurisprudência da Corte.

prazo para a devolução das parcelas pagas a quem se retirou do plano de consórcio antecipadamente, com fundamento na jurisprudência dominante de Tribunal Superior e no risco de sobrevida das poupanças coletivas.

Recentemente, no tocante aos feitos em que se discutia a cobrança de assinatura básica por concessionária de serviço telefônico e que ainda não tinham sido julgados, foi determinada, por decisão monocrática, em sede liminar de Reclamação interposta junto ao Superior Tribunal de Justiça, a suspensão de todos os processos correlatos em trâmite nos juizados especiais do país.[77]

Nesse sentido, caberá ao juiz ou ao tribunal, ao defrontar com demandas paralelas, especialmente nos processos coletivos, optar pela medida mais adequada a fim de evitar o risco de conflito de decisões diante do fenômeno da multiplicação de feitos, sem que isso represente a supressão do acesso à justiça, com o que contribuirá para a efetividade em todos os seus aspectos, e, sobretudo no trâmite de ações repetitivas, deve-se intentar o afastamento de discrepância de decisões que venham a ser acobertadas pela definitividade, porquanto o sistema tolera apenas a contradição lógica dos julgados, não a prática, dês que é inviável a convivência de comandos incompossíveis, versando sobre idêntico objeto, na mesma dimensão espacial e temporal.

6. *Fase recursal*

Toda a sistemática do recurso insere-se na preocupação em proporcionar a justiça das decisões mediante a possibilidade de revisão do

---

[77] Cf. Rcl 3.983-MS, rel. Min. Herman Benjamin, *DJe* 15.04.2010.

O Código de Processo Civil de 2015 inseriu dispositivo que prevê a suspensão de feitos em caso de multiplicidade de recursos extraordinários ou especiais com fundamento em idêntica questão de direito, cabendo ao presidente do tribunal de origem a seleção de "2 (dois) ou mais recursos representativos da controvérsia, que serão encaminhados ao Supremo Tribunal Federal ou ao Superior Tribunal de Justiça para fins de afetação, determinando a suspensão do trâmite de todos os processos pendentes, individuais ou coletivos, que tramitem no Estado ou na região, conforme o caso" (art. 1.036, *caput*, e § 1º). E o relator, no tribunal superior, selecionados os recursos e preenchidos os pressupostos legais, "determinará a suspensão do processamento de todos os processos pendentes, individuais ou coletivos, que versem sobre a questão e tramitem no território nacional" (art. 1.037, II). O legislador estabeleceu, ainda, o prazo de um ano para o julgamento dos recursos afetados, com preferência sobre os demais feitos, com exceção daqueles que envolvam réu preso e os pedidos de *habeas corpus*. O dispositivo que previa a cessação automática da afetação e da suspensão dos processos (art. 1.037, §§ 4º e 5º), retomando seu curso normal, caso não ocorresse o julgamento no prazo mencionado, foi revogado pela Lei 13.256/2016 (art. 3º, II).

julgado, forte no pressuposto da falibilidade humana do prolator, todavia tal escopo se contrasta com o valor da duração do processo, de sorte que esse equilíbrio pretendido pelo legislador deve também ser observado pelo juiz durante a etapa recursal para a contribuição da efetividade.[78]

Inicialmente, quanto à questão da recorribilidade, registre-se que não há previsão expressa na Constituição Federal da garantia do duplo grau de jurisdição,[79] que faz referência somente à competência dos tribunais superiores relativamente aos recursos extraordinário, especial e ordinário (CF, arts. 102, II e III; e 105, II e III), de modo que uma parcela significativa da doutrina não o considera imprescindível para a extensa cláusula do devido processo legal,[80] permitindo-se a sua limitação pelo legislador

---

78. A atenção exclusivamente voltada ao imperativo da justiça provoca a inevitável ruptura da paz social, pois "menosprezar a rapidez não raro ceifa a própria justiça, porque colhida tardiamente". Cf. Araken de Assis, *Manual dos Recursos*, São Paulo, Ed. RT, 2007, p. 68.

79. A Constituição Imperial brasileira de 1824 continha dispositivo cuja redação conduzia ao entendimento da existência do referido princípio ou garantia, *in verbis*: "Para julgar as Causas em segunda, e ultima instancia haverá nas Provincias do Imperio as Relações, que forem necessarias para commodidade dos Povos" (art. 158).

A expressão "duplo grau de jurisdição" pode ser entendida como a "possibilidade de a sentença definitiva ser reapreciada por órgão de jurisdição, normalmente de hierarquia superior à daquele que a proferiu, o que se faz de ordinário pela interposição de recurso". Cf. Nelson Nery Júnior, *Teoria Geral dos Recursos*, cit., p. 44.

80. Nesse sentido, cf. Oreste Nestor de Souza Laspro, *Duplo Grau de Jurisdição no Direito Processual Civil*, São Paulo, Ed. RT, 1995, pp. 177-178.

Ana Cândida Menezes Marcato também se posiciona pela inexistência de garantia constitucional do duplo grau, mas sim de uma previsão do princípio, mencionando, ainda, que esse entendimento seria majoritário na jurisprudência, o que daria ensejo à própria Constituição e ao legislador infraconstitucional de estabelecer exceções ao princípio. Cf. *O Princípio do Duplo Grau de Jurisdição e a Reforma do Código de Processo Civil*, São Paulo, Atlas, 2006, pp. 27-33.

Nelson Nery Júnior afirma que as Constituições posteriores à de 1824 apenas mencionaram a existência de tribunais, de modo que, apesar da implícita previsão de existência de recurso, não se adotou a "garantia absoluta ao duplo grau de jurisdição". Cf. *Princípios do Processo Civil na Constituição Federal*, 8ª ed., São Paulo, Ed. RT, 2004, p. 211.

O referido autor sustenta, em análise inicial, que o princípio do duplo grau funcionaria como uma garantia fundamental da boa justiça e que, embora, no Brasil, a Constituição Federal atual, diferentemente do sistema da Constituição Imperial, o tenha inserido ao estabelecer que os tribunais do país terão competência para apreciar causas originariamente e em grau de recurso, não o fez de forma ilimitada, a fim de que os litígios não se perpetuassem no tempo. Assim, a lei ordinária poderia suprimir, com a exceção daqueles previstos no Texto Maior, os recursos em vigor. Já no âmbito penal, por ser o país signatário da Convenção Interamericana dos Direitos Humanos,

ordinário, a exemplo do que ocorre com a apelação restrita em execuções fiscais (Lei 6.830/1980, art. 34).

Ademais, o reexame obrigatório previsto no art. 475 do CPC/1973 (CPC/2015, art. 496) não seria recurso propriamente dito[81] e a adoção da "repercussão geral" (CPC/1973, arts. 543-A e 543-B, acrescidos pela Lei 11.418/2006; CPC/2015, arts. 1.035 e 1.036), que estabelece o ônus de demonstrar a relevância da questão debatida "do ponto de vista econômico, político, social ou jurídico" (art. 543-A, § 1º, CPC/1973; art. 1.035, § 1º, CPC/2015), como requisito de admissibilidade do recurso extraordinário, é reflexo da inexistência da referida garantia, ou, quando menos, da clara tendência de limitação de graus de jurisdição. Mencione-se, ainda, o disposto no art. 515, § 3º, do CPC/1973 (CPC/2015, art. 1.013, § 3º), que concede ao tribunal o poder de proferir julgamento imediato sobre o mérito sem que o juízo de primeiro grau o tenha examinado previamente, conferindo àquele uma espécie de competência originária, sem significar supressão de instância.

Os argumentos trazidos, especialmente de cunho pedagógico, para sustentar o reexame do julgado (o aprimoramento da qualidade das decisões, a experiência dos componentes do órgão revisor, o controle psicológico no julgador diante da possibilidade de revisão e o inconformismo natural do vencido), devem ser cautelosamente examinados em face da ampla garantia do devido processo legal, principalmente nos tempos atuais, já que poderia dificultar a implementação do princípio

---

o duplo grau de jurisdição seria irrestrito. Cf. *Teoria Geral dos Recursos*, 6ª ed. São Paulo, Ed. RT, 2004, pp. 37-48.

Araújo Cintra, Grinover e Dinamarco defendem a manutenção do duplo grau de jurisdição como princípio de natureza política, pois os atos estatais estariam sujeitos a controles, especialmente no sistema em que os membros do Poder Judiciário não são legitimados pela escolha popular. Cf. *Teoria Geral do Processo*, 31ª ed., rev. e ampl., São Paulo, Malheiros Editores, 2015, pp. 98-101.

Cândido Rangel Dinamarco admite que exista o "(...) completo silêncio constitucional quanto a uma suposta garantia do duplo grau de jurisdição (e a Constituição de 1988 é tão pródiga e explícita ao enunciar garantias)", mas que deixou, a título de princípios, em busca da coerência no sistema e justiça nas decisões, sem se impor de modo absoluto, "(...) o *conselho* (a) ao legislador, no sentido de que evite confinar causas a um nível só, sem a possibilidade de um recurso amplo e (b) ao juiz, para que, em casos duvidosos, opte pela solução mais liberal, inclinando-se a afirmar a admissibilidade do recurso". Cf. *Nova Era do Processo Civil*, 4ª ed., rev., atual. e aum., São Paulo, Malheiros Editores, 2013, p. 170.

81. Cf. Oreste Nestor de Souza Laspro, "Garantia do duplo grau de jurisdição", cit., p. 192.

constitucional da duração razoável do processo,[82] sobretudo no momento em que se debate a necessidade de redimensionamento da fase recursal, como se verifica pela proposta de atribuição aos recursos extraordinário e especial de natureza meramente rescisória, permitindo-se, assim, a pronta execução dos julgados de segunda instância.[83]

Ademais, a reapreciação da causa em segundo grau não propicia, necessariamente, "uma decisão melhor, nem tampouco por si só garante a isenção do juízo e a efetiva defesa das partes", de sorte que "não se pode considerá-lo como um dos elementos formadores do devido processo legal".[84] Na hipótese, porém, de o aludido princípio ser compreendido como integrante da cláusula *due process of law*, a sua exigência, certamente:

> não pode ser considerada desmedida, sem freios a tornar o processo mais efetivo, pois não tem o litigante direito de retardar-lhe o curso com a interposição de apelação de toda e qualquer decisão de primeiro grau, desprestigiando a eficácia da justiça em detrimento da paz social, escopo primeiro da atividade jurisdicional.[85]

82. Idem, ibidem, pp. 197-199.

83. Proposta de Emenda à Constituição 15, de 2011, apresentada ao Senado Federal para a modificação da redação dos arts. 102 e 105 da CF, em sintonia com as ideias divulgadas pelo então Min. Cezar Peluso do STF, visando à inclusão da ação rescisória extraordinária e especial dentre os processos de competência originária do Supremo Tribunal Federal e do Superior Tribunal de Justiça, bem como estabelecendo as suas hipóteses de cabimento.

Com isso, não se defende a extinção dos recursos – mas o seu redimensionamento a bases mais razoáveis – como única medida para a superação do complexo problema da morosidade, uma vez que, conforme visto na primeira parte do trabalho, não há soluções isoladas. No âmbito criminal, por exemplo, mencione-se que não basta a supressão da prescrição ou dos recursos sem que haja aprimoramento de gestão da máquina judiciária. Cf. Roberto Delmanto Júnior, "A garantia da razoável duração do processo penal e a Reforma do CPP", *Revista do Advogado*, n. 113, set. 2011, p. 147.

No entanto, em relação à Proposta de Emenda à Constituição 15/2011, foi aprovado, em 4.12.2013, o parecer pela Comissão de Constituição, Justiça e Cidadania do Senado Federal, que opta por renunciar, ao menos por ora, "ao risco de inovar excessivamente no ordenamento jurídico de consequências ainda imprevisíveis" e propõe substitutivo com a inclusão de um parágrafo único ao art. 96 da CF, com a seguinte redação: *"Os órgãos colegiados e tribunais do júri poderão, ao proferirem decisão penal condenatória, expedir o correspondente mandado de prisão, independentemente do cabimento de eventuais recursos"*. Cf. www.senado.gov.br/atividade/materia/detalhes.asp?p_cod_mate=99758, acessado em 14.2.2014.

84. Cf. Oreste Nestor de Souza Laspro, *Duplo Grau de Jurisdição no Direito Processual Civil*, cit., p. 177.

85. Cf. Nelson Nery Júnior, *Teoria Geral dos Recursos*, 6ª ed., São Paulo, Ed. RT, 2004, pp. 43-44.

Nesse sentido, embora a pluralidade de instâncias seja motivada por considerações de ordem prática e política, sobretudo diante da preocupação do Estado em conferir em cada caso a solução mais justa possível, como assinalou Chiovenda, o princípio levado ao extremo parece ser contrário à essência da jurisdição e ilógico uma vez que se o juiz de instância superior fosse melhor do que o de primeira o objetivo seria alcançado simplesmente confiando diretamente àquele a apreciação da causa.[86] Vale a advertência de que, embora encerre "una preciosa garantía de control y de seguridad no es exigible al Estado y el legislador puede restringirlo o limitarlo en aquellos casos en que ahí lo aconseje el interés general".[87]

O autor argentino, Manuel Ibañez Frocham, após explicar que o recurso por sua natureza é um ato processual regulado pela organização judicial de cada povo e que o Estado visa a assegurar o império da justiça através de seus órgãos jurisdicionais, cuja administração tem caráter de serviço público, lembra que o processo também imprescinde de rapidez, precisão e acerto, de forma que "en el estado actual de la ciencia procesal y cualesquiera sean los límites de aquella falibilidad humana de que hablaba Cervantes, el recurso como acto procesal que es por su naturaliza, jamás puede ser motivo de escándalo".[88]

Como visto no item 4 do Capítulo III desta parte do trabalho, a introdução de técnicas que funcionam como filtro para o conhecimento de recursos, v.g., a repercussão geral como pressuposto de exame do recurso extraordinário, nada mais é do que o resultado da necessidade de racionalização do método de trabalho diante da realidade instalada, no âmbito da multiplicação de recursos com teses reiteradas. A tomada de providências que aparentemente restringem o acesso às instâncias superiores com a adoção de critérios objetivos não compromete o devido processo legal, na medida em que se preserva a deliberação nos tribunais superiores de questões de notória controvérsia e que trazem importantes reflexos na vida política, econômica e social do país. Contrariamente, a manutenção irrestrita do sistema anterior poderia comprometer, de modo irremediável, a efetividade pelo congestionamento de feitos nas instâncias recursais.

Não se propala com isso a legitimidade da jurisprudência denominada "defensiva", em que se verifica a pronta rejeição de recursos com fundamento em exigências formais descabidas, em descompasso com os princípios que regem as formas dos atos processuais, cujo extremismo

---

86. Cf. Manuel Ibañez Frocham, *Los Recursos en el Proceso Civil*, Buenos Aires, Editores Sociedad Bibliográfica Argentina, 1943, p. 30.
87. Idem, ibidem.
88. Idem, ibidem, p. 26.

pode acarretar afronta à garantia do acesso à justiça.[89] Assim, a ausência de critérios objetivos pode gerar insegurança no tocante à admissibilidade recursal, comprometendo ainda, por consequência, a celeridade. Mencione-se, além do caso de extinção do recurso sem apreciação do mérito por falta de documento que não seja imprescindível, sem a prévia oportunidade para a juntada, o exemplo do entendimento adotado por alguns tribunais no sentido de que, embora constante no voto vencido, o dispositivo não estaria devidamente prequestionado se não integrou o acórdão recorrido.[90]

89. Por isso, o Código de Processo Civil de 2015 inseriu dispositivos para afastar a denegação de conhecimento de recurso por motivos ou defeitos irrelevantes, ou para determinar a concessão de oportunidade para a correção de eventuais vícios. Ao tratar de recurso especial e extraordinário, o art. 1.029, § 3º, trouxe a seguinte redação: "O Supremo Tribunal Federal ou o Superior Tribunal de Justiça poderá desconsiderar vício formal de recurso tempestivo ou determinar a sua correção, desde que não o repute grave".

Incumbe ao relator, em qualquer recurso, conceder, antes de verificar a admissibilidade, "o prazo de 5 (cinco) dias ao recorrente para que seja sanado vício ou complementada a documentação exigível" (CPC/2015, arts. 932, parágrafo único, e 1.017, § 3º).

Ademais, constatado o equívoco no preenchimento da guia de custas, cabe ao relator, ao invés de aplicar a pena de deserção, "na hipótese de dúvida quanto ao recolhimento, intimar o recorrente para sanar o vício no prazo de 5 (cinco) dias" (CPC/2015, art. 1.007, § 7º).

90. Nesse sentido, a Súmula 320 do STJ: "A questão federal somente ventilada no voto vencido não atende ao requisito do prequestionamento". Outrossim, há posicionamentos vacilantes em sede de jurisdição especial e extraordinária quanto à necessidade de agitação de matérias de ordem pública em graus ordinários, com surgimento de interpretação rígida que condiciona o conhecimento do recurso à prévia manifestação daquelas matérias na decisão recorrida, nos termos das Súmulas 282 e 356 do STF e 98, 211 e 320 do STJ.

Cassio Scarpinella Bueno entende que, por dever de gerenciamento do processo e de sua regularidade, o magistrado que ao proferir a sentença ou acórdão deixou de apreciar algum vício relativo aos pressupostos processuais, desde que provocado por embargos de declaração, deverá tratar do fato como omissão, viabilizando a correção, assim como em sede de recursos dirigidos às decisões interlocutórias o Tribunal deverá examinar a eventual falta de algum pressuposto processual. No entanto, o autor não vê possibilidade de apreciá-la de ofício em recursos extraordinário e especial, nem mesmo ser questionada pela primeira vez no âmbito desses recursos. Cf. *Curso Sistematizado de Direito Processual Civil: teoria geral do direito processual civil*, vol. 1, 5ª ed., São Paulo, Saraiva, 2011, pp. 464-465.

Nesse sentido: "Nas instâncias extraordinárias, exige-se o prequestionamento, ainda que se trate de matéria de ordem pública" (STJ, 2ª T., REsp 449.271-AL/AgRg, rel. Min. Laurita Vaz, j. 5.11.2002, negaram provimento, v.u., *DJU* 23.6.2003, p. 330); "Na estreita via do recurso especial não se admite ao STJ conhecer de ofício (ou sem prequestionamento) nem mesmo das matérias a que alude o § 3º do art. 267, CPC" (*RSTJ* 74/277).

A recorribilidade das decisões interlocutórias através do manejo do agravo é, sem dúvida, responsável pelo atravancamento dos feitos, seja na primeira ou na instância superior. Recordava Paulo Henrique dos Santos Lucon que haveria dois motivos no sistema processual brasileiro

Em sentido contrário: "Ao tomar conhecimento do recurso especial, o STJ deve apreciar, de ofício, nulidades relacionadas com os pressupostos processuais e as condições da ação. Não é razoável que – mesmo enxergando vício fundamental do acórdão recorrido – o STJ nele opere modificação cosmética, perpetuando-se a nulidade" (*RSTJ* 103/65); "Matéria de ordem pública pode ser suscitada em qualquer fase do processo, até mesmo no recurso extraordinário ou recurso especial e ainda que não prequestionada" (*STJ-RJTAMG* 64/473). Cf. Theotonio Negrão e José Roberto F. Gouvêa, *Código de Processo Civil e legislação processual em vigor*, 39ª ed., São Paulo, Saraiva, 2007, pp. 2.001-2.003.

Rodolfo Camargo Mancuso adota uma posição moderada, a qual melhor se ajusta à exigência do equilíbrio, sustentando que atualmente se faria necessário certo temperamento da matéria, a fim de que seja considerado o suficiente para satisfazer a exigência do prequestionamento se, no caso concreto, sem esforço, puder aferir "que o objeto do recurso está razoavelmente demarcado nas instâncias precedentes". Cf *Recurso Extraordinário e Recurso Especial*, 11ª ed., São Paulo, Ed. RT, 2010, pp. 281 e 284.

Mesmo na eventual falta de apreciação dessas questões nos embargos de declaração a anulação do acórdão recorrido mostrar-se-ia contraproducente, *ex vi* do art. 515, § 3º, do CPC/1973, lembrando-se que "matérias relacionadas com as nulidades absolutas, condições da ação e pressupostos de constituição e de desenvolvimento do processo, em certos casos, vão muito mais além do que o requisito de prequestionamento. A violação à norma jurídica por inobservância de matéria de ordem pública é de suma importância e não pode ser desconsiderada pelo julgador, qualquer que seja o órgão jurisdicional". Cf. Paulo Henrique dos Santos Lucon, "Art. 515, § 3º, do Código de Processo Civil, ordem pública e prequestionamento", in *Os Poderes do Juiz e o Controle das Decisões Judiciais. Estudos em Homenagem à Prof. Teresa Arruda Alvim Wambier*, São Paulo, Ed. RT, 2008, pp. 42-45.

O Código de Processo Civil de 2015 passa a considerar como "incluídos no acórdão os elementos que o embargante suscitou, para fins de pré-questionamento, ainda que os embargos de declaração sejam inadmitidos ou rejeitados, caso o tribunal superior considere existentes erro, omissão, contradição ou obscuridade" (art. 1.025).

Por último, para a reflexão acerca do tópico, é razoável compreender que os recursos ditos extraordinários não objetivam apenas a preservação da ordem jurídica, mas também buscam o aprimoramento do valor do justo, ou da justiça das decisões dentro da teleologia do sistema recursal, de forma que seria importante uma visão menos radical. Nas palavras de Cândido Rangel Dinamarco: "(a) dar maior rigidez à exigência do prequestionamento equivale a comprimir e confinar em limites sempre mais estreitos a admissibilidade do recurso extraordinário e do especial, enquanto (b) flexibilizar essa exigência é reconhecer a estes um âmbito de admissibilidade não tão estreito. Lá, estar-se-ia privilegiando extremadamente o escopo de dar apoio à ordem jurídica. Cá, ter-se-ia uma solução equilibrada entre esse escopo e o de fazer justiça em casos concretos". Cf. *Fundamentos do Processo Civil Moderno*, t. II, cit., p. 1.039.

que conduziriam as partes à utilização de recursos em geral como forma de retardar o processo, ou seja, a previsão legal de efeito suspensivo para a maioria dos recursos, ofertados em número elevado, por força da tradição provinda das ordenações lusitanas, e a desvalorização das decisões proferidas em primeiro grau de jurisdição, apesar do contato direto com as partes e com as provas.[91]

Refoge dos objetivos do trabalho o estudo do sistema de recurso em face das decisões interlocutórias, o que exigiria profundas digressões. Ressalte-se apenas que foram encetadas inúmeras tentativas pelo legislador para equacionar as dificuldades inerentes à sistemática dos agravos. Assim, na esteira das reformas introduzidas no Código de Processo Civil de 1973, a modalidade retida do agravo passou inicialmente a ser regra (CPC/1973, art. 522, redação dada pela Lei 11.187/2005), com a atribuição ao relator do poder de conceder-lhe o efeito suspensivo (CPC/1973, art. 527, III, redação conferida pela Lei 10.352/2001).[92]

A maioria da doutrina tem lançado críticas às reformas introduzidas no regime do agravo por não traduzirem o incremento da efetividade na prestação jurisdicional, como podem ser apreendidas neste breve histórico apresentado antes da sanção do Código de Processo Civil de 2015:

em 1939 o Código previa o agravo de instrumento em algumas oportunidades apenas; o Código de 1973 ampliou o cabimento do agravo de instrumento em face de todas as decisões interlocutórias – mas sem efeito suspensivo –, o que provocou uma enxurrada de mandados de segurança; visando a coibir os mandados de segurança, a Reforma concedeu a oportunidade de o relator do recurso conceder efeito suspensivo ao agravo, o que aumentou sensivelmente a quantidade desse recurso; nesse cenário, a Reforma da Reforma ampliou as hi-

---

91. Cf. "Abuso do exercício do direito de recorrer", in *Aspectos Polêmicos e Atuais dos Recursos Cíveis*, São Paulo, Ed. RT, 2001, pp. 875 e 878.
Mencionava o mesmo autor, em artigo publicado em 2001, a possibilidade de implementação de outras soluções com vistas à valorização das decisões do juiz de primeiro grau, além da retirada do efeito suspensivo dos recursos, tais como: tornar irrecorríveis certas decisões e impor a regra do agravo retido se não evidenciado prejuízo à parte. Idem, ibidem, pp. 875-876.
92. O Código de Processo Civil de 2015 não previu o efeito suspensivo automático, podendo ser atribuído pelo relator, assim como ser deferida, em antecipação de tutela, total ou parcial, a pretensão recursal (art. 1.019, I) e o agravo de instrumento somente será admitido em situações pontuais (art. 1.015). Não há previsão de agravo na forma retida, porém as questões resolvidas na fase cognitiva não ficarão acobertadas pela preclusão, devendo ser suscitadas em preliminar de apelação interposta contra a decisão final, ou nas contrarrazões (art. 1.009, § 1º).

póteses de agravo retido e os poderes do relator e, mesmo assim, os efeitos benéficos não vieram; por último, a nova lei de agravo fez da forma retida a regra e – mesmo sem muitas esperanças – aguarda-se um resultado positivo. Diante desse cenário, só se pode dizer que as alterações promovidas no regramento do recurso de agravo durante todos esses anos conduziram a um fracasso.[93]

No entanto, em que pesem as diversas reformas engendradas pelo legislador na esfera recursal, permanece uma margem considerável de atuação ao aplicador da norma jurídica, a fim de dar concretamente a melhor resposta dentro do sistema, na busca constante da celeridade da prestação jurisdicional, sem se descurar da preservação do grau mínimo de confiabilidade. Tomando o exemplo acima e a tendência acolhida no Código de Processo Civil de 2015, com vistas à supressão da modalidade retida de agravo de instrumento, à manutenção da forma instrumental em hipóteses restritas e à excepcionalidade do efeito suspensivo, desponta a importante atividade conformadora do relator do recurso ao examinar as expressões ou cláusulas abertas adotadas pelo legislador.[94]

Assim, substanciais poderes foram conferidos aos relatores a quem forem distribuídos os recursos, incumbindo-se-lhes, por exemplo, deliberar pela suspensão da eficácia da decisão recorrida se "da imediata produção de seus efeitos houver risco de dano grave, de difícil ou impossível reparação, e ficar demonstrada a probabilidade de provimento do recurso" (CPC/2015, art. 995, parágrafo único).[95] Na trilha dos critérios

---

93. Cf. Ana Cândida Menezes Marcato, *O Princípio do Duplo Grau de Jurisdição e a Reforma do Código de Processo Civil*, cit., p. 153.

94. Nesse sentido, recebido o agravo de instrumento no tribunal, o relator convertê-lo-á em retido, salvo, entre outras situações, se decisão for suscetível "de causar à parte lesão grave e de difícil reparação" (CPC/1973, art. 527, II). Apesar da ausência dessa expressão no dispositivo constante no Código de Processo Civil de 2015 que trata da possibilidade de atribuição, pelo relator, de efeito suspensivo ao recurso de agravo de instrumento (art. 1.019, I), implicitamente nela está contida, pois inegável a exigência dessa atividade interpretativa.

95. O novo Código de Processo Civil atribuiu ao relator do recurso o poder-dever de apreciar o pedido de suspensão dos efeitos da decisão recorrida, com fundamento nos pressupostos da cautelaridade (risco de lesão grave e relevância das razões recursais), tendo estipulado regra expressa no tocante à apelação (art. 1.012, § 4º), ao agravo de instrumento (art. 1.019, I), aos recursos extraordinário e especial (art. 1.029, § 5º) e ao recurso ordinário (art. 1.027, § 2º).

Em relação ao recurso extraordinário e especial, substancial modificação havia sido adotada pelo novo CPC (art. 1.030 e seu parágrafo único), ao prever, após a intimação do recorrido para a apresentação das contrarrazões, a remessa imediata dos autos ao respectivo tribunal superior, independentemente de juízo de admissibilidade

tradicionalmente levados em conta pelo legislador, o julgador, de igual maneira, ao decidir sobre a conveniência ou não do efeito suspensivo dos recursos, deverá manter o foco na possibilidade de manutenção da decisão no grau recursal e no critério da urgência representado pelo perigo de lesão, em homenagem à garantia constitucional da tutela jurisdicional efetiva e tempestiva.[96]

Tanto em relação à apelação quanto ao agravo de instrumento, foram reservadas ao relator as atribuições concernentes ao poder de julgar monocraticamente o recurso a fim de não conhecer dele, negar ou dar-lhe provimento, bem como de atribuir-lhe efeito suspensivo, ou deferir antecipação de tutela, total ou parcialmente (CPC/2015, arts. 932, III a

no tribunal recorrido. No entanto, a Lei 13.256, de 4.2.2016, transferiu o juízo de admissibilidade ao tribunal de origem, que deverá: I – negar seguimento; II – encaminhar o processo ao órgão julgador para eventual juízo de retratação; III – sobrestar o recurso que versar sobre controvérsia de caráter repetitivo ainda não decidida pelo tribunal superior; IV – selecionar o recurso como representativo de controvérsia constitucional ou infraconstitucional, ou V – realizar o juízo de admissibilidade, remetendo, se positivo, o feito ao tribunal superior (art. 1.030 e incisos).

96. Assim, leciona Cândido Rangel Dinamarco que, "nos casos em que a experiência e sensibilidade do legislador lhe mostram que não convém esperar pela decisão definitiva, ele põe em segundo plano o critério da probabilidade de manutenção do julgado, para liberar desde logo a eficácia do ato judicial recorrido e com isso permitir que o beneficiário deste possa desde logo fruir da tutela obtida no grau jurisdicional inferior". Cf. *Fundamentos do Processo Civil Moderno*, t. II, cit., p. 1.022.

Embora a versão inicial do Projeto do Novo Código de Processo Civil, oriunda do Senado Federal, tivesse acenado com a inversão do sistema para tornar ordinária a ausência de suspensividade, inclusive do recurso de apelação, o texto final aprovado restaurou a regra geral do efeito suspensivo na apelação (art. 1.012, *caput*), investindo o relator, no exame de admissibilidade, do poder de apreciar pedido de suspensão da eficácia da sentença, inclusive nas hipóteses de previsão de efeitos imediatos, como a sentença que condene a pagar alimentos (arts. 1.012, § 1º, II, §§ 3º e 4º), caso o apelante demonstre "a probabilidade de provimento do recurso ou se, sendo relevante a fundamentação, houver risco de dano grave ou de difícil reparação".

Pertinente, assim, a observação de Cândido Rangel Dinamarco para o adequado encadeamento sistemático entre acelerar e desacelerar nas antecipações de tutela recursal: "é indispensável que o juiz ou o tribunal (conforme o caso) dimensione em cada caso concreto as concretas razões para conceder ou negar efeito à apelação. Realizará um *juízo de delibação* sobre a causa, as provas, os fundamentos da sentença, as razões mais fortes ou menos fortes da apelação interposta *etc.*, com vista a bem dimensionar a probabilidade de sua reforma ou manutenção em grau recursal. Examinará, por outro lado, os perigos que o retardamento poderá trazer ao autor se a apelação se processar com efeito suspensivo. Porá ainda os olhos em eventual risco de *irreversibilidade*, que poderá neutralizar por completo a eficácia de eventual provimento da apelação". Cf. *Fundamentos do Processo Civil Moderno*, t. II, cit., pp. 1.025 e 1.027.

V; 1.011, I; 1.012, § 4º; 1.019, *caput* e I). Nesse aspecto valem as considerações feitas no item relativo às tutelas de urgência acerca do amplo exercício da atividade hermenêutica.

Observa-se, portanto, a nítida tentativa do legislador na racionalização da atividade desenvolvida em grau recursal, especialmente no manejo do agravo e apelação, criando, em face do notório congestionamento de feitos em segunda instância, mecanismos de aceleração e segurança. Nesse movimento era inevitável certa concentração de poderes na figura do relator,[97] que entra em contato, em primeiro plano, com o recurso, a quem recai o dever de analisá-lo com diligência, de forma semelhante ao juiz que examina a petição inicial, incumbindo-lhe, liminarmente, sob pena de comprometer a efetividade em todos os sentidos, negar o seu seguimento, se prejudicado, ou constatada a sua manifesta inadmissibilidade, improcedência, ou em confronto com súmula ou jurisprudência dominante do respectivo tribunal, do Supremo Tribunal Federal, ou de Tribunal Superior (CPC/1973, arts. 527, I; 557, *caput*), ou dar provimento ao recurso de apelação se verificado o manifesto confronto com súmula ou jurisprudência dominante do Supremo Tribunal Federal, ou de Tribunal Superior (CPC/1973, art. 557, § 1º-A).[98]

97. Não se insere no tema deste trabalho a análise da legitimidade da competência do relator para decidir, isoladamente, a admissibilidade do recurso, assim como o seu poder de julgamento, mas essa tendência se seguiu firme à previsão dos poderes do relator no âmbito do extinto Tribunal Federal de Recursos (Lei Orgânica da Magistratura Nacional – Lei Complementar 35/1979, art. 90, § 2º). Quanto à evolução histórica e à constitucionalidade das disposições legais sobre a extensão dos poderes do relator, Cf. Wanessa de Cássia Françolin, *A Ampliação dos Poderes do Relator nos Recursos Cíveis*, Rio de Janeiro, Forense, 2006, pp. 32-50.
98. Difere em parte o Código de Processo Civil de 2015 no tocante às hipóteses de negativa de seguimento, ou concessão de provimento ao recurso pelo relator em decisão monocrática, uma vez que a legislação anterior previa a primeira situação quando o recurso fosse "manifestamente inadmissível, improcedente, prejudicado ou em confronto com a súmula ou com jurisprudência dominante do respectivo tribunal, do Supremo Tribunal Federal, ou do Tribunal Superior", ou a outra situação se estivesse a decisão recorrida "em manifesto confronto com súmula ou com jurisprudência dominante do Supremo Tribunal Federal, ou de Tribunal Superior" (CPC/1973, art. 557, *caput*, e § 1º-A).
O novo *Codex*, diante da previsão do incidente de resolução de demandas repetitivas e de assunção de competência, suprimiu o termo "jurisprudência dominante", assim como condicionou ao contraditório prévio o provimento ao recurso, *in verbis*: "Art. 932. Incumbe ao relator: (...) IV – negar provimento a recurso que for contrário a: a) súmula do Supremo Tribunal Federal, do Superior Tribunal de Justiça ou do próprio tribunal; b) acórdão proferido pelo Supremo Tribunal Federal ou pelo Superior Tribunal de Justiça em julgamento de recursos repetitivos; c) entendimento firmado

Não se pode afirmar peremptoriamente que, nessa atuação monocrática, haveria afronta à natureza inerente em sede recursal, que é a colegialidade, vez que existem mecanismos de controle, seja através da possibilidade de reconsideração pelo próprio relator, ou reexame por meio de interposição de agravo interno ao órgão fracionário competente para o conhecimento do recurso (art. 557, § 1º, CPC/1973; art. 1.021, § 2º, CPC/2015).

Quanto aos poderes direcionados ao tribunal no julgamento do recurso, particularmente da apelação, recurso ordinário por sua natureza, enfatize-se a amplitude das questões que serão objeto de apreciação em decorrência dos efeitos que lhe são inerentes, notadamente do devolutivo e translativo,[99] ou seja, opera-se a transferência para o conhecimento do tribunal de "todas as questões suscitadas e discutidas no processo, ainda que a sentença não as tenha julgado por inteiro" e de todos os fundamentos agitados no pedido ou na defesa que tenham sido ou não acolhidos pelo juiz (art. 515, §§ 1º e 2º, CPC/1973; art. 1.013, §§ 1º e 2º, CPC/2015).

É de máxima relevância o poder dado ao tribunal, nos casos de extinção do processo sem julgamento do mérito em primeira instância, de apreciar diretamente a causa que versar questão exclusivamente de direito e o processo "estiver em condições de imediato julgamento" (art. 515, § 3º, CPC/1973; art. 1.013, § 3º, I e III, CPC/2015), inclusive com o poder-dever de, verificada a ocorrência de nulidade sanável, superar o vício, a fim de, cumprida a diligência, desde que possível, prosseguir no julgamento do mérito (art. 515, § 4º, CPC/1973; art. 1.013, § 3º, II e IV, CPC/2015). Nesse sentido, é imprescindível que o órgão competente pondere o alcance do princípio do duplo grau de jurisdição, pois, nos tempos modernos, não mais se afigura aceitável a aplicação generalizada

---

em incidente de resolução de demandas repetitivas ou de assunção de competência; V – depois de facultada a apresentação de contrarrazões, dar provimento ao recurso se a decisão recorrida for contrária a: a) (...); b) (...); c) (...)".

Ademais, antes de considerar inadmissível o recurso, o relator deverá conceder o prazo de cinco dias para que seja sanado o vício ou complementada a documentação exigível (CPC/2015, art. 932, parágrafo único).

99. Pelo efeito devolutivo, como manifestação do princípio dispositivo, o recorrente delimita a matéria a ser apreciada pelo tribunal *ad quem* (*tantum devolutum quantum appellatum*), ao passo que pelo efeito translativo o sistema autoriza o julgamento fora dos limites das razões ou contrarrazões articuladas, a exemplo das questões de ordem pública que devem ser conhecidas de ofício (CPC/1973, arts. 267, § 3º, e 301, § 4º; CPC/2015, arts. 485, § 3º, e 337, § 5º). Cf. Nelson Nery Junior, *Teoria Geral dos Recursos*, cit., pp. 428-433 e 482-488.

da tradicional fórmula no sentido de que os autos devem obrigatoriamente retornar à origem para evitar a supressão de instância, o que implicaria, na maioria das vezes, retardamento injustificável.

No contraste dos valores integrantes da efetividade, deve ser permanente a busca da rapidez na solução do processo e, no aspecto da segurança, diante dos dispositivos mencionados, não parece haver dúvida de que o legislador fez clara opção pelo julgamento imediato do mérito no âmbito do tribunal, se necessário, com a prévia realização de diligência, observados o contraditório e a isonomia de tratamento, invocando um proceder mais ativo também pelos integrantes da segunda instância.

A título de demonstração, se o juiz se convenceu de que uma determinada prova era desnecessária, uma vez que o feito na sua ótica estava maduro e se antecipou ao julgamento do mérito em sentença fundamentada, o tribunal, entendendo que a dilação probatória poderia ensejar outra convicção, simplesmente poderá determinar a sua realização em diligência, proferindo, em seguida, o acórdão, sem a necessidade de anulação do processo. Reforçam tal compreensão os casos em que o juiz profere a decisão baseada em uma questão de direito, cujo entendimento não se modificaria com a realização de uma determinada prova reputada indispensável em grau recursal.

Como se pôde verificar, sob o manto da efetividade, os pontos que merecem abordagem na atuação do juiz nessa fase do processo referem-se principalmente aos especiais poderes conferidos ao relator no processamento e julgamento dos recursos, tais como o de proferir, preenchidos determinados requisitos, decisões monocraticamente. E, no âmbito do órgão colegiado ou fracionado, o poder do tribunal de proceder ao pronto julgamento, ou transformá-lo em diligência. Consigne-se, ainda, pela legislação processual de 1973, com as alterações posteriores, o poder do relator de converter o agravo de instrumento para a modalidade retida, mas a prática demonstrou que a sistemática não atraiu muito a atenção dos relatores.[100]

100. Podem-se cogitar alguns motivos para tanto: "a) na perspectiva do relator, inteirado do caso ao conhecer as razões, pode aparentar maior simplicidade mandar processar o instrumento e resolver de pronto a questão, impedindo seu retorno posterior ao ser reavivada na apelação; b) evita-se a necessidade de apreciar pedido de 'reconsideração' (...); c) há sempre a perspectiva residual do Mandado de Segurança, servível a situações que, como esta, não suportam recurso imediato". Cf. João José Custódio da Silveira, *O Juiz e a Condução Equilibrada do Processo*, São Paulo, Saraiva, 2012, p. 147.

O Código de Processo Civil de 2015 não institui a conversão de agravo de instrumento na forma retida, porquanto só previu a modalidade instrumental e apenas nos

Também se exerce importante atividade judicial nessa etapa processual quanto ao dever de aferição da prática de má-fé na instância recursal e na consequente imposição de penalidades, mas esse aspecto será analisado no tópico seguinte, que tratará da contenção do abuso processual. Da mesma forma, embora a questão da fungibilidade recursal inclua-se na esfera da atuação do tribunal, diante da sua íntima ligação com o tema da litigância com improbidade, será desenvolvida igualmente no item relacionado às hipóteses de abuso do direito de recorrer.

7. *Contenção do abuso processual*

Muito embora as regras concernentes à vedação do abuso processual não tenham experimentado profundas mudanças na esteira das últimas reformas legislativas[101] e conquanto o enfoque instrumental governado pelos escopos do processo[102] conduza primordialmente à preocupação com a efetividade do método consagrado para a pacificação social, o comportamento dos sujeitos parciais no exercício de seus poderes, deveres, faculdades e ônus está substancialmente atrelado à legitimação do resultado a ser obtido perante o Estado-juiz por vincular-se ao mínimo ético que deve nortear a prática de atos processuais a fim de se resguardar um instrumento justo e êquo, que permita a escorreita aplicação do direito, propiciando a entrega célere e segura da prestação jurisdicional

---

casos expressamente previstos no Código ou em legislação extravagante (art. 1.015, I a XIII, e parágrafo único). Assim, "as questões resolvidas na fase de conhecimento, se a decisão a seu respeito não comportar agravo de instrumento, não são cobertas pela preclusão e devem ser suscitadas em preliminar de apelação, eventualmente interposta contra a decisão final, ou nas contrarrazões" (art. 1.009, § 1º).

101. Pode ser mencionada a política de aplicação de sanções pecuniárias ao litigante de má-fé em geral (CPC/1973, art. 18, com redação dada pela Lei 9.668/1998; CPC/215, art. 81), aos que procedam de modo a embaraçar injustificadamente a execução (CPC/1973, art. 601, com redação dada pela Lei 8.953/1994; CPC/20015, art. 774, parágrafo único), ou a apresentar recursos com evidente intento protelatório (CPC/1973, art. 538, parágrafo único, com redação dada pela Lei 8.950/1994; art. 1.026, §§ 2º e 3º, do CPC/2015; e CPC/1973, art. 557, § 2º, incluído pela Lei 9.756/1998; CPC/2015, art. 1.021, §§ 4º e 5º).

O Código de Processo Civil de 2015, no capítulo relativo às normas fundamentais, prevê mandamento de caráter deôntico: "Art. 5º. Aquele que de qualquer forma participa do processo deve comportar-se de acordo com a boa-fé". O art. 6º acrescenta que "todos os sujeitos do processo devem cooperar entre si para que se obtenha, em tempo razoável, decisão de mérito justa e efetiva".

102. Por todos, Cf. Cândido Rangel Dinamarco, *A Instrumentalidade do Processo*, 15ª ed., rev. e atual., São Paulo, Malheiros Editores, 2013, esp. p. 177 e ss.

a quem efetivamente tenha direito, isto é, aderente à realidade do direito material, sem, contudo, permitir a ocorrência de desrespeito aos valores superiores da probidade, veracidade e boa-fé.

A ética é um atributo irrenunciável na busca incessante da justiça e tem sido enaltecida a visão do processo calcada na solidariedade entre todos os seus participantes.

Com efeito,

> todos eles imbuídos de suas próprias e únicas responsabilidades, mas juntos solidários quanto ao fim comum, não permitindo que seus respectivos comportamentos possam se afastar deles. Sob esse aspecto, a solidariedade tem conteúdo único, pois ela existirá mesmo entre os adversários, entre as partes e seus respectivos advogados, que, apesar de estarem em campos diversos, observarão o dever de lealdade e, portanto, o de veracidade, enfim as regras do jogo, sem que isso possa comprometer a defesa reta dos interesses de seus clientes. Por outro lado, esse vínculo moral da solidariedade levará o juiz a dirigir o processo sob o signo da igualdade, garantindo a liberdade das partes, minimizando as diferenças, levando o processo, sempre que possível e prioritariamente, a uma decisão rápida e justa.[103]

O tema do excesso ou desvio cometido pelos titulares dos atos processuais ganha contornos dramáticos, especialmente na época em que a busca da melhoria do mecanismo estatal para a solução de conflitos não permite tolerar chicanas e abusos que vão de encontro aos ideais de justiça célere, segura e justa, de modo que o correto enfrentamento do problema é de suma importância, com vistas a propiciar aos interessados a garantia do embate nos limites da razoabilidade e do *fair play* e, nessa empreitada, muito além das incursões legislativas, são fundamentais a mudança de mentalidade e cultura dos litigantes e seus advogados, bem como a atuação firme e equilibrada do juiz, com o que certamente estará a incrementar a efetividade do processo.

7.1 A extensão do princípio da lealdade processual

É certo que o processo plasmado pela Norma Fundamental e legislação infraconstitucional, para que não se distancie dos valores da justiça e

---

103. Cf. Paulo Cezar Pinheiro Carneiro, "A ética e os personagens do processo", in *Processo Civil. Novas tendências. Homenagem ao Prof. Humberto Theodoro Júnior*, Belo Horizonte, Del Rey, 2008, p. 562.

da moral e que seja apto a oferecer tutela jurisdicional adequada, deve, de um lado, permitir o exercício das situações jurídicas das partes garantidas pelo princípio do contraditório e da ampla defesa, porém, em contrapartida, é forçoso que elas sejam impedidas do cometimento de abusos.

Assim, mesmo garantido ao interessado o direito fundamental de demandar e ter assegurada a paridade de tratamento, isso não significa que o tenha sem algum efetivo interesse, com o único objetivo de carrear prejuízo a outra parte. Analogamente, se um sujeito tem o amplo direito aos ônus, faculdades processuais, meios de defesa e ao direito de utilizar todas as formas consentidas pela lei, mas apresenta requerimentos infundados e com o pretexto de provocar atrasos e despesas, ou para impedir o exame da causa de mérito, pode-se dizer que abusa de seu direito de defesa, de sorte que inexiste contradição entre o devido processo legal e o abuso do processo, a depender da maneira como as prerrogativas sejam exercidas, já que as garantias terminam exatamente onde se inicia o abuso, e vice-versa.[104]

Aqui se encontra o fundamento deontológico para coibir o abuso do processo, de caráter eminentemente ético, também imprescindível para que sejam implementados os objetivos do Estado. Trata-se do princípio da lealdade processual inserido no art. 14, II, do CPC/1973 (CPC/2015, art. 5º), manifestação da cláusula geral da boa-fé, impondo-se aos participantes da relação processual uma conduta moldada pelos deveres de moralidade e probidade, imprescindível para a realização dos fins sociais e políticos do processo, que não se limitam apenas à eliminação dos conflitos das partes e ao alcance de resposta às suas pretensões.[105]

Não obstante haja quem defenda a inexistência do princípio da lealdade e boa-fé no processo civil sob a assertiva de que ele confrontaria com as garantias constitucionais do acesso à justiça – na exata conformação da cláusula do devido processo legal, notadamente quanto ao dever de veracidade das partes que, situadas em posições contrapostas e inseridas numa relação dialética, procuram atingir as suas pretensões e interesses através de decisões judiciais vantajosas –,[106] não há como

---

104. Cf. Michele Taruffo, "L'abuso del processo: profili comparatistici", *Revista de Processo* 96/157, out./dez. 1999.
105. Cf. Araújo Cintra, Grinover e Dinamarco, *Teoria Geral do Processo*, cit., p. 95.
106. Assim, já proclamava James Goldschmidt: "La causa jurídica consiste en que la lucha de las partes integra la esencia del pleito, y en que impone a las partes la necesidad de actuar, es decir, de emplear los medios de ataque y de defensa. Y la

sustentar atualmente que um instrumento équo e justo de pacificação social seja oferecido aos litigantes sem a observância de valores mínimos de respeito, integridade e cooperação, porquanto em todos os ordenamentos existe a tendência de considerar que "os processos deveriam ser conduzidos de modo honesto e correto, segundo critérios gerais de boa-fé e honestidade".[107]

Em verdade, a lealdade processual é um anteparo para o eventual excesso ou desvirtuamento cometido na concretização do princípio da liberdade, originalmente atribuído aos titulares das posições jurídicas. Se para alguns é possível a comparação do processo a um jogo, aos seus participantes, com vistas a possibilitar o inquestionável reconhecimento

consecuencia del descuido de la parte es la empeoramiento de su situación procesal, es decir, el inicio o el aumento de la perspectiva de una sentencia desfavorable". Cf. *Principios Generales del Proceso*, vol. I, Buenos Aires, Ediciones Jurídicas Europa-América (EJEA), 1961, p. 92.

Nesse sentido, também, Juan Montero Aroca, para quem "las 'reglas del juego', de cualquier juego, incluso el del proceso, deben ser observadas por los jugadores, naturalmente, pero a estos no se les puede pedir que todos ellos, los de un equipo y los de otro, colaboren en la búsqueda de cuál es el mejor de ellos, ayudando al árbitro a descubrir a quién debe declarar ganador, pues si las cosas fueran así no tendría sentido jugar el partido. El 'juego' se basa en que cada equipo luche por alcanzar la victoria utilizando todas las armas a su alcance (...)". Cf. "El proceso civil llamado 'social' como instrumento de 'justicia' autoritaria", in *Proceso Civil e Ideología: Un prefacio, una sentencia, dos cartas y quince ensayos*, Valencia, Tirant Lo Blanch, 2006, pp. 162-163.

Tal posicionamento é manifestação da parcela da doutrina tradicional que considerava o princípio da lealdade um instituto inquisitivo e avesso à livre disponibilidade das partes, inclusive "instrumento de tortura moral". Cf. Araújo Cintra, Grinover e Dinamarco, *Teoria Geral do Processo*, 31ª ed., São Paulo, Malheiros Editores, 2015, p. 96.

Esse raciocínio levado às últimas consequências, como esclarece Barbosa Moreira, decorre da visão eminentemente privatista e individualista do processo de outrora, em que o órgão judicial era um mero expectador alheio ao "duelo" das partes, que não combatia energicamente à má-fé, à improbidade, à chicana, em suas múltiplas manifestações. Cf. "A responsabilidade das partes por dano processual", *Temas de Direito Processual Civil*, 1ª série, São Paulo, Saraiva, 1988, p. 15.

Ademais, em qualquer seara do direito, os princípios da lealdade e da boa-fé são condições para o convívio jurídico, de modo que não se aceitaria que qualquer ordenação normativa abonasse ou fosse complacente com a má-fé. Cf. Celso Antônio Bandeira de Mello, *Discricionariedade e Controle Jurisdicional*, 2ª ed., 11ª tir., São Paulo, Malheiros Editores, 2012, p. 98.

107. "(...) i processi dovrebbero essere condotti in modo onesto e corretto, secondo criterio generale di buona fede e onestà". Cf. Michele Taruffo, "L'abuso del processo: profili comparatistici", *Revista de Processo* 96/151, out./dez. 1999.

do resultado final do combate, é esperada uma conduta, quando menos, nos limites da competição, pautada em regras de probidade e de lealdade (*fair play*).[108]

No entanto, não se prega a aplicação da disciplina do dever de veracidade ao extremo. De fato, não é razoável que se exija do litigante o oferecimento ao adversário de armas que o levarão a vencê-lo na causa, com a entrega à parte contrária ou ao juízo de elementos contrários aos seus interesses, exigência que seria irracional e inclusive iria de encontro à própria natureza humana.[109] Nesse sentido, Ovídio Baptista da Silva afirma que o princípio da veracidade não imporia ao autor o dever de narrar fatos que pudessem conduzi-lo à derrota no feito, ou à formação de fundamento para a reconvenção do réu, pois, pensar contrariamente implicaria a violação do princípio dispositivo e daquele segundo o qual a parte não é obrigada a produzir prova contra si mesma.[110]

Por isso, não prevalece o dever de completude, ou seja, a parte não é obrigada a revelar a verdade de modo irrestrito, ou em sua total extensão, como se depreende da anterior redação do art. 17, I, do CPC/1973, a qual reputava de *improbus litigator* aquele que omitisse "intencionalmente fatos essenciais ao julgamento da causa", cujo dispositivo legal passou a contar com os seguintes dizeres: "deduzir pretensão ou defesa contra texto expresso de lei ou fato incontroverso" (CPC/2015, art. 80, I). No entanto, a omissão não pode tornar a narrativa inverídica, a exemplo do recebimento de uma das parcelas do contrato de mútuo em que o credor pretenda executá-lo, ou da existência de trânsito em julgado da idêntica causa em curso,[111] daí o dever de "expor os fatos em juízo conforme a verdade" (art. 14, I, CPC/1973; art. 77, I, CPC/2015).

No tocante ao dever de expor a verdade, Franco Cripriani pontua que não lhe parece "(...) que no nosso processo civil as partes e os defensores tenham o direito de dizer o falso: uma coisa é poder dizer que faça todo o

---

108. Cf. Piero Calamandrei, "Il processo come giuoco", in *Opere Giuridiche*, vol. I, Milano, Morano, 1965, p. 30.

Embora Francesco Carnelutti também tenha endossado a importância da ideia de respeito recíproco dos oponentes, sem trapaças ou quebra de regras, preferiu comparar o processo a uma disputa (*gara*) em vez de jogo (*giuoco*) por entender que lhe emprestaria maior seriedade ao fenômeno. Cf. "Giuoco e processo", *Rivista di Diritto Processuale*, parte I, Padova, p. 102.

109. Cf. Helena Najjar Abdo, *O Abuso do Processo*, São Paulo, Ed. RT, 2007, p. 139.

110. Cf. *Comentários ao Código de Processo Civil*, vol. 1, 2ª ed., São Paulo, Ed. RT, 2005, pp. 105-110.

111. Cf. Helena Najjar Abdo, *O Abuso do Processo*, cit., pp. 138-140.

possível (nos limites da legalidade) para cuidar dos interesses do próprio cliente, outra é poder evitar de dizer a verdade (mesmo permanecendo revel, ou não comparecendo, ou se calando), outra é ter o direito de mentir" (tradução livre),[112] sendo relevante acrescentar que a integridade moral dos advogados é a melhor proteção contra os abusos do processo.[113]

Sob qualquer ângulo de análise da questão, é imperioso que se verifique a harmonização entre o dever de lealdade e os princípios e garantias constitucionais da inafastabilidade da apreciação jurisdicional.

De efeito, se,

> visto ao ângulo dos litigantes e de seus interesses, o processo é sem dúvida um prélio, e como tal não pode excluir o recurso à habilidade na escolha e na realização das táticas julgadas mais eficazes para a obtenção de resultado vantajoso; a isso, contudo, sobrepairam as exigências éticas e sociais inerentes à significação do processo como instrumento de função essencial do Estado.[114]

7.2 As situações configuradoras do abuso do processo

Pode-se dividir o fenômeno do abuso do processo, para efeito didático, em dois planos de regulamentação: existem normas específicas referentes a casos pontuais, ou seja, o abuso incidente sobre determinados instrumentos processuais e, de outro lado, cláusulas abertas que estipulam critérios gerais de *fairness* referentes ao abuso como tal.[115] Sob o enfoque dessa dupla manifestação, a doutrina também utiliza as expressões "abuso macroscópico" e "abuso microscópico"[116] para designar, no primeiro

---

112. "(...) non mi pare che nel nostro processo civile le parti e i difensori abbiano il diritto di dire il falso: altro è poter dire a fare tutto il possibile (nei limiti della legalità) per curare gl'interessi del proprio cliente, altro è poter evitare di dire la verità (semmai rimanendo contumaci o non comparendo o tacendo), altro è avere il diritto di mentire". Cf. "L'avvocato e la verità", in *Estudos em Homenagem à Professora Ada Pellegrini Grinover*, São Paulo, DPJ, 2005, pp. 822-823.

113. Cf. Andrews, *apud* Michele Taruffo, "L'abuso del processo: profili comparatistici", cit., p. 168.

114. Cf. Barbosa Moreira, "A responsabilidade das partes por dano processual", cit., p. 15.

115. Cf. Michele Taruffo, "L'abuso del processo: profili comparatistici", cit., pp. 153 e 159.

Francesco Cordopatri também faz a distinção do abuso entre a modalidade de emprego da tutela jurisdicional e do uso do ato processual singular. Cf. *L'Abuso del Processo*, vol. II, Padova, CEDAM, 2000, p. 132.

116. Cf. Helena Najjar Abdo, *O Abuso do Processo*, cit., pp. 189 e ss.

caso, a conduta representativa de indevido uso do processo como um todo, que comprometeria os objetivos da jurisdição, convergindo-se aos institutos da ação e da defesa, ao passo que na outra acepção, indo além da visão global de tutela da jurisdição, a sua atenção voltar-se-ia para os instrumentos específicos previstos no ordenamento processual.

Prevê a legislação processual diversas situações de abuso, tais como: a) no descumprimento dos deveres gerais, aplicável em qualquer fase ou momento do processo (art. 14, CPC/1973; arts. 5º e 77, CPC/2015); b) na atuação como litigante de má-fé (arts. 16 e 17, CPC/1973; arts. 79 e 80, CPC/2015); c) no uso do processo como instrumento de prática de ato simulado ou para obter fim proibido por lei (art. 129, CPC/1973; art. 142, CPC/2015); c) no pedido de citação por edital sem a presença dos requisitos exigidos para tanto (art. 233, CPC/1973; art. 258, CPC/2015); d) no abuso do direito de defesa ou manifesto intento protelatório do réu diante de prova inequívoca da existência do alegado direito (art. 273, II, CPC/1973; art. 311, I, CPC/2015); e) na apresentação de embargos declaratórios com fins procrastinatórios (art. 538, parágrafo único, CPC/1973; art. 1.026, §§ 2º e 3º, CPC/2015); f) no manejo de recurso com intuito manifestamente protelatório (arts. 17, VII, e 557, § 2º, CPC/1973; arts. 80, VII, e 1.021, §§ 4º e 5º, CPC/2015); g) na prática de ato atentatório na execução (art. 600, CPC/1973; art. 774, CPC/2015) e h) na efetivação de medida de natureza cautelar ou de urgência postulada com litigância de má-fé (art. 811, CPC/1973; art. 302, CPC/2015).

A modalidade macroscópica prende-se à ideia de abuso no exercício da titularidade das posições jurídicas disponibilizadas pelo direito de ação e de defesa, porquanto "mesmo o emprego de meios legítimos de defesa de direitos é limitado, para observância do princípio da lealdade e boa-fé, pela razoabilidade e proporcionalidade dos modos com que esses meios são empregados".[117]

Essa espécie de uso indevido do processo refere-se ao abuso do direito à própria tutela jurisdicional, podendo ser cometido tanto pelo autor quanto pelo réu e, em termos genéricos, o abuso do direito de agir poderia decorrer da propositura de ação sem a existência de um interesse juridicamente fundado, através de violação proposital de lei com o objetivo de obter um pronunciamento judicial ou outro intento impróprio ou ilícito, ou com o fim de colocar a parte contrária em dificuldade ou para intimidá-la, enquadrando-se nessas situações também os casos

---

117. Cf. Cândido Rangel Dinamarco, *Instituições de Direito Processual Civil*, vol. II, 6ª ed., São Paulo, Malheiros Editores, 2009, p. 267.

particularmente interessantes, denominados pela doutrina estrangeira de *"predatory" stockholders' actions*.[118]

Dada a simetria entre o direito de ação e de defesa, o abuso pode ser igualmente perpetrado pelo réu que eventualmente veicule resistência injustificada e claramente infundada contra demandas evidentemente arrazoadas, acontecendo o mesmo com defesas carentes de pressupostos jurídicos e de fatos previstos em lei.[119]

Tendo em vista que o princípio da lealdade ou da probidade se encontra na base da teoria do abuso do processo, o legislador nacional, em atenção à tendência verificada nos principais ordenamentos europeus,[120] enumerou as hipóteses de condutas configuradoras de litigância de má-fé (art. 17, CPC/1973; art. 80, CPC/2015), que podem refletir, a depender do caso concreto, tanto numa situação de abuso macroscópico do processo quanto num específico instrumento processual. Há autores, no entanto, que não aceitam a inclusão de todas as hipóteses previstas no Código de Processo Civil, a exemplo dos deveres das partes, da litigância de má-fé e dos atos atentatórios da justiça na execução, como espécies de abuso de direito processual.[121]

De qualquer forma, no exame do rol do art. 17 do Estatuto Processual Civil (CPC/2015, art. 80), revela-se essencialmente o abuso da tutela jurisdicional considerada em sua integridade na situação preconizada no inciso I ("deduzir pretensão ou defesa contra texto expresso de lei ou fato incontroverso"), mas que tal comportamento poderia também constituir ofensa ao dever de utilizar, de forma escorreita, um determinado mecanismo, se, por exemplo, observado no exercício do ônus ou poder de recorrer. Por outro lado, a situação retratada no inciso VII ("interpuser recurso com intuito manifestamente protelatório") indica abuso processual no seu enfoque microscópico por atingir um instrumento específico.

Assinale-se, também, que, mesmo não existindo previsão expressa de condutas abusivas, é possível o seu reconhecimento com base no direito comum, de modo que as situações mencionadas na lei são meramente

---

118. Cf. Michele Taruffo, "L'abuso del processo: profili comparatistici", cit., p. 159.

119. Idem, ibidem, p. 159.

120. Cf. Humberto Theodoro Júnior, "Abuso de direito processual no ordenamento jurídico brasileiro", in *Abuso dos Direitos Processuais*, Rio de Janeiro, Forense, 2000, p. 98.

121. Para Brunela Vieira de Vicenzi apenas a hipótese do art. 273, II, do CPC/1973, configuraria previsão de abuso de direito. Cf. *A Boa-Fé no Processo Civil*, São Paulo, Atlas, 2003, pp. 92 e 95.

exemplificativas. Assim, conquanto exista entendimento de que as hipóteses de litigância de má-fé (art. 17, CPC/1973; art. 80, CPC/2015) tenham sido arroladas em *numerus clausus*,[122] não se descarta a possibilidade de outras situações configuradoras do abuso do direito de demandar, embora não sejam de fácil identificação, "na consideração de que o conceito de *improbus litigator* não se esgota na noção da má-fé processual estabelecida no Código de Processo Civil, que se amolda à fraude processual (dolo), mas deixa de fora da previsão outros comportamentos considerados ilícitos",[123] como se sucede na situação de ajuizamento de inúmeras demandas judiciais contra a mesma pessoa, agindo de forma impertinente na causa, mediante utilização de diversos incidentes, inclusive de natureza recursal, descumprindo com os deveres de lealdade, boa-fé e veracidade, ou renovando causa já transitada em julgado.[124]

Quanto às situações de abuso na utilização de determinados mecanismos processuais, podem ser mencionadas, em grandes linhas, aquelas verificadas no campo das tutelas de urgência, no processo ou fase de execução e no âmbito do direito de recorrer.[125] Na modalidade microscópica, deve ainda ser assinalada a dificuldade de caracterização de todas as hipóteses relativas a instrumentos ou remédios singularmente referidos.[126] Para tanto, basta mencionar que no nosso ordenamento há outras hipóteses previstas em legislações extravagantes, a exemplo do Código de Defesa do Consumidor (art. 87, parágrafo único) e da Lei de Ação Civil Pública (Lei 7.347/1985, art. 17), nos quais a associação autora e os diretores responsáveis pela propositura de ação coletiva, em caso de litigância de má-fé, seriam passíveis de condenação em honorários advocatícios e ao décuplo das custas, sem prejuízo da reparação por perdas e danos.

---

122. Cf. Nélson Nery Júnior e Rosa Maria de Andrade Nery, *Código de Processo Civil Comentado e Legislação Extravagante*, 10ª ed., São Paulo, Ed. RT, 2007, p. 213.
123. Cf. Rui Stoco, *Abuso do Direito e Má-Fé Processual*, São Paulo, Ed. RT, 2002, p. 146.
124. Idem, ibidem, p. 141.
125. Helena Najjar Abdo elenca, além das três principais hipóteses mencionadas, outras possíveis manifestações de abuso microscópico: a) no manifesto propósito protelatório do réu (a tentativa do réu de impedir o acesso do perito ao objeto da prova, o requerimento inútil de expedição de carta rogatória ou precatória, a instauração de incidente de falsidade, a impugnação ao valor da causa ou o aforamento de ação declaratória incidental sem qualquer fundamento); b) na apresentação de exceção de incompetência infundada; c) na postulação abusiva dos meios de prova (*O Abuso do Processo*, cit., pp. 199-226).
126. Cf. Michele Taruffo, "L'abuso del processo: profili comparatistici", cit., p. 160.

As hipóteses frequentemente mencionadas pela doutrina em relação a abusos cometidos no tocante a mecanismos processuais isoladamente considerados, com referência às fases processuais mais importantes, são a recusa injustificada do juiz pela parte, o comportamento contraditório da parte verificado dentro do mesmo processo, ou na comparação com a sua conduta extrajudicial, a indevida criação de um contexto processual favorável, o uso indevido de medidas cautelares ou de procedimentos sumários para a obtenção de provimentos sem a ouvida da parte contrária, a apresentação abusiva de pedido de diligências, o requerimento abusivo de provas, os recursos infundados, repetitivos ou dilatórios e os abusos cometidos na execução forçada.[127]

No mesmo diapasão, Francesco Cordopatri menciona outros casos de abuso relativos a atos processuais singulares, no campo das provas, como o requerimento de um número exorbitante de meios instrutórios, ou quando se impede ao adversário o exercício do direito à prova, ou a utilização de provas obtidas de maneira imprópria ou ilícita; no âmbito das impugnações, quando se apresenta um recurso infundado e de qualquer modo com tal pretexto, ou se uma execução forçada for iniciada sem fundamento.[128]

7.3 As sanções impostas ao abuso do processo

No aspecto das sanções derivadas do abuso processual podem aquelas ser classificadas sob o aspecto das consequências processuais, das penalidades pecuniárias e de natureza criminal ou disciplinar. No âmbito estritamente processual, Michele Taruffo menciona o sistema inglês que confere ao juiz o poder de excluir ou modificar as ações e as defesas que não tenham um motivo razoável, ou que possam causar prejuízo, representar obstáculo ou atraso no desenvolvimento do processo, ou que impliquem qualquer outro abuso do processo.[129]

O consectário mais comum seria a invalidação do ato processual, a exemplo da decretação da nulidade da citação por edital realizada sem a presença dos requisitos legais (art. 233, CPC/1973; art. 258, CPC/2015). Outro efeito seria a restrição de direitos imposta judicialmente, como a determinação para riscar expressões injuriosas nos escritos apresentados no processo (art. 15, CPC/1973; art. 78, e parágrafos, CPC/2015), a perda do direito de vista dos autos fora de cartório (art. 196, CPC/1973;

---

127. Idem, ibidem, pp. 160-161.
128. Cf. *L'Abuso del Processo*, vol. II, cit., pp. 132-133.
129. Cf. "L'abuso del processo: profili comparatistici", cit., p. 166.

art. 234, § 2º, CPC/2015) e a proibição do réu de falar nos autos até a purgação do atentado (art. 881, CPC/1973; art. 77, § 7º, CPC/2015). Se as partes em conluio, mediante processo, buscarem a prática de fraude, será aquele extinto, obstando-se, assim, a concretização do fim ilícito (art. 129, CPC/1973; art. 142, CPC/2015).

Ademais, caracterizado o abuso do direito de defesa ou o intento protelatório do réu, poderá ele sofrer os efeitos da tutela pretendida pela parte contrária (art. 273, II, CPC/1973; art. 311, I, CPC/2015), ou será compelido a exibir documentos sob pena de presunção de veracidade dos fatos (art. 359, I e II, CPC/1973; art. 400, I e II, CPC/2015), ou terá rejeitado o recurso que esteja em contrariedade com as súmulas dos tribunais superiores, ou negado o seu seguimento (arts. 518, § 1º, e 557, CPC/1973; art. 932, III e IV, CPC/2015). Na interposição de outro recurso posteriormente à rejeição dos embargos de declaração em que foi aplicada multa por ter sido caracterizado o intento protelatório o seu prévio recolhimento representará pressuposto objetivo de admissibilidade recursal (art. 538, parágrafo único, *in fine*, CPC/1973; art. 1.026, § 3º, CPC/2015). Poderá, ainda, o dolo ou a coação da parte vencedora ou a simulação ou colusão entre as partes constituir uma das hipóteses de ação rescisória (art. 485, III, CPC/1973; art. 966, III, CPC/2015).

No campo das penalidades pecuniárias, vislumbra-se a aplicação de multa, honorários advocatícios ou eventual indenização (arts. 16 e 18, CPC/1973; arts. 79 e 81, CPC/2015; e Lei 7.347/1985, art. 17). Também poderão incidir sanções de natureza criminal (CP, arts. 330 e 359) e disciplinar (art. 14, parágrafo único, CPC/1973; art. 77, § 6º, CPC/2015). A imposição de consectários de ordem financeira ao autor do abuso é a medida mais frequentemente adotada, podendo consistir, baseada na teoria da responsabilidade civil, no ressarcimento de danos, na aplicação diferenciada da regra geral da repartição das despesas do processo entre as partes (sucumbência), na imposição de multas, na condenação às compensações civis ou ao pagamento de despesas inúteis derivadas de conduta abusiva atribuída ao advogado do sistema inglês da *Wasted Costs Order*.[130]

130. Idem, pp. 164-166.
O Código de Processo Civil português prevê, em seu art. 456, que, "tendo litigado de má fé, a parte será condenada em multa e numa indemnização à parte contrária, se esta a pedir". Por evidente que a comprovação do efetivo dano é indispensável em se tratando de indenização por perdas e danos, o que não ocorre com a singela aplicação de multa. Embora não seja nítida na legislação processual em vigor, não há mais dúvida acerca da possibilidade de apuração da responsabilidade pecuniária por dano processual no próprio processo, dependendo apenas do pedido do prejudicado,

que poderá preferir o exercício desse direito em outra oportunidade, a menos que haja o óbice da coisa julgada material oriunda do pronunciamento sobre a questão em qualquer sentido no primeiro processo. Cf. Barbosa Moreira, "A responsabilidade das partes por dano processual", cit., pp. 26-28.

Não há restrição legal para a cumulação de sanções de mais de uma espécie. No tocante ao beneficiário da multa, sem prejuízo da hipótese legal de sua inscrição como dívida ativa da União ou do Estado (art. 14, parágrafo único, CPC/1973; art. 77, § 3º, CPC/2015) e do abuso cometido antes do ingresso do adversário no processo, em regra, o valor da multa reverte-se à parte inversa, litisconsorte, assistente ou outro sujeito atingido pela prática do abuso. Cf. Helena Najjar Abdo, *O Abuso do Processo*, cit., p. 237.

Em julgamento pelo STJ, por maioria, foi assentado, em relação à multa prevista no art. 461, § 4º, do CPC/1973, voltada a compelir a parte ao cumprimento da obrigação de fazer, não fazer, ou entregar coisa certa, que a sua imposição deveria ser revertida em favor do autor da demanda: "De início, ressaltou o Min. Marco Buzzi não vislumbrar qualquer lacuna na lei quanto à questão posta em análise. Segundo afirmou, quando o legislador pretendeu atribuir ao Estado a titularidade de uma multa, fê-lo expressamente, consoante o disposto no art. 14, parágrafo único, do CPC, em que se visa coibir o descumprimento e a inobservância de ordens judiciais. Além disso, consignou que qualquer pena ou multa contra um particular tendo o Estado como seu beneficiário devem estar taxativamente previstas em lei, sob pena de afronta ao princípio da legalidade estrita. Cuidando-se de um regime jurídico sancionatório, a legislação correspondente deve, necessária e impreterivelmente, conter limites à atuação jurisdicional a partir da qual se aplicará a sanção. Após minucioso exame do sistema jurídico pátrio, doutrina e jurisprudência, destacou-se a natureza híbrida das astreintes. Além da função processual – instrumento voltado a garantir a eficácia das decisões judiciais –, a multa cominatória teria caráter preponderantemente material, pois serviria para compensar o demandante pelo tempo em que ficou privado de fruir o bem da vida que lhe fora concedido seja previamente, por meio de tutela antecipada, seja definitivamente, em face da prolação da sentença. Para refutar a natureza estritamente processual, entre outros fundamentos, observou-se que, no caso de improcedência do pedido, a multa cominatória não subsiste. Assim, o pagamento do valor arbitrado para compelir ao cumprimento de uma ordem judicial fica, ao final, dependente do reconhecimento do direito de fundo. REsp 949.509-RS, rel. originário Min. Luis Felipe Salomão, rel. para o acórdão Min. Marco Buzzi, julgado em 8.5.2012" (*Informativo do STJ* 0497, de 7 a 18.5.2012).

O Código de Processo Civil de 2015 prevê expressamente que será devido ao exequente o valor da multa fixada pelo juiz para compelir o executado à efetivação da tutela, sendo passível de cumprimento provisório mediante depósito em juízo, permitido o levantamento após o trânsito em julgado favorável à parte (art. 537, §§ 2º e 3º, cf. Lei 13.256/2016).

Conquanto o inciso V do art. 14 do CPC/1973 (CPC/2015, art. 77, IV) tenha adotado a sanção originária do instituto do *contempt of court*, com vistas a propiciar meio de coerção para a efetivação das decisões judiciais, e apesar de algumas semelhanças com as situações de configuração do abuso e os efeitos sancionatórios, a doutrina faz a sua distinção com a figura do abuso do processo. Cf. Helena Najjar Abdo, *O Abuso do Processo*, cit., pp. 244-248.

Para Cândido Rangel Dinamarco "o *contempt of court* se caracteriza por atos de maliciosa rebeldia à autoridade judiciária" e estaria mais relacionado às hipóteses

7.4 O elemento subjetivo no abuso processual

Um aspecto que se apresenta de difícil sistematização refere-se à condição subjetiva do autor do ato abusivo, de modo que as regras não são precisas e uniformes. A propósito, na França e na Itália exige-se, como critério geral, a presença do dolo, má-fé, ou culpa grave, embora possa existir incerteza na aplicação a casos concretos, enquanto outros ordenamentos de *Civil Law* adotam esquemas análogos aos pressupostos subjetivos previstos para o abuso do processo e, em alguns sistemas, tais requisitos são considerados menos importantes. No sistema da *Common Law*, apesar de se prender aos critérios mais objetivos, em algumas situações se afigura relevante o aspecto intencional daquele que comete o abuso, *v.g.*, no caso de *malicious prosecution*.[131]

A atribuição do componente anímico ao autor do comportamento abusivo no processo também não encontra uniformidade na doutrina nacional. Assim, Humberto Theodoro Júnior,[132] Rui Stoco[133] e Paulo Henrique dos Santos Lucon[134] adotam o entendimento segundo o qual

---

de ato atentatório à dignidade da justiça cometido pelo executado (arts. 600 e 601, CPC/1973; art. 774 e parágrafo único, CPC/2015). Cf. *Instituições de Direito Processual Civil*, vol. II, 6ª ed., pp. 267 e 275-278.

131. Cf. Michele Taruffo, "L'abuso del processo: profili comparatistici", cit., pp. 163-164.

132. Com efeito, "o abuso de direito processual, configurado pelo Código brasileiro, pressupõe má-fé, normalmente dolo, e às vezes culpa grave equiparável ao dolo". Cf. "Abuso de direito processual no ordenamento jurídico brasileiro", in *Abuso dos Direitos Processuais*, Rio de Janeiro, Forense, 2000, p. 115.

133. O autor equipara a teoria do abuso cometido no âmbito do processo à do ato ilícito civil, mencionando o atributo da culpa como essencial para a caracterização da responsabilidade do agente, sustentando que deverá ser feita a indagação do elemento subjetivo da conduta do agente, como a intensidade do dolo ou dos graus da culpa. Cf. *Abuso do Direito e Má-Fé Processual*, cit., pp. 70-74.

134. De acordo com o processualista, para a configuração da litigância de má-fé em determinados incisos do art. 17 do CPC/1973 (CPC/2015, art. 80), seria imprescindível a presença, no mínimo, de culpa grave. Em outras situações, como aquelas previstas nos incisos I ("deduzir pretensão ou defesa contra texto expresso de lei ou fato incontroverso") e VI ("provocar incidentes manifestamente infundados"), não se exigiria somente a intenção do agente para sua caracterização e, na hipótese do inciso VII ("interpuser recurso com intuito manifestamente protelatório"), estaria evidenciada a possibilidade de ocorrência tanto na situação em que se apresente o dolo quanto naquela em que se patenteie a culpa grave. Cf. "Abuso do exercício do direito de recorrer", cit., p. 885.

A propósito, o STJ, em diversas oportunidades, já sinalizou que "a utilização dos recursos previstos em lei não caracteriza, por si só, a litigância de má-fé, sendo necessária a demonstração do dolo em obstar o trâmite regular do processo". Cf.

a presença do elemento subjetivo seria essencial para a caracterização do abuso do direito. Por outro lado, Barbosa Moreira, ao analisar o rol estatuído no art. 17 do Código de Processo Civil (CPC/2015, art. 80), expressa que a exigência do aspecto intencional se encontra presente apenas em algumas situações.[135] Convém assinalar, ainda, que a presunção de boa-fé que assiste ao litigante pode destruir-se independentemente da aferição do dolo ou da culpa diante do caso concreto, em face de outras presunções que nascem da própria natureza do litígio, a exemplo do caso em que a demanda ou a defesa seja tão infundada que faça transparecer a temeridade.[136]

Cândido Rangel Dinamarco, referindo-se a perdas e danos causados por aquele que tiver agido de má-fé, na condição de autor, réu ou interveniente (art. 16, CPC/1973; art. 79, CPC/2015), através das condutas tipificadas no art. 17 do CPC/1973 (CPC/2015, art. 80), doutrina que a responsabilidade civil em relação ao dano seria objetiva, prescindindo do *animus* de provocá-lo, mas que seria indispensável, assim como a relação de causalidade entre a conduta e o dano, a intenção (dolosa) de causar o prejuízo ao processo e ao seu andamento.[137]

Diversamente, Helena Najjar Abdo, embora sustente que seria mais coerente ao nosso sistema processual a adoção do mesmo critério previsto no art. 187 do Código Civil (objetivo-finalístico), com a dispensa da perquirição do elemento subjetivo no caso concreto, não descarta a importância, em regra, da investigação da intenção ou da conduta do agente para a verificação do desvio de finalidade, elemento indispensável para evidenciar a prática de abuso processual (arts. 17, IV, e 273, II, CPC/1973; arts. 80, IV, e 311, II, CPC/2015).[138]

Theotonio Negrão e José Roberto F. Gouvêa, *Código de Processo Civil...*, cit., nota n. 28 ao art. 17, p. 144.

135. Nesse sentido, em ensaio escrito quando ainda em vigor a redação anterior do art. 17 do CPC de 1973, asseverou que o elemento subjetivo estaria incluído nos incisos I ("não possa razoavelmente desconhecer"), II e III ("intencionalmente") e IV ("com o intuito de conseguir objetivo ilegal") e o caráter objetivo nas demais situações, de modo que "quando a lei quis exigir do litigante determinada atitude psicológica, para permitir-lhe a responsabilização, expressamente o fez, dispensando qualquer indagação dessa ordem nos outros casos, em que, portanto, a responsabilidade exsurge pela simples verificação *objetiva* do 'tipo' legal.". Cf. "A responsabilidade das partes por dano processual", cit., p. 24.

136. Cf. Jorge Americano, *Do Abuso do Direito no Exercício da Demanda*, 2ª ed., São Paulo, Saraiva, 1932, pp. 55-56.

137. Cf. *Instituições de Direito Processual Civil*, vol. II, cit., p. 272.

138. Cf. *O Abuso do Processo*, cit., pp. 120-122.

7.5 As hipóteses de abuso no direito de recorrer

Não se pretende haurir todas as hipóteses de abuso do processo, porém é importante destacar aquele verificado no exercício do poder ou ônus de recorrer mercê da nossa realidade judiciária em que desponta número invencível de feitos em instâncias superiores. Como espécie do gênero abuso processual, é considerado também uma modalidade microscópica, por incidir sobre um mecanismo processual específico, numa das etapas do amplo arco procedimental.

Embora essa manifestação de abuso possa constituir uma verdadeira *gota de oceano* em relação à demora da prestação jurisdicional,[139] é inegável a sua importância na determinação do grau de efetividade do processo num sistema que culturalmente privilegia o esgotamento de todos os meios de impugnação às decisões judiciárias.

Aliás, Barbosa Moreira advertiu que

a utilização imoderada de recursos tem sido vista como um dos terrenos de eleição de práticas abusivas, manejadas com o censurável propósito de alongar ao máximo a duração do processo. Não há negar a gravidade do problema, por menor simpatia que nos mereça tal ou qual opção legislativa ordenada a dar-lhe solução.[140]

A possibilidade de abuso do direito na interposição de recursos não é questão nova, como se observa da seguinte passagem em obra clássica escrita na década de 1950:

recorrer é um direito, de que também se pode abusar, e de que amiúde se abusa largamente com graves prejuízos para uma das partes, que não pode descansar do incômodo da demanda, e para o Estado, cujos tribunais de grau superior cada dia mais vêm aumentar a afluência dos recursos, a grande maioria deles injustificável.[141]

Na verdade, a preocupação com a conduta procrastinatória, a qual se distingue da simples reação natural de inconformismo em face de decisões desfavoráveis, parece que esteve presente em toda a história do direito. Pode-se mencionar a clássica figura da *infitiatio* do direito

---

139. Cf. Paulo Henrique dos Santos Lucon, "Abuso do exercício do direito de recorrer", cit., p. 879.
140. Cf. "A responsabilidade das partes por dano processual", cit., Prefácio, p. X.
141. Cf. José Olímpio de Castro Filho, *Abuso do Direito no Processo Civil*, 2ª ed., Rio de Janeiro, Forense, 1960, p. 156.

romano, mais precisamente no período da transposição da execução corporal (*legis actio per manus injectionem*) para a etapa controlada pelo magistrado (*actio iudicati*), na qual o devedor poderia ofertar defesa (*infitiatio*), mediante a apresentação de um fiador (*vindex*), negando a obrigação contida na sentença, ou alegando a sua nulidade, com o que se iniciaria um novo processo de cognição em suas fases *in jure* e *apud judicem*, findas as quais sobreviria a *absolutio rei*, ou a *condemnatio rei in duplum*, e renovada a *actio iudicati* pelo credor, o devedor, através de outro *vindex*, poderia reiniciar a *infitiatio*, com o risco de nova condenação em dobro. Esse mecanismo denominado de *lis infitiando crescit in duplum* objetivava, através de sanções pecuniárias, conter as repetições do juízo e o retardamento da execução.[142]

Conquanto o ordenamento disponibilize uma variedade de tipos recursais como corolário do devido processo legal, o sistema exige, em contrapartida, a observância dos requisitos ou pressupostos de admissibilidade, acrescentando que, pela teoria geral do abuso, sempre que o recorrente deixa de observá-los e se conduz "por dolo, fraude, simulação, erro grosseiro, etc., o recurso, além de incabível, é abusivo".[143]

De acordo com a doutrina, quanto à expressão adotada no art. 17, VII, do CPC/1973 (CPC/2015, art. 80, VII), *in verbis*: "recurso com intuito manifestamente protelatório", podem ser mencionados, em linhas gerais:

> os recursos em que nenhum fundamento relevante é desenvolvido, assim como aqueles que distorcem a prova, os que invocam legislação impertinente ou jurisprudência sem relação com o caso, os que desafiam, sem fundamentos mais sérios, a jurisprudência do tribunal destinatário, do Superior Tribunal de Justiça ou do Supremo Tribunal Federal *etc*.[144]

Ao lado das normas processuais relativas ao abuso no exercício do direito ou ônus de interposição de recurso (arts. 17, VII, 538, parágrafo único, e 557, § 2º, CPC/1973; arts. 80, VII, 1.021, §§ 4º e 5º, e 1.026, §§ 2º e 3º, CPC/2015), que carregam expressões de conteúdo aberto

---

142. Cf. Cândido Rangel Dinamarco, *Execução Civil*, 8ª ed., rev. e atual., São Paulo, Malheiros Editores, 2001, pp. 35-42; Francesco Cordopatri, *L'Abuso del Processo*, vol. I, cit., pp. 76-80.
143. Cf. José Olímpio de Castro Filho, *Abuso do Direito no Processo Civil*, cit., p. 158.
144. Cf. Cândido Rangel Dinamarco, *Instituições de Direito Processual Civil*, vol. II, cit., p. 270.

(*intuito manifestamente protelatório, manifestamente protelatórios os embargos, manifestamente inadmissível ou infundado o agravo*), a jurisprudência aponta, basicamente, em relação às hipóteses preconizadas como opor *resistência injustificada ao andamento do processo* e interpor *recurso com intuito manifestamente protelatório* (art. 17, IV e VII, CPC/1973; art. 80, IV e VII, CPC/2015), que servem como previsão genérica, três situações de configuração de litigância de má-fé: a) quando o interessado suscita matéria transitada em julgado, b) preclusa, ou c) invoca entendimento pacificado e superado há algum tempo.[145]

No entanto, a matéria não é infensa a considerações pormenorizadas, não admitindo a aceitação genérica daquelas situações como causa suficiente para o reconhecimento de abuso na esfera recursal a ponto de que a sua ocorrência caracterize, por si só, o evidente intento protelatório passível de reprimenda.

Com efeito, primeiramente, sobre o uso indevido dos embargos declaratórios, observa Araken de Assis que

> é muito difícil traçar um esquema abstrato para enquadrar todas as hipóteses de embargos protelatórios – elemento que há de ser manifesto, como exige a lei. Por exclusão, a simples inadmissibilidade, incluindo a intempestividade, ou a alegação de teses superadas em princípio não caracterizam a conduta reprimida. E não se reputam protelatórios os embargos interpostos com fins de prequestionamento (Súmula do STJ, n. 98). Tudo dependerá do caso concreto e da aferição do ânimo do litigante.[146]

E, em outra análise, é certo que a preclusão não serve apenas para assegurar a celeridade e a segurança, mas também é corolário da

> garantia para a probidade ou para a boa-fé no processo, impedindo que a parte guarde um fato ou evite uma defesa adequada do adversário sobre um argumento melhor, num *sistema de goteira* na produção de provas em audiências ou oportunidades sucessivas, ou a reserva da melhor defesa para o grau de recurso, quando a outra parte não está mais em condições de contrapor-se a ela ou a inutilizá-la.[147]

---

145. Cf. Theotonio Negrão e José Roberto F. Gouvêa, *Código de Processo Civil...*, cit., notas ns. 18 e 28 ao art. 17, pp. 143-144.
146. Cf. *Manual dos Recursos*, cit., p. 632.
147. Cf. José Olímpio de Castro Filho, apontando Pollera Orsucci, *Abuso do Direito no Processo Civil*, cit., p. 154.

Todavia, a limitação imposta às partes pela perda de uma faculdade processual não implica necessariamente o afastamento de eventual razão em favor do recorrente, ou a configuração de sua intenção malévola. De fato, a apresentação intempestiva do recurso não significa a inequívoca ciência dessa realidade, cuja má-fé não se presume, de modo que o consectário natural seria o decreto de inadmissibilidade[148] e, ademais, podem surgir questionamentos em torno da contagem do prazo de interposição por eventual problema na regularidade de intimação, o que demandaria uma prévia análise pelo órgão judicial competente. Nas hipóteses de preclusão lógica e consumativa também não se pode afastar o exame do caso concreto, não se presumindo *ipso facto* a prática de abuso, sendo que, ademais, "*na maior parte das situações*, a preclusão no âmbito recursal gera o não-conhecimento imediato do recurso, sem que haja um dispêndio de tempo a prejudicar o recorrido".[149] Evidencia-se a possibilidade de abuso em grau recursal tendo em vista que o inconformismo contra a decisão judicial pode se revestir de manifesto intuito protelatório.

No tocante ao manejo de recurso que questiona o entendimento consolidado na jurisprudência, embora a lei processual em vigor tenha concedido ao relator o poder de proferir decisões monocráticas, passíveis de outro controle recursal, havendo confronto com súmulas ou precedentes jurisprudenciais (arts. 544, § 3º, e 557, *caput*, § 1º-A, CPC/1973; art. 932, IV e V, CPC/2015),[150] também nessa situação não se evidencia de pronto o *dolus improbus litigator*, porquanto com a passagem do tempo é viável a sua reinterpretação ou modificação, com o surgimento de novas construções lançadas pela doutrina e por correntes jurisprudenciais, mesmo que consideradas minoritárias num determinado momento.[151]

---

148. A mera inadmissibilidade do recurso, tal qual ocorre se manejado contra despachos (art. 504, CPC/1973; art. 1.001, CPC/2015), não torna a sua interposição, por si só, abusiva, havendo necessidade de um *plus*, com a presença de desvio de finalidade no exercício desse poder ou ônus de recorrer, que pode se manifestar de maneira culposa por meio de "insuficiente ponderação da viabilidade das razões de recurso ou da negligência na interposição". Cf. Helena Najjar Abdo, *O Abuso do Processo*, cit., pp. 204-205.

149. Cf. Paulo Henrique dos Santos Lucon, "Abuso do exercício do direito de recorrer", cit., p. 888.

150. Naturalmente essas alterações no campo legislativo tiveram por escopo a tentativa de debelar o problema da utilização de recursos com caráter meramente protelatório, porém a lei não traz soluções predeterminadas e livres de interpretação que devem ser levadas a cabo nos casos concretos, perscrutando a efetiva ocorrência de litigância abusiva.

151. Mencione-se o exemplo fornecido por Paulo Henrique dos Santos Lucon em torno da antiga Súmula 11 do extinto 1º Tribunal de Alçada Civil do Estado de São

Isso não significa, contudo, que não possam ser identificadas, pela ausência de razoabilidade, comprometendo a própria viabilidade, "certas teses jurídicas um tanto mirabolantes, que não podem ser propostas a não ser que o litigante esteja imbuído no espírito máximo da chicana e da má-fé processual", assim como eventual recurso devesse ser considerado abusivo se "uma vez consolidado o entendimento dos Tribunais Superiores por meio de súmula", ou veiculado por petições padronizadas na tentativa "de renovar de forma genérica outros recursos já apreciados nos próprios Tribunais Superiores, (...) principalmente quando já existe forte orientação jurisprudencial em sentido contrário".[152]

Relativamente ao recurso que é apresentado contra decisão acobertada pela força da definitividade, deve ser observado que, quanto ao atual estado de arte em torno da garantia da coisa julgada, é possível sustentar, em situações excepcionais, sob determinados critérios, a pertinência de sua relativização no convívio com outros valores de grandeza constitucional, com o fim de buscar o equilíbrio entre as exigências de segurança e de justiça, atendendo-se ao princípio da razoabilidade e da proporcionalidade.[153]

Também em relação à fungibilidade recursal, que não se aparta da problemática do erro grosseiro, o reconhecimento de má-fé exige a necessária aferição do cabal intento do recorrente de causar prejuízo à parte contrária ou à administração da justiça, pois, em muitos casos, a conduta pode ser resultante de mera falta de conhecimento de técnica processual. Igualmente, da interposição de um recurso de prazo maior no lugar de

---

Paulo, que considerava títulos executivos os contratos de abertura de conta corrente, porém, passados alguns anos, o Superior Tribunal de Justiça apresentou entendimento em sentido contrário. Cf. "Abuso do exercício do direito de recorrer", cit., p. 888.

Note-se que o Código de Processo Civil de 2015 suprimiu as expressões "manifestamente inadmissível" e "manifesto confronto" contidas no art. 557, *caput* e § 1º-A do CPC anterior, adotando os termos "Incumbe ao relator não conhecer de recurso inadmissível (...)" (art. 932, III) e "negar provimento a recurso que for contrário a: (...)" (art. 932, IV).

152. Paulo Henrique dos Santos Lucon, "Abuso do exercício do direito de recorrer", cit., p. 889.

O propósito manifestamente infundado do recurso pode ser evidenciado se "o recorrente tiver a intenção deliberada de retardar o trânsito em julgado da decisão, por espírito procrastinatório", ou "quando destituído de fundamentação razoável ou apresentado sem as imprescindíveis razões do inconformismo", ou, ainda, "quando interposto sob fundamento contrário a texto expresso de lei ou a princípio sedimentado na doutrina e na jurisprudência". Cf. Nelson Nery Júnior e Rosa Maria de Andrade Nery, *Código de Processo Civil Comentado...*, cit., nota n. 19 ao art. 17, VII, p. 215.

153. Cf. Nota de rodapé n. 80 do item 4 do Capítulo I da Parte II deste trabalho.

outro com previsão de lapso temporal menor não decorreria, de modo inexorável, a configuração de atitude ímproba.[154]

É que, havendo divergência no âmbito doutrinário e na jurisprudência em torno da adequação do recurso, não se pode afastar do recorrente o argumento da dúvida objetiva, desde que inexistente o erro grosseiro, facultando-se a interposição de qualquer um dos recursos admitidos como possíveis em face das posições divergentes. Considera-se, ademais, como escorreito o prazo previsto para aquele tipo recursal escolhido e não daquele que deveria ter sido interposto, sob pena de se presumir a má-fé, o que seria inaceitável, e de se negar o princípio da fungibilidade e, acima de tudo, caracterizar-se-ia ofensa ao devido processo legal.[155]

Ressalte-se que, também no âmbito recursal, a abusividade passa pelo criterioso exame do caso particular, porquanto, conforme leciona Helena Najjar Abdo:

> o recurso somente poderá ser considerado abusivo se *verificado e demonstrado* o desvio de finalidade, desvio esse consistente na absoluta inviabilidade das razões recursais e no evidente propósito protelatório, mediante, por exemplo, a veiculação de teses mirabolantes e sem qualquer fundamento. Assim, como elementos complementares ao desvio de finalidade, poderão estar presentes também a falta de seriedade (a *frivolousness* do direito anglo-saxão), o espírito de chicana, o mero capricho, a vulneração à eficiência da administração da justiça, a ilicitude ou a ilegitimidade dos escopos pretendidos com a interposição do recurso, etc.[156]

Especial atenção foi dedicada pelo legislador aos embargos declaratórios de conteúdo protelatório, já que aqueles "(...) constituem instrumento hábil, sob variados pretextos, para postergar o trânsito em julgado do pronunciamento e a preclusão das demais vias recursais",[157]

---

154. O Código de Processo Civil de 2015, visando a dar uniformidade ao prazo para a interposição de recursos e para a resposta, adotou o de 15 (quinze) dias, com a exceção dos embargos de declaração, em que será de 5 (cinco) dias para a sua apresentação e eventual resposta (CPC/2015, arts. 1.003, § 5º, e 1.023, *caput* e § 2º).

155. Sobre o tema, a doutrina prevalente condiciona a caracterização de boa-fé à inexistência de erro grosseiro, ou à presença de dúvida objetiva ou erro inescusável. Cf. Nota de rodapé n. 93 do item 4 do Capítulo I desta Parte III do trabalho.

O princípio da fungibilidade recursal ganhou reforço com o acolhimento da relevância da questão federal pelo Supremo Tribunal Federal. Cf. Nelson Nery Júnior, *Teoria Geral dos Recursos*, cit., pp. 174-175.

156. Cf. *O Abuso do Processo*, cit., p. 209.

157. Cf. Araken de Assis, *Manual dos Recursos*, cit., p. 631.

sendo que como política legislativa se optou essencialmente pela previsão de sanções pecuniárias para os autores de abuso, inclusive no tocante ao excesso e ao desvio do poder de recorrer (CPC/1973, arts. 17, VII, 538, parágrafo único, e 557, § 2º).[158] A eficácia dessa solução, carreando ao responsável o pagamento de multa, que tem caráter punitivo e inibitório, porém, não é ponto de unanimidade, vez que, para alguns, "não há como negar que essa sanção de natureza pecuniária prejudica sensivelmente os hipossuficientes econômicos, representando verdadeiro óbice ao direito de ampla defesa".[159]

De outro lado, conforme decisões jurisprudenciais sobre o tema, inclusive do Superior Tribunal de Justiça, embora o beneficiário da justiça gratuita também pudesse ser considerado responsável pelo abuso na interposição dos embargos declaratórios, poderia ser excluído, na prática, das sanções pecuniárias previstas no art. 538, parágrafo único, do CPC/1973, ao ser isentado da pena, ou ter a sua exigibilidade suspensa, cuja "condescendência representará, ao fim e ao cabo, poderoso estímulo à proliferação dos embargos protelatórios. Pouco valeria a sanção, por si mesma branda, se toda uma classe de litigantes se subtraísse à sua incidência, franqueando-lhe quaisquer abusos".[160]

158. O Código de Processo Civil de 2015 não trouxe mudanças estruturais no sistema atualmente em vigor relativo à repressão do abuso verificado na etapa recursal (arts. 80, VII; 1.021, §§ 4º e 5º; e 1.026, §§ 2º, 3º e 4º, e 1.007). Foi estendido o dever de boa-fé aos procuradores da parte (arts. 5º e 77).
159. Cf. Paulo Henrique dos Santos Lucon, "Abuso do exercício do direito de recorrer", cit., p. 893.
160. Cf. Araken de Assis, *Manual da Execução*, cit., p. 632.
Há quem sustente que, diante da diversidade de natureza, as partes desobrigadas do recolhimento das custas (preparo) não estariam dispensadas do pagamento da multa imposta por manejo de recursos procrastinatórios, sendo que a eventual ausência do recolhimento da multa antes da interposição de um novo recurso impediria até a intimação do recorrente para complementar o preparo (CPC/1973, art. 511, § 2º; CPC/2015, art. 1.007, § 2º). Nesse sentido: Cf. Rogéria Dotti Doria, "A litigância de má-fé e a aplicação de multas", in *Estudos de Direito Processual Civil. Homenagem ao Prof. Egas Dirceu Moniz de Araújo*, São Paulo, Ed. RT, 2005, p. 654.
Todavia, no Código de Processo Civil de 2015, em caso de condenação ao pagamento de multa por embargos de declaração manifestamente protelatórios, ou agravo interno manifestamente inadmissível ou improcedente em votação unânime, a interposição de qualquer outro recurso pela Fazenda Pública e pelos beneficiários da gratuidade de justiça não ficaria condicionada ao depósito prévio do valor da multa aplicada, sendo que, na segunda hipótese, o recolhimento seria diferido ao final (arts. 1.021, §§ 4º e 5º, e 1.026, § 3º).
Por isso, como demonstrado por Sidnei Amendoeira Júnior, poderia ser mais eficiente o mecanismo da antecipação da tutela para combater o dano marginal do

Diante da exigência generalizada pela celeridade e pela observância do dever de lealdade e probidade a modelar o processo judicial e em face da inexorável intenção protelatória na atuação em juízo dos entes públicos, a quem tem sido reconhecida largamente a responsabilidade por eventual litigância de má-fé,[161] interessante decisão foi tomada recentemente no âmbito da Procuradoria Geral da Fazenda Nacional, que editou uma orientação aos seus integrantes, autorizando-os a não apresentar contestação e, principalmente, a não interpor recursos, bem como a desistir dos já apresentados, contra decisões, de qualquer instância, proferidas contra os interesses da Fazenda Nacional quando o eventual recurso carecer do requisito de admissibilidade ou "peculiaridades do direito material discutido indicarem a total inviabilidade do recurso".[162]

O sopesamento de valores pelo juiz será essencial a fim de que a teoria do abuso do processo, marcada pelo dever de lealdade, não seja levada às últimas consequências a ponto de prejudicar o cumprimento da garantia do acesso à justiça, da efetividade, do contraditório e da ampla defesa e, por isso, adverte corretamente Cândido Rangel Dinamarco:

> as situações concretas devem ser interpretadas com sensata *razoabilidade*, de modo a evitar a repressão a condutas que somente revelem astúcia ou espírito de luta, sem transbordar para o campo do excesso.

processo e o abuso de direito processual do que a aplicação de penas pecuniárias, porquanto, "ao invés de impor ao litigante de má-fé uma multa (espécie de ressarcimento econômico pelos prejuízos causados), distribui-se de forma diferente o ônus do tempo no processo, impondo-o àquele que age de forma temerária ou procrastinatória, de modo que a este de nada ou pouco adiantará o uso de qualquer expediente para retardar o processo. O tempo passa a correr, então, contra o litigante de má-fé e não a seu favor, já que a parte de boa-fé pode receber, ainda que provisoriamente, a tutela almejada. Note-se que a simples imposição de multa não possui qualquer efeito ou resultado prático, já que aquele que age de boa-fé continuará a não usufruir do bem da vida propriamente dito (mesmo porque, se estivermos diante de devedor contumaz que nem o montante principal terá como pagar, o que se dirá da multa). A inversão do ônus do tempo no processo é, portanto, muito mais contundente". Cf. *Poderes do Juiz e Tutela Jurisdicional*, São Paulo, Atlas, 2006, pp. 173-174.

161. Nesse sentido a jurisprudência do STJ: AgRg nos EREsp 605.072-PE; AgRg no REsp 857.051-RS; AgRg no Ag 924.137-SP.

162. Portaria da PGFN n. 294, art. 3º-A, de março de 2010, alterada parcialmente em julho de 2010. A propósito, de acordo com o Código de Processo Civil de 2015, a sentença proferida contra a Fazenda Pública (a União, os Estados, o Distrito Federal, os Municípios e suas respectivas autarquias e fundações de direito público) não estará sujeita ao reexame necessário quando aquela estiver fundada em "entendimento coincidente com orientação vinculante firmada no âmbito administrativo do próprio ente público, consolidada em manifestação, parecer ou súmula administrativa" (art. 496, I e II, § 4º, IV).

Como em todo combate, reprimem-se os *golpes baixos* mas sem *golpes* não há combate. Golpes leais não são reprimidos porque fazem parte do jogo.[163]

Impende, portanto, que seja observada a proporcionalidade na valoração das circunstâncias configuradoras do abuso do processo em cotejo com as garantias constitucionais do processo.[164]

Note-se que o legislador lançou mão de expressões juridicamente abertas nos dispositivos relacionados à manifestação abusiva no âmbito recursal (CPC/1973, art. 17, VI: "provocar incidentes manifestamente infundados"; art. 538, parágrafo único: "quando manifestamente protelatórios os embargos, (...)"; e art. 557, § 2º: "quando manifestação inadmissível ou infundado o agravo, (...)"[165]), as quais integram a descrição de uma determinada situação fática, ou seja, recorreu-se, no dizer de Barbosa Moreira:

> ao expediente de fornecer simples indicações de ordem genérica, dizendo o bastante para tornar claro o que lhe parece essencial, e deixando ao aplicador da norma, no momento da *subsunção* – quer dizer, quando lhe caiba determinar se o fato singular e concreto com que se defronta corresponde ou não ao modelo abstrato –, o cuidado de "preencher os claros", de cobrir os "espaços em branco".[166]

Nesse sentido, considerando-se que a característica marcante do fenômeno da abusividade repousa no afastamento dos objetivos pretendidos pela lei, será fundamental o papel do julgador em sua aferição no caso particular, levando-se em conta determinados critérios, como a ausência de legitimidade do fim visado, a eventual lesividade à administração da justiça, a presença, dependendo da situação, do elemento subjetivo. Na

---

163. Cf. *Instituições de Direito Processual Civil*, vol. II, cit., p. 274.

164. A propósito, no confronto entre dois deveres, a título exemplificativo, de um lado, o de dizer a verdade como consectário da lealdade processual e, de outro, a possibilidade de omissão, como a decorrente do sigilo profissional (art. 347, II, CPC/1973; art. 388, II, CPC/2015), contrapondo-se esse dever e os valores de relevante importância como a vida, a saúde e a liberdade, com apoio em Kaethe Grossmann, Helena Najjar Abdo pontua que "prevalecerá aquele que for mais importante, isto é, aquele que vise ao atendimento de interesses públicos de maior alcance, de acordo com critérios de proporcionalidade". Cf. *O Abuso do Processo*, cit., p. 140.

165. Correspondência aos arts. 80, VI, 1.026, §§ 2º e 3º, e 1.021, § 4º, do CPC/2015.

166. Cf. "Regras de experiência e conceitos juridicamente indeterminados", *RF* 261/14, 1978.

imposição de sanções, multa ou indenização, também sobressai a aplicação da proporcionalidade, embora não tomado tal princípio naquele sentido preconizado para a avaliação do sistema processual, cujo foco principal, em relação à análise do abuso do direito de recorrer, será a verificação da conduta das partes e, de qualquer forma, a dimensão do princípio é suficientemente abrangente para apanhar as regras voltadas a evitar excessos.[167]

O sistema processual contempla diversos mecanismos de prevenção do abuso de direito processual, não se preocupando apenas em reprimir a lesão já instalada, a exemplo dos poderes expressos ao juiz na direção do processo, que deverá impedir qualquer manobra procrastinatória e tendente à quebra do tratamento isonômico das partes e de prática de ato atentatório à dignidade da justiça (art. 125, I e III, CPC/1973; art. 139, I e III, CPC/2015), e de outras hipóteses previstas no CPC/1973 (arts. 129, 130, 295, 330, 488, II, 599, 601).[168] Recomenda-se, assim, que, respeitadas as garantias constitucionais, o dever ético que inspira todo o processo seja encampado pelo juiz a fim de que não sejam toleradas situações de abuso.

Nessa ordem de ideia, embora a aplicação de sanções tendentes à correção de eventuais abusos praticados pelas partes ou intervenientes possa ocorrer por requerimento do litigante prejudicado, impõe-se ao condutor do processo, no exercício de seu poder-dever, a atuação de ofício, velando pela observância da lei processual e pela adequada administração da justiça.

É que, indiscutivelmente,

a má conduta do litigante ou de qualquer operador do processo atinge tanto o direito disponível da parte, como o direito do Estado, que é indisponível e cujo guardião é o juiz mesmo. Inibir-se o juiz de proferir tal declaração constituiria omissão ao dever de reprimir o ilícito processual, caracterizando inércia prejudicial ao pleno exercício da jurisdição.[169]

167. Cf. Marcelo José Magalhães Bonício, *Proporcionalidade e Processo. A garantia constitucional da proporcionalidade, a legitimação do processo civil e o controle das decisões judiciais*, São Paulo, Atlas, 2006, p. 136.
168. Cf. Humberto Theodoro Júnior, "Abuso de direito processual no ordenamento jurídico brasileiro", cit., pp. 116-117.
O CPC/2015 manteve na essência os dispositivos anteriormente em vigor: arts. 142, 370, *caput* e parágrafo único, 330, 355, 968, II, 772 e 774, parágrafo único.
169. Cf. Carlos Aurélio Mota de Souza, *Poderes Éticos do Juiz. A igualdade das partes e a repressão ao abuso no processo*, Porto Alegre, Fabris Editor, 1987, p. 106.

Sobre a mutação, diante da introdução de novos componentes socioculturais, dos critérios de interpretação dos elementos normativos abertos, anote-se que a noção de abuso de direito conforma-se especialmente de acordo com a evolução da sociedade, de modo que, a propósito, a expressão utilizada no passado "espírito dos direitos" requer flexibilidade na leitura, conforme o decurso do tempo e a modificação do ambiente social, a fim de se aquilatar o seu verdadeiro sentido na extração de conduta caracterizadora de abuso. Assim, por exemplo, os conceitos clássicos de "motivo legítimo" e de "abuso" constituem parâmetros de adaptação do direito ao meio social no qual ele se implementa.[170]

Ainda sobre a valoração das normas reguladoras do fenômeno da abusividade, como assinala Michele Taruffo, se não é qualquer violação que representará um abuso, um injustificado erro processual poderá sê-lo, principalmente, "se os seus efeitos são danosos para a outra parte, e com maior razão se a lei processual foi conscientemente violada no sentido de colocar em dificuldade o seu fim, ou de provocar dano à parte contrária", no confronto entre o problema da mera infração de normas processuais (os chamados "erros inocentes" ou "justificáveis") e o de violações abusivas (nos casos de má-fé, conduta prejudicial, violação injustificada de normas, erro grosseiro, conduta fraudulenta etc.). Nessa situação, cabe ao intérprete o papel de empregar um critério diverso e mais amplo, segundo o qual algumas violações de normas processuais possam ser consideradas como abusivas, enquanto outras, não.[171]

Ademais, tendo em vista que a aplicação da teoria do abuso do processo exige a observância do devido processo legal, tanto na aferição da efetiva prova de sua ocorrência, quanto na aplicação de penalidades, é natural que no exercício dos poderes judiciais se revele imprescindível a abertura de diálogo entre as partes em contraditório antes de reconhecer a configuração de excesso ou desvio e de impor o corretivo. Considerem-se, também, a natureza publicista do processo e o interesse da administração da justiça a ser velado, de forma que a postura atuante se mostra recomendável em caso, por exemplo, de abuso bilateral, quando se torna ainda mais difícil a tarefa do julgador na verificação da

---

170. Cf. Louis Josserand, *De l'Esprit des Droits et de leur Relativité – Théorie dite de l'abus des droits*, Paris, Dalloz, 1927, pp. 379-380 e 396.
171. Cf. "L'abuso del processo: profili comparatistici", cit., p. 154. Michele Taruffo menciona conceitos e termos frequentemente vagos, utilizados em tema de abuso do processo: "grossolana scorrettezza processuale", "violazione delle regole di lealtà", "mala fede", "condotta fraudolenta", "tattiche dilatorie", "scopi illeciti" (idem, p. 158).

simulação ou fraude, o que exigirá o exame detido de todas as circunstâncias da causa.[172]

Discorrendo sobre o direito italiano e a árdua tarefa judicial no reconhecimento em concreto do abuso processual, Franco Cipriani menciona a dificuldade de aplicação das normas relativas à condenação da parte responsável ao reembolso de despesas provocadas por má-fé ou culpa grave, através de conduta desleal, assunto em torno do qual externa a sua impressão nos seguintes termos:

> (...) dipende sia dal fato che non è facile capire quando si è agito con colpa grave e quando si è sleali, sia e forse soprattutto dal fato che i giudici non amano fare i giustizieri: del resto, se si pensa all'evangelico "nolite iudicare", si comprenderà che giudicare non è compito propriamente grato, a tacer d'altro perché non dirado la realtà è tanto complessa da rendere estremamente difficile capire chi ha ragione e chi ha torto.[173]

A complexidade da atuação judicial reside na necessidade de coibir o abuso no processo e, de outro lado, de evitar o tratamento exagerado nessa repressão, não permitindo, de acordo com José Olímpio de Castro Filho:

> com ânimo forte e sem tibieza, que o processo se converta em oportunidade para prejudicar a outrem, fazendo reparar, com equilíbrio e bom senso, os prejuízos causados injustamente. Mas, ao mesmo tempo, precaver-se contra o excesso de autoridade, a mania de enxergar em tudo e em todos uma intenção de prejudicar, ou de mentir, o vezo de encarar cada incidente ou o conjunto dos atos como demonstração de improbidade.[174]

Ainda sobre o papel do juiz no combate ao abuso do processo, esclarece Michele Taruffo:

> da un lato, infatti, le parti non possono ottenere un'effettiva tutela contro gli abusi senza la presenza di un giudice sensibile al problema e disposto a svolgere un ruolo attivo al riguardo. Dall'altro lato, il giudice non dovrebbe comportarsi in modo meramente autoritario punendo ciò che considera un abuso, poiché dovrebbero essere prese in

---
172. Cf. Helena Najjar Abdo, *O Abuso do Processo*, cit., pp. 174-175.
173. Cf. "L'avvocato e la verità", cit., p. 823.
174. Cf. *Abuso do Direito no Processo Civil*, cit., p. 215.

considerazione tutte le garanzie che nei moderni sistemi costituzionali sono accordate alle parti.[175]

E acrescenta que

> la lotta contro l'abuso può avere qualche successo a condizione che si realizzi un'attiva cooperazione di parti, avvocati e giudici, orientata al fine di assicurare almeno un grado ragionevole di correttezza, onestà e lealtà nell'amministrazione della giustizia.[176]

Sem desprezar as cautelas na adoção de técnicas originárias do direito comparado, notadamente na aferição da compatibilidade dos instrumentos de sistemas jurídicos diversos,[177] é recomendável o estudo sobre a viabilidade do transporte de experiências alienígenas na busca do constante aprimoramento do sistema interno, porquanto a efetividade é um desafio comum em qualquer quadrante em que vigorem as garantias constitucionais mínimas do Estado Democrático de Direito. A propósito, em relação à matéria de censura ao abuso do direito processual, Michele Taruffo traz a seguinte observação:

> la tendenza principale sembra essere il passaggio dal ricorso ai rimedi sostanziali classici (il risarcimento dei danni) all'introduzione di nuovi e più efficaci strumenti processuali, e dalla confusione dei ruoli del cliente e dell'avvocato verso la definizione di ruoli e responsabilità distinte.[178]

---

175. Cf. "L'abuso del processo: profili comparatistici", cit., p. 169.

176. Idem, p. 169. Ainda no contexto da atuação do juiz, Sergio Chiarloni, ao analisar o sistema processual italiano atual em confronto com o direito comparado, conclui que a visão de que o processo é um jogo onde não vence a parte que tem razão, mas aquela que se pode valer de advogado mais hábil, já está ultrapassada nos ordenamentos continentais e em vias de superação nos dois mais importantes países da *Common Law*. Estes estariam, através de diversos mecanismos, na direção de um aumento dos poderes judiciais de controle para melhor assegurar a justiça das decisões. Cf. "Giusto processo, garanzie processuali, giustizia della decisione", *Revista de Processo* 152/107-108, out. 2007.

A visão moderna da atividade processual deve ser acompanhada do valor da solidariedade decorrente da boa-fé e lealdade e do compromisso com o justo, o que implica maior dignidade ao processo. Nesse sentido: Humberto Theodoro Júnior, "Boa-fé e processo: princípios éticos na repressão à litigância de má-fé – Papel do juiz", in *Estudos de Direito Processual Civil. Homenagem ao Prof. Egas Dirceu Moniz de Araújo*. São Paulo, Ed. RT, 2005, p. 646.

177. Cf. Barbosa Moreira, "Notas sobre o problema da 'efetividade' do processo", *Ajuris* 29/96-97, 1983.

178. Cf. "L'abuso del processo: profili comparatistici", cit., p. 168.

A despeito da inclinação acima apontada, a matéria, embora necessite de contínuo aperfeiçoamento, tal como se requer em todos os institutos e técnicas processuais, encontra-se, em linhas estruturais, bem tratada no ordenamento processual, em termos de prevenção e repressão do abuso, em comparação com os sistemas do direito estrangeiro, com regras estatuindo os deveres dos sujeitos processuais, bem como as hipóteses de configuração de litigância de má-fé e as penalidades cabíveis, inclusive no tocante ao exercício do poder ou ônus de recorrer.

Diante da previsão de regras em torno da litigância ímproba, *ad augusta per angusta*, o desejável seria que todos os sujeitos processuais se conscientizassem da importância de agir em juízo de maneira leal e, em contrapartida, o Estado-juiz procedesse à aplicação de todos os meios processuais ofertados pelo sistema para a prevenção e o combate de eventuais comportamentos abusivos, respeitadas, naturalmente, as garantias do devido processo legal.

Da ótica do juiz, não contando com a colaboração das partes, a dificuldade reside na aferição em concreto da infringência das regras processuais de conteúdo aberto ou que portam conceitos ou termos juridicamente indeterminados, pois, como sói ocorrer na maioria dos ordenamentos jurídicos, toda a matéria do abuso do processo enfeixa-se, na análise do caso particular, em torno da verificação dos elementos dos autos e da interpretação das expressões constantes nos dispositivos relativos ao tema. Assim, formada a convicção em torno da prática abusiva, na aplicação da penalidade, deverão ser observados os limites legais, modulando a sanção de acordo com a razoabilidade e proporcionalidade, em processo argumentativo racional e suficiente.

Por derradeiro, considerando-se que nos últimos tempos foram realizadas diversas reformas legislativas, visando aos principais pontos de estrangulamento da atividade jurisdicional, sem que isso resultasse em substancial incremento da efetividade do processo, e ressalvada a indispensável atuação do juiz, objeto que mereceu enfoque central neste trabalho, a qualificação do ensino jurídico no país, com ênfase na disciplina da deontologia dos profissionais do direito, poderia certamente contribuir para a superação de muitos entraves à boa qualidade da prestação jurisdicional. Seria necessário começar pela desmistificação da cultura do litígio e da prática generalizada que está conectada ao princípio da lealdade e probidade, pois há um forte componente enraizado na nossa tradição no sentido de que os instrumentos de resistência, inclusive as vias recursais e de impugnação, devam ser exauridos, independentemente da natureza do conflito sociológico, dos substratos fáticos da causa e das teses jurídicas trazidas ao debate, sem se olvidar do exemplo clamoroso do poder público, que resiste ao máximo à efetivação das decisões judiciais.

8. Conclusões parciais (Parte III, Capítulo III)

Embora o processo monitório tenha aplicação limitada por não alcançar, no modelo anteriormente adotado, todas as espécies de obrigação e exigir prévia apresentação de documento, além de não ter produzido todos os resultados almejados pelo legislador em decorrência do próprio comportamento do réu, que na maioria das vezes opõe embargos – o que faz converter o seu processamento para o rito ordinário –, não se afasta a importância da atuação judicial, especialmente em torno da interpretação no caso concreto do termo jurídico "prova escrita sem eficácia de título executivo", a ser realizada em cognição sumária em juízo de delibação, a fim de analisar a idoneidade do documento e a probabilidade do direito alegado, com o que se estará realizando a ponderação entre a celeridade pretendida pelo autor que afirma a presença do direito e a segurança da parte contrária contra quem é apresentada a prova documental, através de argumentação acerca da viabilidade da presença do crédito ou da prestação.

No âmbito dos juizados especiais, dada a sua especificidade pelas razões de ordem política e social que levaram à sua criação, a conduta do magistrado será fundamental para a pretendida efetividade, especialmente em caso de ausência de advogado. Sendo assim, todas as preocupações concernentes à celeridade e à segurança se potencializam diante dos princípios informativos que tornam o seu processo particularmente diferenciado. Além do empenho na tentativa de conciliação, deverá o juiz proceder com informalidade, simplicidade e economia processual, sem que isso redunde em supressão da indispensável segurança jurídica, de modo que se impõe a observância, no seu grau máximo, dos princípios que regem as formas do ato processual.

Diante do fenômeno da reiteração de demandas com identidade de questão de direito, o que provoca insegurança no meio jurídico e social com a possibilidade de decisões discrepantes, e contribui também para a morosidade da justiça, o legislador criou várias técnicas de racionalização do julgamento, em que se sobressaem a súmula vinculante do Supremo Tribunal Federal, a repercussão geral como pressuposto para o conhecimento do recurso extraordinário, o incidente de resolução de demandas repetitivas (inspirado no procedimento-modelo do Direito alemão *Musterverfahren*) ou de assunção de competência. A despeito das discussões que poderia ensejar a adoção desses mecanismos em termos de verticalização da jurisprudência ao reduzir a margem de atuação e a função criadora e renovadora dos juízes de graus inferiores, pretendeu o legislador imprimir a segurança jurídica e, indiretamente, a celeridade, com o afastamento de reiteração de debates e de possíveis decisões conflitantes nas diversas instâncias de jurisdição, porquanto o Estado deve zelar pelos princípios que fundamentam a efetividade do processo em seu sentido amplo.

Além da possibilidade de revisão e cancelamento de súmula vinculante pelo Supremo Tribunal Federal, a atuação do juiz não se tornou incipiente, pois permanece o seu dever de realizar a interpretação contida nas súmulas às particularidades do caso concreto. Essa conformação é individualizada e não se excluem, portanto, a atividade de ponderação de valores e o processo argumentativo. O poder de atuação do juiz estende-se ao exame do eventual confronto estabelecido entre a decisão transitada em julgado e o entendimento adotado em súmula vinculante, o que reforça o seu papel de sopesamento de interesses em confronto. Acima de tudo, é essencial a conscientização da sociedade em geral e dos membros do Poder Judiciário a respeito da necessidade de observar as súmulas de caráter impositivo a fim de contribuir para a efetividade do processo, evitando-se a demora na prestação jurisdicional acompanhada de geração de situações anti-isonômicas.

No âmbito da repercussão geral, caberá aos integrantes dos tribunais de origem detectar o traço de identidade das controvérsias, incumbindo--lhes a seleção e a remessa dos recursos representativos, assim como o sobrestamento dos demais até o pronunciamento definitivo da corte superior. Ao Supremo Tribunal Federal se reservará a grave atribuição de examinar, através da leitura da Carta Política sob a luz dos princípios, a presença da "repercussão" das questões constitucionais debatidas no caso concreto, sob o seu largo espectro, do ponto de vista econômico, político, social ou jurídico, como pressuposto de admissibilidade do recurso extraordinário.

No processo coletivo o papel do juiz adquire relevo diante da natureza político-social de que se reveste a maioria dos direitos e interesses controvertidos, cujo efeito se projeta na vida de multiplicidade de pessoas, superando os limites impostos pela clássica disputa entre particulares, o que impõe uma releitura de diversos institutos e técnicas processuais, merecendo destaque, sob o aspecto da celeridade e segurança da prestação jurisdicional, o tratamento a ser conferido aos elementos da causa e à relação entre demandas. A interpretação restritiva no exame da legitimidade das partes, do pedido e da causa de pedir impede, senão a perfeita compreensão da lide sociológica (o verdadeiro interesse processual), geralmente marcada pela indisponibilidade, a plena efetivação do mandamento constitucional do acesso à justiça.

Outro ponto de realce na atuação judicial no processo coletivo que influi na efetividade repousa no adequado manejo de técnicas em face do fenômeno do paralelismo de demandas. Esse aspecto também inspira uma interpretação mais flexível e consentânea dos componentes distintivos, com vistas a perscrutar a ocorrência de litispendência, prevenção, conexão e continência, ou a possibilidade de conflito de decisões, com especial atenção ao eventual caráter incindível da relação jurídica substancial, de sorte a permitir o emprego de meios para a superação do trâmite concomitante de feitos que possa embaraçar a efetividade, notadamente no seu aspecto da segurança jurídica.

Muitas vezes se verifica o entrechoque entre a garantia da jurisdição e os princípios da efetividade em face da opção entre o tratamento individualizado e o método concentrado de julgamento. Nesse contexto, sobrelevam-se na atuação judicial a atividade interpretativa de normas, agora com a alteração legislativa no trato de demandas repetitivas, o sopesamento de relevantes interesses em contraste na hipótese concreta, bem como a argumentação indispensável perante a exegese normativa e a escolha da técnica mais apropriada.

Embora a atividade judicial em prol da efetividade mantenha a mesma essência no seu tríplice aspecto (intepretação, argumentação e ponderação) em todos os graus de jurisdição, a fase recursal tem recebido destaque ultimamente diante do elevado número de feitos estacionados nos tribunais. A despeito de o legislador estabelecer o alcance do princípio do duplo grau de jurisdição regulando as espécies de impugnação e os seus pressupostos, inclusive com a inserção de eventuais "filtros", remanesce o importante papel dos integrantes das instâncias recursais, especialmente do relator do processo, no exame da admissibilidade da pretensão reformadora e do próprio mérito. O excesso cometido no juízo de delibação, a exemplo da exigência descabida de formalidades ("jurisprudência defensiva"), inclusive do denominado "prequestionamento", poderá representar a denegação da justiça. Nessa incumbência deverão lidar com o constante embate entre o desejo da celeridade e a preservação da essencial segurança, a qual se confunde com a própria garantia de acesso à justiça, traduzida pelo poder da parte sucumbente de valer-se dos meios recursais disponibilizados pelo sistema.

Ao relator recaem expressivos poderes para apreciar monocraticamente os recursos, na atribuição de efeito suspensivo e na decisão sobre o adiantamento da eficácia da tutela final. Em caso de apelação, cabe ao tribunal realizar, nas causas extintas em primeiro grau sem apreciação do mérito, desde que versem exclusivamente sobre matéria de direito, o imediato julgamento, determinar a sua conversão em diligência, ou suprir eventuais vícios sanáveis. Em qualquer modalidade de recurso o relator, observados os pressupostos legais, tem o poder-dever de negar-lhe o seguimento ou dar-lhe o provimento. Em qualquer dessas atribuições estarão presentes as atividades de interpretação, sopesamento e argumentação, cuja correta atuação elevará o grau de efetividade na etapa recursal.

O escopo da efetividade do processo não dispensa a preservação de valores éticos mínimos no exercício das situações jurídicas, pois são eles indispensáveis para a garantia de um instrumento justo, équo, sério e confiável, em que se espera de seus participantes a atuação de acordo com os valores da probidade, veracidade e moralidade. O desrespeito a esses mandamentos essenciais compromete não só a eficiência do método de trabalho, como também a legitimidade política da função jurisdicional, já que o Estado não pode tolerar abusos no exercício do direito. Nessa constante busca de aperfeiçoamento, cabe a todos os sujeitos do processo uma parcela de responsabilidade, desde a conduta serena das partes e seus advogados a fim de evitar a prática de excessos e desvios, até a atuação vigilante e ponderada do juiz para reprimi-los eficazmente.

O papel do juiz é especialmente delicado posto que se vislumbra uma tênue linha divisória entre a garantia fundamental do acesso à justiça, que confere aos litigantes o emprego de todos os meios legal e moralmente aceitos para lograr as respectivas pretensões num ambiente dialético, e o princípio deontológico que veda a ultrapassagem dos limites éticos inerentes a qualquer posição jurídica. Assim, eventual desequilíbrio nesse tratamento amesquinha os valores de estatura constitucional que imbricam entre si, os quais são indispensáveis para a efetividade do processo, tanto sob o aspecto da celeridade, da segurança e da justiça.

Deve-se evitar o extremismo de impedir o exercício do legítimo direito das partes de formular pretensões, alegar e comprovar fatos, desde que se implemente de modo leal, com o que se preservará o espaço para o engenho e habilidade na utilização de meios eficientes para alcançar um resultado favorável. Por outro lado, impõe-se ao juiz a apuração da prática de abuso no processo, através do saudável diálogo com as partes, seja no aspecto macroscópico ou na utilização de específico instrumento, com a verificação de eventual elemento subjetivo na conduta, reprimindo o responsável através de imposição de consectários previstos no sistema, sejam de natureza disciplinar, criminal ou processual, incluindo-se a sanção pecuniária.

Embora a doutrina e a jurisprudência apontem exemplos mais corriqueiros de litigância ímproba, traçando algum norte na sua consideração, restará sempre o poder-dever de apreciação *in concreto* tendo em vista a variedade de circunstâncias; *e.g.*, mesmo diante de situações a configurar preclusão não se presume o abuso do processo, como na hipótese de fungibilidade recursal, o que atesta a indispensável atividade judicial tendente à interpretação e aplicação de termos jurídicos abertos, à fundamentação em torno dos critérios levados em conta, como a existência de lesividade, a legitimidade do intento do recorrente, a conduta da parte, o eventual componente subjetivo e outros. Da mesma forma, far-se-á a ponderação, inclusive através da proporcionalidade, na análise dos parâmetros utilizados no reconhecimento do abuso e na aplicação da reprimenda.

CONCLUSÕES

1. Na esteira do imperativo de adaptação das normas jurídicas às mudanças sociais, o direito processual também deve manter aderência à realidade na qual se encontra inserido, a fim de que as legítimas aspirações da sociedade sejam traduzidas igualmente na prestação jurisdicional. Paralelamente às intensas transformações experimentadas em todas as áreas do conhecimento humano, mormente a partir de meados do século passado, a metodologia da ciência processual convergiu para o enfoque instrumentalista, com a preocupação voltada para a realização do direito substancial. Os institutos da jurisdição e do processo se destacam quando se pretende estudar a efetividade desse meio pelo ângulo da atuação do juiz.

2. A teoria da "separação de poderes", de acordo com os fundamentos pelos quais foi concebida na época em que se combatia o regime político absolutista, não mais atende a todos os anseios sociais, especialmente no tocante à extensão da atividade judicial que é esperada na atualidade, posto que não poderia se limitar à mera aplicação literal do material legislativo como se fosse *la bouche qui prononce les paroles de la loi*. As correntes doutrinárias clássicas em torno da jurisdição também reclamam adaptações em função das características da sociedade contemporânea.

3. O Poder Judiciário enfrenta imensos desafios para a superação da crise que há muito tempo o assola, cujas causas são multifatoriais, para a qual se afigura importante a efetiva participação de diversos setores da sociedade e dos poderes constituídos, sem prejuízo da necessária ampliação do campo de enfoque entre os profissionais do direito em geral e no meio acadêmico acerca da utilização prioritária dos métodos tradicionais de solução de controvérsias, dando-se a abertura para outras formas de superação de conflitos.

4. O juiz, no exercício da jurisdição, deve estar atento às mudanças de paradigma dos conflitos verificados no passado, porquanto das lides marcadamente individuais passaram a transitar no tecido social valores resultantes de múltiplos interesses, geralmente contraditórios, impondo-lhe uma leitura qualificada, a fim de que sejam alcançados todos os escopos do processo. Tirante a sua responsabilidade de natureza funcional, no campo de atuação no processo, na condição de sujeito imparcial, são-lhe carreados extensos poderes-deveres, cujo correto exercício determinará o alcance da efetividade do instrumento estatal para a concretização do direito material.

5. Entre os poderes desempenhados pelo juiz no processo destacam-se aqueles voltados à atividade instrutória, com vistas a propiciar decisões mais rentes à realidade dos fatos, incrementando o valor da justiça. A iniciativa na colheita de elementos probatórios, por si só, não fere as garantias processuais das partes, porquanto há pressupostos e limites a serem observados, assim como meios de controle em caso de arbitrariedade. O atual enfoque publicista do processo corrobora a consolidação dos poderes instrutórios do juiz, o que não dispensa o dever de promover o diálogo entre as partes, às quais, por seu turno, recai o de colaboração ou de cooperação para a elucidação dos fatos.

6. A efetividade do processo, como corolário da garantia constitucional, depende da atuação de todos os personagens envolvidos, notadamente do legislador, que faz a prévia escolha *in abstracto* do valor preponderante, bem como do juiz, que aplica o direito *in concreto*. Nos contornos deste estudo, a expressão é concebida como atributo do método de trabalho capaz de proporcionar a prestação estatal ou tutela em tempo razoável, com a devida segurança, sob a ótica da atividade judicial.

7. E, no longo caminho ao alcance da concepção do processo com essas características que o tornariam efetivo, além da inadequada ou insuficiente atuação do juiz, vários obstáculos poderiam comprometer aquela finalidade, sejam oriundos do campo legislativo, ou de outras origens que extrapolam o âmbito estritamente jurídico, como aqueles relacionados aos aspectos culturais, sociológicos e psicológicos.

8. Embora o legislador estabeleça prazos para a realização dos principais atos processuais, entre os quais devem ser evitadas a perda de tempo ou a configuração das chamadas "etapas mortas", não há disposição regulando critérios para o cômputo ou a quantificação dos termos "celeridade" e "duração razoável do processo", o que demanda a análise das circunstâncias do caso particular, levando-se em consideração, sobretudo, a sua complexidade e o comportamento das partes e do juiz.

9. A segurança jurídica também é imprescindível para a almejada efetividade e faz contraposição à celeridade. Conquanto se verifique tensão direta entre a celeridade e a segurança na atuação do processo, para que o instrumento estatal seja considerado efetivo não se pode descurar da grandeza "justiça", seja do ponto de vista do respeito ao devido processo legal, como do valor primordial a ser realizado na aplicação do direito material.

10. A noção de sistema é inerente ao ordenamento jurídico dada a convergência de propósitos e a estruturação entre os seus elementos integrantes. No campo processual estão presentes os componentes normativos que disciplinam o funcionamento dos órgãos jurisdicionais e dos institutos e técnicas que visam à realização de seus amplos escopos. As normas jurídicas, de acordo com a construção moderna, são constituídas de princípios e regras que dão funcionalidade ao sistema de acordo com as propriedades de atuação.

11. A despeito do debate doutrinário quanto aos métodos de aplicação e distinção, as espécies normativas em referência apresentam características próprias na maioria das situações, como o elevado grau de abstração e generalidade dos princípios a sugerir a ponderação de valores e a previsão antecipada de comportamento das regras a exigir a incidência pelo critério da validade ou exclusão. A celeridade e a segurança jurídica, como componentes da efetividade do processo retratada no trabalho, coadunam-se com a noção de princípios a ensejar uma atividade de otimização através de sopesamento de valores, já que ambos estão consagrados no mesmo patamar constitucional.

12. É frequente a ocorrência de conflito entre as normas jurídicas, diante da correlação de forças entre princípios e regras, seja no âmbito da mesma espécie normativa, ou envolvendo ambas as modalidades, de sorte que não mais se verificam apenas as situações de incompatibilidade no plano da hierarquia, cronologia e especialidade. Desse modo, os métodos clássicos de superação de antinomia não são suficientes, ensejando na maioria das vezes, principalmente no confronto entre princípios, o emprego da ponderação ou balanceamento.

13. É corrente nos tempos atuais a opção legislativa pela formulação de normas que não antecipam e regulamentam todos os pormenores das relações sociais, reservando-se ao juiz, em caso de provocação, o imprescindível papel de interpretação e aplicação do direito para perscrutar o seu sentido jurídico em face da peculiaridade do caso concreto, o que também vem a reforçar o entendimento de que a atuação judicial não se perfaria de modo completo e apropriado somente com a utilização de técnicas hermenêuticas tradicionais. Em consequência, foram elaborados diversos métodos ajustados à nova configuração de normas jurídicas, com destaque para aqueles que objetivam a extração do sentido valorativo nelas impregnado, em sintonia com a realidade social, através de processo indutivo e intensa argumentação.

14. O pensamento positivista, sustentado no legalismo e na supressão do conteúdo axiológico das normas, embora reconhecida a sua contribuição à ciência jurídica no passado, não é o bastante para o enfrentamento de todos os desafios atuais, sobretudo pelo domínio da configuração normativa de princípios e pela expansão de conceitos ou termos jurídicos indeterminados, o que não significa, todavia, que essa larga margem de liberdade conferida ao juiz implique discricionariedade na exegese ou aplicação da norma tendo em vista que o seu poder-dever recai sobre a escolha da opção mais adequada à hipótese concreta, acompanhada da imprescindível motivação.

15. O raciocínio jurídico exige discurso argumentativo específico denominado de retórico ou dialético, que tenciona obter adesão de um auditório. Na hipótese da atividade judicial, pretende-se convencer os destinatários da decisão – as partes ou a sociedade em geral – acerca das deliberações realizadas dentro da banda disponibilizada pelo ordenamento jurídico. A argumentação não dispensa a observância de parâmetros mínimos que permitam o seu controle, sendo que, para a preservação da segurança, se afigura necessário que seja racional e fundada em fontes normativas, assim como nos precedentes e na doutrina.

16. O princípio da proporcionalidade ou da razoabilidade, que foi adotado implicitamente pela Carta Política, é um precioso instrumento de interpretação e aplicação de normas jurídicas impregnadas de importantes valores e interesses, sobretudo no patamar das garantias e direitos fundamentais, no cotejo de elementos normativos, ou na pesquisa de modelo de comportamento, através da verificação de incidência dos pressupostos ou subprincípios consagrados pela doutrina (a adequação entre o meio e o fim, a necessidade da medida e a proporcionalidade *stricto sensu*).

17. A expressão "ativismo judicial" pode comportar críticas se compreendida como proceder exacerbado e desmedido do juiz, com a indevida invasão na esfera de outros poderes. Porém, em verdade, deve retratar um modo de agir afinado com a sociedade contemporânea no exercício, dentro dos limites constitucionais, da atividade de elaboração do direito aplicável ao caso concreto, o que não é incomum; ao contrário, é potencializado em ordenamento que prima por normas de textura aberta e em sociedade onde frequentemente se verifica o debate em torno de elevadas questões de natureza política e social. Apesar da linha tênue que separa a função legislativa e a judicial, elas não se confundem, pois na última é inafastável o dever de justificação das decisões, contando, ainda, com mecanismos de controle em caso de usurpação de poderes.

18. Não há graduação entre princípios e regras, que exercem cada qual funções específicas, porquanto as últimas propiciam segurança e previsibilidade na medida em que minudenciam elementos normativos de conduta, ao passo que aqueles primeiros dão abertura à ponderação, incrementando a possibilidade de realização de justiça no caso particular. Diante da formatação da sociedade atual de caráter pluralista e para que se permita a sua evolução, parece importante promover a interação entre ambas as espécies de norma, buscando-se o equilíbrio de valores. No âmbito da atuação judicial no processo, são núcleos essenciais que devem ser preservados a segurança jurídica, a celeridade e a justiça das decisões, os quais, diante da prevalente natureza de princípios, reclamam a aplicação da técnica de ponderação ou balanceamento.

19. O papel do juiz consentâneo com o escopo de proporcionar a efetividade do instrumento de realização do direito substancial abrange basicamente três atividades interligadas, ou seja, a interpretação e/ou a aplicação das normas jurídicas de qualquer natureza e espécie, a argumentação racional, suficiente e explícita acerca das escolhas realizadas dentro dos limites permitidos pelo sistema, e a ponderação dos valores contrastantes na análise de um determinado caso, considerando-se inclusive o conjunto de provas a fundamentar o seu convencimento.

20. No tratamento das formas dos atos processuais é imperioso que seja compreendida a *ratio* de sua exigência imposta pelo legislador a fim de evitar exageros que comprometam a efetividade do processo, afastando o culto ao formalismo, por meio de exame criterioso no caso particular dos princípios relacionados ao tema da nulidade, notadamente o da instrumentalidade e do prejuízo. Desse modo, a atuação do juiz deverá privilegiar, ao máximo, o aproveitamento do ato, contribuindo, assim, com a celeridade, sem que isso vulnere a segurança, que se traduz no alcance da finalidade visada pela norma.

21. Em relação à matéria de provas é essencial que se dê o correto trato ao juízo de admissibilidade e valoração e atribuição do ônus (teoria das cargas dinâmicas), com vistas a alcançar o necessário equilíbrio entre, de um lado, a celeridade e a segurança e, de outro, a justiça da decisão, uma vez que o princípio da duração razoável do processo impede que o juiz se transforme em órgão inquiridor e objetive a elucidação dos fatos por meio de investigação ilimitada. Em outro extremo, não se coaduna com o seu poder-dever de decidir com justiça a adoção de postura passiva e desinteressada, deixando a condução do instrumento estatal exclusivamente ao alvedrio das partes.

22. Para se alcançar a desejada harmonia impõe-se, ainda, ao órgão julgador uma atuação presente através de promoção de diálogo entre as partes. No capítulo das provas ilícitas acentua-se a atividade de interpretação, aplicação, ponderação e argumentação do juiz na decisão acerca do acolhimento de determinado elemento ou fonte de prova, devendo ser aceita com reservas a anterior distinção entre processo civil e penal, os conceitos de direitos disponíveis e indisponíveis, assim como de verdade formal e real.

23. Conquanto as regras sobre o procedimento sejam tratadas como de natureza cogente dada a segurança jurídica conferida pela previsibilidade dos atos processuais, não se pode excluir, de acordo com as características da causa, em determinadas situações em que se vislumbre o prejuízo à celeridade, a atividade judicial tendente à sua adaptação, consistente na modificação de rito, fases ou de atos processuais, observados os pressupostos para a garantia da segurança mínima, em especial do contraditório suficiente.

24. Ainda na esteira da flexibilização do procedimento mencione-se a técnica da fungibilidade de meios, em que o próprio legislador reconhece a impossibilidade de cobrir todas as situações, de modo que ao juiz incumbe examinar os valores em confronto, da segurança e da celeridade, e conceder sucedâneos instrumentais para se alcançar o mesmo escopo pretendido pelo sistema, a exemplo do que se observa na substituição de provimentos, demandas, ritos, tutelas e recursos.

25. Exige-se peculiar atenção no exame dos pressupostos processuais e das condições da ação, conforme as etapas procedimentais em que é atribuído esse poder-dever, em especial no momento da apreciação da petição inicial, com o intento de impedir o processamento inútil de feito, e, caso seja verificada a presença de vícios somente na fase decisória, é imperioso para a efetividade do instrumento o esforço voltado à salvação do processo, de acordo com a aplicação ponderada dos princípios da teoria da nulidade, evitando, ao máximo, se possível, a sua extinção sem o julgamento do mérito.

26. A efetividade do processo pela ótica do juiz também permite incursão através das diversas modalidades de tutela jurisdicional uma vez que, de acordo com as características do provimento, a atividade judicial poderá sofrer limitações ou exigir conformação de valores contrastantes. Diante das tutelas meramente declaratórias e constitutivas, embora reduzida a interferência do juiz na implementação das decisões, permanece o seu poder-dever de atuar em prol da celeridade e da segurança na aferição do interesse jurídico das aludidas pretensões, alcançando também o exame dos pressupostos da antecipação de efeitos conexos ao pedido principal, além da equilibrada aplicação dos poderes instrutórios, que se relaciona à cognição sobre elementos probatórios em qualquer etapa do processo.

27. A tutela condenatória, incluindo-se nessa classificação, a despeito de suas diferenças doutrinárias, a mandamental e a executiva, é a que mais projeta a atuação do juiz tendo em vista que lhe é inerente a subsequente prática de atividades destinadas a efetivar a entrega do bem jurídico a quem foi reconhecida a situação de vantagem, através de diversos expedientes e técnicas, qualquer que seja a espécie de obrigação, caso não sobrevenha o seu cumprimento espontâneo.

28. Na tutela propriamente satisfativa, apesar dos esforços legislativos, concentra-se um dos principais gargalos da efetividade do processo, a qual – sob a ótica exclusiva da atuação judicial, visto que concorrem outras barreiras que ultrapassam a abordagem jurídica – dependerá do emprego adequado dos mecanismos de execução, de acordo com as especificidades da obrigação, a exemplo da modulação proporcional da multa. Assim, o juiz será confrontado em sua tríade atividade, através do processo hermenêutico em torno das normas que regem a tutela executiva, argumentativo em relação aos fundamentos atribuídos à escolha de valores e de ponderação entre os interesses do credor e do devedor.

29. As tutelas de urgência, nas suas espécies cautelar e antecipatória, podem influir na efetividade a partir do escorreito manejo da grandeza temporal, porquanto é disponibilizada ao juiz a técnica que confere uma rápida resposta àquele que preencher os pressupostos legais, embora a atividade judicial seja árdua em face da profunda tensão entre a eventual situação de perigo e a efetivação do contraditório suficiente. Nessa atuação, invariavelmente, ele deverá traduzir no caso concreto os termos jurídicos indeterminados, ponderar o entrechoque de interesses e expor devidamente as razões adotadas na decisão, qualquer que seja o seu sentido.

30. No processo monitório caberá ao juiz revelar em concreto o sentido da expressão normativa "prova escrita sem eficácia de título executivo", mediante argumentação e sopesamento, envolvendo, de um lado, a celeridade decorrente do direito pré-constituído afirmado pelo autor e, de outro, a segurança da parte contra quem é apresentada a prova documental, que deve exibir a pronta viabilidade do reconhecimento da obrigação. Nos juizados especiais, impõe-se a redobrada cautela na incidência, além de seus princípios informativos, da forte tensão entre a celeridade, valor expressivo no processo diferenciado, e a essencial segurança, com enfoque nas normas relacionadas às formas dos atos processuais.

31. Em cumprimento ao dever do Estado de garantir a efetividade do processo em sentido amplo, com o resultado prático em tempo razoável e a preservação da isonomia, o legislador estabeleceu técnicas de controle de demandas repetitivas privilegiando o fator segurança jurídica. Mesmo com tal restrição à atividade judicial, subsiste a importância do papel do julgador, de maneira que, em relação a súmulas com efeito vinculante, incumbirá ao Supremo Tribunal Federal a eventual revisão e cancelamento e aos juízes de instâncias inferiores, através de ponderação e argumentação, o exame da conformação de fatos individualizada ao entendimento jurídico nelas consagrado.

32. Quanto à repercussão geral, ao Pretório Excelso incumbe o ofício de interpretar, argumentar e sopesar em torno dos pressupostos de exame do recurso extraordinário, ou seja, a relevância constitucional da questão debatida "do ponto de vista econômico, político, social ou jurídico" e a transcendência dos interesses circunscritos às partes de uma determinada causa. Aos tribunais de origem recai a atribuição de selecionar e remeter os recursos representativos, assim como determinar o sobrestamento dos demais até a solução definitiva da instância superior.

33. No processo coletivo a atividade judicial adquire especial relevância em face da projeção dos interesses debatidos, em termos subjetivos ou objetivos, a recomendar a aplicação diferenciada dos diversos institutos e técnicas processuais, notadamente na interpretação dos elementos da causa e no tratamento do fenômeno da relação entre demandas. É imperativa, na colisão entre a garantia do acesso à justiça e a da efetividade do processo, a adequada escolha entre o método individualizado e o concentrado de julgamento, através de criteriosa interpretação e aplicação das normas concernentes à matéria, da ponderação dos salientes valores em discussão e da eficiente argumentação.

34. A atividade judicial desenvolvida nas instâncias recursais, monocraticamente ou de forma colegiada, também tem reflexos na efetividade, reservando-se aos seus integrantes, inclusive ao relator do processo, seja no juízo de admissibilidade, ou no exame do próprio mérito, extensa ordem de atribuições que engloba o papel de interpretação, sopesamento e argumentação, que repercutirão na celeridade e na segurança.

35. A efetividade do processo não estaria resguardada sem a observância de valores éticos fundamentais por todos aqueles que dele participam para a formação de um instrumento justo e équo e que expresse a seriedade da atividade estatal. Compete ao juiz a delicada tarefa de prevenir e remover a prática de desvios e excessos no processo sem que isso implique a supressão da garantia de acesso à justiça, incumbindo-lhe, respeitado o devido processo legal, a verificação de sua ocorrência ao longo do trâmite processual, seja na utilização de determinado mecanismo, ou sob o aspecto macroscópico, através de análise percuciente das diversas circunstâncias do caso concreto. Nessa árdua empreitada, estará presente a tríplice faceta da atividade judicial, ou seja, a interpretação e aplicação das normas específicas que guardam essencialmente termos jurídicos indeterminados, a argumentação e a ponderação em torno das valorações dos elementos coligidos e considerados na configuração do abuso e na imposição de consectários.

BIBLIOGRAFIA

ABDO, Helena Najjar. *O Abuso do Processo.* Coleção Estudos de Direito de Processo Enrico Tullio Liebman, vol. 60. São Paulo, Ed. RT, 2007.

AGUIAR JÚNIOR, Ruy Rosado de. "Interpretação", *Ajuris*, vol. 45. Porto Alegre, 1989, pp. 7-20.

ALCALÁ-ZAMORA Y CASTILLO, Niceto. *Estudios de Teoría General e Historia del Proceso*, t. I. México, UNAM (Universidad Nacional Autónoma de México), 1974.

ALEXY, Robert. "Colisão de direitos fundamentais e realização de direitos fundamentais no Estado de Direito Democrático", *Revista de Direito Administrativo*, vol. 217. Rio de Janeiro, Renovar, jul./set.1999, pp. 67-79.

_____. *Conceito e Validade do Direito.* São Paulo, Martins Fontes, 2009.

_____. *Teoria da Argumentação Jurídica. A teoria do discurso racional como teoria da fundamentação jurídica.* Trad. Zilda Hutchinson Schild Silva. 3ª ed. Rio de Janeiro, Forense, 2011.

_____. *Teoría de los Derechos Fundamentales.* Madrid, Centro de Estudios Políticos y Constitucionales, 2001. Tradução brasileira: *Teoria dos Direitos Fundamentais.* Trad. de Virgílio Afonso da Silva. 2ª ed., 4ª tir. São Paulo, Malheiros Editores, 2015.

ALLORIO, Enrico. *Problemas de Derecho Procesal*, t. 2. Trad. Santiago Sentis Melendo. Buenos Aires, Ediciones Jurídicas Europa-América, 1963.

ALMEIDA, Gregório Assagra de. *Direito Processual Coletivo Brasileiro. Um novo ramo do direito processual.* São Paulo, Saraiva, 2003.

ALVES, Alaôr Caffé. *Lógica. Pensamento Formal e Argumentação.* 2ª ed. São Paulo, Quartier Latin, 2002.

AMENDOEIRA JR., Sidnei. *Fungibilidade de Meios.* Coleção Atlas de Processo Civil. Coord. Carlos Alberto Carmona. São Paulo, Atlas, 2008.

_____. *Poderes do Juiz e Tutela Jurisdicional.* Coleção Atlas de Processo Civil. Coord. Carlos Alberto Carmona. São Paulo, Atlas, 2006.

AMERICANO, Jorge. *Do Abuso do Direito no Exercício da Demanda.* 2ª ed. São Paulo, Saraiva, 1932.

ANDOLINA, Italo. *"Cognizione" ed "Esecuzione Forzata" nel Sistema della Tutela Giurisdizionale.* Milano, Giuffrè, 1983.

ANDREWS, Neil. *O Moderno Processo Civil. Formas judiciais e alternativas de resolução de conflitos na Inglaterra.* Orient. e rev. da trad. Teresa Arruda Alvim Wambier. São Paulo, Ed. RT, 2009.

ARAÚJO CINTRA, Antônio Carlos de; GRINOVER, Ada Pellegrini; DINAMARCO, Cândido Rangel. *Teoria Geral do Processo*. 31ª ed. rev. atual. São Paulo, Malheiros Editores, 2015.

ARAÚJO FILHO, Luiz Paulo da Silva. *Ações Coletivas: a Tutela Jurisdicional dos Direitos Individuais Homogêneos*. Rio de Janeiro, Forense, 2000.

ARISTÓTELES. *Ética a Nicômaco*. Trad. Torrieri Guimarães. 5ª ed. São Paulo, Martin Claret, 2011.

ARRUDA ALVIM, José Manoel de. "A natureza jurídica da impugnação prevista na Lei 11.232/2005 – A impugnação do devedor instaura uma ação incidental, proporcionando o exercício do contraditório pelo credor; exige decisão, que ficará revestida pela autoridade de coisa julgada", in WAMBIER, Teresa Arruda Alvim (coord.). *Aspectos Polêmicos da Nova Execução 3*. São Paulo, Ed. RT, 2006, pp. 44-50.

_____. *Manual de Direito Processual Civil*, vol. 2. 12ª ed. São Paulo, Ed. RT, 2008.

_____. "Súmula e súmula vinculante", in MEDINA, José Miguel Garcia e outros (coord.). *Os Poderes do Juiz e o Controle das Decisões Judiciais. Estudos em Homenagem à Prof. Teresa Arruda Alvim Wambier*. 2ª tir. São Paulo, Ed. RT, 2008, pp. 1.147-1.160.

ASSIS, Araken de. *Manual da Execução*. 12ª ed., rev., atual. e ampl. São Paulo, Ed. RT, 2009.

_____. *Manual dos Recursos*. São Paulo, Ed. RT, 2007.

_____. "Sentença condenatória como título executivo", in WAMBIER, Teresa Arruda Alvim (coord.). *Aspectos Polêmicos da Nova Execução 3*. São Paulo, Ed. RT, 2006, pp. 11-22.

ÁVILA, Humberto. "'Neoconstitucionalismo'": entre a 'Ciência do Direito' e o 'Direito da Ciência'", *Revista Eletrônica de Direito do Estado (REDE)*, n. 17. Salvador, Instituto Brasileiro de Direito Público, jan./mar. 2009. Artigo publicado no endereço eletrônico: www.direitodoestado.com/revista/REDE-17-JANEIRO-2009-HUMBERTO%20AVILA.pdf. Acessado em 25.10.2011.

_____. "Princípios e regras e a segurança jurídica", in SANTI, de Eurico Marcos Diniz de (coord.). *Segurança Jurídica na Tributação e Estado de Direito – II Congresso Nacional de Estudos Tributários*. São Paulo, Noeses, 2005, pp. 251-277.

_____. *Teoria dos Princípios. Da Definição à Aplicação dos Princípios Jurídicos*. 16ª ed., rev. e atual. São Paulo, Malheiros Editores, 2015.

BANDEIRA DE MELLO, Celso Antônio. *Curso de Direito Administrativo*. 32ª ed., rev. e atual. até a EC 84, de 2.12.2014. São Paulo, Malheiros Editores, 2015.

_____. *Discricionariedade e Controle Jurisdicional*. 2ª ed., 11ª tir. São Paulo, Malheiros Editores, 2012.

BARBOSA, Ruy. *Commentarios à Constituição Federal Brasileira*, vol. 5. São Paulo, Saraiva, 1934.

BARBOSA MOREIRA, José Carlos. "A Constituição e as provas ilicitamente obtidas", *Revista Forense* 337, jan./mar. 1997.

_____. "A efetividade do processo de conhecimento", *Revista de Processo* 74. São Paulo, Ed. RT, 1994.
_____. "A nova definição de sentença", *Revista de Processo* 136, pp. 268-276.
_____. "A responsabilidade das partes por dano processual", in *Temas de Direito Processual Civil*, 1ª série. São Paulo, Saraiva, 1988.
_____. "'Cumprimento' e 'execução' de sentença: necessidade de esclarecimentos conceituais", *Temas de Direito Processual*, 9ª série. São Paulo, Saraiva, 2007.
_____. "Efetividade do processo e técnica processual", in *Temas de Direito Processual Civil*, 7ª série. São Paulo, Saraiva, 1997.
_____. "El neoprivatismo en el proceso civil", in AROCA, Juan Montero (coord.). *Proceso Civil e Ideología: Un prefacio, una sentencia, dos cartas y quince ensayos*. Valencia, Tirant Lo Blanch, 2006, pp. 199-215.
_____. "Notas sobre alguns aspectos do processo (civil e penal) nos países anglo-saxônicos", *Revista Forense* 344, out./dez. 1998, pp. 95-110.
_____. "Notas sobre o problema da 'efetividade' do processo", *Ajuris*, vol. 29. Porto Alegre, 1983.
_____. "O juiz e a prova". *Revista de Processo* 35. São Paulo, Ed. RT, 1984, pp. 177-184.
_____. *O Novo Processo Civil Brasileiro (Exposição sistemática do procedimento)*. 25ª ed., rev. e atual. Rio de Janeiro, Forense, 2007.
_____. "O problema da 'divisão do trabalho' entre juiz e partes: aspectos terminológicos", *Revista de Processo* 41, jan./mar. 1986, pp. 7/14.
_____. "Privatização do processo?", *Temas de Direito Processual*, 7ª série. São Paulo, Saraiva, 2001.
_____. "Questões velhas e novas em matéria de classificação das sentenças", *COAD – Seleções jurídicas ADV*, ago. 2003, pp. 21-27.
_____. "Regras de experiência e conceitos juridicamente indeterminados", *Revista Forense* 261. Rio de Janeiro, Forense, 1978.
_____. "Reflexões críticas sobre uma teoria da condenação civil", in *Temas de Direito Processual*, 1ª série. São Paulo, Saraiva, 1977.
_____. "Sentença executiva?", in *Temas de Direito Processual*, 9ª série. São Paulo, Saraiva, 2007.
_____. "Tendências contemporâneas do direito processual civil", *Revista de Processo* 31, 1983, pp. 199-209.
_____. "Tendências na execução de sentenças e ordens judiciais", in *Temas de Direito Processual*, 4ª série. São Paulo, Saraiva, 1989.
BARROSO, Luís Roberto. *Interpretação e Aplicação da Constituição*. 7ª ed., rev. São Paulo, Saraiva, 2009.
_____. *Temas de Direito Constitucional*. Rio de Janeiro, Renovar, 2ª ed., vols. I e II, 2001; vol. III, 2008.
_____; BARCELLOS, Ana Paula de. "O começo da história: a nova interpretação constitucional e o papel dos princípios no direito brasileiro", in SILVA, Virgílio Afonso da (org.). *Interpretação Constitucional*. 1ª ed., 3ª tir. São Paulo, Malheiros Editores, 2010, pp. 271-316.
BAUER, Fritz. "O papel ativo do juiz", *Revista de Processo* 27. São Paulo, Ed. RT, 1982.

BAZILONI, Nilton Luiz de Freitas. "Prova ilícita e o princípio da proporcionalidade", in NEVES, Daniel Amorim Assumpção (coord.). *Provas. Aspectos Atuais do Direito Probatório*. São Paulo, Método, 2009.

BEDAQUE, José Roberto dos Santos. "Algumas considerações sobre o cumprimento da sentença condenatória", *Revista do Advogado*, n. 85. Ano XXVI, maio 2006, pp. 63-77.

_____. *Direito e Processo: influência do direito material sobre o processo*. 6ª ed., rev. e ampl. São Paulo, Malheiros Editores, 2011.

_____. *Efetividade do Processo e Técnica Processual*. 3ª ed. São Paulo, Malheiros Editores, 2010.

_____. "Estabilização das tutelas de urgência", in YARSHELL, Flávio Luiz; e MORAES, Maurício Zanoide de (coords.). *Estudos em Homenagem à Prof. Ada Pellegrini Grinover*. São Paulo, DPJ Editora, 2005, pp. 660-683.

_____. "Juiz, processo e justiça", in DIDIER JR., Fredie e outros (coords.), *Ativismo Judicial e Garantismo Processual*. Salvador, Juspodium, 2013, pp. 111-146.

_____. *Poderes Instrutórios do Juiz*. 4ª ed. rev., atual. e ampl. São Paulo, Ed. RT, 2009.

_____. "Pressupostos processuais e condições da ação", *Justitia*, vol. 156, São Paulo, Procuradoria-Geral de Justiça e Associação Paulista do Ministério Público, out-dez. 1991, pp. 48-66.

_____. *Tutela Cautelar e Tutela Antecipada: Tutelas Sumárias e de Urgência (Tentativa de Sistematização)*. 5ª ed. rev. ampl. São Paulo, Malheiros Editores, 2009.

BENETI, Sidnei Agostinho. *Da Conduta do Juiz*. 3ª ed., rev. São Paulo, Saraiva, 2003.

BERIZONCE, Roberto Omar (coord.). "El exceso en el ejercicio del poder jurisdiccional", *Studi di Diritto Processuale Civile. In onore di Giuseppe Tarzia*, t. I. Milano, Giuffrè, 2005, pp. 3-18.

BETTI, Emilio. *Interpretação da Lei e dos Atos Jurídicos*. Trad. Karina Jannini. São Paulo, Martins Fontes, 2007.

BITTAR, Eduardo C. B.; ALMEIDA, Guilherme Assis de. *Curso de Filosofia do Direito*. 8ª ed., rev. e aum. São Paulo, Atlas, 2010.

BOBBIO, Norberto. *O Positivismo Jurídico. Lições de Filosofia do Direito*. Compiladas por Nello Morra, trad. e notas de Márcio Pugliesi, Edson Bini e Carlos E. Rodrigues. São Paulo, Ícone, 2006.

_____. *Teoria da Norma Jurídica*. Trad. Fernando Pavan Baptista e Ariani Bueno Sudatti. São Paulo, Edipro, 2001.

_____. *Teoria do Ordenamento Jurídico*. Trad. Maria Celeste Cordeiro Leite dos Santos. 10ª ed. Brasília, UnB, 1999.

BONAVIDES, Paulo. *Curso de Direito Constitucional*. 30ª ed., atual. São Paulo, Malheiros Editores, 2015; 31ª ed., 2016.

BONÍCIO, Marcelo José Magalhães. *Proporcionalidade e Processo. A garantia constitucional da proporcionalidade, a legitimação do processo civil e o controle das decisões judiciais.* Coleção Atlas de Processo Civil. Coord. de Carlos Alberto Carmona. São Paulo, Atlas, 2006.

BRASIL JÚNIOR, Samuel Meira. *Justiça, Direito e Processo. A argumentação e o direito processual de resultados justos.* Coleção Atlas de Processo Civil. Coord. de Carlos Alberto Carmona. São Paulo, Atlas, 2007.

_____; CASTELLO, Juliana Justo Botelho. "O cumprimento coercitivo das decisões judiciárias no tocante às políticas públicas", in GRINOVER, Ada Pellegrini e WATANABE, Kazuo (coords.). *O Controle Jurisdicional de Políticas Públicas.* Rio de Janeiro, Forense, 2011, pp. 467-488.

BUCCI, Maria Paula Dallari. "As políticas públicas e o direito administrativo", *Revista de Informação Legislativa,* n. 133. Brasília, jan./mar. 1997, pp. 89-98.

_____ (org.). "O conceito de política pública em direito", *Políticas Públicas: reflexões sobre o conceito jurídico.* São Paulo, Saraiva, 2006.

BUENO, Cassio Scarpinella. *Curso Sistematizado de Direito Processual Civil: teoria geral do direito processual civil,* vol. 1. 5ª ed. São Paulo, Saraiva, 2011.

BÜLOW, Oskar von. *Teoria das Exceções e dos Pressupostos Processuais.* Trad. e notas de Ricardo Rodrigues Gama. Campinas, LZN Editora, 2005.

CALAMANDREI, Piero. "Il processo come giuoco", in *Opere Giuridiche,* vol. I. Milano, Morano, 1965.

_____. *Instituciones de Derecho Procesal Civil.* Trad. Santiago Sentis Melendo. Buenos Aires, Depalma, 1943.

_____. "Límites entre jurisdicción y administración en la sentencia civil", *Estudios de Derecho Procesal Civil.* Buenos Aires, Editorial Bibliográfica Argentina, 1961.

CALMON DE PASSOS, José Joaquim. *Esboço de uma Teoria das Nulidades aplicadas às Nulidades Processuais.* Rio de Janeiro, Forense, 2002.

_____. *Inovações no Código de Processo Civil.* Rio de Janeiro, Forense, 1995.

_____. "O Magistrado, protagonista do processo jurisdicional?", in MEDINA, José Miguel Garcia e outros (coords.). *Os Poderes do Juiz e o Controle das Decisões Judiciais.* 2ª tir. São Paulo, Ed. RT, 2008, pp. 218-223.

CÂMARA, Alexandre Freitas. *A Nova Execução de Sentença.* Rio de Janeiro, Lúmen Júris, 2006.

CAMPO, Hélio Marcio. *O Princípio Dispositivo em Direito Probatório.* Porto Alegre, Livraria do Advogado, 1994.

CANARIS, Claus-Wilhelm. *Pensamento Sistemático e Conceito de Sistema na Ciência do Direito.* Trad. A. Menezes Cordeiro. 4ª ed. Lisboa, Fundação Calouste Gulbenkian, 2008.

CANELA JÚNIOR, Osvaldo. *A Efetivação dos Direitos Fundamentais através do Processo Coletivo: o âmbito de cognição das políticas públicas pelo Poder Judiciário.* Tese de doutorado defendida perante a Faculdade de Direito da Universidade de São Paulo, 2009.

CANOTILHO, José Joaquim Gomes. *Direito Constitucional e Teoria da Constituição.* 7ª ed. Coimbra, Almedina, 2003.

CAPPELLETTI, Mauro. "Formações sociais e interesses coletivos diante da justiça civil", *Revista de Processo* 5. Trad. Nélson Renato Palaia Ribeiro de Campos. São Paulo, pp. 128-159.

_____. *Juízes legisladores?* Trad. Carlos Alberto Alvaro de Oliveira. Porto Alegre, Sérgio Antônio Fabis, 1993.

_____. "L'accesso alla giustizia e la responsabilità del giurista nella nostra epoca", *Studi in Onore di Vittorio Denti*, vol. I. Padova, CEDAM, 1994, pp. 263-295.

_____. *La Testimonianza della Parte nel Sistema dell'Oralità*. Milano, Giuffrè, 1974.

_____. *Proceso, Ideologías, Sociedad*. Trad. Santiago Sentís Melendo y Tomás A. Banzhaf. Buenos Aires, Ediciones Jurídicas Europa-América, 1974.

_____; GARTH, Bryant (cords). *Access to Justice*, vol. I. Milano, Giuffrè, 1978.

CARDOZO, Benjamin N. *A Natureza do Processo e a Evolução do Direito*. Trad. Leda Boechat Rodrigues. São Paulo, Companhia Editora Nacional, 1943.

CARMONA, Carlos Alberto. "Novidades sobre a execução civil: observações sobre a Lei 11.232/2005", in RENAULT, Sérgio; e BOTTINI, Pierpaolo (coords.). *A Nova Execução de Títulos Judiciais*. São Paulo, Saraiva, 2006, pp. 55-78.

CARNACINI, Tito. "Tutela giurisdizionale e tecnica del processo", *Studi in Onore di Enrico Redenti nel XL anno del suo insegnamento*, vol. II. Milano, Giuffrè, 1951, pp. 693-772.

CARNEIRO, Paulo Cezar Pinheiro. "A ética e os personagens do processo", in JAYME, Fernando Gonzaga; FARIA, Juliana Cordeiro de; e LAUAR, Maira Terra (coords.). *Processo Civil. Novas tendências. Homenagem ao Prof. Humberto Theodoro Júnior*. Belo Horizonte, Del Rey, 2008.

CARNELUTTI, Francesco. "Giuoco e processo", *Rivista di Diritto Processuale*, parte I. Padova, pp. 101-111.

_____. *Sistema de Derecho Procesal Civil*, vol. I. Buenos Aires, Uteha Argentina, 1944.

_____. *Sistema di Diritto Processuale Civile*, vol. I. Padova, CEDAM, 1936.

CARPENA, Márcio Louzada. "Os poderes do juiz no *Common Law*", *Revista de Processo* 180. São Paulo, Ed. RT, fev. 2010, pp. 195-220.

CARVALHO, Milton Paulo de. *Do Pedido no Processo Civil*. Porto Alegre, Fabris Editor, 1992.

CASTRO, Daniel Penteado de. *Contribuições ao Estudo dos Poderes Instrutórios do Juiz no Processo Civil: fundamentos, interpretação e dinâmica*. São Paulo, Dissertação de mestrado defendida perante a Faculdade de Direito da Universidade de São Paulo, 2010.

CASTRO FILHO, José Olímpio de. *Abuso do Direito no Processo Civil*. 2ª ed. Rio de Janeiro, Forense, 1960.

CHAMON JÚNIOR, Lúcio Antônio. *Teoria da Argumentação Jurídica*. 2ª ed. Rio de Janeiro, Lumen Juris, 2009.

CHAYES, Abram. "The role of the judge in public law litigation", *Harvard Law Review*, vol. 89, n. 7, maio 1976, pp. 1.281/1.316.

CHIARLONI, Sergio. "Giusto processo, garanzie processuali, giustizia della decisione", *Revista de Processo* 152. Ano 32, São Paulo, Ed. RT, out. 2007, pp. 87-108.
CHIMENTI, Ricardo Cunha. *Teoria e Prática dos Juizados Especiais Estaduais e Federais*. 10ª ed., rev. e atual. São Paulo, Saraiva, 2008.
CHIOVENDA, Giuseppe. *Istituzioni di Diritto Processuale Civile*, vol. I. Napoli, Jovene, 1960.
_____. *Principii di Diritto Processuale Civile*. Napoli, Jovene, 1980.
CIPRIANI, Franco. "El proceso civil italiano entre revisionistas y negacionistas", in AROCA, Juan Montero (coord.). *Proceso Civil e Ideología: Un prefacio, una sentencia, dos cartas y quince ensayos*. Valencia, Tirant Lo Blanch, 2006, pp. 51-64.
_____. "L'avvocato e la verità", in YARSHELL, Flávio Luiz; MORAES, Maurício Zanoide de (coords.). *Estudos em Homenagem à Professora Ada Pellegrini Grinover*. São Paulo, DPJ, 2005, pp. 821-826.
CITATI, Alessandra e ZAMBRANO, Valentina. "Convergenze e divergenze tra la giurisprudenza italiana ed europea in materia di ragionevole durata del processo e di diritto all'equo indennizzo". Artigo publicado no endereço eletrônico: www.sioi.org/media/GruppoGRicercatori/7.Convergenze%20 e%20divergenze%20tra%20la%20giurisprudenza%20italiana%20ed%20 europea%20in%20materia%20di%20ragionevole%20durata%20del%20 processo%20e%20di%20diritto%20allequo%20indennizzo.pdf. Acessado em 3.9.2013, pp. 121-154.
COMOGLIO, Luigi Paolo. "Accesso alle corti e garanzie costituzionali", in YARSHELL, Flávio Luiz; e MORAES, Maurício Zanoide de (coords.). *Estudos em Homenagem à Professora Ada Pellegrini Grinover*. São Paulo, DPJ, 2005, pp. 259-280.
_____. *Etica e Tecnica del "Giusto Processo"*. Torino, Giappichelli, 2004.
_____. "I modelli di garanzia costituzionale del processo", in *Studi in Onore di Vittorio Denti*, vol. I. Padova, CEDAM, 1994, pp. 297-381.
_____. *Il Principio di Economia Processuale*. Padova, CEDAM, 1980.
CORDOPATRI, Francesco. *L'Abuso del Processo*, vols. I e II. Padova, CEDAM, 2000.
CORTÊS, Osmar Mendes Paixão. *Súmula Vinculante e Segurança Jurídica*. São Paulo, Ed. RT, 2008.
COSTA, Susana Henriques da. *Condições da Ação*. São Paulo, Quartier Latin, 2005.
COUTURE, Eduardo J. *Fundamentos do Direito Processual Civil*. Trad. Rubens Gomes de Sousa. São Paulo, Saraiva, 1946.
CRETELLA JÚNIOR, José. *Curso de Filosofia do Direito*. 11ª ed. Rio de Janeiro, Forense, 2007.
CRETELLA NETO, José. *Fundamentos Principiológicos do Processo Civil*. Rio de Janeiro, Forense, 2006.

DALLARI, Dalmo de Abreu. *Elementos de Teoria Geral do Estado*. 11ª ed. São Paulo, Saraiva, 1985.

DANIELE, Luigi. *Diritto dell'Unione Europea*. 4ª ed. Milano, Giuffrè, 2010.
DELGADO, José Augusto. "A Arbitragem no Brasil – Evolução histórica e conceitual". Artigo publicado no endereço eletrônico: www.saraivajur.com.br/menuEsquerdo/doutrinaArtigosDetalhe.aspx?doutrina=455. Acessado em 21.1.2011.
DELMANTO JÚNIOR, Roberto. "A garantia da razoável duração do processo penal e a Reforma do CPP", *Revista do Advogado*, n. 113. Ano XXXI, set. 2011, pp. 135-148.
DIAS, Maria Berenice. *Manual de Direito das Famílias*. 9ª ed. rev., atual. e ampl., 2ª tir. São Paulo, Ed. RT, 2013.
DIDIER JR., Fredie, "Contribuição para o entendimento do art. 620 do CPC (cláusula geral de proteção contra o abuso do direito pelo exequente)", in DIDIER JR., Fredie e outros (coords.). *Execução e Cautelar. Estudos em Homenagem a José de Moura Rocha*. 3ª série. Salvador, Juspodium, 2012, pp. 153-156.
_____. "Um réquiem às condições da ação. Estudo analítico sobre a existência do instituto", *Revista Forense* 351, n. 351. Rio de Janeiro, Forense, jul./set. 2000, pp. 65-82.
DIDONE, Antonio. *Equa Riparazione e Ragionevole Durata del Giusto Processo*. Milano, Giuffrè, 2002.
DINAMARCO, Cândido Rangel. "A função das Cortes Supremas na América Latina", *Revista Forense* 94, n. 342. Rio de Janeiro, Forense, abr./jun. 1998, pp. 3-12.
_____. *A Instrumentalidade do Processo*. 15ª ed., rev. e atual. São Paulo, Malheiros Editores, 2013.
_____. *A Reforma do Código de Processo Civil*. 5ª ed., rev., ampl. e atual. São Paulo, Malheiros Editores, 2001.
_____. *Execução Civil*. 8ª ed., rev., atual. e ampl. São Paulo, Malheiros Editores, 2001.
_____. *Fundamentos do Processo Civil Moderno*, ts. I e II. 6ª ed. São Paulo, Malheiros Editores, 2010.
_____. *Instituições de Direito Processual Civil*. São Paulo, Malheiros Editores, vol. I, 8ª ed., 2016; vols. II e III, 6ª ed., 2009; vol. IV, 3ª ed., 2009.
_____. *Nova Era do Processo Civil*. 4ª ed., rev., atual. e aum. São Paulo, Malheiros Editores, 2013.
_____; GRINOVER, Ada Pellegrini; e CINTRA, Antonio Carlos de Araújo. *Teoria Geral do Processo*. 31ª ed., rev. e ampl. São Paulo, Malheiros Editores, 2015.
DI NICOLA, Francesco de Santis. "Fra Roma e Strasburgo, alla ricerca dell''equa riparazione' per il danno non patrimoniale da irragionevole durata del processo". Artigo publicado no endereço eletrônico: www.studiolegalegiovanniromano.it/includes/php/scaricaFile.php?codice=22, pp. 1-52. Acessado em 3.9.2013.
DINIZ, Maria Helena. *Conflito de Normas*. 9ª ed. São Paulo, Saraiva, 2009.
_____. *As Lacunas no Direito*. 9ª ed., rev. e aum. São Paulo, Saraiva, 2009.
DORIA, Rogéria Dotti. "A litigância de má-fé e a aplicação de multas", in MARINONI, Luiz Guilherme (coord.). *Estudos de Direito Processual Civil*.

Homenagem ao Prof. Egas Dirceu Moniz de Araújo. São Paulo, Ed. RT, 2005, pp. 648-655.
DWORKIN, Ronald. *Los Derechos en Serio*. Trad. Marta Guastavino. Barcelona, Ariel, 1995.
_____. *O Império do Direito*. Trad. Jefferson Luiz Camargo. São Paulo, Martins Fontes, 2007.
_____. *Taking Rights Seriously*. Cambridge, Massachusetts, Harvard University Press, 1999.
_____. *Uma Questão de Princípio*. Trad. Luís Carlos Borges. São Paulo, Martins Fontes, 2005.

ECHANDÍA, Hernando Devis. *Nociones Generales de Derecho Procesal Civil*. Madrid, Aguilar, 1966.
_____. *Teoría General del Proceso*. 2ª ed. Buenos Aires, Editorial Universidad, 1997.
EDEL, Frédéric. "The Length of Civil and Criminal Proceedings in the case-law of the European Court of Human Rights", *Human Rights Files*, n. 16, Strasbourg, Council of Europe Publishing, 2007.
ENGISCH, Karl. *Introdução ao Pensamento Jurídico*. Trad. J. Baptista Machado. 10ª ed. Lisboa, Fundação Calouste Gulbenkian, 2008.

FALLETTI, Elena. "Il dibattito sulla ragionevole durata del processo tra la Corte europea dei diritti dell'uomo e lo Stato italiano", *Revista da AJURIS*, vol. 33, n. 101. Porto Alegre, AJURIS, mar. 2006, pp. 335-369.
FAZZALARI, Elio. *Istituzioni di Diritto Processuale*. 5ª ed. Padova, CEDAM, 1989.
FEITOSA GONÇALVES, Francysco Pablo. "Os princípios gerais da Administração Pública e o neoconstitucionalismo: até onde a adesão à doutrina alienígena é válida?", *RT* 910. Ano 100, São Paulo, Ed. RT, ago. 2011, pp. 21-42.
FERRAZ JÚNIOR, Tercio Sampaio. *Conceito de Sistema no Direito*. São Paulo, Ed. RT, 1976.
_____. *Introdução ao Estudo do Direito: Técnica, Decisão, Dominação*. 4ª ed., rev. e ampl. São Paulo, Atlas, 2003.
FERREIRA FILHO, Manoel Gonçalves. *Curso de Direito Constitucional*. 15ª ed., rev. e atual. São Paulo, Saraiva, 1986.
_____; GRINOVER, Ada Pellegrini; CUNHA FERRAZ, Anna Cândida da. *Liberdades Públicas: Parte Geral*. São Paulo, Saraiva, 1978.
FISS, Owen. *Um Novo Processo Civil: estudos norte-americanos sobre jurisdição, constituição e sociedade* (coord. da tradução: Carlos Alberto de Salles; tradução: Daniel Porto Godinho da Silva e Melina de Medeiros Rós). São Paulo, Ed. RT, 2004.
FONTE, Felipe de Melo; CASTRO, Natália Goulart. "*Amicus Curiae*, repercussão geral e o Projeto de Código de Processo Civil", in FREIRE, Alexandre e outros (coord.). *Novas Tendências do Processo Civil. Estudos sobre o Projeto do Novo Código de Processo Civil*. Salvador, Juspodium, 2013, pp. 871-891.
FORNACIARI JÚNIOR, Clito. "Nova execução: aonde vamos?", *Revista Síntese de Direito Civil e Processual Civil* 33/45, jan./fev. 2005.

FRANÇA. European Court of Human Rights. *2003 Annual Report*. Strasbourg, Council of Europe Publishing, 2004.

_____. European Court of Human Rights. *2012 Annual Report*. Strasbourg, Council of Europe Publishing, 2013.

FRANCO, Alberto Silva. "O perfil do juiz na sociedade em processo de globalização", in YARSHELL, Flávio Luiz; MORAES, Maurício Zanoide de (coords.). *Estudos em Homenagem à Professora Ada Pellegrini Grinover*. São Paulo, DPJ, 2005, pp. 809-820.

FRANÇOLIN, Wanessa de Cássia. *A Ampliação dos Poderes do Relator nos Recursos Cíveis*. Rio de Janeiro, Forense, 2006.

FREIRE, Rodrigo da Cunha Lima. *Condições da Ação: enfoque sobre o interesse de agir no processo civil brasileiro*. 3ª ed. São Paulo, Ed. RT, 2005.

FREITAS, José Lebre de. *A Acção Executiva depois da Reforma da Reforma*. 5ª ed. Coimbra, Coimbra Editora, 2009.

FROCHAM, Manuel Ibañez. *La Jurisdicción*. Buenos Aires, Astrea, 1972.

_____. *Los Recursos en el Proceso Civil*. Buenos Aires, Editores Sociedad Bibliográfica Argentina, 1943.

GAJARDONI, Fernando da Fonseca. *Flexibilização Procedimental: um novo enfoque para o estudo do procedimento em matéria processual*. Coleção Atlas de Processo Civil. Coord. Carlos Alberto Carmona. São Paulo, Atlas, 2008.

GARNER, Bryan A (coord.). *Black's Law Dictionary*. 7ª ed. St. Paul, Minn., West Group, 1999.

GARTH, Bryant G. "Delay and settlement in civil litigation: notes toward a comparative and sociological perspective", in *Studi in Onore di Vittorio Denti*, vol. II. Padova, CEDAM, 1994, pp. 159-179.

GASPARDY, Ladislao. "I tempi del processo civile nell'ordinamento ungherese contemporaneo", *Studi in Onore di Vittorio Denti*, vol. II. Padova, CEDAM, 1994, pp. 181-207.

GIDI, Antônio. *Coisa Julgada e Litispendência em Ações Coletivas*. São Paulo, Saraiva, 1995.

GIMÉNEZ, Ignacio Díez-Picazo. "Con motivo de la traducción al italiano de la obra del profesor Juan Montero Aroca sobre los principios políticos del proceso civil español", in AROCA, Juan Montero (coord.). *Proceso Civil e Ideología: Un prefacio, una sentencia, dos cartas y quince ensayos*. Valencia, Tirant Lo Blanch, 2006, pp. 29-46.

GÓES, Gisele Santos Fernandes. "Existe discricionariedade judicial? Discricionariedade *x* termos jurídicos indeterminados e cláusulas gerais", in MEDINA, José Miguel Garcia e outros (coord.). *Os Poderes do Juiz e o Controle das Decisões Judiciais*. 2ª tir. São Paulo, Ed. RT, 2008, pp. 87-93.

GOLDSCHMIDT, James. *Principios Generales del Proceso*, vol. I. Buenos Aires, Ediciones Jurídicas Europa-América (EJEA), 1961.

GOMES, Sérgio Alves. *Os Poderes do Juiz na Direção e Instrução do Processo Civil*. Rio de Janeiro, Forense, 1995.

GOMES FILHO, Antonio Magalhães. "Notas sobre a terminologia da prova (reflexos no processo penal brasileiro)", in YARSHELL, Flávio Luiz; e

MORAES, Maurício Zanoide de (coords.). *Estudos em Homenagem à Prof. Ada Pellegrini Grinover*. São Paulo, DPJ, 2005, pp. 303-318.
GOUVEIA, Mariana França. *Os Poderes do Juiz Cível na Acção Declarativa. Em defesa de um processo civil ao serviço do cidadão*. Texto obtido através do endereço eletrônico: www.fd.unl.pt/docentes_docs/ma/MFG_MA_2830.doc. Acessado em 4.6.2012.
GRAU, Eros Roberto. *Ensaio e Discurso sobre a Interpretação/Aplicação do Direito*. 5ª ed., rev. e ampl. São Paulo, Malheiros Editores, 2009.
_____. *O Direito Posto e o Direito Pressuposto*. 9ª ed., rev. e ampl. São Paulo, Malheiros Editores, 2014.
GRECO, Leonardo. "A execução e a efetividade do processo", *Revista de Processo* 94, abr./jun. 1999, pp. 34-66.
_____. "A reforma do processo de execução", *Revista Forense* 350. Rio de Janeiro, Forense, abr./jun. de 2000, pp. 57-86.
_____. "Garantias fundamentais do processo: o processo justo", in *Estudos de Direito Processual*. Campos de Goytacazes, Editora Faculdade de Direito de Campos, 2005, pp. 225-286.
GRINOVER, Ada Pellegrini e outros. *As Garantias Constitucionais do Direito de Ação*. São Paulo, Ed. RT, 1973.
_____. "As provas ilícitas na Constituição", in *O Processo em Evolução*. São Paulo, Forense Universitária, 1998.
_____. *Código Brasileiro de Defesa do Consumidor Comentado pelos Autores do Anteprojeto*. 8ª ed. Rio de Janeiro, Forense Universitária, 2005.
_____. *Liberdades Públicas e Processo Penal. As interceptações telefônicas*. 2ª ed., atual. São Paulo, Ed. RT, 1982.
_____. "O conteúdo da garantia do contraditório", in *Novas Tendências do Direito Processual*. Rio de Janeiro, Forense Universitária, 1990.
_____. "O controle de políticas públicas pelo Poder Judiciário", *O processo – Estudos e Pareceres*. 2ª ed. São Paulo, DPJ, 2009, pp. 36-57.
_____. "O tratamento dos processos repetitivos", in *Processo Civil: Novas Tendências. Estudos em Homenagem ao prof. Humberto Theodoro Júnior*. Belo Horizonte, Del Rey, 2008, pp. 1-9.
_____; FERNANDES, Antonio Scarance; GOMES FILHO, Antônio Magalhães. *As Nulidades no Processo Penal*. 8ª ed. São Paulo, Ed. RT, 2004.
_____; WATANABE, Kazuo e MULLENIX, Linda. *Os Processos Coletivos nos Países de* Civil Law *e* Common Law. *Uma análise de direito comparado*. São Paulo, Ed. RT, 2008.
GUASP, Jaime. *Comentarios a la Ley de Enjuiciamiento Civil*, t. I. Madrid, Aguilar, 1943.
_____. *Derecho Procesal Civil*, t. I. 4ª ed. Madrid, Civitas, 1998.
GUERRA, Marcelo Lima. "Prisão civil de depositário infiel e princípio da proporcionalidade", *Revista de Processo* 105. São Paulo, Ed. RT, jan./mar. 2002, pp. 34-42.
GUERRA FILHO, Willis Santiago. "Notas para destacar a importância do princípio constitucional da proporcionalidade no delineamento dos poderes do juiz", in MEDINA, José Miguel Garcia e outros (coord.). *Os Poderes do*

Juiz e o Controle das Decisões Judiciais. 2ª tir. São Paulo, Ed. RT, 2008, pp. 115-124.

_____. "Princípio da proporcionalidade e devido processo legal", in SILVA, Virgílio Afonso da (org.), *Interpretação Constitucional*. 1ª ed., 3ª tir. São Paulo, Malheiros Editores, 2010, pp. 255-269.

_____. *Processo Constitucional e Direitos Fundamentais*. São Paulo, Celso Bastos, 1999.

GUIMARÃES, Mário. *O Juiz e a Função Jurisdicional*. Rio de Janeiro, Forense, 1958.

HABERMAS, Jürgen. *Técnica e Ciência como "Ideologia"*. Lisboa, Edições 70, 1997.

HART, Herbert L. A. *O Conceito de Direito*. Trad. A. Ribeiro Mendes. 3ª ed. Lisboa, Fundação Calouste Gulbenkian, 2001.

HERRENDORF, Daniel E. *El Poder de los Jueces: Cómo piensan los jueces que piensan*. 3ª ed., atual. Buenos Aires, Abeledo-Perrot, 1998.

HOUAISS, Antônio; e VILLAR, Mauro de Salles. *Dicionário Houaiss da Língua Portuguesa*. 1ª ed. Rio de Janeiro, Editora Objetiva, 2009.

INGMAN, Terence. *The English Legal Process*. 9ª ed. New York, Oxford University Press, 2002.

JACOB, Jack I. H. *La Giustizia Civile in Inghilterra*. Trad. Elisabetta Silvestri. Bologna, Il Mulino, 1995.

JOLOWICZ, J. A. *On Civil Procedure*. Cambridge, Cambridge University Press, 2000.

JORGE JÚNIOR, Alberto Gosson. *Cláusulas Gerais no novo Código Civil*. São Paulo, Saraiva, 2004.

JOSSERAND, Louis. *De l'Esprit des Droits et de leur Relativité – Théorie dite de l'abus des droits*. Paris, Dalloz, 1927.

KELSEN, Hans. *Contribuciones a la Teoría Pura del Derecho*. México, Distribuciones Fontamara, 1999.

_____. *Jurisdição Constitucional*. São Paulo, Martins Fontes, 2007.

_____. *O que é Justiça?* Trad. Luís Carlos Borges. 3ª ed., 2ª tir. São Paulo, Martins Fontes, 2010.

_____. *Teoria Pura do Direito*. Trad. João Baptista Machado. 6ª ed. Coimbra, Armênio Amado, 1984.

KOJIMA, Takeshi. "A planetary system of justice – conceptualizing the relationship between litigation and ADR", in *Studi in Onore di Vittorio Denti*, vol. I. Padova, CEDAM, 1994, pp. 449-466.

KOMATSU, Roque. *Da Invalidade no Processo Civil*. São Paulo, Ed. RT, 1991.

_____. "Notas em torno dos deveres processuais dos juízes", in SALLES, Carlos Alberto de (coord.). *As Grandes Transformações do Processo Civil Brasileiro*. São Paulo, Quartier Latin, 2009, pp. 687-731.

LACERDA, Galeno. *Despacho Saneador*. Porto Alegre, Sulina, 1953.
LAMY, Eduardo de Avelar. "Explicitando a repercussão geral para a admissão do recurso extraordinário", in LAMY, Eduardo e outros (coords). *Processo Civil em Movimento. Diretrizes para o Novo CPC*. Florianópolis, Conceito, 2013, pp. 785-794.

_____. "Intervenção de terceiros e o princípio da fungibilidade: hipóteses de aplicação", in DIDIER JR., Fredie *et al* (coords.). *O Terceiro no Processo Civil Brasileiro e Assuntos Correlatos. Estudos em Homenagem ao Professor Athos Gusmão Carneiro*. São Paulo, Ed. RT, 2010, pp. 191-198.

_____. "Súmula vinculante: um desafio", *Revista de Processo* 120. São Paulo, Ed. RT, fev. 2005, pp. 112-137.

LARENZ, Karl. *Derecho Justo*. Madrid, Civitas, 1985.

_____. *Metodologia da Ciência do Direito*. Trad. José Lamego. 3ª ed. Lisboa, Fundação Calouste Gulbenkian, 1997.

LASPRO, Oreste Nestor de Souza. *Duplo Grau de Jurisdição no Direito Processual Civil*. São Paulo, Ed. RT, 1995.

_____. "Garantia do duplo grau de jurisdição", in TUCCI, José Rogério Cruz e (coord.). *Garantias Constitucionais do Processo Civil*. 1ª ed., 2ª tir. São Paulo, Ed. RT, 1999, pp. 190-206.

LEONEL, Ricardo de Barros. "A *causa petendi* nas ações coletivas", in TUCCI, José Rogério Cruz e; BEDAQUE, José Roberto dos Santos (coord.). *Causa de Pedir e Pedido no Processo Civil (questões polêmicas)*. São Paulo, Ed. RT, 2002, pp. 125-190.

_____. *Tutela Jurisdicional Diferenciada*. São Paulo, Ed. RT, 2010.

_____. "Tutela jurisdicional diferenciada no Projeto de Novo Código de Processo Civil", *Revista de Informação Legislativa*, n. 190. Brasília, ano 48, abr./jun. 2011, pp. 179-190.

LESSA, Pedro. *Do Poder Judiciário*. Rio de Janeiro, Livraria Francisco Alves, 1915.

LIEBMAN, Enrico Tullio. "Il titolo esecutivo riguardo ai terzi", in *Problemi del Processo Civile*. Napoli, Morano, 1962.

_____. *Manuale di Diritto Processuale*, vol. I. 3ª ed. Milano, Giuffrè, 1992. Tradução brasileira: *Manual de Direito Processual Civil*, vol. I. 3ª ed. Trad. e notas de Cândido Rangel Dinamarco. São Paulo, Malheiros Editores, 2005.

_____. *Processo de Execução*. 4ª ed. (com "notas de atual." do Prof. Joaquim Munhoz de Mello). São Paulo, Saraiva, 1980.

LOPES, João Batista. *Ação Declaratória*. 4ª ed., rev. e ampl. São Paulo, Ed. RT, 1995.

_____. *A Prova no Direito Processual Civil*. 3ª ed., rev., atual. e ampl. São Paulo, Ed. RT, 2007.

_____. "Os poderes do juiz e o aprimoramento da prestação jurisdicional", *Revista de Processo* 35. Ano 9, abr./jun. 1984, pp. 24-67.

_____. *Tutela Antecipada no Processo Civil Brasileiro*. 4ª ed., rev., atual. e ampl. São Paulo, Ed. RT, 2009.

LOPES, Maria Elizabeth de Castro. *O Juiz e o Princípio Dispositivo*. São Paulo, Ed. RT, 2006.

LUCON, Paulo Henrique dos Santos. "Abuso do exercício do direito de recorrer", in NERY JÚNIOR, Nelson; WAMBIER, Teresa Arruda Alvim (coords.). *Aspectos Polêmicos e Atuais dos Recursos Cíveis*. São Paulo, Ed. RT, 2001, pp. 873-904.

_____. "Art. 515, § 3º, do Código de Processo Civil, ordem pública e prequestionamento", in MEDINA, José Miguel Garcia e outros (coord.). *Os Poderes do Juiz e o Controle das Decisões Judiciais. Estudos em Homenagem à Prof. Teresa Arruda Alvim Wambier.* 2ª tir. São Paulo, Ed. RT, 2008, pp. 37-46.

_____. "Devido processo legal substancial". Artigo publicado no endereço eletrônico: www.mundojuridico.adv.br/sis_artigos/artigos.asp?codigo=6. Acesso em 22.3.2011.

_____. "Execução provisória: caução e ressarcimento dos danos", in *Eficácia das Decisões e Execução Provisória*. São Paulo, Ed. RT, 2000.

_____. "Garantia do tratamento paritário das partes", in TUCCI, José Rogério Cruz e (coord.). *Garantias Constitucionais do Processo Civil*. São Paulo, Ed. RT, 1999.

_____. "Títulos executivos e multa de 10%", in *Execução Civil, Estudos em Homenagem ao Prof. Humberto Theodoro Júnior*. São Paulo, Ed. RT, 2007, pp. 986-1.003.

_____; GABBAY, Daniela Monteiro; ALVES, Rafael Francisco; ANDRADE, Tathyana Chaves de. "Interpretação do pedido e da causa de pedir nas demandas coletivas (conexão, continência e litispendência)", in LUCON, Paulo Henrique dos Santos (coord.). *Tutela Coletiva. 20 anos da Lei da Ação Civil Pública e do Fundo de Defesa de Direitos Difusos. 15 anos do Código de Defesa do Consumidor*. São Paulo, Atlas, 2006.

LUHMANN, Niklas. *Legitimação pelo Procedimento*. Trad. Maria da Conceição Côrte-Real. Brasília, UnB, 1980.

MACIEL JÚNIOR, Vicente de Paula. "A tutela antecipada no Projeto do novo CPC", in FREIRE, Alexandre e outros (coord.), *Novas Tendências do Processo Civil. Estudos sobre o Projeto do Novo Código de Processo Civil*. Salvador, Juspodium, 2013, pp. 305-332.

MANCUSO, Rodolfo de Camargo. *Acesso à Justiça. Condicionantes legítimas e ilegítimas*. São Paulo, Ed. RT, 2011.

_____. *A Resolução dos Conflitos e a Função Judicial no Contemporâneo Estado de Direito*. São Paulo, Ed. RT, 2009.

_____. *Interesses Difusos. Conceito e Legitimação para Agir*. 4ª ed., rev. e atual. São Paulo, Ed. RT, 1997.

_____. *Jurisdição Coletiva e Coisa Julgada. Teoria Geral das Ações Coletivas*. 2ª ed., rev., atual. e ampl. São Paulo, Ed. RT, 2007.

_____. "Questões controvertidas sobre a súmula vinculante", in MEDINA, José Miguel Garcia e outros (coord.), *Os Poderes do Juiz e o Controle das Decisões Judiciais. Estudos em Homenagem à Prof. Teresa Arruda Alvim Wambier*. 2ª tir. São Paulo, Ed. RT, 2008, pp. 1.188-1.194.

_____. *Recurso Extraordinário e Recurso Especial*. 11ª ed., rev., atual. e ampl. São Paulo, Ed. RT, 2010.

MANDRIOLI, Crisanto. *Corso di Diritto Processuale Civile*, vol. I. 4ª e 11ª eds. Torino, Giappichelli, 2005 e 2013.

MARCATO, Ana Cândida Menezes. *O Princípio do Duplo Grau de Jurisdição e a Reforma do Código de Processo Civil*. Coleção Atlas de Processo Civil. Coord. Carlos Alberto Carmona. São Paulo, Atlas, 2006.

MARCATO, Antônio Carlos (coord.). *Código de Processo Civil Interpretado*. 2ª ed. São Paulo, Atlas, 2005.

──────. *Procedimentos Especiais*. 7ª ed., 2ª tir., ampl. São Paulo, Malheiros Editores, 1997.

MARDER, Alexandre Salgado. *Das Invalidades no Direito Processual Civil*. São Paulo, Malheiros Editores, 2010.

MARINONI, Luiz Guilherme. "A jurisdição no Estado contemporâneo", in MARINONI, Luiz Guilherme (coord.). *Estudos de Direito Processual Civil. Homenagem ao Prof. Egas Dirceu Moniz de Aragão*. São Paulo, Ed. RT, 2005, pp. 13-66.

──────. *Abuso de Defesa e Parte Incontroversa da Demanda*. São Paulo, Ed. RT, 2007.

──────. *Antecipação da Tutela*. 11ª ed. São Paulo, Ed. RT, 2009.

──────. "Garantia da tempestividade da tutela jurisdicional e duplo grau de jurisdição", in TUCCI, José Rogério Cruz e (coord.). *Garantias Constitucionais do Processo Civil. Homenagem aos 10 anos da Constituição Federal de 1988*. São Paulo, Ed. RT, 1999.

──────. "O procedimento comum clássico e a classificação trinária das sentenças como obstáculos à efetividade da tutela dos direitos", in http://bdjur.stj.gov.br/xmlui/bitstream/handle/2011/2221/O_Procedimento_Comum_Cl%C3%A1ssico.pdf?sequence=1. Acesso em 10.6.2010, pp. 1-34.

──────. *Precedentes Obrigatórios*. 2ª ed. rev. e atual. São Paulo, Ed. RT, 2011.

──────. "Princípio da segurança dos atos jurisdicionais", in TORRES, Ricardo Lobo; KATAOKA, Eduardo Takemi; e GALDINO, Flávio (orgs.). *Dicionário de Princípios Jurídicos*. Rio de Janeiro, Elsevier, 2011, pp. 1.225-1.258.

──────. *Técnica Processual e Tutela dos Direitos*. 2ª ed., rev. e atual. São Paulo, Ed. RT, 2008.

──────. *Tutela Antecipatória, Julgamento Antecipado e Execução Imediata da Sentença*. São Paulo, Ed. RT, 1997.

──────. *Tutela Antecipatória e Julgamento Antecipado: parte incontroversa da demanda*. 5ª ed., rev., atual. e ampl. São Paulo, Ed. RT, 2002.

──────. *Tutela Inibitória (Individual e Coletiva)*. 4ª ed., rev., atual. e ampl. São Paulo, Ed. RT, 2006.

──────; ARENHART, Sérgio Cruz. *Prova*. São Paulo, Ed. RT, 2009.

──────; MITIDIERO, Daniel. *O Projeto do CPC. Crítica e Propostas*. 2ª tir. São Paulo, Ed. RT, 2010.

MARQUES, José Frederico Marques. *Manual de Direito Processual Civil*, vols. I e IV. Atual. Vilson Rodrigues Alves. Campinas, Bookseller, 1997.

MARTIN OSTOS, Jose de los Santos. *Las Diligencias para mejor Proveer en el Proceso Civil*. Madrid, Montecorvo, 1981.

MAXIMILIANO, Carlos. *Hermenêutica e Aplicação do Direito*. 19ª ed. Rio de Janeiro, Forense, 2007.
MEDAUAR, Odete. *Direito Administrativo Moderno*. São Paulo, Ed. RT, 2002.
_____. "Segurança jurídica e confiança legítima", in ÁVILA, Humberto (org.). *Fundamentos do Estado de Direito. Estudos em Homenagem ao Prof. Almiro do Couto e Silva*. São Paulo, Malheiros Editores, 2005.
MEDINA, José Miguel Garcia. "A sentença declaratória como título executivo. Considerações sobre o art. 475-N, inc. I do CPC", in HOFFMAN, Paulo; e RIBEIRO, Leonardo Ferres da Silva (coord.). *Processo de Execução Civil. Modificações da Lei 11.232/05*. São Paulo, Quartier Latin, out. 2006, pp. 96-126.
_____. "Variações recentes dos poderes executivos do juiz, cumprimento e execução da sentença condenatória", in MEDINA, José Miguel Garcia e outros (coord.). *Os Poderes do Juiz e o Controle das Decisões Judiciais. Estudos em Homenagem à Prof. Teresa Arruda Alvim Wambier*. 2ª tir. São Paulo, Ed. RT, 2008, pp. 332-342.
MELLO, Marcos Bernardes de. *Teoria do Fato Jurídico: Plano da Existência*. 9ª ed. São Paulo, Saraiva, 1999.
MENDES, Gilmar F.; STRECK, Lenio L. "Comentário ao artigo 102, § 3º", in CANOTILHO, J. J. Gomes; SARLET, Ingo W.; MENDES, Gilmar F.; STRECK, Lenio L. (coords.). *Comentários à Constituição do Brasil*. São Paulo, Saraiva/Almedina, 2013, pp. 1.405-1.409.
MENDONÇA JÚNIOR, Delosmar. *Princípios da Ampla Defesa e da Efetividade no Processo Civil Brasileiro*. São Paulo, Malheiros Editores, 2001.
MICHELI, Gian Antonio. *L'Onere della Prova*. Padova, CEDAM, 1966.
MIRANDA, Vicente. *Poderes do Juiz no Processo Civil Brasileiro*. São Paulo, Saraiva, 1993.
MONTELEONE, Girolamo. "El actual debate sobre las 'orientaciones publicísticas' del proceso civil", in AROCA, Juan Montero (coord.). *Proceso Civil e Ideología: Un prefacio, una sentencia, dos cartas y quince ensayos*. Valencia, Tirant Lo Blanch, 2006, pp. 173-197.
_____. "Principios e ideologías del proceso civil. Impresiones de un 'revisionista'", in AROCA, Juan Montero (coord.). *Proceso Civil e Ideología: Un prefacio, una sentencia, dos cartas y quince ensayos*. Valencia, Tirant Lo Blanch, 2006, pp. 97-107.
MONTERO AROCA, Juan. *El Derecho Procesal en el siglo XX*. Valencia, Tirant Lo Blanch, 2000.
_____. "El proceso civil llamado 'social' como instrumento de 'justicia' autoritaria", in AROCA, Juan Montero (coord.). *Proceso Civil e Ideología: Un prefacio, una sentencia, dos cartas y quince ensayos*. Valencia, Tirant Lo Blanch, 2006, pp. 129-165.
_____. "La ideología de los jueces y el caso concreto. Por alusiones, pido la palabra", in AROCA, Juan Montero (coord.). *Proceso Civil e Ideología: Un prefacio, una sentencia, dos cartas y quince ensayos*. Valencia, Tirant Lo Blanch, 2006, pp. 265-276.

MONTESQUIEU, Charles Louis de. *O Espírito das Leis*. 4ª ed. São Paulo, Martins Fontes, 2005.

MORAES, Alexandre de. *Direito Constitucional*. 27ª ed. São Paulo, Atlas, 2011.

MOTTA, Carlos Dias. *Direito Matrimonial e seus Princípios Jurídicos*. São Paulo, Ed. RT, 2007.

NALINI, José Renato. "As urgências da Justiça", *Folha de São Paulo*, Tendências/debates, 9.2.2011, p. A3.

_____. "O juiz e a ética no processo", in NALINI, José Renato (coord.). *Uma nova Ética para o Juiz*. São Paulo, Ed. RT, 1994, pp. 85-106.

_____. *O Juiz e o Acesso à Justiça*. São Paulo, Ed. RT, 1994.

_____. "Tema irrelevante", *O Estado de São Paulo*, ao end. eletrônico: www.estadao.com.br/estadaodehoje/20110307/not_imp688787,0.php. Acesso em 8.3.2011.

NEGRÃO, Theotonio e GOUVÊA, José Roberto F. *Código de Processo Civil e legislação processual em vigor*. 39ª ed. São Paulo, Saraiva, 2007.

NERY JUNIOR, Nelson. *Princípios do Processo Civil na Constituição Federal*. 8ª ed., rev., atual., ampl. São Paulo, Ed. RT, 2004.

_____. *Teoria Geral dos Recursos*. 6ª ed. atual., ampl. e reform. São Paulo, Ed. RT, 2004.

_____; NERY, Rosa Maria de Andrade. *Código de Processo Civil Comentado e Legislação Extravagante*. 10ª ed. São Paulo, Ed. RT, 2007.

_____. *Constituição Federal Comentada e Legislação Constitucional*. 2ª ed., rev., atual. e ampl. São Paulo, Ed. RT, 2009.

NEVES, Celso. "Classificação das ações", *Revista da Faculdade de Direito*, vol. LXX. São Paulo, 1975, p. 345/359.

_____. "Jurisdição", *Textos elaborados pelo Prof. Celso Neves para Debate e Desenvolvimento da Matéria em Curso de Pós-graduação*. Departamento de Direito Processual da Faculdade de Direito da Universidade de São Paulo, 1º sem. 1992.

NEVES, Daniel Amorim Assumpção. *Ações Probatórias Autônomas*. São Paulo, Saraiva, 2008.

NUVOLONE, Pietro. "Le prove vietate nel processo penale nei paesi di diritto latino", *Rivista di Diritto Processuale*, n. 3, 1966.

OLIVEIRA, Carlos Alberto Alvaro de. *Do Formalismo no Processo Civil. Proposta de um formalismo-valorativo*. 3ª ed., rev., atual. e aum. São Paulo, Saraiva, 2009.

_____. "O formalismo-valorativo no confronto com o formalismo excessivo", *Revista de Processo* 137. São Paulo, Ed. RT, jul. 2006, pp. 7-31.

_____. "Poderes do juiz e visão cooperativa do processo", artigo publicado no endereço eletrônico: www.mundojuridico.adv.br, acesso em 4.6.2012, pp. 1-44.

_____. *Teoria e Prática da Tutela Jurisdicional*. Rio de Janeiro, Forense, 2008.

_____. "Tutela declaratória executiva?", *Revista do Advogado*, n. 85. Ano XXVI, maio 2006, pp. 36-43.
ONODERA, Marcus Vinicius Kiyoshi. "O controle judicial das políticas públicas por meio do mandado de injunção, ação direta de inconstitucionalidade por omissão e arguição de descumprimento de preceito fundamental. Contornos e perspectivas", in GRINOVER, Ada Pellegrini; e WATANABE, Kazuo (coords.). *O Controle Jurisdicional de Políticas Públicas*. Rio de Janeiro, Forense, 2011, pp. 419-450.

PACÍFICO, Luiz Eduardo Boaventura. "Direito processual civil italiano", in TUCCI, José Rogério Cruz e (coord.). *Direito Processual Civil Europeu Contemporâneo*. São Paulo, Lex, 2010, pp. 245-283.
PADILHA, Norma Sueli. *Colisão de Direitos Metaindividuais e a Decisão Judicial*. Porto Alegre, Sergio Antonio Fabris Editor, 2006.
PEREIRA, Caio Mário da Silva. *Instituições de Direito Civil*, vol. I. 22ª ed. Rio de Janeiro, Forense, 2007.
PERELMAN, Chaïm. *Lógica Jurídica. Nova Retórica*. Trad. Vergínia K. Pupi. 2ª ed., 2ª tir. São Paulo, Martins Fontes, 2010.
_____. *Retóricas*. Trad. Maria Ermantina Galvão G. Pereira. São Paulo, Martins Fontes, 1999.
_____; OLBRECHTS-TYTECA, Lucie. *Tratado da Argumentação. A nova Retórica*. São Paulo, Martins Fontes, 2005.
PERLINGEIRO, Ricardo. "Redefinição de papéis na execução de quantia certa contra a Fazenda Pública", *Revista CEJ*, vol. 31, n. 9. Brasília, out./dez. 2005, pp. 68-74.
PICÓ I JUNOY, Joan. "El derecho procesal entre el garantismo y la eficacia: un debate mal planteado", in AROCA, Juan Montero (coord.). *Proceso Civil e Ideología: Un prefacio, una sentencia, dos cartas y quince ensayos*. Valencia, Tirant Lo Blanch, 2006, pp. 109-127.
PINTO, Junior Alexandre Moreira. "Sistemas rígidos e flexíveis: a questão da estabilização da demanda", in TUCCI, José Rogério Cruz e; e BEDAQUE, José Roberto dos Santos (coords.). *Causa de Pedir e Pedido no Processo Civil (questões polêmicas)*. São Paulo, Ed. RT, 2002, pp. 53-90.
PONTES DE MIRANDA, Francisco Cavalcanti. *Comentários ao Código de Processo Civil*, t. I. Rio de Janeiro e São Paulo, Forense, 1974.
_____. *Comentários ao Código de Processo Civil*, t. IV. 2ª ed. Rio de Janeiro, Forense, 1959.
_____. *Tratado das Ações*, t. I. São Paulo, Ed. RT, 1970.
PORTANOVA, Rui. *Princípios do Processo Civil*. 6ª ed. Porto Alegre, Livraria do Advogado, 2005.
PORTO, Mônica Monteiro. "Repercussão geral: sua eficácia no âmbito do STF", in LAMY, Eduardo e outros (coords). *Processo Civil em Movimento. Diretrizes para o Novo CPC*. Florianópolis, Conceito, 2013, pp. 896-902.
PRADO, Lídia Reis de Almeida. *O Juiz e a Emoção: aspectos da lógica da decisão judicial*. 5ª ed. Campinas, Millennium, 2010.

PROTO PISANI, Andrea. *Lezioni di Diritto Processuale Civile*. 3ª ed. Napoli, Eugenio Jovene, 1999.

PUOLI, José Carlos Baptista. *Os Poderes do Juiz e as Reformas do Processo Civil*. São Paulo, Juarez de Oliveira, 2002.

RABONEZE, Ricardo. *Provas Obtidas por Meios Ilícitos*. Porto Alegre, Síntese, 1998.

RADBRUCH, Gustav. *Filosofia do Direito*. Trad. Marlene Holzhausen. São Paulo, Martins Fontes, 2010.

RAMOS, Elival da Silva. *Ativismo Judicial. Parâmetros dogmáticos*. 1ª ed., 2ª tir. São Paulo, Saraiva, 2010.

_____. "Controle jurisdicional de políticas públicas: a efetivação dos direitos sociais à luz da Constituição brasileira de 1988", *Revista da Faculdade de Direito*, vol. 102. São Paulo, Universidade de São Paulo, 2007, pp. 327-356.

RAO, Vicente. *O Direito e a Vida dos Direitos*. 6ª ed., anot. e atual. por Ovídio Rocha Barros Sandoval. São Paulo, Ed. RT, 2005.

RAWLS, John. *Uma Teoria da Justiça*. Trad. Jussara Simões. São Paulo, Martins Fontes, 2008.

REALE, Miguel. "A ética do juiz na cultura contemporânea", in NALINI, José Renato (coord.). *Uma nova Ética para o Juiz*. São Paulo, Ed. RT, 1994, pp. 130-146.

_____. *Lições Preliminares de Direito*. 27ª ed. São Paulo, Saraiva, 2009.

RECASÉNS SICHES, Luis. *Experiencia Jurídica, Naturaleza de la Cosa y Lógica "Razonable"*. México, Universidad Nacional Autónoma de México (UNAM), 1971.

_____. *Tratado General de Filosofía del Derecho*. 3ª ed. México, Porrúa, 1965.

REDENTI, Enrico e VELANI, Mario. *Diritto Processuale Civile*, vol. 1. 5ª ed. Milano, Giuffrè, 2000.

REGO, Hermenegildo de Souza. *Natureza das Normas sobre a Prova*. São Paulo, Ed. RT, 1985.

RENAULT, Sérgio Rabello Tamm e BOTTINI, Pierpaolo Cruz. "O contexto da reforma processual civil", in RENAULT, Sérgio; e BOTTINI, Pierpaolo (coord.). *A Nova Execução de Títulos Judiciais: comentários à lei n. 11.232/05*. São Paulo, Saraiva, 2006, pp. 1-13.

RIBEIRO, Flávia Pereira. "A repercussão geral no recurso extraordinário", *Revista de Processo* 197. Ano 36, São Paulo, Ed. RT, jun. 2011, pp. 447-467.

ROCCO, Alfredo. *La Sentenza Civile*. Milano, Giuffrè, 1962.

RODRIGUES, Ângela de Lourdes; CHAVES, Charley Teixeira; LIMA, Juliano Vitor; DINIZ, Suzana Rocha Savoi. "A coisa julgada em Allorio", in LEAL, Rosemiro Pereira (coord.). *O Ciclo Teórico da Coisa Julgada: de Chiovenda a Fazzalari*. Belo Horizonte, Del Rey, 2007, pp. 129-178.

RULLI JÚNIOR, Antônio. "Jurisdição e sociedade da informação", in PAESANI, Liliana Minardi (coord.). *O Direito na Sociedade da Informação*. São Paulo, Atlas, 2007, pp. 79-98.

SADEK, Maria Tereza e ARANTES, Rogério Bastos. "A crise do Judiciário e a visão dos juízes", *Revista da Universidade de São Paulo*, n. 21, mar./abr./ maio 1994, pp. 34-45.

SALLES, Carlos Alberto de. "Duas faces da proteção judicial dos direitos sociais no Brasil", in SALLES, Carlos Alberto de (coord.). *As Grandes Transformações do Processo Civil Brasileiro*. São Paulo, Quartier Latin, 2009, pp. 787-818.

_____. "Políticas públicas e processo: a questão da legitimidade nas ações coletivas", in BUCCI, Maria Paula Dallari (org.). *Políticas Públicas: reflexões sobre o conceito jurídico*. São Paulo, Saraiva, 2006, pp. 177-191.

SANTOS, Moacyr Amaral. *Primeiras Linhas de Direito Processual Civil*, 1º vol., 12ª ed. e 2º vol., 10ª ed. São Paulo, Saraiva, 1985.

SAREDO, Giuseppe. *Istituzioni di Procedura Civile*, vol. I. Firenze, Giuseppe Pellas, 1887.

SATTA, Salvatore. *Diritto Processuale Civile*. 2ª ed. Padova, CEDAM, 1950.

SICA, Heitor Vitor Mendonça. "Direito processual civil espanhol", in TUCCI, José Rogério Cruz e (coord.). *Direito Processual Civil Europeu Contemporâneo*. São Paulo, Lex Ed., 2010, pp. 71-112.

_____. *Preclusão Processual Civil*. 2ª ed. Coleção Atlas de Processo Civil. Coord. Carlos Alberto Carmona. São Paulo, Atlas, 2008.

SILVA, Bruno Freire e; FLORENTINO, Carlos Manoel Leite Gomes. "Uma análise da tendência do aumento dos poderes do juiz no campo das provas e os seus necessários limites diante de princípios e regras", in NEVES, Daniel Amorim Assumpção (coord.). *Provas. Aspectos Atuais do Direito Probatório*. São Paulo, Método, 2009.

SILVA, De Plácido e. *Vocabulário Jurídico*. Atualizadores: Nagib Slaibi Filho e Geraldo Magela Alves. 15ª ed. Rio de Janeiro, Forense, 1998.

SILVA, Fernanda Tartuce. *Vulnerabilidade como Critério Legítimo de Desequiparação no Processo Civil*. Tese de doutorado defendida perante a Faculdade de Direito da Universidade de São Paulo, 2011. Versão resumida, acesso em 12.2.2014 ao endereço eletrônico: www.teses.usp.br/teses/dispo niveis/2/2137/tde-16082012-143743/pt-br.php.

SILVA, José Afonso da. *Aplicabilidade das Normas Constitucionais*. 8ª ed., 2ª tir. São Paulo, Malheiros Editores, 2015.

_____. *Curso de Direito Constitucional Positivo*. 38ª ed., rev. e atual. São Paulo, Malheiros Editores, 2015; 39ª ed., 2016.

SILVA, Luís Virgílio Afonso da. "O proporcional e o razoável", *RT* 798. São Paulo, Ed. RT, abril. 2002, pp. 23-50.

SILVA, Ovídio Araújo Baptista da. *Jurisdição e Execução na Tradição Romano- -Canônica*. 3ª ed. rev. Rio de Janeiro, Forense, 2007.

_____. *Comentários ao Código de Processo Civil*, vol. 1. 2ª ed. São Paulo, Ed. RT, 2005.

_____. *Curso de Processo Civil*, vol. 1. 3ª ed. Porto Alegre, Fabris Editor, 1996.

_____; GOMES, Luiz Fábio. *Teoria Geral do Processo Civil*. 5ª ed., rev. e atual. São Paulo, Ed. RT, 2010.

SILVEIRA, João José Custódio da. *O Juiz e a Condução Equilibrada do Processo*. São Paulo, Saraiva, 2012.
SILVEIRA, Patrícia Azevedo da. "A prova ilícita no cível", in OLIVEIRA, Carlos Alberto Alvaro de (org.). *Prova Cível*. Rio de Janeiro, Forense, 1999.
SOUSA SEGUNDO, Lino Osvaldo Serra. "O binômio conhecimento-execução e as ações de cumprimento das obrigações de fazer e não fazer no art. 461 do CPC", *Revista de Processo* 127. São Paulo, Ed. RT, set. 2005, pp. 259-283.
SOUZA, Carlos Aurélio Mota de. *Poderes Éticos do Juiz. A igualdade das partes e a repressão ao abuso no processo*. Porto Alegre, Fabris Editor, 1987.
STOCO, Rui. *Abuso do Direito e Má-Fé Processual*. São Paulo, Ed. RT, 2002.

TALAMINI, Eduardo. "Tutelas mandamental e executiva *lato sensu* e a antecipação de tutela *ex vi* do art. 461, § 3º do CPC", in WAMBIER, Tereza Arruda Alvim (coord.) *Aspectos Polêmicos da Antecipação de Tutela*. São Paulo, Ed. RT, 1997.
_____. *Tutela Relativa aos Deveres de Fazer e de Não Fazer*. 2ª ed. São Paulo, Ed. RT, 2003.
TARUFFO, Michele. "L'abuso del processo: profili comparatistici", *Revista de Processo* 96. São Paulo, Ed. RT, out./dez. 1999, pp. 150-169.
_____. *La Prueba de los Hechos*. Trad. Jordi Ferrer Beltrán. Madrid, Editorial Trotta, 2002.
_____. "Poteri probatori delle parti e del giudice in Europa", *Revista de Processo* 133. São Paulo, Ed. RT, mar. 2006, pp. 239-266.
TARZIA, Giuseppe. "Il giusto processo di esecuzione", *Rivista di Diritto Processuale*, n. 2/2002. Padova, CEDAM, abr./jun. 2002, pp. 329-350.
_____. "L'art. 111 Cost. e le garanzie europee del processo civile", in *Studi in Memoria di Angelo Bonsignori*, t. I. Milano, Giuffrè, 2004, pp. 713-736.
TEIXEIRA, Guilherme Freire de Barros. *Teoria do Princípio da Fungibilidade*. São Paulo, Ed. RT, 2008.
TEIXEIRA, Sálvio de Figueiredo. *A Criação e Realização do Direito na Decisão Judicial*. Rio de Janeiro, Forense, 2003.
THEODORO JÚNIOR, Humberto. "A onda reformista do Direito Positivo e suas implicações com o princípio da segurança jurídica", *Revista Forense* 102, n. 387. Rio de Janeiro, Forense, set./out. 2006.
_____. "As nulidades no Código de Processo Civil", *Paraná Judiciário*, vol. 9. Curitiba, Tribunal de Justiça do Estado do Paraná, 1984, pp. 33-53.
_____. "Abuso de direito processual no ordenamento jurídico brasileiro", in BARBOSA MOREIRA, José Carlos (coord.). *Abuso dos Direitos Processuais*. Rio de Janeiro, Forense, 2000, pp. 93-129.
_____. "Boa-fé e processo: princípios éticos na repressão à litigância de má-fé – Papel do juiz", in MARINONI, Luiz Guilherme (coord.). *Estudos de Direito Processual Civil. Homenagem ao Prof. Egas Dirceu Moniz de Araújo*. São Paulo, Ed. RT, 2005, pp. 636-647.
_____. "Celeridade e efetividade da prestação jurisdicional. Insuficiência da reforma das leis processuais", *Revista de Processo* 125. São Paulo, Ed. RT, 2005.

TOSTA, Jorge. *Manual de Interpretação do Código Civil: As normas de tipo aberto e os poderes do juiz*. Rio de Janeiro, Elsevier, 2008.

TOURINHO FILHO, Fernando da Costa. *Processo Penal*, vol. 3. 10ª ed. São Paulo, Saraiva, 1987.

TROCKER, Nicolò. *Processo Civile e Costituzione: problemi di diritto tedesco e italiano*. Milano, Giuffrè, 1974.

TUCCI, José Rogério Cruz e. "Anotações sobre a Repercussão Geral como pressuposto de admissibilidade do recurso extraordinário (Lei 11.418/2006)", in CARVALHO, Milton Paulo de; e CASTRO, Daniel Penteado de (coords.). *Direito Processual Civil*, vol. II. São Paulo, Quartier Latin, 2011, pp. 411-423.

_____. "Direito processual civil inglês", in TUCCI, José Rogério Cruz e (coord.). *Direito Processual Civil Europeu Contemporâneo*. São Paulo, Lex Ed., 2010, pp. 215-244.

_____. "Duração razoável do processo (art. 5º, LXXVIII da Constituição Federal)", in MARTINS, Ives Gandra da Silva; e JOBIM, Eduardo (coords.). *O Processo na Constituição*. São Paulo, Quartier Latin, 2008.

_____. *Jurisdição e Poder*. São Paulo, Saraiva, 1987.

_____. *Tempo e Processo*. São Paulo, Ed. RT, 1997.

VELLOSO, Adolfo Alvarado e outros. "Crônica da Primeira Jornada Internacional sobre Processo Civil e Garantia", *Revista de Processo* 145. São Paulo, Ed. RT, mar. 2007, pp. 241-248.

_____. *El Juez – sus Deberes y Facultades*. Buenos Aires, Depalma, 1982.

_____. "La imparcialidad judicial y el sistema inquisitivo de juzgamiento", in AROCA, Juan Montero (coord.). *Proceso Civil e Ideología: un prefacio, una sentencia, dos cartas y quince ensayos*. Valencia, Tirant Lo Blanch, 2006, pp. 217-247.

VELOSO, Zeno. *Invalidade do Negócio Jurídico: Nulidade e Anulabilidade*. Belo Horizonte, Del Rey, 2002.

_____. "Testamentos: noções gerais; formas ordinárias", *Revista do Advogado*, n. 112. Ano XXXI, jul. 2011, pp. 174-196.

VERDE, Giovanni. "Las ideologías del proceso en un reciente ensayo", in AROCA, Juan Montero (coord.). *Proceso Civil e Ideología: un prefacio, una sentencia, dos cartas y quince ensayos*. Valencia, Tirant Lo Blanch, 2006, pp. 67-80.

VIGORITI, Vicenzo. "Notas sobre o custo e a duração do processo civil na Itália", *Revista de Processo* 43, jul./set. 1986.

VINCENZI, Brunela Vieira de. *A Boa-Fé no Processo Civil*. São Paulo, Atlas, 2003.

WAMBIER, Luiz Rodrigues; SANTOS, Evaristo Aragão. "Sobre o ponto de equilíbrio entre a atividade instrutória do juiz e o ônus da parte de provar", in LAMY, Eduardo e outros (coords). *Processo Civil em Movimento. Diretrizes para o Novo CPC*. Florianópolis, Conceito, 2013, pp. 104-116.

WAMBIER, Teresa Arruda Alvim. *Controle das Decisões Judiciais por meio de Recursos de Estrito Direito e de Ação Rescisória*. São Paulo, Ed. RT, 2002.

_____. "Fungibilidade de 'meios': uma outra dimensão do princípio da fungibilidade", in NERY JÚNIOR, Nelson; WAMBIER, Teresa Arruda Alvim (coords.). *Aspectos Polêmicos e Atuais dos Recursos Cíveis*. São Paulo, Ed. RT, 2001, pp. 1.090-1.144.

_____. *Nulidades do Processo e da Sentença*. 6ª ed. rev., ampl. e atual. São Paulo, Ed. RT, 2007.

_____. "Litispendência em ações coletivas", in LUCON, Paulo Henrique dos Santos (coord.). *Tutela Coletiva. 20 anos da Lei da Ação Civil Pública e do Fundo de Defesa de Direitos Difusos. 15 anos do Código de Defesa do Consumidor*. São Paulo, Atlas, 2006.

_____. *Omissão Judicial e Embargos de Declaração*. São Paulo, Ed. RT, 2005.

_____; MEDINA, José Miguel Garcia. *O Dogma da Coisa Julgada: hipóteses de relativização*. São Paulo, Ed. RT, 2003.

WATANABE, Kazuo. "Acesso à justiça e sociedade moderna", in GRINOVER, Ada Pellegrini; DINAMARCO, Cândido Rangel; e WATANABE, Kazuo (coords.). *Participação e Processo*. São Paulo, Ed. RT, 1988, pp. 128-135.

_____. "Cultura da sentença e cultura da pacificação", in YARSHELL, Flávio Luiz; e MORAES, Maurício Zanoide de (coords.). *Estudos em Homenagem à Prof. Ada Pellegrini Grinover*. São Paulo, DPJ, 2005, pp. 684-690.

_____. *Da Cognição no Processo Civil*. 2ª ed. atual. São Paulo, Central de Publicações Jurídicas: Centro Brasileiro de Estudos e Pesquisas Judiciais, 1999.

_____. "Demandas coletivas e os problemas emergentes da práxis forense", in TEIXEIRA, Sálvio de Figueiredo (coord.). *As Garantias do Cidadão na Justiça*. São Paulo, Saraiva, 1993, pp. 185-196.

_____. "Relação entre demanda coletiva e demandas individuais", in GRINOVER, Ada Pellegrini; MENDES, Aluísio Gonçalves de Castro; e WATANABE, Kazuo (coords.). *Direito Processual Coletivo e o Anteprojeto de Código Brasileiro de Processos Coletivos*. São Paulo, Ed. RT, 2007.

_____. "Tutela antecipatória e tutela específica das obrigações de fazer e não fazer (arts. 273 e 461 do CPC)", in TEIXEIRA, Sálvio de Figueiredo (coord.). *Reforma do Código de Processo Civil*. São Paulo, Saraiva, 1996.

WRÓBLEWSKI, Jerzy. "Paradigms of justifying legal decisions", *Theory of Legal Science. Proceedings of the Conference on Legal Theory and Philosophy of Science, Lund, Sweden, December 11-14, 1983*. Dordrecht/Boston/Lancaster, D. Reidel, p. 253/273.

YARSHELL, Flávio Luiz. *Antecipação da Prova sem o Requisito da Urgência e Direito Autônomo à Prova*. São Paulo, Malheiros Editores, 2009.

_____. "Reflexões em torno da execução para entrega de coisa no direito brasileiro", in TUCCI, José Rogério Cruz e (coord.). *Processo Civil. Evolução. 20 anos de vigência*. São Paulo, Saraiva, 1995, pp. 125-139.

_____. *Tutela Jurisdicional*. São Paulo, DPJ, 2006.

_____; BONÍCIO, Marcelo José Magalhães. "Tutela mandamental nas obrigações de pagamento de quantia", in ARMELIN, Donaldo (coord.). *Tutelas de Urgência e Cautelares*. São Paulo, Saraiva, 2010, p. 564/571.

_____. *Execução Civil: novos perfis*. São Paulo, RCS Ed., 2006.
YOSHIKAWA, Eduardo Henrique de Oliveira. *Execução Extrajudicial e Devido Processo Legal*. Coleção Atlas de Processo Civil. Coord. Carlos Alberto Carmona. São Paulo, Atlas, 2010.
ZANETI JÚNIOR, Hermes. "A teoria da separação de poderes e o Estado Democrático Constitucional: funções de governo e funções de garantia", in GRINOVER, Ada Pellegrini; e WATANABE, Kazuo (coords.). *O Controle Jurisdicional de Políticas Públicas*. Rio de Janeiro, Forense, 2011, pp. 33-72.
ZANZUCCHI, Marco Tullio. *Diritto Processuale Civile*, vol. I. 6ª ed. Milano, Giuffrè, 1964.
ZAVASCKI, Teori Albino. *Antecipação da Tutela*. São Paulo, Saraiva, 1997.
_____. *Processo Coletivo. Tutela de Direitos Coletivos e Tutela Coletiva de Direitos*. 4ª ed., rev. e atual. São Paulo, Ed. RT, 2009.
_____. *Processo de Execução*. São Paulo, Ed. RT, 2004.
_____. "Sentenças declaratórias, sentenças condenatórias e eficácia executiva dos julgados", *Revista de Processo* 109. Ano 25, jan./mar. 2003, pp. 45-56.

* * *